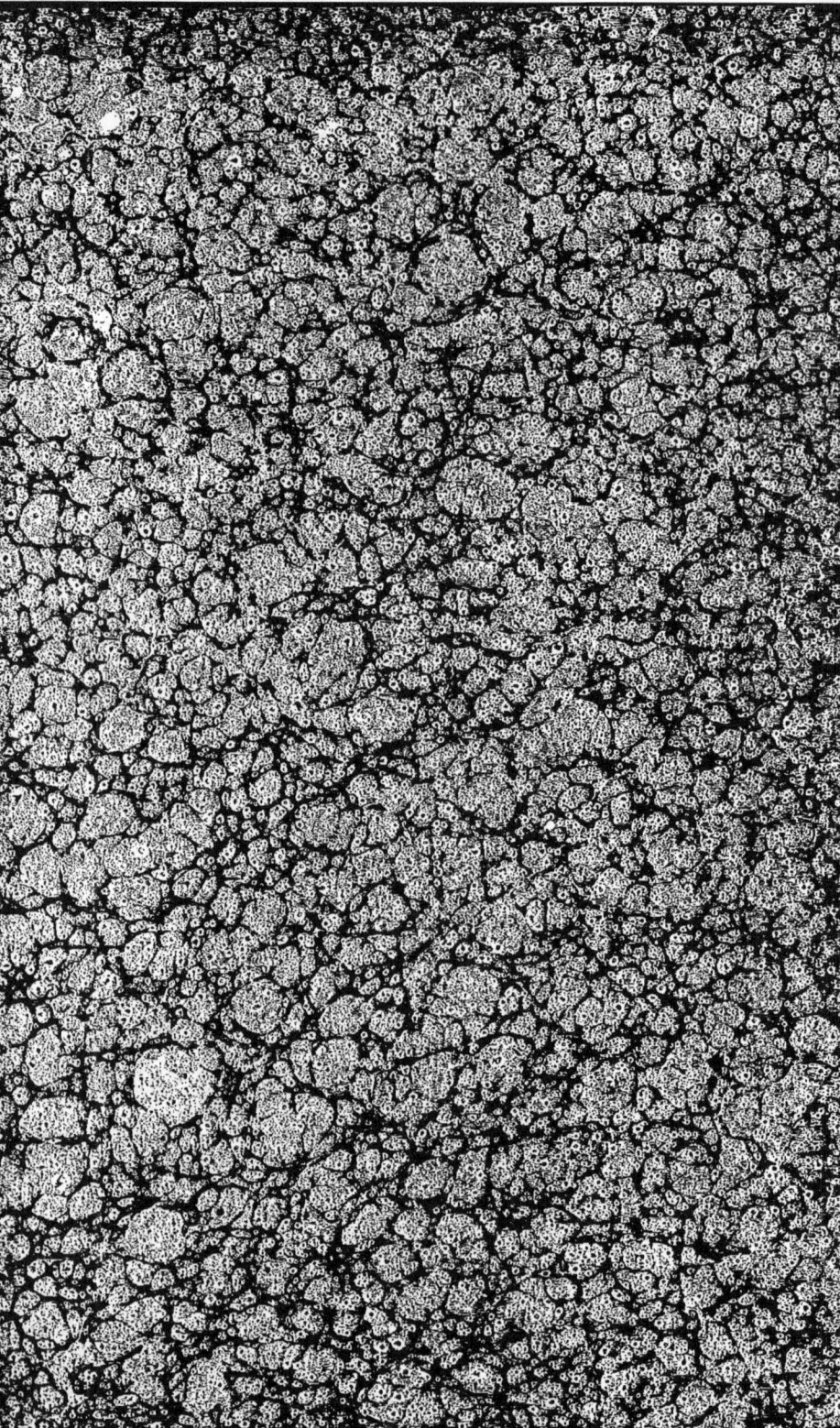

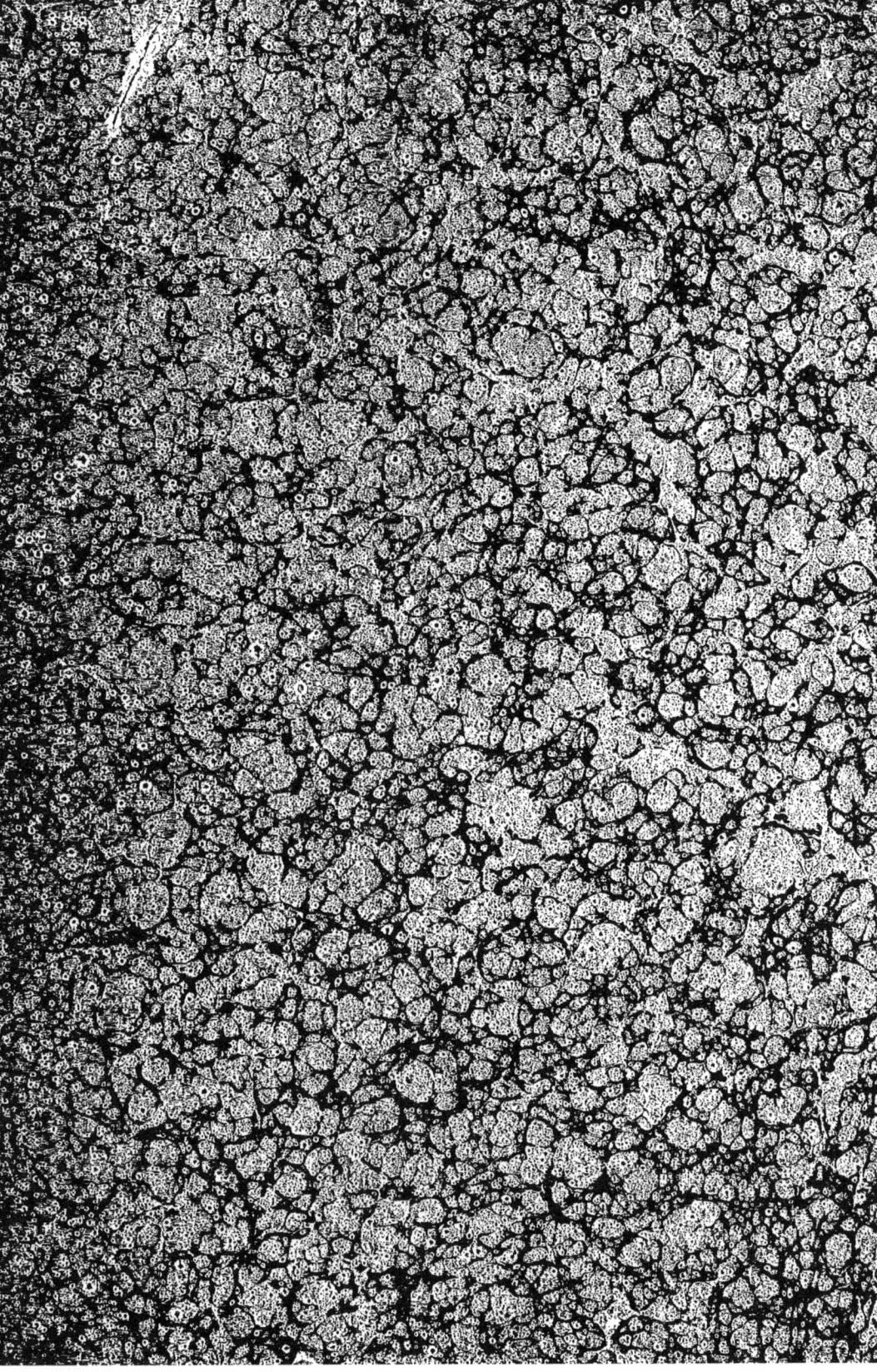

ŒUVRES ILLUSTRÉES

DE M.

EUGÈNE SCRIBE

CE VOLUME CONTIENT

Salvoisy, 1. — La Chanoinesse, 19. — Toujours, 33. — Être aimé ou mourir, 52. — Le Gardien, 65. — Jeune et Vieille, 84. — L'Avare en goguette, 101. — Louise, 111. — Une Faute, 129. — La Loge du Portier, 147. — La Maîtresse au logis, 157. — Un dernier jour de fortune, 168. — Zoé, 177. — Le Budget d'un jeune Ménage, 190. — L'Intérieur d'un Bureau, 204. — La Pension bourgeoise, 214. — La Famille du Baron, 225. — Le Quaker et la Danseuse, 239. — Le Savant, 250. — La seconde Année, 254. — Philippe, 289. — Les Héritiers de Crac, 305. —

— IMPRIMÉ PAR VIALAT ET Cⁱᵉ, A LAGNY. —

ŒUVRES ILLUSTRÉES

DE M.

EUGÈNE SCRIBE

De l'Académie française

DESSINS PAR

TONY ET ALFRED JOHANNOT, STAAL, PAUQUET, ETC.

VIALAT ET Cⁱᵉ, ÉDITEURS ET IMPRIMEURS
A Lagny (Seine-et-Marne)

1855

MARESCQ ET Cⁱᵉ, LIBRAIRES
5, rue du Pont-de-Lodi, 5

PARIS

VIALAT ET Cⁱᵉ, IMPRIMEURS ET ÉDITEURS.

SALVOISY. Vous oublier... oh! non, je ne le peux pas! vous êtes tout pour moi! — Acte 2, scène 4.

SALVOISY
ou
L'AMOUREUX DE LA REINE
COMÉDIE-VAUDEVILLE EN DEUX ACTES

Représentée, pour la première fois, à Paris, sur le théâtre du Gymnase dramatique, le 18 avril 1834.

EN SOCIÉTÉ AVEC MM. DE ROUGEMONT ET DECOMBEROUSSE.

Personnages.

LA REINE.
LA PRINCESSE.
GEORGES DE SALVOISY.
LAUZUN.
DE VASSAN, capitaine des levrettes.

LOUISE, orpheline.
BOURDILLAT, médecin.
FEMMES DE LA REINE.
UN HUISSIER.
GARDES DU CORPS.

La scène, au premier acte, est à Trianon, en 1787. Au second acte, l'action se passe en 1794, aux environs d'Epernay, dans un château appartenant à M. de Salvoisy.

ACTE PREMIER.

Le théâtre représente l'appartement de la reine. Sur le devant, à gauche de l'acteur, une riche toilette.

SCÈNE PREMIÈRE.

DE VASSAN, LAUZUN.

VASSAN. Pourrai-je avoir l'honneur de dire deux mots à monsieur le duc?
LAUZUN. Eh! c'est le capitaine des levrettes de la

LAGNY. — Imprimerie de VIALAT et Cie. — N° 10. —

chambre du roi! ce cher monsieur de Vassan! parlez, mon ami, parlez.

VASSAN. Ah! monsieur le duc, vous voyez un homme au désespoir, qui n'a plus une goutte de sang dans les veines; je viens d'apprendre qu'il a été question de supprimer mes fonctions; et cela, chez la reine.

LAUZUN. Eh mais! ce ne serait peut-être pas une trop mauvaise idée; nous vous ferons entrer dans la bouche ou dans la garde-robe.

VASSAN. C'est fort honorable sans doute; mais tout le monde y entre; tandis que ne commande pas qui veut aux levrettes de Sa Majesté.

AIR : *De sommeiller encor, ma chère.*

Oui, les piqueurs les plus habiles
Ne pourraient leur donner des lois;
Tandis que pour moi seul dociles,
Elles accourent à ma voix.
Grâce à mes talents qui les dressent,
Ces quadrupèdes complaisants,
Quand on les frappe, vous caressent.

LAUZUN, *souriant.*
On croirait voir des courtisans.

VASSAN. C'est pour cela que leur suppression nous intéresse tous; car si on laisse faire notre jeune souveraine, elle aura bientôt tout changé, tout bouleversé.

LAUZUN, *à part.* Je l'espère bien.

VASSAN. C'est une idée fixe, une folie; elle ne respecte rien. Déjà les paniers, qui avaient pour eux les premières familles du royaume... hé bien! elle les a renversés.

LAUZUN, *riant.* Que vous importe puisque vos pensions restent debout?

VASSAN. Des modes elle passera à l'étiquette: il faut voir déjà le cas qu'elle en fait; c'est au point qu'une reine pourra bientôt boire, manger, se promener et s'amuser comme une autre femme.

LAUZUN. Ah! cela ne serait pas tolérable!

VASSAN. Enfin, croiriez-vous bien qu'il y a quelques jours elle s'est mise à courir les champs, dès cinq heures du matin, sous prétexte de voir lever le soleil.

LAUZUN. Il a dû être un peu surpris de la rencontre.

VASSAN. Qui donc?

LAUZUN. Eh parbleu! le soleil!

VASSAN. Et sur la terrasse du Grand-Trianon, au milieu de la nuit, ces concerts, dont tous les bons habitants de Versailles peuvent prendre leur part; où Sa Majesté se montre comme une petite bourgeoise, en simple déshabillé blanc, sans aucune suite.

LAUZUN. Eh bien! où est le mal?

VASSAN. Le mal! c'est qu'il lui est arrivé de causer quelquefois avec des gens de rien, des bourgeois qui sont venus, sans respect, s'asseoir auprès d'elle.

LAUZUN. Tout cela vous étonne? Mais vous ne voulez donc pas comprendre, vous autres vieux courtisans, qu'élevée dans toute la simplicité des mœurs allemandes, la reine ne peut pas se conformer à vos sots et ennuyeux usages.

AIR : *Du partage de la richesse.*

Et cependant, quoique étrangère,
Par ses attraits et son goût exquis,
Par son esprit et par sa grâce légère,
Elle appartient à notre beau pays.
Sans nul effort son sourire commande
Le dévoûment, l'amour et les respects;
Et si sa tête est *allemande*,
Moi, je suis sûr que son cœur est *français*.

Aussi fait-elle perdre l'esprit à tout le monde; et ce matin encore ai-je été obligé de donner un coup d'épée, en son honneur, à un jeune étourdi, un jeune fou...

VASSAN. Comment! monsieur le duc, un duel?

LAUZUN. Mon Dieu oui! je parlais, un peu haut à la vérité, puisque ce jeune homme m'a entendu, de l'amitié dont la reine m'honore, de la bonté toute particulière avec laquelle Sa Majesté veut bien m'accueillir depuis mon retour de Russie. Je citais quelques petites circonstances, du reste, assez connues: la plume de héron, et certain ruban; j'allais même jusqu'à le montrer, lorsque ce jeune homme a eu l'audace de s'élancer sur moi, et de me l'arracher. Évidemment c'est un rival; mais pour son nom il n'a pas voulu le dire.

UN HUISSIER, *entrant par le fond, à droite de l'acteur.* Quelqu'un qui veut visiter le Grand-Trianon, et qui se réclame de M. le marquis de Vassan, m'a chargé de lui remettre ce billet.

VASSAN. Donnez. Vous permettez, monsieur le duc? (*Lisant.*) « Mon cher oncle. »

LAUZUN. C'est un parent à vous.

VASSAN. Ah! parbleu! des parents! on n'en manque pas quand on est à la cour; toutes les semaines il m'en tombe des nues (*Lisant.*) « J'arrive du pays et meurs « d'envie d'admirer Trianon et d'embrasser un oncle « que je n'ai pas vu depuis dix ans. » C'est mon neveu, Silvestre de Varnicour, dont on m'annonçait l'arrivée, un beau blondin.

L'HUISSIER. Non, Monsieur, il est brun.

VASSAN. Petit, jeune homme.

L'HUISSIER. Non, Monsieur, il est grand.

VASSAN. Que m'écrivait donc sa mère? Il ne peut pas cependant, depuis quelques heures qu'il est à Versailles..

LAUZUN. Bah! on change si vite à la cour!

L'HUISSIER. Du reste, il a une impatience d'entrer au château...

VASSAN, *montrant la lettre.* Je crois bien! ces provinciaux qui n'ont jamais vu de près des grands seigneurs tels que nous...

LAUZUN, *jetant les yeux sur le billet que Vassan tient à la main.* Comment! c'est là l'écriture de votre neveu?

VASSAN Mais apparemment.

LAUZUN. C'est aussi celle du gentilhomme avec lequel je me suis battu ce matin.

VASSAN. Quoi! monsieur le duc? il se pourrait! Ah! que je suis désolé! il ne vous a pas blessé?

LAUZUN. Au contraire, c'est moi.

VASSAN. Ah! que c'est heureux! mais c'est donc une mauvaise tête? S'attaquer à vous! concevez-vous une pareille chose? moi qui fais profession du plus entier dévouement. Ah! mais je vais aller tout à l'heure lui laver la tête: soyez tranquille, monsieur le duc, soyez tranquille, vous obtiendrez toute satisfaction.

LAUZUN, *souriant.* Eh! ne l'ai-je pas déjà obtenue!

L'HUISSIER, *à de Vassan.* Que dois-je répondre?

VASSAN. Eh! parbleu! qu'il attende! je suis d'une colère!.. Voilà la reine, et mon devoir est de prendre ses ordres. Qu'il attende! (*L'huissier sort.*)

SCÈNE II.

LES PRÉCÉDENTS, LA REINE, LA PRINCESSE, LES FEMMES DE LA REINE.

LA REINE, *entrant par la droite.* Déjà ici, Messieurs? Est-ce que par hasard vous faisiez la cour à ma toilette? (*Elle s'assied auprès de la toilette; ses femmes se tiennent derrière son fauteuil.*)

vassan. Madame, on pourrait s'adresser plus mal ; n'est-elle pas chargée de reproduire les grâces de Votre Majesté ?

la reine, *souriant.* Je suis sûre, monsieur de Lauzun, que vous n'auriez pas pensé celui-là.

lauzun. Pire encore, Madame ; mais le respect du moins m'empêcherait de le dire.

la reine. Vous êtes des flatteurs. *(Elle s'assied à sa toilette, entourée de ses femmes. Les unes arrangent sa coiffure, les autres attachent à une robe blanche une garniture de fleurs naturelles.)*

la princesse. Votre Majesté ne met pas de rouge ce matin ?

la reine. Non, ce soir seulement : on est si pâle aux bougies ! *(A Lauzun.)* Dites-moi donc, monsieur de Lauzun, ce que vous devenez. *(Bas.)* Hier soir, chez la princesse, je mourais d'envie de jouer gros jeu. Vous savez que je ne le puis qu'en cachette et par procuration ; car si le roi le savait... et justement vous ne paraissez pas.

lauzun, *de même.* Désespéré de n'avoir pas pressenti le désir de Votre Majesté. Toutefois, qu'elle se console ; car ailleurs j'ai beaucoup perdu.

la reine, *de même.* Vous auriez gagné pour moi. *(Haut.)* Eh bien ! Messieurs, vous avez vu notre comédie ? Mais n'est-ce pas que nous ne sommes pas si détestables, pour des amateurs ; quoi qu'en ait dit certain mauvais plaisant, que c'était « royalement mal joué ! »

lauzun, *qui est passé entre de Vassan et la princesse.* Oh ! quelle injustice ! il est impossible d'être plus séduisante que Votre Majesté dans Colette.

la princesse. Aurons-nous demain une seconde représentation ?

la reine. Non, nous aurons demain soir un concert sur la terrasse de Trianon.

vassan. Effet magique, enivrant ! Ces instruments à vent placés derrière ces massifs d'arbres, au milieu de la nuit, c'est à vous rendre sylphe !

lauzun. Et puis tout ce qu'on y entend est si délicieux !

la reine. Pas toujours. *(A la princesse.)* Témoin notre dernière rencontre où nous avons entendu quelques petites vérités assez piquantes.

vassan. L'on aurait osé, pendant le concert délicieux ?

la reine. Eh ! mon Dieu oui ! et je vous réponds que les paroles valaient encore mieux que la musique.

lauzun. Eh ! qui se serait permis ?..

la reine. Un jeune homme qui était venu s'asseoir sur le banc où je m'étais placée avec la princesse.

vassan. Et vous ne lui avez pas ordonné de se retirer ?..

la reine. Pourquoi ? Il nous regardait beaucoup, mais ne nous connaissait pas ; son action n'avait rien d'inconvenant. D'ailleurs le piquant de la situation m'amusait ; on a si peu l'habitude d'attaquer la reine devant moi ! et je ris de la surprise de ce jeune homme, si jamais il me reconnaît.

vassan. Il se croira perdu !

la reine. Je ne le pense pas.

la princesse. Ou plutôt, de votre ennemi qu'il était, il deviendra votre partisan, votre admirateur.

lauzun. Eh mais ! peut-être est-ce déjà fait ; car M. le lieutenant de police me parlait hier d'un original qui, depuis quelque temps, se trouve toujours sur le passage de Votre Majesté, et fait tous ses efforts pour pénétrer jusqu'à elle ; efforts jusqu'à présent inutiles.

la reine. A coup sûr ; car c'est la première nouvelle. Eh bien ?.

lauzun. Eh bien ! Madame, les singulières démonstrations de ce personnage, le langage passionné avec lequel il exprime son admiration pour Votre Majesté l'ont fait remarquer de tout le monde.

la reine. En vérité ?

lauzun. Au point que chacun ne le désigne plus que sous le titre de *l'amoureux de la reine.*

la reine. L'amoureux de la reine !

lauzun. Oui, Madame ; et je ne sais pourquoi, car c'est un titre que nous réclamons tous.

la reine. Et vous dites qu'il me suit partout ?

lauzun. Partout où il peut pénétrer : à l'Opéra, à la messe, dans les galeries...

la reine. C'est étonnant que je ne l'aie pas remarqué !

lauzun. Hier, toujours à ce que m'a dit M. le lieutenant de police, il est resté trois heures à la grille, par une pluie affreuse !

la reine, *avec compassion.* Quelle folie ! et sait-on qui il est, d'où il vient ?

lauzun. Communicatif sur un seul point, il est muet sur tous les autres.

la princesse. Je suis de l'avis de M. le duc ; je croirais assez que c'est l'homme de la terrasse.

la reine. Quelle idée ! et comment imaginer que des sentiments aussi hostiles que les siens aient été changés par un quart d'heure de conversation ?

lauzun. Un quart d'heure ! mais il vous a souvent suffi d'un coup d'œil ; et d'après tout ce qu'on m'a raconté de son assiduité et de sa persévérance silencieuse, c'est une cour dans toutes les règles.

la reine. Monsieur de Lauzun...

lauzun. Oui, Madame, il faut dire les choses comme elles sont, et Votre Majesté le rencontrera quelque jour errant dans les bosquets de Versailles dont il ne peut s'éloigner.

la reine, *se levant.* En vérité, Messieurs, il faut bien peu de chose pour donner carrière à votre imagination. Un gentilhomme de province, si toutefois c'est celui que nous croyons, car tout le monde en parle et personne ne l'a vu, pas même moi, ce pauvre jeune homme, qui ne connaissait peut-être rien de plus beau, avant de venir ici, que les tours de son gothique château, ne pourra pas se rassasier tout à son aise des spectacles, des cérémonies et des merveilles de Versailles, sans que son admiration pour la cour ne soit transformée aussitôt en amour pour sa souveraine, et les gens qui m'approchent, qui m'entourent, accueillent et répètent de pareils bruits !

lauzun. Je suis désolé d'avoir blessé Votre Majesté.

la reine. Me blesser ! et en quoi ? Pensez-vous que je fasse attention à de pareilles folies ?

lauzun. C'est justement pour cela que je me suis permis une plaisanterie.

la reine. Dont je ne veux plus entendre parler. C'est bien, qu'il n'en soit plus question. *(A la princesse.)* Qu'y a-t-il ce matin ? Avez-vous quelque demande, quelque pétition qui me soit adressée ?

la princesse. Non, Madame.

la reine. Tant pis ! j'aurais voulu rendre service à quelqu'un, cela m'aurait rendu ma bonne humeur.

la princesse. N'est-ce que cela ! que Votre Majesté se rassure, je crois que j'ai ce qu'elle désire...

la reine. Parlez vite !

la princesse. Une pauvre jeune fille, que les concierges du château ont beau congédier et qui revient tous les matins en disant : *Je veux parler à la reine.* Je l'ai aperçue aujourd'hui dans la cour, assise sur une borne, et pleurant : je lui ai demandé ce qu'elle voulait : *Je veux parler à la reine*; je n'ai pu en tirer d'autre réponse, et j'attendais que Votre Majesté fût seule pour lui recommander ma protégée.

LA REINE. Que je la voie. Qu'on me l'amène sur-le-champ. *(Un huissier paraît.)* Sur-le-champ !

LAUZUN. Si Votre Majesté me le permet, je cours la chercher...

LA REINE. Ah ! je conçois ! dès qu'il s'agit d'une jeune fille... Est-elle jolie ?

LA PRINCESSE. Charmante !

LA REINE. M. de Lauzun l'avait deviné; et son empressement...

LAUZUN. Prouve le désir de plaire à Votre Majesté.

LA REINE. Désir intéressé, dont il faudra vous savoir gré; n'importe, j'y consens. *(M. de Lauzun sort, la reine se retourne vers l'huissier.)* Eh bien, que voulez-vous encore, et que faites-vous là ?

L'HUISSIER. Mille pardons, Madame ! je voulais parler à M. le marquis de Vassan.

LA REINE. Est-ce un secret ?

VASSAN. Non, vraiment; dis tout haut.

L'HUISSIER. C'est M. votre neveu qui vous attend, qui s'impatiente, qu'on ne peut pas retenir, et qui menace de parcourir tout le château sans vous, si vous tardez davantage.

VASSAN. Sans moi... *(A part.)* Diable ! diable, j'y cours. *(Haut, à la reine.)* Un provincial qui n'a jamais vu Trianon, et à qui je veux procurer ce plaisir. Sa Majesté n'a pas d'ordre à me donner ? *(Signe négatif de la reine. Il sort vivement par la droite, suivi de l'huissier. Au même moment entrent par le fond M. de Lauzun et Louise.)*

SCÈNE III.

LES PRÉCÉDENTS, M. DE LAUZUN ET LOUISE.

LAUZUN. Voici, Madame, la charmante fille que je me suis chargé de vous présenter.

LA REINE. Approchez, mon enfant; que voulez-vous ?

LOUISE. Je veux parler à la reine.

LA PRINCESSE, *à Louise.* Vous êtes devant elle.

LOUISE. C'est-i possible ! ah ! je croyais que ce serait bien plus effrayant.

LA REINE. Je vous semblais donc bien terrible ?

LOUISE. Dame ! rien qu'à la peine que j'ai eue pour arriver, je me disais : Qu'est-ce que ça s'ra donc quand j'y serai; eh bien ! pas du tout, ce que vous m'avez dit m'a déjà rassurée et donné espoir.

LA REINE. Je ne vous ai encore rien dit.

LOUISE. C'est vrai; mais vous m'avez regardé d'un air qui voulait dire : Courage, mon enfant ! et je me suis dit : Celle-là, au moins, n'est pas fière et dédaigneuse; elle est avenante, elle est charitable; excusez, Madame, si je me suis trompée.

LA PRINCESSE, *à demi-voix.* Prenez donc garde !

LOUISE. Mais je serais si heureuse si je pouvais obtenir de votre bonté...

LA PRINCESSE. Vous voulez dire de Votre Majesté.

LA REINE. Non, non, laissez-la parler. C'est à ma bonté, n'est-ce pas, que vous vous adressez ? cela aut beaucoup mieux; répondez, d'où venez-vous ?

LOUISE. De par delà Clermont en Argonne, d'où je suis venue à pied à Versailles, pour parler à la reine...

LA REINE. Nous le savions déjà; mais que voulez-vous lui dire à la reine ?

LOUISE. Ça s'ra un peu long à vous raconter, et je suis bien fatiguée. *(Elle prend le fauteuil qui est devant la toilette et s'assied.)*

LA PRINCESSE. Que faites-vous ? on ne s'assied pas devant la reine.

LOUISE, *restant toujours assise.* C'est-i vrai, Madame ? c'est que depuis deux jours que je ne me suis pas seulement reposée un instant, je me sens des faiblesses dans les jambes.

LA REINE, *lui appuyant la main sur l'épaule.* Restez, restez, de grâce !

LOUISE. Merci, Madame, je l'aime autant. *(Se retournant vers la reine qui est debout appuyée sur le dos du fauteuil.)* Eh bien ! je vous disais donc qu'on me nomme Louise, Louise tout court; je n'ai pas d'autre nom, je suis orpheline.

LA REINE. Et dans le besoin ?

LOUISE. Oh ! non, vraiment. Il y avait au pays une grande dame, si bonne, si généreuse, qu'on aurait cru que vous y étiez; je ne manquais de rien; madame la marquise m'avait prise auprès d'elle.

LA REINE. Quelle marquise ?

LOUISE. Eh bien ! la marquise, tout le monde connaît ça; la dame du château de Clermont en Argonne, madame de Salvoisy, qui a qu'un fils, un si beau jeune homme, un sourire si aimable, et de grands yeux noirs. Vous ne l'avez jamais vu ?

LA REINE. Non, vraiment.

LOUISE. Tout le monde l'adore au château; c'est tout naturel, il y fait tant de bien ! et il n'y a pas un de ses vassaux qui ne donnât sa vie pour lui.

LAUZUN, *souriant.* A commencer par mademoiselle Louise.

LOUISE. Oh ! Dieu ! je ne serai pas assez heureuse pour ça. Par exemple, il avait un défaut, à ce que disait sa mère, car moi je ne lui en ai jamais trouvé : c'est que depuis quelque temps il parlait politique, ce qui désolait madame la marquise; il trouvait que tout allait de travers à la cour.

LAUZUN, *sévèrement.* Eh bien ! par exemple...

LOUISE, *naïvement.* Oui, Monsieur, il était comme ça : il parlait de gloire, de liberté, d'idées nouvelles; je n'y entendais rien, mais j'étais de son avis; il déclamait avec tant de chaleur contre tous les abus, contre les courtisans, contre le roi, contre la reine. Ah ! pour la reine il avait tort, je le vois maintenant.

LA REINE, *avec un peu d'émotion.* En vérité !

LOUISE. C'est tout simple, il ne vous connaissait pas, il ne vous avait pas vue; et c'est dans ces dispositions-là qu'il est venu faire un voyage à Paris où Madame a appris qu'il parlait en lieux aussi librement que dans son château, et puis tout à coup elle n'en a plus reçu de nouvelles; on n'a plus su ce qu'il était devenu; son cousin même, M. de Salvoisy, qui est employé à Versailles, a écrit qu'il était disparu, et qu'il craignait que la police, la Bastille, les lettres de cachet... que sais-je ? Depuis ce moment, Madame ne vivait plus, ni moi non plus, et voyant ma bienfaitrice dans les craintes et dans les larmes. *(Elle se lève.)* Ah ! ça va mieux. *(Elle continue.)* Il m'est venu une idée dont je n'ai parlé à elle ni à personne, parce qu'on m'en aurait empêchée. Je suis partie à pied de Clermont en Argonne, sans savoir le chemin; mais je disais à tous ceux que je rencontrais : Je vais à Versailles pour parler à la reine, et ils m'indiquaient ma route.

LA REINE. Pauvre enfant!
LOUISE. Dès le second jour, je n'avais plus d'argent; je n'y avais pas pensé, et j'étais tombée de besoin au pied d'un arbre, lorsque passa un vieux militaire, qui me dit : « Jeune fille, que fais-tu là? — Je viens « de Clermont, et je vais à Versailles, parler à la « reine. » Alors il me donna un louis. Vous le lui rendrez, Madame, n'est-il pas vrai? Je le lui ai promis; et voilà comme je suis arrivée à Versailles, comment j'ai parlé à la reine, pour lui demander la grâce et la liberté de mon jeune maître.

AIR nouveau de *M. Hormille.*
Comment sans lui retourner au pays?
LA REINE.
Quoi! mon enfant, vous voulez que la reine
Vienne au secours d'un de ses ennemis?
LOUISE.
Raison de plus.
LA REINE.
Pour augmenter sa haine.
LOUISE.
N'en croyez rien, Madame... ce sera
Un cœur de plus qui vous appartiendra.
LA REINE.
Il faut se rendre aux accents généreux
De cette voix qui presse et qui supplie;
Mais, dites-moi, si je cède à vos vœux,
Puis-je espérer, mon ancienne ennemie,
Que votre cœur un jour m'appartiendra?
LOUISE.
Oh! non, vraiment, car vous l'avez déjà.

LA REINE, *souriant.* Voyons, vous dites que votre jeune maître est M. de...
LOUISE. Salvoisy!
LA REINE, *cherchant.* Salvoisy! (*Souriant.*) Non-seulement je ne l'ai pas fait arrêter, mais je n'ai pas même entendu ce nom-là parmi ceux... Je vais faire parler à M. Lenoir.
LOUISE. C'est celui qui met au cachot? Ah! que vous êtes bonne!
LAUZUN. Puisque ce M. de Salvoisy a un cousin à Versailles, on pourrait d'abord savoir par lui... (*A Louise.*) Lui avez-vous parlé?
LOUISE. Non, Monsieur, je ne sais même où il demeure, et puis je ne voulais parler qu'à la reine.
LA REINE, *à la princesse.* Princesse, vous vous informerez, vous ferez écrire à ce cousin, je le verrai, je veux le voir dès aujourd'hui. (*A Louise.*) Soyez tranquille, mon enfant; nous saurons ce qu'est devenue la personne qui vous intéresse si vivement. On n'inspire pas un dévouement comme le vôtre sans le mériter. Tenez, vous voyez bien ce monsieur en habit brun, au fond de cette galerie? c'est M. de Vassan. Priez-le de ma part, de vous conduire dans le salon de musique; dans deux heures vous aurez une réponse. (*Se retournant vers ses femmes.*) Maintenant, Mesdames, chez le roi. (*A Lauzun.*) Monsieur de Lauzun!... (*Lauzun, qui regardait Louise, s'approche vivement de la reine qui adresse à Louise un geste de protection.*) Adieu, mon enfant, (*En souriant.*) adieu, ma nouvelle alliée! (*A la princesse.*) Ah! je vous remercie, princesse, voilà une bonne matinée. (*Elle sort par le fond, entourée de toutes ses femmes, et causant avec Lauzun.*)

SCÈNE IV.

LOUISE, *seule.* Ah! que je suis contente! et que diront maintenant tous ceux qui se moquaient de moi; toi! parler à la reine, une petite fille de rien! une paysanne! Oui, oui, je lui parlerai. Et je lui ai parlé, et pas trop mal encore, puisqu'on m'accorde ce que je demande, puisque je vais rendre la liberté à notre jeune maître et la vie à sa mère! et c'est sûr; la reine me l'a promis, la reine me l'a dit. Il faut qu'elle soit bonne pour écouter tout le monde, car elle doit avoir bien des embarras avec un aussi grand ménage que le sien!...

SCÈNE V.

VASSAN, LOUISE.

VASSAN, *entrant par la droite et regardant autour de lui.* Pas ici non plus! où diable peut-il être fourré? je suis d'une inquiétude... (*Apercevant Louise.*) Ah! une jeune personne. Ne l'auriez-vous pas vu par hasard?
LOUISE, *étonnée.* Qui donc, Monsieur?
VASSAN. Mon neveu.
LOUISE. Je ne le connais pas.
VASSAN. C'est juste... Et m'échapper ainsi! A peine ai-je eu le temps de lui demander des nouvelles de la famille, sur laquelle il m'a répondu tout de travers. Au diable les gens de province! on devrait les supprimer.
LOUISE. Eh bien! par exemple! moi qui suis de la province de Champagne!
VASSAN. Je dis ça pour mon neveu, qu'en oncle complaisant je m'étais chargé de promener dans le château. C'étaient, à chaque pas, des admirations, des extases! j'avais toutes les peines du monde à le faire avancer.
LOUISE. Dame! ça a l'air si beau!
VASSAN. Plus il voyait, plus il voulait voir; j'avais beau lui dire : Si tu t'y prends comme ça, nous en aurons bien pour six semaines; je lui avais montré de loin les appartements de la reine, et j'allais ouvrir la salle des gardes, lorsqu'en me retournant, plus personne! mon gentilhomme avait disparu, évanoui, évaporé!
LOUISE. Ah! que c'est drôle! et où peut-il donc être allé?
VASSAN. Est-ce que je sais, moi? c'est justement ce qui m'effraie; ignorant des usages et de l'étiquette, il est capable de pénétrer jusque dans le conseil du roi! et jugez un peu qu'on m'en arriverait; car enfin c'est par moi qu'il est ici, c'est sur moi que pèse la responsabilité, et s'il commettait quelque inconvenance... (*En ce moment Salvoisy entre avec précaution par la droite, et, à la vue de Vassan, disparaît par le fond à gauche.*)
VASSAN, *continuant.* Quelle tache pour le nom des Vassan!
LOUISE, *étonnée.* Comment! l'on vous nomme...
VASSAN. Jean-Claude, marquis de Vassan, pour vous servir.
LOUISE. C'est justement à vous que la reine m'a dit de m'adresser pour me faire conduire dans le salon de musique.
VASSAN, *se frappant la tête.* Dans le salon de musique? Ah! j'y pense, nous avons passé devant, il y sera peut-être entré.

LOUISE.
Sous ce riche portique
Où s'étendent mes yeux,
Que tout est magnifique!
Qu'on y doit être heureux!

ENSEMBLE.

VASSAN.
L'aventure est unique!
Courons vite, morbleu!
Au salon de musique
Pour trouver mon neveu.

LOUISE.
Sous ce riche portique, etc.

(*Ils sortent ensemble par le fond, du côté droit.*)

SCÈNE VI.

SALVOISY, seul.

(*Il rentre avec précaution en les voyant s'éloigner.*)

Il n'est plus là; il s'est éloigné! Me voilà seul, seul, dans l'appartement de la reine! Je sais à quoi je m'expose si l'on m'y surprend; que m'importe? pourvu que je la revoie une fois encore; non pas confondu dans la foule, non plus posté pendant des heures entières près du portique ou du perron où elle doit monter en voiture, et où mes yeux, pendant qu'elle s'élance, la voient passer comme une apparition; mais seule, là! devant moi! Ses regards s'arrêteront sur les miens, je l'entendrai, j'entendrai le son de cette voix qui m'a perdu, qui a changé ma vie, bouleversé toutes mes idées, qui m'a entraîné jusqu'ici... Moi dont le cœur battait d'indignation au seul nom de la cour, qui aurais rougi de détourner la tête pour voir passer une reine; maintenant ma vie entière, comme celle de ces vils courtisans, se passera peut-être à épier un regard. Ah! je les hais de toute la haine que je ne puis plus avoir pour elle. (*Écoutant.*) Ne vient-on pas? Serait-ce encore ce M. de Vassan? non, je suis débarrassé de lui, et je peux rendre à son neveu le nom que je lui ai emprunté. Ce matin, devant moi, à mon hôtel, il se vantait de son oncle le marquis, dont la protection devait l'introduire dans le château; je l'ai devancé, je suis venu chercher à sa place... quoi! un indigne affront, un juste châtiment! la Bastille peut-être! car à la vue, à la vue d'un homme au milieu de son appartement, elle aura peur; ses paroles n'exprimeront que la colère et l'indignation, elle ne daignera plus, bonne et indulgente, comme sur le banc de la terrasse, écouter mes discours, y répondre comme mon égale; non, elle sera reine, reine irritée... Eh bien! j'aurai vécu un jour. (*S'arrêtant.*) Et ma mère! ma pauvre vieille mère! d'autres encore qui m'aimaient tant, et que je ne reverrai plus. Ah! sans cette fièvre qui me dévore, sans ce délire, oui, oui, c'est du délire, je suis fou, je ne me reconnais plus, et quand je reviens à moi, je me dis : Retournons près de ma mère, fuyons ces lieux... (*Regardant autour de lui et avec exaltation.*) Mais ces lieux, ce sont ceux qu'elle habite. (*Allant à la fenêtre.*) Oui, je ne me trompais pas, c'est sur cette croisée que mes yeux sont attachés chaque jour... Oui, d'après la description exacte que je m'en suis fait donner, ce doit être ici, en sortant de ses petits appartements, qu'elle reçoit à sa toilette les hommages de la foule indifférente des courtisans. Un duc de Lauzun, pour la remercier de quelque faveur nouvelle, pourra tomber à ses genoux et lui baiser la main, tandis que moi qui ne demande rien, qui ne veux rien, que m'e-

nivrer de sa vue... (*Regardant vers la droite du théâtre et poussant un cri.*) Ah! son portrait! Ah! oui, le seul, le seul encore qui l'ait reproduite à mes yeux comme je l'ai vue, comme elle est en réalité. (*Avec transport.*) Ma fortune! ma fortune tout entière pour cette image!..

SCÈNE VII.

SALVOISY, LA PRINCESSE.

LA PRINCESSE, *à l'huissier qui entre avec elle par le fond à gauche.* C'est bien, c'est bien.
SALVOISY, *se retournant.* Quelqu'un, et ce n'est pas elle! ah! je suis perdu!
LA PRINCESSE, *à l'huissier.* Je mettrai ces demandes sous les yeux de Sa Majesté. On laissera entrer M. de Salvoisy sitôt qu'il se présentera.
SALVOISY. Que dit-elle?
LA PRINCESSE. C'est l'ordre de la reine.
SALVOISY. De la reine! (*S'avançant vivement vers la princesse.*) Salvoisy! c'est moi, Madame.
LA PRINCESSE, *l'examinant.* Vous, Monsieur?
SALVOISY. Oui, Madame, moi-même.
LA PRINCESSE. Je venais d'envoyer chez vous; la reine veut vous voir.
SALVOISY. Me voir! Elle sait donc qui je suis? elle a donc voulu le savoir?
LA PRINCESSE. Mais apparemment. (*A part.*) Quel singulier homme. (*Haut.*) Elle veut vous parler d'une chose qui vous intéresse.
SALVOISY. Me parler! A moi! Salvoisy?
LA PRINCESSE, *continuant.* N'avez-vous pas des parents à Clermont en Argonne?
SALVOISY, *de même.* Oui, Madame. (*A part.*) Ah! ma tête se perd!
LA PRINCESSE. C'est donc bien à vous. Encore quelques instants; Sa Majesté ne tardera pas à paraître. (*Elle sort en lui faisant une révérence et en lui faisant signe d'attendre.*)

SCÈNE VIII.

SALVOISY, puis LAUZUN.

SALVOISY. Ce n'est pas vrai! c'est impossible! Ah! si je pouvais le croire! Elle sait donc par combien de repentir et d'adoration j'ai expié mes discours de la terrasse; les lâches calomnies auxquelles j'avais pu croire! Une reine ne peut-elle pas tout savoir? Oh! oui, elle sait tout, elle a eu pitié de moi, elle veut me consoler, me dire qu'elle me pardonne. Je vais donc la voir! et de son consentement! et par son ordre! Oh! mon Dieu!.. (*Il se laisse tomber dans un fauteuil sur le devant à droite, et reste plongé dans ses réflexions.*)
LAUZUN, *entrant par la gauche.* L'occasion est favorable, et avant que la reine ne rentre chez elle... (*Montrant un papier.*) Ah! sur sa toilette, cette allusion à notre dernier entretien; ces deux lignes, dont elle seule pourra comprendre le sens. Voilà trop longtemps que j'hésite; la manière dont elle m'accueille, les distinctions dont elle m'accable, tout me dit qu'il faut me déclarer, que c'est le moment. Elle s'y attend, j'en suis sûr, et l'on ne doit pas faire attendre une reine de France. (*Il place le billet sur la toilette. Salvoisy se lève à ce bruit. Lauzun se retourne brusquement.*) Qui est là? que vois-je? encore cet homme!

SALVOISY. Encore ce duc !
LAUZUN. Que voulez-vous ? que demandez-vous ?
SALVOISY. La reine.
LAUZUN. Et croyez-vous qu'il suffise d'un désir de pénétrer jusqu'à elle ? Qui vous a conduit ici ?
SALVOISY. Que vous importe ?
LAUZUN. Vous me direz au moins à quel titre ?
SALVOISY. Pas davantage.
LAUZUN. Un ordre écrit peut seul vous donner le droit...
SALVOISY. Montrez-moi le vôtre.
LAUZUN. Mon nom, mon rang, les charges que j'occupe...
SALVOISY. Ah ! j'entends ! vous êtes de la cour, vous; on vous y admet, on vous y accueille, pour que vous alliez ensuite répandre au dehors le venin de vos calomnies.
LAUZUN. Monsieur !
SALVOISY. Ne vous ai-je pas entendu ? les malheureux ! ils approchent d'une jeune femme sans expérience, prompte à céder à tous les mouvements de son âme, légère dans ses goûts peut-être, mais jeune, mais indulgente. Ils la provoquent, ils l'encouragent, et puis après ils l'injurient.

Air de *Renaud de Montauban.*

Trompé par eux, le peuple la maudit,
Persuadé d'un crime imaginaire ;
Ils n'ont pas craint, par un infâme bruit,
De soulever contre elle sa colère.
Puis, à la cour, les mots qu'ils ont dictés
Sont répétés par leur bouche coupable...
Pour rendre ainsi le peuple responsable
Des crimes qu'ils ont inventés.

LAUZUN. D'aussi graves injures seraient déjà punies, si je ne pardonnais à l'exaltation d'un homme que le sort des armes a déjà rendu malheureux contre moi.
SALVOISY. Oh ! qu'à cela ne tienne, je suis prêt encore.
LAUZUN. Eh ! Monsieur, attendez donc que vous soyez remis de votre première blessure ! Pensez-vous, d'ailleurs, que je n'aie rien autre chose à faire qu'à mettre l'épée à la main contre vous, que je ne connais pas ?
SALVOISY. La reine non plus ne vous connaît pas, et je viens lui dire...
LAUZUN. Monsieur !..

SCÈNE IX.

LES PRÉCÉDENTS, VASSAN.

VASSAN, *apercevant Salvoisy, et courant à lui sans voir Lauzun.* Ah ! le voilà... *(Se retournant et apercevant Lauzun.)* Dieu ! M. le duc !
LAUZUN. Lui-même ! qui, sans votre arrivée, allait donner une nouvelle leçon à votre neveu.
VASSAN. Mon neveu ! encore lui ! Ah çà ! c'est donc un diable ! il est partout ; on vient de me dire qu'il me demandait en bas à la grille, un petit blond ; et à moins qu'il ne soit double...
LAUZUN. Ou que l'un des deux ne soit un imposteur.
VASSAN. C'est possible ; en tous cas ce ne peut être que celui-ci. Se glisser dans cet appartement sans ma permission ! oser tirer l'épée contre M. le duc ! je le retiens pour mon neveu.
LAUZUN. Comme il vous plaira ; mais qu'il s'éloigne.
SALVOISY. M'éloigner !

LAUZUN. Dans son intérêt, et dans le vôtre.
VASSAN, *bas, à Salvoisy.* Vous l'entendez ; sortez, de grâce !
SALVOISY, *s'asseyant sur le fauteuil à droite.* Je reste, car je suis ici par l'ordre d'une personne plus puissante que vous tous.
LAUZUN. Vraiment ! eh ! qui donc ?

SCÈNE X.

LES PRÉCÉDENTS, LA PRINCESSE.

LA PRINCESSE, *entrant par le côté à gauche.* La reine, Messieurs. *(Apercevant Salvoisy.)* Sa Majesté, que je précède, sera charmée de vous voir.
VASSAN ET LAUZUN. Que dites-vous ?
LA PRINCESSE. Que la reine désire parler à Monsieur. *(Elle montre Salvoisy.)*
VASSAN, *avec orgueil.* A mon neveu ! une audience particulière à mon neveu ! à mon vrai et véritable neveu ; car l'autre est un intrigant et un chevalier d'industrie que je vais faire arrêter... Dieu ! la reine.

SCÈNE XI.

LES PRÉCÉDENTS, LA REINE.

LA PRINCESSE, *allant au-devant de la reine, lui dit à demi-voix :* Voici la personne à qui Votre Majesté désirait parler.
LA REINE. Je vous remercie. *(S'avançant et le regardant, à part.* O ciel ! *(A demi-voix.)* Comment, princesse, vous ne le reconnaissez pas ?
LA PRINCESSE, *de même.* Non vraiment !
LA REINE, *de même.* C'est le jeune homme qui, au concert de la terrasse...
LA PRINCESSE, *de même.* Vous croyez ? je n'en répondrais pas.
LA REINE, *de même.* Et moi j'en suis sûre. Pas un mot devant M. de Lauzun, et avertissez cette jeune fille, mademoiselle Louise, qu'elle vienne.
LA PRINCESSE, *sortant.* Oui, Madame.
LA REINE, *s'avançant vers Salvoisy.* On vous a fait beaucoup attendre, Monsieur, j'en suis désolée.
SALVOISY, *à part, avec émotion.* C'est sa voix ! et c'est à moi, c'est à moi qu'elle parle !
LA REINE, *toujours à Salvoisy.* Approchez-vous, j'aurais quelques renseignements à vous demander sur un de vos parents. *(Regardant sa main qui est enveloppée d'un taffetas noir.)* O ciel ! vous êtes blessé ?
SALVOISY. Oui, Madame.
LA REINE. Et comment cela ?
VASSAN. Par M. le duc, qui lui a fait cet honneur.
LA REINE. M. de Lauzun ? et pour quelle cause ?
LAUZUN. Je ne puis le dire, même à Votre Majesté, et j'espère que Monsieur aura la même discrétion.
SALVOISY, *avec fierté.* Je ne promets rien, Monsieur. *(Geste de colère de Lauzun.)*
LA REINE. Il suffit. Monsieur de Lauzun, Monsieur de Vassan... *(Sur un signe de la reine, Lauzun et de Vassan s'inclinent et sortent du même côté.)*
VASSAN, *à part.* Seul avec la reine ! quel honneur pour la famille !

SCÈNE XII.

LA REINE, SALVOISY.

LA REINE, *s'asseyant près de la toilette, et après un moment de silence.* Un duel avec M. de Lauzun ! voilà qui est grave ; car il est puissant, il a un grand crédit ; le savez-vous ?

SALVOISY. Oui, Madame.

LA REINE. Il fallait donc des motifs bien forts ?

SALVOISY. Jugez-en vous-même, Madame : il outrageait devant moi, par une indigne calomnie, la vertu la plus noble et la plus pure.

LA REINE. Je comprends : une grande dame dont vous étiez le chevalier ?

SALVOISY. Non, Madame ; tant d'honneur ne m'appartient pas, et cependant je donnerais ma vie pour elle : car cette personne-là c'est Votre Majesté.

LA REINE. Moi ! que dites-vous ? calomniée par M. de Lauzun. Oh ! non, non, vous vous êtes trompé, vous avez mal entendu ; ce n'est pas possible. (*Étendant la main vers la toilette, et prenant le papier qu'elle y voit.*) Son dévouement pour moi, son respect, me sont trop bien connus... (*Jetant les yeux sur le papier.*) Dieu ! qu'ai-je vu ? (*Froissant le papier avec indignation et se levant.*) L'insolent ! oser m'adresser de pareils vœux ! à moi !

SALVOISY, *timidement.* Votre Majesté refuse de me croire ?

LA REINE, *vivement.* Non, Monsieur, non, je crois tout maintenant. Des outrages, des calomnies, voilà ce que je dois attendre de mes amis. Quel sort me réservent donc les autres ?

SALVOISY. Ah ! si vos ennemis vous connaissaient tous, ils seraient comme moi. (*S'inclinant.*) Il se prosterneraient devant vous, ils vous demanderaient grâce, comme je le fais en ce moment, pour ces paroles indiscrètes, injurieuses, que sur des bruits mensongers je n'ai pas craint de vous adresser, sans vous connaître.

LA REINE, *souriant.* Oui, le soir, sur la terrasse de Trianon. Ah ! vous vous rappelez notre conversation ? vous avez meilleure mémoire que moi ; je l'ai tout à fait oubliée.

SALVOISY, *fléchissant le genou.* Ah ! Madame, c'est trop de générosité.

LA REINE. Relevez-vous, Monsieur ; quoique je ne pense pas mériter tous les reproches que l'on m'adresse, je ne me crois pas une divinité.

SALVOISY, *se relevant.* Daignez me dire, au moins, que vous ne me croyez plus au nombre de vos ennemis.

LA REINE, *avec bonté.* J'en suis persuadée.

SALVOISY. Ah ! que je suis heureux ! car mes torts pesaient là, sur mon cœur, comme un crime ! Et pour les racheter, les expier tout à fait, que ne puis-je répandre jusqu'à la dernière goutte de mon sang !

LA REINE, *à part.* Pauvre homme ! (*Regardant sa main.*) Il a déjà commencé. (*Haut.*) Je vous ordonne, Monsieur, de ne plus vous exposer ainsi ; nos défenseurs sont trop rares pour que nous ne devions pas les ménager, et nous attendons de vous, en ce moment, un service qui vous coûtera moins cher.

SALVOISY. Que Votre Majesté daigne commander.

LA REINE. Une de vos parentes, la marquise de Salvoisy, qui demeure à Clermont en Argonne, a un fils qui a disparu.

SALVOISY, *à part et troublé.* O ciel !

LA REINE. Savez-vous ce qu'il est devenu, et quel est son sort ?

SALVOISY, *hésitant.* Oui, Madame.

LA REINE. Dites-le-moi donc, car je m'y intéresse beaucoup, et j'ai promis de le rendre à sa mère.

SALVOISY. Votre Majesté ne le pourra pas, car il est impossible qu'il s'éloigne maintenant de Versailles.

LA REINE, *vivement.* Il y est donc ?

SALVOISY. Oui, Madame ; le jour, errant dans ces jardins, sous ces portiques ; la nuit, couché sous le marbre de vos balcons, ou les yeux fixés sur vos fenêtres.

LA REINE. Que me dites-vous ! Serait-ce ce jeune homme dont on me parlait ce matin, qui suit partout mes pas, et qu'on ne désigne ici que sous le nom d'*Amoureux de la reine* ?

SALVOISY. Oui, Madame.

LA REINE. C'est là votre parent, et vous n'avez pas essayé de le rendre à la raison ; de lui représenter qu'il exposait ainsi, à la poursuite d'une vaine chimère, son repos, son bonheur et ses jours peut-être ?

SALVOISY. Il le sait, Madame ; mais il aime mieux mourir que de ne plus voir Votre Majesté ; c'est sa vie, c'est son être ; il n'existe que de votre présence.

LA REINE. En vérité, c'est de la folie, et je m'étonne que, faisant profession d'un pareil dévouement, il n'ait pas été arrêté un instant par la crainte de me compromettre ou de me déplaire.

SALVOISY. Vous déplaire, vous compromettre ! O ciel ! et comment ? est-ce votre faute si l'on vous aime ? est-ce la sienne s'il n'a pu se défendre d'un pareil amour ? et jugez vous-même, Madame, s'il est si coupable. Dans ces jardins de Versailles, dans ce parc magnifique ouvert à tout le monde, une femme se trouve assise près de vous ; vous êtes frappé du charme de sa personne ; vous lui parlez, elle répond ! le son de sa voix vibre jusqu'au fond de votre âme, vous vous laissez aller sans méfiance à l'entraînement de ses discours ; et quand une passion vous est bien entrée jusqu'au fond du cœur, il se trouve que cette femme est une reine ! une reine ! Ah ! que n'est-elle votre égale ! on l'adorerait sans crime, on pourrait l'avouer, le lui dire à elle-même, et pâle, tremblant, les yeux baissés vers la terre, on ne rougirait pas devant elle de honte et de crainte, comme je le fais en ce moment.

LA REINE. O ciel ! que dites-vous ?

SALVOISY. Que je suis cet insensé, ou plutôt ce coupable.

LA REINE, *avec dignité et faisant un pas pour sortir.* Monsieur !..

SALVOISY. Ah ! ne me punissez pas, ne prononcez pas mon arrêt ; je ne crains pas la prison, je ne crains pas la mort ; mais je crains de ne plus vous voir. Grâce, Madame ! grâce et pitié...

LA REINE, *à part.* Mon Dieu ! s'il appelle, il est perdu !

SALVOISY, *avec chaleur.* Je ne veux rien, je ne demande rien, que vous voir, vous voir encore, les jours où tout le monde est admis à ce bonheur ; et, si dans la foule indifférente qui souvent se presse autour de vous, il est un homme qui vous aime, pourquoi sa vue vous irriterait-elle ? son silence et ses tourments seraient-ils une offense ? (*La reine fait encore quelques pas pour sortir.*) Oh ! non, non, cela n'est pas possible ! et, peut-être émue d'un attachement si pur et si vrai, vous direz : Pauvre homme ! il m'aime tant ! et vous me souffrirez...

LA REINE. Monsieur !.. (*A part.*) Que lui répondre ? le malheureux me fait de la peine ; et cependant, souf-

LA REINE. Un duel avec M. de Lauzun. — Acte 1, scène 12.

frir de pareilles choses est impossible. Allons, allons, qu'il s'éloigne, du moins... (*Haut.*) Monsieur, je vous prie... (*A part.*) Là, ne le voilà-t-il pas immobile devant moi ! (*Haut.*) Monsieur, retirez-vous, la reine ne saura rien de tout ce qui s'est passé. Allez, allez ; mais surtout plus d'éclat, plus de querelles, ce serait encore une manière de me calomnier... Eh bien ! ne m'entendez-vous pas ?

SALVOISY. Si, Madame, vous venez de me répondre sans colère, avec bonté ; je vous reconnais ; oui, oui, vous voilà bien, telle que je vous ai vue la première fois. Un mot, un mot encore, de cette voix que peut-être je n'entendrai plus, qu'avant de mourir vous ayez eu pitié de moi ; et quel que soit le châtiment qui m'est réservé, (*Se jetant à ses pieds.*) que je puisse au moins toucher cette main qui me pardonne.

LA REINE, *avec dignité, et dégageant sa main que Salvoisy vient de saisir.* Malheureux ! je vous ordonne de sortir. (*En ce moment, le duc de Lauzun, M. de Vassan et quelques personnes de la cour paraissent au fond.*)

SCÈNE XIII.

LES PRÉCÉDENTS, M. DE LAUZUN, VASSAN.

LA REINE, *aux personnes qui entrent, et montrant Salvoisy.* Messieurs, faites sortir cet homme !

LAUZUN. Le misérable ! aux pieds de Votre Majesté !

VASSAN. Quelle insolence ! il n'est plus mon neveu, et sa ruse est découverte. (*Aux gardes du corps qui sont près de la porte.*) Qu'on le saisisse ! qu'on l'entraîne ! (*Au moment où les gardes font un mouvement pour arrêter Salvoisy, paraît Louise.*)

SCÈNE XIV.

LES PRÉCÉDENTS, LA PRINCESSE, LOUISE.

LOUISE, *entrant vivement, et poussant un cri en apercevant Salvoisy.* Ah ! le voilà ! Grâce, Madame, grâce pour lui, vous me l'avez promis !

LA REINE. Oui... Qu'on ne lui fasse aucun mal, qu'il s'éloigne seulement ; cet homme n'a point de mauvais desseins; il est privé de sa raison, ce n'est qu'un pauvre insensé.

LOUISE. Lui!

SALVOISY, *poussant un cri déchirant.* Ah! ce n'était que du mépris, pas même de la pitié!

LAUZUN, *à la reine.* Quoi! Madame, vous laisseriez impunis de pareils outrages?

LA REINE. Ne vous en plaignez pas, Monsieur, et remerciez le ciel de mon indulgence. (*Bas, lui remettant son billet.*) Tenez; et désormais ne reparaissez jamais devant moi. (*Elle va s'asseoir près de la toilette.*)

LOUISE, *qui pendant ce temps s'est approchée de Salvoisy.* Eh! mais, qu'a-t-il donc? comme il me regarde d'un air effrayant! Mon maître! mon maître! est-ce que vous ne me reconnaissez pas? (*Musique qui dure jusqu'à la fin de l'acte.*)

SALVOISY, *avec égarement.* Sortez! a-t-elle dit; qu'on le chasse! Chassé comme un valet!

LOUISE, *se jetant aux pieds de la reine.* Madame, il a perdu la raison.

SALVOISY, *à Louise, qu'il relève.* Que faites-vous donc? à genoux devant elle! prenez garde, vous allez vous faire chasser; ceux qui l'aiment sont renvoyés de ce palais; elle ne souffre auprès d'elle que ses ennemis; vous voyez bien que je ne peux pas y rester. Venez, venez. (*Il veut entraîner Louise, et traverse avec elle le théâtre de gauche à droite; mais il chancelle et tombe sans connaissance dans un fauteuil que la reine vient de quitter.*)

LA REINE, *gagnant le fond à droite.* Princesse, M. de Vassan, voyez, ordonnez qu'on lui prodigue tous les soins. Privé de la raison!.. (*Le regardant.*) Ah! le malheureux, que lui reste-t-il?

LOUISE, *auprès de Salvoisy.* Moi, Madame; moi qui ne le quitterai jamais. (*Elle se jette dans les bras de Salvoisy. La reine s'éloigne en jetant sur lui un dernier regard. La toile tombe.*)

ACTE DEUXIÈME.

Le théâtre représente un salon du château de Salvoisy, sur la route d'Épernay. Porte au fond et portes latérales. Sur le devant, à gauche de l'acteur, une table avec tout ce qui est nécessaire pour écrire, et de plus une guitare.

SCÈNE PREMIÈRE.

BOURDILLAT, *seul, assis près de la table, lisant le journal.* Comme ça marche! comme ça marche! Chaque jour un nouvel événement! et les notables, et l'Assemblée nationale, et le Jeu de Paume, et les titres qui s'en vont, et les assignats qui arrivent. L'abolition de la noblesse; il n'y aura plus de nobles: l'abolition des noirs; il n'y aura plus de noirs: tout cela va d'un train... Et aujourd'hui, (*Il prend un autre journal.*) qu'est-ce qu'il y a de nouveau dans le journal de M. Salvoisy? (*Il lit.*) CHRONIQUE DE PARIS, 19 juin 1791. « Décret qui enjoint aux princes de revenir en France, sous peine de confiscation de leurs biens, etc. » Dame! qu'ils y prennent garde! s'ils s'en vont tous comme ça, cela fait de la place aux autres! et nous finirons par être les premiers. Moi, par exemple! moi, Bourdillat, simple chirurgien, pour ne pas dire *frater*, à Épernay, me voilà déjà administrateur du district. Tous mes collègues s'amusent à faire du désintéressement, moi je ne demande qu'à monter; il ne faut pour cela que saisir au passage une bonne occasion, et il en passe tous les jours. Ah! c'est mademoiselle Louise! (*Il se lève.*)

SCÈNE II.

LOUISE, BOURDILLAT.

LOUISE. Vous voilà, monsieur Bourdillat?

BOURDILLAT. Oui, Mam'selle, fidèle à mon devoir, tous les matins je viens au château de M. Salvoisy déjeuner et lire les journaux, et voir notre jeune et intéressant malade. Comment va-t-il ce matin?

LOUISE. Je ne trouve pas de changement.

BOURDILLAT. C'est étonnant! ça n'est pas faute de visites! trois cent soixante-cinq par an. Je reviendrai demain, car c'est mon meilleur malade.

LOUISE. Je crois bien, toujours si bon, si aimable, ne se plaignant jamais!

BOURDILLAT. Il n'en a pas le temps. Vous êtes toujours là, à veiller sur lui, à prévenir tous ses désirs, et cela depuis cinq ans, sans vous décourager ni vous ralentir un moment: savez-vous que c'est très-beau?

LOUISE. Et en quoi donc? Est-ce qu'il me serait possible de le quitter, de l'abandonner; depuis que sa mère est morte, il n'a plus que moi pour l'aimer!

BOURDILLAT. Et vous l'aimez tant!

LOUISE. Dame! madame la marquise me l'avait ordonné, et je ne lui ai jamais désobéi. « Louise, qu'elle me dit, je lègue mon fils à tes soins, à ton zèle! tous ses parents ont fui sur une terre étrangère, et moi aussi, je vais le quitter pour jamais. »

AIR: *Elle a trahi ses serments et sa foi.*

D'une mourante entends le dernier vœu:
Sois de mon fils la compagne assidue;
Que l'amitié puisse lui tenir lieu
De la raison, qu'hélas! il a perdue.
Veille ici-bas sur lui, ma fille, et moi,
Du haut des cieux je veillerai sur toi!

BOURDILLAT. Ah! elle vous a dit cela?

LOUISE. Oui, Monsieur, et si elle me regarde quelquefois, comme elle me l'a promis, elle doit être contente.

BOURDILLAT. Vous avez raison; elle doit être contente de nous. Vous, d'abord, vous faites tout ce qu'il veut, et moi, je ne le contrarie jamais, je ne lui ordonne jamais rien, je le laisse bien tranquille: c'est le moyen de le guérir tout à fait.

LOUISE. Vous croyez?

BOURDILLAT. Foi de docteur, je n'en connais pas d'autre, et je vous réponds qu'il y a du mieux. Le mois dernier, ce jour où il refusait de me recevoir, il avait toute sa raison.

LOUISE. Oh! oui, je sais bien ces jours-là.

BOURDILLAT. Toute la semaine dernière, il a parlé presque aussi raisonnablement que moi, et hier et avant-hier, en apercevant M. le duc, je ne sais lequel, qui se rendait à la frontière, il l'a très-bien reconnu, et en général, tout ce qu'il a vu à Versailles, tout ce qui vient de ce pays-là produit sur lui une émotion, une commotion qui pourrait amener sa guérison.

LOUISE. Vous croyez? ça serait bien heureux. Au fait, il y a des moments où il raisonne; il reconnaît ceux qui lui parlent, il leur répond avec justesse. Mais moi, je suis bien malheureuse, c'est comme un sort qu'on m'aurait jeté; j'ai beau être toute la journée à côté de lui, il ne me reconnaît jamais, il me prend toujours pour la reine; il me parle de son amour, et cela a l'air de le rendre si heureux que je le laisse dire, quoique ce soit là le plus pénible, voyez-vous.

BOURDILLAT. Et en quoi?

LOUISE. Je ne sais, mais il me semble que de recevoir des amitiés qui ne sont pas pour vous, il y a là-dedans quelque chose de... enfin, ça n'est pas à moi, ça ne m'appartient pas, et quand on est honnête fille, on ne veut rien dérober à personne.

BOURDILLAT. Vous êtes folle!

LOUISE. C'est possible, l'habitude de vivre avec lui.

BOURDILLAT. Si cela arrivait, nous vous soignerions aussi; car moi, j'ai une affection pour tout ce qui tient à ce château... pour le château lui-même. Tout à l'heure, le commandant militaire, M. Byron, qui vient inspecter en passant le département de la Marne, nous demandait un logement pour lui et son état-major. Eh bien! moi, je lui ai désigné ce château comme le lieu le plus digne de le recevoir.

LOUISE. On les logera dans l'aile droite du château; mais ce n'est pas trop amusant, parce que des militaires...

BOURDILLAT. N'ayez pas peur : quoique fort jeune encore, le commandant Byron est un de ces anciens seigneurs si éminemment aimables... Je vous présenterai à lui, et grâce à ma protection... Tenez, tenez, le voici déjà qui vient s'établir et prendre possession de son quartier général.

SCÈNE III.

LES PRÉCÉDENTS, BYRON.

BYRON, *au fond, à des cavaliers.* Surtout, Messieurs, beaucoup d'égards et de politesse pour les habitants de ce château; des militaires français doivent l'exemple de l'ordre et de la discipline. (*Voyant Bourdillat.*) Eh! c'est maître Bourdillat, ce magistrat irréprochable et ce docteur qui ne l'est peut-être pas autant...

BOURDILLAT. Vous êtes trop bon, commandant : du reste, c'est moi-même qui prends la liberté de recommander à votre protection cette jeune fille. (*Bas, à Louise.*) Avancez donc.

LOUISE, *levant les yeux.* O ciel! M. de Lauzun!

BYRON, *la regardant.* Eh! mais, autant que je me rappelle, cette jolie fille...

BOURDILLAT. Vous la connaissez?

BYRON, *allant à elle.* Toutes les jolies filles sont de ma connaissance.

LOUISE. Il y a cinq ans, à Trianon, vous m'avez présentée à la reine.

BYRON, *avec embarras.* La reine! il y a cinq ans... oui, oui, je me rappelle parfaitement..... depuis, les temps ont changé.

BOURDILLAT. Et nous avons fait comme eux.

BYRON. Moi, du moins : car vous, ma belle enfant, toujours aussi jolie, si toutefois cela n'a pas augmenté. Et votre jeune maître, ce cerveau brûlé, simple gentilhomme à qui il fallait de royales amours?

LOUISE. Vous êtes ici chez lui.

BYRON. Pardon! pardon mille fois; et sa tête?

LOUISE. Elle n'est jamais bien revenue.

BOURDILLAT. C'est moi qui le traite.

BYRON, *lui frappant sur l'épaule.* Ça ne m'étonne pas, vous en êtes bien capable!

BOURDILLAT, *s'inclinant.* Trop de bontés. Ces ex-grands seigneurs sont d'une politesse... On reconnaît tout de suite les manières de l'ancienne cour.

BYRON. La cour! je n'en suis plus, Monsieur; je suis de la nation.

BOURDILLAT, *avec satisfaction.* Oh! nous savons bien que M. le duc de Lauzun...

BYRON. Il n'y a plus de duc de Lauzun. Un des premiers j'ai abdiqué toutes ces distinctions et privilèges, dont une seule nuit a suffi pour renverser l'échafaudage. Je suis le commandant Byron; ce titre vaut bien l'autre. Je ne devais le premier qu'au hasard; c'est à la confiance de mes concitoyens que je dois celui-ci, et, quoique jeune, je tâcherai d'y faire honneur.

BOURDILLAT. Vous n'aurez pas de peine.

BYRON. Que chacun fasse son devoir et tienne ses engagements comme moi, avec une foi ferme et sincère, et les temps s'amélioreront.

BOURDILLAT. Ils sont déjà améliorés! autrefois je n'étais rien, aujourd'hui je suis quelque chose; et encore la plupart de mes collègues prétendent que je n'entends rien à ce qui se passe, que je suis un brouillon, un imbécile; expression de l'ancien régime.

BYRON. Style de tous les temps.

BOURDILLAT. Que j'aie un jour l'occasion de déployer mes talents, ils verront si j'en ai... A propos de ça, monsieur le commandement, on disait ce matin au district que la cour et toute la noblesse veulent abandonner le royaume?

BYRON, *sans l'écouter.* Oui, oui... (*Rompant la conversation, et s'adressant à Louise.*) Eh bien! ma chère enfant...

LOUISE. Si monsieur le commandant veut prendre possession de ses appartements, il y trouvera tout ce qui peut lui être utile; et plus tard, si vous désirez quelque chose...

BYRON. L'avantage de vous offrir mes services, le plaisir d'être admis à vous présenter mes hommages.

BOURDILLAT. Galanterie de l'ancienne cour.

BYRON, *s'éloignant de Louise.* C'est vrai, ce n'est plus de mode; mais quand on y a été élevé...

LOUISE. Taisez-vous, taisez-vous, je crois entendre mon maître.

BYRON. Pauvre jeune homme! (*A Bourdillat.*) Ah! sa vue me ferait mal. Venez, venez, Bourdillat; conduisez-moi à l'appartement que mademoiselle Louise veut bien me destiner. (*Lauzun et Bourdillat sortent par le fond. Louise sort après eux.*)

SCÈNE IV.

SALVOISY, puis LOUISE.

(*Il entre par la porte latérale, à droite; il marche lentement, s'arrête, et a l'air de regarder d'un air étonné; il salue à droite, à gauche, comme s'il y avait beaucoup de monde, donnant une poignée de main à droite, à gauche.*)

SALVOISY

AIR de *la Folle* (Musique de M. Grisard).

Que de monde aujourd'hui! quels courtisans nombreux!
Pour contempler la reine ils viennent en ces lieux...
Ils l'admirent tout haut... moi je l'aime tout bas;
Mon âme est tout entière attachée à ses pas!
Mais je la cherche en vain, et je ne la vois pas!
Pour moi plus de bonheur quand je ne la vois pas!
(*Apercevant Louise qui rentre par la porte du fond.*)

La voilà, c'est la reine, elle sort de son appartement. (*Il la salue et se tient dans une attitude respectueuse.*)

LOUISE, *à part.* Je n'ose l'approcher. (*Haut.*) Monsieur...

SALVOISY. Votre Majesté daigne donc accorder un instant d'entretien à son serviteur.

LOUISE. Toujours elle! et jamais moi.

SALVOISY. Quelle différence! depuis ce jour où vous avez dit : « Sortez, qu'on le chasse! » Ah! je me le rappelle, vous l'avez dit; et alors je ne sais ce qui s'est passé en moi, l'humiliation, la rage, la haine! Oh! oui, je vous haïssais plus que jamais...

LOUISE, *avec joie.* Serait-il vrai?

SALVOISY. Puis, tout à coup, un changement... ah! un changement bien grand; dédaigneuse est hautaine, vous êtes devenue si bonne, si aimable, vos yeux me regardaient avec une expression si douce... tenez, comme en ce moment.

LOUISE. Vous croyez?

SALVOISY. Oh! que je vous trouve ainsi et plus touchante et plus belle! et ces riches habits de soie, ces perles dans vos cheveux, vous les avez ôtés; vous avez bien fait, vous n'en avez pas besoin; je vous aime bien mieux comme cela.

LOUISE, *avec joie.* Vraiment!

SALVOISY. Sans comparaison! Ah! si vous pouviez rester toujours comme vous êtes, ne plus être reine...

LOUISE. Je ne demande pas mieux.

SALVOISY. Vous n'y tenez donc pas?

LOUISE. Du tout, du tout; Versailles, la cour et les majestés, si vous pouviez comme moi oublier tout cela!..

SALVOISY, *avec force.* Vous oublier... Oh! non, je ne le peux pas! vous êtes tout pour moi!

LOUISE, *cherchant à le calmer.* On m'avait parlé d'une amie de votre enfance.

SALVOISY. Attendez... Ah! oui; la reine...

LOUISE. Eh! non. Une jeune fille qui vous était si attachée.

SALVOISY. Attendez .. oui, Louise...

LOUISE. Il sait encore mon nom.

SALVOISY, *tristement.* Pauvre enfant! elle est morte.

LOUISE. Eh bien! par exemple, qui vous a dit cela?

SALVOISY. Ah! elle est morte; elle ne vient plus, plus du tout; et si elle vivait... (*Il la prend par la main, et la conduit dans un coin du théâtre, à droite. A demi-voix.*) Vous ne savez pas? ce fut mon premier amour. Oui, je l'aimais avant d'aller à la cour.

LOUISE. Là! ce que c'est que de venir à la cour! Voyez comme tout s'y perd!

SALVOISY. Mais ma mère n'aurait jamais voulu. (*Il va s'asseoir auprès de la table.*) Ah! elle était bien jolie. (*Louise s'approche. La regardant.*) Moins que vous cependant; bien moins que Votre Majesté.

LOUISE. C'est fini, il est dit qu'il n'y a que moi qu'il ne reconnaîtra jamais.

SALVOISY, *prenant la guitare qui est sur la table, et jouant pendant la ritournelle.*

AIR du *Castillan à Paris* (d'ÉDOUARD BRUGNIÈRES).

Sans vous, hélas! ma vie était si triste!
Votre aspect seul la charme et l'embellit;
Par votre aspect je respire et j'existe...

LOUISE, *à part, avec joie.*
Ah! pour le coup c'est de moi qu'il s'agit!

SALVOISY.
Oui, sans l'éclat du diadème,
Tout céderait à votre loi...

LOUISE.
Ah! qu' c'est cruel!.. mêm' quand il m'aime,
Cet amour-là...
(*Pleurant.*)
Ah! ah! n'est pas pour moi!

SALVOISY, *se levant et allant à Louise.*
En vous voyant, se glisse dans mes veines
Un feu brûlant et rapide et soudain...
Et cette main que je presse en les miennes...

LOUISE, *à part, avec joie.*
Oh! cette fois, c'est bien moi! c'est ma main!

SALVOISY, *avec passion.*
Reine chérie!.. ah! tant de grâce
Fait oublier qu'on n'est pas roi!
(*Il l'embrasse.*)

LOUISE, *à part et pleurant.*
Et même, hélas! quand il m'embrasse,
Ces baisers-là, ah! ah! n' sont pas pour moi!
(*Elle le repousse.*)

SALVOISY. Ah! vous êtes fâchée!

LOUISE. Il n'y a peut-être pas de quoi?

SALVOISY. Je vous ai offensée!

LOUISE. Ce n'est pas tant la chose, mais les idées qu'on y attache. (*Salvoisy la salue respectueusement.*) Allons, des respects maintenant. (*Il fait un second salut respectueux, la regarde, puis il sort brusquement par la porte latérale à droite.*)

LOUISE, *le regardant.*

AIR : *Pour le trouver, je cours en Allemagne* (d'YELVA).

Toujours la reine! hélas! quelle est ma peine,
Et que not' sort est étrange aujourd'hui!
Il est trop loin de moi quand je suis reine,
Et paysann' je suis trop loin de lui!
Il guérirait du délir' qui l'égare,
Que tous mes vœux seraient encor déçus!
La folie, hélas! nous sépare,
Et la raison nous sépare encor plus.

SCÈNE V.

LOUISE, BOURDILLAT.

BOURDILLAT. C'est encore moi, mademoiselle Louise. Voici ce que c'est. Un monsieur, une dame et un enfant demandent l'hospitalité; une indisposition du petit bonhomme les oblige de s'arrêter; il leur fallait un asile et un médecin pour une demi-heure. Je me suis trouvé là, votre château aussi; je les ai assurés de mes bons soins, de votre bon accueil, et je vous les amène.

LOUISE. Vous avez bien fait.

BOURDILLAT. J'ai déjà examiné l'enfant; ce ne sera rien du tout. (*Il se met à la table et écrit.*) Une légère prescription.

LOUISE. Je cours à la pharmacie du château.

BOURDILLAT. C'est cela; ils pourront après se remettre en route. (*Louise sort par la porte latérale à gauche.*)

SCÈNE VI.

LA REINE, BOURDILLAT.

LA REINE, *dans le fond, à Vassan qui l'accompagne et qui est resté en dehors.* Surtout ne le quittez pas. (*Entrant vivement et s'adressant à Bourdillat.*) Eh bien! Monsieur, mon fils?

BOURDILLAT. Soyez sans inquiétude, Madame, on prépare ce qui est nécessaire pour lui; dans quelques instants, il sera tout à fait bien.

LA REINE. Ah! Monsieur, que de reconnaissance!

Ainsi dans une demi-heure nous pourrons nous remettre en chemin?
BOURDILLAT. Oui, Madame.
LA REINE, *à part.* Quel voyage! il me semble que nous n'aurons jamais atteint la frontière.
BOURDILLAT. Vous venez de Paris, à ce que je présume?
LA REINE. De Paris?.. Non, Monsieur.
BOURDILLAT. Tant pis! vous auriez pu me donner des détails...
LA REINE. Sur quoi donc, Monsieur?
BOURDILLAT. Il circule depuis hier une foule de bruits plus alarmants les uns que les autres.
LA REINE. Vous m'effrayez.
BOURDILLAT. On prétend que le roi a l'intention d'abandonner la partie. On va même jusqu'à indiquer, mais cela se dit à l'oreille, jusqu'à indiquer le jour de son départ.
LA REINE, *à part.* Grand Dieu! on aurait su à l'avance...
BOURDILLAT. En tous cas, je ne lui conseillerais pas de prendre par cette route-ci.
LA REINE, *à part.* Quel supplice!
BOURDILLAT. Le pays est prononcé, excessivement prononcé.
LA REINE, *inquiète et voulant cacher son inquiétude.* Mon Dieu! Monsieur, cette potion que l'on prépare pour mon fils...
BOURDILLAT. Je l'attends, Madame, je l'attends.
LA REINE, *avec impatience.* Ayez, je vous prie, la bonté de voir si vos ordres ont été ponctuellement exécutés.
BOURDILLAT. Des ordres... je n'en ai point à donner à la personne qui a bien voulu se charger... mais ne vous impatientez pas, Madame, je l'entends.

SCÈNE VII.

LES PRÉCÉDENTS, LOUISE.

LOUISE, *remettant une petite bouteille à Bourdillat.* Tenez, regardez; est-ce bien cela que vous m'avez demandé? (*Pendant que Bourdillat examine, elle aperçoit la reine.*) Grand Dieu! (*Elle fait un mouvement pour aller à la reine, qui lui fait signe de garder le silence.*)
BOURDILLAT, *à Louise, après avoir examiné la potion.* Le meilleur pharmacien n'aurait pas mieux préparé cette potion; et quoiqu'on ait besoin de moi au district, je cours près de l'enfant; l'État peut bien attendre, tandis qu'un malade...
LA REINE. Que je vous remercie!
BOURDILLAT. Je suis comme ça, je suis médecin avant d'être fonctionnaire, d'autant plus que les fonctions publiques sont gratuites, tandis que les autres...
LA REINE. Croyez que je saurai reconnaître...
BOURDILLAT. Ce n'est pas pour cela que je le dis. (*A Louise, lui montrant la reine.*) C'est la dame que vous voulez bien accueillir, et que je vous recommande. (*Il sort par la gauche.*)

SCÈNE VIII.

LA REINE, LOUISE.

LOUISE, *regardant sortir Bourdillat et venant se jeter aux pieds de la reine.* Ah! Madame, il est donc vrai, et Votre Majesté...

LA REINE. Imprudente! que faites-vous?
LOUISE. Me voilà, comme autrefois, à vos pieds, dans ce palais où j'implorais vos bontés, où vous daigniez me protéger.
LA REINE. Nous avons changé de rôle, mon enfant, car c'est moi, aujourd'hui, qui ai besoin de protection.
LOUISE. La reine de France!..
LA REINE. Je ne le suis plus; errante et fugitive, je suis forcée de chercher un asile sur la terre étrangère.
LOUISE. Grand Dieu!
LA REINE, *avec douleur.* Il le faut. (*Avec résignation.*) Mais, épouse et mère, je sais quels devoirs ces titres m'imposent, et je les remplirai.
LOUISE. Ah! parlez, disposez de moi!
LA REINE. Partie de Paris secrètement hier au soir avec le roi, j'ai été obligée de le quitter sur la route pour faire soigner mon enfant malade. Si je ne m'arrête qu'un instant, je puis, j'espère encore, le rejoindre avant la ville prochaine.

SCÈNE IX.

VASSAN, LA REINE, LOUISE.

VASSAN, *accourant.* Ah! Madame! ah! reine. (*Il s'arrête en voyant Louise.*)
LA REINE. Oh! vous pouvez parler, monsieur de Vassan; c'est une amie. Eh bien! mon fils?
VASSAN. Va beaucoup mieux, infiniment mieux. Nous pourrons repartir dans un quart d'heure, ce qui est essentiel; car il est perdu, et vous aussi, Madame, si nous tardons à nous remettre en route.
LA REINE. Expliquez-vous.
VASSAN. Le médecin qui nous a introduits dans ce château, qui nous y a installés avec tant de grâce, est une des autorités du pays.
LA REINE. Il serait vrai!
LOUISE. Hélas! oui, Madame.
VASSAN. Il a sans doute des ordres, des instructions secrètes; c'est peut-être un piège qu'il nous a tendu en nous conduisant ici, chez un de vos anciens ennemis.
LOUISE. Ah! Madame, ne le croyez pas.
LA REINE. Et chez qui suis-je donc?
VASSAN. Chez M. de Salvoisy, ce jeune homme qui, jadis, osa pénétrer dans les appartements de Trianon, et dont l'audace fut punie par la perte de sa raison.
LA REINE, *avec un peu de douleur.* Ah! oui, je me rappelle. (*A Louise.*) Est-ce que le malheureux?..
LOUISE. Ah! mon Dieu! Madame, toujours; il ne pense qu'à la reine.
LA REINE. Pauvre jeune homme!
VASSAN. Jugez alors du danger que court Votre Majesté. Aussi, quand tout à l'heure je l'ai rencontré face à face, et que je l'ai vu fixer sur moi ses yeux avec une expression tout à fait extraordinaire, je ne me suis pas amusé à lui demander de ses nouvelles, j'ai doublé le pas pour lui échapper.
LA REINE. L'infortuné! malgré lui, peut-être, s'il me voit il me nommera, me trahira.
LOUISE. Il vous aime tant!
VASSAN. Et une amitié comme celle-là vous dénoncerait pour vous sauver.
LA REINE. Il faut donc se hâter. Monsieur de Vassan, voyez à presser notre départ.
VASSAN. Oui, Madame. (*Il sort par le fond.*)

LA REINE. Et vous, ma chère enfant, tâchez d'ici là que M. de Salvoisy ne m'aperçoive pas.

LOUISE. Il doit être rentré dans son appartement, je vais l'y enfermer. Vous, Madame, restez dans ce salon. On n'y viendra pas, vous n'y courez aucun danger, et dans quelques instants j'espère vous apporter de bonnes nouvelles. (*Elle sort par la porte latérale à droite, après avoir baisé la main de la reine, et on l'entend en dehors fermer la porte à droite.*)

SCÈNE X.

LA REINE, seule.

(*Elle s'assied à droite du théâtre.*)

Oh! quel voyage! quel voyage! A chaque instant de nouvelles craintes, de nouveaux périls; un cocher qui, à peine sur son siége, s'égare dans les rues de Paris et perd une heure avant d'arriver à la barrière! une heure, dans une fuite comme la nôtre! et la fatalité, quand nous avons besoin de l'obscurité la plus profonde, qui nous force à choisir la nuit la plus courte de l'année. Ce n'est rien encore; tout devait tendre à ne point éveiller la curiosité, les soupçons. Eh bien! deux voitures, des chevaux sans nombre, des gardes, des coureurs; tout l'attirail d'un souverain qui visite son empire. Ah! je n'accuse pas mes amis; mais que souvent leur zèle est maladroit! et mon fils qui tombe malade! et le hasard qui me fait entrer dans ce château, où m'attend un danger, le moins prévu de tous. (*Elle écoute.*) Du bruit!.. qui peut venir? (*Elle se lève.*) Ah! courons vers mon fils... Ciel! M. de Salvoisy!

SCÈNE XI.

SALVOISY, LA REINE.

(*Salvoisy entre par la porte du fond qu'il referme précipitamment à double tour, et retire la clé qu'il met dans sa poche.*)

SALVOISY. Vassan! Vassan! le marquis de Vassan! Oh! je l'ai reconnu, je les reconnais tous; c'est devant lui, c'est devant eux qu'elle m'a dit : « Sortez, « sortez ; c'est un fou! c'est un fou! »

LA REINE. Et aucun moyen de lui échapper! (*Elle cherche à se sauver; mais à chaque instant elle s'arrête dans la peur d'être vue.*)

SALVOISY, *riant*. Ah! je suis fou!

LA REINE, *voyant toutes les portes fermées*. Impossible de sortir!

SALVOISY, *l'apercevant*. Une femme! une femme ici! (*Il s'approche.*) Qui est-elle? (*Il va à elle brusquement; la reine cherche à l'éviter, mais il l'arrête.*) Que voulez-vous, Madame? (*La reine le regarde avec dignité.*)

SALVOISY. Ah! (*Il jette un cri affreux et reste la bouche béante.*)

LA REINE. Monsieur de Salvoisy...

SALVOISY, *après un instant de silence*. Cette voix! la reine... (*Il la regarde avec admiration, puis fait un mouvement pour s'avancer vers elle. La reine, d'un geste imposant, lui fait signe de s'arrêter. Il reste immobile.*) Et cependant ces traits si fiers, si imposants... ce ne sont plus ces regards de bonté et de tendresse qui me consolaient : ce n'est pas la reine que j'aimais; c'en est une autre dont la vue m'impose et me rend tremblant.

LA REINE, *s'approchant*. Oh! je n'ai plus peur... pauvre insensé!

SALVOISY. Insensé! non; il y avait un poids affreux (*Montrant son cœur.*) là! (*Portant la main à son front.*) là surtout... c'était la nuit, et voici le jour.

LA REINE. Monsieur de Salvoisy!..

SALVOISY. Oui, c'est moi; c'est mon nom. Vous êtes la reine, rien que la reine, voilà tout; mais il y a quelque chose qui me manque, et que je ne puis comprendre; quelque chose que je ne puis dire, et que je cherche... (*Apercevant Louise qui entre par la porte latérale à droite.*) Ah! la voilà!

SCÈNE XII.

LES PRÉCÉDENTS, LOUISE.

LOUISE. Madame, Madame, il n'était pas dans la chambre; il s'était échappé.

LA REINE. C'est lui! tais-toi.

SALVOISY. Non, non, parlez encore, voilà la voix que j'attendais; c'est elle; elles étaient deux.

LA REINE, *à Louise*. Mais il m'a reconnue; il dit qu'il n'est pas fou.

LOUISE. Mon pauvre maître!

LA REINE. Il prétend que ma vue lui a rendu toute sa raison.

LOUISE. Elle la lui ferait perdre au contraire; et je vais l'emmener.

SALVOISY, *qui, pendant ce temps, a cherché son nom*. Louise!

LOUISE, *se jetant dans ses bras*. Il me reconnaît! pas pour longtemps peut-être! mais c'est égal, je n'ai jamais été plus heureuse! et si ce n'étaient les dangers de Votre Majesté...

SALVOISY, *vivement*. Des dangers! la reine est en danger?

LOUISE, *effrayée*. Ah! mon Dieu! ça le reprend déjà... (*Apercevant quelqu'un qui entre.*) Bourdillat!

LA REINE. C'est fait de nous.

SALVOISY. Bourdillat!

LOUISE, *restant auprès de lui*. Un ennemi de la reine! du silence

SCÈNE XIII.

LES PRÉCÉDENTS, BOURDILLAT, puis VASSAN.

BOURDILLAT. Madame, j'ai l'honneur de vous annoncer que le petit jeune homme, monsieur votre fils, est tout à fait rétabli. Cette fois, la maladie a eu peur du médecin; ordinairement c'est le malade!

LA REINE. Nous pouvons donc partir?

VASSAN. Oui, Madame, je venais vous l'annoncer.

BOURDILLAT. Et moi, je ne vous conseille pas de vous mettre en route dans ce moment, car je viens d'apprendre au district que les circonstances sont graves.

TOUS LES AUTRES. Ô ciel!

BOURDILLAT. J'ajouterai même, de mon chef, excessivement graves.

LA REINE. Quoi! Monsieur, vous avez des nouvelles de Paris?

BOURDILLAT. Des nouvelles extraordinaires; toute la famille royale est décidément partie.

SALVOISY, *brusquement et s'avançant auprès de Bourdillat.* Partie ! et la reine ?

BOURDILLAT. La reine ! nous y voilà ; à ce mot seul, la tête déménage.

SALVOISY, *lui secouant rudement la main.* Eh ! non, morbleu, non ; je vous répète que je vous entends, que je vous reconnais ; je vous reconnais tous ; j'ai ma raison.

BOURDILLAT. C'est ce qu'ils disent toujours.

SALVOISY. Ils ne voudront pas me croire à présent.

LOUISE. Eh ! si, vraiment ; on vous croit, on en est persuadé... (*A Bourdillat.*) Pourquoi, aussi, allez-vous le contrarier ?

BOURDILLAT. Cela ne m'arrivera plus.

SALVOISY. Eh bien ! donc, répondez ; pourquoi la reine a-t-elle quitté Versailles, et sa cour, et le trône ?

BOURDILLAT. Parce qu'il n'y a plus de Versailles, plus de trône ; tout est bouleversé, renversé...

SALVOISY. Bourdillat est fou.

BOURDILLAT. Moi ! Par exemple, cela lui va bien.

SALVOISY. Et je vous demande...

LA REINE, *regardant Salvoisy, et avec intention.* Non ! M. Bourdillat a raison ; la reine cherche en ce moment à gagner la frontière, et elle serait perdue si on la reconnaissait. (*Moment de silence et signe d'intelligence entre la reine, Vassan, Salvoisy et Louise.*)

BOURDILLAT, *qui pendant ce temps a pris une prise de tabac.* Ce qui ne manquera pas d'arriver si elle passe par ici.

LOUISE. Comment cela ?

BOURDILLAT. Je me charge de l'arrêter, ce qui ne sera pas difficile ; car voilà son signalement qui vient d'arriver, et je m'en vais vous lire... (*Il décachète la lettre.*)

LA REINE ET VASSAN, *à part.* O ciel !

LOUISE, *à part.* Tout est perdu.

SALVOISY, *arrachant le papier des mains de Bourdillat.* Une lettre de la reine !

BOURDILLAT. Eh bien ! qu'est-ce qu'il fait, ce maudit fou ?

SALVOISY, *allant au bout du théâtre, à gauche.* Elle restera là, sur mon cœur.

BOURDILLAT, *allant à lui.* Mais, monsieur le vicomte... (*A Louise.*) Mademoiselle Louise, aidez-moi donc à le lui reprendre.

SALVOISY. Non, non, je ne souffrirai pas qu'on la lise, que personne ne la voie, et pour en être plus sûr... (*Il la déchire en morceaux.*)

LA REINE. Ah ! je respire !

VASSAN. Et moi aussi...

BOURDILLAT. Mais c'est le signalement que vous avez mis en morceaux ! Impossible maintenant d'arrêter la reine !

SALVOISY, *avec chaleur.* L'arrêter ! (*Courant à Bourdillat.*) Savez-vous que je m'y oppose, que je la défends, que je lui suis dévoué, et qu'à tout prix je la sauverai ?

BOURDILLAT. Eh bien ! oui, oui, mon ami ! oui, vous la sauverez. (*Bas, à Vassan.*) Il faut dire comme lui pour empêcher un accès. (*A Salvoisy.*) Nous la sauverons, nous la sauverons tous, n'est-il pas vrai ? (*Entre ses dents, à la reine et à Vassan.*) En attendant, l'ordre est donné sur toute la route ; et si elle n'a pas un passe-port signé par les autorités...

LA REINE, *avec effroi.* Un passe-port ?

LOUISE, *remarquant le trouble de la reine.* Elle n'en a pas !

SALVOISY, *à Bourdillat, après un silence.* Un passe-port ; qu'est-ce que c'est que cela ?

BOURDILLAT. Je vais vous en montrer. (*En tirant un de sa poche.*) Tenez, tenez, mon bon ami ; ce sont des papiers imprimés, sans lesquels on ne peut, grâce au ciel, ni voyager dans le pays ni passer la frontière. Tout le monde en a.

SALVOISY. Pourquoi, alors, n'en ai-je pas ?

BOURDILLAT. Puisque vous restez ici...

SALVOISY. Et si je veux sortir, si je veux voyager.

BOURDILLAT. Une autre idée, à présent.

SALVOISY. Et je veux voyager, à l'instant même, ou seul, ou avec vous ; non, avec Louise, je l'aime mieux.

BOURDILLAT. Et moi aussi.

SALVOISY, *le prenant par la main et le faisant asseoir sur le fauteuil devant la table.* Là, là, mettez-vous là, et faites-moi un passe-port (*Montrant Louise qui est près de la table.*) pour elle et pour moi.

BOURDILLAT. Mais, mon cher, ci-devant monsieur le vicomte...

SALVOISY, *avec fureur.* Je vous l'ordonne, morbleu ! ou sinon...

LOUISE. Ah ! mon Dieu ! c'est plus fort que jamais ; le voilà furieux à présent.

BOURDILLAT. Ne vous fâchez pas, je vais vous l'écrire. (*A Louise.*) Et si, grâce à ce passe-port, il veut passer dans sa chambre, un bon tour de clé, et qu'il ne sorte pas de la journée... (*Pendant ce temps, Salvoisy va ouvrir la porte du fond. Bourdillat écrit et répète en écrivant.*) Laisser librement circuler, etc., etc., monsieur de Salvoisy, etc., etc., et mademoiselle Louise Durand, native de cette commune, etc., etc. (*A Salvoisy.*) Quant au signalement, vous n'y tenez pas...

SALVOISY. J'y tiens.

BOURDILLAT. A la bonne heure ! ce ne sera pas long. Louise Durand. (*Regardant Louise qui est devant lui.*) Yeux bleus...

SALVOISY. Non, noirs.

BOURDILLAT. Bleus.

SALVOISY. Noirs.

BOURDILLAT. Comment ! noirs ? la voilà, regardez plutôt.

SALVOISY. Je veux qu'elle ait les yeux noirs.

BOURDILLAT. Je veux, je veux... Mon cher ami, vous ne pouvez pas faire que ce qui est bleu soit noir.

SALVOISY. Quand je vous dis que je le veux... (*Regardant la reine.*) C'est comme cela que je la vois.

LOUISE. Ah ! mon Dieu ! ne le contrariez pas, la couleur n'y fait rien.

BOURDILLAT. Au fait, ça m'est bien égal. (*Écrivant.*) Yeux noirs, (*Regardant Louise.*) sourcils châtains.

SALVOISY. Noirs.

BOURDILLAT. C'est juste, noirs : quant à vous... (*Regardant Salvoisy.*) Visage long, cheveux bruns.

SALVOISY. Du tout, je n'en veux pas. (*Regardant Vassan.*) Nez court, visage rond, cheveux blancs.

BOURDILLAT, *impatienté.* Cheveux blancs, c'est trop fort.

SALVOISY. Est-ce que je ne suis pas le maître d'être comme je veux ; je suis le seigneur du pays.

BOURDILLAT, *se levant.* C'est-à-dire vous l'étiez. (*Salvoisy furieux le saisit à la gorge.*) Non, non, vous l'êtes encore... tout ce qu'il vous plaira... Si celui-là n'est pas fou... il a aujourd'hui dix degrés de plus. (*Il finit d'écrire le passe-port.*) Voilà qui est bien en ordre. (*Le remettant à Salvoisy.*) Vous pouvez partir. (*A Louise.*) Hâtez-vous de l'enfermer ; moi, je cours au district prévenir mes collègues du signalement

LOUISE. Cette fois, c'est bien moi, c'est ma main! — Acte 2.

qu'il a déchiré, (*En sortant.*) et réparer, s'il se peut, la sottise que je lui ai laissé faire. (*Il sort par le fond; Louise sort avec lui.*)

SCÈNE XIV.

VASSAN, LA REINE, SALVOISY.

(*Salvoisy va jusqu'à la porte pour s'assurer que Bourdillat est parti, puis il revient auprès de la reine, et lui présente respectueusement le passe-port.*)

SALVOISY.
Air de *Colalto*.
Que cet écrit rachète mon pardon,
Fuyez.
LA REINE.
Je reste confondue.
Est-il possible?.. eh quoi! votre raison...
SALVOISY.
Qui me l'avait ôtée ici me l'a rendue.
Mais les tourments qu'on m'a fait éprouver
Ont à mon cœur fourni ce stratagème ;
Et j'ai voulu qu'hélas! mon malheur même
Servît encore à vous sauver.
LA REINE, *hésitant à prendre le passe-port*, Mais je ne sais si je dois... car enfin, c'est vous exposer.
LOUISE, *qui est rentrée à la fin du couplet.* Oui, Madame, partez vite... (*Elle prend le passe-port que tenait encore Salvoisy. Au même instant paraît Byron.*) Dieu! M. de Lauzun.
LA REINE. Je suis perdue.

SCÈNE XV.

LES PRÉCÉDENTS, BYRON.

BYRON, *à Louise.* Eh bien! où allez-vous donc ainsi, ma belle enfant? et quel est ce papier que vous tenez?
LOUISE. Un passe-port que M. Bourdillat a délivré à moi et à M. de Salvoisy, qui veut visiter son château de Clermont en Argonne.
BYRON. Mais ce passe-port n'est pas valable, s'il n'est pas visé par l'autorité militaire du pays, par moi.

La reine.

LA REINE ET VASSAN. O ciel!

LOUISE. Eh bien! si vous voulicz, Monsieur, tout de suite, tout de suite, car je suis bien pressée.

BYRON, *s'approchant de la table et lisant le passe-port.* Me préserve le ciel de jamais faire attendre une jolie femme. (*Lisant.*) Yeux noirs, cheveux blancs. (*Il la regarde, et regarde en même temps Salvoisy.*) Eh! mais... ce signalement n'est ni le vôtre ni celui de votre maître.

LOUISE. Qu'importe?

BYRON. Ce qu'il importe? mais c'est très-nécessaire, dans ce moment surtout où quelque événement sans doute se prépare : car j'ai rencontré un collègue de Bourdillat qui courait au poste voisin requérir la force armée.

LOUISE. Et pourquoi donc?

BYRON. Pour une arrestation à faire, disait-il, ici, en ce château.

LA REINE. Fuyons. (*Elle fait quelques pas vers la porte du fond.*)

BYRON, *qui est remonté aussi, la voit et la reconnaît.* Que vois-je? la reine!

LA REINE. Oui, monsieur le duc, la reine que vous avez calomniée, trahie, et qui n'a plus qu'à être livrée par vous à ses ennemis.

BYRON, *après un instant de silence, signant le passe-port et le remettant à Louise.* Tenez, Louise, Byron n'a rien vu. (*Louise prend le passe-port. Vassan sort par la porte à gauche.*)

Air du vaudeville des *Frères de lait.*
(*A la reine.*)
Partez, Madame, et que la Providence
A votre fuite accorde son secours;
Pour le salut de la reine de France,
Lauzun encor sacrifierait ses jours.
SALVOISY.
D'un honnête homme, ah! voilà le discours.
Sous des couleurs anciennes ou nouvelles,
L'opinion nous a tous désunis;
Mais à l'honneur restons toujours fidèles :
L'honneur est de tous les partis.
(*Musique jusqu'à la fin. Final du troisième acte de Gustave.*)

VASSAN, *rentrant.* Partons, Madame, la voiture est en bas. (*Il donne la main à la reine, Louise les accompagne ; au moment de sortir, la reine s'arrête un instant: Salvoisy se met à genoux devant elle et lui baise la main. La reine sort en témoignant sa reconnaissance à Louise et à Salvoisy, Byron passe à droite du théâtre.*)

LOUISE. On monte par cet escalier. (*Montrant la droite, elle va regarder.*) C'est Bourdillat et son collègue

SALVOISY, *à la reine et à Vassan.* Hâtez-vous. (*A part.*) Je saurai bien l'arrêter le temps nécessaire pour protéger sa fuite, quand pour cela je devrais encore redevenir fou. (*Courant à Bourdillat, qui paraît sur la première porte à droite, et le saisissant au collet.*) Halte-là, on n'entre pas.

BOURDILLAT, *effrayé, à ceux qui le suivent.* Encore ce fou ! N'avancez pas, vous autres. (*Salvoisy tient de la main gauche au collet Bourdillat qui n'ose avancer, et de la droite il fait signe à Louise de ne pas avoir peur.*)

FIN de SALVOISY.

LA CHANOINESSE

COMÉDIE-VAUDEVILLE EN UN ACTE

Représentée, pour la première fois, à Paris, sur le théâtre du Gymnase dramatique, le 31 décembre 1833

EN SOCIÉTÉ AVEC M. FRANCIS-CORNU.

Personnages.

MADEMOISELLE HÉLOISE DE MONTLUÇON, chanoinesse.
GABRIELLE, sa nièce.
LE GÉNÉRAL BOURGACHARD.

HENRI, son neveu.
ANASTASE, domestique de mademoiselle de Montluçon.

La scène se passe au château de Montluçon, près de Loches, en Touraine.

Le théâtre représente un salon. Porte au fond; croisées dans les angles. Portes latérales. Auprès de la porte à gauche de l'acteur, une table avec tout ce qui est nécessaire pour écrire.

SCÈNE PREMIÈRE.

(*Au lever du rideau, Héloïse, assise auprès de la table, tient une lettre qu'elle vient de lire.*)

HÉLOISE, *se levant*. Arriver ainsi à l'improviste! et ne m'en prévenir qu'une heure d'avance! Que faire, mon Dieu! Quel parti prendre? A chaque instant je crois entendre sa voiture, et je n'ai encore rien décidé... rien inventé... j'ai si peu d'imagination!

AIR du *Fleuve de la vie.*

D'autres, quand gronde la tempête,
Montrent de l'audace et du cœur;
Moi, pour un rien je perds la tête,
Et me trouve mal quand j'ai peur!..
Comment, dans cette inquiétude,
Leur dérober mon embarras?..
Les honnêtes femmes, hélas!
Ont si peu d'habitude!

Si je courais à sa rencontre... mais nous n'aurions qu'à nous croiser en route. Il vaut mieux l'attendre, et tâcher d'être seule en ce château au moment de son arrivée... Qui vient là?.. que voulez-vous, Anastase?..

SCÈNE II.

HÉLOISE; ANASTASE, *entrant par le fond*.

ANASTASE. C'est M. l'abbé Cambry qui demande à voir mademoiselle de Montluçon...
HÉLOISE. Ah! mon Dieu! je ne puis pas...
ANASTASE. Il vient parler pour ces petits orphelins que Mademoiselle a pris sous sa protection.
HÉLOISE. C'est égal, je n'y suis pas... je suis malade.
ANASTASE. Ah! que c'est heureux! le docteur Gobinet est avec lui.
HÉLOISE, *à part*. C'est encore pis.

AIR de *Calpigi.*

Ah! mon Dieu! que dire et que faire
A ses propos pour me soustraire!
Il faut éviter son regard...
Des médecins le plus bavard!
ANASTASE.
Chacun le traite avec égard.
HÉLOISE.
Par économie on l'invite :
Car, en recevant sa visite,
On s'épargne un abonnement
Au journal du département.

Dites que je ne peux voir personne.. que je suis dans mon oratoire.
ANASTASE. J'entends, Mademoiselle est en retraite : ils comprendront cela.
HÉLOISE. C'est bien...
ANASTASE. D'ailleurs, ils vous verront tantôt... c'est votre soirée...
HÉLOISE. Comment, c'est mercredi?
ANASTASE. Oui, vraiment. Le jour où toute la ville de Loches vient ici au château faire le reversis et le boston... Il n'y a pas dans notre endroit de réunion plus brillante. C'est tout naturel : Mademoiselle est si aimée, si considérée! une personne pieuse qui est si riche!..
HÉLOISE. C'est bien... (*Elle passe à gauche du théâtre : à part.*) Il ne manquait plus que cela; soixante personnes qui seront témoins... Et si je les décommande... si, pour la première fois depuis cinq ans, ma soirée n'a pas lieu... qu'est-ce que l'on va penser? Ma vue se trouble... ma tête s'en va..
ANASTASE. Mademoiselle se trouve mal?...
HÉLOISE. Je sens qu'en effet... (*Elle s'appuie sur le dos du fauteuil auprès de la table.*)
ANASTASE, *à part*. Elle ne fait que cela... (*Cherchant de tous côtés.*) Ah! mon Dieu! le flacon de Mademoiselle... son eau de mélisse...
HÉLOISE, *brusquement*. Ciel!.. le fouet du postillon. (*Regardant par la fenêtre à gauche.*) Au bout de la grande avenue, une voiture, je ne me trompe pas!... Anastase, mon cher Anastase... renvoie à l'instant le docteur et l'abbé Cambry... je les verrai tantôt, à ma soirée... mais qu'ils s'en aillent... par la porte du parc, entends-tu?.. Je désire qu'ils examinent mes nouveaux dahlias, et mon raisin muscat, qui est superbe.

ANASTASE. Oui, Mademoiselle... (*A part.*) Qu'est-ce qu'elle a donc? elle qui d'ordinaire est si calme, si posée?..

HÉLOÏSE. Et puis tu courras à la grille, où à l'instant vient d'arriver une voiture de poste... Et la personne qui est dans cette voiture, tu la feras monter ici par cet escalier dérobé, et tâche qu'on ne l'aperçoive pas...

ANASTASE. Oui, Mademoiselle... Demanderai-je le nom de ce monsieur?

HÉLOÏSE, *indignée*. Un monsieur!.. Qu'est-ce à dire, Anastase?.. Et pour qui me prenez-vous?

ANASTASE. Pardon; je voulais dire cette demoiselle...

HÉLOÏSE, *avec colère*. Ce n'est point une demoiselle...

ANASTASE, *à part*. Ni homme, ni femme... qui diable ça peut-il être? (*Haut.*) Enfin, quoi que ce soit.... c'est dit, je vais renvoyer les deux, et vous amener l'autre...

HÉLOÏSE. C'est bon... sortez... (*Anastase sort par le fond.*)

SCÈNE III.

HÉLOÏSE, *seule*. Ah! mon Dieu!.. mon Dieu!.. Voyez-vous déjà les idées de ces gens-là! et pourtant il n'y a rien encore... qu'est-ce que ce sera donc plus tard?.. Moi une femme si respectée... une chanoinesse!

Air : *L'amour qu'Edmond a su me taire.*

Oui, moi si pure et si sévère,
Je suis coupable de détour,
D'impatience et de colère...
Trois péchés! rien qu'en un seul jour!
Mais la vertu, que seule ici j'écoute,
Est un trésor si rare à conserver,
Qu'il faut bien, hélas! qu'il en coûte
Quelque chose pour la sauver.

Et à tout prix, et quand je devrais... Ciel! la porte s'ouvre... c'est elle, ma nièce, ma chère nièce Gabrielle! (*Montrant la porte à gauche.*)

SCÈNE IV.

HÉLOÏSE; GABRIELLE ET ANASTASE, *entrant par la porte latérale à gauche.*

GABRIELLE, *l'embrassant*. Ma chère tante!

ANASTASE. Sa nièce!

HÉLOÏSE. Anastase, sortez...(*Anastase sort en regardant Gabrielle.*) Ah! voilà bien les traits de mon pauvre frère!

GABRIELLE. Vous me reconnaissez donc encore depuis dix ans que je suis loin de vous, que j'ai quitté la France!...

HÉLOÏSE. Oui, oui, cela fait toujours plaisir de se retrouver en famille; et ce plaisir-là, j'ai du mérite à l'éprouver... car j'aurais autant aimé que tu ne fusses pas venue...

GABRIELLE. Comment, ma tante!..

HÉLOÏSE. Je m'explique mal... Je veux dire que je suis bien heureuse de te voir, de t'embrasser... mais la joie, la surprise... Arriver ainsi sans me prévenir!

GABRIELLE. Et le moyen de faire autrement? Il y avait un an que j'avais perdu mon père, tous les biens qu'il m'avait laissés à la Guadeloupe venaient d'être réalisés... que pouvais-je faire de mieux que de revenir en France, près de vous, ma seule parente?.. je me suis embarquée sur le premier bâtiment qui mettait à la voile...

HÉLOÏSE. Comment! si jeune, entreprendre un pareil voyage!

GABRIELLE. Ça donne de la hardiesse; ça aguerrit. Maintenant je ne crains plus rien. Arrivée, il y a trois jours, au Havre... hier à Paris, ce matin à Tours, je suis venue aussi vite que ma lettre, tant j'avais envie de vous revoir!

HÉLOÏSE. Je t'en remercie; mais il n'est pas moins vrai que ta présence me met dans le plus grand embarras...

GABRIELLE. Est-il possible!

HÉLOÏSE. Oui, mon enfant; et si tu ne viens pas à mon aide, ton arrivée va me faire perdre honneur, repos, considération; enfin tout ce que j'ai de plus cher au monde...

GABRIELLE. Et comment cela, mon Dieu?

HÉLOÏSE. C'est un secret dont toi seule auras connaissance; mais, quelque terrible qu'il soit, te voilà une femme, tu as dix-huit ans, on peut tout te dire, et, si j'en crois tes lettres, on peut se fier à ton amitié, et surtout à la bonté de ton cœur.

GABRIELLE. Mais parlez donc, parlez vite, puisque je puis adoucir vos chagrins; ce devrait être déjà fait.

HÉLOÏSE. Ma bonne Gabrielle!...

GABRIELLE. Dame! entre demoiselles...car vous l'êtes comme moi!.. demoiselle majeure, et voilà tout.

HÉLOÏSE. Plût au ciel!...

GABRIELLE. Qu'est-ce à dire?

HÉLOÏSE. Tu n'étais pas en France il y a huit ans, tu étais déjà partie avec ton père pour les colonies; mais tu as entendu parler... de tous les événements arrivés alors...

GABRIELLE. Sans doute! la restauration.... l'occupation étrangère, qui rendit mon père si malheureux, et qui vous brouilla presque avec lui, car vous aimiez les étrangers.

HÉLOÏSE. Moi!.

GABRIELLE. Certainement, vous avez toujours été faubourg Saint-Germain... il n'y a pas de mal, ma tante; mais poursuivez. Vous dites qu'à cette époque...

HÉLOÏSE. J'étais près de Nogent, à l'abbaye du Paraclet, lorsque les Russes s'en emparèrent...

GABRIELLE. Ah! ma pauvre tante!..

HÉLOÏSE. Du tout, tu ne me comprends pas. Ils étaient commandés par le général Kutusof, que j'avais connu aux bals de l'ambassadeur Kourakin. Il me protégea, me fit respecter, et me donna même, avec une galanterie toute moscovite, ses chevaux et une voiture à ses armes pour retourner à Paris.

GABRIELLE. Je ne vois pas jusqu'ici grand malheur!

HÉLOÏSE. Attends donc!.. J'arrivai ainsi, sans danger, à travers les postes ennemis, jusqu'à La Ferté-sous-Jouarre, occupée alors par un escadron de Cosaques. C'était la veille de la bataille de Montmirail, et je me logeai à l'hôtel de France. L'aubergiste, un brave homme qui pensait très-bien, me prenant, ma voiture, pour une princesse russe, s'empressa de me donner un bon souper, une belle chambre et un excellent lit, où je ne tardai pas à m'endormir profondément. Je fus réveillée au milieu de la nuit par un grand bruit... des cris...

GABRIELLE. Effrayants...

HÉLOÏSE. Non, des cris de joie, le choc des verres et

des chansons à boire, en français. Il paraît que des grenadiers de Bonaparte venaient de débusquer les Cosaques et s'étaient emparés de leur souper, qu'ils avaient trouvé tout servi.

GABRIELLE. Il n'y a pas grand mal...

HÉLOÏSE. Attends donc! la salle à manger était au-dessous de ma chambre, et j'entendais leurs discours... Furieux des atrocités commises par les Russes, et animés par le vin de Champagne qu'ils buvaient à discrétion... ils étaient dans le pays, ils s'excitaient à grands cris à la vengeance, lorsque cet imbécile d'aubergiste entra dans l'appartement, en leur disant : « Silence donc, Messieurs! il y a là-haut une prin-« cesse russe que vous allez réveiller. » A ce mot, partit un éclat de rire général, et au milieu du tumulte, j'entendis l'un des convives s'écrier : « C'est « moi seul que cela regarde : représailles, mes amis... « représailles! »

GABRIELLE. Ah! mon Dieu! me voilà toute tremblante...

HÉLOÏSE. Et moi aussi, car un officier venait d'entrer dans ma chambre, dont il avait refermé la porte.

GABRIELLE. Il fallait s'écrier : je suis mademoiselle de Montluçon, je suis française.

HÉLOÏSE. C'est bien ce que je voulais faire; mais la peur m'avait saisie, et quand j'ai peur, je perds la tête... je me trouve mal!..

GABRIELLE. C'était bien le moment!..

HÉLOÏSE. Que te dirai-je? quand je revins à moi, le tambour et le clairon retentissaient de tous côtés, le canon se faisait entendre, il était à peine jour, et la bataille commençait déjà, j'étais seule; et à terre, à mes pieds, je trouvai un portefeuille à demi ouvert, contenant quelques lettres et quelques papiers, dont je m'emparai; mais une fièvre violente me tint plusieurs mois entre la vie et la mort. (*Un instant de silence, après lequel Héloïse continue.*) Et l'année suivante, quand tout fut pacifié, quand je vins m'établir ici, en Touraine, dans ce château de Loches, que j'avais acheté, et où personne ne me connaissait... je dis que ma nièce, ma seule parente, une jeune personne nouvellement mariée...

GABRIELLE. Moi...

HÉLOÏSE. Justement! madame de Saverny... m'avait confié, avant son départ pour la Guadeloupe, un jeune enfant qu'elle ne pouvait emmener avec elle, et que j'ai fait élever sous mes yeux.

GABRIELLE. Ah! mon Dieu! qu'avez-vous fait-là?

HÉLOÏSE. Un mensonge qui sauvait ma réputation, sans compromettre la tienne; car je croyais que tu ne reviendrais jamais en France... et de si loin... à la Guadeloupe, que pouvait te faire ce qui se passait ici, à Loches! Mais voilà que tu arrives sans me rien dire, et que tu te trouves...

GABRIELLE. Mariée, et mère de famille!..

HÉLOÏSE. Pour quelques jours seulement: car, puisque te voilà, nous quitterons ce pays, nous irons à Paris, en Italie, en Allemagne, où tu voudras... Mais ici ne les détrompe pas, ou c'est fait de moi... je suis perdue!

GABRIELLE. Et en quoi donc? qui pourra vous accuser, quand on connaîtra la vérité?

HÉLOÏSE. Est-ce qu'on la croira jamais? tu ne sais pas aujourd'hui, en 1822, comme Loches est petite ville et mauvaise langue, surtout à l'égard des personnes qui ont quelque piété, quelque dévotion... et des opinions comme il faut! Ils seraient si heureux de me trouver en faute, moi qu'ils appellent une *ultra*!.. Et puis cet enfant, je l'ai élevé avec un soin, une tendresse, dont tout le monde a été édifié et attendri... On disait : « Quelle bonne tante! quelle générosité! » Je laissais croire, je me laissais louer, et maintenant il faudrait avouer... Oh! non, plutôt mourir! et si tu n'as pas pitié de moi, si tu repousses ma prière, tu n'as plus de tante...

AIR de *Renaud de Montauban*.

Que mon seul vœu soit écouté :
De vingt amants à toi l'hommage!
A toi la grâce et la beauté!
Car le ciel te laisse en partage
Amour, plaisir *et cœtera*...
Laisse-moi du moins l'avantage
D'être respectée... A mon âge,
On n'a plus que ce bonheur-là.

GABRIELLE. Oh! mon Dieu! mon Dieu! Le ciel m'est témoin que je vous aime bien, que je donnerais ma vie pour vous; mais ce que vous me demandez-là...

HÉLOÏSE. Est-ce qu'il y a de plus simple au monde.

GABRIELLE. Vous trouvez? accepter ainsi un mari!

HÉLOÏSE. Est-ce cela qui t'embarrasse? tu n'en as plus, tu es veuve.

GABRIELLE. C'est toujours une bonne chose... c'est cela de moins...

HÉLOÏSE. Le nom de Saverny, que je t'avais donné, est celui d'un officier que nous avions connu autrefois, mais qui depuis longtemps est mort en Russie.

GABRIELLE. A la bonne heure! mais le reste?

HÉLOÏSE. Dans huit jours, je te rends ta parole; et d'ici-là, dans cette ville où personne ne te connaît, tu seras environnée de soins, d'hommages et de compliments... car vrai, il est charmant.

GABRIELLE. Je n'en doute pas; mais vous ne savez point que j'avais, en venant vous trouver, des vues, des idées qui font que... enfin... ma tante, c'est très-désagréable...

HÉLOÏSE. Et pourquoi cela?

GABRIELLE. Parce que... parce qu'à bord du bâtiment sur lequel nous avons fait la traversée, il y avait un jeune marin, un enseigne de vaisseau, qui a eu pour moi, et pour la gouvernante qui m'accompagnait, tant de soins, tant d'attentions... et sans me connaître! car moi, en voyage, je ne dis jamais rien; lui, c'est différent, il dit tout ce qu'il pense, et vingt fois, sans s'en douter, il m'a avoué qu'il m'aimait, qu'il m'adorait! Ces marins ont tant de franchise!

HÉLOÏSE. Est-il possible!

GABRIELLE. Oui, ma tante, et sans savoir si j'étais riche ou non, me croyant orpheline, sans appui, sans protecteur, il m'a offert sa main, sa fortune, qui est fort bien à lui. Et quoique vif, impatient, s'emportant aisément, il est très-aimable, très-gentil... enfin un parti très-convenable, un mariage que mon père aurait approuvé, j'en suis sûre. Mais moi, j'ai répondu que j'avais une tante, désormais ma seule famille; que j'allais en Touraine, me rendre près d'elle, la consulter, lui demander son aveu.

HÉLOÏSE. Peux-tu en douter? J'approuve tout... je consens à tout. Où est-il dans ce moment?

GABRIELLE. M. Henri?!

HÉLOÏSE. Ah! on le nomme Henri?

GABRIELLE. Henri de Saint-Dizier.

HÉLOÏSE. Où est-il?

GABRIELLE. Il est à Paris, dans sa famille. Il voulait me suivre; moi, je ne l'ai pas voulu.

HÉLOÏSE. Nous irons le trouver dans quelques jours, dès que j'aurai arrangé mon départ, et fait mes adieux à ce pays, où, grâce à toi, je laisserai une réputation honorable.

GABRIELLE. Ma tante...

HÉLOÏSE. Tu consens, n'est-il pas vrai?

GABRIELLE. Malgré moi, et puisque vous le voulez; mais ce ne sera pas long, et nous partirons tout de suite, et nous ne reviendrons jamais dans ce pays.

HÉLOÏSE. Tout ce que tu voudras! ma vie entière sera employée à te remercier. (*Elle fait quelques pas pour sortir.*)

GABRIELLE, *la retenant.* Un mot seulement. Ce portefeuille trouvé par vous à La Ferté-sous-Jouarre ne vous donnait-il pas quelques renseignements?

HÉLOÏSE. Si, vraiment : un officier supérieur, je connais son nom et son grade. Mais d'après les renseignements que j'ai pris, d'après son caractère, sa conduite, ses opinions surtout, aucun espoir qu'il consente jamais, et comment alors l'y contraindre? Songe donc! un procès en réparation! un éclat! un scandale! il ne faut pas même y penser, et tâcher seulement que le plus profond silence... Aussi tu garderas avec tout le monde le secret que j'ai confié à ta foi.

GABRIELLE. Je vous le jure, et ce serment-là est sacré.

HÉLOÏSE, *l'embrassant.* Ma nièce, ma bonne nièce!..

Air de la valse des *Comédiens.*

Puisse le ciel, à qui je rends hommage,
De ton bon cœur te payer aujourd'hui!
Puissé-je ici terminant ton veuvage,
Te voir bientôt à ton second mari!

GABRIELLE, *secouant la tête.*
Oh! mon second!..

HÉLOÏSE.
Cet époux, je l'atteste,
A son destin se fera volontiers;
Et ce sera comme au séjour céleste,
Où les derniers se trouvent les premiers.

ENSEMBLE.

HÉLOÏSE.
Puisse le ciel, à qui je rends hommage,
Etc., etc., etc.

GABRIELLE.
De l'amitié je lui devais ce gage...
Puisqu'il le faut, prenons notre parti;
Résignons-nous, hélas! à mon veuvage,
Et que le ciel nous protége aujourd'hui!

(*Héloïse rentre dans sa chambre, dont la porte est à la droite de l'acteur.*)

SCÈNE V.

GABRIELLE, *seule.* Cette bonne tante!.. Oh! oui, je n'hésite plus, et je suis heureuse de contribuer à sauver son honneur, qui, après tout, est le mien : c'est celui de la famille. Et puis, une fois loin de ce château, qui saura jamais le service que je lui ai rendu?.. et qui pourrait m'en faire un crime?

HENRI, *en dehors.* Oui, c'est bien, le grand salon... j'attendrai tant qu'on voudra.

GABRIELLE. Il me semble que cette voix ne m'est pas inconnue!

HENRI, *entrant avec Anastase.* C'est elle. (*A Anastase.*) Laissez-moi.

GABRIELLE. O ciel! c'est Henri!.. (*Anastase sort.*)

SCÈNE VI.

GABRIELLE, HENRI.

GABRIELLE. Vous ici!.. vous dans ces lieux!

HENRI. Oui, Mademoiselle, trois jours sans vous voir, c'était trop long : je n'ai pu y tenir. Comment rester à Paris, quand vous êtes ici? Je viens d'y arriver... j'ai demandé cette respectable chanoinesse dont vous m'aviez parlé... mademoiselle de Montluçon, votre tante : tout le monde m'a indiqué son château.

GABRIELLE. Et de quel droit, s'il vous plaît, vous présenter chez elle?

HENRI. C'est dans l'ordre, dans les convenances... il faut bien que je lui demande votre main.

GABRIELLE. Sans en être connu!

HENRI. Pour me connaître il faut bien qu'elle me voie, et quand elle saura à quel point je vous aime, quand je lui dirai : « Depuis deux mois je n'ai pas « quitté votre nièce, et deux mois à bord d'un vais- « seau, c'est deux ans, c'est six ans dans le monde, « c'est une existence tout entière, c'est plus qu'il n'en « fallait mille fois pour apprécier toutes les vertus « qui brillent en elle. J'ai de la fortune, de la jeu- « nesse, quelques espérances de gloire : je lui donne « tout cela; donnez-la-moi pour femme, et si je ne « la rends pas heureuse, que jamais je n'entende sif- « fler un boulet de canon, que je reste enseigne toute « ma vie! »

GABRIELLE. Henri!..

HENRI. Ce n'est pas à vous que je dis cela, c'est à votre tante; et si elle m'avait entendu, croyez-vous qu'elle ne me connaîtrait pas déjà comme si depuis dix ans nous avions navigué ensemble?

GABRIELLE. Si, vraiment; mais élevé depuis l'enfance à bord de votre vaisseau, il y a dans le monde des usages dont vous ne vous doutez pas, et que blesse votre arrivée : aussi je ne veux pas que vous voyiez ma tante.

HENRI. Pourquoi donc cela?

GABRIELLE. Parce que d'ordinaire on ne fait jamais soi-même une demande en mariage. On a un ami, un parent qui se charge de ce soin; les familles se voient, s'entendent ensemble.

HENRI. N'est-ce que cela? j'y ai pensé; j'ai là mon oncle... il est avec moi.

GABRIELLE. Comment, Monsieur!

HENRI. C'est-à-dire il est à Tours, ou plutôt il est en route; ce n'est pas sa faute s'il ne va pas vite : il a la goutte et ne vient qu'en berline; moi, je suis venu à cheval, à franc étrier.

GABRIELLE. Est-il possible!

HENRI. Ce qui est terrible, parce qu'un marin dans la cavalerie...

Air : *Du partage de la richesse.*

J'en conviens, écuyer novice,
J'étais brisé; mais rien qu'en arrivant,
Rien qu'en voyant ce superbe édifice,
Surtout en vous apercevant,
Plus de fatigue, tout s'oublie!

GABRIELLE.
Quoi! plus du tout fatigué?

HENRI, *d'un air triomphant.*
Non, vraiment.

GABRIELLE.
Alors, Monsieur, j'en suis ravie,
Et vous allez repartir sur-le-champ.

HENRI. Y pensez-vous?
GABRIELLE. Oui, Monsieur, pour vous apprendre à agir sans mon ordre, sans ma permission; c'est bien mal, c'est affreux.
HENRI. J'ai tort, j'ai tort, je ne sais pas pourquoi, mais dès que vous le dites, j'ai tort. Aussi je suis prêt à vous obéir... je ne demande ni grâce ni délai! mais mon oncle, un vieux général qui a la goutte, et qui n'est pas amoureux, mon oncle, qui par amitié pour moi vient de faire soixante-cinq lieues, en jurant comme un damné, je ne peux pas exiger qu'il recommence sans désemparer, je ne peux pas le tuer, moi surtout qui suis son héritier! Et puis, s'il faut vous l'avouer, j'ai déjà eu assez de peine pour le décider à venir faire la demande : il ne voulait pas entendre parler de mariage; et si, en arrivant ici, il reçoit un affront, tout sera fini, tout sera rompu, et je n'y survivrai pas.
GABRIELLE. Eh bien! Monsieur, ce sera votre faute, c'est vous qui l'aurez voulu, qui l'aurez mérité.
HENRI. Et en quoi donc?
GABRIELLE. En n'écoutant que votre volonté et non la mienne, en manquant de soumission...
HENRI. Cela ne m'arrivera plus, je vous le jure... mettez-moi à l'épreuve; et si j'y manque désormais, si je n'obéis pas aveuglément à vos moindres désirs, à vos ordres, à vos caprices, si je me révolte contre vous un seul instant, je consens à perdre tous mes droits, je renonce à votre main, à votre amour...
GABRIELLE. Vraiment!.. Eh bien! j'accepte! je veux voir jusqu'où peut aller chez vous la confiance et la soumission. Si vous sortez vainqueur de cette épreuve, je ne pourrai plus jamais douter de votre tendresse, et je me regarderai dans mon ménage comme la plus heureuse des femmes; mais si je me trompe, si je m'abuse, si votre amour n'est qu'un amour ordinaire, s'il est comme tous les autres, sujet aux soupçons et aux préventions; si en un mot vous en croyez moins votre cœur que vos yeux...
HENRI. Jamais, jamais...
GABRIELLE. Eh bien donc! voici mes conditions et le traité que je vous impose. Dans quelques jours nous retournerons à Paris; mais d'ici là, et pendant tout le temps que vous et votre oncle resterez en ce château, quoi que vous puissiez voir, quoi que vous puissiez entendre... j'exige que vous n'ayez ni défiance... ni jalousie...
HENRI. Je vous le jure.
GABRIELLE. Que vous soyez toujours aimable, enjoué, et d'une humeur charmante.
HENRI. Je le jure!
GABRIELLE. Quand je dirai : Mon ami... croyez-moi...
HENRI. Je vous croirai.
GABRIELLE. Sans que je sois obligée de donner ni motifs ni explications...
HENRI. C'est trop juste! je n'ai pas besoin de comprendre, je n'ai pas besoin de ma raison, elle est à vous, je vous l'ai donnée, comme tout ce que je possède.
GABRIELLE, *avec émotion*. Monsieur Henri!.. vous êtes un bon et aimable jeune homme, et je vous aime bien.
HENRI, *timidement*. Faut-il déjà commencer à vous croire?
GABRIELLE, *souriant*. Certainement... mais silence! voici ma tante.

SCÈNE VII.

LES PRÉCÉDENTS, HÉLOÏSE.

HÉLOÏSE, *à Gabrielle*. Je voulais prévenir nos amis; et j'ignore comment cela se fait, toute la ville de Loches savait déjà ton arrivée : aussi nous aurons ce soir une réception magnifique... (*Apercevant Henri*.) Que vois-je?.. et quel est ce jeune homme?
GABRIELLE. Monsieur Henri de Saint-Dizier, cet officier de marine...
HÉLOÏSE. Dont tu me parlais ce matin?
GABRIELLE. Oui, ma tante.

AIR : *Pauvre dame Marguerite.*
PREMIER COUPLET.
Et son oncle, qu'il précède,
Va se rendre dans ces lieux.
(*Sur une invitation de Gabrielle, Henri passe entre les deux dames.*)
HÉLOÏSE, *d'un air aimable.*
Puisqu'ici je vous possède,
Je vous garde tous les deux.
Comme dame châtelaine,
Je veux toute une semaine
Près de nous vous retenir,
Pour vous reposer de la route...
HENRI, *bas, à Gabrielle.*
Faut-il accepter?
GABRIELLE.
Sans doute.
HENRI.
Il faut accepter?
GABRIELLE.
Sans doute.
HENRI, *à part.*
Ah! quel plaisir d'obéir! (*bis.*)
DEUXIÈME COUPLET.
HÉLOÏSE.
Quoi! vous rassuriez ma nièce,
Qui sur mer tremblait d'effroi!
Vous la protégiez sans cesse?
Ah! Monsieur, embrassez-moi.
HENRI, *bas, à Gabrielle.*
Faut-il accepter?
GABRIELLE, *de même.*
Sans doute.
HENRI, *à part et gaiement.*
Je vois parfois qu'il en coûte;
Mais n'importe, et sans réfléchir...
(*Il embrasse Héloïse.*)
HÉLOÏSE.
Ma nièce aussi...
HENRI, *avec joie.*
Quel délice!
(*S'approchant timidement de Gabrielle.*)
Faut-il toujours que j'obéisse?
(*Gabrielle ne répond pas, mais de la tête lui fait signe que oui.*)
(*Henri l'embrasse.*)
Ah! quel plaisir d'obéir! (*bis.*)

(*A part.*) Elle est charmante cette tante-là... (*Haut.*) Et moi qui craignais de me présenter!
HÉLOÏSE. Vous aviez bien tort; vous étiez sûr du plaisir que vous feriez à moi et à madame de Saverny.
HENRI, *étonné*. Madame de Saverny... qui donc?..
HÉLOÏSE, *montrant Gabrielle*. Ma nièce.
HENRI, *étonné*. Comment!.. Mademoiselle...
HÉLOÏSE. Vous voulez dire Madame...
HENRI, *vivement*. Du tout! Mademoiselle.
HÉLOÏSE, *souriant*. Ah! non, vraiment... ne savez-vous pas qu'elle a été mariée, qu'elle est veuve?..
HENRI, *stupéfait*. Veuve... je ne peux pas le croire... ce n'est pas possible. (*A Gabrielle.*) N'est-il pas vrai?

GABRIELLE. Si, Monsieur.

HENRI, *avec colère.* Eh quoi! Madame!.. une pareille nouvelle ici, dans ce moment!.. m'abuser à ce point!.. et pourquoi, je vous le demande?

GABRIELLE. Eh! mais, il me semble que vous ne deviez me demander ni motifs ni explications.

HENRI. Certainement... je l'ai promis... mais je ne m'attendais pas... est-ce que je pouvais prévoir?..

GABRIELLE. C'est-à-dire qu'à la première épreuve et pour la moindre chose...

HENRI, *avec colère.* La moindre chose... morbleu!.. (*Se reprenant.*) Non... non... je me tais... je ne dis rien... vous le voyez... je suis calme... je me modère.. je me soumets... mais je me demande seulement... à moi-même, comment, pendant tout le temps de notre voyage, vous ne m'avez pas dit un mot de ce mari!.. (*A Héloïse.*) Moi qui croyais connaître toutes ses pensées!..

HÉLOÏSE, *vivement.* Elle n'y pensait jamais!

HENRI. A la bonne heure!.. c'est tout simple... tout naturel... pourquoi alors en faire un mystère?

HÉLOÏSE, *à demi-voix et le tirant un peu à l'écart.* Elle a été si malheureuse avec lui, qu'elle n'en parlait jamais; et puis elle a été mariée si peu de temps... si peu... si peu... que ce n'est vraiment pas la peine d'en parler...

HENRI, *avec colère.* Eh! Madame! (*Se reprenant.*) Non... non... pardonnez-moi, excusez-moi... je ne sais plus où j'en suis! Moi qui croyais... qui espérais!.. ah! je ne pourrai m'habituer à cette idée-là.

GABRIELLE, *à part.* Pauvre jeune homme!..

HENRI, *passant à la gauche de Gabrielle.* Et j'éprouve là, malgré moi, des transports de jalousie et de rage...

GABRIELLE. Henri!..

HENRI. Rien... rien, Mademoiselle... je veux dire Madame; je ne me plains pas... je ne me fâche pas... je tiens ma promesse... je suis enjoué... je suis de bonne humeur!.. mais je suis bien malheureux!

GABRIELLE. Et pourquoi donc? puisque je vous aime...

HENRI. Vrai! vous m'aimez!.. Ah! ce mot-là fait du bien... cela console... (*A part, et se jetant dans un fauteuil auprès de la table.*) Mais c'est égal, ce n'est pas la même chose.

GABRIELLE, *le regardant.* Oh! mon Dieu!.. mon Dieu! il me fait peine... et je ne peux vraiment pas...

HÉLOÏSE, *la retenant.* Y penses-tu?..

GABRIELLE.

AIR : *Le beau Lycas aimait Thémire.*

Hélas! à son trouble sensible,
Je partage son embarras!
C'est qu'en effet il est terrible
De passer pour ce qu'on n'est pas..
Par prudence, je me retire; (*bis.*)
Car, rien qu'en voyant sa douleur,
Surtout en voyant son erreur,
Je suis toujours prête à lui dire :
« Rassurez-vous, n'ayez pas peur... » } *bis.*

(*Elle sort par la droite en le regardant encore.*)

HÉLOÏSE. Elle me fait trembler de peur.

SCÈNE VIII.

HÉLOÏSE, HENRI.

HENRI, *qui était resté quelque temps la tête appuyée sur sa main, la relève en ce moment, et regarde autour de lui.* Eh bien!.. elle n'est plus là!.. elle s'éloigne!..

HÉLOÏSE. Soyez tranquille! elle va revenir... (*A part.*) Allons.. pendant qu'il y est, il vaut mieux tout lui dire tout de suite... (*Haut.*) Elle est allée... je crois, embrasser son enfant!..

HENRI, *se relevant brusquement du fauteuil où il est assis.* Son enfant!.. qu'ai-je entendu?

HÉLOÏSE, *effrayée.* Ah! mon Dieu!..

HENRI, *avec colère.* Elle a un enfant?..

HÉLOÏSE, *tremblante.* Sans doute; un enfant charmant né de ce mariage, et que pendant son absence j'ai élevé ici... dans ce château...

HENRI, *dans le désespoir.* Quoi! ce serait possible?..

HÉLOÏSE. Oui, Monsieur, je ne vois pas ce que vous importe...

HENRI, *hors de lui.* Ce qu'il m'importe... Madame... ce qu'il m'importe! (*A part.*) Ces vieilles demoiselles... ça ne se doute de rien.

HÉLOÏSE, *avec satisfaction.* Je vais vous le montrer... il est beau comme le jour, et dès que vous le verrez..

HENRI. Moi!.. jamais... (*A part.*) Cette tante-là est insupportable...

HÉLOÏSE. Comment, Monsieur! vous refusez?..

HENRI. Non, sans doute; mais dans ce moment, voyez-vous, je ne suis pas à la conversation.. le trouble... l'émotion...

HÉLOÏSE. La fatigue de la route.

HENRI. C'est cela... (*Avec colère.*) Et ne savoir à qui s'en prendre... ni sur qui se venger!.. (*D'un air menaçant.*) Ah! si par bonheur... son mari n'était pas mort...

HÉLOÏSE. Elle ne serait pas veuve, et vous ne pourriez pas l'épouser.

HENRI. C'est juste, Madame... très-juste... Vous voyez, comme je vous le disais, que je n'ai pas dans ce moment des idées bien nettes... ni bien arrêtées...

HÉLOÏSE. Je vous laisse... Monsieur, je vous laisse...

HENRI, *à part.* C'est bien heureux...

HÉLOÏSE. Je vais vous préparer votre appartement et celui de votre oncle... (*A part.*) Allons... c'est fini... le coup est porté... et cela s'est passé mieux que je ne croyais... (*Faisant la révérence.*) Monsieur... j'ai bien l'honneur... (*Elle sort par la porte latérale à droite.*)

SCÈNE IX.

HENRI, *seul.* Au diable la famille... les aïeux... les grands parents... et surtout... surtout les descendants!.. Et cette tante avec son air patelin... « Elle a été si peu... si peu mariée... que ce n'est pas la peine d'en... » Eh! morbleu! elle ne l'a été que trop... et je rends grâce au ciel de ce qu'elle n'était pas là; car, dans le premier moment, je ne sais pas ce que je lui aurais dit!.. Je ne peux pas me laisser jouer, abuser à ce point-là... je suis dégagé de ma parole, de mes serments... oui, oui, je serais un fou, un insensé... je serais le jouet, la risée de tous... si je pensais encore à l'épouser!.. mais je n'y pense plus... je serai homme... je renoncerai à sa main... Y renoncer!.. ah! cet effort est au-dessus de mon courage! Je l'aime... je l'aime tant!.. c'est mon bien... c'est ma vie... Et puis je ne sais pas pourquoi je suis là à me monter la tête... à m'irriter sans raison!.. Tous les jours, dans le monde, on épouse une veuve... qui a un enfant! Et la preuve, c'est que si je refuse sa main... un autre, j'en suis sûr, se présentera pour l'épouser... un autre encore!!!.. oh! non... celui-là, pour le coup, je le tuerais... Et si elle ne m'a pas parlé de ce premier

La chanoinesse.

mariage, si elle m'en a fait un mystère... qu'est-ce que cela prouve? la crainte qu'elle avait de m'affliger... de perdre mon amour... Oh! non, jamais... car après tout!..

Air de *Lantara*.

C'est toujours la femme que j'aime,
C'est toujours ce regard charmant!
Mêmes attraits... elle est la même...
(*S'arrêtant.*)
Non pas tout à fait cependant. (*bis.*)
(*Avec impatience.*)
Mais que m'importe? Adieu, raison, sagesse,
Peines, regrets... Que tout soit effacé!..
L'amour m'enivre; et dans l'ivresse,
Distingue-t-on le présent du passé? (*bis.*)

Oui, oui, j'y suis décidé... et si ce n'était ce que va dire mon oncle, qui s'était prononcé contre ce mariage... (*Avec impatience.*) Après tout, cela ne regarde personne... c'est moi que cela regarde... c'est moi qui épouse... et si quelqu'un se permet de me blâmer, ou de le trouver mauvais... Ciel! qu'est-ce que j'entends là?.. je crois qu'on jure... c'est mon oncle!..

SCÈNE X.

HENRI, BOURGACHARD.

BOURGACHARD, *entrant par le fond.* Maudits chevaux!.. maudits postillons!
HENRI, *allant à lui.* Mon cher oncle!
BOURGACHARD. Maudit pays!..
HENRI. La plus belle contrée du monde, le jardin de la France...
BOURGACHARD. Maudit pays!.. que je n'avais pas revu depuis le jour où moi, général Bourgachard, je commandais une partie de l'armée de la Loire... qu'est-ce que je dis? des brigands de la Loire... comme on nous appelait alors...
HENRI. Y pensez-vous!
BOURGACHARD. Oui, morbleu!.. c'était bien la peine de s'exposer aux coups de fusil... à la fatigue... à l'exil... de se battre pendant trente ans... pourquoi? (*Il s'assied auprès de la table.*)
HENRI. Pour gagner de la gloire...

BOURGACHARD. Dis donc un brevet de réforme et des rhumatismes... c'est la seule chose qu'on ne nous conteste pas, à nous autres vieux soldats de la garde, car j'ai vu le moment où, par ordonnance royale, on allait supprimer la bataille d'Austerlitz... il en a été question...
HENRI. Bonne plaisanterie!
BOURGACHARD. Ça m'est bien égal... je ne tiens plus à tout cela... je ne tiens plus à la gloriole... En fait de fumée, je n'aime plus que celle de la pipe... le coin du feu, le cigare et le piquet.. Voilà!..
HENRI. Oui !.. voilà comme je vous ai trouvé l'autre jour dans votre château de la Brie, en tête-à-tête avec votre curé.
BOURGACHARD. Un brave homme... un ancien militaire, qui tous les soirs me parle de nos campagnes... et puis du ciel... et puis de ma goutte, qui quelque jour pourrait bien m'emporter; et il m'a dit là-dessus des choses...
HENRI. Qui vous ont effrayé...
BOURGACHARD. Moi! morbleu... je n'ai jamais eu peur... ni de lui, ni de personne; mais vois-tu, mon garçon, quand on a couru bravement toute l'Europe, tuant, pillant, se faisant tuer !.. que sais-je !.. ça va bien... on ne pense à rien... on est jeune.

AIR du *Piége.*

Point de remords, point de chagrin,
Et l'on se repasse sans peine
Amour, fillettes et bon vin,
Sans compter mainte autre fredaine...
Nous nous disions, nous autres chenapans :
Ces péchés-là, je puis me les permettre;
Pour m'en repentir, j'ai le temps
Où je n'en pourrai plus commettre!

Eh bien! ce temps-là est venu...
HENRI. Est-il possible !..
BOURGACHARD. Oui, mon garçon, depuis que je suis à la retraite, et que je ne me bats plus, je pense quelquefois... je n'ai que cela à faire... et si ça ne fait pas de bien, ça ne peut pas faire de mal... aussi je me disais : Si mon neveu ne faisait pas la bêtise de se marier, il resterait avec moi, nous ferions ménage ensemble, nous ne nous quitterions pas; ça me ferait du bien : et avec lui qui a des principes, nous serions deux... à penser... et à manger ma fortune!..
HENRI. Eh bien! mon oncle, nous serons trois... ma femme vous fera une société charmante.
BOURGACHARD, *se levant.* Laisse-moi donc tranquille... ce sera une gêne, un ennui !.. est-ce que j'oserai jurer ou fumer devant elle? est-ce que j'entends rien à la galanterie?.. la garde impériale ne s'est jamais piquée de ça... Et si au dessert j'ai quelque bonne histoire à raconter, il faudra donc m'en priver, parce que j'aurai là devant moi une jeune fille innocente et naïve qui ne se doute de rien ?..
HENRI. Mais si, mon oncle... et c'est justement ce qui vous trompe.
BOURGACHARD. Qu'est-ce que tu me dis là!
HENRI. Que vous allez être ravi... enchanté... c'est une veuve!
BOURGACHARD. Une veuve! et depuis quand?
HENRI. Depuis ce matin... non, je veux dire que je l'ai appris ce matin... tout à l'heure... une surprise que je vous ménageais...
BOURGACHARD. Elle est jolie!.. a-t-on jamais vu une absurdité pareille?..

AIR du vaudeville de *l'Avare.*

Oui, ventrebleu, l'idée est neuve!
Aller, au printemps de ses jours,
Pour femme choisir une veuve!
HENRI.
Qu'importe, si j'ai ses amours?
BOURGACHARD.
Veuve qui fera tous les jours
Des comparaisons en ménage
De vous et du premier mari.
HENRI.
Eh! qu'importe, mon oncle, si
Elles sont à mon avantage?

(*Avec embarras.*) Et puis il y en a encore un pour vous... un avantage !.. vous que je voyais l'autre jour faire faire l'exercice au petit garçon de votre intendant, car vous aimez, vous adorez les enfants!.. Eh bien! vous n'aurez pas la peine d'attendre, vous en aurez un tout de suite...
BOURGACHARD. Qu'est-ce que j'entends là?
HENRI. Elle a, de son premier mariage, un petit garçon qui est, dit-on, charmant...
BOURGACHARD. Va-t'en au diable! Un demi-siècle à présent, une femme de cinquante ans, je les déteste.
HENRI. Mais non, mon oncle.
BOURGACHARD. Enfin c'est toujours une mère de famille, que cette jeune vierge que tu me peignais si pure et si candide!
HENRI. Ça n'empêche pas, mon oncle; c'est une grâce si naïve, un charme auquel on ne peut résister... et puis elle m'aime tant!
BOURGACHARD. Laisse-moi donc tranquille! tu ne vois pas que l'on te prend pour dupe, que l'on se moque de toi.
HENRI. Que dites-vous, mon oncle?
BOURGACHARD. La vérité!.. et je te le prouverai, car je suis là, et nous allons voir
HENRI. O ciel! que voulez-vous faire?.. Lui montrer la moindre défiance! gardez-vous-en bien : j'aime mieux être trompé, je le désire, je le demande, c'est mon bonheur.
BOURGACHARD. Alors sois heureux! et fais comme tu voudras, je ne me mêle de rien.
HENRI. Ah! mon oncle, mon bon oncle, quel service vous me rendez! Silence! car voici ces dames!

SCÈNE XI.

HENRI, BOURGACHARD, HÉLOISE ET GABRIELLE,
entrant par le fond.

HÉLOÏSE, *à Bourgachard, d'un air aimable.* C'est à l'instant seulement que j'apprends votre arrivée, Monsieur, et je m'empresse, ainsi que ma nièce...
HENRI, *bas, à Bourgachard.* C'est elle, mon oncle, regardez donc comme elle est bien!
BOURGACHARD. Parbleu! il est sûr que comme cela on ne s'en douterait pas...
GABRIELLE, *à part et regardant Henri.* Il n'a pas l'air trop furieux. Ah! que c'est bien à lui !..
BOURGACHARD, *après avoir salué Héloïse, passant auprès d'elle.* C'est moi, Madame, qui suis bien impoli de ne vous avoir pas d'abord présenté mes hommages; mais j'ai rencontré ici mon neveu qui m'a mis en colère, et cela m'a arrêté.
HÉLOÏSE. C'est bien mal à monsieur Henri, et je suis sûre qu'il devait avoir tort, puisqu'il a retardé pour nous le plaisir de vous voir.

BOURGACHARD, *s'inclinant.* Madame...
HENRI, *bas, à Bourgachard.* Elle est aimable, n'est-ce pas ?
BOURGACHARD. Laisse-moi donc tranquille.
HENRI. Et sa nièce donc?
BOURGACHARD, *de même.* C'est possible, mais elle ne me plaît pas; je n'aime pas cette physionomie-là.
HENRI. Vous aimez peut-être mieux la tante ?
BOURGACHARD. Oui, Monsieur, c'est possible.
HENRI, *à part.* Ils sont étonnants dans la vieille garde ! (*Pendant ces derniers apartés, Héloïse a donné quelques ordres à un domestique qui sort.*)
HÉLOÏSE, *après que le domestique est sorti, s'adressant à Bourgachard.* Je pense que ces messieurs ne seront pas fâchés de déjeuner, et je viens de donner des ordres...
BOURGACHARD. Madame...
HÉLOÏSE. Du reste, comme vous voudrez! liberté entière... Ma nièce vient de faire disposer votre appartement... le plus gai du château.
GABRIELLE. Celui qui donne sur la rivière.
BOURGACHARD, *avec humeur.* Sur la Loire, peut-être? (*A part.*) Je ne peux pas la souffrir...
HÉLOÏSE. Non, Monsieur, sur l'Indre.
BOURGACHARD, *d'un air plus gracieux.* A la bonne heure !
HÉLOÏSE. Plus tard nous parlerons d'affaires de famille; car c'est nous grands parents que cela regarde.
BOURGACHARD. A vos ordres, Madame ; mais je vous préviens que j'ai plusieurs objections...
HÉLOÏSE. Tant mieux ! notre conférence durera plus longtemps ; mais reposez-vous d'abord. On m'a dit que vous étiez souffrant, et l'air ici est excellent... on n'y est jamais malade...
BOURGACHARD. Vraiment !
HÉLOÏSE. Nous avons surtout ici un vin de Saumur... un vin des coteaux qui est excellent pour la goutte...
BOURGACHARD, *bas, à Henri.* Ah! si elle me prend par les sentiments!.. (*Haut.*) Je ne serai pas fâché alors d'en trouver une bouteille dans ma chambre.
GABRIELLE, *passant auprès de lui.* J'en ai fait monter deux.
HENRI, *bas, à son oncle.* Quelle attention!.. remerciez-la donc...
BOURGACHARD, *à Gabrielle, avec embarras.* Certainement, Mademoiselle, ou plutôt Madame... car j'ai appris par mon neveu, qui ne s'en doutait pas, ni moi non plus, que vous étiez veuve, que vous aviez été mariée à M. de...
HÉLOÏSE. Saverny, un jeune officier.
BOURGACHARD, *avec étonnement.* Saverny de Montlandon !..
GABRIELLE, *à qui sa tante a fait signe.* Oui, Monsieur!..
HÉLOÏSE. Un ami de notre famille.
BOURGACHARD. Colonel au quarante-deuxième.
GABRIELLE, *de même, et toujours sur un signe de sa tante.* Oui, Monsieur.
HÉLOÏSE, *prenant un air de circonstance.* Et qui malheureusement est mort dans la retraite de Russie.
BOURGACHARD, *secouant la tête d'un air goguenard.* C'est juste, car pendant huit ans on n'a pas eu de ses nouvelles. Mais rassurez-vous, séchez vos larmes, il n'est pas mort.
HENRI. Comment ! il n'est pas mort !..
GABRIELLE, *à Héloïse.* L'entendez-vous, ma tante? il n'est pas mort !..
HÉLOÏSE, *à part.* Ah! mon Dieu! (*Haut et allant auprès de Bourgachard.*) Ce n'est pas possible... (*Gabrielle remonte vers le fond.*)
BOURGACHARD. C'est certain, il n'est pas mort... témoin cette lettre que j'ai reçue de lui, il y a trois jours. Lisez plutôt. (*Présentant la lettre à Héloïse et lui montrant l'adresse.*) « Au général Bourgachard. »
HÉLOÏSE, *poussant un cri.* Bourgachard !!! ah !!!.. (*Elle tombe dans les bras de sa nièce qui s'est approchée pour la retenir, et qui la place sur un fauteuil à droite du théâtre.*)

Air du *Serment.*

ENSEMBLE.

BOURGACHARD ET HENRI.
Grand Dieu! que signifie
Un tel événement?
Trahison, perfidie,
Je le vois à présent.

GABRIELLE, *à part.*
Grand Dieu, que signifie
Un tel événement?
Notre ruse est trahie,
Comment faire à présent?

GABRIELLE, *auprès de sa tante.*
Ma pauvre tante! ah! je conçois, hélas!
Et son trouble et son embarras.

BOURGACHARD.
Revoir revenir à la vie
Un mari qu'on n'attendait pas!

GABRIELLE.
Pardon, Messieurs, je ne la quitte pas!

ENSEMBLE.

BOURGACHARD ET HENRI.
Grand Dieu! que signifie,
Etc., etc., etc.

GABRIELLE.
Grand Dieu! que signifie, etc.

(*Henri a sonné pendant ce dernier ensemble ; Anastase paraît ; Gabrielle relève sa tante, qui sort en s'appuyant sur son bras et sur celui d'Anastase.*)

—

SCÈNE XII.

BOURGACHARD, HENRI.

(*A la fin de cette scène, Bourgachard s'est assis sur un fauteuil à droite du théâtre ; Henri s'est assis auprès de la table.*)

HENRI. Je reste confondu... anéanti... (*Se retournant en entendant son oncle qui rit aux éclats.*) Eh quoi!.. vous riez !..
BOURGACHARD. Oui, morbleu !.. emporté d'assaut, à la baïonnette, et la vieille garde est encore bonne à quelque chose, car voici la noce en déroute, et le prétendu en pleine retraite.
HENRI. Quoi! M. de Saverny existe encore ?
BOURGACHARD. Heureusement pour nous, et pour lui, car c'est un brave militaire, un bon officier...
HENRI. Et c'est lui qui est le mari de Gabrielle?.. (*Il se lève.*) Tant mieux ! morbleu !.. nous verrons...
BOURGACHARD, *riant toujours.* Mais non pas... mais du tout, et c'est là le meilleur!.. Saverny n'a jamais été marié... (*Il se lève aussi.*)
HENRI. Que me dites-vous donc là?
BOURGACHARD. Il est comme moi, il déteste le mariage, je l'ai toujours connu garçon, il l'est encore ; et tu en verras la preuve dans cette lettre même qu'il m'écrit au sujet d'un établissement qu'on lui propose...

HENRI, *qui a parcouru la lettre.* C'est, ma foi, vrai ; et je ne comprends pas alors ce que tout cela veut dire...

BOURGACHARD. Qu'on te prenait ici pour dupe, que cette demoiselle, femme ou veuve, comme tu voudras, n'a jamais eu de mari... mais en revanche, elle a un héritier.

HENRI. Mon oncle...

BOURGACHARD. Et tu allais épouser tout cela !.. (*A demi-voix.*) Oui, morbleu ! ce n'est pas à un vieux troupier comme moi que l'on en fait accroire. Toi, un blanc-bec ! un conscrit de la Restauration : c'est différent ! Tu ne devines pas que pour réparer les brèches faites à l'honneur de la famille, on avait simulé un veuvage... un mariage avec un homme que l'on croyait bien ne devoir jamais revenir ; mais en apprenant qu'il existait encore, que la ruse allait se découvrir, tu as vu leur trouble, leur terreur soudaine : la tante s'est trouvée mal, c'est ce qu'elle avait de mieux à faire, c'est une femme d'esprit ! et la nièce !..

HENRI. La nièce m'aurait trompé à ce point ! c'est à confondre ma raison.

BOURGACHARD. Il en doute encore !.. allons, mon garçon, plions bagage. Je ne regrette ici que le vin de Saumur ; mais nous en retrouverons ce soir à Tours... à l'hôtel du Faisan.

HENRI. Quoi ! partir à l'instant même !.. Je veux au moins la voir, lui dire un éternel adieu.

BOURGACHARD. En ne revenant pas, ce sera exactement la même chose !

HENRI. Mais au moins, un moment...

BOURGACHARD. Du tout. En fait de retraite, il faut prendre son parti sur-le-champ ; si nous avions fait comme cela à Moscou...

HENRI. Et moi je veux me venger ; je veux l'accabler de reproches, vous ne pouvez pas m'ôter ce plaisir-là : c'est le seul qui me reste, et pendant que vous demanderez les chevaux, pendant que vous ferez atteler, il ne m'en faut pas davantage. Après cela je pars avec vous, je ne vous quitte plus, et je vous jure de ne jamais me marier.

BOURGACHARD. A la bonne heure !

AIR : *D'honneur, c'est charmant!* (des MALHEURS D'UN AMANT HEUREUX).

Plus de mariage !
Demeurons garçons.
HENRI.
Oui, c'est le plus sage ;
Et nous passerons. .
BOURGACHARD.
Notre vie entière
Sans bruit, sans débat !
HENRI.
L'hymen, c'est la guerre !
BOURGACHARD.
C'est un vrai combat !
ENSEMBLE.
HENRI ET BOURGACHARD, *se donnant la main.*
Le bonheur, sur la terre,
C'est le célibat.
(*Bourgachard sort par le fond.*)

SCÈNE XIII.

HENRI, puis GABRIELLE.

HENRI. Grâce au ciel !.. il me laisse !.. et me voilà maître de ma colère, et je n'épargnerai pas la perfide ! Elle connaîtra ce cœur qu'elle a outragé, et qui maintenant lui est fermé pour jamais ! Elle connaîtra... C'est elle, modérons-nous, pour jouir de sa confusion et pour mieux l'accabler...

GABRIELLE, *sortant de la chambre à droite, à part.* Ah ! que viens-je d'apprendre ! ma pauvre tante !.. quelle rencontre ! Et si par mon adresse, je pouvais... mais comment ? (*Voyant Henri.*) Ciel ! c'est Henri !

HENRI. D'où viennent donc, Madame... le trouble et l'inquiétude où je vous vois?

GABRIELLE. De l'inquiétude ! oui, j'en ai beaucoup ! je cherche en moi-même et ne puis trouver un moyen...

HENRI. De me tromper encore...

GABRIELLE, *levant la tête.* Vous ! non, Monsieur !..

HENRI, *avec une colère concentrée.* Et vous faites bien... c'est un soin que vous pouvez vous épargner, car je sais tout ! M. de Saverny n'est point votre mari !..

GABRIELLE, *froidement.* C'est vrai !..

HENRI. Jamais vous n'avez été mariée !..

GABRIELLE, *de même.* C'est vrai !

HENRI. Et cependant vous me l'avez dit.

GABRIELLE. C'est vrai !

HENRI. Vous voilà confondue... vous vous avouez coupable !

GABRIELLE, *avec dépit, et les larmes aux yeux.* Non, Monsieur ! ce n'est pas moi qui le suis, c'est vous !

HENRI. Moi !..

GABRIELLE. Qui déjà manquez à vos serments et oubliez ce que vous m'avez juré ici même. « Quoi que « je puisse voir, quoi que je puisse entendre, disiez-« vous, je n'aurai ni défiance ni jalousie. »

HENRI. J'en conviens, mais dans une occasion comme celle-ci...

GABRIELLE, *de même.* « Mettez-moi à l'épreuve, et si je « n'obéis pas aveuglément, si je me révolte un seul « instant... »

HENRI. Il faut donc faire abnégation de mon jugement, de ma raison, il faut donc fermer les yeux à l'évidence, à la vérité?

GABRIELLE. Et qui vous dit que ce soit la vérité?..

HENRI. O ciel ! . il se pourrait...

GABRIELLE. S'il ne m'était pas permis de vous la faire connaître... si j'étais contrainte au silence ; si j'étais forcée de paraître coupable, et que je ne le fusse pas.

HENRI. Ah ! parlez... parlez... de grâce...

GABRIELLE. Non, Monsieur, non : je ne dirai rien de plus.

HENRI. Vous voulez donc me réduire au désespoir?..

GABRIELLE. Moi, jamais !.. et, par pitié pour l'état où je vous vois, je consens à une preuve, la seule qu'en ce moment, du moins, je puisse vous donner .. et encore je ne le devrais pas, vous ne le méritez pas.

HENRI. Achevez, je vous en supplie.

GABRIELLE. Eh bien! Monsieur, regardez-moi bien, et écoutez-moi. (*Avec tendresse.*) Henri, je ne suis pas coupable, et je vous aime. Me croyez-vous?..

HENRI, *troublé, et hésitant.* Moi !..

GABRIELLE, *vivement.* Songez-y bien, ce moment va décider de mon sort et du vôtre. Si ma voix n'est point arrivée à votre cœur... si ce mot ne vous suffit pas, s'il vous faut d'autres preuves, partez, abandonnez-moi, je ne vous en voudrai pas de n'avoir su ni me deviner, ni me comprendre ; je vous plaindrai seulement d'avoir perdu, par votre faute et votre manque de confiance, un cœur que vous pouviez vous gagner à jamais... Maintenant, prononcez, car je vous le répète, pour ma justification et ma défense, je ne puis dans ce moment vous dire que ce mot. (*Avec plus de tendresse encore.*) Henri, je vous aime.

HENRI, *hors de lui.* Ah! je vous crois, je vous obéis, je ne vous demande rien ; ce n'est plus moi qu'il faut convaincre, c'est mon oncle...

GABRIELLE. Je vais tâcher... Que je le voie seulement, car c'est à lui surtout qu'il faut que je parle.

HENRI. Pour le convaincre?..

GABRIELLE. Oui, et puis pour d'autres raisons...

HENRI. Eh bien! le voilà... le voilà qui déjà revient me chercher, pour m'emmener avec lui, et, au nom du ciel, ne nous laissez pas partir.

GABRIELLE. Soyez tranquille... il restera, je l'espère... et vous aussi. (*Elle va s'asseoir devant la table à gauche du théâtre.*)

—

SCÈNE XIV.

LES PRÉCÉDENTS, BOURGACHARD.

BOURGACHARD. Allons, tout est prêt, dépêchons, et montons en voiture !

HENRI. Pas encore, mon cher oncle...

BOURGACHARD. Comment! pas encore... Est-ce que tu ne lui as pas parlé?

HENRI. Si, mon oncle... (*La lui montrant.*) La voilà...

BOURGACHARD, *à demi-voix.* Eh bien! elle a peut-être osé nier?..

HENRI, *de même.* Non pas... elle est convenue de tout...

BOURGACHARD, *de même.* Tu vois donc bien...

HENRI, *de même.* Et cependant elle prétend qu'elle n'est pas coupable...

BOURGACHARD. Est-il possible?

HENRI. Elle m'en a donné de si bonnes raisons, des raisons que je ne peux vous dire, et que vous ne pourriez comprendre, mais qui, à moi, me semblent claires comme le jour.

BOURGACHARD. De sorte que tu veux toujours épouser?

HENRI. Oui, mon oncle.

BOURGACHARD. Ventrebleu !..

HENRI. Au nom du ciel...

BOURGACHARD. Je me modère... Mais je veux lui parler.

HENRI, *passant à la droite de Bourgachard.* C'est qu'elle demande aussi... et vous verrez... si vous n'êtes pas de mon avis... ou plutôt du sien...

BOURGACHARD. C'est bon... Va-t'en... (*Henri sort.*) Un blanc-bec pareil, qui au premier choc se laisse enfoncer... Mais la garde impériale... c'est autre chose, et nous allons voir...

—

SCÈNE XV.

BOURGACHARD ; GABRIELLE, *qui, pendant toute la scène précédente, est restée assise près de la table, et s'est mise à écrire.*

BOURGACHARD, *s'approchant d'elle et d'un ton brusque.* Mademoiselle...

GABRIELLE, *toujours assise et continuant à écrire.* Pardon, Monsieur... je suis à vous !

BOURGACHARD. C'est différent. (*Après un instant de silence.*) Eh bien! pouvez-vous m'entendre?

GABRIELLE, *toujours assise.* Oui, Monsieur...

BOURGACHARD, *brusquement.* Mademoiselle... mon neveu est amoureux de vous, et vous l'avez séduit, entraîné, fasciné... au point qu'il est persuadé maintenant que...

GABRIELLE, *voyant qu'il hésite.* Eh bien?

BOURGACHARD. Que... que vous n'avez aucun reproche à vous faire...

GABRIELLE, *avec douceur.* Il a raison... et je le remercie d'une estime qui lui acquierra à jamais la mienne.

BOURGACHARD. Tout ce que vous voudrez... Mais après ce que nous savons...

GABRIELLE, *à part, se levant.* Allons, il n'y a que ce moyen. (*A Bourgachard, avec dignité.*) N'admettez-vous pas, Monsieur, qu'on puisse être malheureuse et non coupable ?.. Et si j'avais été victime d'une fatalité indépendante de moi, de mon cœur, de ma volonté... répondez, Monsieur, répondez... est-ce moi qu'il faudrait accuser ?..

BOURGACHARD. Qu'est-ce que cela signifie ?.. Achevez.

GABRIELLE. Et si je vous disais, Monsieur, que ma position est telle, que, dans ce moment même, je ne puis devant vous me justifier de vive voix... je l'ai osé par écrit... (*Prenant le papier qui est sur la table.*) Tenez, Monsieur, jetez les yeux sur ce papier... que je crois pouvoir confier sans crainte à votre loyauté... et à votre honneur !..

BOURGACHARD, *prenant le papier d'un air interdit.* Que diable cela peut-il être ?.. (*Parcourant le papier avec une extrême agitation.*) O ciel !.. la veille de la bataille de Montmirail... à La Ferté-sous-Jouarre, à l'hôtel de France... ce souper d'officiers... Ah! je sens une sueur froide qui me saisit. (*Achevant de lire.*) Mon Dieu ! mon Dieu !.. ce qui depuis si longtemps m'empêchait de dormir... Est-ce bien possible ?.. C'était elle !.. (*Gabrielle, pendant cet aparté, a de temps en temps levé les yeux sur Bourgachard, qu'elle regarde en souriant.*)

GABRIELLE, *à part.* Comme il est troublé !.. Ah! j'ai de l'espoir !

BOURGACHARD, *s'approchant de Gabrielle en baissant les yeux, et presque lui tournant le dos.* Mademoiselle... je vous estime... je vous respecte... je vous honore... et la preuve c'est que je n'ose vous regarder !..

GABRIELLE, *à part, avec joie.* O ma pauvre tante !.. Allons, du courage !

BOURGACHARD, *de même, et montrant de la main le papier.* Il y a là un coupable... mais ce n'est pas vous... Et quand je pense qu'un soldat de Bonaparte... un officier de la vieille garde, a ainsi déshonoré ses épaulettes !.. Ah! je ne me le pardonnerai jamais...

GABRIELLE, *feignant l'étonnement.* Monsieur !..

BOURGACHARD, *à demi-voix.* Taisez-vous !.. taisez-vous !.. ne me trahissez pas... vous voyez bien que c'est moi !.. Mais tout ce que j'ai, tout ce que je possède... ma fortune, ma main... mon existence entière sera employée à réparer mon crime...

GABRIELLE, *avec intention.* Qu'entends-je ?.. vous, Monsieur, qui par votre caractère, vos goûts, vos opinions détestiez, de pareils liens !..

BOURGACHARD. Vous consentez donc, je puis enfin lever les yeux sur vous ; et quand je vois tant de grâce, de beauté, de jeunesse, je suis trop heureux d'expier ainsi mes fautes.

GABRIELLE, *à part.* Ah! mon Dieu !.. quand il saura que c'est ma tante !..

BOURGACHARD. Je ne le méritais pas... Je méritais d'être puni... Je vais écrire à votre tante... (*Il va à la table.*) Oui, Mademoiselle... je vais lui avouer tous mes torts... lui dire qu'en pareil cas, et quoi qu'il arrive, un galant homme ne peut pas hésiter... ne peut

pas reculer... et qu'il n'y a qu'un parti à prendre...
GABRIELLE, *s'approchant de lui.* C'est cela même... c'est bien...
BOURGACHARD. N'est-il pas vrai?.. J'avais là, depuis si longtemps, comme un boulet de trente-six sur la conscience, et maintenant... (*Écrivant toujours.*) Voyez, est-ce bien ainsi? (*Il lui montre la lettre.*)
GABRIELLE, *lisant.* Oui, général... pas un mot de plus. Terminez en lui demandant une entrevue...
BOURGACHARD. Tout ce que vous voudrez. (*Il lui donne la lettre, Gabrielle la prend. — Après un moment de silence et d'embarras, Bourgachard continue.*) Mais il est un autre chapitre... dont je n'ai pas osé vous parler... et d'y penser seulement me rend tout tremblant... (*Montrant le papier.*) Ce fils... dont vous parliez... c'est le mien?..
GABRIELLE. Sans doute!..
BOURGACHARD, *se levant.* J'ai un fils!.. ah! que je voudrais le voir... et l'embrasser!.. Y consentez-vous?..
GABRIELLE. Certainement...
BOURGACHARD, *lui baisant les mains.* Ah!.. je suis trop heureux... et vous êtes un ange!..

SCÈNE XVI.

LES PRÉCÉDENTS, HENRI.

HENRI, *apercevant son oncle près de Gabrielle.* Eh bien! eh bien! que vous disais-je?.. vous en convenez vous-même... c'est un ange...
BOURGACHARD. Oui, Monsieur... et si ce n'était ma goutte, je serais déjà tombé à ses pieds.
HENRI. Vous ne trouvez donc plus étonnant qu'on se laisse séduire par elle, qu'on l'aime, qu'on l'épouse?
BOURGACHARD. Non, certes; et la preuve... c'est que je lui offre ma main!
HENRI. Hein! qu'est-ce que vous me dites là?.. vous, mon oncle! (*A Gabrielle.*) Il perd la tête...
GABRIELLE, *avec reproche.* Comment, Monsieur!..
HENRI, *vivement.* Non, ce n'est pas cela que je veux dire... (*A Bourgachard.*) Mais vous, qui me blâmiez tout à l'heure... (*A demi-voix.*) Car vous savez comme moi qu'elle n'est pas veuve...
BOURGACHARD. Heureusement...
HENRI. Qu'elle n'est pas mariée.
BOURGACHARD. C'est ce que je demande...
HENRI. Et qu'enfin... elle a un...
BOURGACHARD. Raison de plus... je suis trop heureux... et c'est justement pour cela...
HENRI, *à part.* Il est fou... je voulais bien qu'il fût séduit... mais la dose est trop forte...
GABRIELLE, *pendant cet aparté, a fait signe à un domestique, qui paraît.* Anastase... cette lettre à ma tante... et reconduisez Monsieur dans le petit salon bleu...
BOURGACHARD, *à demi-voix.* C'est là qu'il est... je cours l'embrasser. (*Au moment d'entrer dans la chambre à droite, il s'arrête et revient auprès de Gabrielle.*) Ah!.. son nom...
GABRIELLE, *à part.* Ah! mon Dieu!.. je n'en sais rien... (*Haut.*) Il vous le dira lui-même...
BOURGACHARD. C'est bien... c'est bien... Du silence... (*Montrant Henri.*) surtout avec lui. Je reviens vous prendre, et nous irons ensemble près de votre tante, lui demander son consentement, comme j'ai déjà le vôtre. (*Il entre dans la chambre à droite.*)

SCÈNE XVII.

GABRIELLE, HENRI.

(*Ils se regardent tous deux un moment en silence.*)

HENRI.
AIR : *Un jeune Grec.*
Qu'ai-je entendu?.. votre consentement!..
Ah! ma surprise, à chaque instant, augmente!
GABRIELLE.
Et d'où vient donc ce grand étonnement?
HENRI.
Vous consentez à devenir ma tante!
GABRIELLE.
Eh bien! qu'importe?
HENRI.
Ah! c'est ce qu'on verra...
GABRIELLE.
Par la constance moi je brille.
HENRI.
Et cette main, mon oncle l'obtiendra?
GABRIELLE.
Eh! oui, vraiment, pour que cela
Ne sorte pas de la famille.

HENRI. C'est trop fort, et vous m'expliquerez, vous me direz au moins...
GABRIELLE, *gravement.* « Quoi que je puisse voir, « quoi que je puisse entendre, je n'aurai ni défiance « ni jalousie. »
HENRI. Mais, Madame...
GABRIELLE. « Je ne demanderai ni raisons ni expli- « cations. » Voilà la seconde fois que je suis obligée de vous rappeler notre traité, et il est impossible d'avoir moins de mémoire...
HENRI. C'est qu'il n'y a pas d'exemple d'une situation pareille, car enfin, je connais mon oncle, il ne plaisante pas, lui, et s'il vous épouse, il vous épousera bien, ce sera pour tout de bon.
GABRIELLE. Eh bien!..
HENRI. Eh bien! Madame, vous me mettriez en colère avec votre sang-froid, car enfin, et ce que je ne conçois pas, ce matin vous étiez bonne, indulgente, vous compatissiez à mes peines, et maintenant vous avez l'air de vous moquer de moi.
GABRIELLE. Parce que je suis contente, oui, Monsieur, je suis contente de vous : et si vous continuez à être discret et soumis, si vous ne faites pas la moue comme en ce moment, j'ai idée que bientôt je pourrai vous récompenser, et que si le ciel seconde mes projets, dès ce soir vous serez marié.
HENRI. Est-il possible! et mon oncle?..
GABRIELLE. Votre oncle aussi.
HENRI. C'est vous faire un jeu de mes tourments.
GABRIELLE. Non, Monsieur! mais laissez-moi...
HENRI. Et pourquoi?
GABRIELLE. J'ai à parler à votre oncle.
HENRI. Encore!
GABRIELLE. Voilà votre appartement.
HENRI. Je m'en vais, Madame, je m'en vais. (*Revenant.*) Mais vous me promettez au moins...
GABRIELLE. Je ne vous promets rien, Monsieur, partez...
HENRI. Je m'en vais, Madame, vous le voyez, je m'en vais. (*A part.*) Mais pas pour longtemps. (*Il sort par la porte latérale à gauche.*)
GABRIELLE, *le regardant sortir.* Pauvre jeune homme!.. (*Avec tendresse.*) Ah! que j'aurai là un bon mari! mais pour cela, maintenant le plus diffi-

cile est à faire, car avec un homme de ce caractère-là, pour l'amener maintenant de lui-même à renoncer à moi, et à me préférer ma tante, ce n'est pas aisé. Allons, mettons tout ce que j'ai d'adresse... et tâchons d'abord de ne pas le heurter.

SCÈNE XVIII.
BOURGACHARD, GABRIELLE.

GABRIELLE, *à Bourgachard qui entre*. Eh bien !

BOURGACHARD, *hors de lui et à demi-voix*. Je l'ai vu !.. je l'ai vu !.. je l'ai embrassé. Ah ! je ne me doutais pas de ce qu'un pareil moment fait éprouver. Heureusement il n'y avait personne... nous étions seuls, car j'ai pleuré, comme une femme, comme un conscrit.

GABRIELLE, *avec joie*. Vraiment ?

BOURGACHARD. Il n'a pas eu peur de moi... ni de mes moustaches ; au contraire, il a joué avec. C'est mon fils, c'est mon sang... c'est le sang de la vieille garde... et puis il me ressemble déjà...

GABRIELLE. Vous trouvez !

BOURGACHARD. C'est effrayant ! si j'étais resté ici, ça vous aurait compromise. Et puis vous l'avez nommé VICTOR... c'est un beau nom, c'est celui que je lui aurais donné en souvenir de mon empereur, et quand j'y aurais ajouté le mien, Victor Bourgachard, cela sonne bien, cela retentit.

GABRIELLE. Certainement.

BOURGACHARD, *s'échauffant toujours*. Et quand on dira : Qu'est-ce que c'est donc que ce petit gaillard-là qui court, qui n'a peur de rien, qui jure déjà comme un homme ?.. on répondra : C'est le fils du général Bourgachard, du comte Bourgachard, car je suis comte, je l'avais oublié, je n'y tenais pas, mais j'y tiens pour lui. Il aura mon majorat, et mon château de la Brie, et toute ma fortune...

GABRIELLE, *vivement*. Cela va sans dire.

BOURGACHARD. N'est-ce pas ?.. Vous ne pouvez pas vous imaginer ce que ces idées-là ont produit en moi ! j'étais ennuyé, fatigué de tout, même de la vie, et maintenant je renais, je rajeunis ! je ferais encore une campagne pour laisser à mon fils quelque grade et quelque gloire de plus... Venez !.. venez près de votre tante.

GABRIELLE. C'est inutile !.. d'après votre lettre et l'entrevue que vous lui avez demandée, elle ne peut tarder à se rendre ici, et je veux profiter de son absence pour vous dire à mon tour ce qui se passe en moi... ce que j'éprouve, ce que je pense, en un mot vous parler avec franchise...

BOURGACHARD. C'est trop juste ! au moment de se marier, il faut tout se dire.

GABRIELLE. Eh bien ! général... je dois vous avouer que M. Henri... que votre neveu... m'aime éperdument.

BOURGACHARD. Je le sais ! c'est un malheur...

GABRIELLE. Mais ce que vous ne savez peut-être pas... C'est que moi aussi, je l'aime, et je le sens là... je ne pourrai jamais, ni l'oublier, ni vous aimer, comme je le devrais.

BOURGACHARD. Vraiment ! je vous remercie de votre franchise... Mais que voulez-vous ? c'est un malheur...

GABRIELLE. Ce mariage va donc vous priver d'un neveu qui vous était cher, que vous aviez élevé, que vous regardiez aussi comme votre enfant. Il faudra l'exiler, ou, s'il reste près de vous, vivre en une défiance continuelle, le redouter sans cesse, être jaloux enfin des deux personnes que vous aimez le plus ?..

BOURGACHARD, *avec impatience*. C'est vrai ! c'est vrai !.. mais quand vous me direz tout cela, il le faut, il faut bien réparer mon crime, et donner un nom à mon fils.

GABRIELLE. Je ne vous parle pas de la différence de nos âges, de nos goûts. Ces bals, ces soirées, ces réunions qui m'enchantent, serait-ce là ce qui vous conviendrait ? non, sans doute.

Air de valse.

 Ce n'est pas cela,
 Ce tableau-là
  Ne peut guère
   Vous plaire ;
Aussi, pour vous, et trait pour trait,
 Voilà ce qu'il faudrait :
Une femme de quarante ans,
Fraîche encor, douce, aimable et bonne...
Songe-t-on aux jours du printemps
Lorsque brille un beau jour d'automne ?
 N'est-ce pas cela ?
 N'est-ce pas là
 La compagne et l'amie
  Qui de la vie
  Et de l'hymen
 Charmerait le chemin
Ne voyant que votre intérêt,
Sans humeur et sans égoïsme ;
Toujours là, les jours de piquet,
Surtout les jours de rhumatisme.
 N'est-ce pas cela ?
 N'est-ce pas là
 La compagne et l'amie
  Qui de la vie
  Et de l'hymen
 Charmerait le chemin ?
Elle entendrait, près du foyer,
Le récit de chaque victoire,
Et donnerait au vieux guerrier
Paix et bonheur après la gloire.
 N'est-ce pas cela ?
 N'est-ce pas là
 La compagne et l'amie
  Qui de la vie
  Et de l'hymen
 Charmerait le chemin ?

BOURGACHARD, *avec humeur*. Eh ! certainement, cela vaudrait bien mieux ; mais quand on n'a pas le choix... quand il le faut.

GABRIELLE. Et s'il ne le fallait pas...

BOURGACHARD. Que dites-vous ?..

GABRIELLE. Si vous n'aviez envers moi aucun tort à réparer ?

BOURGACHARD. Ce n'est pas possible !

GABRIELLE. C'est pourtant la vérité... et si, dans le trouble où vous a jeté cet aveu, vous aviez eu le temps de réfléchir, vous vous seriez dit que j'ai dix-huit ans, que votre fils en a sept.

BOURGACHARD. C'est juste... eh ! qui donc alors... qui donc ?

GABRIELLE. Celle à qui vous venez d'écrire... pour implorer le pardon de vos torts...

BOURGACHARD. Votre tante !..

GABRIELLE. La mère de votre enfant... celle qui lui a prodigué tous ses soins... celle à qui vous rendrez l'honneur, et qui à son tour honorera votre vieillesse... Oui, voilà l'amie, la compagne qui vous convient... elle ne vous quittera pas, celle-là ; elle embellira vos derniers jours... elle vous aidera à élever et à aimer votre enfant...

BOURGACHARD, *attendri*. Mon enfant !

GABRIELLE. Nous l'aimerons tous... car votre neveu ne sera plus obligé de s'éloigner... vous n'en serez plus jaloux... nous resterons avec vous, dans votre château; nous y vivrons tous en famille... votre fils épousera ma fille... car j'en aurai une...

BOURGACHARD. Vous croyez?

GABRIELLE. Oui, Monsieur... et vous ne voudrez pas faire manquer tous ces mariages-là....

BOURGACHARD, *essuyant une larme*. Non... non, vraiment...

GABRIELLE. Je puis donc dire : Mon oncle?

BOURGACHARD. Sans doute...

GABRIELLE. Et je puis embrasser?...

BOURGACHARD. Ça devrait déjà être fait...

GABRIELLE, *se jetant dans ses bras*. Ah! de grand cœur!...

—

SCÈNE XIX.

LES PRÉCÉDENTS, HENRI.

HENRI. Que vois-je? vous dans ses bras!..

GABRIELLE. Oui, Monsieur...

HENRI. Et c'est vous encore qui l'embrassez!..

GABRIELLE. Certainement!

HENRI. C'est trop fort... j'ai tout supporté... je me suis résigné; je me suis soumis à tout ce que vous avez ordonné, quelque absurde que ce fût... mais la soumission a des bornes, j'y renonce... je me révolte.

GABRIELLE, *le regardant avec compassion*. Est-ce malheureux!.. faire naufrage au port!.. quand vous n'aviez plus qu'un instant de patience!..

HENRI. Je n'en ai eu que trop... et je ne souffrirai point que devant mes yeux...

BOURGACHARD. Qu'est-ce qu'il te prend?..

GABRIELLE. De quoi se fâche-t-il?

BOURGACHARD. De ce que j'embrasse ta femme...

HENRI. Oui.

BOURGACHARD, *lui montrant Héloïse, qui entre par la porte latérale à droite, en lisant la lettre de Bourgachard*. Eh bien! prends ta revanche! et embrasse la mienne.

HÉLOÏSE. Ciel... (*Elle tombe évanouie dans le fauteuil, Bourgachard court à elle.*)

HENRI. Sa femme!.. il serait vrai! Et vous, Mademoiselle?

GABRIELLE. Il en doute encore.

HENRI. Oh! non. (*Henri tombe aux genoux de Gabrielle et lui baise la main; Bourgachard, qui s'aperçoit de cela, croit devoir en faire autant, et il se jette aux genoux d'Héloïse.*)

BOURGACHARD, *se relevant et à son neveu*. Oui, mon ami, j'ai retrouvé ma femme, mon enfant... (*Montrant Gabrielle.*) Et quant à elle, qui a toujours été digne de toi, il faut t'expliquer...

HENRI. Non, mon oncle; non, je ne veux rien apprendre, rien savoir...

GABRIELLE. A la bonne heure, Monsieur, ce mot-là nous réconcilie; et malgré votre manque de confiance...

HENRI. Elle est revenue... j'épouse les yeux fermés.

BOURGACHARD, *baisant la main d'Héloïse*. Et moi aussi... Allons voir mon fils !

Air du *Valet de chambre*.

Par l'amitié (*bis*.)
Que notre vie
Soit embellie!
Par l'amitié (*bis*.)
Que le passé soit oublié!

FIN
de
LA CHANOINESSE.

VIALAT ET Cie, IMPRIMEURS ET ÉDITEURS.

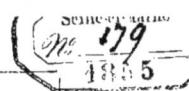

ARMAND. Vous !... ma mère !... Ah !... c'en est trop !... — Acte 1, scène 6.

TOUJOURS
OU
L'AVENIR D'UN FILS
COMÉDIE-VAUDEVILLE EN DEUX ACTES

Représentée, pour la première fois, à **Paris**, sur le théâtre du Gymnase dramatique, le **13 novembre 1832**.

EN SOCIÉTÉ AVEC M. VARNER.

Personnages.

MADAME DERMILLY.	MATHILDE, sa nièce.
ARMAND, son fils.	JOSEPH, domestique de
CLARISSE, sa pupille.	madame Dermilly.

La scène se passe, au premier acte, à Paris, et au second acte, dans le château de la Vaupalière.

ACTE PREMIER.

Le théâtre représente un salon élégant, porte au fond et portes latérales. La porte du fond, qui reste toujours ouverte, laisse voir une autre pièce qui sert de passage à la société qui se rend dans les appartements. Sur le devant du théâtre, à droite de l'acteur, une petite table couverte d'un tapis.

SCÈNE PREMIÈRE.

CLARISSE, ARMAND, *entrant vivement par le fond.*

CLARISSE. Laissez-moi, monsieur Armand, laissez-moi.

ARMAND. Non, Clarisse, vous savez combien je suis malheureux, et combien je vous aime !

CLARISSE. C'est mal à vous, ce n'est pas généreux.

Où un pareil amour peut-il vous conduire? Vous êtes riche; je n'ai rien.

ARMAND. Eh! qu'importe? vous serez à moi, vous serez ma femme; il n'y a pas d'obstacles qui puissent s'opposer à ce que j'ai résolu.

CLARISSE. Et votre mère qui ne consentira jamais à cette union : votre mère qui, depuis deux ans, a pris soin de moi, et dont je suis en quelque sorte la pupille, ne serait-ce pas de l'ingratitude? ne serait-ce pas bien mal reconnaître ses bontés?

ARMAND. Que de faire mon bonheur?

CLARISSE. Peut-être ne pense-t-elle pas ainsi. Et je vous le répète, monsieur Armand, je ne puis, je ne dois pas vous écouter, sans l'aveu de votre mère.

ARMAND. Oui, vous avez raison, je lui parlerai : vingt fois déjà j'ai été sur le point de tout lui déclarer, et au moment où je prononçais votre nom, je voyais sur ses traits un air de sévérité, de froideur qui glaçait ma confiance, arrêtait mes aveux; et troublé, interdit... je la quittais, me promettant d'être plus hardi le lendemain, et le lendemain, c'était de même.

CLARISSE. Votre mère est donc pour vous bien terrible?

ARMAND. Ma mère! c'est la bonté même; une femme d'un mérite supérieur, et qui, depuis mon enfance, a tellement captivé ma confiance, que, jusqu'à ce moment, j'avais l'habitude de tout lui dire... de penser tout haut avec elle.

AIR : *L'amour qu'Edmond a su me taire.*

C'était presque mon camarade,
Mon cœur dans le sien s'épanchait ;
Lui confiant souvent mainte incartade :
Et quand parfois, ou timide ou discret...
Je lui cachais quelques étourderies,
Elle semblait toujours les ignorer...
Et sa bonté, pour punir mes folies,
Sans m'en rien dire allait les réparer.

Du reste, il n'y a pas de jeune homme plus heureux, ou plus riche que moi ; des chevaux, des chiens, des équipages, tout ce que je peux désirer.

CLARISSE. Ah! vous avez raison d'aimer votre mère, de la préférer à tout, et loin de vouloir jamais vous engager à lui déplaire, à braver son pouvoir, je vous dirai : Renoncez à des idées qui ne peuvent faire que votre malheur et le mien.

ARMAND. Le vôtre!

CLARISSE. Oui, par pitié, par égard pour moi, n'entretenez pas des illusions impossibles à réaliser... Seul rejeton d'une illustre famille, je sais quels devoirs m'impose ma naissance; et quoique sans fortune, je porte un nom qui peut me donner aussi quelque fierté; et si vous n'avez pas, comme moi, la force et le courage de souffrir en silence, il faut nous séparer, et ne plus nous voir; j'en trouverai le moyen.

ARMAND. Moi! vivre sans vous! cela m'est impossible, et rien ne m'empêcherait d'avouer mes tourments et mes projets, si seulement un mot de vous, Clarisse...

AIR : *Mes yeux disaient tout le contraire.*

De grâce, ne refusez pas
Cet aveu que de vous j'implore ;
Lui seul peut me donner, hélas!
La force que je cherche encore ;
De ce mot dépend mon bonheur.

CLARISSE.
Eh! comment, dans mon trouble extrême,
Vous avouer ce que mon cœur
Voudrait se cacher à lui-même?

ARMAND. Ah! je suis trop heureux! Clarisse, vous serez à moi, je vous en fais serment; je le jure à vos pieds...

CLARISSE. Que faites-vous? C'est Joseph; ce vieux domestique vous aura aperçu.

ARMAND. Non, non, rassurez-vous, il a la vue basse.

CLARISSE. C'est égal... il voit tout.

SCÈNE II.

ARMAND, CLARISSE, JOSEPH, *entrant par la porte à droite de l'acteur.*

ARMAND, *avec impatience.* Qu'est-ce qui t'amène? Qu'est-ce que tu veux?

JOSEPH. Je ne veux rien... On n'est pas depuis trente ans domestique dans une maison, pour ne rien faire... aussi je fais mon inspection accoutumée. Je viens voir si dans ce salon tout est bien à sa place... (*Avec intention.*) si tout, enfin, est comme il devrait être... et je ne crois pas...

ARMAND. Que veux-tu dire?

JOSEPH, *rangeant quelques meubles.* Je dis que j'ai bien fait d'arriver pour remettre les choses dans l'ordre. Comme il y a ce soir un bal, une grande réunion...

ARMAND. Joseph, tu abuses étrangement de ton privilége de vieux serviteur ; mais je suis encore plus que toi dans la maison.

JOSEPH. En un sens, c'est possible, mais sous d'autres rapports... d'abord vous n'y êtes pas depuis si longtemps que moi. Il n'y a pas un seul meuble que je n'aie essuyé et épousseté tant de fois, que l'habitude de nos relations...

ARMAND. C'est bon, c'est bon...

JOSEPH. Nous a presque rendus confrères. Je me regarde comme du mobilier.

ARMAND. Oui, mais du mobilier, on en change quelquefois, surtout quand il est vieux, et je pourrais bien finir par te congédier.

JOSEPH. Moi, Monsieur! vous me faites de la peine pour vous quand vous me parlez comme ça. Est-ce que c'est possible? est-ce qu'il ne vous manquerait pas quelque chose, si je n'étais pas là pour vous aimer, (*Geste d'Armand.*) pour vous impatienter? Vous y êtes fait, et moi aussi, et on ne change pas comme ça ses habitudes.

ARMAND. C'est bon! en voilà assez. Où est ma mère?

JOSEPH. Dans sa chambre, où elle vous a déjà demandé, car ordinairement (*Regardant Clarisse.*) elle est la première personne que vous embrassez dans la journée.

ARMAND, *sévèrement.* Il suffit. (*A Clarisse.*) Je vais la voir et lui parler.

CLARISSE. Et moi, je vais achever ma toilette. (*Bas, lui montrant la porte à droite.*) Adieu; si vous m'aimez, du courage! (*Elle sort par la porte à gauche.*)

SCÈNE III.

JOSEPH, ARMAND.

ARMAND, *à part, avec trouble.* Oui, elle a raison ; du courage. (*Haut.*) Tu dis que ma mère est visible? elle n'est pas souffrante?

JOSEPH. Toujours un peu. Ma femme, qui avait entendu du bruit cette nuit dans sa chambre, est entrée ;

elle dormait d'un sommeil agité, et elle disait à voix haute : « Mon fils ! mon fils ! »

ARMAND. Quoi ! même en dormant, j'occupe encore son cœur et sa pensée ?

JOSEPH. Sa pensée ! elle n'en a qu'une, c'est vous ! elle a toujours été trop bonne, ce n'est pas comme ça que j'entends l'éducation des enfants, et si elle avait cru mes avis...

ARMAND, *à part.* Et se décider à l'affliger ! il faut cependant... (*A Joseph.*) Elle est seule, n'est-il pas vrai ? (*Il va pour entrer dans la chambre à droite.*)

JOSEPH. Un notaire est avec elle depuis midi, et je ne sais pas s'il y est encore.

ARMAND, *au moment d'entrer, s'arrêtant. Vivement.* Dans le doute, je ne veux pas la déranger ; plus tard, j'ai le temps, rien ne presse.

JOSEPH. Entrez toujours, vous n'en serez pas fâché.

ARMAND. Que dis-tu ?

JOSEPH. Vous savez cette belle terre de la Vaupalière, où vous avez été au mois d'octobre, et dont vous êtes revenu enthousiasmé ?

ARMAND. Je crois bien, un domaine magnifique, la plus belle chasse du monde.

JOSEPH. Madame vient de l'acheter.

ARMAND. Est-il possible ! Ah ! c'est pour moi !

JOSEPH. Et pour qui donc ? ce n'est pas pour moi, à coup sûr... un château gothique, des appartements immenses qui donnent un mal à nettoyer, et à frotter ! mais dès qu'il s'agit de vous, Madame, qui, d'ordinaire, est une femme raisonnable, sacrifierait avenir, santé, fortune... C'est une duperie ; ce n'est pas ainsi que j'élève mon fils, le petit Joseph ; je ne lui donne jamais rien, de peur qu'il ne soit ingrat. Mais tenez, tenez, j'entends Madame, allez la remercier, et puisque vous voulez lui parler...

ARMAND. Ah ! mon Dieu ! dans ce moment, je ne pourrai jamais : un rendez-vous, une affaire importante, au café Tortoni... (*Il sort par le fond.*)

SCÈNE IV.
JOSEPH, *puis* MADAME DERMILLY.

JOSEPH. C'est ça ; le voilà parti, au lieu de remercier sa mère, de l'embrasser ! Ah ! ces jeunes gens ! ces jeunes gens ! voilà ce que c'est que de les gâter : le mien ne sera pas comme ça ; mais aussi, et quoique je sois bon père, je me suis donné du mal, dès son plus jeune âge, je l'ai toujours fouetté moi-même, tous les jours de la semaine, excepté le dimanche. C'est Madame.

MADAME DERMILLY, *entrant par la porte à droite.* Je croyais trouver ici mon fils ; est-ce qu'il est sorti ?

JOSEPH. Oui, Madame, une affaire importante... un rendez-vous à Tortoni, quelque partie de plaisir, j'en ai peur.

MADAME DERMILLY. Et moi, je l'espère ; qu'il s'amuse, qu'il soit heureux ! c'est tout ce que je demande, et je ne le retiens jamais auprès de moi, pour qu'il y revienne toujours avec plaisir.

JOSEPH. Fasse le ciel que Madame n'ait pas à se repentir de sa faiblesse.

MADAME DERMILLY, *souriant.* Oui, je sais que cela t'effraie : selon toi, il n'y a point d'amour paternel sans la rigueur et la sévérité, et j'ai vu ton garçon, qui est maintenant fort bien, trembler devant toi.

JOSEPH. Et j'en suis fier ; il faut que nos enfants nous respectent.

MADAME DERMILLY. Eh ! mon pauvre Joseph, il vaut mieux qu'ils nous aiment.

JOSEPH. Madame verra où l'on arrive avec de pareilles idées, et si elle savait, comme moi, ce que je sais... M. Armand, qu'elle croit si sage et si rangé...

MADAME DERMILLY. Eh bien ?

JOSEPH. Eh bien ! Madame, je peux le dire, puisque c'est fini, mais il y a deux ans, c'est moi qui portais les lettres, il a été épris de cette jeune veuve...

MADAME DERMILLY, *froidement.* Oui, il me l'a dit.

JOSEPH. Est-il possible !

MADAME DERMILLY. Une passion très-vive, une constance éternelle, qui a duré six mois... et plus tard, quand il a été trahi, c'est moi qui l'ai consolé...

JOSEPH. Je n'en reviens pas !

MADAME DERMILLY. Je ne peux pas exiger qu'avec une tête et un cœur de vingt ans, mon fils ne subisse pas les passions de son âge.

JOSEPH.
AIR : *J'en guette un petit de mon âge.*
Pour l'avenir cet excès d'indulgence
Doit vous préparer des tourments.
MADAME DERMILLY.
Puis-je exiger de lui cette prudence
Que l'on n'acquiert, hélas ! qu'avec le temps ?
JOSEPH.
Et pourquoi pas ?.. si vous vous faites craindre.
MADAME DERMILLY.
Ne demandons que juste ce qu'il faut :
En plaçant la vertu trop haut,
Personne ne pourra l'atteindre.

Tout ce que je peux faire pour mon fils, c'est de diriger, par ma raison et mes conseils, la fougue et l'inexpérience de son âge, de l'éclairer sur les périls qui l'entourent.

JOSEPH. Et quand il ne veut pas les voir ?

MADAME DERMILLY. Je tâche alors de le sauver malgré lui, et sans qu'il s'en doute ; et, tiens, dans ce moment même, je ne sais quelle vague inquiétude, un instinct de mère qui ne me trompe pas, me fait craindre pour lui des dangers.

JOSEPH. Y pensez-vous ?

MADAME DERMILLY. Je peux te l'avouer, à toi, mon vieux serviteur, dont je connais le zèle, et cette crainte me fera hâter des projets qu'il eût été peut-être plus sage de retarder... Je voudrais marier mon fils, lui trouver une bonne femme, un bon caractère, des vertus solides, et du bonheur : tout cela, je l'ai rencontré, et sans chercher bien loin, dans ma propre famille ; c'est Mathilde, ma nièce.

JOSEPH. La fille de M. de Nanteuil, le négociant, dont la fortune égale au moins la vôtre ?

MADAME DERMILLY. De tout temps cette union a été notre projet favori, et le rêve de ma pauvre sœur ; mais je n'en ai pas parlé à mon fils, parce que les mariages arrangés d'avance ne réussissent jamais... D'ailleurs, mon beau-frère demeurant à Bordeaux, et moi à Paris, nos enfants ne pouvaient pas se voir ni s'aimer, mais Mathilde a seize ans, et après la mort de sa mère, j'ai été la chercher pour la conduire près de Paris, dans un pensionnat, où son père a voulu qu'elle achevât son éducation. C'est un ange de douceur et de bonté, et si jolie, si aimable, qu'à mon avis il est impossible de ne pas l'aimer ; mais il faut maintenant que mon fils pense comme moi ; je ne lui ai pas encore permis d'aller à la pension voir sa cousine, parce que je veux la lui montrer tout à son avantage : c'est pour cela qu'aujourd'hui je donne une soirée.

JOSEPH. Pour mademoiselle Mathilde! Moi qui l'ai vue si petite... quand son père était l'associé de votre mari...

MADAME DERMILLY. J'ai envoyé ta femme la chercher à sa pension, et je compte la garder ici quelques jours... Nul doute que sa grâce, sa jeunesse, sa naïveté ne fasse impression sur le cœur de mon fils.

JOSEPH. Il faut l'espérer; mais j'ai peur et je crains qu'il n'y ait, ici même, une personne qui lui fasse du tort.

MADAME DERMILLY. Eh! qui donc?.. que veux-tu dire? Aurais-tu remarqué?..

JOSEPH. Rien encore, jusqu'à ce matin, où, entrant par hasard dans ce salon, j'ai trouvé M. Armand près de mademoiselle Clarisse.

MADAME DERMILLY. Eh bien?

JOSEPH. Je ne puis pas dire positivement que je l'ai vu à ses genoux, parce que j'ai de mauvais yeux, mais j'ai l'oreille bonne, et je crois bien avoir entendu... (*Il fait sur sa main le bruit d'un baiser.*) ou quelque chose comme ça.

MADAME DERMILLY. Clarisse, qui fut ma pupille, et que depuis deux ans, depuis sa majorité, j'ai gardée près de moi, et que j'ai promis de doter! Non, cela ne se peut pas... (*S'arrêtant et réfléchissant.*) Cependant, elle a refusé jusqu'ici tous les partis convenables qui se présentaient.

JOSEPH. Vous voyez bien...

MADAME DERMILLY. Et je ne puis me dissimuler que sa finesse, sa coquetterie...

JOSEPH. Et sa fierté!.. Est-elle fière, celle-là! surtout avec les domestiques.

MADAME DERMILLY. D'un autre côté, le chagrin de mon fils, lui, qui d'ordinaire est si gai, si étourdi!..

JOSEPH. Preuve qu'il est amoureux.

MADAME DERMILLY. Comment?..

JOSEPH. Je l'ai bien remarqué, tant qu'il est amoureux, il est triste et mélancolique, et dès que sa gaieté revient, c'est signe que...

MADAME DERMILLY. On vient, c'est ma nièce.

—

SCÈNE V.

MADAME DERMILLY, MATHILDE, JOSEPH.

MATHILDE, *entrant par le fond*. Bonjour, ma chère tante, que vous êtes bonne et aimable de m'avoir fait sortir de pension, et pour huit jours encore! à ce qu'on m'a dit.

MADAME DERMILLY. Oui, ma chère enfant.

MATHILDE. Et j'en ai sauté de joie! C'était mal à moi, parce que de quitter Madame et ces demoiselles, ça aurait dû m'affliger! mais je n'ai pas pu, j'étais trop contente! Que je vous embrasse encore!..

JOSEPH. Est-elle gentille!

MATHILDE. Eh mais! ce vieux monsieur, ces cheveux blancs!.. n'est-ce pas Joseph, qui me faisait autrefois danser sur ses genoux?

JOSEPH. Elle me reconnaît.

MATHILDE, *allant à lui*. Bonjour, mon bon Joseph.

JOSEPH, *à part et avec émotion*. Elle n'est pas fière, celle-là, et c'est bon signe.

MATHILDE. Je suis bien changée, trouves-tu?

JOSEPH. Et moi donc?

MATHILDE. Non, pas trop! puisque tu as toujours de l'amitié pour moi. Eh bien! gronde-moi donc encore, comme autrefois, car tu me grondais toujours, je m'en souviens.

JOSEPH, *la regardant*. Il n'y a plus moyen, Mademoiselle.

MATHILDE. Si, vraiment, les sujets ne te manqueront pas. Ils disent tous que je suis étourdie, et je vois que c'est vrai, n'est-ce pas, ma tante? Aussi je tâche de me corriger.

MADAME DERMILLY. Non, mon enfant, ce qu'ils appellent de l'étourderie, c'est de la franchise. Ce défaut-là, garde-le toujours, et reste comme tu es. (*La regardant avec tendresse.*) Je te trouve si bien, ma fille!

MATHILDE. Tant mieux, j'aurais été si fâchée du contraire!.. depuis surtout que mon père m'a confié vos projets.

MADAME DERMILLY. Que veux-tu dire?

MATHILDE. Oui, avant de partir, il m'a donné à entendre, que moi, votre nièce, je pourrais peut-être recevoir de vous, un jour, un nom encore plus doux, celui que vous avez dit tout à l'heure... ma fille.

MADAME DERMILLY. Quoi! ton père t'aurait appris?.. (*A part.*) Ah! quelle imprudence!

MATHILDE, *vivement*. Je n'en ai parlé à personne. Mais retrouver en vous la mère que j'ai perdue! cette idée-là me rend si heureuse, que j'y pense sans cesse; et je fais tous mes efforts pour que votre fille ne soit pas trop indigne de vous. D'abord, je travaille depuis le matin jusqu'au soir: cela m'ennuie bien; mais c'est égal.

AIR du vaudeville de *Oui et Non*.

Je sais l'anglais, l'italien,
Peut-être assez mal, et je tremble...
Car vous, vous les parlez si bien!..
Mais nous pourrons causer ensemble.
Je cause beaucoup, au surplus;
Et pour moi quel plaisir extrême!..
Me voilà deux langues de plus
Pour dire combien je vous aime.

Ensuite la broderie, la tapisserie, la musique, et puis ma peinture. Vous verrez les deux miniatures que je vous ai apportées, le portrait de mon père et le mien.

MADAME DERMILLY, *avec joie*. Est-il vrai?

MATHILDE. Ah! mon Dieu! je n'y pense pas, c'est une surprise que je voulais vous faire. N'importe, vous serez surprise, n'est-ce pas? Il y avait bien aussi un autre portrait que je voulais essayer, et qui sans doute vous aurait fait plus de plaisir; mais, je ne sais pourquoi, je n'ai pas osé.

MADAME DERMILLY. Et lequel?

MATHILDE. Celui de votre fils.

MADAME DERMILLY, *souriant*. Eh comment! tu te rappelles encore les traits de ton cousin?

MATHILDE. C'est qu'il n'y a pas bien longtemps que je l'ai vu.

MADAME DERMILLY. Où donc?.. comment cela?

MATHILDE. Lorsque le maréchal est venu visiter la maison royale de Saint-Denis, il avait avec lui très-peu de monde, deux généraux, des vieux, et puis quelques jeunes aides-de-camp de la garde nationale à cheval... des uniformes de lanciers charmants... et nous autres pensionnaires, qui étions là en groupe, nous regardions les uniformes.

MADAME DERMILLY. Et les jeunes officiers?

MATHILDE. Très-peu, parce que, vous sentez bien, ma tante... Il faut être toutes droites et les yeux baissés. Mais une de mes compagnes, Augusta, qui était auprès de moi, me dit tout bas : « Regarde donc ce « jeune homme qui est à côté du maréchal!.. » Et je dois convenir qu'il me parut très-bien, et à ces demoiselles aussi.

Air du *Pot de fleurs.*

Car en parlant le soir de l'aventure,
Chacune à l'envi répétait
Que c'était lui dont la tournure
Sur tous les autres l'emportait...
Que nul n'avait ses grâces naturelles.
Ce fait fut déclaré constant
Par un jury très-compétent,
Formé de deux cents demoiselles

Et jugez de ma surprise, quand la sous-maîtresse, en disant le nom de tous ceux qui accompagnaient le maréchal, nous apprit que le jeune aide-de-camp était M. Armand Dermilly, mon cousin.

MADAME DERMILLY. O ciel! est-il possible?

MATHILDE. Oui, ma tante, mon cousin! et toutes ces demoiselles me trouvent fort heureuse d'être sa cousine... jugez donc, si elles avaient su...(*Vivement.*) mais vous vous doutez bien que je n'ai rien dit.

MADAME DERMILLY, *vivement.* C'est bien, c'est bien.

MATHILDE. En revanche, j'y ai pensé, parce qu'il y avait dans cet événement-là quelque chose d'imprévu, d'étonnant, comme un coup du sort!.. vous comprenez?.. non pas que j'eusse d'autres idées; mais je me disais : Quand je verrai mon cousin, et il faudra bien que cela arrive, ce sera amusant de lui raconter qu'il ne me connaît pas, et que je le connais, et que je l'ai vu en cachette au milieu de deux cents personnes... Mais, par exemple, ma tante, vous ne lui direz pas ce que je vous ai raconté tout à l'heure... (*A Joseph.*) ni toi non plus, Joseph; vous pensez bien que c'est entre nous... (*Joseph passe à la droite de madame Dermilly.*) Mais pardon, je parle, je parle, et vous allez me trouver bien bavarde; ne le croyez pas, je suis contente et voilà tout.

MADAME DERMILLY. Et moi aussi, je suis enchantée maintenant de cette rencontre; et tu en parleras ce soir à ton cousin, en dansant avec lui la première contredanse.

MATHILDE. Comment! que me dites-vous?.. un bal!..

MADAME DERMILLY. Pour toi, mon enfant.

MATHILDE. Ah! que vous êtes bonne! et quel plaisir!

MADAME DERMILLY. C'est aussi ma surprise, à moi, un impromptu!

MATHILDE. Par exemple! vous auriez dû m'en prévenir d'avance, parce que moi, qui n'ai là que ma robe de pensionnaire... Ce n'est pas pour moi... mais pour mon cousin. (*Avec timidité.*) J'aurais voulu qu'il me trouvât jolie, et que, ce soir, il pensât de moi ce que nous avons pensé de lui. (*Vivement.*) C'est peut-être mal ce que je dis là?

MADAME DERMILLY. Non, mon enfant.

MATHILDE, *gaiement.* Tant mieux, n'y pensons plus, le plaisir de danser vaut bien celui d'être belle.

MADAME DERMILLY, *lui prenant la main.* Quoi! vraiment! pas plus de coquetterie que cela? (*A Joseph.*) Que te disais-je? et quel trésor! (*A Mathilde.*) Eh bien! mon enfant, si tu n'es pas coquette, je le suis pour toi, et tu trouveras dans ta chambre une parure de bal qui t'est destinée.

MATHILDE, *sautant de joie.* Ah! ma bonne tante!.. (*Vivement.*) Y a-t-il des fleurs?

MADAME DERMILLY. Certainement.

MATHILDE, *de même.* Une guirlande?

MADAME DERMILLY Oui, vraiment, c'était à moi de parer ma fille bien-aimée.

MATHILDE. Ma fille! ah! que je vous aime quand vous parlez ainsi! (*Avec curiosité.*) Mais dites-moi donc, cette robe... est-ce que je ne peux pas la voir et l'essayer? ce n'est pas que je sois impatiente ni curieuse, mais enfin, si elle n'allait pas bien...

MADAME DERMILLY. C'est juste... Joseph, dites à votre femme de conduire Mathilde dans sa chambre, qui est à côté de la mienne.

JOSEPH. Oui, Madame.

MATHILDE. Adieu, ma tante, adieu... (*Hésitant.*) ma... ma mère...

MADAME DERMILLY, *l'embrassant vivement.* Mon enfant, (*Puis se reprenant.*) pas encore, pas encore, mais bientôt, je l'espère. (*Mathilde sort avec Joseph par la porte à droite.*)

SCÈNE VI.

MADAME DERMILLY, *puis* ARMAND.

MADAME DERMILLY. Oui, quand mon fils la connaîtra, il sera trop heureux de recevoir de mes mains un pareil présent... C'est lui... il faut lui apprendre mes intentions, et savoir décidément, quelles pensées l'occupent. (*Armand entre par le fond.*) Comme il a l'air triste! (*Avec inquiétude.*) Oh! mon Dieu! mon pauvre fils!

ARMAND, *à part, l'apercevant.* C'est ma mère, il n'y a plus à reculer... Allons, du courage! (*Allant à elle, et lui baisant la main.*) Je puis enfin vous voir et vous remercier de vos nouvelles bontés. J'ai appris par Joseph, par une indiscrétion peut-être, l'acquisition que vous venez de faire de ce beau domaine.

MADAME DERMILLY, *avec émotion et bonté.* Tu m'en avais parlé tant de fois, tu semblais le désirer; et mon bonheur à moi, c'est de satisfaire tes vœux quand je les connais, (*Le regardant avec émotion.*) ou du moins quand je peux les deviner.

ARMAND, *à part.* Si elle me parle ainsi, je n'aurai jamais la force...

MADAME DERMILLY. Et puis, s'il faut te l'avouer, j'ai encore d'autres idées en achetant ce château.

ARMAND. Et lesquelles?

MADAME DERMILLY. J'espère que ce sera mon présent de noce.

ARMAND. O ciel! que voulez-vous dire!

MADAME DERMILLY, *s'asseyant et lui faisant signe de s'asseoir près d'elle.* Viens ici près de moi, et causons... il y a longtemps que cela ne nous est arrivé, et il me semble, mon fils, que tu dois avoir besoin de moi.

ARMAND, *avec effusion.* Oui, ma mère... oui, vous avez raison.

MADAME DERMILLY. J'en étais sûre, mon cœur me le disait... écoute-moi, tu me répondras après.

Air de *Téniers.*

On te l'a dit : quand la mort de ton père
Vint dans le deuil nous plonger tous les deux,
J'étais bien jeune, et ma famille entière
Voulait pour moi préparer d'autres nœuds
Je résistai : car je songeais sans cesse
Qu'un autre époux, en me donnant sa foi
Eût exigé sa part d'une tendresse
Qui ne devait appartenir qu'à toi.

ARMAND. Ah! ma mère!

MADAME DERMILLY, *continuant.* Me trouvant à la tête d'une fortune déjà considérable, je l'ai conservée, je l'ai augmentée pour toi, mon enfant! et quand je te la laisserai, tu en useras, j'en suis sûre, honorablement, comme elle a été acquise.

ARMAND. Ah! loin de nous de pareilles idées.
MADAME DERMILLY. Qui sait?.. je suis faible, souffrante, et je ne voudrais pas te quitter, mon ami, sans avoir légué à quelqu'un choisi par moi, le soin de te rendre heureux. Je désire donc que tu te maries; mais je voudrais, avant tout, que cette volonté fût la tienne.
ARMAND, *avec joie.* Rassurez-vous, ma mère; c'est aussi mon unique pensée; car, s'il faut vous l'avouer, il est quelqu'un que j'aime... comme je n'ai jamais aimé.
MADAME DERMILLY, *à part.* O ciel!
ARMAND, *avec chaleur.* Il n'y a pas pour moi de bonheur possible, si je ne l'épouse... si vous ne consentez à me la donner pour femme.
MADAME DERMILLY. Et qui donc?
ARMAND. Votre pupille... Clarisse.
MADAME DERMILLY, *à part et atterrée.* O mon Dieu!.. il est donc vrai!..
ARMAND. Qu'avez-vous, ma mère?.. Votre main tremble... vous souffrez?
MADAME DERMILLY, *cherchant à ranimer ses forces.* Non, non, ce n'est rien, mon fils... Je ne veux comme toi que ton bonheur... (*Elle se lève, Armand se lève aussi.*)
ARMAND, *avec joie.* Est-il possible!
MADAME DERMILLY. Mais calme-toi, et laisse-moi te parler... Pour que ce bonheur existe, il faut être bien sûr de la personne à qui on le confie... savoir si son esprit, son caractère, tout ce qui l'entoure, en un mot, nous offre pour l'avenir des garanties, qui te semblent inutiles, à toi... mais que moi, je dois réclamer pour mon fils. D'abord, elle est plus âgée que toi... ensuite, sa famille...
ARMAND. Est noble et illustre. Son père, le marquis de Villedieu...
MADAME DERMILLY. Lui a laissé un grand nom, je le sais, et voilà justement ce qui m'effraie; car, enfin, nous ne sommes que des négociants... (*Armand fait un geste.*) banquiers, si tu veux... le nom n'y fait rien, c'est toujours du commerce, et au lieu, comme je le voudrais, d'être heureux de notre alliance...

AIR de *la Robe et les Bottes.*

En l'acceptant, c'est nous que l'on protége :
Ils le diront, car, même de nos jours,
Des anciens droits, titres et priviléges,
Les grands seigneurs se souviennent toujours.
Qu'est-ce à leurs yeux que l'état que vous faites?
Et peuvent-ils estimer un banquier
Que son nom seul force à payer ses dettes?
Eux que leur nom dispensait de payer!

Et ta femme elle-même, imbue de pareilles idées, te fera sentir, un jour, qu'elle a bien voulu t'élever jusqu'à elle.
ARMAND. Une femme ordinaire, je ne dis pas... mais Clarisse!..
MADAME DERMILLY. N'est pas, plus qu'une autre, exempte des préjugés du nom et de la naissance... préjugés que son éducation n'a fait que fortifier encore... Elevée à Londres, au sein d'une famille puissante, chez lord Carlille, un des premiers pairs du royaume, elle y a puisé toutes ces idées d'aristocratie anglaise... de besoin de dignités et d'honneurs qui tourmente déjà sa jeunesse... et si elle se contente aujourd'hui de la fortune, c'est faute de mieux.
ARMAND. Que dites-vous?
MADAME DERMILLY. Ce qu'il m'est facile de te prouver... Edgard, le second fils de Carlille, était devenu, comme toi, épris de ses charmes.

ARMAND. S'il était vrai!
MADAME DERMILLY. Je n'accuse point Clarisse, et ne la soupçonne pas d'avoir répondu à un pareil amour. Elle est encore jeune, jolie; on l'aime, c'est tout naturel... Mais plus tard, quand elle est devenue ma pupille, pourquoi a-t-elle refusé avec dédain tous les partis que je lui proposais?
ARMAND. Pouvez-vous lui en faire un crime, quand son cœur était à moi, quand elle m'aimait? Car vous ne la connaissez pas... vous ne savez pas qu'elle-même voulait me détourner de cet amour, et craignant de vous affliger, elle voulait s'éloigner, me fuir... moi qu'elle aime et dont elle est aimée.
MADAME DERMILLY. Tu t'abuses toi-même, et tu lui prêtes des qualités qu'elle n'a pas.
ARMAND. Quelle qu'elle soit, je l'aime.
MADAME DERMILLY. Mais, de grâce...
ARMAND. Enfin, ma mère, je l'aime, je l'aimerai toujours.
MADAME DERMILLY, *avec impatience.* Toujours!.. Peux-tu parler ainsi quand il s'agit d'un sentiment soudain, impétueux, que la passion a fait naître, que la raison n'éclaire point... Peux-tu garantir la durée d'un accès de fièvre ou de délire?.. Tu en as aimé d'autres : ce devait être aussi pour la vie, et au bout de quelques mois, cet amour éternel était dissipé! Il peut en être de même de celui-ci.
ARMAND. Jamais! jamais!.. Quelle différence!
MADAME DERMILLY. Essayons du moins; car moi aussi, j'avais un parti à te proposer, un ange de beauté et de candeur, que ma tendresse te destinait.
ARMAND. C'est inutile.
MADAME DERMILLY. Vois-la du moins... c'est tout ce que je te demande.
ARMAND, *hors de lui.* Et à quoi bon?.. J'aime Clarisse!.. je n'en aimerai jamais d'autre. Rien ne me fera changer; et rien au monde ne m'empêchera de l'épouser!
MADAME DERMILLY. Pas même le malheur de ta mère!
ARMAND. O ciel! que dites-vous?
MADAME DERMILLY. Que j'ai cru être aimée de mon fils... Ma vie, à moi, c'était son amour, et le perdre, c'est mourir.
ARMAND. Ah! croyez que ma tendresse...
MADAME DERMILLY, *froidement.* Je ne peux plus y croire, et je ne l'invoque plus... (*Avec dignité.*) Mais il me reste encore d'autres droits... Privée de l'amour de mon fils, je n'ai rien fait du moins pour le dégager du respect et de l'obéissance qui me sont dus.
ARMAND. Et que je conserverai toujours! parlez... quoi que vous exigiez, je t'est un ordre, j'obéirai.
MADAME DERMILLY. Je pourrais donc te dire : Je te défends ce mariage!
ARMAND, *avec anxiété.* Eh bien!.. vous me le défendez?
MADAME DERMILLY. Non; mais je te demande, à genoux, de ne pas être malheureux.
ARMAND, *la relevant.* Vous!.. ma mère!.. ah! c'en est trop!.. j'obéirai... plus de mariage... vous l'exigez... et rien n'égale mes tourments!.. mais vous n'aurez pas prié en vain... Adieu... adieu... je vais trouver Clarisse, lui rendre ses serments, lui dire que je renonce à elle... Etes-vous satisfaite?
MADAME DERMILLY. Oui, oui, je le suis. (*Voyant Armand qui s'éloigne.*) Mon fils!.. tu t'éloignes, et sans m'embrasser!..
ARMAND, *revient, embrasse sa mère, se dégage de ses*

bras, et dit en sortant :) Ah! je suis bien malheureux! *(Il entre dans l'appartement à gauche.)*

SCÈNE VII.
MADAME DERMILLY, puis MATHILDE.

MADAME DERMILLY, *avec émotion, et le regardant sortir.* Il souffre!... il est malheureux!.. et c'est moi qui en suis cause!.. moi, qui immolerais tout à son bonheur! *(Avec fermeté.)* Eh bien! c'est son bonheur que j'assure; et, quoi qu'il arrive, je n'aurai point de regrets. J'ai fait mon devoir.

MATHILDE, *en robe de bal, entrant par la droite.* Ma tante, ma tante!.. regardez donc.

MADAME DERMILLY. Ah! te voilà, mon enfant!.. C'est bien, très-bien!.. Que j'ai de plaisir à te contempler!.. *(A part.)* Oui, je n'ai d'espoir qu'en elle.

MATHILDE. Vous avez pensé à tout, jusqu'au bouquet; est-il bien ainsi?

MADAME DERMILLY, *le lui ôtant.* Du tout; on le porte à la main.

MATHILDE, *riant.* C'était donc une grande faute?

MADAME DERMILLY. Sans contredit.

MATHILDE. Dame! je ne savais pas.

MADAME DERMILLY. Ta coiffure n'est-elle pas un peu haute? Non... et ta robe?.. il y a là des plis que l'on peut faire disparaître. *(Elle arrange la toilette de Mathilde.)*

MATHILDE. Que vous êtes bonne, ma tante!.. ce sera toujours bien.

MADAME DERMILLY, *à part.* Ah! si elle savait pour moi de quelle importance... *(Haut.)* Ecoute, mon enfant, fais bien attention à ce que je vais te recommander, et tâche surtout, dans ce bal...

MATHILDE. Quoi, ma tante?

MADAME DERMILLY, *s'arrêtant, à part.* Non, non, ne lui donnons point de conseil, laissons-la être elle-même, c'est par là qu'elle doit plaire. *(Haut, à Mathilde.)* Tâche de bien t'amuser : voilà tout ce que je te demande.

MATHILDE. Oh! vous serez obéie; songez donc que c'est la première fois que je vais au bal, au bal pour de vrai; car chez nous c'est bien différent :

Air du vaudeville de *Partie et Revanche.*

Même aux grands jours, c'est entre demoiselles
Que l'on danse à la pension;
Point de danseurs, de figures nouvelles,
Cela nuit à l'illusion :
Madame a beau nous prêter son salon...
Le maître nous guide en personne,
Sur sa pochette... et l'on ne sait vraiment
Si pareil bal est un plaisir qu'on donne,
Ou bien si c'est la leçon que l'on prend.

Aussi, moi qui n'y suis pas habituée, je m'essayais tout à l'heure devant votre glace, pour le moment où on viendra m'inviter... *(S'asseyant et s'inclinant.)* Avec plaisir, Monsieur... à moins que ce ne soit Armand... et alors je lui dirai : Avec plaisir, mon cousin.

MADAME DERMILLY, *avec effroi.* Et ta robe que tu chiffonnes!..

MATHILDE, *se levant vivement.* C'est vrai!.. mais aussi pourquoi n'arrive-t-on pas?.. on perd du temps.

MADAME DERMILLY. Tais-toi, l'on vient... *(A part.)* C'est Clarisse.

SCÈNE VIII.
MATHILDE, MADAME DERMILLY, CLARISSE, *sortant de l'appartement à gauche, en robe de bal.*

CLARISSE, *à part, entrant en rêvant.* Il obéissait à sa mère... il renonçait à moi!.. heureusement un seul mot a changé toutes ses résolutions; et maintenant, je l'espère, je n'ai plus rien à craindre... *(Apercevant madame Dermilly.)* Ah! c'est vous, Madame?

MADAME DERMILLY. Déjà prête, Clarisse!.. c'est très-bien.

MATHILDE. Oh! qu'elle est jolie!

MADAME DERMILLY, *à Clarisse, montrant Mathilde.* C'est ma nièce Mathilde, la fille de la maison...

MATHILDE, *passant près de Clarisse.* Presque une sœur! et je serai bien heureuse si vous me regardez comme telle, et si vous voulez bien m'accorder votre amitié.

CLARISSE. Mademoiselle!

MATHILDE. Oh! j'en ai grand besoin; à ce bal surtout, où vous me guiderez... Moi, je ne sais rien; tout à l'heure déjà j'avais mis ce bouquet à ma ceinture; et sans ma tante qui m'a dit que cela ne se faisait pas...

CLARISSE, *avec ironie.* Mademoiselle sort de pension?

MATHILDE. Oh! mon Dieu, oui...

CLARISSE, *de même.* On le voit bien.

MADAME DERMILLY, *avec intention.* Ne fût-ce qu'à sa franchise, à sa confiance. *(La musique se fait entendre.)* Voici déjà quelques personnes qui viennent. *(Elle va dans la salle du fond. La musique continue. On voit passer dans le fond plusieurs cavaliers donnant la main à des dames mises élégamment, qu'ils conduisent dans la salle du bal.)*

MATHILDE, *à Clarisse.* Je me mettrai à côté de vous et vous me direz ce qu'il faudra faire pour être bien.

CLARISSE. Moi, je n'ai rien à dire.

MATHILDE. Vous avez raison; je vous regarderai, et je tâcherai d'imiter... si je puis.

CLARISSE. Vous n'en avez pas besoin; et, sans vous donner de mal, vous êtes sûre de plaire.

MATHILDE, *naïvement.* Vous croyez?..

CLARISSE. Dès que vous serez connue, dès qu'on aura prononcé votre nom... « Quelle est cette jeune personne?.. — Mademoiselle Mathilde de Nanteuil. — Cette riche héritière!.. » tous les jeunes gens s'empresseront autour de vous, et vous êtes sûre de ne pas manquer une seule contredanse.

MATHILDE. Quoi! ce serait là le motif? *(Madame Dermilly rentre.)*

CLARISSE. Eh! mon Dieu! qu'on soit laide ou jolie!.. qu'on danse bien ou mal, peu importe : ce qu'il faut, pour réussir dans un bal, c'est une dot; et souvent, je l'avoue, ma fierté s'en indigne.

MATHILDE. Serait-ce vrai, ma tante?

MADAME DERMILLY. Non, mon enfant; et la preuve, c'est que Clarisse, qui te parle, aura beaucoup de succès, et cependant elle n'a rien.

CLARISSE, *avec dépit.* Madame!..

MADAME DERMILLY. Votre triomphe n'en est que plus flatteur... Après cela, que tous les danseurs ne soient pas des maris, et que pour épouser ils aient l'indignité d'exiger une dot... je conçois cela... *(Mathilde va regarder dans l'autre salon.)*

CLARISSE. L'argent est une si belle chose!.. il donne toutes les qualités...

MADAME DERMILLY. Croyez-vous donc que les filles sans dot aient, par cela même, toutes les vertus?.. et que l'absence d'argent leur donne la bonté, la douceur, l'aménité de caractère?..

CLARISSE, *à part*. Patience... J'aurai mon tour. (*La musique se fait entendre plus fort. Madame Dermilly sort un instant.*)

MATHILDE, *regardant dans le salon du fond*. Le bal commence, et mon cousin n'est pas là!.. (*Madame Dermilly rentre, accompagnée de deux cavaliers; l'un d'eux invite Clarisse, qu'il conduit dans la salle où l'on danse; l'autre invite Mathilde qui dit à part:*) Eh mais, voilà un monsieur qui vient m'inviter... (*Bas, à madame Dermilly.*) Faut-il accepter, ma tante?

MADAME DERMILLY. Sans doute.

MATHILDE, *s'inclinant*. Avec plaisir, Monsieur. (*A part.*) Ah! mon Dieu! que cela me fait de peine!.. j'espérais que la première contredanse serait avec lui. (*Elle sort avec le cavalier qui l'a invitée.*)

SCÈNE IX.

MADAME DERMILLY, *seule, regardant autour d'elle*. C'est étonnant, mon fils ne paraît pas... Ah!.. il me semble le voir dans la foule... Oui... il sera descendu avant moi au salon, pour en faire les honneurs... A la bonne heure, cela m'inquiétait... Et ce Joseph... où est-il donc?.. j'ai besoin de lui... (*Joseph paraît à la porte du fond; il porte un plateau vide et s'arrête en regardant dans les appartements.*)

SCÈNE X.

JOSEPH, MADAME DERMILLY.

MADAME DERMILLY. Ah! te voilà, Joseph!

JOSEPH. Je serais resté jusqu'à ce soir à la regarder.

MADAME DERMILLY. Eh! qui donc?

JOSEPH, *posant son plateau sur la table*. Mademoiselle Mathilde... En entrant dans le salon, elle a eu un succès... tous les regards se sont fixés sur elle; et puis on entendait une espèce de bourdonnement très-agréable.

MADAME DERMILLY. Et mon fils était là?..

JOSEPH. Non, Madame.

MADAME DERMILLY. Est-ce qu'il n'est pas au salon?

JOSEPH. Pas encore.

MADAME DERMILLY. En es-tu sûr?

JOSEPH. Je crains même qu'il n'y paraisse pas de la soirée.

MADAME DERMILLY. Et pourquoi?

JOSEPH. Tenez, Madame, il y a quelque chose sur quoi j'ai promis le secret, de peur de vous inquiéter... mais il me semble maintenant qu'il y aurait plus de danger à ne rien dire.

MADAME DERMILLY. Tu as raison; je veux tout savoir.

JOSEPH. Il y a quelques instants, en descendant à l'office, chercher ce plateau, je me rencontre nez à nez avec M. Armand, qui se glissait dans la cour, par le petit escalier... «Quoi! Monsieur, à cette heure, pas encore habillé!..» Car il n'était pas en costume de bal. «— Non, j'ai à sortir. — Et pourquoi donc? et où allez-vous? — Tais-toi, tais-toi... que ma mère n'en sache rien; je pense, Joseph, qu'on peut se fier à toi. — Vous jugez de ce que je lui répondis. — «Eh bien! ne dis rien à ma mère, que cela inquiéterait; et si, à onze heures, je n'étais pas rentré, remets ce billet à mademoiselle Clarisse, à elle seule, entends-tu?.. à elle seule, et en secret.»

MADAME DERMILLY. Qu'est-ce que cela signifie?

JOSEPH. J'ai pensé d'abord que c'était quelque affaire, quelque duel... que sais-je?

MADAME DERMILLY. O ciel! à une pareille heure!.. ce n'est pas possible; car la nuit s'avance... Et ce billet à Clarisse?

JOSEPH. Le voici. (*Madame Dermilly le prend.*)

MADAME DERMILLY. J'ai le droit, j'espère, de lire ce qu'on adresse à mon ancienne pupille... à une jeune personne qui m'est encore confiée... et fût-ce de mon fils lui-même... (*Elle décachète la lettre, et après avoir lu quelques lignes, elle dit:*) Ah! mon Dieu!

JOSEPH, *effrayé*. Qu'est-ce donc?

MADAME DERMILLY. Rien... rien !.. je suis tranquille... je sais maintenant où il est... Que cela ne t'inquiète pas. (*Elle relit encore.*)

JOSEPH. C'est différent, si Madame est tranquille... (*A part.*) Elle a cependant l'air bien agité... (*Haut.*) Madame n'a pas besoin de moi?.. je puis rentrer au salon?

MADAME DERMILLY. Oui, Joseph... oui, mon ami... Mais je ne sais... prie Clarisse de continuer à faire les honneurs... mais rassure-toi, tout va bien.

JOSEPH. Oui, Madame... (*A part.*) Pauvre femme !.. Il y a de mauvaises nouvelles. (*Il emporte le plateau et sort par le fond.*)

SCÈNE XI.

MADAME DERMILLY, *seule. Lisant la lettre.* « Je « voulais te fuir, obéir à ma mère, un de tes regards « m'a retenu... c'est l'honneur qui maintenant me « lie à toi, et tes droits sont les plus sacrés... » (*S'arrêtant et avec douleur.*) Ah! mon fils!.. (*Lisant.*) «Mais « ce mariage, que désormais rien ne peut rompre, « ma mère n'y consentira jamais... après la promesse « que je lui ai faite, je n'ai même plus le droit de le « lui demander... et tu as raison, il faut partir, il « faut nous éloigner; mais si je rentrais ce soir, si « je voyais seulement ma mère, toute ma résolution « m'abandonnerait, je ne partirais pas; ne sois donc « pas inquiète, si tu ne me vois pas à ce bal ; je m'oc-« cupe de tout préparer pour notre fuite ; et dès que « tout le monde sera parti, quand tout reposera dans la « maison, descends au petit salon, tu m'y trouveras.» (*Elle laisse tomber sa tête sur sa poitrine, et garde un instant le silence.*) Je l'ai lu !.. je ne puis le croire encore... c'est mon fils qui m'abandonne, qui en a conçu le projet... oh ! non... (*Avec douleur.*) Mais il y consent du moins ; et comment l'en empêcher? il ne tient qu'à moi, je le sais, de m'armer de tous mes droits... d'éloigner Clarisse, et de dire à mon fils : «Je veux que vous épousiez Ma-« thilde. » Je veux... Et s'il me résiste, il me faudra donc le maudire!.. Et s'il m'obéit, il ne l'aimera pas, cette pauvre enfant!.. il la rendra malheureuse!... il adorera Clarisse encore davantage !.. car, à son âge, loin d'arrêter une passion, les obstacles ne font que l'exciter et l'accroître. Allons! il n'y a qu'un moyen, bien hardi peut-être... mais c'est le seul qui me reste; et si je connais bien le caractère de mon fils .. oui, dès demain et sans le voir, Mathilde retournera sa pension. (*Regardant au fond.*) Je ne vois plus personne au salon... personne... que Joseph qui éteint les bougies et remet tout en ordre... oui, j'ai entendu le bruit des dernières voitures, et tout le monde est parti... (*Elle ferme la porte du fond.*) Je suis seule,

CLARISSE. Mademoiselle sort de pension? — Acte 1, scène 8.

attendons mon fils... (*Elle écoute.*) On monte par le petit escalier!... ah! le cœur me bat de frayeur!.. et c'est lui qui en est cause!.. qui me l'aurait jamais dit.

SCÈNE XII.

MADAME DERMILLY, ARMAND, *entrant par la porte à gauche.*

ARMAND. Ah! que cette soirée m'a paru longue!.. et maintenant que l'instant approche, je voudrais l'éloigner... Dieu! ma mère!..

MADAME DERMILLY, *avec douceur.* Je t'attendais, mon fils... et tu viens bien tard.

ARMAND. Oui... je n'ai pas pu... j'ai été forcé... ou plutôt, je me suis cru obligé...

MADAME DERMILLY, *de même.* De me tromper?.. oh! non, rien ne t'y oblige. Ce n'est pas moi que tu espérais trouver en ces lieux.

ARMAND. Pourriez-vous le penser?

MADAME DERMILLY. Je sais tout

ARMAND. Eh quoi!... l'on vous aurait dit!.. l'on m'aurait trahi!..

MADAME DERMILLY. Non, grâce au ciel!.. ce secret que j'ai surpris reste entre nous deux; et personne que moi n'aura vu rougir mon fils... (*Elle lui remet la lettre.*)

ARMAND, *regardant le papier.* Ma lettre à Clarisse!..

MADAME DERMILLY. Je l'ai ouverte.. et qu'ai-je vu?.. une fuite... un enlèvement... un pareil éclat!.. commencer aux yeux du monde par perdre de réputation celle que tu veux nommer ta femme!.. Ah! mon fils!.. si tu m'avais demandé conseil!.. si tu m'avais dit ce matin que cette passion était si forte, si violente, que tu la plaçais au-dessus de tout... même de l'honneur, je t'aurais épargné bien des regrets; heureusement, je le puis encore...

ARMAND. Et comment?.. (*Musique douce.*)

MADAME DERMILLY. Puisque tu ne peux vaincre cet amour...

ARMAND. Achevez...

MADAME DERMILLY. Tu le veux...

ARMAND, *à ses genoux.* Eh bien !..
MADAME DERMILLY. Eh bien !.. épouse-la ..
ARMAND. Épouser Clarisse !.. vous le voulez bien ?
JOSEPH, *qui entre, et qui a entendu ce dernier mot.* Qu'entends-je ! ce n'est pas possible ; Madame ne peut consentir...
MADAME DERMILLY, *passant entre Armand et Joseph.* Si, Joseph ; à une seule condition, que je vais expliquer à mon fils.
ARMAND. Ah ! tout ce que vous voudrez ; j'y souscris d'avance.
MADAME DERMILLY. Donne-moi le bras jusqu'à ma chambre à coucher.
JOSEPH. Quelle faiblesse !.. et ce que c'est que de gâter les enfants !.. mon fils Joseph épousera qui je voudrai, ou restera garçon.
ARMAND. Ah ! vous êtes la meilleure des mères !... et je vous devrai mon bonheur.
MADAME DERMILLY. Pas encore maintenant !... mais plus tard peut-être... je l'espère... Adieu, Joseph !... bonne nuit !... (*Joseph, qui tient un flambeau, reste immobile ; madame Dermilly sort par la droite avec Armand.*)

ACTE DEUXIÈME.

Le théâtre représente un appartement d'un château gothique. Deux portes latérales ; une grande croisée auprès de la porte à droite ; au-dessus des portes de droite et de gauche, des lucarnes en rosace : une grande cheminée. Au fond, deux petites portes aux côtés de la cheminée ; un violon posé sur un meuble, un fusil attaché à la muraille. Tables à droite et à gauche du théâtre.

SCÈNE PREMIÈRE.

ARMAND, *près d'une table à gauche, regarde des poissons dans un bocal* ; MADAME DERMILLY, *assise à droite, est occupée à broder* ; CLARISSE, *à côté d'elle, tient un livre et lit.*

ARMAND, *regardant attentivement le bocal.* Les belles couleurs !... et quelle agilité !... ils ne restent pas un instant en place, et tournoient toujours sans se rencontrer.
MADAME DERMILLY. Voilà une heure que tu es occupé, comme Schahabaham, à regarder ces poissons rouges.
ARMAND. C'est que ces diables de petits poissons sont étonnants ; quoique renfermés ils n'ont pas l'air de s'ennuyer.
CLARISSE. Je crois bien !... une prison de cristal, c'est charmant !
MADAME DERMILLY. Qu'on dise encore qu'il n'y a pas de belles prisons !
CLARISSE. Moi, je soutiendrai le contraire, car ici, près de vous, Madame, dans ce vieux château, je me trouve si heureuse !...
MADAME DERMILLY. C'est ce que je désirais. Quoique votre mariage fût arrêté, forcée de le retarder de trois mois pour des arrangements de fortune, des comptes de tutelle à rendre à mon fils... j'ai voulu du moins, que pendant ce temps, vous ne fussiez pas séparés ; et je vous ai amenés dans ce château, où nous nous sommes fait la loi de ne recevoir personne.
CLARISSE. C'est vrai !... point de fâcheux, point de visites importunes.
ARMAND, *venant auprès de Clarisse.* Tout entier au bonheur d'être ensemble ; aussi, voilà déjà deux mois qui ont passé comme un éclair.

MADAME DERMILLY. Non, six semaines...
ARMAND. Vous croyez ?
MADAME DERMILLY. J'en suis sûre...
CLARISSE. Ces appartements gothiques ont quelque chose de grandiose, de noble, de majestueux...
ARMAND, *le dos à la cheminée.* Oui, cela est très-bien, en été surtout... mais en hiver, au mois de décembre, je trouve le grandiose un peu froid... Hum ! hum !... je ne sors pas des rhumes de cerveau ; mais qu'importe ?... quand on est auprès de ce qu'on aime, dans le repos et la solitude... (*Il se place entre madame Dermilly et Clarisse, et s'appuyant sur le dos de leur fauteuil.*) entre l'amour et l'amitié... A propos d'amitié, est-ce que votre homme d'affaires ne vous fera pas celle de se dépêcher ?... Il n'en finit pas avec sa liquidation, et nous sommes ici à l'attendre.
MADAME DERMILLY. Est-ce que cela vous ennuie ?
ARMAND. Du tout ! mais il y a une impatience naturelle, que vous devez comprendre. Quel plaisir d'être mariés !... d'être chez soi, dans son boudoir de la Chaussée-d'Antin !.. de bons tapis, des cheminées à la Bronzac...

AIR du *Partage de la richesse.*
Et puis voici les plaisirs qui reviennent,
Car cet hiver on dansera beaucoup ;
Spectacles, bals, et tant de gens y tiennent !
Pas moi, du moins ; ils sont peu de mon goût.
    (*Montrant Clarisse.*)
Mais pour Clarisse... et si je ne m'abuse,
Deux vrais amants, deux époux, Dieu merci !
Ne faisant qu'un... je veux qu'elle s'amuse,
    Afin de m'amuser aussi.

CLARISSE. Je vous remercie ; mais en quelque lieu que je me trouve, je n'ai rien à désirer, je suis près de vous.
ARMAND, *lui baisant la main avec transport.* Ah ! ma chère Clarisse !... (*Nonchalamment.*) Qu'est-ce que nous ferons ce matin ?
CLARISSE. De la musique, si vous voulez ?
ARMAND. De la musique ; nous en avons fait hier et avant-hier, et l'autre jour !... et puis mon violon n'est pas d'accord. Si nous allions plutôt nous promener dans le parc ?
MADAME DERMILLY. Y penses-tu ?... cinq à six pouces de neige.
ARMAND, *avec humeur.* Bah ! les femmes ont toujours peur de se mouiller les pieds ; il faudra donc rester toute la journée ici, dans ce salon ?
CLARISSE. Voulez-vous lire... ou jouer ?...
ARMAND, *de même.* Nous ne sommes que trois ; si encore le curé était venu, nous aurions fait le whist ou la bouillotte à quatre ; mais le curé promet de venir et il ne vient pas ! Ensuite, il viendra peut-être, il n'est que midi !... midi !... c'est l'heure où, à Paris, on se réunit au café Tortoni... Ils parlent, j'en suis sûr, de la représentation d'hier ; car c'était hier jour d'Opéra. Je voudrais bien savoir si Béville est toujours amoureux de la petite Mimi ?
CLARISSE, *se levant.* Je ne vous le dirai pas...
ARMAND. C'est juste ; je vous dis cela comme autre chose... (*S'approchant de la croisée.*) Tiens ! voilà Geneviève qui est dans le parc...
MADAME DERMILLY, *se levant.* Geneviève !
ARMAND. La fille du jardinier... que je fais causer quelquefois...
CLARISSE. C'est-à-dire... très-souvent.
ARMAND. Oui ; c'est la naïveté campagnarde la plus amusante... elle m'a avoué qu'elle avait déjà eu trois amoureux.
CLARISSE. Fi donc !

ARMAND. Amour platonique, bien entendu...

Air du vaudeville de *Partie et Revanche*.
A la campagne il n'en est jamais d'autres ;
Et philosophe studieux,
Moi je compare et leurs mœurs et les nôtres.
MADAME DERMILLY, *souriant*.
Mais, en effet... trois amoureux!..
CLARISSE, *de même*.
Et s'en vanter... c'est curieux !
ARMAND.
Voyez alors ce que fait naître
La différence des climats!..
Car à Paris, on les aurait peut-être ;
Mais à coup sûr, on ne le dirait pas.

(*A madame Dermilly, en riant.*) Entre autres, elle m'a cité Jean Pierre, votre garde-chasse, un imbécile!... Eh! parbleu! cela me fait penser que ce matin... (*Décrochant son fusil.*) Voilà une belle occasion pour la chasse au loup...

MADAME DERMILLY. Y pensez-vous ? il peut y avoir du danger...

ARMAND. Tant mieux ! ça occupe, ça fait passer un moment...

MADAME DERMILLY. Et moi, je ne veux pas. Vous ne sortirez pas, ce n'est pas convenable ; vous êtes déjà resté avant-hier toute la journée dehors, et cela fâcherait Clarisse.

ARMAND. Non!.. j'en suis sûr... (*A Clarisse.*) N'est-ce pas, chère amie, cela ne te fâchera pas que je sorte ?

CLARISSE, *d'un air indifférent*. Moi... nullement...

ARMAND. Vous voyez...

MADAME DERMILLY, *le retenant toujours*. Elle ne l'avoue pas, mais je suis persuadée qu'au fond cela lui fait de la peine... (*Avec intention.*) sans cela elle ne vous aimerait pas.

CLARISSE. C'est au contraire parce que je l'aime, que je m'efforce de cacher le chagrin que j'en éprouve.

MADAME DERMILLY. Tu l'entends...

ARMAND. C'est différent... Dès que cela vous contrarie, ma chère Clarisse, vous êtes bien sûre que je resterai, que je vous obéirai, que je ferai tout ce qui vous sera agréable, quand je devrais... Aussi je ne sortirai pas de ce fauteuil et ne dirai pas un mot. (*Il s'assied sur un fauteuil auprès de la table, à droite.*)

MADAME DERMILLY. Le voilà d'une humeur exécrable pour toute la journée.

SCÈNE II.

LES PRÉCÉDENTS, JOSEPH.

JOSEPH, *entrant par la droite*. Voici les journaux et les lettres...

CLARISSE, *avec joie*. Ah! quel bonheur ! donne vite !..

ARMAND, *toujours étendu dans son fauteuil*. J'espère qu'on ne les prendra pas tous.

CLARISSE, *prenant deux journaux*. Oh ! non ; à vous les journaux politiques, à moi la *Revue de Paris* et le *Journal des Modes*. (*Elle va s'asseoir à gauche, Joseph donne les journaux à Armand et les lettres à madame Dermilly.*)

ARMAND, *les comptant*. Quel plaisir!... six journaux, en voilà pour toute la matinée!...

CLARISSE, *lisant*. « Les robes de popeline brochée « sont toujours de mode. » Et moi qui en avais une charmante, que je n'aurai pu porter : quel dommage!...

ARMAND. Vous pouviez la mettre ici...

CLARISSE. De la toilette, quand il n'y a personne !...

ARMAND. Personne !... c'est aimable pour nous !

MADAME DERMILLY, *regardant Joseph qui essuie une larme*. Eh mais ! Joseph, qu'as-tu donc ? quel air triste !

JOSEPH. Ce sont des nouvelles que je reçois de mon fils Joseph; vous savez, celui que j'élevais si sévèrement ?

MADAME DERMILLY. Eh bien ?

JOSEPH. Eh bien ! pour se soustraire à mon autorité, il vient, à dix-huit ans, de s'engager dans les dragons.

MADAME DERMILLY. Ah ! mon Dieu !

JOSEPH. Et que faire contre un dragon ? comment ramener l'enfant prodigue à la maison paternelle ?

MADAME DERMILLY. En le laissant au régiment pendant un an ou deux ; et alors, sois tranquille, il viendra de lui-même nous prier d'avoir son congé.

JOSEPH. Vous croyez ?

MADAME DERMILLY. J'en suis sûre. (*Regardant Armand.*) C'est un excellent système que de... Eh mais ! voici une lettre qui me vient par la poste.

JOSEPH. Non, Madame, elle a été apportée par un courrier, un domestique en livrée, qui est en bas.

MADAME DERMILLY. C'est du jeune Edgard.

ARMAND. Le second fils de lord Carlille ?

MADAME DERMILLY. Oui, celui avec qui Clarisse a été élevée en Angleterre. Il m'écrit de la poste voisine, et me demande la permission de se présenter au château.

ARMAND, *se levant*. Avec grand plaisir... Il faut lui écrire...

MADAME DERMILLY. Non, ce serait contraire à la résolution que nous avons prise de ne recevoir aucun étranger.

ARMAND. Ce n'est pas un étranger; sa famille était liée avec la nôtre; et puis, un ami d'enfance de ma femme.

MADAME DERMILLY, *les regardant tous deux*. Si vous le voulez absolument...

CLARISSE. Moi, je n'ai rien à dire, Madame; commandez...

ARMAND. Refuser de le recevoir serait de la dernière inconvenance. D'ailleurs, ce sera toujours une compagnie, non pour nous qui n'en avons pas besoin, mais pour vous, ma mère !... et puis, les devoirs de l'hospitalité... Le jeune baronnet est très-amusant. Je l'ai vu quelquefois à Paris, où nous nous moquions toujours de lui.

MADAME DERMILLY. S'il en est ainsi, je vais lui écrire que nous l'attendons à dîner. Mais sa lettre en renfermait une autre ; lettre d'amitié et de souvenir, adressée à Clarisse.

CLARISSE. A moi ?...

MADAME DERMILLY. Il me prie de vous la remettre, après toutefois en avoir pris connaissance, ce que je juge tout à fait inutile. La voici, ma chère enfant.

CLARISSE, *sans prendre la lettre*. Donnez-la à Armand, à mon mari !... c'est à lui de la lire !...

ARMAND. Par exemple !... quelle idée avez-vous de moi !... amant ou mari, confiance absolue. La France maintenant n'est plus jalouse de l'Angleterre ; il y a désormais alliance et sympathie. Mais allez donc, ma mère... allez écrire au baronnet.

CLARISSE. Et moi, je vais m'habiller.

ARMAND. A merveille ! il y aura grand dîner, grande soirée, réception complète ; c'est la première fois que cela nous arrive ; et puis, Edgard est bon musicien.

CLARISSE. Il jouera du piano.

ARMAND. Et nous danserons !

CLARISSE. Un bal !... quel plaisir !

Air du ballet de *Cendrillon*.
ENSEMBLE.
MADAME DERMILLY ET ARMAND.
Au seul espoir de voir cet étranger
Sa } bonne humeur est revenue.
Ma
Qu'ici tout prenne une face imprévue :
Ayons bien soin de ne rien ménager.
JOSEPH.
Il faut qu'ici, grâce à cet étranger,
Tout prenne une face imprévue !
On s' met en frais pour fêter sa venue.
En vérité, ça me fait enrager.
CLARISSE, *à Armand.*
A votre ami, je dois aussi songer ;
Moi qui suis votre prétendue,
Avec éclat pour paraître à sa vue,
Je vous promets de ne rien négliger.
(*Madame Dermilly et Clarisse sortent par la porte à droite.*)

—

SCÈNE III.

ARMAND, JOSEPH.

ARMAND. Ce sera charmant ! quelle bonne soirée !... nous allons nous divertir !...

JOSEPH, *à part.* Avec de l'Anglais ; il faut qu'il ait bien besoin de s'amuser.

ARMAND. Mais il n'est encore que midi, et je ne sais pas trop que faire d'ici au dîner... (*S'appuyant sur l'épaule de Joseph.*) Ah ! si tu voulais, Joseph, il y aurait moyen d'occuper le temps.

JOSEPH. Et comment cela ?... moi, je ne sais rien... que le loto et les dames ; et, à coup sûr, Monsieur ne voudrait pas...

ARMAND. Tu fais le discret ; mais tu sais mieux que moi qu'il y a ici un mystère...

JOSEPH. Ici ?... non vraiment...

ARMAND. Quoi ! tu ignores ?...

JOSEPH. Ma parole d'honneur...

ARMAND. Alors, je n'y comprends rien ; et c'est une aventure inconcevable, qui pique ma curiosité...

JOSEPH. Racontez-moi donc ça...

ARMAND. Eh parbleu ! j'en meurs d'envie... Imagine-toi, qu'il y a cinq ou six jours, je m'étais échappé du salon...

JOSEPH. Échappé !..

ARMAND. Eh oui !... ma mère ne veut jamais que je quitte un instant ma prétendue : « Reste là, près de « ta femme !... » Car ma mère qui n'aimait pas Clarisse, l'adore maintenant, et cela augmente tous les jours ; ce n'est pas raisonnable... tandis que moi...

JOSEPH. Cela vous ennuie...

ARMAND. Du tout, ce n'est pas cela que je veux dire ; mais cela m'impatiente, et elle aussi, je le vois bien... c'est tout naturel... aussi... Je te disais donc que je m'étais échappé, et je cherchais cette petite Geneviève, qui est bien la plus drôle de fille...

JOSEPH. Comment ! Monsieur, une fermière !... vous pourriez...

ARMAND. Est-ce que j'y pense seulement !...

AIR : *Tenez, moi je suis un bon homme.*
Elle est plutôt noire que blanche,
Véritable beauté des champs ;
Si sa bouche est grande... en revanche
Ses yeux sont petits et brillants ;
Et l'on dirait quand on regarde
Son nez menaçant et pointu...
D'un suisse, avec sa hallebarde,
Chargé de garder sa vertu.

Aussi je cause avec elle comme avec son père, comme avec toi... quand je ne sais que faire...

JOSEPH. Je vous remercie...

ARMAND. Pour en revenir à ce que je te disais... en prenant l'allée du parc qui conduit à la ferme, j'aperçois sur la neige quelque chose de brillant... c'était un médaillon en or, un portrait de femme, une figure de jeune fille, charmante, enchanteresse !

JOSEPH. Que vous connaissez ?

ARMAND. Du tout ; et cependant il me semble que ces traits-là ne me sont point étrangers, que je les ai vus... mais dans quels lieux ?... mais comment ? je n'en sais rien ; cela s'offre à moi dans le vague, dans les nuages, et je n'y puis rien comprendre.

JOSEPH. Ce qui est terrible !

ARMAND. Au contraire, c'est ce qui en fait le charme. Tu te doutes bien que je ne pensais plus à Geneviève ; je revins tout occupé de ce portrait, que depuis une semaine entière je regarde toute la journée, car il y a dans cette physionomie une grâce, une naïveté indéfinissables, et je commençais à croire que c'était une figure de fantaisie, lorsque hier !.. voilà l'inconcevable, le romanesque, le sublime !... Hier soir, en rentrant dans ma chambre, je vois briller une lumière à la tourelle du nord !..

JOSEPH. Par ici ?

ARMAND. Précisément ! un côté du château tout à fait inhabité ; et j'aperçois près d'une fenêtre, à moitié voilée par un rideau de mousseline, et éclairée par le reflet d'une carcelle, une figure céleste et radieuse... comme on peint les vierges de Raphaël !.. et cette figure était celle de mon médaillon, trait pour trait, j'en suis sûr... je l'ai dévorée des yeux pendant cinq minutes, après lesquelles la lumière s'est éteinte, et la vision a disparu...

JOSEPH. Êtes-vous sûr, Monsieur, d'être dans votre bon sens ?

ARMAND. Dame !.. je te le demande ! je n'ai pas dormi de la nuit ; et je n'aurai pas de cesse que je n'aie pénétré ce mystère et découvert cette belle inconnue...

JOSEPH. Ah ! mon Dieu ! et votre femme ?..

ARMAND. Cela n'empêche pas !.. ça n'a aucun rapport, parce que, vois-tu bien, Clarisse est à coup sûr un grand bonheur ; mais un bonheur certain, que j'ai là... qui ne peut pas m'échapper, tandis que l'autre, un être vaporeux, une ombre fugitive, tu comprends. Enfin, mon cher ami, il faut que tu m'aides à l'atteindre.

JOSEPH. Moi, Monsieur... y pensez-vous ?

ARMAND. Par curiosité ça nous distraira, ça nous occupera. Que veux-tu que l'on fasse à la campagne, au milieu des neiges ?.. Sais-tu que voilà six semaines de tête-à-tête, et que j'en ai encore autant en perspective ; il y a de quoi périr... d'amour, et si tu ne viens pas à mon aide....

AIR : *Ces postillons sont d'une maladresse.*
Allons ! Joseph, à nous deux cette gloire,
C'est amusant ; et puis un tel projet
De ton bon temps te rendra la mémoire...
Car autrefois tu fus mauvais sujet.
JOSEPH, *se récriant.*
Qui, moi, Monsieur ?
ARMAND.
Cela se reconnaît :
Un feu caché dans tes veines circule ;
Je crois en toi voir un ancien volcan
Qui brûle encor !
JOSEPH.
Moi, jamais je ne brûle,
Mais je fume souvent.

ARMAND. C'est ce que je disais, il n'y a pas de fumée sans feu. Et parlons un peu raison. Je me suis levé de bon matin... j'ai bien observé la tourelle du nord; elle a deux portes d'entrée, une par la chambre de ma mère, et l'autre... (*Montrant la porte à gauche.*) que voilà; et comme tu as les clés du château...

JOSEPH. Pas celle-ci, je vous le jure, car il y a quelques jours que votre mère me l'a redemandée, sans me dire pour quel motif...

ARMAND. Tu vois bien! il y a un mystère qui irrite encore plus mes désirs curieux; et, à quelque prix que ce soit, je saurai ce qui en est. Dis donc, au-dessus de la porte... cette fenêtre en rosace... si l'on montait par là?..

JOSEPH. Pas possible!..

ARMAND. Si on regardait, du moins, on pourrait l'apercevoir, lui parler?..

JOSEPH. C'est trop haut; vous n'êtes pas assez grand, ni moi non plus...

ARMAND. N'est-ce que cela? J'ai vu l'autre jour, chez le jardinier, une petite échelle, que je vais chercher moi-même, pour qu'on ne se doute de rien.

JOSEPH. Et si l'on vous voit?

ARMAND. Personne !.. ma mère écrit, et Clarisse est à sa toilette; elle en aura pour longtemps. Attends-moi ici, et fais sentinelle... (*Il sort en courant par la porte à gauche de la cheminée.*)

—

SCÈNE IV.

JOSEPH, seul.

AIR du vaudeville de *la Somnambule*.

Quelle imprudence et quel délire!
Mais nous sommes tous ainsi, je le vois bien!
Ce qu'on n'a pas, il faut qu'on le désire;
Ce qu'on possède n'est plus rien !
Moi, tout l' premier, j'en suis la preuv' vivante ;
Je me disais, lorsque j'étais enfant :
Quand donc aurai-j' vingt ans?.. j'en ai soixante,
Et n'en suis pas pour cela plus content.

Mais conçoit-on une tête pareille, et une semblable curiosité! Que diable ça peut-il être?.. Si on pouvait, par le trou de la serrure, regarder un instant... (*Il s'approche de la porte à gauche.*) Dieu! la porte s'ouvre! qu'ai-je vu?..

—

SCÈNE V.

JOSEPH; MADAME DERMILLY ET MATHILDE, entrant par la porte latérale à gauche.

MADAME DERMILLY. Silence, Joseph !

JOSEPH. Quoi! c'est Mademoiselle qui, depuis hier, habitait cet appartement ?..

MADAME DERMILLY. Oui, son père voulait la rappeler! j'ai désiré auparavant qu'elle vînt passer quelques jours avec nous, et elle est arrivée hier soir...

MATHILDE. Si mystérieusement !..

MADAME DERMILLY. C'était nécessaire. Où est mon fils?

JOSEPH. Prêt à se casser le cou pour Mademoiselle, qu'il a aperçue de sa fenêtre...

MATHILDE. Que veux-tu dire ?..

JOSEPH. Qu'il est décidé à monter à l'escalade pour vous revoir encore, ne fût-ce qu'à vingt pieds de hauteur.

MATHILDE. Mon pauvre cousin !.. et pourquoi donc ma tante, ne pouvons-nous pas nous voir et nous parler de plain-pied ?

MADAME DERMILLY. Écoute, mon enfant, as-tu confiance en moi, et crois-tu que je veuille ton bonheur?..

MATHILDE. Oh! oui, bien certainement...

MADAME DERMILLY. Eh bien! laisse-moi faire, et pendant quelque temps encore, ne me demande rien. Aujourd'hui, nous avons du monde, un jeune Anglais, tu descendras pour le dîner, et je te présenterai alors à ton cousin et au baronnet, comme ma nièce.

MATHILDE. Au dîner! pas avant?.. ce sera bien long!..

MADAME DERMILLY. Je le conçois, surtout si d'ici là il faut encore rester renfermée. Eh bien !.. je te permets une promenade dans le parc.

MATHILDE. A la bonne heure, au moins...

MADAME DERMILLY, *lui montrant près de la cheminée la porte par laquelle Armand est sorti*. Cet escalier t'y conduira, et, si par hasard tu rencontrais ton cousin, tâche ou de l'éviter... ou du moins de ne pas lui dire ton nom... tu me le promets ?..

MATHILDE. Oui, ma tante... (*Elle fait quelques pas et s'arrête.*) Mais s'il me devine ?

MADAME DERMILLY. C'est différent.

MATHILDE. Allons! j'obéirai. (*Elle sort par la petite porte à gauche de la cheminée.*)

MADAME DERMILLY, *la regardant descendre*. Mais prends donc garde. Elle va comme une étourdie !..

—

SCÈNE VI.

JOSEPH, CLARISSE, MADAME DERMILLY.

MADAME DERMILLY, *à Clarisse qui entre et qui lui présente un papier*. Quel est ce papier que vous tenez à la main?

CLARISSE. Je vous l'apportais, Madame. La lettre que vous m'avez remise tantôt de la part d'Edgard contenait pour moi une demande formelle en mariage...

MADAME DERMILLY, *à part, avec joie*. O ciel!

CLARISSE. J'y ai répondu sur-le-champ. Mais cette réponse, je ne devais pas vous l'envoyer sans vous la soumettre. (*Lui donnant la lettre.*) Daignez la lire. (*A Joseph.*) Laissez-nous. (*Joseph sort.*)

MADAME DERMILLY, *à part*. Ah! si elle pouvait accepter!.. (*Haut et lisant.*)

« Monsieur. Je dois m'estimer fort honorée de votre « recherche, et je ne puis m'en montrer digne qu'en « vous parlant avec franchise... Une famille respec- « table et distinguée... » etc. « Une mère en qui bril- « lent toutes les qualités... » (*Baissant la voix.*) Je demande la permission de passer la phrase... etc... etc... etc .. « A daigné m'adopter pour sa fille ! » etc., etc. « Les seuls sentiments que je puisse désormais « vous offrir, en échange de votre amour, sont ceux « de la reconnaissance et de la sincère amitié avec « lesquelles je serai toujours Votre .. etc. CLARISSE DE « VILLEDIEU. » (*Avec émotion.*) C'est à merveille, et je ne doute pas que mon fils n'apprécie, ainsi que moi, un pareil sacrifice...

—

SCÈNE VII.

CLARISSE, ARMAND, MADAME DERMILLY.

ARMAND, *entrant par la porte du fond, et boitant un peu*. C'est inconcevable! j'en perdrai la tête! il y a de la magie, et c'est une histoire...

CLARISSE. Quoi donc ?
ARMAND. J'étais chez le jardinier, dans son petit grenier, à décrocher une échelle...
TOUTES DEUX. Une échelle !... et pourquoi ?
ARMAND. Rien, pour m'échauffer... lorsque de sa croisée qui donne sur le parc, j'aperçois une robe blanche, une femme blanche, une nymphe aérienne... une sylphide... je m'élance par la fenêtre...
MADAME DERMILLY. O ciel ! vingt-cinq pieds de haut !
ARMAND. Il y avait un treillage ; mais en sautant à terre, sur la neige, mon pied glisse, rien... une légère douleur, qui n'avait d'autre inconvénient que de ralentir un peu ma course. Il est vrai que j'aurais couru deux fois plus vite, que je n'aurais pu atteindre cette nouvelle Atalante qui, en souliers de satin noir, effleurait à peine les blanches allées du parc. A chaque instant, je la voyais près de moi paraître ou disparaître à travers les massifs dégarnis de feuilles. Son teint animé par la course, ses cheveux blonds, cette figure d'ange pleine de gaieté et de malice, surtout dans le moment où, patatras, j'ai rencontré ce tas de neige...
MADAME DERMILLY. Que tu n'avais pas aperçu...
ARMAND. Non, je la regardais ! et jamais je n'ai rien vu de plus ravissant ! Il n'y a pas de nymphe Eucharis, de Diane chasseresse, capable, à ce point là, de vous faire tourner la tête...
CLARISSE, *piquée*. Monsieur !...
ARMAND. Je dis comme objet d'art... je parle en artiste...

AIR : *Ah ! si Madame me voyait.*

Tel et non moins infortuné,
Le dieu du jour, dans son ivresse,
Courait jadis après une maîtresse
Qui s'enfuyait en riant à son né...
Telle ô bien encore que Daphné,
Disparaissait ma nymphe enchanteresse !
Et moi boiteux, je représentais bien
La Justice qui court sans cesse...
Et qui n'attrape jamais rien.

Quand je dis rien, au contraire, car au détour d'une allée, autre incident, je tombe dans les bras...
MADAME DERMILLY. De qui ?
ARMAND. D'un grand jeune homme, habillé de noir, c'était Carlille...
CLARISSE. Edgard...
ARMAND. Qui me saute au cou, ce qui m'était bien égal ; et ce n'est pas lui que j'aurais voulu... (*Se reprenant vivement.*) C'est-à-dire si... ça m'a fait grand plaisir de l'embrasser, de le revoir, avec sa grande figure étonnée, et son crêpe au chapeau... Chemin faisant, il m'a raconté comment son frère aîné était mort du choléra et de deux médecins anglais...
CLARISSE. Son frère !...
ARMAND. Eh ! mon Dieu, oui ! le voilà duc et pair d'Angleterre ; je ne sais combien de mille livres sterling, et un des plus beaux noms des trois royaumes. Ce qui m'a le plus surpris, c'est son air discret et malin qui semble jurer avec sa longue physionomie britannique. Il m'a avoué en baissant les yeux et la voix, qu'il venait ici avec des intentions... (*A madame Dermilly.*) Qu'est-ce que cela veut dire ?... est-ce que son arrivée se lierait avec l'apparition mystérieuse de la belle inconnue ?
MADAME DERMILLY, *souriant.* Mais, c'est possible !... et je ne dis pas non !...
ARMAND. Comment cela ? vous sauriez donc...
MADAME DERMILLY, *passant au milieu d'eux, et les rapprochant d'elle.* Oui, mes enfants, ce n'est pas avec vous que je veux avoir des secrets, et je vais tout vous confier... Depuis longtemps, j'avais des projets, des idées de mariage, entre lord Carlille, qui n'avait alors qu'un beau nom, et une jeune personne extrêmement riche que je protége...
ARMAND. La jeune inconnue ?...
MADAME DERMILLY. Précisément !
ARMAND. Ah ! c'est un bon parti !... et elle est à marier ?...
MADAME DERMILLY. Oui, mon ami !... Un instant, je l'avoue, j'ai cru mes projets renversés, car Milord, se rappelant une ancienne amitié d'enfance qui l'unissait à Clarisse, voulait absolument l'épouser.
ARMAND, *avec joie.* Quoi ! vraiment ! il voulait !...
MADAME DERMILLY. Rassure-toi ! tu sens bien que Clarisse a refusé avec une noblesse, une délicatesse, dont je suis témoin ; elle t'aime... elle n'aime que toi... sans cela...
ARMAND, *tristement.* C'est juste ! et je suis bien sensible à ce qu'elle a fait pour moi.
MADAME DERMILLY. Ce qui se trouve d'autant mieux, que rien ne s'oppose plus maintenant à l'exécution de mon premier plan ; et puisqu'il est riche, duc et pair, ce qui ne gâte rien...
CLARISSE, *à part.* Comme c'est délicat !
MADAME DERMILLY. Je veux dès aujourd'hui les présenter l'un à l'autre, ce sera la première entrevue, car nous avons à dîner et Milord et ma protégée.
CLARISSE, *à part.* Je ne connais pas de femme plus intrigante que ma belle-mère.
MADAME DERMILLY, *les examinant avec intention.* Et maintenant, mes amis, que je vous ai tout dit, j'espère que vous me seconderez... que vous m'aiderez chacun de votre côté... à faire réussir ce mariage... (*Armand va s'asseoir près de la porte à gauche ; Clarisse s'éloigne vers la droite. A part.*) Cela les a émus tous deux... (*Haut.*) Je vais recevoir Milord, et lui remettre de votre part cette lettre si généreuse.
CLARISSE, *faisant un geste pour la retenir.* Madame...
MADAME DERMILLY, *revenant.* Quoi !... qu'y a-t-il ?... auriez-vous quelque chose à me dire ?

AIR : *de Turenne*

Me voilà prête à vous entendre.
CLARISSE.
Moi... non, Madame... Ah ! c'est trop de bontés...
(*Regardant la lettre.*)
Ah ! si j'avais pu la reprendre !
MADAME DERMILLY, *à part.*
Comme ils paraissent agités !
ARMAND, *avec émotion.*
Eh quoi ! ma mère, vous partez !
(*Clarisse s'assied.*)
MADAME DERMILLY.
Pour la soirée il faut que je m'apprête...
Adieu...
(*Les regardant.*)
Voilà, si j'en puis bien juger,
Deux amoureux qu'à présent, sans danger,
Je puis laisser en tête-à-tête.
(*Elle sort par la droite.*)

SCÈNE VIII.

CLARISSE, ARMAND.

(*Après un instant de silence.*)

ARMAND, *allant auprès de Clarisse et avec embarras.* En vérité, ma chère Clarisse, je ne sais comment vous remercier de la glorieuse conquête que vous m'avez sacrifiée...

CLARISSE. Cela vous étonne !

ARMAND. Non, sans doute !

CLARISSE, *se levant, à part*. Et ce billet qu'elle va lui remettre, et qui va le désespérer, l'éloigner peut-être...

ARMAND. Car enfin, en échange des titres et du rang que vous refusez pour moi, je ne puis vous offrir que le nom et la fortune bien modeste d'un banquier : aussi me voilà maintenant obligé d'honneur à reconnaître une telle générosité.

CLARISSE, *avec sécheresse*. Par de l'ingratitude, peut-être ; car tout à l'heure, déjà, cette fille dont vous parliez avec un feu, un enthousiasme tout à fait inconvenant, devant votre mère et devant moi.

ARMAND. Une plaisanterie innocente, à laquelle je n'attache aucune importance.

CLARISSE, *avec dépit*. Une plaisanterie !... une plaisanterie innocente... qui vous fait escalader des croisées, et poursuivre à travers le parc une femme que vous ne connaissez pas... mais peu importe ! c'est une femme !... et les hommes s'inquiètent si peu de la délicatesse et des convenances... C'est comme l'autre jour, lorsque je vous ai vu rire et plaisanter avec la fille du jardinier...

ARMAND. Geneviève !

CLARISSE. Ah ! fi ! Monsieur !... c'est si mauvais genre !... si mauvais ton !... si négociant !...

ARMAND. Clarisse, y pensez-vous ?

CLARISSE. Oui, Monsieur, et parce que jusqu'ici j'ai eu le courage de me taire, croyez-vous que je sois aveugle ou indifférente sur tout ce qui choque mes yeux ?

ARMAND. Et qui peut donc les blesser ?

CLARISSE. Tout ce qui m'environne !... est-il donc si difficile de voir que, malgré son amitié apparente, votre mère ne m'aime point, que c'est par grâce, et malgré elle, qu'elle me nomme sa fille, et qu'en attendant, et pour satisfaire je ne sais quel caprice, elle nous fait périr de tristesse et d'ennui dans ce château ?

ARMAND. Pas un mot de plus contre ma mère... je ne pourrais l'entendre.

CLARISSE. A merveille ! vous le voyez déjà... son nom seul jette entre nous la désunion et la discorde ; cela ne peut pas rester ainsi ; vous choisirez entre nous deux, vous renoncerez ou à elle ou à moi...

ARMAND. Et c'est vous qui prétendez m'aimer, vous qui exigez un pareil sacrifice !...

CLARISSE. Et vous pourriez hésiter après tous ceux que je vous ai faits, quand je refuse pour vous un rang, un titre, des dignités !

ARMAND. Prenez garde ! car si vous me le reprochez encore, je ne vous en saurai plus aucun gré...

CLARISSE. J'avais donc raison de vous dire que l'ingratitude...

ARMAND. Je ne sais de quel côté elle est...

CLARISSE. C'en est trop, et après une pareille offense, il faudrait avoir bien peu de fierté.

ARMAND. Clarisse, écoutez-moi, de grâce...

CLARISSE. Non, Monsieur... non, laissez-moi, je vous défends de me suivre et de me parler... (*Elle sort par la porte à droite.*)

SCÈNE IX.

ARMAND, *seul*. Comme elle le voudra, après tout ! car voilà déjà la seconde dispute d'aujourd'hui, et c'est ennuyeux ! Elle m'adore ! je le sais bien ! je ne le sais que trop... mais ce n'est pas une raison pour me chercher querelle à tout propos, pour me dire du mal de ma mère, pour être fière... orgueilleuse, envieuse... colère, jalouse. A cela près, une bonne femme, qui aurait un excellent caractère, si elle ne m'aimait pas tant !.. Aussi, il faut que tout cela finisse ; il faut que ce mariage ait lieu, parce qu'une fois mariés, nous serons libres ; elle fera ce qu'elle voudra, moi aussi, et nous ne serons pas obligés de rester comme ça toute la journée en tête-à-tête, c'est le moyen de toujours se quereller... (*On entend un prélude de piano dans la chambre à gauche. Écoutant.*) Dieu ! qu'entends-je ?.. le bruit d'un piano... là, dans cet appartement. (*Il entr'ouvre doucement la porte de l'appartement, et regarde.*) C'est la jeune inconnue !.. je la vois d'ici, assise au piano... Quelle taille charmante !.. ah ! qu'elle est bien !.. et un trésor pareil serait destiné à cet Anglais !.. Non !.. ce n'est pas par esprit national, mais si, avant son mariage, je pouvais la lui enlever, m'en faire aimer... (*Voulant entrer.*) Allons ! mais elle est près de la porte qui conduit dans le parc ; en me voyant brusquement entrer... elle est capable d'avoir peur, de s'enfuir, et elle court mieux que moi, je le sais... Ah ! une idée... (*Il prend son violon, qui est sur une chaise, et joue l'air qu'il vient d'entendre sur le piano. Mathilde entr'ouvre doucement la porte, et entre sur la pointe du pied.*)

SCÈNE X.

MATHILDE, ARMAND.

ARMAND, *à part*. C'est elle !.. (*Il s'approche doucement derrière elle, et la saisit par la main.*) Je la tiens, et cette fois elle ne m'échappera pas !..

MATHILDE, *à part, souriant*. C'est mon cousin !

ARMAND, *à part*. C'est étonnant !.. ça ne l'effraie pas !.. (*Haut.*) C'est bien téméraire à moi d'oser vous retenir ainsi ; mais consentez à ne pas me fuir comme ce matin, (*Lui lâchant la main.*) et je vous rends la liberté, sur parole. (*A part.*) Elle se tait... mais elle reste !.. (*Haut.*) Une grâce encore, ne puis-je savoir qui vous êtes ?..

MATHILDE, *à part*. C'est qu'il ne me connaît vraiment pas !.. c'est amusant !..

ARMAND. Eh quoi ! ne me pas répondre !..

MATHILDE. Eh mais !.. si cela m'était défendu, s'il ne m'était pas permis de vous dire qui je suis...

ARMAND. O ciel !

MATHILDE. Mais vous pouvez le deviner ! je ne vous en empêche pas !..

ARMAND. Eh ! que puis-je savoir, sinon que vous vous plaisez à me fuir, à m'éviter, et que, sans me connaître, vous avez pour moi de l'antipathie et de la haine !.. est-ce vrai ?.. ou non ?..

MATHILDE, *souriant*. En conscience, vous n'êtes pas habile !.. ou vous avez bien du malheur, et si vous ne devinez pas mieux que cela, vous ne saurez jamais rien.

ARMAND. Je sais du moins que vous êtes ce qu'il y a au monde de plus joli, de plus séduisant, et ce que j'aime le plus !..

MATHILDE. Ce n'est pas possible !.. vous ne me connaissez pas...

ARMAND. Patatras, j'ai rencontré un tas de neige. — Acte 2, scène 7.

ARMAND. C'est ce qui vous trompe. (*Il tire de son sein un médaillon qu'il lui montre.*) Et cette image que je regarde sans cesse...
MATHILDE. Mon portrait! celui que j'avais fait pour votre mère...
ARMAND. C'est en mes mains qu'il est tombé, et depuis il ne m'a pas quitté! il est toujours resté là, sûr mon cœur, et demandez-lui si je vous aime...
MATHILDE, *à part.* Il m'aime!.. (*Haut.*) Ah! ma tante dira ce qu'elle voudra, je n'ai plus la force d'obéir...
ARMAND. Une tante, dites-vous? et qui donc est-elle?
MATHILDE. Votre mère!.. Monsieur...
ARMAND. Eh quoi! vous seriez Mathilde?
MATHILDE. Mon Dieu, oui...
ARMAND. Ma cousine?
MATHILDE. Ce n'est pas moi qui le lui ai dit, toujours!
ARMAND. Quoi! cet ange de beauté!.. ce trésor que j'enviais, c'est Mathilde.. c'est ma cousine!..
MATHILDE. Qui depuis longtemps vous connaissait; car moi, je suis plus adroite que vous!

ARMAND. Et pourquoi nous séparer, et m'empêcher de vous voir? à quoi bon ce mystère?..
MATHILDE. C'est ce que je me demande!.. car mon père m'a toujours dit: « Ton cousin sera un jour ton « mari... c'est le rêve, c'est l'espoir de nos deux fa- « milles. »
ARMAND, *avec joie.* Il serait possible!..
MATHILDE. Est-ce que vous ne le savez pas, mon cousin?
ARMAND. Non, vraiment!..
MATHILDE. Il fallait donc me le dire!.. je vous l'aurais appris tout de suite!.. moi, j'ai toujours été élevée dans ces idées-là.
ARMAND. Et puis-je espérer, Mathilde, qu'aujourd'hui ce sont les vôtres?
MATHILDE. Moi, des idées! du tout; je n'en ai pas! je n'ai jamais eu que celles de mon père...
ARMAND. Comment?
MATHILDE. Et de ma tante.
ARMAND. Ah! je suis trop heureux!..
MATHILDE. Et ce qui est bien étonnant, c'est qu'au-

ARMAND. Je la tiens! — Acte 2, scène 10.

jourd'hui votre mère m'a expressément recommandé de vous éviter; voilà pourquoi ce matin je vous fuyais: sans cela!.. et puis elle m'a défendu, si je vous rencontrais, de vous dire qui je suis... heureusement, vous avez deviné... Mais concevez-vous cela?.. je vous le demande.

ARMAND. Oui, sans doute! et tout s'explique maintenant!.. ma mère a changé d'idée! elle veut vous marier à un autre, à un Anglais, lord Carlille.

MATHILDE. Et moi je ne le veux pas! je le dirai à mon père, à ma tante, à tout le monde!.. Il ne faut pas croire que je n'ai pas de caractère... et puis, vous êtes de la famille... vous êtes mon cousin... vous me défendrez...

ARMAND. Toujours! Mathilde! toujours! je suis ton protecteur, ton ami! c'est une indignité! une tyrannie sans exemple!..

MATHILDE. N'est-il pas vrai?..

ARMAND. Et il est affreux qu'on ose ainsi contraindre une jeune personne... je ne le souffrirai pas, et ce prétendu... ce lord Carlille, je le tuerai plutôt...

MATHILDE. O ciel!.. non, Monsieur, ne le tuez pas...
ARMAND. Si vraiment...
MATHILDE. Et moi, je vous en prie, dites-lui seulement que je vous aime, que je vous ai toujours aimé, que je ne peux pas être sa femme, puisque je dois être la vôtre; il comprendra cela; il ne faut pas croire qu'un Anglais n'entende pas la raison...

Air de *la Galoppe de la Tentation.*

Il cédera, j'en suis certaine;
Il s'agit de lui parler;
N'écoutant que votre haine,
Ah! n'allez pas l'immoler.
ARMAND.
Il faut qu'un combat m'en délivre;
Car sitôt qu'il va vous voir,
Sans vous aimer pourra-t-il vivre?
MATHILDE.
Il mourra donc de désespoir.

ENSEMBLE.

MATHILDE.
Il cédera, j'en suis certaine, etc.

ARMAND.
Non, ma vengeance est plus certaine,
Au combat je dois voler,
Je n'écoute que ma haine,
Et je prétends l'immoler.
(*Mathilde sort.*)

SCÈNE XI.
ARMAND, *puis* MADAME DERMILLY.

ARMAND. Quelle grâce!.. quelle candeur!.. quelle naïveté!.. voilà la femme qu'il me fallait; et on la destine à un autre!.. Voilà les grands parents!.. on nous sacrifie tous deux... oui, tous deux... car me voilà engagé à Clarisse... engagé avec une femme qu'il m'est impossible d'aimer, surtout maintenant, et comment y renoncer?.. comment rompre, sans me préparer d'éternels reproches, sans me déshonorer à jamais?.. (*A madame Dermilly qui entre.*) Ah! ma mère, vous voilà; venez, de grâce, venez à mon secours...

MADAME DERMILLY. Eh! mon Dieu!.. qu'y a-t-il donc?..

ARMAND, *cherchant à se remettre.* Ce qu'il y a!.. rien... je ne sais... Qu'allais-je lui dire?.. Je voulais vous demander, que fait Clarisse? où est-elle?..

MADAME DERMILLY. Au salon avec lord Carlille, à qui j'avais un billet à remettre; mais j'ai pensé, et Clarisse a été sur-le-champ de mon avis, qu'il était plus convenable qu'elle lui expliquât elle-même de vive voix les motifs de son refus. J'ai donc déchiré la lettre, et je les ai laissés ensemble; mais, si tu le veux, je vais la chercher...

ARMAND. Non, ma mère... non... j'ai bien d'autres choses à vous dire... j'ai vu Mathilde, ma cousine...

MADAME DERMILLY. Quoi! tu saurais?..

ARMAND. Je sais tout, et c'est d'elle seule que je veux vous parler, car moi, c'est fini, il ne faut plus y penser, j'ai promis...

MADAME DERMILLY. Promesse bien douce à tenir, quand on aime... quand on est aimé! et après ce que Clarisse a fait pour toi...

ARMAND. Eh oui! voilà le malheur!.. et par honneur, par délicatesse, il n'y a plus à reculer, il faut subir son sort. Eh bien donc, puisque rien ne peut m'y soustraire, puisque vous le voulez, je le ferai, ce mariage que je déteste, que j'abhorre...

MADAME DERMILLY. Que dis-tu?

ARMAND. Mais je vous en préviens, je serai éternellement malheureux; personne ne le saura, pas même elle; je me conduirai en honnête homme, en galant homme, en bon mari. Par exemple, j'en aimerai une autre, rien ne m'en empêchera...

MADAME DERMILLY. Eh! qui donc?

ARMAND. Vous ne le saurez pas! vous ne pouvez le savoir... et vous ne devineriez jamais, c'est impossible; cela vous paraîtrait si absurde, si inconcevable, et cependant c'est la vérité, c'est celle que j'aime.

MADAME DERMILLY. Eh! qui donc?

ARMAND. Ma cousine.

MADAME DERMILLY. Est-il possible!

ARMAND. Je l'aime comme je n'ai jamais aimé, ou plutôt je n'ai jamais aimé qu'elle...

MADAME DERMILLY. Laisse-moi donc!..

ARMAND. Ah! j'en étais sûr, vous ne pouvez me comprendre, mais toutes ces vertus, toutes ces qualités que je rêvais, et dont mon imagination se plaisait à embellir une autre, c'est elle qui les possède, et c'est elle que j'aimerai toujours.

MADAME DERMILLY. Toujours!

ARMAND. Oh! cette fois, c'est définitif; car le besoin, chez elle, est le moindre de ses avantages! Quelle douceur! quelle naïveté! quelle bonté de caractère! et sans parler ici de sa fortune, songez donc que les convenances, que les rapports de famille... que tout se trouve réuni...

MADAME DERMILLY. Eh! je le sais mieux que toi!.. car autrefois c'est elle que je te destinais, mais tu n'en as pas voulu; tu n'as pas même consenti à la voir...

ARMAND. Est-il possible!.. eh bien! il fallait m'y forcer, m'y contraindre, user de votre autorité, car, après tout, vous êtes ma mère, vous aviez le droit de commander... et une pareille faiblesse... Ah! pardon!.. pardon! je ne sais ce que je dis; je vous offense encore, mais, voyez-vous, la tête n'y est plus; et le seul parti qui me reste à présent, c'est de me brûler la cervelle......

SCÈNE XII.
LES PRÉCÉDENTS, MATHILDE.

MATHILDE. Dieu! qu'entends-je!.. Non, mon cousin, non, vous ne nous quitterez pas!..

ARMAND. Il le faut!.. car je vous aime trop, et je suis trop malheureux!..

MATHILDE, *à madame Dermilly.* Et vous n'êtes pas touchée de son désespoir?.. et vous pouvez lui résister encore? eh bien! ma tante, moi, qui ai jusqu'ici obéi à toutes vos volontés, je vous déclare que désormais on aura beau faire, rien ne m'empêchera d'aimer mon cousin... que je l'ai toujours aimé, et que je l'aimerai toujours.

MADAME DERMILLY. Et toi aussi!.. (*A part.*) Pauvre enfant!..

MATHILDE, *pleurant.* Oui, Armand, on est bien cruel pour nous, on veut nous rendre bien malheureux; mais rassurez-vous, je n'épouserai personne; je resterai fille, ou je serai votre femme...

ARMAND, *avec désespoir.* Ma femme! ah! c'en est trop!

MATHILDE. Eh bien!.. Monsieur, cela ne vous console pas un peu?..

ARMAND. Au contraire! cela me désespère; cela me rend furieux, car je ne sais plus maintenant à quoi m'en prendre... (*Prenant à part madame Dermilly, pendant que Mathilde s'éloigne un peu.*) Ma mère, ma mère bien-aimée, vous à qui je dois tant, je n'ai plus d'espoir qu'en vous. Elle ne sait pas, elle ne peut se douter de ce que je souffre... vous seule pouvez me sauver; et si vous ne trouvez pas quelque moyen honorable de rompre ce mariage que j'abhorre, vous n'avez plus de fils...

MADAME DERMILLY. Ingrat! pouvais-tu croire que ta mère cesserait un instant de veiller sur toi? Je savais bien que je t'amènerais là, et grâce à moi, aujourd'hui, je l'espère.

ARMAND, *avec explosion.* Que dites-vous?

MADAME DERMILLY. Silence! (*Montrant Mathilde qui s'est un peu éloignée.*) Ta femme ne doit rien savoir.

SCÈNE XIII.
LES PRÉCÉDENTS, JOSEPH.

JOSEPH. Je n'en reviens pas... Quel malheur! quel affront pour nous!

MADAME DERMILLY. Qu'y a-t-il?

ARMAND. Qu'as-tu vu?

JOSEPH. Au salon, milord Carlille aux genoux de mademoiselle Clarisse.

MADAME DERMILLY. Eh bien?

JOSEPH. Il s'est relevé, m'a sauté au cou, en disant : Je te présente ma femme...

ARMAND, *sautant au cou de Joseph qu'il embrasse.* Ah! mon ami!

JOSEPH. Mais laissez-moi donc! (*Il passe à la gauche de madame Dermilly.*)

ARMAND, *à madame Dermilly*. Eh! comment cela se fait-il? comment avez-vous pu réussir?..

MADAME DERMILLY. De la manière la plus simple. J'ai découvert que Clarisse, ma pupille, aimait lord Carlille.

ARMAND, *stupéfait*. Ce n'est pas possible.

MADAME DERMILLY. Si, mon ami, je l'ai forcée à me l'avouer. Elle l'aime, et l'aimera toujours... Toujours, entends-tu bien?

ARMAND, *étonné*. Par exemple!

MADAME DERMILLY. Cela une fois convenu, je l'ai assurée de mon consentement, du tien... Elle devient milady.

MATHILDE. Quel bonheur! lord Carlille ne peut plus m'épouser... et malgré vous, ma tante, il faudra bien que je devienne la femme de mon cousin.

MADAME DERMILLY. Oui, mon enfant.

MATHILDE. Ce n'est pas sans peine... (*A Armand.*) Et nous avons eu assez de mal, j'espère, pour l'amener là.

ARMAND. Que dites-vous?.. et si vous saviez...

MADAME DERMILLY, *à Armand*. Pas un mot de plus. (*Passant entre Mathilde et Armand. A Mathilde.*) Venge-toi de moi, en le rendant heureux. (*A Joseph, qui est resté seul à gauche.*) Eh bien! que t'avais-je dit?

JOSEPH. Elle en est, ma foi! venue à bout : et si mon fils Joseph avait eu une mère comme vous, il ne serait pas dragon.

TOUS.

Air de *Léocadie*.

Toujours! toujours! toujours!
C'est l'éternel discours
De la jeunesse et des amours!
Mais le cœur d'une mère
Est le seul sur la terre
Qui sans erreur puisse dire : Toujours!

FIN
de
TOUJOURS.

ÊTRE AIMÉ OU MOURIR

COMÉDIE-VAUDEVILLE EN UN ACTE

Représentée, pour la première fois, à Paris, sur le théâtre du Gymnase dramatique, le 10 mars 1835.

EN SOCIÉTÉ AVEC M. DUMANOIR.

Personnages.

BONNIVET, notaire de Paris.
CLOTILDE, sa femme.
SAUVIGNY.
HORTENSE DE VARENNES, jeune veuve.
FERNAND DE RANCÉ, son frère.

La scène se passe à Rouen.

Le théâtre représente une salle d'hôtel garni. Porte d'entrée au fond. De chaque côté, au premier plan, portes avec des numéros. Au delà de la porte, à droite de l'acteur, une fenêtre ouvrant sur un balcon. Entre la fenêtre et la porte à droite, un secrétaire. Près de la porte à gauche, une table et ce qu'il faut pour écrire.

SCÈNE PREMIÈRE.

BONNIVET, CLOTILDE.

(Ils sont assis près d'une petite table à droite, et déjeunent. Un garçon les sert.)

BONNIVET. Décidément, ma chère amie, je suis enchanté du détour que nous avons fait pour visiter Rouen, que tu ne connaissais pas... Ces nouveaux hôtels sur les quais sont d'un luxe tout parisien... des salles décorées avec élégance, une vue magnifique... et un excellent déjeuner, parbleu ! *(Il boit, et en posant sa tasse, il s'aperçoit que Clotilde est distraite et ne touche pas à la sienne.)* A quoi penses-tu donc?

CLOTILDE, *revenant à elle.* Moi?.. à rien... Dites-moi, mon ami, à quelle heure partirons-nous demain matin?

BONNIVET. J'ai commandé les chevaux pour huit heures... ainsi, nous avons une nuit complète pour nous reposer... Mais ça ne m'explique pas pourquoi tu es distraite et rêveuse... Qu'est-ce que c'est?.. Qu'as-tu donc?..

CLOTILDE. Mais je n'ai rien.

BONNIVET. Si fait... Cela t'a pris deux ou trois jours avant notre départ de Boulogne... car auparavant tu étais d'une gaieté fort satisfaisante.

AIR de *Voltaire chez Ninon.*

Tu me semblais chaque matin
Aimable, contente et joyeuse :
Quel accident ou quel chagrin
Te rend ainsi triste et rêveuse?
Parle, d'où vient cet ennui-là?
Époux et femme, chère amie,
Ne font qu'un seul.

CLOTILDE.
C'est pour cela :
(A demi-voix.)
Quand je suis seule, je m'ennuie.
(Ils se lèvent.)

BONNIVET. Je fais cependant tout ce que je peux pour te distraire... Tous les étés, un voyage de plaisir ou de santé, ce qui revient au même... Cette année, aux bains de mer de Boulogne... L'année précédente, en Italie... Il y a deux ans, aux eaux de Bagnères...

CLOTILDE, *vivement.* Arrêtez!.. Mon ami, je vous en conjure, ne me parlez jamais des eaux de Bagnères.

BONNIVET. C'est juste, et je t'en demande pardon... Ce souvenir-là m'est aussi pénible qu'à toi... Ce pauvre jeune homme, avec qui j'herborisais dans les montagnes, et que j'avais pris en amitié...

CLOTILDE. Finir d'une manière aussi déplorable!..

BONNIVET. Aussi absurde!.. Aller se tuer!.. et sans dire pourquoi encore !

CLOTILDE. On m'a assuré, à moi, que c'était par amour.

BONNIVET. Quelle bêtise !

CLOTILDE. Hein?..

BONNIVET. Je dis : Quelle bêtise !

CLOTILDE. Ah ! c'est que vous ne pouvez comprendre un pareil dévouement... Vous ne seriez pas capable de mourir pour une femme?

BONNIVET. Jamais !

CLOTILDE. Pas même pour la vôtre?..

BONNIVET. J'en serais bien fâché... et elle aussi, je l'espère... Car il y a un raisonnement bien simple que devraient faire tous ces cerveaux brûlés... Ou celle que j'aime sera désolée de ma mort, et je suis trop galant homme pour lui causer un pareil chagrin : ou mon trépas lui sera indifférent, et alors je serais bien dupe de lui donner ce plaisir-là.

CLOTILDE. Est-ce qu'on raisonne quand on aime?

BONNIVET. Certainement... C'est parce que j'aime ma femme et mes enfants, que je me dis : Je leur serai « plus utile en vivant et en travaillant pour eux... » Aussi, sois franche, qu'est-ce qui te manque?.. Y a-t-il dans Paris une femme de notaire plus heureuse que toi?.. La clé de ma caisse n'est-elle pas à ta disposition?.. Maison de campagne l'été, quatre bals dans l'hiver, et un quart de loge à l'Opéra... secondes de côté.

CLOTILDE. Je ne dis pas non...

BONNIVET. Et s'il te faut quelqu'un pour t'obéir les jours de caprice, ou pour te plaindre les jours de migraine... est-ce que je ne suis pas là?.. Est-ce que je ne te suis pas nécessaire?.. J'en suis persuadé, et si tu devenais veuve, ma pauvre femme, j'en serais désolé pour toi... encore plus que pour moi.

CLOTILDE. Oui, sans doute, vous êtes un bon mari...

BONNIVET. Je m'en vante... et un mari qui aime à vivre... Aussi, ne parlons plus de tout cela ; et pour dissiper tes idées noires, viens donc respirer l'air frais de la rivière. *(Il ouvre la fenêtre et passe sur le balcon.)*

SCÈNE II.

BONNIVET, *sur le balcon,* CLOTILDE, FERNAND.

CLOTILDE, *apercevant Fernand qui paraît au fond, une lettre à la main.* O ciel!

FERNAND, *à voix basse.* Chut!.. (*Il lui montre de loin la lettre, en la suppliant du geste de la recevoir.*)
CLOTILDE. Encore lui!..
BONNIVET, *se retournant.* Hein? (*Fernand a disparu lestement.*) Est-ce que tu me parles?
CLOTILDE, *troublée.* Moi?.. je te demandais si tu ne voyais rien de nouveau.
BONNIVET, *toujours au balcon.* Mon Dieu, non... Eh! si vraiment, voilà une charmante calèche qui vient par la route de Paris, et qui s'arrête devant l'hôtel... une dame en descend... fort jolie tournure. (*Il prend son lorgnon.*) Oh! que je vais t'étonner!.. Sais-tu quelle est cette dame?.. Devine.
CLOTILDE. Je la connais?
BONNIVET. Je crois bien, une compagne de pension... Nous qui tout à l'heure parlions de veuve...
CLOTILDE. Hortense!..
BONNIVET. Juste... ta chère Hortense, madame de Varennes.
CLOTILDE. Il serait vrai!.. Moi qui l'avais laissée à Paris... Qu'est-ce qui l'amène donc à Rouen, et toute seule? C'est bien étonnant.
BONNIVET. Et bien désagréable... car elle a l'air d'être fort embarrassée au milieu des postillons, des paquets et des commissionnaires... Je suis trop galant pour ne pas voler à son secours...
CLOTILDE, *effrayée.* Comment, vous sortez!.. Eh bien!.. et moi?..
BONNIVET. N'as-tu pas peur?.. Je cours et je te l'amène. (*Il sort en courant.*)

SCÈNE III.

CLOTILDE, *puis* FERNAND.

CLOTILDE. Il me laisse seule!.. Si l'autre, pendant ce temps... Mon Dieu! le voilà!
FERNAND, *après avoir jeté un coup d'œil du côté par lequel est sorti Bonnivet, entrant précipitamment.* Au nom du ciel, Madame, daignez recevoir cette lettre.
CLOTILDE. Non, jamais, Monsieur?.. Et je ne sais ce que j'ai fait, ce que j'ai dit pour vous autoriser...
FERNAND. Il a bien fallu vous écrire, puisque vous refusez de m'entendre... Arrivé à Boulogne peu de jours avant votre départ, plus d'une fois j'ai trouvé l'occasion de vous parler seule, et toujours vous l'avez rendue illusoire en vous dérobant à une explication... Surpris de ce départ précipité, je n'ai eu que le temps de me procurer un cheval, et depuis Boulogne, je suis votre chaise de poste.
CLOTILDE. Je le sais, je vous ai bien vu... et c'est ce que je trouve très-mal... certainement, Monsieur; et je ne puis m'expliquer ni votre conduite ni l'espoir que vous avez.
FERNAND. Ma conduite!.. c'est celle d'un fou, d'un insensé qui ose vous aimer, sans qu'un seul regard de bonté le lui ait permis... Mon espoir!.. c'est de me jeter à vos genoux et d'implorer votre indulgence.
CLOTILDE. Oh! oui, un insensé... vous avez bien raison... car enfin, Monsieur, je ne vous connais pas, je ne sais qui vous êtes.
FERNAND. N'est-ce que cela?.. Eh bien, Madame, je ne suis pas tout à fait un étranger pour vous : je suis allié à une famille que vous connaissez, parent d'une de vos meilleures amies, qui tant de fois m'a parlé de vous...
CLOTILDE, *avec effroi.* On vient!.. (*Elle passe à la gauche de Fernand.*)

FERNAND, *vivement.* Non, Madame... et pour la fidélité, la discrétion, je suis élève de Saint-Cyr.
CLOTILDE, *de même.* Mon mari va revenir!
FERNAND. Je le sais bien; peut-être même remonte-t-il déjà.

AIR : *J'ai vu le Parnasse des Dames.*

Puisqu'ici je ne puis, Madame...
CLOTILDE.
Monsieur, laissez-moi... je frémis!
FERNAND.
Vous faire l'aveu de ma flamme...
CLOTILDE.
L'entendre ne m'est pas permis.
FERNAND, *lui présentant la lettre.*
Ce billet qui peint mon martyre...
CLOTILDE.
Monsieur, je ne puis l'accepter.
FERNAND.
Un seul instant daignez le lire!
CLOTILDE.
Autant vaudrait vous écouter.

FERNAND. Et vous ne le voulez pas!.. Vous regardez ce que j'éprouve comme un caprice que le temps dissipera... Oh! non, Madame, ce n'est pas cela... c'est un amour vrai et profond que le mien : c'est un de ces sentiments qui marquent dans notre vie, car ils la rendent belle ou la flétrissent pour jamais... de ces sentiments qui font qu'un homme est capable de tout pour obtenir le cœur d'une femme!
CLOTILDE, *vivement.* J'entends la voix d'Hortense!.. Si mon mari me voyait ainsi, seule avec un étranger!.. Adieu, Monsieur, adieu... Je vous en prie, éloignez-vous. (*Elle court au-devant d'Hortense et sort par la porte du fond.*)
FERNAND, *la suivant.* Encore un mot, un seul... (*Il s'arrête à la porte.*)

SCÈNE IV.

FERNAND, *seul.*

(*Il redescend la scène en froissant la lettre.*)

Et elle me reste dans les mains!.. une lettre où j'avais épuisé toute mon éloquence... Cinquième occasion de perdue!.. Je commence à croire... Eh bien! non, morbleu! je n'en aurai pas le démenti... Je ne sors pas d'ici qu'elle ne m'ait entendu... et répondu... On monte!.. passons sur ce balcon, et peut-être qu'un heureux hasard... Les voici! (*Il passe sur le balcon et en referme la fenêtre.*)

SCÈNE V.

HORTENSE, CLOTILDE, BONNIVET.

(*Clotilde et Hortense entrent en se tenant encore embrassées. Bonnivet porte plusieurs petits cartons. Une femme de chambre en porte d'autres plus grands.*)

ENSEMBLE.

AIR : *Pour l'honneur de la France.*

Quelle rencontre aimable!
Nos cœurs doivent bénir
Le destin favorable
Qui vient nous réunir.

CLOTILDE, *regardant autour d'elle.* Il est parti... je respire.

HORTENSE, *à la femme de chambre, montrant la porte à gauche de l'acteur*. Portez ces cartons... là, au numéro six... c'est l'appartement qu'on avait retenu pour moi.

BONNIVET, *tenant une boîte en acajou*. Et cette boîte, qui est assez lourde?

HORTENSE, *souriant*. Ce n'est point à mon usage... c'est à mon frère Fernand, qui m'a priée de m'en charger... des pistolets de chez Lepage... (*A Bonnivet*.) Là, sur cette table, je vous prie... (*Bonnivet pose la boîte sur la table, puis il passe à la droite d'Hortense*.)

BONNIVET. Vous attendez donc votre frère?..

HORTENSE. Nous devons nous rencontrer ici, à Rouen, où nous nous sommes donné rendez-vous... Je viens de Paris, et lui de la Bretagne... ou peut-être plus loin encore... car c'est une tête éventée, qui n'a jamais de but et qui est capable de tout... excepté d'aller droit son chemin... (*A Clotilde*.) Du reste un charmant cavalier, que je te présenterai... car il brûle de te connaître, et t'adore déjà sur ton seul portrait.

BONNIVET. Le gaillard n'a pas mauvais goût, et ça prouve en sa faveur... Moi, j'aime d'avance tous ceux qui aiment ma femme.

HORTENSE, *souriant*. Je vois que vous êtes l'ami de tout le monde.

BONNIVET. Trop aimable... Ah çà! si je vous gêne, vous me le direz... (*Regardant sa femme*.) Oui?.. je m'en doutais... Deux amies de pension qui ne se sont pas vues depuis longtemps... (*A Hortense*.) Si vous avez des emplettes, des commissions, je vais faire celles de ma femme, ne vous gênez pas... traitez-moi comme un mari... trop heureux d'exercer auprès de vous par *interim*.

AIR : *De la Dugazon*.

Adieu! d'être indiscret je tremble·
Je pars, de peur d'être fâcheux :
Vous avez à causer ensemble.

HORTENSE.
Nous allons parler toutes deux
De veuvage et de mariage.

BONNIVET.
C'est bien.
(*Montrant sa femme*.)
J'aime mieux, sur ma foi,
Qu'elle connaisse le veuvage
Par vous, Madame, que par moi.

ENSEMBLE.
CLOTILDE ET HORTENSE.
Lorsque le sort qui nous rassemble
Comble le plus cher de nos vœux,
Qu'il est doux de causer ensemble!
Ainsi, recevez nos adieux.

BONNIVET.
Adieu! d'être indiscret je tremble,
Je pars, de peur d'être fâcheux;
Vous avez à causer ensemble,
Et je vous laisse toutes deux.

(*Il sort*.)

SCÈNE VI.
HORTENSE, CLOTILDE.

HORTENSE. Sais-tu que c'est un excellent homme que ton mari?

CLOTILDE. Oui... il devine tous mes désirs... il nous laisse. (*Prenant dans ses mains les deux mains d'Hortense*.) Chère Hortense!.. voilà pourtant trois ans que nous ne nous sommes vues... Oui, il y a trois ans que nous avons quitté notre bon pensionnat de Paris, où nous nous aimions tant... et où nous jouions au cerceau... Et, depuis ce temps-là, que d'événements!

HORTENSE. Mariées toutes les deux, toi à un notaire, M. Bonnivet...

CLOTILDE. Et toi à M. de Varennes, à un colonel!.. Que j'aurais aimé cela! des épaulettes!.. et un si joli uniforme!.. Que tu as dû être heureuse!..

HORTENSE. Eh mais!.. je n'en suis pas bien sûre... Et pendant les huit mois qu'a duré ce mariage, que de fois j'ai regretté le temps où j'étais demoiselle!

CLOTILDE. Est-il vrai?..

HORTENSE. N'en parlons plus... c'est fini... je suis veuve.

CLOTILDE. C'est presque la même chose... Et déjà, je le parie, il a dû se présenter bien des prétendants.

HORTENSE. Eh! mon Dieu, oui... un surtout, qui est aimable, qui est riche... un jeune négociant du Havre, que mon frère, que toute ma famille me presse d'accepter... et je n'ai encore pu m'y décider.

CLOTILDE. Et pourquoi?

HORTENSE. Parce qu'il m'aime trop.

CLOTILDE. Est-il possible?..

HORTENSE. C'est une ardeur, des transports, un délire!

CLOTILDE. Et tu appelles cela un défaut?

HORTENSE. Dans un mari, certainement.

CLOTILDE. Ah! si le mien était ainsi!

HORTENSE. Je te plaindrais... car en ménage, vois-tu, il faut des qualités qui résistent et qui durent, et les grandes passions ne durent pas... tandis qu'un bon caractère, c'est de tous les temps... M. Bonnivet, par exemple, me semble le chef-d'œuvre des maris... bon, aimable, complaisant.

CLOTILDE. Je ne dis pas non... il m'aime bien... mais d'un amour si bourgeois, si tranquille!.. Un parfait notaire... qui quelquefois la nuit me parle de son étude et de ses clients... Ce n'est pas là ce que j'avais rêvé... J'aurais voulu un époux qui m'adorât... qui fût tendre, empressé, galant... qui me fît des vers.

HORTENSE. Un notaire!.. y penses-tu?

AIR de *la Famille de l'Apothicaire*.

Il fait des contrats, c'est bien mieux...
Contre toi-même tu conspires :
Car pour toi ses actes poudreux
Se transforment en cachemires.
Un poëte! Dieu! quel travers!
Tant d'éclat ne vaut pas grand'chose...
Ma chère, la gloire est en vers,
Mais le vrai bonheur est en prose.

Et si, dans ton ménage, tu n'as pas d'autres sujets de chagrin...

CLOTILDE. C'est ce qui te trompe... car, depuis quelques jours, j'ai beau redoubler d'efforts pour le cacher à mon mari... je suis d'une inquiétude!..

HORTENSE. Pourquoi donc?

CLOTILDE. Une aventure, ma chère!

HORTENSE. Vraiment! et tu ne me le dis pas?

CLOTILDE, *baissant la voix*. Un jeune homme qui m'aime, qui m'a fait une déclaration, là-bas, à Boulogne; qui nous a suivis jusqu'ici à cheval... et qui tout à l'heure encore vient de me répéter en me présentant une lettre...

HORTENSE, *partant d'un éclat de rire*. Ha! ha! ha!.. de quel air tu me dis cela!.. Qu'y a-t-il donc là de si effrayant?.. Quand ces messieurs sont amoureux de nous, il faut les faire parler et les écouter... c'est très-amusant.

CLOTILDE, *d'un ton grave*. Oh! pour moi, c'est bien différent, va... Pour peu que quelqu'un me regarde, ait l'air de m'aimer, la peur me prend, et je deviens toute triste.

HORTENSE. Pourquoi donc cela?.. Ah! la crainte de leur faire du chagrin... Je te reconnais bien là... toujours ton bon cœur, que l'on citait au pensionnat... le trépas d'un petit oiseau te faisait pleurer.

CLOTILDE, *lui prenant la main et du ton le plus pénétré.* Ah! ma chère Hortense... quand on a déjà à se reprocher la mort d'un homme !..

HORTENSE, *effrayée.* Ah! mon Dieu! qu'est-ce que tu me dis là?.. La mort d'un homme!.. explique-toi.

CLOTILDE. Je crains...

HORTENSE. Nous sommes seules... parle vite.

CLOTILDE, *regardant autour d'elle.* En effet, personne ne peut nous entendre... C'était aux eaux de Bagnères, il y a environ deux ans... Il y avait là un jeune homme que personne ne connaissait, qui était venu, on ne sait dans quel but, et sans nom de famille... on l'appelait Edouard, Alfred, que sais-je?.. M. Bonnivet l'avait pris en grande amitié, parce qu'il herborisait avec lui, et il ne s'apercevait pas qu'il me faisait la cour.

HORTENSE. Et tu n'appelles pas cela un bon mari?

CLOTILDE. Mais moi, je voyais bien qu'il m'aimait: car chaque jour il me le disait avec un accent plus vrai, plus passionné... Tu sens bien que je ne voulais ni lui répondre ni même l'écouter.

HORTENSE. Cela va sans dire.

CLOTILDE, *s'attendrissant peu à peu.* Un jour enfin... je le vis paraître pâle, agité, en désordre... Il se mit à mes pieds, et me supplia avec des yeux pleins de larmes, qui me navraient le cœur... Eh bien! je résistai, je fus sans pitié... Alors il se releva, me dit que, repoussé par moi, la vie lui devenait à charge, et qu'il allait mourir... il s'éloigna, et ma bouche ne s'ouvrit pas pour le rappeler!.. Le lendemain, ma chère Hortense, le lendemain, le journal des eaux nous apprit que ce malheureux avait mis fin à ses jours... Une lettre adressée à son domestique l'avertissait de cet affreux dessein... On fit de vaines recherches dans les montagnes, vers lesquelles on l'avait vu se diriger... on ne retrouva que son chapeau à côté d'un précipice.

HORTENSE. Quelle histoire, juste ciel!

CLOTILDE. Il s'était tué pour moi!.. pour moi!..

HORTENSE. Mais c'est affreux... Il y avait là de quoi te compromettre... C'est une grave inconséquence de la part de ce jeune homme.

CLOTILDE, *avec feu.* Une inconséquence!.. l'action la plus courageuse, la plus sublime!.. Il fallait aimer vraiment pour cela... il fallait une de ces âmes fortes, puissantes, généreuses...

HORTENSE. Ah! bon, voilà que c'est un héros, à présent... Toutes les qualités possibles... parce qu'il est mort!

CLOTILDE. Pauvre jeune homme!.. Ah! si j'avais su ce qui arriverait!

HORTENSE, *vivement.* Eh bien?..

CLOTILDE. Eh bien!.. dame, que veux-tu?.. on les contente quelquefois avec si peu...

HORTENSE, *secouant la tête avec incrédulité.* Si peu, si peu...

CLOTILDE. Cela vaut toujours mieux que de les laisser mourir.

HORTENSE. Cependant, ma chère...

CLOTILDE, *avec bonté.* Ce n'est pas tant pour eux encore; mais songe donc qu'ils ont une mère, des sœurs...

HORTENSE. Oui, mais nous, nous avons des maris.

CLOTILDE, *impatientée.* Les maris n'en meurent pas, eux!

HORTENSE. Il ne manquerait plus que cela!

CLOTILDE. Tu dois comprendre quels remords, quelle tristesse cet événement m'a laissés...

AIR : *Je ne vous vois jamais rêveuse* (de MA TANTE AURORE.)

Qu'un amant s'enflamme et s'anime,
Je tremble... et, craignant ses regards,
Je rêve précipice, abîme,
Et partout je vois des poignards.
Un de mort!.. c'est déjà terrible!
S'il fallait causer deux trépas!..
Moi, d'abord, je suis trop sensible,
Et si j'étais en pareil cas...

HORTENSE.
Que ferais-tu?

CLOTILDE.
Je ne sais pas...
Mais, à coup sûr, il ne périrait pas;
Non, non, ma chère, il ne périrait pas!
L'infortuné ne mourrait pas!

(*Fernand ouvre doucement la fenêtre du balcon, témoigne par son geste qu'il a tout entendu, et s'esquive sur la pointe des pieds.*)

HORTENSE. Ah çà! mais... et ton inconnu de Boulogne?.. J'espère qu'il est plus raisonnable.

CLOTILDE. Oh! d'après mon accueil de ce matin, je suis sûre qu'il y a renoncé et qu'il est reparti... Dans tous les cas, je ne le ménagerai pas, celui-là!

HORTENSE. Tu feras bien... J'aime beaucoup M. Bonnivet, et ça me ferait vraiment de la peine si...

CLOTILDE. Que tu es bonne!.. Mais je te retiens ici pour te parler de moi, et je t'empêche de te reposer.

HORTENSE. Je n'en ai pas besoin... Je ne rentre dans ma chambre que pour réparer un peu ma toilette de voyage... J'attends mon frère, qui ne peut tarder.

CLOTILDE. Des frais de toilette pour un frère?

HORTENSE. Et peut-être pour une autre personne... car je ne t'ai pas dit que j'allais au Havre, et il se pourrait bien, quoique je l'aie défendu, qu'on vînt au-devant de moi jusqu'ici.

CLOTILDE. Vingt-quatre lieues pour te voir une heure plus tôt!.. C'est là de l'amour!

HORTENSE. C'est de l'impatience, et voilà tout... Avant le mariage on ferait deux cents lieues pour voir sa femme; après, on ne ferait pas vingt pas pour la conduire au bal.

CLOTILDE. Laisse donc! M. Bonnivet m'y mènerait tous les soirs, si je le voulais.

HORTENSE. Et tu te plains!.. (*A demi-voix.*) Crois-moi, tu ne trouveras jamais mieux... Adieu, adieu... Retourne près de ton mari, et embrasse-le de ma part.

CLOTILDE. Je le veux bien. (*Hortense entre dans la chambre à gauche de l'acteur.*) Allons, j'y vais.

SCÈNE VII.

CLOTILDE, puis FERNAND.

(*Au moment où elle se dirige vers la porte à droite, elle aperçoit Fernand qui entre, la coiffure et les vêtements en désordre.*)

CLOTILDE. C'est lui!.. Encore lui!.. et je suis seule!.. Hâtons-nous.

FERNAND. Un seul instant!..

CLOTILDE. Comme il est défait!..

FERNAND. J'étais parti, Madame, je m'étais éloigné de cette ville...

CLOTILDE. J'en étais sûre.

FERNAND. De cette ville, où une sœur chérie m'attendait.
CLOTILDE. Que dites-vous?..
FERNAND. Que je suis le frère d'Hortense de Varennes, de votre meilleure amie...
CLOTILDE. O ciel!.. Je vais la prévenir.
FERNAND, *la retenant.* C'est inutile... ce n'est pas pour elle que je suis revenu sur mes pas... c'est pour vous, pour vous seule, que j'ai voulu revoir encore une dernière fois... Il est impossible, me suis-je dit, que tant d'amour ne trouve pas pitié dans son cœur... Si elle me repousse comme ce soir, comme hier, comme toujours, eh bien! je m'éloignerai sans murmure, et elle n'entendra plus parler de moi... Cette fois, ma volonté sera forte, comme la sienne, et mon projet s'exécutera.
CLOTILDE. Je n'ose vous comprendre!.. Mais vous savez, Monsieur, que je ne puis vous écouter, que mon mari...
FERNAND. Votre mari!.. Ah! voilà ce nom qui m'a exaspéré... ce nom qui tout à l'heure, après vos derniers refus, est venu se placer comme une barrière devant le bonheur que j'avais rêvé... La seule femme que je puisse aimer, celle dont dépend mon avenir, je la vois au pouvoir d'un autre; et cet autre, elle l'aime... car pour lui elle me repousse, elle me condamne à mourir... Cette pensée était affreuse... Alors, je n'ai plus consulté que le désespoir... et le désespoir, Madame, ne donne qu'un conseil, n'inspire qu'une résolution.
CLOTILDE. Malheureux!...
FERNAND. Que m'importe à présent une vie sans espérance et sans but?.. Ma vie, c'est vous... et vous ne voulez pas que je vive!
CLOTILDE. Calmez-vous, ayez donc un peu de raison... (*A part.*) Que lui dire?.. (*Haut et vivement.*) Oh! tenez, je vous en conjure, au nom de votre sœur qui vous aime tant...
FERNAND. C'est aussi en son nom que, moi, je vous supplie... voulez-vous qu'elle n'ait plus de frère?
CLOTILDE, *à part.* O ciel!.. Cette pauvre Hortense... qui n'a que lui de famille... (*Se retournant et voyant Fernand ouvrir la boîte de pistolets qui était restée sur la table.*) Monsieur, que faites-vous?
FERNAND, *qui a pris un pistolet.* Votre silence est un arrêt...
CLOTILDE. Tout mon sang se glace!..
FERNAND, *avec désespoir.* Vous voulez ma mort!..
CLOTILDE. Monsieur!..
FERNAND, *de même.* Vous l'avez prononcée!..
CLOTILDE, *courant à lui.* Mais pas du tout, mais au contraire!.. Car enfin, Monsieur, que voulez-vous? que demandez-vous?
FERNAND, *se rapprochant vivement.* Oh! bien peu... rien qu'un moment d'entretien.
CLOTILDE. Et mon mari qui j'attends, qui va rentrer!
FERNAND. Eh bien! tantôt dans cette salle, à quatre heures, quand votre mari sera sorti... Je me charge de l'éloigner.
CLOTILDE. Eh quoi!..
FERNAND. La promesse de m'entendre sans colère, voilà tout... Un amour comme le mien ne forme pas d'autre vœu.
CLOTILDE, *à part.* Il n'est pas trop exigeant... l'autre, l'ancien, demandait bien plus... (*Haut.*) A ce prix, consentez-vous à me remettre ces armes qui me font tant de peur?...
FERNAND. A l'instant.

CLOTILDE, Donnez. (*Fernand s'avance pour lui présenter la boîte avec les pistolets. Clotilde recule effrayée.*) Non! non! ne donnez pas... Fermez la boîte et portez-la vous-même dans ce secrétaire.
FERNAND. J'obéis... (*Il porte la boîte dans le secrétaire, et s'en éloigne. Clotilde court au secrétaire et le ferme.*) Que faites-vous?
CLOTILDE. Moi, je le ferme, et j'en garde la clé. (*Elle met la clé à sa ceinture.*) Maintenant, je suis plus tranquille.

ENSEMBLE.
Air de valse.
FERNAND.
A ce soir!.. Douce espérance,
Qui met un terme à ma souffrance!
Ah! qu'ici l'heure s'avance
Au gré de mon impatience!..
Songez bien au serment qui vous lie,
Et, je vous en supplie,
Soyez au rendez-vous.
A ce soir, etc.
CLOTILDE.
Je frémis! car l'espérance
Chez lui succède à la souffrance,
Et déjà, lorsque j'y pense,
L'effroi saisit mon cœur d'avance.
Mais pourtant ma promesse me lie,
Et sa voix me supplie :
Hélas! résignons-nous.
Je frémis, etc.
(*Elle entre dans la chambre à droite.*)

FERNAND, *seul.* A ce soir! elle y consent!.. Oh! l'excellent moyen! C'est fini, je ne veux plus me servir que de celui-là... Les femmes ont pour elles les attaques de nerfs... il faut bien que nous ayons quelque chose.

—

SCÈNE VIII.
SAUVIGNY, FERNAND.

SAUVIGNY. Le maudit postillon! être ainsi en retard!
FERNAND. Qui vient là?.. Sauvigny!.. notre amoureux du Havre! mon ancien camarade du lycée!
SAUVIGNY, *courant à lui.* Mon cher Fernand!.. Y a-t-il longtemps que vous êtes arrivés?
FERNAND. Moi, depuis quelques heures... Ma sœur, il n'y a qu'un instant.
SAUVIGNY. Et je n'étais pas là pour la recevoir... pour lui offrir la main!.. Je suis au désespoir.
FERNAND. Il n'y a pas de quoi.
SAUVIGNY. Si vraiment... J'avais ordonné au postillon d'aller si vite, qu'il nous a versés... Une roue cassée, un cheval tué, deux heures de perdues... est-ce malheureux!
FERNAND. Pour le cheval.
SAUVIGNY. Pour moi, mon cher ami, pour moi qui espérais précéder ici madame de Varennes... J'ai si peu d'occasions de lui prouver mon amour, elle a tant de peine à y croire!..
FERNAND. Mais du tout... ma sœur est persuadée que tu l'adores... je le lui ai dit, et elle a confiance en moi.
SAUVIGNY. Pourquoi alors ne pas se décider quand je lui offre ma main et ma fortune?
FERNAND. Pourquoi?.. parce qu'elle a été malheureuse avec un premier mari qui l'adorait, et qu'elle se défie des grandes passions et de leur durée... Elle craint que tu ne changes.
SAUVIGNY, *avec chaleur.* Moi, changer! On voit bien qu'elle ne me connaît pas... mais je ne change jamais :

CLOTILDE. C'est bien vous... vous qui existez encore? — Scène 1.

quand j'aime, c'est pour la vie... et je n'ai jamais aimé que ta sœur, c'est la seule.

FERNAND, *froidement.* Je le veux bien.

SAUVIGNY, *de même.* Je le lui ai dit, je le lui ai juré, et c'est la vérité.

FERNAND. Tu me dis cela, à moi... qu'est-ce que cela me fait?.. Tu es un brave garçon... c'est tout ce qu'il faut pour un beau-frère, et ma sœur t'épousera.

SAUVIGNY. Tu en es sûr?..

FERNAND. Je t'en réponds... Et si elle tardait trop à se décider, je t'enseignerais un moyen...

SAUVIGNY. Lequel?

FERNAND. Un moyen dont je viens de faire la découverte, et qui est d'un effet immanquable auprès des dames.

SAUVIGNY, *vivement.*
AIR : *Du partage de la richesse.*
Ah! dis-le-moi.

FERNAND.
De sa vertu secrète
Il faut user sobrement, mon ami ;
Et je pourrai te donner ma recette...
Mais quand je m'en serai servi.
Je veux bien que tu t'enrichisses
De ce moyen, qui fera ton bonheur ;
Mais après moi... les premiers bénéfices
Appartiennent à l'inventeur.

SAUVIGNY. C'est trop juste... Mais tu me promets?..

FERNAND. A une condition.

SAUVIGNY, *vivement.* Je l'accepte d'avance.

FERNAND. Un service à te demander.

SAUVIGNY. Est-ce de l'argent?.. ma bourse est à tes ordres.

FERNAND. Eh! non, vraiment.

SAUVIGNY, *allant à la table.* Un bon sur mon caissier?.. entre beaux-frères, on ne fait pas de façons..

FERNAND. Il ne s'agit pas de cela... plus tard, je ne dis pas, c'est possible... Mais, dans ce moment, ce n'est pas là ce qui me gêne... c'est un mari.

SAUVIGNY. Un mari?

FERNAND. Qu'il faut éloigner, et je compte sur toi.

SAUVIGNY. Moi, qui n'ai pas encore vu ta sœur?

FERNAND. Elle est à sa toilette, et ne peut te rece-

voir ; et d'ailleurs, ce n'est pas encore maintenant...
c'est à quatre heures qu'il faut l'emmener.
SAUVIGNY. Et où ça?
FERNAND. Où tu voudras... Tu iras avec lui visiter les quais, la cathédrale, acheter de la gelée de pommes de Rouen... cela te regarde.
SAUVIGNY. Mais ce mari, je ne le connais seulement pas.
FERNAND. Qu'importe? tous les maris se ressemblent... Et puis, celui-là a un avantage... c'est un notaire.. on peut toujours lui parler de ventes, d'achat, de donations...

AIR : *Vos maris en Palestine.*
Tu peux broder sur ce texte :
Un tel époux... c'est de droit,
Ne veut pas d'autre prétexte ;
Car au public il se doit. .
Allons, tâche d'être adroit.
SAUVIGNY.
Puis-je ainsi, je t'en fais juge,
Aider à tromper un mari?
FERNAND.
Tu le peux encore aujourd'hui...
Jusqu'au moment où, transfuge,
Tu passeras à l'ennemi.

Tiens... tiens, le voilà.

SCÈNE IX.

BONNIVET, FERNAND, SAUVIGNY.

BONNIVET, *portant plusieurs paquets.* Ma femme et ma petite fille seront contentes... car je leur ai trouvé là les deux plus jolies robes... (*Il salue Fernand, puis s'avançant et apercevant Sauvigny.*) Ah! mon Dieu ! qu'est-ce que je vois!..
SAUVIGNY, *courant à lui.* Monsieur Bonnivet!..
FERNAND. Tu sais son nom?..
SAUVIGNY. Oui... oui... mon ami.
BONNIVET, *stupéfait.* Vous, que j'ai cru mort!
FERNAND. Comment cela?
BONNIVET. Votre lettre... votre disparition de Bagnères...
SAUVIGNY. Monsieur!..
BONNIVET. Ce n'est donc pas vrai ?.. vous existez encore?.. J'en suis ravi... car je vous aimais de tout mon cœur, et c'est un grand plaisir de se retrouver ainsi.
FERNAND. C'est charmant... vous voilà en pays de connaissance... (*Bas, à Sauvigny.*) Et tu peux le mener maintenant aussi loin que tu voudras... A quatre heures, n'oublie pas... (*Haut.*) Adieu, je vais faire tes affaires... n'oublie pas les miennes. (*Il entre dans la chambre à gauche.*)

SCÈNE X.

BONNIVET, SAUVIGNY.

BONNIVET. Que je vous regarde encore... Vous que nous avons tous pleuré à Bagnères-de-Luchon!.. vous dont le journal a imprimé le suicide et la mort bien constatée!.. C'est un miracle à crier partout.
SAUVIGNY, *vivement.* Au contraire!.. et je vous prie en grâce de ne point parler de cette aventure... ici surtout.
BONNIVET. Pourquoi donc?.. un suicide par amour!..
SAUVIGNY. Raison de plus.... Cela me perdrait... cela ferait manquer mon mariage.
BONNIVET. Comment cela?

SAUVIGNY. Vous êtes un galant homme... un homme discret...
BONNIVET. Un notaire.. c'est mon état...
SAUVIGNY. On peut se fier à vous, et d'ailleurs vous m'avez toujours témoigné tant d'amitié... (*Après un court silence.*) Apprenez donc que lorsque je vous ai rencontré aux eaux de Bagnères... j'étais attaqué d'une maladie nerveuse qui avait produit sur moi une sensibilité si vive, que j'étais amoureux de toutes les femmes... une surtout...
BONNIVET. Cette belle Anglaise?
SAUVIGNY. Non.
BONNIVET. La femme du médecin des eaux?
SAUVIGNY. Du tout.
BONNIVET. Et qui donc?
SAUVIGNY. Ça ne fait rien à l'histoire.
BONNIVET. J'y suis... cette jolie comtesse?
SAUVIGNY. Si vous voulez... d'autant qu'inflexible et sévère, elle me traita avec tant de cruauté, qu'entraîné par le délire, le paroxysme de la passion, peut-être aussi par cette maladie nerveuse dont je vous parlais... j'avais pris la résolution d'en finir... mais une bonne et solide résolution... J'y allais franchement... Et le genre de mort que j'avais choisi, comme le plus en harmonie avec l'état de mes idées, consistait à me précipiter dans un de ces abîmes si fréquents sur les Pyrénées... Il y avait là-dedans du grandiose.
BONNIVET. Oui... en extravagance.
SAUVIGNY. C'est possible... Or donc, après avoir écrit à mon domestique, pour lui faire cadeau de mes effets et prier qu'on n'inquiétât personne à cause de moi... je me dirigeai vers le lieu adopté... C'était le matin... et tout en marchant, déjà je me calmais... Je me sentais refroidi... J'avais les pieds dans la neige et il faisait un vent de tous les diables.

AIR du vaudeville de *Turenne.*
Mais arrivé sur le bord du cratère,
Dont je sondais l'horrible profondeur,
Un mouvement involontaire
Me fit reculer de terreur!..
Puis, je revins, honteux de ma frayeur...
Mais de nouveau sentant mon cœur s'abattre,
Je reculai, les yeux troublés...
BONNIVET.
Comment! deux fois?
SAUVIGNY.
Parbleu! vous qui parlez,
Je vous le donnerais en quatre!

Enfin, bien malgré moi, et par respect humain, j'allais peut-être m'élancer les yeux fermés... quand tout à coup, dans la montagne, un grand bruit se fait entendre... C'était... devinez.
BONNIVET. Une avalanche?
SAUVIGNY. Non... Charles d'Avernais, un de mes amis, et quelques jeunes gens de sa connaissance... des artistes, des peintres, qui faisaient la chasse aux chamois... Ils riaient tant, ils étaient d'une telle gaieté, que je n'osai leur raconter mon histoire, de peur qu'on ne se moquât de moi... Et quand ils se mirent tous à crier : Viens avec nous, viens avec nous !... Je me dis : Je me tuerai tantôt, à midi, aussi bien que maintenant, et même j'aurai plus chaud... Me voilà donc chassant le chamois, courant dans les montagnes... perdant mon chapeau, mon mouchoir, et arrivant enfin au rendez-vous harassé et mourant de faim.
BONNIVET. Vous aviez faim?

SAUVIGNY. Je dévorais... un appétit de chasseur, ou plutôt de revenant... car j'avais tout à fait oublié l'affaire principale... J'étais à cent lieues de mon abîme, et je me disais : Si le désespoir m'a permis de vivre trois heures et demie... j'irai bien à quatre, cinq, douze... et ainsi de suite... Dans ces cas-là, il n'y a que le premier pas qui coûte... Voilà mon raisonnement, le meilleur, sans contredit, que j'aie jamais fait à mon usage... Mais le plus difficile n'était pas de revenir à la vie... C'était de rentrer à Bagnères... Comment m'exposer aux brocards, aux quolibets?... donner un démenti au journal?... Et puis, aux yeux de celle que j'aimais, comment me présenter vivant?... ce n'était pas possible... Aussi, prenant mon parti et une place dans la diligence de Tarbes, je revins à Paris, de là au Havre où mon père me mit à la tête de son commerce... Et depuis ce temps, les sucres, les cafés, les cotons... j'ai été si occupé...

BONNIVET. Que vous n'avez plus trouvé un moment pour vous tuer...

SAUVIGNY. C'est vrai... Et puis j'ai fait fortune... une belle fortune, ce qui distrait toujours un peu et donne d'autres idées... des idées de mariage.

BONNIVET. Je comprends... cette fortune, vous voulez maintenant l'offrir à votre ancienne passion.

SAUVIGNY. Non, à une autre...

BONNIVET, *riant.* De sorte que cet amour qui devait être éternel...

SAUVIGNY. Existe encore, plus ardent, plus brûlant, si c'est possible... C'est toujours le même... seulement il a changé d'objet.

BONNIVET. C'est le phénix qui renaît de sa cendre.

SAUVIGNY. Voilà... Une veuve charmante, adorable... mais, malgré mon amour, je n'ai pu encore obtenir un consentement formel... elle se défie de moi et de ma constance.

BONNIVET, *froidement.* Elle a bien tort.

SAUVIGNY. Et comme elle est ici, dans cet hôtel, pour un jour ou deux, si vous vous avisiez de parler devant elle de cette malheureuse histoire de Bagnères...

BONNIVET. Pauvre jeune homme! soyez tranquille, je ne vous trahirai pas, et s'il faut même vous aider...

SAUVIGNY. Ah! Monsieur! tant de bonté, de générosité, est-ce que j'ai fait! J'en ai vraiment des remords... Car si vous saviez...

BONNIVET. Quoi donc?

SAUVIGNY, *voyant la porte à gauche qui s'ouvre.* Rien... c'est celle que j'aime... la voici avec son frère.

BONNIVET. Hortense de Varennes?

SAUVIGNY. Vous la connaissez?

BONNIVET. C'est l'intime amie de ma femme.

SAUVIGNY, *avec effroi.* De sa femme!

SCÈNE XI.

BONNIVET, SAUVIGNY, HORTENSE, FERNAND.

(*Fernand et Hortense sortent de la chambre à gauche.*)

HORTENSE, *saluant.* Je viens d'apprendre votre arrivée, Monsieur, et j'attendais votre visite.

SAUVIGNY, *troublé.* J'ignorais si vous étiez visible... et puis j'avais trouvé ici un ami... un ami véritable.

HORTENSE, *souriant.* Vous en avez beaucoup; car voici mon frère qui depuis une demi-heure a plaidé votre cause avec tant de chaleur...

FERNAND. J'ai tenu mes promesses... songe aux tiennes.

HORTENSE. Quoi donc?

SAUVIGNY. Rien... Il vous a dit que mon amour, que ma tendresse, ma constance... qui, je le jure, sera éternelle...

HORTENSE. Eh mais! comme vous êtes ému!

SAUVIGNY. Quand je vous vois... et, en outre, je me trouve dans une position...

BONNIVET, *s'avançant.* Si gênante!...

HORTENSE, *l'apercevant.* Ah! monsieur Bonnivet... Eh mais! où est donc cette chère Clotilde?

BONNIVET. Dans sa chambre probablement.

HORTENSE, *à Sauvigny.* Je veux vous présenter à elle, à ma meilleure amie.

SAUVIGNY. O ciel!... (*Bas, à Bonnivet.*) C'est fait de moi! sa surprise, son effroi!

BONNIVET. C'est juste.

HORTENSE, *passant entre Bonnivet et Sauvigny et lui tendant la main.* Venez!

SAUVIGNY. Pardon... une affaire importante... dont je parlais à M. Bonnivet, et dont il a la bonté de s'occuper..,

FERNAND, *bas, à Sauvigny.* C'est bien.

SAUVIGNY. Il faut que nous nous rendions ensemble chez un notaire de Rouen...

FERNAND, *de même.* C'est cela.

SAUVIGNY. Dont l'étude est toujours fermée de bonne heure.

FERNAND. Et voilà quatre heures qui vont sonner.

BONNIVET, *prenant son chapeau.* Je suis à vos ordres.

FERNAND, *à part.* L'excellent homme!

SAUVIGNY, *à Hortense.* Vous ne m'en voulez pas, je pense?..

HORTENSE. De vous occuper de vos affaires?.. au contraire... c'est agir en homme raisonnable et sensé. D'ailleurs, j'ai aussi des emplettes à faire... chez Cadot-Anquetin... Vous me conduirez jusque-là... je vous laisserai ensuite avec M. Bonnivet, dont j'aime à vous voir prendre les leçons... et puis, tantôt, à dîner... car nous dînons tous ici ensemble, avec M. Bonnivet et sa femme...

SAUVIGNY. Sa femme!.. (*A part.*) Heureusement que d'ici là nous l'aurons prévenue.

AIR du quatuor du quatrième acte de *Gustave.*

ENSEMBLE.
FERNAND.
Ah! quel bonheur je me promets,
Et que ce jour aura d'attraits!
Quel espoir! (*bis.*)
Je pourrai donc la voir.
Oui, dans l'instant, combien ces lieux
Vont tout à coup charmer mes yeux
Et soudain s'embellir
Par l'attrait du plaisir!
BONNIVET, *à Sauvigny.*
Je veux servir vos intérêts,
En cachant vos anciens projets;
Aujourd'hui, (*bis.*)
Je serai votre appui.
Évitez ma femme en ces lieux :
Avant de paraître à ses yeux,
Je veux la prévenir,
Et tout doit réussir.
HORTENSE.
A peine je le reconnais;
D'où viennent ses regards distraits?
Près de moi, (*bis.*)
Qu'a-t-il donc, et pourquoi
Cet embarras, lorsqu'à mes yeux
Il devrait paraître joyeux?

Craint-il de réussir?
Je n'en puis revenir.
SAUVIGNY.
Quand il défend mes intérêts,
Et lorsqu'il sert tous mes projets,
Quoi! c'est lui (bis.)
Que je trompe aujourd'hui?
Ah! je le sens, ah! c'est affreux!
Je ne puis rester en ces lieux;
Mais pour le secourir,
Je veux y revenir.
FERNAND, bas, à Sauvigny.
Mais va-t-en donc.
SAUVIGNY, passant à la droite.
Ah! quel supplice!
BONNIVET, riant.
Il divague, et se croit vraiment
Toujours au bord du précipice.
SAUVIGNY, regardant Bonnivet avec intérêt.
Et lui donc, lui, dans ce moment!

REPRISE DE L'ENSEMBLE.
FERNAND.
Ah! quel bonheur je me promets,
Etc., etc., etc.
HORTENSE.
A peine je le reconnais,
Etc., etc., etc.
BONNIVET.
Je veux servir vos intérêts,
Etc., etc., etc.
SAUVIGNY.
Quand il défend mes intérêts,
Etc., etc., etc.

(Bonnivet, Sauvigny et Hortense sortent.)

SCÈNE XII.

FERNAND, seul. Enfin, ils sont partis tous les trois; je reste maître de la place, et seul de ce côté de l'hôtel... seul avec elle!.. Cette fois, il faudra bien qu'elle m'entende; il faudra bien enfin que je m'explique... mais avant tout, de la prudence; et de peur de surprise, empêchons l'ennemi d'arriver jusqu'à nous... (Montrant la porte du fond.) On ne peut venir du dehors que par cette porte... en la fermant au verrou... (Il met le verrou et aperçoit Clotilde qui entre par la porte à droite.) C'est elle! Il était temps.

SCÈNE XIII.

CLOTILDE, sortant de la porte à droite; FERNAND, au fond du théâtre.

CLOTILDE, sans le voir. Quatre heures viennent de sonner... heureusement mon mari n'est pas encore rentré... Je me soutiens à peine... Ah! j'ai une frayeur!.. (Elle passe à gauche du théâtre; se retournant et apercevant Fernand.) Le voilà!

FERNAND, s'avançant près d'elle. Oh! que vous êtes bonne!.. Laissez-moi tomber à vos genoux et vous bénir comme mon ange gardien... Ah! Madame, vous sauvez la vie d'un malheureux!

CLOTILDE, avec candeur. Oh! bien certainement, c'est pour vous sauver la vie... sans cela...

FERNAND. Je n'ose croire encore à tant de bonheur... et cependant c'est bien vous, là; près de moi, et nous sommes seuls, et je puis vous dire que je vous aime, que désormais je ne puis vivre loin de vous!

CLOTILDE. Parlez plus bas... votre sœur...

FERNAND. Je l'ai éloignée.

CLOTILDE. Mais mon mari?..

FERNAND. Je l'ai remis en mains sûres.

CLOTILDE, effrayée. Ah! mon Dieu!

FERNAND, la retenant. Vous m'avez promis de m'écouter.

CLOTILDE. Et qu'est-ce que je fais donc?

FERNAND. Oui, c'est beaucoup, sans doute... mais suffit-il de m'écouter, si vous vous obstinez à ne pas comprendre tout ce qui se passe au fond de mon âme?.. et pour cela, il ne faudrait pas détourner vos regards que j'implore... (Il s'approche davantage.)

CLOTILDE, voulant s'éloigner. Monsieur!.. Monsieur!.. est-ce là ce que vous m'avez promis?.. Oh! je m'en souviens, moi... vous m'avez juré que la raison...

FERNAND. La raison!.. Et quel empire pourrait-elle conserver sur celui qui ne se connaît plus?.. sur celui dont l'âme est en proie au plus violent désespoir?

CLOTILDE, effrayée, et à part. O ciel! (Haut.) Certainement, Monsieur, je serais désolée d'être cause d'un malheur... vous le voyez bien... Mais vous, de votre côté, aidez-vous un peu et soyez raisonnable... car, enfin, vous ne demandiez ce matin que juste ce qu'il fallait pour vivre.

FERNAND. Et à quoi me servira cette vaine faveur?.. à prolonger de quelques jours mon existence.

CLOTILDE. Que dites-vous?

FERNAND. Que je ne serai pas mort à vos yeux... que vous vous serez épargné un pareil spectacle... voilà tout. (Avec égarement.) Mais demain, Madame, nous serons séparés!.. Demain, vous partirez!..

CLOTILDE. Certainement... Aujourd'hui, si je le peux.

FERNAND, avec frénésie. Et vous voulez que je vive!

CLOTILDE. Eh bien! non, Monsieur, non, je ne partirai pas demain, je vous le promets.

AIR : On me dit gentille. (de LABARRE.)
Ah! quelle souffrance!
Il y va, je pense,
De son existence...
Point de cruauté.
Je tremble, je n'ose!
Voyez, et pour cause,
A quoi l'on s'expose
Par humanité.

FERNAND.
Ah! si ma voix a su se faire entendre,
Si vous avez pitié d'un malheureux,
Prouvez-le-moi par un regard plus tendre,
Un seul regard!.. ou j'expire à vos yeux!
Ou j'expire à vos yeux!

CLOTILDE, à part.
Ah! quelle souffrance!
Il y va, je pense,
De son existence...
Point de cruauté.

(Elle le regarde avec douceur, et dit à part.)
C'est si peu de chose!
Mais voyez, pour cause,
A quoi l'on s'expose
Par humanité.

(Se rapprochant de Fernand.)
Mais désormais vous jurez de suspendre
Vos noirs projets?..

FERNAND.
Pour qu'ils soient oubliés,
Sur cette main que vous daignez me tendre,
Un seul baiser.. ou je meurs à vos pieds!
Ou je meurs à vos pieds

CLOTILDE, à part.
Ah! quelle souffrance!
Il y va, je pense,
De son existence...
Point de cruauté.

(Elle lui laisse baiser sa main, et dit à part.)
C'est bien peu de chose...
Mais voyez, pour cause,

A quoi l'on s'expose
Par humanité.
ENSEMBLE.
C'est bien peu de chose, etc.
FERNAND, *qui s'est jeté à ses pieds.*
Délire et tendresse!
Sa main que je presse
Fait battre d'ivresse
Mon cœur enchanté!

CLOTILDE, *se défendant et le repoussant.* Monsieur!.. Monsieur!.. (*On frappe à la porte.*) Silence!

BONNIVET, *en dehors.* Ma femme, ouvre-moi.

CLOTILDE. C'est mon mari!

FERNAND, *à part.* Comment diable Sauvigny l'a-t-il laissé échapper?

CLOTILDE, *à voix basse.* Partez, de grâce!

FERNAND, *de même.* A condition qu'aussitôt son départ nous reprendrons cet entretien..... Vous me le promettez?

CLOTILDE, *hors d'elle-même.* Oui..... oui, tout ce que vous voudrez, si vous partez à l'instant.

FERNAND, *pendant que l'on frappe encore.* Et par où?... Ah! la chambre de ma sœur..... c'est un asile assuré.

CLOTILDE, *voyant qu'il s'y enferme.* Surtout, quoi qu'il arrive, n'en sortez pas..... Et moi, allons ouvrir cette porte..... Mon Dieu! mon Dieu! que de peine pour lui sauver la vie! (*Elle va ouvrir la porte du fond.*)

SCÈNE XIV.

CLOTILDE, BONNIVET.

BONNIVET. Pardon, chère amie, de t'avoir dérangée.

CLOTILDE, *à part.* Il me demande pardon encore!

BONNIVET. Tu étais dans ta chambre et tu ne m'as pas entendu...

CLOTILDE, *troublée.* C'est vrai..... C'est pour cela que je vous ait fait attendre.

BONNIVET. Il n'y a pas grand mal..... pour moi, du moins..... mais je ne suis pas revenu seul. (*A part.*) Usons de précautions oratoires. (*Haut.*) Il y a là, avec moi, quelqu'un pour qui les moments sont précieux.

CLOTILDE. Et qui donc?.....

BONNIVET. Une personne que tu ne t'attends pas à revoir, et qui désire instantanément t'être présentée.

CLOTILDE. Et pourquoi?.....

BONNIVET. Pour te demander une grâce, que tu ne lui refuseras pas.

CLOTILDE. Eh! mon Dieu, on ne voit aujourd'hui que des gens qui demandent..... Qu'il vienne donc, qu'il se dépêche, qu'il paraisse.

BONNIVET. A condition que tu n'auras pas peur?.....

CLOTILDE. Eh mais!..... voilà que vous m'effrayez.....

BONNIVET. Que tu ne jetteras aucun cri d'effroi?

CLOTILDE. Mais qu'est-ce donc?.... (*Apercevant Sauvigny qui vient d'entrer, elle pousse un cri.*) Ah!.... (*Bonnivet la soutient.*)

SCÈNE XV.

CLOTILDE, BONNIVET, SAUVIGNY.

AIR : *L'amour de la patrie* (WALLACE).

ENSEMBLE.
CLOTILDE.
O ciel! terreur soudaine!
Est-ce un rêve imposteur?
Je me soutiens à peine,
Et tremble de frayeur.
BONNIVET ET SAUVIGNY.
Quelle terreur soudaine
S'empare de son cœur!
Elle respire à peine
Et tremble de frayeur.
SAUVIGNY.
Qu'ici votre cœur se rassure.
CLOTILDE.
Non, je ne puis y croire encor.
SAUVIGNY.
C'est moi, c'est bien moi, je le jure...
Je veux mourir, si je suis mort!

REPRISE DE L'ENSEMBLE.
CLOTILDE.
O ciel! terreur soudaine!
Etc., etc.
BONNIVET ET SAUVIGNY.
Quelle terreur soudaine!
Etc., etc.

SAUVIGNY, *à part.* Quel bonheur qu'Hortense n'ait pas été là!

CLOTILDE, *encore troublée.* C'est bien vous... vous qui existez encore?...

SAUVIGNY, *d'un air honteux et balbutiant.* Je... je voudrais en vain le nier.

BONNIVET. Il est même très-bien portant.

CLOTILDE, *d'un ton de reproche.* Et comment, Monsieur, n'êtes-vous pas mort?..

SAUVIGNY. Je vous en demande bien pardon... Ce n'est pas ma faute.

BONNIVET. Oui, tu sauras tout... nous te le conterons en détail, ça t'amusera... car, moi, ce matin, il m'a bien fait rire.

SAUVIGNY, *d'un air suppliant.* Monsieur!

BONNIVET, *vivement.* Vous avez raison... ce n'est pas là ce qui nous amène... Il s'agit en ce moment de lui sauver la vie.

CLOTILDE, *étonnée.* Encore!..

BONNIVET, *vivement.* Il y a ici quelqu'un qu'il aime et qu'il va épouser.

CLOTILDE, *indignée.* Lui! grand Dieu!

SAUVIGNY, *baissant les yeux.* Hélas! oui.

BONNIVET. Ta bonne amie Hortense, madame de Varennes.

CLOTILDE, *stupéfaite.* O ciel!.. ce prétendu, ce jeune homme du Havre dont elle me parlait ce matin?

BONNIVET. C'est lui.

CLOTILDE. Cet amant à qui elle ne reprochait qu'un excès de passion?

BONNIVET. C'est lui.

CLOTILDE. Ce cœur qui n'avait jamais aimé qu'elle, et qui devait l'aimer toujours?

BONNIVET. C'est lui.

CLOTILDE. Quelle horreur!.. elle saura tout... elle connaîtra la vérité!

BONNIVET. Voilà justement ce qu'il ne faut pas faire.

SAUVIGNY. Oui, Madame, je vous en conjure...

BONNIVET. Nous te prions en grâce de garder le silence.

CLOTILDE. Je laisserais tromper ma meilleure amie!

BONNIVET. Mais il ne la trompe pas... il l'aime réellement, il en perd la raison.

CLOTILDE, *en hésitant.* Et l'autre?... et la personne de Bagnères?..

BONNIVET. Il ne l'aime plus... il ne l'a jamais aimée... il me l'a dit.

SAUVIGNY, *vivement.* Je n'ai pas dit cela !

BONNIVET. A peu près.

SAUVIGNY. Je vous ai avoué qu'elle méritait toute ma tendresse, et que je l'avais réellement adorée...

BONNIVET. Oui, un jour... une matinée... Il se fait là plus coupable qu'il n'était... Une passion de jeune homme, un caprice, une plaisanterie...

CLOTILDE. Une plaisanterie!.. quand il voulait se tuer!..

SAUVIGNY, *vivement*. Oui, Madame, j'y étais bien décidé, je vous le jure, et la seule considération qui m'en ait empêché...

BONNIVET. C'est un déjeuner qu'on lui a offert... des amis et du vin de Champagne qu'il a rencontrés... et une demi-heure après il n'y pensait plus... Il m'a tout raconté.

SAUVIGNY. Monsieur!..

BONNIVET. Et vous avez bien fait, et je vous approuve.

CLOTILDE. C'est une indignité!..

BONNIVET. Du tout... et tu aurais tort de lui en vouloir... C'est tout simple, tout naturel... celui qui jure d'être toujours amoureux est un fou, un insensé qui s'abuse lui-même... Est-ce que ça dépend de lui? est-ce qu'il en est le maître?.. Autant vaudrait jurer de toujours se bien porter.

CLOTILDE. A la bonne heure... mais menacer de se donner la mort?

BONNIVET. Laisse-moi donc tranquille... est-ce que tu crois à ça?

CLOTILDE, *regardant Sauvigny*. Mais... jusqu'à présent, j'y croyais.

BONNIVET, *riant*. Ma pauvre femme!

CLOTILDE. Vous riez de moi?..

BONNIVET. Sans doute... tout le monde le dit et personne ne le fait... Témoin Monsieur, qui était de bonne foi... à plus forte raison, quand ils ne le sont pas, quand ils jouent la comédie.

CLOTILDE, *poussant un cri d'indignation*. Ah!..

BONNIVET. Qu'as-tu donc?

CLOTILDE, *passant à gauche*. Rien... (*A part.*) Et moi qui tout à l'heure, ici même!.. (*Regardant la porte de la chambre où Fernand s'est enfermé. Haut.*) La présence de Monsieur me rend un grand service, et je le reconnaîtrai, en gardant le silence qu'il me demande.

SAUVIGNY. Est-il possible!..

BONNIVET. Quand je vous disais que c'était la bonté même.

CLOTILDE, *regardant la porte à gauche*. Oui... une bonté... (*A part, avec dépit.*) dont on ne se sera pas joué impunément... (*Haut.*) Mais Hortense, où donc est-elle?

BONNIVET. Nous l'avons laissée faisant des emplettes.

CLOTILDE, *qui s'est mise à la table et qui écrit*. Eh bien! mon ami, il faut tâcher de la rejoindre, et de lui donner ou de lui faire parvenir ce petit mot... (*A Sauvigny.*) Ne craignez rien... je ne veux pas vous trahir... au contraire. (*A Bonnivet.*) Mais il est nécessaire que ce billet lui soit remis sur-le-champ... ou du moins avant dîner.

BONNIVET. Sois tranquille... Il y a un magasin de nouveautés par lequel elle devait finir ses courses... Je vais y envoyer un des commissionnaires de l'hôtel.

CLOTILDE, *lui remettant la lettre qu'elle vient de cacheter*. A la bonne heure.

BONNIVET. Et, en attendant son retour, veux-tu que nous fassions une promenade sur les quais?..

CLOTILDE. Je préfère rester.

BONNIVET. Comme tu voudras... Je reste aussi.

CLOTILDE. Non, il vaudrait mieux sortir quelques instants, vous promener un peu.

BONNIVET. C'est juste, avec ma fille... Il fait un soleil superbe... et cette pauvre petite Ninie qui n'a pas pris l'air d'aujourd'hui...

SAUVIGNY, *à part*. Ah! mon Dieu! elle veut l'éloigner... Serait-ce pour Fernand?..

BONNIVET. Venez-vous, mon jeune ami?..

SAUVIGNY, *à part*. Ah! l'honnête homme!.. Et comment le prévenir?.. (*Haut.*) Non, non; j'ai des lettres à écrire, et je reste... (*A part.*) pour veiller sur lui. (*Il entre, sans être vu, dans le cabinet à droite.*)

BONNIVET. Adieu, femme.

CLOTILDE, *l'embrassant*. Adieu, mon ami.

BONNIVET. C'est gentil... Il y a longtemps que tu ne m'as embrassé ainsi. (*Il sort par le fond.*)

SCÈNE XVI.

CLOTILDE, FERNAND.

CLOTILDE, *après avoir fermé la porte du fond, allant à la porte à gauche*. Vous pouvez sortir... tout le monde est parti. (*Elle prend une chaise et son ouvrage, et s'assied au milieu du théâtre.*)

FERNAND. Ah! Madame, qu'elles m'ont paru longues, ces minutes d'attente!.. Mon cœur battait avec tant de violence, que je sentais s'épuiser en moi les sources de la vie... et dans ce moment encore, je me soutiens à peine.

CLOTILDE, *froidement*. Eh bien... il faut vous asseoir.

FERNAND, *avec chaleur*. M'asseoir!.. quand je suis près de vous!.. quand je vous contemple avec ivresse!..

CLOTILDE, *s'occupant de son ouvrage*. Je vois que les forces vous reviennent.

FERNAND. Elles me reviennent pour souffrir... pour souffrir plus que jamais.

CLOTILDE, *faisant de la tapisserie*. Cela serait fâcheux... car enfin, après tout ce que nous avons fait vous et moi... s'il n'y avait pas de mieux, il faudrait y renoncer.

FERNAND, *étonné*. Que voulez-vous dire?..

CLOTILDE. Que par intérêt pour votre sœur, qui est ma meilleure amie... j'ai voulu sauver son frère.

FERNAND. Quoi! ce n'était pas pour moi?..

CLOTILDE. En aucune façon... Je ne vous connaissais pas... Mais dès qu'il s'agit de la vie de quelqu'un... vous, ou tout autre... qu'importe la personne? C'est une question d'humanité.

FERNAND. Quoi! nulle affection, nulle tendresse?.. Ah! ce n'est pas possible... et cette tranquillité, ce sang-froid quand vous voyez auprès de vous le plus malheureux des hommes!.. (*A part.*) Allons, c'est une scène à recommencer... Ce que c'est aussi que d'être interrompu au meilleur moment. (*Haut.*) Oui, Madame, vous daignerez m'écouter... Vos yeux ne resteront pas éternellement attachés sur votre ouvrage, sur cette tapisserie qui me désespère; vous jetterez sur moi un regard de pitié... ou ces paroles que vous entendez seront les dernières de moi qui frapperont vos oreilles... et cette croisée, qui donne sur le fleuve... cette croisée élevée!.. (*Il fait quelques pas vers le balcon, Clotilde reste assise et sans remuer. A part.*) Eh bien! elle reste tranquille?.. (*Haut.*) Cette croisée, d'où je vais me précipiter!.. (*A part.*) Elle ne me retient pas?.. (*Haut, et revenant vivement.*) Non, ce n'est pas loin de vous... c'est sous vos yeux, c'est à vos pieds que je veux jeter une existence que vous dédaignez.

CLOTILDE, *froidement.* J'en serais désolée; mais je ne peux pas vous en empêcher.

FERNAND. Ah! vous parlez ainsi, cruelle, parce que vous savez bien que mon bras est désarmé, et que je n'ai d'autre aide que mon désespoir... Mais si je pouvais trouver une arme!..

CLOTILDE. N'est-ce que cela, Monsieur? (*Détachant froidement la clé qui est à sa ceinture.*) Tenez...

FERNAND. Qu'est-ce que c'est?

CLOTILDE, *se levant.* Ouvrez ce secrétaire... (*Voyant qu'il hésite.*) Ouvrez... vous trouverez là une boîte.

FERNAND, *à part.* Ah! mon Dieu! (*Haut.*) Où donc?

CLOTILDE. Sous votre main.

FERNAND, *prenant la boîte.* Ah!.. ces pistolets...

CLOTILDE. Ils sont à vous.

FERNAND, *stupéfait.* O ciel... (*Haut, ouvrant la boîte, prenant un pistolet et jouant le désespoir.*) Vous le voulez donc!.. Vous le voulez!..

CLOTILDE, *froidement.* Puisqu'il n'y a pas d'autre moyen de vous guérir... C'est pour vous... cela vous regarde.

FERNAND. Dites plutôt que c'est pour vous-même, qui êtes trop heureuse de vous délivrer ainsi d'un amour qui vous est odieux, qui vous importune, qui vous gêne peut-être... Car j'ai un rival... j'en ai un, j'en suis sûr.

CLOTILDE. Raison de plus pour...

FERNAND. Ah! c'est trop fort!.. (*Éclatant.*) Eh bien! non, Madame, je ne me tuerai pas!.. je vous rendrais trop contente, trop joyeuse... Vous osez rire encore!.. dans un pareil instant!..

CLOTILDE, *riant.* Oui, vraiment... Allez donc, Monsieur, allez donc... je n'attendais que ce moment-là pour vous adorer.

—

SCÈNE XVII.

FERNAND, HORTENSE, CLOTILDE.

HORTENSE, *entre vivement, aperçoit Fernand, pousse un cri et se jette dans ses bras.* Ah! mon ami! mon frère!.. je te revois!.. tu respires encore!

FERNAND, *cherchant à se dégager de ses bras.* Qu'as-tu donc? morbleu!..

HORTENSE. Tu n'es pas blessé?..

CLOTILDE. Non, non, je te l'atteste.

HORTENSE. J'étais toute tremblante... car ce billet de Clotilde que vient de m'apporter un commissionnaire... Lis plutôt.

FERNAND, *lisant.*
AIR : Fragment de *Gustave.*
« Arrive à mon secours; ton frère, chère amie,
« Court dans ces lieux les dangers les plus grands! »
(*A Clotilde.*)
Quoi! Madame, c'est vous!

CLOTILDE, *riant.*
Prêt à perdre la vie,
On est toujours charmé d'avoir là ses parents.

ENSEMBLE.

CLOTILDE ET SAUVIGNY, *qui entr'ouvre la porte à droite.*
Le bon tour, la bonne folie!
Cet amant
Qui faisait serment
D'expirer aux pieds d'une amie,
Le voilà frais et bien portant.

HORTENSE.
De frayeur, ah! j'étais saisie!

Mais je vois fort heureusement
Que mon frère tient à la vie,
Et qu'il est frais et bien portant.

TOUS.
Ah! je rirai longtemps de cette comédie.
(*A Fernand.*)
Toi, conserve le jour
Pour en rire à ton tour.

FERNAND.
Je ne pardonne point semblable raillerie·
Je veux d'un pareil tour
Me venger à mon tour.
(*A Sauvigny.*)
Vous étiez du complot?

SAUVIGNY.
Non, j'en étais témoin.

FERNAND.
De me railler épargnez-vous le soin,
Après un tel affront, oui, chacun dans le monde,
Va me montrer au doigt; et, que Dieu me confonde!
(*Prenant un pistolet.*)
Je me tuerai, si vous ne jurez pas
Qu'un silence éternel...

TOUS.
Nous le jurons, hélas!

ENSEMBLE.

FERNAND.
Tenez bien ce serment;
Sinon, Dieu me confonde!
Moi, je fais le serment
De périr à l'instant.

TOUS.
Si c'est le seul moyen
Pour qu'il reste en ce monde,
Vivez... Nous jurons bien
Que nous n'en dirons rien.

SCÈNE XVIII.

LES PRÉCÉDENTS, BONNIVET.

BONNIVET, *s'élançant et retenant le bras de Fernand qui tient encore le pistolet.* Jeune homme, jeune homme, qu'est-ce que ça signifie!..

CLOTILDE, *regardant sa main qui est enveloppée de noir.* Qu'est-ce que c'est donc?.. qu'est-ce que vous avez là?..

BONNIVET. Rien...

CLOTILDE. Mais si, vraiment!..

BONNIVET. Je te dis que non... Ma petite fille jouait tout à l'heure dans le jardin de l'hôtel avec un gros chien noir, et des hommes couraient en criant : « Garde à vous, il est enragé! » Je me suis élancé alors entre lui et mon enfant... il m'a mordu, c'était tout simple...

TOUS. Enragé!..

BONNIVET. Eh! non... fausse terreur... car un instant après, il a bu comme si de rien n'était.

HORTENSE. Mais vous l'avez cru...

BONNIVET. Ma foi, oui.

HORTENSE. Et malgré cela! Quelle générosité!.. quel dévouement!

BONNIVET. Du dévouement!.. Y pensez-vous?.. quand il s'agit de sa fille ou de sa femme!.. C'est comme pour soi... c'est presque de l'égoïsme.

FERNAND. Et vous qui ne voulez pas qu'on expose ses jours?..

BONNIVET. Quand il le faut... c'est trop juste... Raison de plus pour s'en abstenir quand il ne le faut pas... Ah çà! dînons-nous?

CLOTILDE, *avec attendrissement.* Monsieur, vous êtes le meilleur des hommes.

BONNIVET. Tais-toi donc.

CLOTILDE, *de même.* Le meilleur des maris... et je vous aime comme jamais je ne vous ai aimé.

BONNIVET. Tu es bien bonne, et ça me fait plaisir... Ça m'en fera aussi de dîner... Moi à côté de ma femme... Madame à côté de son prétendu, qui bientôt sera son mari... et tous ensemble, nous boirons aux bons vivants... (*A Fernand.*) parce que, voyez-vous, mon cher ami...

VAUDEVILLE.

AIR : *Quand on est mort, c'est pour longtemps.*

« Quand on est mort, c'est pour longtemps, »
Disait Désaugiers, notre maître;
  Ce jour va naître
  Et disparaître :
    Imprudents,
  Profitez des instants.

TOUS.

« Quand on est mort c'est pour longtemps, »
Etc., etc., etc.

BONNIVET.

  Qui donc vous pousse
  Vers le trépas?
  N'avez-vous pas
Le champagne qui mousse?
  La vie est douce
  A caresser,
  Et sans secousse
Tâchons de la passer,
  Car, ici-bas,
  A chaque pas,
  N'avons-nous pas,
  Pour abréger la vie,
  Peine, chagrin,
  Et médecin,
  Dont la voix crie
A tout le genre humain :
« Quand on est mort, c'est pour longtemps, »
Disait Désaugiers, notre maître;
  Ce jour va naître
  Et disparaître :
    Imprudents,
  Profitez des instants.

TOUS.

« Quand on est mort, c'est pour longtemps, »
Etc., etc., etc.

FERNAND.

  Sur notre scène
  Que montre-t-on?
  Viol, poison,
Forfaits à la douzaine;
  Et Melpomène
  Chaque semaine
  Part pour la chaîne
De Brest ou de Toulon...
  Vers ostrogoths
  Et visigoths,
  Des noirs tombeaux
Sur vous tinte la cloche;

  Sombre roman,
  Drame de sang,
  Votre heure approche;
  Hardi! donnez-vous-en!..
« Quand on est mort, c'est pour longtemps, »
Disait Désaugiers, notre maître.
Bientôt vous allez disparaître;
Ainsi donc, profitez des instants.

TOUS.

« Quand on est mort, c'est pour longtemps, »
Etc., etc., etc.

SAUVIGNY.

  Levant la nuque,
  Le jeune Franc
  Traite gaîment
Racine de perruque.
« O siècle eunuque, »
  Disent-ils tous,
  « Gloire caduque,
« Qui va revivre en nous! »
  Ils le disaient,
  Ils l'imprimaient,
  Ils le croyaient...
  Et, malgré leur mérite,
  Nul jouvenceau
  De leur tombeau
  Ne ressuscite
Ou Molière ou Boileau...
« Quand on est mort, c'est pour longtemps, »
Disait Désaugiers, notre maître;
  Grands talents,
  Pour vous voir renaître,
Il nous faut attendre encor du temps.

TOUS.

« Quand on est mort, c'est pour longtemps, »
Etc., etc., etc.

CLOTILDE, *au public.*

  Sur le qui vive,
  En cet instant,
  L'auteur attend
Son heure décisive;
  Sa crainte est vive :
  Il va savoir
  S'il faut qu'il vive
Ou qu'il meure ce soir...
  Montrez-vous tous
  Cléments et doux,
  Et que pour nous
  La critique traîtresse
  Reste à l'écart :
  Point de brocard
  Sur notre pièce;
Ne l'immolez pas... car,
« Quand on est mort, c'est pour longtemps, »
Mais grâce au public, notre maître,
Que cet ouvrage qui va naître
  Soit longtemps
  Au nombre des vivants.

TOUS.

« Quand on est mort, c'est pour longtemps, »
Etc., etc., etc.

FIN DE ÊTRE AIMÉ OU MOURIR.

VIALAT ET Cie, IMPRIMEURS ET ÉDITEURS.

DANIEL, *seul, assis près de la table.* Il m'a dit en partant : « Je te laisse ma femme, je te la confie! »
Acte 1, scène 1.

LE GARDIEN

COMÉDIE-VAUDEVILLE EN DEUX ACTES
TIRÉE DU ROMAN D'INDIANA

Représentée, pour la première fois, à Paris, sur le théâtre du Gymnase dramatique, le 11 mars 1833.

EN SOCIÉTÉ AVEC M. BAYARD.

Personnages.

AURÉLIE DE BUSSIÈRES, femme d'un manufacturier.
M. DE VARADES, jeune homme à la mode.
DANIEL, commis de M. de Bussières.

ZOÉ, femme de chambre de madame de Bussières.
Un Domestique de madame de Bussières.
JULIEN, domestique de madame de Bussières.

La scène se passe, au premier acte, à Paris; au second acte, à Bièvre.

ACTE PREMIER.

Le théâtre représente un salon; porte au fond, portes latérales Sur le devant, à droite de l'acteur, une table couverte de papiers, registres, etc., etc. Une psyché au fond, du même côté.

SCÈNE PREMIÈRE.

DANIEL, *seul, assis près de la table, sur laquelle brûlent encore deux bougies presque consumées. Il tient une lettre à la main.* Il m'a dit en partant : « Je te laisse ma femme, je te la confie!.. » Non! elle ne verra pas cette lettre. . il y a trop d'amertume et de tristesse! et je veux lui épargner le chagrin et l'inquiétude que me cause la santé de son mari ! Encore s'il m'annonçait son retour des eaux !.. il me tarde tant de le revoir chez lui, au milieu de nous !.. Grâce au ciel, les intérêts de sa maison, qu'il m'a confiés à ma garde, ne réclament point sa présence !.. Mais il est d'autres biens pour lui plus précieux et plus chers !.. une jeune femme qu'il laisse seule au milieu du monde !.. si aimable !.. si jolie ! et sans guide, sans ami... qu'un seul ; et elle ne doit jamais savoir à quel point elle est aimée !..

Air : *Quand l'Amour naquit à Cythère.*

Mais laissons ces tristes pensées,
J'ai de quoi m'occuper ici ;
Que mes peines soient effacées
Par le travail, mon seul ami.
Oui, plus que le plaisir fidèle,
Des chagrins il sait préserver,
Et le malheureux qui l'appelle
Est toujours sûr de le trouver.

(*Il laisse tomber sa tête sur sa poitrine, et garde le silence.*)

—

SCÈNE II.

DANIEL, ZOÉ, *entrant par le fond.*

zoé, *à la cantonade.* Je parlerai à Madame, quand elle sera levée... j'ai le temps, je ne repars que ce soir... (*Apercevant Daniel.*) Tiens !.. c'est Daniel, le premier commis de Monsieur... il ne me voit pas... il rêve... eh bien ! par exemple, lui qui est si économe... brûler deux bougies quand il fait grand jour !.. (*Elle va souffler les deux bougies.*)

DANIEL, *se levant.* Qui est là ?.. Ah ! c'est vous, Zoé !.. vous, à Paris !.. Pourquoi avez-vous quitté la manufacture ?.. je vous croyais à Bièvre...

zoé. Eh mais ! comme vous dites ça !.. ce n'est guère poli !..

DANIEL, *brusquement.* Poli !.. j'ai bien le temps !

zoé. C'est juste ! vous avez tant de choses à faire...

DANIEL. Oui .. j'étais là... je travaillais assez tard, à ce que je vois...

zoé. Ah ! mon Dieu !.. vous ne vous êtes pas couché ?..

DANIEL. C'est possible... Qui vous amène ?..

zoé. Est-ce que ça vous fait de la peine de me voir ?..

DANIEL. Au contraire, Zoé, vous le savez bien ; mais qu'y a-t-il de nouveau ?..

zoé. Rien que des étoffes qu'on tire à force, et dont j'apporte à Madame des échantillons, de quoi se faire des robes charmantes, dont elle aura l'étrenne.

DANIEL. C'est juste.

zoé. Dame !.. ça lui revient de droit... la femme d'un des premiers manufacturiers de France... si elle n'avait pas ce que son mari produit de plus beau et de plus cher... avec ça que Madame le fait valoir...

Air : *des Maris ont tort.*

Il n'est pas d'étoffe nouvelle
Qu'elle ne fasse réussir ;
Tout ce qui fut porté par elle
Semble par elle s'embellir.
Chacun nous voit d'un œil d'envie,
Et l'on dirait que le patron
A pris femme jeune et jolie
Pour achalander sa maison.

DANIEL. Vous l'aimez bien, Zoé ?

zoé. Cette demande !.. j'ai été élevée avec elle ; créoles toutes deux, nous ne nous sommes jamais quittées ; et quand, il y a deux ans, on l'a mariée, elle si jeune et si fraîche, à ce vieux monsieur de Bassières... un ancien militaire criblé de blessures, bourru, maussade...

DANIEL, *d'un air sévère.* Zoé !..

zoé. Ah ! je sais bien que ça vous fâche de m'entendre parler ainsi... Un brave homme, du reste, un mari excellent, s'il n'avait quelques années, et surtout quelques rhumatismes de moins... Ah ! voyez-vous, en ménage c'est terrible !..

DANIEL. Vous êtes folle.

zoé. Vous ne voyez pas ça, vous !.. c'est votre héros...

DANIEL. C'est mon bienfaiteur, et désormais, Zoé, pas un mot contre lui, je ne le souffrirai pas ; et vous qui êtes bonne fille, vous ne voudriez pas me faire de la peine, et vous brouiller avec moi...

zoé. Vous l'aimez donc bien ?.. c'est pire qu'une maîtresse.

DANIEL. Ah ! cent fois plus, c'est un père !.. Savez-vous que moi, pauvre enfant alors, je me le rappelle encore ; j'étais là, dans la rue, mourant de froid et de faim... je tendais la main, et ils ne m'écoutaient pas, ils me repoussaient tous... lorsqu'un homme, qui voit couler mes larmes, s'approche de moi, et me dit : « Quel âge as-tu ? — Huit ans. — Quel est ton père ?— Soldat.—Où est-il ?— Mort à Champ-Aubert. — Et ta mère ? — Une pauvre ouvrière malade. — Allons la voir !.. » Depuis ce moment elle n'a manqué de rien, il a protégé ses jours ; elle est morte en le bénissant... et moi orphelin, j'ai retrouvé un père, une famille... il m'a élevé, m'a placé près de lui comme son commis, dans cette maison, où plus tard il a voulu me donner un intérêt... il l'a exigé.

zoé. Et il a eu raison ! Est-ce qu'il pouvait, souffrant comme il l'est, diriger lui seul une maison aussi importante ?.. tandis qu'avec vous, qui êtes jeune, actif, qui travaillez le jour et la nuit... cela va deux fois mieux qu'autrefois ; et il y a deux ans ce voyage en Angleterre... cette faillite que vous avez prévenue, et qui aurait peut-être entraîné la sienne...

DANIEL. Tais-toi !.. tais-toi !.. je ne fais que mon devoir, rien que mon devoir... je lui donnerais mon sang, ma vie, mon bonheur même... qu'il ne me devrait ni remerciement ni reconnaissance ; c'est mon devoir.

zoé. Est-ce aussi par reconnaissance que vous ne voulez pas vous marier, que vous restez garçon ?..

DANIEL. Qu'est-ce que ça vous fait ?.. est-ce que vous regardez ?

zoé. Est-il gentil ! comme il répond à l'intérêt qu'on lui porte !.. Car enfin vous pourriez à présent trouver un bon parti... on vous en a proposé... Madame me l'a dit... et vous les avez refusés.

DANIEL. De quoi se mêle-t-elle ?.. et vous aussi ?.. et pourquoi, je vous le demande ?..

zoé. Pourquoi ?.. C'est que, voyez-vous, on m'a dit des choses... que je ne peux pas croire, parce que naturellement vous n'êtes pas ga-ant, au contraire, vous seriez même volontiers sévère, bourru, grondeur. . C'est votre caractère, vous ne pouvez pas vous refaire. Eh bien ! malgré cela, on m'a dit que vous étiez amoureux.

DANIEL, *avec colère.* Quelle indignité !.. quelle calomnie !.. qui a pu tenir un pareil propos ?..

zoé. Ce n'est donc pas vrai ?..

DANIEL, *avec contrainte.* Moi, amoureux !.. et de qui ?

zoé. De moi, Monsieur...

DANIEL, *avec douceur.* De vous, Zoé !..

ZOÉ. Comme il se radoucit!..

DANIEL. Vous êtes bien aimable et bien jolie ; mais, comme vous dites, je ne suis pas galant.. je n'ai pas le temps d'être amoureux ; ça vous fâche?..

ZOÉ. Au contraire, ça me fait plaisir, parce que j'ai un conseil à vous demander.

DANIEL. A moi?..

ZOÉ. Oui ; j'ai peur, et pourtant j'ai confiance... vous êtes un si honnête homme!.. mais, à cause des idées dont je vous parlais tout à l'heure, je n'osais pas... et cependant, monsieur Daniel, vous êtes le seul à qui je puisse m'adresser... car je ne peux dire ces choses-là à Madame.

DANIEL. Parlez vite.

ZOÉ. Vous savez bien que Monsieur et Madame, qui ne vont passer à Bièvre que les six mois de la belle saison, avaient besoin d'y laisser, le reste de l'année, une personne de confiance.

DANIEL. C'est vous qu'on a choisie.

ZOÉ. Ce qui est bien terrible ; car, depuis trois mois que j'y suis...

DANIEL. Vous vous êtes ennuyée...

ZOÉ. Pas tout le temps. Les deux premiers mois, il y avait dans le pays beaucoup de monde qui venait de Paris pour la chasse... Cette jeune comtesse, qui est notre voisine, avait dans son château plusieurs jeunes gens qui étaient si élégants, si distingués!.. un, entre autres, qui venait toujours jusque dans le petit bois de Monsieur...

DANIEL. Pour y chasser?..

ZOÉ. Non, il ne chassait pas, il causait avec moi... et il causait si bien!.. il disait qu'il m'aimait, qu'il me trouvait plus jolie que toutes les belles dames, et il s'y connaît ; car c'est un noble, un grand seigneur.

DANIEL. Et vous l'écoutiez?..

ZOÉ. Avec tant de plaisir!.. Par exemple, il ne voulait plus de nos promenades du soir dans le bois... ça... c'est vrai ; car il faisait froid... Je n'y pensais pas ; mais lui, il me suppliait toujours de le recevoir... dans le petit boudoir près de la chambre de Madame...

DANIEL. Vous n'y avez pas consenti?

ZOÉ. Sans doute ; à cause des ouvriers... ou des domestiques... sans cela...

DANIEL. Vous l'auriez reçu?

ZOÉ. Certainement ; il voulait m'épouser...

DANIEL. Et vous pouviez le croire!..

ZOÉ. Dame! il me le disait... il me l'écrivait... (*Lui donnant un papier qu'elle tire de sa poche.*) Voyez plutôt ce billet, où il me prie de l'attendre chez moi, la nuit ; et que si je le refuse, il s'éloignera... il ne m'épousera pas...

DANIEL, *vivement*. Vous avez refusé!..

ZOÉ. Hélas! oui.. J'ai eu tort, n'est-ce pas?.. car il n'est plus revenu... il est parti pour Paris ; et moi, depuis ce temps, je m'ennuie à Bièvre... je ne peux plus y rester. Ce mois-ci ne finira pas... et je viens prier Madame de me garder ici auprès d'elle ; sans cela, j'en tomberai malade.

DANIEL. Ma chère Zoé!

ZOÉ. Oh! c'est sûr,.. Je suis si fâchée de l'avoir désolé, rebuté... aussi ça ne m'arrivera plus... et s'il revient jamais...

DANIEL. Êtes-vous folle?.. ne voyez-vous pas, Zoé, que ce jeune homme voulait vous tromper, vous abuser?..

ZOÉ. Ce n'est pas possible...

Air de *Céline*.
Que n'étiez-vous là pour l'entendre!
Ah! ce n'était pas un trompeur,
Car son regard était si tendre!
Sa voix avait tant de douceur!
Il jurait de mettre sa gloire
A me complaire, à me chérir...
Eh! le moyen de ne pas croire
A ce qui fait tant de plaisir!
(*Apercevant Aurélie qui entre par la porte à gauche de l'acteur.*)
C'est Madame!..

DANIEL. Silence!.. nous reprendrons plus tard cette conversation ; et gardez-vous bien surtout...

SCÈNE III.

LES PRÉCÉDENTS, AURÉLIE.

AURÉLIE. C'est toi, ma chère Zoé!.. je te remercie des étoffes que tu m'as apportées ; je viens de les voir, elles sont charmantes, tu en feras mes compliments à tout le monde.

ZOÉ. Madame est bien bonne...

AURÉLIE. Bonjour, mon cher Daniel!.. (*A Zoé.*) Tu diras aussi aux ouvriers qu'au premier soleil, je ferai mettre les chevaux, et, bien enveloppée de ma pelisse, j'irai faire un voyage à Bièvre.

ZOÉ. Malheureusement ce ne sera que pour une matinée.

AURÉLIE. Pourquoi donc?.. il y a encore de beaux jours... Bièvre est, dit-on, plus joli que jamais ; et quand j'y passerais une semaine par hasard...

DANIEL. Cela reposerait Madame des plaisirs de Paris, et cela rendrait Zoé bien contente.

ZOÉ. Du tout...

AURÉLIE. Comment!

ZOÉ, *vivement*. Je veux dire que j'aimerais mieux rester ici près de Madame...

DANIEL. Cela me paraît assez difficile.

ZOÉ. On ne vous demande pas votre avis. (*A part.*) Une autre fois, on s'adressera à lui!.. c'est bien la peine d'avoir de la confiance!..

AURÉLIE. Qu'est-ce donc?

ZOÉ. Rien, Madame... On m'a recommandé de voir s'il n'y avait pas de nouveaux dessins...

DANIEL. Il y en a à l'atelier qui vous attendent.

ZOÉ, *passant au milieu*. Mon Dieu! je ne repars pas encore ; il sera assez temps ce soir... il y a des gens qui, parce qu'ils sont tristes et ennuyeux, veulent que tout le monde s'ennuie.

DANIEL. Ma chère Zoé!..

ZOÉ. Je m'en vais, Monsieur, je m'en vais ; car je sens que cela me gagne déjà ; et j'aime mieux que ça tombe sur Madame. (*Elle lui fait la révérence, et sort en courant.*)

SCÈNE IV.

DANIEL, AURÉLIE.

AURÉLIE. Eh mais! Daniel, est-ce à vous que ce compliment s'adresse?..

DANIEL. Une plaisanterie, Madame.

AURÉLIE. Et pourtant elle n'a pas tout à fait tort ; car, moi aussi, depuis quelques jours, je vous trouve l'air triste, inquiet... Qu'est-ce donc, mon ami? qu'avez-vous?

DANIEL. Rien, Madame ; un peu de préoccupation... les affaires qui me sont confiées...

AURÉLIE. Quelque mauvaise nouvelle?..
DANIEL. Au contraire; tout va bien, très-bien.
AURÉLIE. Mais alors vous avez donc reçu quelque lettre de M. de Bussières?.. vous ne m'en avez rien dit.
DANIEL. Oh! une lettre d'affaires, voilà tout ; sans cela, je l'aurais montrée à Madame.
AURÉLIE. Qu'est-ce donc qui vous inquiète, si ce n'est sa santé?
DANIEL. Mais... la vôtre, peut-être...
AURÉLIE. Comment!.. que voulez-vous dire?..
DANIEL. Pardon! Madame; mais il me semble quelquefois que vous risquez un peu trop cette santé qui nous est si chère à tous!.. les plaisirs, les bals, les soirées vous la font oublier; et souvent ici, à trois heures du matin, quand je travaille au bureau, j'entends la voiture de Madame...
AURÉLIE. Quoi!.. vous ne dormez pas?..
DANIEL. Cela m'est impossible, tant que tout le monde n'est pas rentré.
AURÉLIE. Tant de soins, d'amitié!.. Pauvre Daniel!

AIR d'*Yelva*.

Mais, je le sais, ce n'est pas tout encore :
Vous êtes là, toujours à mes côtés ;
Et loin de moi... croyez-vous qu'on l'ignore?
Tous les périls sont par vous écartés.
Oui, les plaisirs dont le charme m'entraîne,
C'est à vous seul, à vous que je les dois...
Et s'ils n'ont plus de danger ni de peine,
C'est que vous y pensez pour moi.

DANIEL. Ah! je voudrais pouvoir les éloigner tous!
AURÉLIE. J'entends... vous me blâmez, vous n'êtes pas content.
DANIEL. Ah! je ne me permettrais pas; et pourtant, si j'osais dire à Madame tout ce que je pense...
AURÉLIE. Dites, dites toujours. Je sais la confiance que M. de Bussières a en vous, et, malgré votre air mentor, je le partage. Voyons, je vous écoute.
DANIEL. Eh bien! puisque vous le voulez, c'est que Madame a rendu le monde si exigeant!.. si sévère!
AURÉLIE. Moi!..
DANIEL. Oui, par cette tenue, cette conduite, que j'entendais admirer autour de vous. On disait que, riche, belle, et dans l'âge des plaisirs, liée à un époux déjà vieux et souffrant, vous étiez un modèle de la tendresse la plus prévenante, des soins les plus délicats.
AURÉLIE. Passons, passons.
DANIEL. M. de Bussières s'est absenté...
AURÉLIE. Et voulais le suivre, il ne l'a pas voulu... et vous savez qu'il faut obéir.
DANIEL. Ah! sans doute, en se privant de vos soins, si touchants et si doux, en vous laissant à Paris malgré vos prières, il n'a pas senti tout ce que le monde avait de dangers...
AURÉLIE. Pour moi? et en quoi donc? Ces relations qui m'y attirent, c'est mon mari qui les a formées, qui me les a imposées, et si ses intérêts l'exigent..
DANIEL. Oui, je le crois. Mais parmi les personnes que vous y voyez, que vous recevez souvent, pardon, Madame, n'en est-il pas dont les assiduités?..
AURÉLIE. Je ne vous comprends pas.
DANIEL. Parmi les plus brillants, les plus répandus, n'en est-il pas dont le zèle indiscret ne s'attache à une femme que pour la compromettre?
AURÉLIE. Et qui donc?.. qui donc? achevez...
DANIEL. Madame!..
AURÉLIE. Son nom!..
UN DOMESTIQUE, *annonçant*. M. de Varades!..

AURÉLIE. Ah!..
DANIEL, *à part*. C'est ce que je voulais dire.

SCÈNE V.

LES PRÉCÉDENTS, M. DE VARADES.

M. DE VARADES. Madame, je viens, comme vous me l'avez permis, prendre vos ordres...
AURÉLIE, *avec embarras*. Monsieur...
M. DE VARADES, *apercevant Daniel, à part*. Ah! toujours ce commis, toujours!.. (*A Aurélie*.) Je les attendrai... (*A Daniel*.) Ah! monsieur Daniel, je suis bien aise de vous voir, j'ai une excellente nouvelle à vous apprendre.
DANIEL. A moi!..
M. DE VARADES. Vous avez de l'instruction, des connaissances, du zèle, vous êtes un honnête garçon. J'ai répété à mon frère, le secrétaire général, tout le bien que Madame m'a dit de vous; car elle prétend, et je pense comme elle, que c'est un meurtre d'ensevelir dans le fond d'une manufacture des talents aussi distingués, et, sur ma recommandation, il vous place à un poste important, où vous êtes en passe d'arriver à tout. Ainsi préparez-vous...
DANIEL, *ému*. A quitter cette maison?..
M. DE VARADES. Dès aujourd'hui, si vous voulez... Je sais quel intérêt on vous témoigne ici, et j'ai pensé qu'on serait trop heureux de vous voir dans une position plus digne de vous.
DANIEL, *de même*. Est-ce que Madame vous a prié?..
AURÉLIE. Moi! jamais!..
DANIEL. Oh! alors, je vous remercie, Monsieur. Je dois tout à M. de Bussières, et tant que lui et Madame ne m'ordonneront pas de porter ailleurs mes services, je sais quels sont mes devoirs, et je mourrai plutôt que d'y manquer.
AURÉLIE. Bien, Daniel.
M. DE VARADES. A la bonne heure! c'est du dévouement. J'en suis fâché pour vous, et pour moi, qui vous veux du bien, oh! beaucoup! N'en parlons plus.
DANIEL. Je n'en ai pas moins de reconnaissance..... (*A part*.) Il veut m'éloigner. (*Il va s'asseoir auprès de la table*.)
M. DE VARADES. Mais vous, Madame, vous ne me refuserez pas, je l'espère. Il s'agit d'une brillante promenade au Raincy, pour demain... Nous reviendrons dîner chez ma tante, qui compte sur vous.
AURÉLIE. Cela m'est impossible. Présentez-lui mes excuses, je vous prie...
M. DE VARADES. Pardon, elle ne les accepterait pas. Mais ce soir, ces dames vous décideront au bal.
AURÉLIE. Au bal!.. Mais je ne sais... c'est une invitation que j'ai acceptée un peu légèrement. Seule à Paris, et dans ma position, je dois craindre des remarques, des critiques peut-être.
M. DE VARADES. Ah! permettez. C'est moi qui dois venir vous offrir la main...
AURÉLIE. Raison de plus...
M. DE VARADES, *jetant un coup d'œil sur Daniel*. Ah!.. je crois comprendre... je n'insisterai pas, Madame. Mais ne me permettrez-vous pas, du moins, de vous parler un instant, à vous?
AURÉLIE. Comment donc!.. je vous écoute.
M. DE VARADES, *appuyant*. A vous seule...
AURÉLIE, *après un moment de silence*. Daniel... (*Daniel se lève*.) n'avez-vous pas un envoi à préparer pour Bièvre, aujourd'hui?

DANIEL. Si Madame l'ordonne...
AURÉLIE. Je vous en prie... (*Daniel salue et sort.*)

SCÈNE VI.
M. DE VARADES, AURÉLIE.

M. DE VARADES. Enfin il est parti!.. c'est un zèle bien tenace!.. un commis qui est toujours là, que je rencontre partout sur vos pas, ou sur les miens.

AIR : *De sommeiller encor, ma chère.*
Eh mais! c'est un état, sans doute;
Car on a beau le renvoyer,
Il vous regarde, il vous écoute,
Il est là pour vous épier...
De ses pareils l'espèce abonde.
AURÉLIE.
Mais c'est l'ami de la maison.
M. DE VARADES.
On en voit beaucoup dans le monde;
Mais on leur donne un autre nom.

AURÉLIE, *parlé.* Comment, Monsieur!..
M. DE VARADES.
On en voit, etc., etc.

En vérité, le on croirait chargé de vous surveiller, de vous garder à vue.
AURÉLIE. Ah! Monsieur!..
M. DE VARADES. C'est une tyrannie pour vous!.. et tout à l'heure encore j'ai cru qu'il ne sortirait pas.
AURÉLIE. C'est qu'il ne comprenait pas, peut-être, l'importance de ce que vous avez à me révéler, car il paraît que vous avez à me parler en secret.
M. DE VARADES, *tristement.* Oui, Madame.
AURÉLIE. C'est donc une confidence?..
M. DE VARADES. Oui, Madame...
AURÉLIE. Que je puis recevoir?
M. DE VARADES. Et qui donc la recevrait, si ce n'est vous, qui m'accueillez avec tant de bonté... vous dont l'amitié a pour moi des conseils auxquels mon cœur aime à se rendre!..
AURÉLIE. Des conseils!.. je n'ai pas la prétention d'en donner...
M. DE VARADES. Et moi, Madame, je viens vous en demander... jamais ils ne me furent plus nécessaires, et c'est vous seule...
AURÉLIE. Eh mais! qu'est-ce donc, Monsieur?.. vous m'effrayez...
M. DE VARADES. Ma mère, qui s'occupe de mon bonheur avec une tendresse si touchante, s'alarme trop peut-être d'un air contraint, abattu, que je n'ai pu lui cacher, mais dont elle ignore la cause; et pour dissiper cette tristesse, elle s'est avisée d'un singulier moyen, elle veut me marier.
AURÉLIE. Vous!..
M. DE VARADES. D'abord, je me suis révolté à cette idée. Pour moi, le bonheur n'est pas là ; c'est ailleurs que je l'ai rêvé, et cependant on insiste, on me presse... Vous voyez bien que j'ai besoin de conseils... des vôtres, vous ne me les refuserez pas.
AURÉLIE. Mais il me semble que cela dépend de vous... si je savais ce qui peut vous plaire, je vous le conseillerais; si la personne qu'on vous propose...
M. DE VARADES, *vivement.* Je ne l'aime pas...
AURÉLIE. Vous l'aimerez peut-être.
M. DE VARADES. Croyez-vous, Madame, qu'on doive risquer son avenir sur une espérance aussi frêle, aussi légère?.. croyez-vous qu'on puisse s'enchaîner ainsi,

et pour la vie, à un cœur qui, peut-être, ne comprendra jamais le vôtre? Quel supplice de tous les jours, de tous les instants, de vivre sans amour, sans sympathie, près d'un être qui ne sait pas lire dans votre pensée!.. dont le caractère âpre et froid refoule au fond de votre âme tous ces sentiments si doux, si tendres, qui cherchent à s'épancher, et qui ne sont alors qu'un malheur de plus!

AURÉLIE, *entraînée.* Oh! oui, je le sens comme vous, ce doit être affreux!.. pour une femme surtout... créature faible, sans défense, forcée de baisser les yeux sous les regards d'un maître qu'on lui a donné, de subir ses brusqueries, ses caprices, ou d'aller se briser contre vos lois!.. Ah! si vous saviez...

M. DE VARADES. Eh bien! Madame, achevez.

AURÉLIE, *se remettant.* Mais non, vous serez heureux, vous... libre dans votre choix, vous trouverez un cœur qui vous comprendra, une amie.

M. DE VARADES, *vivement.* Ah! voilà ce que je demande, une amie, une sœur à qui je puisse confier mes secrets, mes espérances... qui ait des larmes pour tous mes chagrins, de la joie pour tous mes plaisirs!.. L'amitié d'une femme rassure, console, et n'égare jamais!.. Une fois, une seule fois, j'ai cru l'avoir trouvée, ici, dans ces lieux où le cœur le plus tendre s'ouvrait au mien, où nos âmes, qui s'étaient devinées, échangeaient entre elles des promesses de confiance et de bonheur!.. et ces promesses, si on les tenait comme moi, ah! jamais rien ne viendrait nous séparer.

AIR de *Coraly.*
J'ai juré de l'aimer, je l'aime...
Comme un frère, comme un ami ;
Et si j'étais aimé de même,
Son cœur ne serait point trahi.
Vous voyez... mon sort dépend d'elle,
D'un seul mot!.. faut-il, entre nous,
L'oublier, lui rester fidèle?
Répondez!.. que me conseillez-vous?
Parlez, parlez... que me conseillez-vous?

AURÉLIE. Moi! vous conseiller! comme si votre bonheur dépendait de moi!..
M. DE VARADES. Pouvez-vous en douter?.. et d'abord ne me refusez pas le plaisir d'être votre cavalier, ce soir... ah! vous me l'avez promis!..
AURÉLIE. Vous croyez?..
M. DE VARADES. C'est la première grâce que vous demande un ami.
AURÉLIE. Un ami, bien vrai?.. j'irai...
M. DE VARADES. Ah! Madame!

SCÈNE VII.
LES PRÉCÉDENTS; ZOÉ, *sortant de la chambre à gauche.*

ZOÉ, *à la cantonade.* Ça m'est égal... je le demanderai à Madame... (*Apercevant M. de Varades.*) Ah!..
M. DE VARADES. Ciel!
AURÉLIE. Eh bien!.. qu'est-ce donc?.. qu'avez-vous?.
ZOÉ. Rien, Madame... rien... (*A part.*) M. Emile!..
M. DE VARADES, *à part.* Cette petite Zoé en ces lieux!..
AURÉLIE, *à M. de Varades.* Pardon... c'est une jeune fille à mon service... (*A Zoé.*) Qu'est-ce que tu veux?..
ZOÉ. Moi, je ne veux rien, je suis si contente, si heureuse! surtout à présent.
AURÉLIE. Et pourquoi?..
ZOÉ. Je ne sais pas, mais je suis contente.
AURÉLIE. Et c'est cela que tu viens m'annoncer?

zoé. Oui, Madame, parce que M. Daniel veut qu'à l'instant je parte pour Bièvre... pour la manufacture...
m. de varades, *à part*. Il a bien raison, et pour la première fois de sa vie il m'aura servi !..
zoé. C'est pour rapporter ces dessins nouveaux qui ne sont pas si pressés, et puis pour une autre raison encore... (*Regardant M. de Varades.*) qu'il croit bonne. Je ne dis pas... il est si sévère ! mais il se trompe, j'en suis sûre, parce que bien certainement...
aurélie. Quel bavardage ! et à quoi bon ?.. (*A Varades.*) Je vous demande si elle sait ce qu'elle dit ?
zoé. Oh ! oui, Madame, je le sais ! et la preuve, c'est que je vous demande en grâce de ne pas retourner ce soir à Bièvre...

m. de varades, *à part*.
Air de *la Ville et le Village*.
Qu'entends-je !.. que veut-elle ainsi ?..
aurélie.
Pauvre Zoé ! quelle folie !
zoé.
Désormais, près de vous, ici
Gardez-moi... je vous en supplie !..
Oui, n'est-ce pas, je resterai ?
aurélie.
Un caprice !..
zoé.
Avant ce voyage,
Je l'avais toujours désiré...
(*Jetant un coup d'œil sur M. de Varades.*)
Et maintenant bien davantage !

m. de varades, *à part*. C'est fait de moi !
aurélie. Eh bien ! soit, et puisque tu le veux absolument... nous ne nous séparerons plus, je te garde.
zoé. Ah ! que je vous remercie ! quel bonheur !..
m. de varades, *à part*. Quel embarras ! et que devenir ?..
aurélie. Je vais à ma toilette, qui est pressée, et puis je donnerai des ordres pour que tu restes ici.
zoé. Ah !.. que vous êtes bonne !
aurélie, *à M. de Varades*. A ce soir !..
m. de varades, *lui donnant la main*. Madame... (*Il la reconduit jusqu'à la porte à gauche. Zoé traverse le théâtre et va à droite.*)

SCÈNE VIII.
ZOÉ, M. DE VARADES.

zoé. C'est bien heureux, Monsieur ! vous voilà donc !.. je vous revois enfin !..
m. de varades. Silence !..
zoé. Moi qui étais seule dans cette campagne, à ne rien faire qu'à penser à vous !..

Air de *l'Homme vert*.
De votre silence étonnée,
Je vous attendais, mais en vain ;
Après une longue journée,
Je remettais au lendemain.
Je croyais toujours vous entendre...
Hélas ! non... Alors je pleurais,
Car c'est bien terrible d'attendre
Quelqu'un qui n'arrive jamais

m. de varades. Pauvre Zoé !
zoé. Je croyais que vous ne m'aimiez plus, que vous m'aviez oubliée.
m. de varades. Ah !.. je l'aurais dû... après votre rigueur et vos refus...
zoé, *vivement*. C'était cela !.. (*A part.*) Et Daniel qui ne voulait pas croire !.. moi, j'en étais sûre... (*Haut.*) Quoi ! vraiment, vous étiez en colère contre moi ?
m. de varades. Et je le suis encore.
zoé. Ah ! que je suis désolée de vous avoir fâché !.. cela ne m'arrivera plus, et, dès aujourd'hui, je dirai tout à Madame...
m. de varades. O ciel !..
zoé. Vous voyez comme elle est bonne pour moi ; et quand elle saura que vous m'aimez, que vous voulez m'épouser...
m. de varades. Gardez-vous-en bien. (*A part.*) Je n'ai pas une goutte de sang dans les veines.
zoé. Et pourquoi donc ?
m. de varades, *avec embarras*. Pourquoi ? (*A part.*) Au moment de voir couronner tous mes vœux... (*Haut.*) Vous ne savez donc pas que madame de Bussières, votre maîtresse, est liée avec ma mère, qu'elles sont amies intimes ; que toutes deux ont en vue pour moi un autre mariage, dont nous parlions tout à l'heure, quand vous êtes arrivée ?
zoé. O ciel !
m. de varades. Je refuse, vous vous en doutiez bien. Mais si on savait que c'est pour vous, on vous éloignerait de moi, nous serions séparés.
zoé. Eh mais ! nous le sommes déjà, puisque je ne vous voyais plus. Heureusement que me voilà installée ici, à Paris.
m. de varades. C'est là le mal... Toujours près de votre maîtresse, là, sous ses yeux, comme tout à l'heure... ne la quittant pas d'un instant, impossible de se parler.
zoé. C'est vrai ; mais je vous verrais du moins !
m. de varades. La belle avance ! Tandis qu'à Bièvre, seule tout l'hiver, loin des regards importuns, il me serait si facile, et sans éveiller les soupçons, de diriger mes promenades à cheval de ce côté.
zoé. Quoi ! vous viendrez ?
m. de varades. Tous les jours, je vous le promets.
zoé, *vivement*. Ah ! j'y resterai, monsieur Emile, j'y resterai !
m. de varades. Ah ! que vous êtes jolie !... c'est que c'est vrai, elle est charmante !
zoé. Vous trouvez ? Vous n'êtes donc plus fâché contre moi ?
m. de varades, *à demi-voix*. Je t'aime plus que jamais...
zoé. C'est fini, je retourne à Bièvre.

Air d'*une Heure de Mariage*.
Je repars, j'y serai ce soir ;
Mais vous tiendrez votre promesse,
Ou je reviens !..
m. de varades.
J'irai te voir ;
Tu peux compter sur ma tendresse.
Mais reste bien en ce séjour !
zoé.
Désormais j'y suis établie,
Dussé-je pour vous voir un jour
Vous attendre toute la vie !

m. de varades. Silence ! quelqu'un !...
zoé, *regardant à droite*. Je crois que c'est Daniel.
m. de varades, *à voix basse*. Raison de plus !... qu'il ne soupçonne pas ! c'est un jaloux !
zoé, *de même*. Un jaloux ! je le croyais comme vous, mais ce n'est pas vrai, il n'y pense pas.
m. de varades. N'importe ; qu'il ne nous voie pas ensemble... Laisse-nous...

ZOÉ. Tout ce que vous voudrez... Je m'en vais... A bientôt... (Regardant Daniel qui entre par la droite en récant.) Ce pauvre Daniel, il ne s'y connaît pas du tout ! (Elle sort par le fond.)

SCÈNE IX.

DANIEL, M. DE VARADES.

DANIEL, levant les yeux et apercevant M. de Varades. Ah! monsieur de Varades est seul.
M. DE VARADES. J'étais bien sûr de ne pas l'être longtemps.
DANIEL. Cela vous contrarie peut-être ?
M. DE VARADES. Pas du tout : vous m'y avez habitué...
DANIEL. Comment ?...
M. DE VARADES. Je ne m'en plains pas... On peut s'attacher à mes traces, se retrouver sans cesse à mes côtés... que m'importe ?... Je ne crains rien, surtout quand c'est une personne aussi aimable que monsieur Daniel...
DANIEL. Ah! Monsieur...
M. DE VARADES. Non ; vrai, je suis enchanté de vous voir.
DANIEL, s'inclinant. Monsieur, je ferai mon possible pour que vous soyez toujours enchanté...
M. DE VARADES. Trop bon... vous voyez que j'ai lu dans votre pensée...
DANIEL. A charge de revanche...
M. DE VARADES. A la bonne heure ! C'est une lutte de bons procédés ; c'est à qui causera le plus de plaisir à l'autre...
DANIEL. J'accepte le défi !
M. DE VARADES. Et moi, je ne le refuse pas.

DANIEL.

AIR du *Ménage de garçon*.

J'en ai vu la preuve sincère
Dans cette place qu'aujourd'hui
Je devais, dans un ministère,
Occuper un peu loin d'ici.

M. DE VARADES.
Cette place, on en a rougi ;
Mais il n'est rien d'égal, je pense,
A l'amitié qui vous l'offrait...

DANIEL.
Si ce n'est la reconnaissance
De celui qui la refusait.

M. DE VARADES. J'y comptais... Par malheur, nous ne pouvons nous rencontrer partout.
DANIEL. Pourvu que j'aie cet honneur chez ceux qui me sont chers... chez des amis, et que je puisse me placer entre eux et vous.
M. DE VARADES. Je vous remercie de vos attentions...
DANIEL. Cela n'en vaut pas la peine.
M. DE VARADES. Mais ce soir, par exemple, je crains d'en être privé.
DANIEL. Et comment ?
M. DE VARADES. Je ne crois pas que vous soyez invité au bal de la marquise d'Ervilly ; et nous serons forcés alors, ce qui me désole, d'y aller sans vous, moi et madame de Bussières, dont je suis le cavalier.
DANIEL. Vous, Monsieur, ce soir ?
M. DE VARADES. Ce soir même.
DANIEL. Je ne le pense pas.
M. DE VARADES. Moi, j'ai de fortes raisons de le croire. Monsieur veut-il parier ?

DANIEL, vivement. De grand cœur ; je suis certain de ne pas perdre.
M. DE VARADES. Et moi, je suis sûr de gagner. (Mouvement de Daniel.) Aussi je vais, en attendant, m'occuper de ma toilette. Vous permettez. Rassurez-vous, je reviens à l'instant. (Il sort.)

SCÈNE X.

DANIEL, seul.

Le fat !... Lui, son cavalier !... lui, la conduire ce soir à ce bal, en tête-à-tête ! il s'en vante, du moins... Eh ! que m'importe ?... je sais ce qu'Aurélie m'a dit ce matin... je la connais... elle se respecte trop elle-même pour s'exposer ainsi... elle n'ira pas ! et malgré cet air railleur et triomphant, nous verrons qui l'emportera du lâche qui ne s'approche d'une femme que pour la séduire et la perdre... ou de l'homme d'honneur... de l'ami véritable... (Apercevant Aurélie en robe de bal.) Ciel !...

SCÈNE XI.

DANIEL, AURÉLIE, entrant par la gauche.

AURÉLIE, tenant un écrin. C'est bien ; je n'ai plus besoin de vous... Ah! Daniel !... (Elle passe à la droite du théâtre, et se met devant la psyché.)
DANIEL. Madame... je ne m'attendais pas... cette parure...
AURÉLIE. Eh bien ! Comment la trouvez-vous ?
DANIEL. Très-belle assurément ; surtout pour quelqu'un qui refuse d'aller au bal.
AURÉLIE. J'ai changé d'avis. Vous qui êtes un sage, vous ne concevez pas qu'on ait des caprices ; vous allez encore me gronder ?
DANIEL. C'est un droit que je n'ai pas, Madame...
AURÉLIE. Mais que vous prenez quelquefois.
DANIEL. Je ne le prendrai plus.
AURÉLIE. Et pourquoi donc cela ?... Pauvre Daniel ! le voilà tout ému. Voyons, parlez, parlez... j'en profite souvent... pas aujourd'hui !... (Avec bonté.) Mais, que voulez-vous ?... un bal, c'est bien séduisant !... le moyen de résister ?...
DANIEL. C'est impossible, je le vois bien ; et d'ailleurs, Madame est libre.
AURÉLIE. Libre... pas toujours ; mais du moins jusqu'au retour de mon maître... (Mouvement de Daniel.) Oui, de mon maître... Oh ! ce mot vous déplaît, je le sais ; et pourtant il est si juste !... Quand M. de Bussières est ici, ce ne sont pas mes caprices qui gouvernent, mais les siens ; et ils sont rarement aimables... Forcée de me conformer à ses goûts bizarres, à son humeur fantasque ; bien me prend alors de ne pas résister !... Il faut donc que ses plaisirs soient les miens, que je le suive en esclave, couronnée de fleurs, couverte de diamants, dont sa vanité, à défaut d'amour, se plaît à me parer !... Ah ! voilà une vie bien heureuse, n'est-ce pas ?... et j'ai tort de profiter des derniers jours qu'il me laisse ?...
DANIEL. Ah ! ce bonheur qui s'offre à vous, je n'ai pas dû qu'il fallût le laisser échapper. Je regrette de vous voir sortir seule...
AURÉLIE. Seule... mais non.
DANIEL. Ah ! Madame... et ce soir... un cavalier... En effet, M. de Varades m'a dit d'un air de triomphe...

AURÉLIE. Quoi donc?.. que j'accepte son bras?.. mais il n'y a là de triomphe pour personne.
DANIEL. Pas même pour lui?..
AURÉLIE. Daniel!.. ah! Daniel, ce n'est pas bien!.. vous le jugez mal : M. de Varades est un ami sincère, dévoué; et mon estime pour lui devrait le justifier à vos yeux.
DANIEL. Aux miens, soit; mais à ceux du monde qui vous entoure... de ce monde où il y a tant d'indiscrets qui, lorsqu'ils ne voient plus rien... inventent...
AURÉLIE. Eh! que m'importe?.. A vous croire, à vous entendre, il faudrait m'imterdire tous les plaisirs, toutes les distractions de mon âge... une soirée, un bal... éloigner mes amis, les fuir, comme si leur amitié était un piége, leur dévouement un danger!.. Bientôt je ne pourrais faire un pas sans éveiller une curiosité, une défiance, qui finiraient par me blesser!.. Oh! non pas vous, Daniel, je ne vous en veux pas... Mais c'est assez, je vous remercie... Voyez, veuillez donner des ordres pour ma voiture.
DANIEL. Oui, Madame... (*Aurélie ouvre son écrin et va mettre son collier devant la glace. — Il s'arrête.*) J'oubliais... cette lettre de M. de Bussières dont vous me parliez ce matin.
AURÉLIE. Une lettre d'affaires qui ne s'adresse qu'à vous.
DANIEL. La voilà, Madame.
AURÉLIE, *attachant son collier*. Merci... vous m'avez dit ce qu'elle contient... à peu près...
DANIEL, *lisant*. « Qu'il me tarde, mon pauvre Da« niel, de me retrouver près de toi! »
AURÉLIE. Il ne vous oublie pas, vous.
DANIEL, *continuant*. « Près de ma femme, qui doit « se plaindre de mon silence... Ah! qu'elle en ignore « la cause!.. qu'elle ne sache pas que ma santé, qui « s'affaiblit tous les jours, me fait défendre jusqu'à « l'émotion d'une correspondance que son esprit et « sa bonté me rendent si chère!.. »
AURÉLIE. Ah!.. (*Elle cesse de s'occuper de sa toilette.*)
DANIEL, *continuant*. « Hélas! dans mes crises, des « caprices, des impatiences, que mes douleurs excu« sent peut-être... tout cela, je le sais, je l'avoue, doit « refroidir, froisser souvent le cœur d'une jeune « femme que le monde et le plaisir réclament; mais, « un peu de patience encore, et bientôt, tout me le dit, « tout me l'annonce, je ne serai plus là pour troubler « son bonheur! »
AURÉLIE, *très-émue*. Daniel!..

DANIEL, *lui tendant la lettre*.
AIR du *Baiser au porteur*.

Si cet écrit, que vous deviez connaître
Fut un secret, me pardonnerez-vous?..
Mais j'avais fait des lettres de mon maître,
Sans vous le dire, un partage entre nous;
J'en avais fait un partage entre nous.
Quand de bonheur pour vous elles sont pleines,
Je vous les donne et n'y prétends jamais;
Dans celle-ci je n'ai vu que des peines,
Et c'est ma part que je gardai.

Cet amour dont vous doutiez, y croyez-vous maintenant? Le punirez-vous des fautes dont il s'accuse ainsi?.. et, lorsqu'il reviendra, voulez-vous que des mots indiscrets, un éclat, peut-être...
AURÉLIE. Oh! non; car son cœur est soupçonneux, jaloux...
DANIEL, *avec abandon*. Jaloux! et comment ne le serait-il pas d'un bien, d'un bonheur que tant d'autres lui envient? . Mais il ne vous aimerait pas, il n'aurait jamais aimé, celui qui verrait de pareils hommages sans éprouver au fond de l'âme...
AURÉLIE. Si vous croyez que ces plaisirs aient un danger pour moi... pour lui... eh bien! j'y renoncerai... Ce bal, auquel je tiens beaucoup pourtant... eh bien! je n'irai pas... êtes-vous content?
DANIEL. Ah! Madame!.. c'est trop, c'est trop; qui pourrait exiger un pareil sacrifice?.. M. de Bussières?.. s'il était ici, il ne le voudrait pas; et lui, si sévère sur les convenances, vous dirait tout le premier: « Allez à ce bal où l'on vous attend... » Mais en l'absence de votre mari, de votre protecteur naturel, n'accordez à aucun autre un droit qui n'appartient qu'à lui...
AURÉLIE. J'entends... et vous remercie, Daniel; j'irai seule... Ce bal, du moins, sera le dernier... je n'y resterai qu'un instant, je vous le promets; et de là, ce n'est pas ici que je reviendrai; non, j'ai besoin de quitter Paris... C'est à Bièvre que j'attendrai M. de Bussières; il le faut, je le veux ainsi!..
DANIEL. Ah! Madame! vous êtes un ange de vertu, de bonté!.. Pardon, si je vous ai causé un instant de peine, que je voudrais racheter au prix de ma vie entière!..
AURÉLIE. M. de Varades!
DANIEL, *à part*. Ah! il peut venir à présent!..

SCÈNE XII.

LES PRÉCÉDENTS, M. DE VARADES.

M. DE VARADES, *en costume de bal*. C'est moi, Madame, qui, fidèle à ma promesse, me rends à vos ordres... Quel éclat, quel goût exquis!.. jamais vous ne fûtes plus belle!.. Je vois que je me suis fait attendre...
AURÉLIE, *avec embarras*. Du tout, Monsieur... et même je ne sais comment vous dire... je suis vraiment confuse... mais je ne puis accepter.
M. DE VARADES. Eh quoi! ce bal où vous êtes attendue, où vous avez promis de paraître?.. Ah! vous ne pouvez vous dégager.
AURÉLIE. Aussi, j'espère bien y aller... mais seule...
M. DE VARADES. O ciel! vous révoquerez cet arrêt, dont je cherche en vain le motif... (*Apercevant Daniel, il va à lui.*) Monsieur Daniel...
DANIEL, *froidement, et s'approchant de lui*. J'ai gagné!..
AURÉLIE. De grâce, pardonnez-moi un caprice...
M. DE VARADES. Que vous m'expliquerez à ce bal; car si je ne puis vous y conduire... (*Regardant Daniel.*) au moins je vous y rejoindrai... (*Avec chaleur.*) J'y serai près de vous... vous ne me défendrez pas de vous y offrir ma main...
AURÉLIE, *froidement*. Je ne danserai pas, et ne resterai qu'un instant...
M. DE VARADES, *avec chaleur*. N'importe... j'y suivrai vos traces... je ne vous quitterai pas... (*Daniel passe à droite.*)
AURÉLIE. Ce serait encore pire!.. Vous n'êtes pas raisonnable, et ce n'est pas là cette amitié que vous m'avez promise.
M. DE VARADES. Plût au ciel... que vous en exigeassiez des preuves!
AURÉLIE, *avec franchise*. Eh bien! j'en demande une...
M. DE VARADES. Et laquelle?

AURÉLIE. Sortez! Monsieur! — Acte 2, scène 14.

AURÉLIE. N'allez pas ce soir à ce bal.
M. DE VARADES. Ah! Madame, un pareil sacrifice...
AURÉLIE. Est-il trop grand?.. Je n'insiste pas; c'est moi qui me priverai de ce plaisir... Je reste.
DANIEL, à part. C'est bien!..
M. DE VARADES. C'en est trop! et quoi qu'il puisse m'en coûter... dès que vous vous défiez de moi... dès qu'un autre a votre confiance... (*Voyant Zoé qui entre par la gauche.*) C'est Zoé.

SCÈNE XIII.

LES PRÉCÉDENTS, ZOÉ, *apportant sur son bras une pelisse.*

ZOÉ. La voiture de Madame est prête... on m'a dit de vous en prévenir.
AURÉLIE. C'est bien... je sors... Ma pelisse?
ZOÉ, *la lui mettant sur les épaules.* Voici, Madame.
AURÉLIE, *la regardant.* Eh mais! ce châle, cette toilette... Est-ce que tu ne restes pas ici... comme c'est convenu?..

ZOÉ. Non, Madame, pas encore.
AURÉLIE. Ah! toi aussi... tu as des caprices?..
ZOÉ, *vivement*. Ce n'est pas moi... c'est... (*S'arrêtant sur un coup d'œil de M. de Varades.*) C'est monsieur Daniel qui prétend que ma présence est nécessaire à Bièvre...
DANIEL, *brusquement*. C'est vrai... et puis on l'attendra...
ZOÉ. Ne vous fâchez pas, mon bon monsieur Daniel! le cabriolet de la manufacture est en bas, et je pars à l'instant avec Dubois, le contre-maître... (*Bas, à M. de Varades.*) Mais vous viendrez?..
M. DE VARADES, *bas*. Dès ce soir... à minuit.
ZOÉ. Quel bonheur!..

FINAL.
QUATUOR.

ENSEMBLE
Air d'Hérold (du PRÉ AUX CLERCS).
DANIEL.
L'amitié la protége,

Et je dois à mon cœur
La défendre du piège
Où l'entraîne l'erreur.
Et pour prix de mon zèle,
Et pour prix de ma foi,
Quand je veille sur elle,
Que Dieu veille sur moi!
AURÉLIE.
L'amitié me protège;
Son zèle, son honneur,
Me préservent du piège
Où m'entraîne mon cœur.
Plus de crainte nouvelle,
Bannissons mon effroi;
L'amitié m'est fidèle,
Elle veille sur moi.
M. DE VARADES.
Contre moi la protège
Un austère censeur,
Qui l'entraîne et l'assiège,
Et me ferme son cœur.
Oublions l'infidèle
Qui se rit de ma foi;
De l'amour qui m'appelle
N'écoutons que la loi.
ZOÉ.
Oui, l'amour nous protège:
Il délivre mon cœur
Du tourment qui l'assiège;
Il me rend le bonheur.
D'un ami si fidèle
Je dois croire la foi;
De l'amour qui m'appelle
N'écoutons que la loi.
M. DE VARADES, à part.
Oui, Zoé vaut mieux qu'elle;
Vengeons-nous par dépit.
(Haut.)
A la raison fidèle,
(Il passe auprès d'Aurélie.)
Je renonce au bal cette nuit.
ZOÉ, bas, à Varades.
Ah! que j'en suis ravie!
Que je vous en sais gré!
AURÉLIE, bas, à Varades.
Je vous en remercie,
Et je m'en souviendrai.
DANIEL, regardant Varades.
Oui, le ciel a daigné seconder mes projets,
C'en est fait; les voilà... séparés désormais...
ENSEMBLE.
ZOÉ ET VARADES.
A ce soir!
Quelle ivresse!
Quel espoir!
AURÉLIE.
Oui, fidèle au devoir,
Je ne dois plus le voir.
ENSEMBLE.
AURÉLIE.
Mais il me reste un seul espoir,
Je puis y penser sans le voir.
DANIEL.
Oui, désormais c'est mon espoir,
Ils ne peuvent plus se voir.
ZOÉ ET M. DE VARADES.
Ce soir, ce soir, ah! quel espoir!
Enfin je pourrai donc { te voir!
{ vous voir!
REPRISE DE L'ENSEMBLE.
DANIEL.
L'amitié la protège, etc.
AURÉLIE.
L'amitié me protège, etc.
M. DE VARADES.
Contre moi la protège, etc.
ZOÉ.
Oui, l'amour nous protège, etc.

ACTE DEUXIÈME.

Le théâtre représente un petit salon de campagne. Porte au fond; deux latérales. La porte à gauche de l'acteur est celle de l'appartement d'Aurélie. La porte à droite est celle de la chambre de Zoé. Au fond, du côté droit, une cheminée avec du feu; une petite table servie auprès de la cheminée. Du côté gauche, un canapé. Sur le devant, un guéridon; au fond, une croisée.

SCÈNE PREMIÈRE.

ZOÉ, seule, assise sur le canapé. A minuit, a-t-il dit... et minuit vient de sonner. Tous les ouvriers sont rentrés, tout le monde dort... J'ai été ouvrir la petite porte du parc, et je tremblais en marchant, et, à chaque arbre, j'avais une frayeur! Ah! qu'il faut de courage pour s'aimer la nuit! Aussi, je vous le demande, au lieu d'attendre à demain... Cette idée de venir à une pareille heure, par un temps affreux... (Elle se lève, va auprès de la cheminée, et arrange la table.) Il va s'enrhumer. , il aura froid. Heureusement je lui ai fait un bon feu; et puis ce petit souper, tout ce que j'ai pu trouver de mieux sans donner de soupçons... « Ah! mademoiselle Zoé veut souper dans sa chambre! — Oui, vraiment. — Et il lui faut un poulet entier! » Et si j'ai faim pour deux! De quoi se mêlent-ils? est-ce que ça les regarde?.. (Regardant la pendule qui est sur la cheminée.) Minuit un quart...

AIR: *J'en guette un petit de mon âge.*
Et dans cette vaste demeure,
Mon Dieu! quel silence effrayant!
Du rendez-vous a sonné l'heure,
Il va venir dans un instant.
C'est étonnant!.. inquiète et craintive,
Naguère encor j' tremblais d'effroi
Qu'il ne vînt pas... et malgré moi,
Je tremble à présent qu'il n'arrive!

Aussi le cœur me bat comme la première fois où je l'ai attendu... ah! bien plus encore. Par cette belle soirée d'automne, et sous cette allée de tilleuls, ça ne me faisait rien; mais ici dans cet appartement... Est-ce que M. Daniel aurait raison? est-ce que j'aurais eu tort de lui promettre?.. Et pourquoi donc? il me dira comme autrefois, qu'il m'aime... qu'il veut être mon mari... (Avec joie.) Moi, sa femme!.. moi, une grande dame comme ma maîtresse!.. Oh! je n'en serais pas plus fière... Et pourvu seulement que je lui plaise, qu'il me trouve jolie, et que ce bonnet m'aille bien, car voilà trois fois que je l'arrange... (Apercevant M. de Varades qui entre, elle pousse un cri, et s'éloigne de la glace.) Ah!..

SCÈNE II.

M. DE VARADES, couvert d'un manteau, ZOÉ.

ZOÉ, toute tremblante. Ah!.. c'est vous, Monsieur! On n'entre pas ainsi, sans prévenir...

M. DE VARADES. Eh quoi! Zoé... vous avez peur?

ZOÉ. Certainement: depuis une heure que je vous attends, je ne fais que cela. Mais ça n'est pas pénible, au contraire.

M. DE VARADES, lui prenant la main. Comme ta main est froide!

ZOÉ. C'est que, pendant cette nuit, je vous savais en route.

M. DE VARADES. Et tu tremblais?..
ZOÉ. Oui, j'avais froid pour vous.
M. DE VARADES. Ma chère Zoé!
ZOÉ. Ne vous occupez pas de moi, Monsieur, mais de vous. Approchez-vous du feu ; quittez ce manteau... et puis donnez-moi ce chapeau qui vous embarrasse. (*Elle prend son chapeau et le met sur le canapé. M. de Varades ôte son manteau, et le met sur un fauteuil près de la porte à droite.*)
M. DE VARADES, *à part*. Insensé que je suis ! je quitte Paris pour me venger de ses caprices, pour lui laisser des regrets. Je jure de ne plus la voir qu'elle ne m'ait rappelé !.. Et son image est là !.. Et vingt fois j'ai été près de retourner près d'elle, à ce bal... Non ; c'eût été perdre le fruit de mon sacrifice... (*Pendant ce temps, Zoé est allée à la porte au fond, et a regardé un instant au dehors.*)
ZOÉ, *revenant*. Eh bien ! si c'est ainsi que vous vous chauffez!.. Vous trouvez-vous mieux ?
M. DE VARADES. Certainement. Mais où sommes-nous, Zoé ? est-ce chez vous ?..
ZOÉ. Ma chambre à moi est là. (*Montrant la porte à droite.*) C'est ici le boudoir de Madame, (*Montrant la porte à la gauche.*) et là, sa chambre à coucher...
M. DE VARADES. Que dis-tu ?.. madame de Bussières !.. (*A part.*) Je suis chez elle, voilà les lieux qu'elle habite... Ah ! j'éprouve une émotion...
ZOÉ. J'ai pensé que vous m'aimeriez mieux ici.
M. DE VARADES, *distrait*. Oui... oui, sans doute... (*A part.*) Pauvre fille !..
ZOÉ. Êtes-vous bien sûr au moins, qu'ici, dans la maison, personne ne vous ait vu ?..
M. DE VARADES. Personne... J'ai laissé mes chevaux de l'autre côté du parc.
ZOÉ. Et c'est pour moi que, cette nuit, vous avez renoncé à cette brillante soirée, à ces belles dames si élégantes ?..
M. DE VARADES. Oui... oui... j'avais besoin d'éloigner toutes ces idées... j'avais besoin de vous voir, Zoé...
ZOÉ. Et moi donc !..
M. DE VARADES. Vous, si franche, si naïve, et ce n'est pas vous qui voudriez vous faire un jeu de mes tourments, me repousser... me dédaigner...
ZOÉ. Oh !.. bien au contraire. Mais vous devez avoir faim... est-ce que vous ne voulez pas vous mettre à table ?
M. DE VARADES. Si vraiment.
ZOÉ. Attendez ; je vais vous chercher du vin de Xérès... Ce doit être du bon vin, n'est-ce pas ? et ça vous fera plaisir.
M. DE VARADES. Oui, Zoé.
ZOÉ. La clé est là... dans la chambre de Madame...
M. DE VARADES. Là, sa chambre?
ZOÉ. Non... Monsieur... ne me suivez pas... je vous prie... (*Elle entre vivement dans la chambre à gauche.*)
M. DE VARADES. Quel supplice ! quelle existence !.. pour oublier la maîtresse, venir tromper la femme de chambre ! et quand je crois me consoler, m'étourdir, je me retrouve chez elle... Ah ! si elle était ici ! si je pouvais la revoir un instant... Mais non, elle est au bal, plus jolie, plus séduisante que jamais. Entourée d'hommages, elle pense à moi, peut-être ; et moi, je viens profaner ces lieux, où tout me rappelle ses charmes et mon amour. Ah ! plutôt fuyons.
ZOÉ, *rentrant et portant une bouteille*. Eh bien ! me voici... Où allez-vous donc ? (*Lui montrant la table.*)

Tenez, Monsieur, mettez-vous là, auprès du feu. Je vais vous servir.
M. DE VARADES. Y penses-tu ? Là, près de moi...
ZOÉ. Oh ! non... je n'oserai jamais...
M. DE VARADES, *la forçant de s'asseoir*. Et moi, je le veux, je l'exige.
ZOÉ, *assise* Ah! que je suis contente! il est donc vrai, vous le voulez bien, vous me regardez comme votre femme, comme votre égale.
M. DE VARADES. Comme ce qu'il y a de plus joli au monde... et comme tout ce que j'aime...
ZOÉ, *à part*. Ah ! si M. Daniel l'entendait, lui qui ne veut pas croire...
M. DE VARADES. Eh bien ! tu ne manges pas?..
ZOÉ. Oh! je n'ai pas faim... je n'ai pas le temps; je suis si heureuse !.. Vous vous rappelez donc vos promesses, celle que vous m'aviez écrite, et que j'ai toujours là...
M. DE VARADES. Peux-tu penser que j'aie rien oublié?.. (*A part.*) Allons, tâchons de nous faire illusion ; et persuadons-nous que je suis auprès de sa maîtresse...
ZOÉ. Ah ! ne me regardez pas comme ça. Il y a dans vos yeux quelque chose de si tendre...

M. DE VARADES, *à part*.
AIR : *Lui et moi* (de PLANTADE).

PREMIER COUPLET.

Lieux habités par Aurélie,
Charme magique et séducteur !
(*Montrant Zoé.*)
Ombre des nuits, femme jolie,
Tout vient aider à mon erreur.
(*A Zoé.*)
Je revois celle que j'adore,
Et grâce aux attraits que voilà,
(*A part.*)
Auprès d'elle je suis encore
Avec celle qui n'est pas là.

(*Zoé se lève et vient auprès de M. de Varades, qui la prend dans ses bras.*)

DEUXIÈME COUPLET.

De ton amant qui te supplie,
Daigne enfin combler les souhaits;
Un baiser... un seul... Aurélie...
(*Se reprenant.*)
Non, c'est Zoé que je disais.
Oui, voilà celle que j'adore ;
Et grâce à ce prestige-là,
(*A part.*)
Auprès d'elle je suis encore
Avec celle qui n'est pas là.
(*Il l'embrasse.*)

ZOÉ. Monsieur, Monsieur... taisez-vous donc!
M. DE VARADES, *écoutant*. Silence... une voiture vient d'entrer dans la cour.
ZOÉ, *allant à la fenêtre*. Une voiture... ah ! mon Dieu ! des lumières... une voix... celle du cocher de Madame...
M. DE VARADES. C'est elle !
ZOÉ. Je suis perdue.
M. DE VARADES. Elle ici !.. dans cette maison... Elle me fuyait donc : et je la retrouve...
ZOÉ. Partez, Monsieur, partez, au nom du ciel.
M. DE VARADES. Et par où ?.. pour la rencontrer...
ZOÉ. Restez alors ; mais que faire ? où vous cacher?
M. DE VARADES, *montrant la porte à gauche*. Là...
ZOÉ. Y pensez-vous ? la chambre de Madame...
M. DE VARADES, *montrant la porte du cabinet à droite*. Eh bien ! celle-ci.
ZOÉ. La mienne !.. non, Monsieur... je ne veux pas... (*Varades s'élance dans la chambre à droite, et emporte son manteau.*) Ah ! c'est Madame.

SCÈNE III.
ZOÉ, AURÉLIE.

AURÉLIE, *en robe de bal, et jetant en entrant sa pelisse sur le canapé où est le chapeau de* M. de Varades, *qui se trouve ainsi caché.* Non!.. qu'il se couche!.. qu'il se repose!.. je le veux.

ZOÉ. Quoi! c'est vous, Madame?

AURÉLIE. Oui, j'ai quitté le bal de bonne heure... et, au lieu de rentrer à Paris... à l'hôtel, je suis venue tout de suite ici, où je serai tout arrivée pour demain...

ZOÉ. Comment! Madame?..

AURÉLIE. Certainement... Tu n'as pas voulu rester avec moi à Paris... et moi je viens avec vous tous à Bièvre... comme je vous l'avais promis...

ZOÉ. Oh! nous serons tous bien contents... moi la première... certainement j'éprouve un plaisir!.. mais seule, Madame, au milieu de la nuit!.

AURÉLIE. Eh! qu'importe?.. quel danger peut-il y avoir? et quand il y en aurait eu... Daniel était là pour m'en préserver...

ZOÉ. Daniel!..

AURÉLIE. Oui... il m'escortait à cheval... d'un peu loin, je ne m'en doutais pas... je ne m'en suis aperçue qu'ici, en descendant de voiture. Il paraît qu'il avait des ordres à donner pour la manufacture... il le dit, du moins; je ne le crois pas... c'est pour moi, moi seule; mais le moyen de se fâcher d'un zèle si touchant, si dévoué!.. et puis il était si content de me voir quitter Paris pour me réfugier ici! car je lui ai promis d'y rester, et j'y resterai jusqu'au retour de mon mari...

ZOÉ. Si longtemps!..

AURÉLIE. Heim?..

ZOÉ. Si Madame voulait passer dans sa chambre?.. *(Elle se place devant la table comme pour la cacher.)*

AURÉLIE. Tout à l'heure... mais... laissez-moi.

ZOÉ. C'est que... si Madame veut que je la déshabille...

AURÉLIE. Non, pas encore... j'écrirai avant de me coucher... oui, j'écrirai... *(Voyant la table.)* Ah! qu'est-ce donc?.. tu m'attendais?

ZOÉ. Oui... Madame... oui...

AURÉLIE. Comment!.. tu savais?.. Ah! je comprends, encore Daniel!.. Il t'avait prévenue?..

ZOÉ. Oui... Madame... oui...

AURÉLIE. Que d'attentions!.. de dévouement!.. *(A Zoé.)* C'est inutile, je ne prendrai rien... *(Zoé porte la table vers la porte du fond.)* Va, Zoé... va donner des ordres pour lui... qu'on lui fasse du feu, qu'on lui serve à souper... pauvre garçon!..

ZOÉ, *regardant le cabinet.* Ce n'est pas lui qui est le plus à plaindre... *(Hésitant à s'en aller.)* Je vais vite, et je reviens près de Madame... Si Madame avait besoin de moi?..

AURÉLIE. Eh! non.. va donc, va... je veux être seule... va...

ZOÉ. Oui, Madame... oui. *(A part.)* Ah! mon Dieu! est-ce qu'il va rester là toute la nuit? *(Elle sort et emporte la table.)*

SCÈNE IV.
AURÉLIE, ensuite M. DE VARADES.

AURÉLIE, *seule.* Oui, seule... j'en ai besoin... toute la soirée j'ai éprouvé un trouble, une agitation... Quitter Paris sitôt, sans le revoir, sans le remercier de ce qu'il a fait pour moi; car c'était si bien, si généreux à lui de ne pas venir à ce bal... qui, du reste, était d'un ennui... et où j'étais si malheureuse... J'avais le cœur serré, en songeant que j'allais fuir loin de lui... mes yeux le cherchaient partout; et là-bas comme ici, je me disais à moi-même...

AIR : *Faisons la paix.*

Il n'est pas là, (*bis.*)
Cet ami qui pour moi respire;
Ici tout me déplaît déjà,
Et tout à mon cœur semble dire :
Il n'est pas là.

M. DE VARADES, *qui, pendant le couplet, est sorti du cabinet, passe derrière Aurélie, et lui dit à voix basse :* Si, Madame... il est près de vous.

AURÉLIE, *poussant un cri.* Ah!

M. DE VARADES. Pardon, Madame... pardon.

AURÉLIE. Que faites-vous ici, Monsieur?.. quelle témérité!..

M. DE VARADES. De grâce, écoutez-moi.

AURÉLIE. Non, Monsieur, non... laissez-moi... sortez... *(Elle passe à gauche.)*

M. DE VARADES. Oh! jamais, jamais!.. et puisque je vous ai suivie jusqu'en ces lieux...

AURÉLIE. Suivie!.. vous étiez là?..

M. DE VARADES. Eh bien! non; j'ai précédé vos pas... je suis arrivé ce soir... il y a longtemps... j'étais instruit de tout... je savais que vous vouliez m'éviter, me fuir... je le savais, Madame!.. Cette défense de vous accompagner, de vous retrouver au bal, de vous revoir... quelques ordres que j'ai surpris... me fallait-il davantage pour m'éclairer sur vos démarches, sur vos projets?..

AURÉLIE. Et vous avez osé?..

M. DE VARADES. J'étais si malheureux! ma tête s'est égarée... mon cœur m'a conduit dans cette retraite, où j'ai pénétré en secret..: en secret, Madame!.. pour vous voir, vous parler, ne fût-ce qu'un instant!..

AURÉLIE. Mais vous me perdez, Monsieur!..

M. DE VARADES. Non, non... Dites-moi quel est mon crime, pour me chasser de votre présence, pour me fuir jusqu'en ces lieux!.. Oh! dites, dites, que je sache tout, que je me justifie!..

AURÉLIE. Ah! vous me faites trembler!..

M. DE VARADES. Et que craignez-vous donc, quand mon respect vous répond de moi?.. quand, dans la crainte de vous offenser, de vous déplaire, je cache au fond de mon cœur, et au risque d'être à jamais malheureux, l'amour qui me consume?..

AURÉLIE, *traversant le théâtre.* Monsieur...

M. DE VARADES. Pardon, pardon! ce mot m'est échappé... c'est la première fois... Aurélie, oui, je vous aime, je n'aime que vous!.. mon sort, mon bonheur, ma vie, tout dépend de vous!.. jugez donc si je puis vous perdre!..

AURÉLIE. Ah! voilà ce que je craignais!.. Vous voyez bien que j'avais raison de vous fuir... Songez donc que je ne suis plus libre, que je ne puis vous aimer sans être coupable...

M. DE VARADES. Oh! non, non, vous ne l'êtes pas!.. vous, si malheureuse, soumise à un esclavage... à une tyrannie, qui vingt fois m'ont fait rougir pour vous... Vous, coupable!.. et de quoi!.. d'écouter un ami qui donnerait sa vie plutôt que de vous causer un chagrin, un regret... qui respecte en vous ce qu'il y a de plus pur et de plus parfait au monde... et qui, en ce moment encore, mourrait content s'il entendait de votre bouche un mot d'espoir, un mot de pardon... Oh! dites que vous me pardonnez!..

AURÉLIE. Entendez-vous?.. on monte l'escalier...

M. DE VARADES. Je m'éloigne... mais un mot... un seul mot... et si vous m'aimez... (*On frappe à la porte du fond.*)

AURÉLIE. On frappe! (*M. de Varades, au fond, et montrant la porte du cabinet à droite, dont il se rapproche doucement, et qu'il ouvre.* — *On frappe encore.*)

AURÉLIE, *allant vers le fond*. Qui est là?..

DANIEL, *en dehors*. Moi... Daniel.

M. DE VARADES, *sur la porte du cabinet*. Toujours lui!.. (*Il entre dans le cabinet, dont il ferme la porte. Aurélie va ouvrir celle du fond.*)

SCÈNE V.

AURÉLIE, DANIEL; *puis* ZOÉ, *qui entre un instant après.*

DANIEL. Pardon, Madame, c'est moi...

AURÉLIE, *troublée*. Vous, Daniel!.. Eh! mon Dieu! que me voulez-vous? qu'avez-vous à me dire; à l'heure qu'il est?..

DANIEL. J'ai su que Madame n'était pas rentrée chez elle; et comme je craignais qu'elle ne fût inquiète, je venais la prévenir...

AURÉLIE. Et de quoi?

DANIEL. Voilà ce que c'est : quelqu'un s'est introduit dans le parc, ce soir, avant notre arrivée...

AURÉLIE. Ah! vous penseriez...

ZOÉ, *qui vient d'entrer*. Ah! mon Dieu!

DANIEL. Oui, Madame, un homme qui s'est glissé du côté du moulin, en se dirigeant par ici...

AURÉLIE, *troublée*. Par... ici...

DANIEL. Ne tremblez pas ainsi, Madame.

AURÉLIE. Moi!.. en effet, vous me faites une peur... mais peut-être s'est-on trompé...

ZOÉ. Madame a raison, on s'est trompé, j'en suis sûre.

DANIEL, *brusquement*. Qu'en savez-vous?.. du reste, nous verrons bien, car tous les ouvriers sont sur pied... il ne peut leur échapper ; et s'ils le rencontrent, malheur à lui!..

AURÉLIE. Ah! mon Dieu!..

DANIEL. Ils sont armés, et s'il résiste...

ZOÉ. Quelle horreur!

AIR de *Turenne*.

Ah! j'en suis plus morte que vive!
AURÉLIE.
Y pensez-vous! moi je défends ci
Qu'on l'attaque ou qu'on le poursuive!
ZOÉ.
Madame a raison .. Dieu merci!
AURÉLIE.
Certainement! Quelque étourdi,
Quelque imprudent, qui, dans la nuit profonde,
Peut-être en ces lieux s'égara!
DANIEL, *avec humeur*.
S'égarer?
ZOÉ.
Sans doute! cela
Peut arriver à tout le monde.

Et si c'était quelque chasseur des environs...

DANIEL. A cette heure? quelle idée!..

AURÉLIE, *avec impatience*. Enfin, un chasseur, un braconnier... qu'importe? quel qu'il soit, je ne veux pas qu'on expose pour cela les jours d'un homme,

d'un malheureux; d'ailleurs, quel danger? voici le jour... (*A Zoé.*) Portez cette pelisse dans ma chambre, où je vais rentrer.

ZOÉ, *vivement, en prenant la pelisse sur le canapé*. Oui, Madame... (*A part.*) Quel bonheur!

AURÉLIE. Vous, Daniel, allez, qu'on lui fasse grâce.

DANIEL. Puisque Madame le veut... et au fait, elle a raison : le bruit, l'éclat, pourraient compromettre... (*Apercevant sur le canapé le chapeau de M. de Varades. A part.*) Ciel!.. il est ici...

AURÉLIE. Que tout le monde rentre; et vous-même, je vous en prie... reposez-vous... allez... Viens-tu, Zoé?

ZOÉ. Oui, Madame, je vous suis... (*A part.*) Et je reviens... Ce vilain Daniel, qui ne s'en va pas!..

AURÉLIE, *à Daniel, qui gagne la porte de sortie*. Adieu, Daniel! songez à ce que je vous ai dit.

DANIEL. Soyez tranquille... fiez-vous à moi... (*Il sort par la porte du fond, qu'il referme. Zoé est déjà rentrée dans l'appartement. Aurélie, restée seule, fait quelques pas vers le cabinet, lorsque Zoé revient, et lui dit :*)

ZOÉ. Madame, tout est prêt.

AURÉLIE. Allons, c'est bien, Mademoiselle, j'y vais. (*Elles rentrent dans l'appartement, en jetant un regard sur le cabinet.*)

SCÈNE VI.

DANIEL, *seul. Il rentre vivement*. Il est ici... j'avais cru déjà reconnaître près des murs du parc ses deux chevaux et son domestique... mais je craignais de me tromper... A présent, j'en suis sûr... c'est lui... Il a trompé ma surveillance, mais il est en mon pouvoir... ici... oui, ici!.. et si j'm'en croyais... (*S'arrêtant.*) Que vais-je faire?.. un éclat, du scandale... Ah! plutôt mourir!.. Et pourtant ce déshonneur, c'est bien lui qui l'apportait, le lâche!.. c'est lui qui osait..... Ah! jamais je n'ai souffert ce que je souffre en ce moment.

AIR de *Colalto*.

Que ne puis-je, au gré de mes vœux,
Lui dire : Viens, je te défie
En ce moment que je serais heureux
De lui donner la mort, ou de perdre la vie!
Mais il faut se taire et souffrir!
O honte!.. ô crainte cruelle!
Pour elle, hélas! il peut vivre... et pour elle
Moi je n'ai pas le droit de mourir!
Je n'ai pas même le droit de mourir!

Allons... ce n'est pas lui, c'est elle que je sauve... Oui, au prix de ma vengeance, il faut l'aider à s'évader... qu'il parte, qu'il s'éloigne.... et plus tard, peut-être... plus tard... (*Allant au cabinet à droite.*) Allons...

SCÈNE VII.

DANIEL, ZOÉ.

(*Zoé est rentrée, et s'est arrêtée dans le fond pendant les derniers mots; au moment où Daniel va tourner la clé, elle s'élance, et tombe à genoux.*)

ZOÉ. Ah! n'ouvrez pas!..

DANIEL. Zoé!..

ZOÉ. N'ouvrez pas!..

DANIEL. Grand Dieu!..

ZOÉ. Grâce!.. grâce... ne me perdez pas!..
DANIEL. Vous perdre!..
ZOÉ. Il y a là...
DANIEL. Qui donc?..
ZOÉ. Vous, qui êtes sévère, vous allez être furieux contre moi...
DANIEL. Achevez... qui donc?
ZOÉ. Eh bien!.. quelqu'un... celui dont je vous parlais hier... M. de Varades, qui est venu ici... pour moi...
DANIEL, *vivement*. Pour vous!.. c'était vous!.. vous ne me trompez pas, c'était... (*L'embrassant*.) Ah! Zoé! ma petite Zoé! vous me rendez la vie...
ZOÉ. Vrai!.. par exemple, c'est bien sans intention!
DANIEL. Pour vous... un amant!.. Ah! c'est bien.. c'est très-bien!.. (*Se reprenant*.) Non, c'est mal...
ZOÉ... c'est très-mal...
ZOÉ. Dame!.. entendez-vous!.. lequel des deux?.. et puisqu'au fait il veut m'épouser...
DANIEL. Imprudente que vous êtes! pouvez-vous le croire?.. il ne veut que vous tromper, je vous le prouverai...
ZOÉ, *pleurant*. Jamais!.. il m'épousera...
DANIEL. Silence, voici Madame; ne craignez rien, j'obtiendrai votre pardon, je m'en charge; laissez-nous seulement...
ZOÉ. Oui, monsieur Daniel. Que de bonté!.. que d'amitié!.. (*En s'en allant*.) C'est égal, il m'épousera... (*Elle sort par le fond*.)

SCÈNE VIII.

DANIEL, AURÉLIE, en *négligé*.

DANIEL. Je respire!..
AURÉLIE. Daniel!.. encore ici... je croyais... je vous avais dit...
DANIEL. Pardon, Madame!.. je suis resté, heureusement; car cet homme dont je vous ai parlé, qui s'est introduit dans le parc... que j'avais ordonné de poursuivre...
AURÉLIE. Grand Dieu!..
DANIEL, *montrant le cabinet à droite*. Il est là, dans ce cabinet!..
AURÉLIE. Quoi! vous savez?..
DANIEL. Oui, je sais qu'il venait ici pour tromper, pour séduire...
AURÉLIE. Qui donc?
DANIEL. Zoé, votre femme de chambre.
AURÉLIE. Ah! quelle indignité!..
DANIEL. N'est-ce pas, Madame? c'est affreux, c'est infâme!.. s'introduire dans une maison, où il est accueilli avec tant de bonté, pour y apporter la séduction, la honte...
AURÉLIE. Zoé!.. non, non, c'est impossible, cela ne se peut pas...
DANIEL. S'il ose le nier, Madame, c'est moi qui me charge de le convaincre. Mais je vous demande grâce pour elle; réservez toute votre colère pour le coupable.
AURÉLIE. C'est bien, Daniel, laissez-moi... (*A part*.) Zoé!
DANIEL. Il faut qu'il sorte, Madame; mais en secret, car personne ne doit savoir...

AURÉLIE.
AIR : *Ne vois-tu pas, jeune imprudent.*

A vos conseils judicieux,
A votre amitié je me fie;

Dans ce secret rien que nous deux;
Mais laissez-moi, je vous en prie.
DANIEL.
C'est bien... je sors... point de pitié!
AURÉLIE.
Ah! je punirai tant d'audace!
DANIEL.
Qu'il vienne à présent.... l'amitié
Peut sans crainte céder la place.
(*Il sort*.)

SCÈNE IX.

AURÉLIE, ensuite M. DE VARADES.

AURÉLIE, *seule*. Oh! qu'il m'a fait souffrir!.. Je n'ai jamais éprouvé ce que je sens là... Zoé... Oh! c'est un supplice que je ne puis supporter plus longtemps!.. (*Courant à la porte du cabinet*.) Monsieur!.. Monsieur!..
M. DE VARADES, *venant à elle avec empressement*. Aurélie!.. enfin vous êtes seule, je puis tomber à vos pieds...
AURÉLIE, *reculant*. Aux miens! prenez garde, vous vous trompez.
M. DE VARADES. Qu'est-ce donc?.. d'où vient ce trouble?..
AURÉLIE. Vous me le demandez... vous qui n'avez pénétré jusqu'à moi que pour me tromper; qui, tout à l'heure encore, me juriez amour... ah! j'en rougis de honte! un amour dont une autre était l'objet.
M. DE VARADES. Madame...
AURÉLIE. Je la connais... une jeune fille dont vous avez égaré la raison par ce langage, ces serments peut-être qui ont égaré la mienne!.. une malheureuse que vous me donniez pour rivale, à moi!.. Zoé!.. ma femme de chambre!.. ah! Monsieur!..
M. DE VARADES. Aurélie!.. ah! je vous en supplie, au nom de mon honneur, du vôtre, calmez ces transports jaloux...
AURÉLIE. Jaloux!.. eh bien, oui!.. Vous avez arraché de mon âme une paix que rien, jusqu'à vous, n'avait troublée. J'étais heureuse, ou plutôt j'étais soumise à mon sort, résignée à souffrir, mais pure, mais tranquille du moins... C'est alors que vous m'avez entourée de pièges, de séductions... Mon faible cœur, qui n'a jamais trompé, pouvait-il croire à la trahison?.. Il s'abandonnait avec confiance à ces charmes enivrants d'un langage nouveau pour lui; je croyais à votre franchise, à votre tendresse... je vous aimais enfin!..
M. DE VARADES. Vous... ô ciel!..
AURÉLIE. Oui, je vous aimais ; c'était mon premier, mon seul amour... Je puis l'avouer à présent, car vous m'avez rendue à moi-même.

AIR nouveau (musique de M. HORMILLE).
PREMIER COUPLET.

Vous m'avez rendu tous mes droits,
Mon repos, mon indifférence ;
Aussi, j'en conviens, je vous dois
Une grande reconnaissance.
Car, grâce à ce soin complaisant,
Dont mon honneur vous remercie,
Je ne vous aimai qu'un moment,
Je vous hais pour toute la vie.

DEUXIÈME COUPLET.
M. DE VARADES.

Ah! je ne puis encore, hélas!
Croire à ce que je viens d'entendre,
Et de vous mon cœur n'osait pas
Espérer un aveu si tendre.

Je bénis un ressentiment
Dont mon âme vous remercie...
Et pour moi l'erreur d'un moment
Fera le bonheur de ma vie.

AURÉLIE, *étonnée.* Que dites-vous ?

M. DE VARADES. Que, grâce au ciel, ma ruse a réussi ; et que ce Daniel, toujours attaché à vos pas comme un mauvais génie, pour vous effrayer et pour vous épier...

AURÉLIE. Eh bien !

M. DE VARADES. Il a fallu lui donner le change... et il est persuadé maintenant que je venais ici pour Zoé.

AURÉLIE. O ciel ! la compromettre !

M. DE VARADES. A ses yeux seulement, et pour vous sauver ; mais il se taira, j'en réponds, et plus tard mes bienfaits pour cette pauvre enfant...

AURÉLIE. Zoé ! c'est donc ainsi qu'il a pu croire... Ah ! vous ne me trompez pas... non, non, c'est impossible ; ce serait infâme, savez-vous ?

M. DE VARADES. Moi, en aimer une autre ?..

AURÉLIE, *vivement.* Non, je vous crois.. j'ai besoin de vous croire... j'ai été injuste envers vous, que j'ai outragé, méconnu ; mais aussi, j'étais si malheureuse, j'avais le cœur brisé. Moi qui n'avais qu'un ami au monde, il fallait douter de lui ! le perdre, le haïr ; c'était un supplice au-dessus de mes forces, un mal affreux, horrible, que je n'avais pas encore senti... Ah ! c'est que je n'avais jamais aimé...

M. DE VARADES.

AIR : *Ainsi que vous, je veux, Mademoiselle.*

Qu'entends-je, ô ciel !

AURÉLIE.

Ah ! par pitié ! par grâce !
Ah ! laissez-moi !

M. DE VARADES.

De vous dépend mon sort.
Ce mot, par qui tout mon crime s'efface,
Que de vous je l'entende encor,
Oui, cet aveu qui tous deux nous enchaîne,
Et que j'implore dans ce jour,
Je le devais tout à l'heure à la haine,
Que je le doive à votre amour,
Que je le doive enfin à votre amour !

AURÉLIE. Que me demandez-vous ?.. Savez-vous que de ce mot-là dépend ma vie tout entière ?.. savez-vous que ce mot est fatal à prononcer... que s'il était entendu par un autre que par vous, si j'étais trahie, il me perdrait, et vous peut-être avec moi... le savez-vous ?

M. DE VARADES. Et qu'importe !.. mon sort n'est-il pas enchaîné au tien ? doutes-tu de mon courage, Aurélie ?.. Me crois-tu incapable de te suivre, de te défendre, de t'arracher aux mains d'un tyran ? Ah ! je tombe à tes pieds, ne me repousse pas... m'aimes-tu ?.. (*Il se jette à ses genoux.*)

AURÉLIE. Ah oui !.. je suis coupable... je vous aime !

M. DE VARADES. Aurélie !.. (*En ce moment paraît Daniel à la porte du fond, qu'il a ouverte.*)

AURÉLIE, *apercevant Daniel, et poussant un cri.* Ah !..

M. DE VARADES, *se relevant.* Il devait être là...

SCÈNE X.

LES PRÉCÉDENTS, DANIEL.

DANIEL. Madame, pardonnez-moi... j'accours. (*Apercevant M. de Varades.*) Je... je...

AURÉLIE, *vivement.* Que venez-vous faire ici ?.. qui vous a appelé ?.. que cherchez-vous ?..

DANIEL. Madame...

AURÉLIE, *hors d'elle-même.* Parlez... parlez... qui vous amène chez moi ?

DANIEL, *regardant M. de Varades.* Madame... cette personne dont je vous parlais... et que Zoé...

AURÉLIE. Cette personne s'est justifiée. Je n'accuse pas Zoé, je ne lui en veux plus, et je défends que désormais il en soit question devant elle, ou devant moi.

DANIEL, *anéanti, à part.* Ah ! mon Dieu !.. elle a tout pardonné... ils sont d'accord...

AURÉLIE. Mais parlez donc !.. sous quel prétexte venir ainsi chez moi, toujours sur mes pas, à mes côtés ?.. que voulez-vous ?..

DANIEL. Pardon... c'est une nouvelle que j'apportais à Madame... et que je reçois à l'instant par Julien, qui vient d'arriver à cheval...

AURÉLIE. Julien ?.. le domestique de mon mari ?..

DANIEL. Il m'annonce le retour de M. de Bussières à Paris.

AURÉLIE. O ciel !..

M. DE VARADES. Que dit-il ?

DANIEL. En arrivant ce matin, il a su que Madame était à Bièvre ; il vous prie de l'y attendre, car dans deux heures il y sera lui-même...

AURÉLIE. Ici... M. de Bussières !.. Ah ! je comprends maintenant le motif de cette surveillance dont vous m'entouriez tous les jours, à tous les instants... de cet espionnage... (*Mouvement de Daniel.*) oui, de cet espionnage continuel... insupportable... Loin de moi, loin de ces lieux, il me persécutait encore, par vous, qui vous êtes chargé de lui rendre compte de mes démarches, de ma conduite, de mes plaisirs : c'est un devoir que vous avez rempli, trop bien peut-être.

DANIEL. Ah ! Madame !..

AURÉLIE. A son retour, vous l'attendiez avec impatience pour lui faire votre rapport... Eh bien ! allez, faites-le... dites-lui ce que vous avez si bien épié... inventez encore... que m'importe ?..

M. DE VARADES, *à demi-voix.* Aurélie !..

DANIEL. Ah ! vous ne croyez pas...

AURÉLIE. Ou plutôt... c'est un plaisir que vous n'aurez pas... je saurai en prévenir l'effet ; et s'il faut qu'il l'apprenne... ce sera par moi, par moi seule... je lui dirai tout avant vous...

DANIEL. Madame !..

AURÉLIE. Laissez-moi, sortez, je vous chasse !

DANIEL. Moi !.. moi... chassé !.. comme un valet... après tant de zèle, de dévouement... chassé !..

AURÉLIE. Sortez, vous dis-je...

DANIEL. J'obéis, Madame... je sors... (*Il s'éloigne. A part, au moment de sortir.*) Partir !.. oh ! pas encore. (*Il sort.*)

M. DE VARADES, *à demi-voix.* Elle est à moi !

SCÈNE XI.

AURÉLIE, M. DE VARADES, ensuite JULIEN.

AURÉLIE, *dans le plus grand désordre.* Ici, dans deux heures... Oh ! je ne l'attendrai pas !

M. DE VARADES. Que voulez-vous faire ? grand Dieu !..

AURÉLIE. Après l'aveu que vous avez reçu de moi, qu'il a entendu... Oh ! il était là... il sait tout, je n'ai plus à hésiter, c'en est fait !..

M. DE VARADES. Aurélie... que dites-vous ?.. votre mari...

AURÉLIE. Mon mari... il me tuerait...

M. DE VARADES. O ciel !..

AURÉLIE. Il ne vou oublie pa, vous! — Acte 1, scène 11.

AURÉLIE. Ce matin, je pouvais l'attendre, le revoir... maintenant c'est impossible... Je fuirai ces lieux... Il faut partir... (*Elle traverse le théâtre.*)

M. DE VARADES. Partir?

AURÉLIE. Eh! oui, sans doute... mon amour, vous le savez... je vous l'ai dit, je suis coupable... coupable aux yeux de mes gens, de mon mari... aux vôtres peut-être?..

M. DE VARADES. Oh! jamais, jamais!

AURÉLIE. Oui, j'ai reçu vos serments ici tout à l'heure.. vous les tiendrez. Que mon sort s'accomplisse!.. (*Elle court vers la porte du fond.*) Holà! quelqu'un! (*A M. de Varades.*) Sonnez, Monsieur... (*M. de Varades hésitant.*) Sonnez donc!.. (*M. de Varades tire le cordon qui est auprès de la cheminée. Aurélie court au guéridon, prend une plume et écrit.*)

M. DE VARADES. Que voulez-vous faire?..

AURÉLIE, *écrivant*. Mon devoir... ce que vous me conseilleriez vous-même... ce que j'ai dit à Daniel enfin... (*Écrivant.*) Du moins, je ne tromperai pas mon mari en le quittant... je le préviens de ma fuite... il saura tout, et mes aveux... (*Julien entre.*) Ah! c'est vous, Julien, vous attendez ma réponse?.. Tenez, remontez à cheval à l'instant... repartez pour Paris... remettez cette lettre à votre maître... (*Il sort. Elle retombe accablée.*)

M. DE VARADES. Aurélie, oh! revenez à vous, calmez ce trouble où je vous vois... oui, je suis à vous... et bientôt...

AURÉLIE, *se levant*. Oui, dans deux heures... je serai partie... avec vous... et Zoé...

M. DE VARADES. O ciel!

AURÉLIE. Elle seule m'accompagnera.

M. DE VARADES. Zoé?

AURÉLIE. C'est la seule en qui j'aie confiance, elle a été élevée avec moi; elle ne m'abandonnera pas.

M. DE VARADES. Mais, Madame...

AURÉLIE. D'ailleurs, nous l'avons compromise; elle ne peut rester en ces lieux; et, complice de notre fuite, son sort désormais me regarde... Adieu, je vais tout disposer... Vous, hâtez notre départ. (*Elle rentre dans son appartement.*)

MONSIEUR DE VARADES, *embrasse Zoé.* — Acte 2, scène 2.

SCÈNE XII.

M. DE VARADES, ZOÉ, *qui entre avec crainte et lentement.*

M. DE VARADES, *à part.* Partir, partir! je n'y pensais pas d'abord ; mais, ma foi! n'importe... allons tout préparer.

ZOÉ, *avec timidité.* Eh bien! monsieur Émile ?..

M. DE VARADES, *à part.* Elle, nous accompagner, nous suivre!.. oh! tout serait perdu, il faut l'éloigner.

ZOÉ. Madame vous a vu... vous a parlé.. elle sait tout...

M. DE VARADES. Oui, sans doute, et vous ne pouvez plus rester ici, vous ne pouvez plus la revoir.

ZOÉ. Elle est donc bien en colère ?

M. DE VARADES. Certainement! et il faut quitter cette maison... il faut partir à l'instant même.

ZOÉ. Est-il possible!.. Et où aller ?..

M. DE VARADES, *à part.* Pauvre fille!.. (*A Zoé, à demi-voix.*) A Paris... chez ma mère... chez moi.

ZOÉ, *effrayée.* Chez vous ?..

M. DE VARADES, *vivement.* Silence!.. Rien qui puisse vous compromettre... je ne vous accompagnerai pas; vous partirez seule .. ma mère, à qui je vais écrire, vous recevra... veillera sur vous...

ZOÉ. Mais vous me disiez hier que votre mère ne consentirait pas à notre mariage ?..

M. DE VARADES. Aussi ne faudra-t-il pas lui en parler. Je ne vous présente à elle que comme une jeune fille qu'elle doit protéger et là, cachée à tous les yeux, vous attendrez ou ma présence, ou un mot de moi.

ZOÉ. Sera-ce bien long ?

M. DE VARADES. Demain... après-demain... que sais-je!.. pourvu que vous partiez... que votre maîtresse ne vous aperçoive pas.

ZOÉ. Soyez tranquille... Mais notre mariage, qui s'en occupera ?

M. DE VARADES. Moi... moi seul.

ZOÉ. Quoi, vraiment... et l'église, et la mairie?

M. DE VARADES. Je m'en charge.

ZOÉ. Ah! que je suis contente!.. C'est donc bien vrai? Et les témoins ?

M. DE VARADES, avec impatience. Qui vous voudrez... nous avons le temps d'y penser...
ZOÉ, fâchée. Comment ! Monsieur ?..
M. DE VARADES. Tout ce qu'il vous plaira... parlez... commandez... l'or... les bijoux... (Lui remettant un portefeuille.) Tenez, prenez.
ZOÉ, refusant. Du tout.
M. DE VARADES. De la part d'un mari...
ZOÉ. Ah! oui, vous avez raison.
M. DE VARADES, vivement. Mais éloignez-vous sur-le-champ... (A part.) Et mon départ, à moi... des ordres à donner. (Haut, à Zoé.) Adieu... adieu... songez à ce que je vous ai dit, et que dans un instant vous soyez loin de ces lieux.
ZOÉ. Je pars... (M. de Varades sort par la porte du fond.)

SCÈNE XIII.

ZOÉ, puis DANIEL.

ZOÉ. Ah!.. quel bonheur!.. c'est comme un songe, moi sa femme... j'en étais bien sûre, je l'ai toujours dit... et ce Daniel, qui prétendait...
DANIEL, à la cantonade. Oui, Julien, attendez-moi.
ZOÉ. C'est lui, ah! que c'est bien fait! (D'un air triomphant.) Eh bien, monsieur Daniel, eh bien!..
DANIEL, brusquement. Eh bien! qu'y a-t-il ?
ZOÉ. Il y a que je suis pressée... que je m'en vais... que je n'ai pas le temps de causer ; mais que je suis bien contente, car, grâce au ciel, c'est moi qui avais raison... il m'épouse.
DANIEL. Cet amoureux de tantôt ?..
ZOÉ. Eh oui ! M. de Varades.
DANIEL. Est-il possible ?..
ZOÉ. Silence !.. c'est encore un secret. Vous serez un de mes témoins... d'abord, parce que vous avez été toujours si bon pour moi! et puis ensuite pour vous prouver... et j'espère que maintenant vous n'en douterez pas...
DANIEL. Plus que jamais...
ZOÉ. Est-il obstiné !.. Quand il me fait partir à l'instant pour Paris, où il ira me rejoindre pour notre mariage.
DANIEL. Quoi! cette voiture de poste que Madame a donné ordre de préparer... c'est pour vous?
ZOÉ. Nullement, je pars à l'insu de Madame, et il ne faut pas le lui dire.
DANIEL, à part et vivement. Il veut l'éloigner, je comprends. (Haut, avec chaleur, à Zoé.) Et vous ne voyez pas que dans ce moment une autre...
ZOÉ, vivement. Quoi!.. qu'est-ce que c'est ?..
DANIEL, se reprenant. Rien!.. rien... (A part.) Qu'allais-je faire? (A Zoé.) Je vous crois.
ZOÉ. C'est bien heureux. (A part, en s'en allant.) Pauvre garçon!.. il est si étonné, qu'il n'en peut pas en revenir. (Elle rentre dans sa chambre.)

SCÈNE XIV.

DANIEL, seul. Compromettre Aurélie aux yeux de sa femme de chambre... ah! ce serait la perdre que de la sauver à ce prix... Il est un autre moyen d'éclairer madame de Bussières malgré elle, et sans exposer son honneur... un moyen qui n'exposera que moi, et pour récompense, je n'ai à attendre que sa haine, son mépris. Encore ce sacrifice...

SCÈNE XV.

DANIEL, sur le devant du théâtre à droite; M. DE VARADES, venant du fond, et allant à la porte de l'appartement d'Aurélie; puis entr'ouvrant la porte, et s'adressant à AURÉLIE, qui paraît en costume de voyage.

M. DE VARADES. Venez, nous n'avons pas de temps à perdre, et puisque la chaise de poste est prête... (Daniel remonte le théâtre jusqu'à la porte du fond.)
AURÉLIE. Je me soutiens à peine...
M. DE VARADES. Songez qu'à chaque instant M. de Bussières peut arriver
AURÉLIE. Et Zoé, pourquoi ne vient-elle pas ?
M. DE VARADES. J'ai tout arrangé... elle nous rejoindra plus tard ; partons... (Daniel à la porte du fond, et se croisant les bras.)
AURÉLIE. Daniel ! Daniel !..
M. DE VARADES. Encore lui !..
DANIEL. Pardon, Madame, de paraître encore dans ces lieux, d'où vous m'avez chassé... je voulais parler à Monsieur.
M. DE VARADES. En d'autres temps, Monsieur, je suis pressé... je pars.
DANIEL. Justement !.. je n'ai donc que ce moment pour vous demander raison d'une injure qui m'est personnelle.
M. DE VARADES. Tout ce que vous voudrez, mais dépêchons-nous. De quoi s'agit-il?
AURÉLIE. O ciel !
DANIEL. Mille pardons, Madame, de m'occuper devant vous d'une affaire qui ne vous concerne en rien ; mais Monsieur va épouser une jeune personne que j'aime...
M. DE VARADES. O ciel !
DANIEL. Et je ne le souffrirai pas...
AURÉLIE. Qu'est-ce que cela signifie ?..
M. DE VARADES, à Aurélie. J'ignore ce qu'il veut dire, et quelque erreur l'abuse, vous le savez mieux que personne.
DANIEL. A d'autres... vous voulez en vain me tromper, et la perfide aussi... (A Aurélie.) Car voyez que l'on trompe, Madame, et celle qui s'entend avec lui pour me trahir... pour m'abuser... c'est Zoé.
AURÉLIE. Zoé !..
DANIEL. La voici...

SCÈNE XVI.

LES PRÉCÉDENTS; ZOÉ, sortant de sa chambre.

DANIEL, courant à Zoé, qu'il prend par la main. Venez... venez, Mademoiselle.
ZOÉ. Eh! qu'est-ce donc? qu'y a-t-il? de quoi vous plaignez-vous?
DANIEL. Je me plains de ce que vous l'aimez... de ce qu'il vous aime... de ce qu'il veut vous épouser.
ZOÉ. Mais taisez-vous donc, devant Madame.
DANIEL, vivement. Peu importe à Madame, qui ne vous en veut pas, qui vous pardonne ; mais, moi, je ne pardonnerai ni à vous, ni à lui, car vous ne savez pas que, moi aussi, je vous aime...
ZOÉ, vivement, à M. de Varades. O ciel !.. quelle trahison !.. et moi qui lui ai tout confié !..
AURÉLIE, vivement, à Zoé. Eh ! quoi donc ?.. que savez-vous ?.. il y a donc quelque chose ?.. parlez.

DANIEL, *arrêtant Aurélie.* Pardon, Madame; c'est à moi de l'interroger.
ZOÉ. Et de quel droit, s'il vous plaît ?
DANIEL. De quel droit ?.. ah! vous ne voulez pas que je sois furieux, que je sois jaloux, quand je sais qu'il vous fait la cour !
M. DE VARADES. Madame sait bien...
DANIEL. Depuis trois mois.
AURÉLIE. Depuis trois mois !..
ZOÉ. Eh bien ! quand il serait vrai...
M. DE VARADES, *en colère.* Monsieur !..
DANIEL. Vous l'entendez, Madame ! et on veut que je me contraigne... quand elle a encore là, sur elle, une lettre où il la prie de céder à ses vœux, où il lui promet de l'épouser !
M. DE VARADES, *furieux.* C'en est trop !
DANIEL, *avec colère.* C'est cette lettre-là, Monsieur, dont je vous demande raison; voilà l'injure dont je veux me venger.
ZOÉ, *pleurant.* Eh ! est-ce que cela vous regarde ?.. vous ai-je jamais rien promis ?.. et est-ce ma faute, à moi, si je ne vous aime pas... et si je l'aime... si j'en suis aimée ?..
M. DE VARADES, *voulant la retenir.* Zoé...
ZOÉ, *pleurant.* Non, Monsieur, il vaut mieux tout dire, tout avouer à Madame, aussi bien, c'est d'elle que je dépends, et non pas de ce vilain jaloux. (*Tombant aux genoux d'Aurélie.*) Oui, Madame, je suis coupable, que voulez-vous ? il m'aimait tant, il n'aimait que moi...
M. DE VARADES, *voulant l'arrêter.* Zoé !..
ZOÉ. Puisque Madame le sait, pourquoi le nier ?.. pourquoi vous en cacher encore ?..
AURÉLIE. Lui ! M. de Varades...
ZOÉ. Eh ! ne l'accusez pas, il me disait vrai; il n'a jamais voulu me tromper, ni m'abuser... c'est l'honneur, la loyauté même; il voulait m'épouser... il me l'a promis. (*Lui donnant la lettre.*) Tenez... tenez, voyez plutôt.
M. DE VARADES. Je ne souffrirai pas !..
ZOÉ, *se relevant.* Et moi... je le veux, pour vous justifier à ses yeux, pour qu'elle vous rende son estime, et à moi son amitié. Oui, Madame, je ne partirai maintenant, et je ne l'épouserai, que si vous y consentez, que si vous m'en donnez la permission.
AURÉLIE, *froidement, après un instant de silence, et après avoir encore regardé la lettre.* Ma permission, je la donne, Zoé, mais je doute que Monsieur veuille en profiter; ce serait supposer qu'il est digne de vous. (*Avec mépris.*) et je ne le pense pas.
ZOÉ. Comment ? Madame...
AURÉLIE, *froidement, à Zoé.* Laissez-nous, je vous parlerai plus tard.
ZOÉ, *en s'en allant, a M. de Varades.* Soyez tranquille, nous nous marierons !.. comptez sur moi, toujours. (*Elle rentre dans sa chambre.*)
M. DE VARADES, *à Aurélie.* Un mot seulement.
AURÉLIE, *avec dignité.* Sortez, Monsieur...
M. DE VARADES, *bas, à Daniel, en sortant.* Je compte sur vous !..
DANIEL, *de même.* Quand vous voudrez !.. vous ne partez plus maintenant.

SCÈNE XVII.

AURÉLIE, DANIEL, puis JULIEN.

AURÉLIE, *le retenant.* Non, Daniel, non, vous n'irez pas !..
DANIEL, *avec joie.* Qu'importe ?.. je puis mourir à présent.
AURÉLIE. Vous vivrez pour vos amis, pour Zoé, qui est encore digne de vous, et puisque vous l'aimez..
DANIEL, *froidement.* Non, Madame, je ne l'aime pas... je n'aime personne; mais j'ai voulu vous éclairer, vous sauver, et c'est pour en avoir le droit que j'ai supposé des projets...
AURÉLIE. Pour me sauver... ah ! vous ne le pouvez plus... mon sort est décidé.
JULIEN, *entrant vivement.* La voiture de Monsieur entre dans la cour.
AURÉLIE. Ah !.. je ne reparaîtrai jamais devant lui !..
DANIEL, *à Julien.* C'est bien, c'est bien !.. (*Julien sort.*) Allez le recevoir, Madame... allez...
AURÉLIE. Moi !.. mais vous ne savez pas... perdue, perdue sans retour ! je lui ai tout écrit, il sait tout, et dans mon délire, une lettre que je lui ai envoyée...
DANIEL, *la tirant de sa poche.* La voilà...
AURÉLIE. Ma lettre !..
DANIEL. J'ai empêché Julien de partir, et sous prétexte que votre mari allait arriver, j'ai repris cette lettre.

AIR : *Un jeune Grec.*

Non pas pour lui, mais pour vous... la voici.
AURÉLIE.
D'un tel ami j'ai mérité le blâme !
Pour me punir, Monsieur, donnez-la-lui.
DANIEL.
Je ne le puis... c'est le tromper... Madame :
Dans cet écrit vous-même lui disiez
Que la vertu n'était plus qu'un vain songe.
Qu'oubliant tout, désormais vous n'étiez
   Plus digne de lui... Vous voyez
   Que cette lettre est un mensonge.

AURÉLIE. Ah !.. c'est à vos genoux...
DANIEL, *la retenant.* Écoutez... écoutez la voix de M. de Bussières... c'est lui, allez, Madame, allez.
AURÉLIE. Mon mari... (*Elle s'arrête un instant, essuie ses larmes, et sort précipitamment par le fond.*)
DANIEL, *seul.* Je la remets pure et chaste dans ses bras. (*Avec une expression douloureuse.*) O mon bienfaiteur !.. nous sommes quittes maintenant !

FIN DE LE GARDIEN.

JEUNE ET VIEILLE

OU

LE PREMIER ET LE DERNIER CHAPITRE

COMÉDIE-VAUDEVILLE EN DEUX ACTES

Représentée, pour la première fois, à Paris, sur le théâtre du Gymnase dramatique, le 18 novembre 1830

EN SOCIÉTÉ AVEC MM. MÉLESVILLE ET BAYARD.

MADAME BEAUMÉNIL.
ROSE, sa fille. — MADAME GUICHARD.
ANGÉLIQUE, amie de Rose.
GUICHARD, prétendu de Rose.

AUGUSTIN, fils de M. et madame Guichard.
ÉMILIE, pupille de Guichard.
BRÉMONT.
NANETTE, servante de Guichard.

La scène se passe, au premier acte, dans la chambre de madame Beauménil; au second acte, dans la maison de M. Guichard.

ACTE PREMIER.

Le théâtre représente une chambre meublée modestement. Au fond, une commode sur laquelle se trouve une guitare. Deux portes latérales : la porte à gauche de l'acteur est la porte d'entrée ; l'autre, celle de la chambre de Rose. À droite, une fenêtre, et sur le devant de la scène, à gauche, une table.

SCÈNE PREMIÈRE.

ROSE, *seule, tenant un livre à la main, et assise auprès de la table, sur laquelle on voit pêle-mêle des livres et des ouvrages de broderie.*

ROSE, *lisant.* « Quelle surprise pour la pauvre Anaïs ! « c'est son amant qui se jette à ses pieds ! » (*S'interrompant.*) Là ! j'étais bien sûre qu'il reviendrait, celui-là ; ils reviennent toujours, dans les romans ! j'en suis bien aise : elle est si gentille, cette petite Anaïs ! et puis c'est drôle comme sa position ressemble à la mienne ; seule avec sa mère, vivant de son travail, refusant tous les partis, pour rester fidèle à quelqu'un qui est allé bien loin (*Avec émotion.*) pour faire fortune ! (*Soupirant.*) Quel dommage qu'ils soient si longs à faire fortune ! (*Lisant.*) « C'est son « amant qui se jette à ses pieds : O ma céleste amie, « lui dit-il, je puis enfin t'offrir ces richesses que « je n'ai désirées que pour toi, ce titre de com- « tesse... » (*S'interrompant.*) La voilà comtesse, est-elle heureuse !

Air de *Turenne.*

Épouser celui que l'on aime,
De l'or, des bijoux, un grand nom,
Dans tous les romans c'est de même.
Si c'était le mien !.. Pourquoi non ?
Eh ! mais, après tout, pourquoi non ?
Ça commence par de la peine,
Ça commence par un amant ;
J'ai déjà le commencement,
Faudra bien que le reste vienne.

Mon Dieu ! j'entends quelqu'un ; si c'était maman ! (*Elle cache bien vite son roman et reprend son ouvrage.*) Non, c'est Angélique, notre voisine, et ma meilleure amie.

SCÈNE II.

ANGÉLIQUE, ROSE.

ANGÉLIQUE. Bonjour, Rose.

ROSE. Te voilà, c'est bien heureux ; depuis huit jours qu'on ne t'a vue !

ANGÉLIQUE. C'est vrai ; ma mère a été un peu malade ; mais aujourd'hui elle se sent mieux, elle va porter mon ouvrage chez le marchand qui me donne de la musique à graver ; un air magnifique, ma chère, une cantate de Méhul, pour la fête du premier consul ; et je me suis échappée en disant que je venais travailler avec toi.

ROSE. C'est bien, nous allons causer.

ANGÉLIQUE. Et j'en ai tant à te demander ! Qu'est-ce qu'on dit donc dans le quartier, que tu vas te marier ?

ROSE. Eh ! mon Dieu ! hier soir encore c'était une affaire arrangée : tout était prêt, les bans publiés, c'était pour aujourd'hui à trois heures.

ANGÉLIQUE. Et avec qui donc ?

ROSE. Avec M. Guichard.

ANGÉLIQUE. Ce jeune médecin de notre quartier ?

ROSE. Médecin, à ce qu'il dit. Le fait est que, dans le temps de la réquisition, il s'est mis officier de santé, pour ne pas partir soldat ; du reste, ni beau, ni laid, ni bête, ni méchant, mais ennuyeux à faire plaisir.

ANGÉLIQUE. Qu'importe ? s'il est bon : c'est l'essentiel pour un mari.

ROSE. Oui ; mais le moyen d'aimer ça, moi, qui ne veux me marier que par amour ; moi à qui il faut une passion dans le cœur, dussé-je en mourir !

ANGÉLIQUE. Y penses-tu !

ROSE. Ah ! il n'y a que cela de bon.

AIR : *Ne vois-tu pas, jeune imprudent.*

Même quand il nous fait souffrir,
Combien un amour a de charmes !
Ne pas manger, ne pas dormir,
Ne se nourrir que de ses larmes !...
Puis ne plus travailler jamais,
Se promener triste et rêveuse...
Ah ! ma chère, si tu savais
Quel bonheur d'être malheureuse !

ANGÉLIQUE, *soupirant.* Ah ! tu as bien raison ! Pourquoi alors donner des espérances à ce M. Guichard ?

ROSE. Ce n'est pas moi, c'est maman qui lui trouvait des qualités. Il est vrai qu'il a six mille livres de rentes ; et ma pauvre mère, qui ne rêve qu'aux moyens de quitter notre cinquième étage de la rue Serpente, et qui met tous les jours à la loterie sans en être plus riche...

ANGÉLIQUE. Il y a des numéros qui ne sortent jamais...

ROSE. C'est ce qu'elle dit : et elle pensait qu'un mari serait moins difficile à attraper qu'un terne; aussi, elle avait arrangé tout cela pour aujourd'hui. Mais après avoir bien hésité, bien pleuré, j'ai pris une belle résolution, j'ai écrit à M. Guichard que je ne l'aimais pas, que je ne l'aimerais jamais, et la lettre vient de partir.

ANGÉLIQUE. Tu as bien fait, il valait mieux tout lui dire.

ROSE. Oh! je ne lui ai pas tout dit, ni à ma mère non plus, mais à toi, je veux te l'avouer : c'est que j'ai un amoureux.

ANGÉLIQUE. Il serait possible!

ROSE. Cela t'étonne?

ANGÉLIQUE. Ah! mon Dieu, non, car j'en ai un aussi...

ROSE. Et tu ne me le disais pas ! (*Elles s'asseyent sur le devant de la scène.*) Conte-moi donc ça. Le mien est jeune, il est aimable, il est charmant.

ANGÉLIQUE. Comme le mien.

ROSE. Des yeux noirs, l'âme sensible, et les cheveux bouclés, comme lord Mortimer, que nous lisions l'autre mois, dans ce nouveau roman qui vient de paraître : *les Enfants de l'Abbaye*.

ANGÉLIQUE. Eh bien! le mien lui ressemble aussi.

ROSE. Ce doit être : tous ceux qu'on aime se ressemblent. Et t'a-t-il fait sa déclaration ?

ANGÉLIQUE. Du tout; il ne m'a jamais rien dit; ni moi non plus.

ROSE. Est-elle bête! Nous ne sommes pas ainsi ; nous nous entendons à merveille! Nous étions convenus d'un signal, il jouait sur son violon : car il joue du violon.

ANGÉLIQUE. Comme le mien.

ROSE. Un coup d'archet étonnant ; il jouait une romance nouvelle d'un nommé Boïeldieu :

Vivre loin de ses amours.

Cela voulait dire : « Me voici, puis-je paraître? » Et moi j'achevais l'air sur ma guitare, ce qui voulait dire : « Je suis seule. » Et puis, quand il y avait des obstacles, nous nous écrivons.

ANGÉLIQUE. Ah! que ce doit être gentil de recevoir des lettres!

ROSE. Je le crois bien... Et puis c'est si commode !

AIR : *Ce que j'éprouve en vous voyant.*

Sans se troubler, un amoureux
Vous dit ainsi tout' sa pensée ;
De rougir on n'est pas forcée,
On n'a pas à baisser les yeux ;
Et puis, vois-tu, ce qui vaut mieux,
Quand de près il dit : J' vous adore!
Ce mot-là, quoique bien joli,
S'efface et s'éloigne avec lui ;
Mais par lettre on l'écoute encore
Longtemps après qu'il est parti.

Et je te montrerai les siennes; quelle ardeur ! quelle passion! ça brûle le papier! Pourvu qu'on ne me les enlève pas. Je crois que ma mère a des soupçons : je l'ai vue rôder encore ce matin...

ANGÉLIQUE. Où sont-elles?

ROSE. Dans ma commode.

ANGÉLIQUE. Veux-tu que je les emporte, que je les cache chez moi?

ROSE. Ah! tu me rendrais un grand service. Tiens, voici la clé; le troisième tiroir à droite, sous un fichu, derrière mes bas de soie. (*Au moment où Angélique va se lever, on entend tousser.*) Chut ! on vient.

ANGÉLIQUE. C'est ta mère.

ROSE. Ne bouge pas.

SCÈNE III.

LES PRÉCÉDENTS ; MADAME BEAUMÉNIL.

MADAME BEAUMÉNIL. Ah! toujours à jaser.

ANGÉLIQUE, *se levant*. Bonjour, madame Beauménil; vous vous portez bien, madame Beauménil?

MADAME BEAUMÉNIL. Qu'est-ce que tu viens faire, apporter des romans ?

ANGÉLIQUE. Oh! non... j'arrive, et je venais...

ROSE. Oui ! elle me rapportait ma guitare, que je lui avais prêtée pour apprendre la romance du *Prisonnier*.

ANGÉLIQUE, *l'emportant dans la chambre à droite*. Je vais la remettre dans ta chambre.

MADAME BEAUMÉNIL. Des romances! Voilà comme ces petites filles se perdent l'imagination.

ROSE, *s'approchant*. Eh bien! maman?

MADAME BEAUMÉNIL, *soupirant*. Tu l'as voulu, ta lettre est chez lui.

ROSE, *à part*. O Émile!..

MADAME BEAUMÉNIL. Mais tu en auras des regrets, Rose, tu verras.

ROSE. Jamais, maman.

ANGÉLIQUE, *qui est revenue*. Non, sans doute, madame Beauménil, et puisqu'elle ne l'aimait pas...

MADAME BEAUMÉNIL. Ah! tu t'en mêles aussi, toi... Veux-tu bien aller faire tes doubles croches, et nous laisser tranquilles ?

ANGÉLIQUE.
AIR des *Comédiens*.

Adieu, je pars.

MADAME BEAUMÉNIL.
Va rejoindre ta mère.
(*Elle va s'asseoir auprès de la table.*)
ANGÉLIQUE, *bas, à Rose*.
Ce soir ici je viendrai te trouver.
ROSE, *de même*.
N'y manque pas .. pour mes lettres, ma chère,
Et mes amours que je dois t'achever.
Nous brûlerons d'une ardeur éternelle.
ANGÉLIQUE.
Jusqu'au tombeau.
ROSE.
Je t'en fais le serment.
ANGÉLIQUE.
C'est l' rendez-vous.
ROSE.
Ah! j'y serai fidèle
Comme à tous ceux qu' il m' donne d' son vivant.

MADAME BEAUMÉNIL, *à Angélique*. Eh bien! te voilà encore !

ANGÉLIQUE. Je m'en vas.

ENSEMBLE.

ROSE.
Pars vite, allons, va rejoindre ta mère,
Ce soir ici tu viendras me trouver :
N'y manque pas, pour mes lettres, ma chère,
Et mes amours que je dois t'achever.
MADAME BEAUMÉNIL.
Allons, partez, rejoignez votre mère.
Toujours ici vous venez la trouver ;
La matiné' se passe à ne rien faire,
A votre ouvrag' vous feriez mieux d' penser.
ANGÉLIQUE.
Adieu, je pars, je vais près de ma mère.
Ce soir ici je viendrai te trouver ;
J'y reviendrai, pour les lettres, ma chère,
Et les amours que tu dois m'achever.
(*Elle sort.*)

SCÈNE IV.

ROSE, MADAME BEAUMÉNIL.

MADAME BEAUMÉNIL, *regardant sortir Angélique*. Encore une bonne tête, qui donnera de la satisfaction à sa mère.

ROSE, *câlinant*. Vous êtes toujours fâchée, maman?

MADAME BEAUMÉNIL, *avec humeur*. J'ai tort! Sacrifier un si bel avenir, un homme si aimable!

ROSE. Oh! si aimable...

MADAME BEAUMÉNIL. Oui, Mademoiselle, vous ne jugez que la figure; mais M. Guichard avait tout plein de qualités : et une femme en aurait fait tout ce qu'elle aurait voulu.

ROSE. Je ne veux rien en faire.

MADAME BEAUMÉNIL. C'est ça, on trouve une occasion de s'assurer un sort, de sortir de la gêne où on est, Mademoiselle ne veut pas, et il faut recommencer à gagner sa vie à la pointe de son aiguille. Si vous croyez que c'est agréable de se perdre les yeux sur du feston, et de prendre de la chicorée pour du café?

ROSE. Ah! mon Dieu! ne semble-t-il pas que ce soit un parti si brillant?

MADAME BEAUMÉNIL. Comment donc? Six mille livres de rentes!

ROSE. Et quelqu'un que l'on n'aime pas.

MADAME BEAUMÉNIL. Bah! une fille bien née finit toujours par aimer six milles livres de rentes.

ROSE. Encore de l'argent!

MADAME BEAUMÉNIL. C'est qu'il n'y a que cela de réel; et quand tu auras mon âge...

AIR : *Contentons-nous d'une simple bouteille.*

On r'grette, hélas! au déclin de la vie
Les bons hasards négligés ou perdus;
Tu ne s'ras pas toujours jeune et jolie,
Et les maris alors ne viendront plus.
Il s'ra trop tard quand tu voudras te plaindre;
Pour s'enrichir il n'est que le printemps...
Car la fortune est légère'... pour l'atteindre
Il faut avoir ses jambes de quinze ans.

ROSE. A quinze ans comme à soixante, je penserai toujours de même. Vous croyez donc que le caractère peut changer, et que, sur mes vieux jours, je deviendrai avide, intéressée?

MADAME BEAUMÉNIL. Peut-être bien; je l'espère.

ROSE. Fi donc! chez les hommes, c'est possible; mais nous autres femmes, nous ne tenons pas à la fortune; et, pour moi, je n'y tiendrai jamais. De l'eau, du pain sec, et la liberté de disposer de mon cœur, voilà tout ce que je demande.

MADAME BEAUMÉNIL. Oui, de l'eau! crois ça, et bois-en, ça fait un joli ordinaire. Mais, malheureuse enfant, tu aimes donc quelqu'un, alors?

ROSE, *avec effort*. Eh bien!.. oui, maman... j'aime...

MADAME BEAUMÉNIL. Voilà le grand mot lâché. Et qui donc? Je suis sûre que c'est quelque petit officier de l'armée d'Italie, car c'est la mode aujourd'hui : toutes les jeunes filles ne rêvent qu'officiers, depuis les victoires du premier consul. Un beau service qu'il nous a rendu là! Si tu t'avises jamais de donner dans le militaire... je sais ce que c'est, ton père était fourrier à la trente-deuxième demi-brigade.

ROSE. Rassurez-vous, ce n'est point un militaire, c'est mieux que ça : un artiste plein d'ardeur et de talent, qui est parti pour s'enrichir, et qui reviendra avec des millions dans ses poches.

MADAME BEAUMÉNIL. Oui, comme ce M. Émile, dont les croisées donnent en face des nôtres; un artiste, à ce qu'on dit; il est parti depuis six mois, pour courir après la fortune.

ROSE, *à part*. Si elle savait que c'est le mien!

MADAME BEAUMÉNIL. Tiens, voilà ses fenêtres ouvertes, C'est donc vrai, comme m'a dit la voisine, qu'il est revenu d'hier soir.

ROSE, *à part et regardant à la fenêtre*. Lui de retour! quel bonheur!.. Il a donc réussi! (*Haut*.) Tenez, maman, j'ai fait un rêve cette nuit. Nous avions un bel hôtel, de beaux meubles, une bonne voiture; vous verrez que tout ça nous arrivera.

MADAME BEAUMÉNIL, *qui a mis ses lunettes et a pris son feston*. Oui, compte là-dessus; en attendant, fais ta broderie, et porte-la chez la lingère. (*Elle s'assied*.)

ROSE. Aujourd'hui?

MADAME BEAUMÉNIL. Il le faut bien, c'est demain le loyer, et notre bourse est à sec.

ROSE, *faisant la moue, et ôtant son petit tablier*. C'est que c'est joliment loin, à pied.

MADAME BEAUMÉNIL. Dame! comme tu n'as pas encore de voiture... Et tu songeras aussi à faire notre petit ménage.

ROSE. Ah! quel ennui!.. Heureusement que nous allons ce soir au spectacle.

MADAME BEAUMÉNIL. Au spectacle?

ROSE. Mais oui, cette loge à *la Montansier*.

MADAME BEAUMÉNIL. Impossible! c'est M. Guichard qui l'avait retenue; et maintenant nous ne pouvons accepter ni son bras, ni sa loge.

ROSE. Toujours M. Guichard!.. Ah! quand elle verra Émile. (*On entend en dehors un violon qui joue l'air :* « Vivre loin de ses amours. » *Rose prêtant l'oreille du côté de la fenêtre, à part*.) Ah! mon Dieu! je ne me trompe pas : c'est son violon que j'entends, à la fenêtre en face, et notre air convenu.

MADAME BEAUMÉNIL, *écoutant de l'autre côté*. Eh! mais, Rose, il me semble que l'on sonne à la porte.

ROSE. Oui, oui, maman; allez donc voir ce que c'est.

MADAME BEAUMÉNIL, *se levant*. La réponse de monsieur Guichard. (*On sonne encore*.) Un moment, on y va. (*Elle sort*.)

SCÈNE V.

ROSE, *seule, et achevant l'air qui a été joué par le violon*.

Vivre loin de ses amours,
N'est-ce pas mourir tous les jours?

C'est bien lui... Oh! comme le cœur me bat! (*Elle court à sa fenêtre et l'ouvre*.) Émile.. Je vous revois... Ah! quel bonheur!.. Ça fait mal... ça suffoque. (*Lui faisant signe de se taire*.) Parlez bas, je vous en prie... Vous m'aimez toujours? n'est-ce pas, Monsieur?.. Toujours... Ah! j'en étais sûre... Si j'ai été fidèle?.. Est-ce que cela se demande? Vous me trouvez embellie!.. (*Souriant*.) Je ne vous ferai pas le même compliment... Etes-vous devenu brun!.. c'est le soleil d'Italie... A propos, avez-vous fait fortune?.. Vous revenez bien riche?.. Comment!.. pas un sou... plus pauvre qu'auparavant!.. Ah! mon Dieu!.. Mais vous le faites donc exprès, Monsieur?.. Il ne vous reste que mon amour?.. Pauvre garçon!.. Il est ruiné... Oh! c'est ma mère... (*Elle ferme la fenêtre*.)

SCÈNE VI.

ROSE, MADAME BEAUMÉNIL, *portant une corbeille élégante qu'elle pose sur la table.*

MADAME BEAUMÉNIL. Voilà bien une autre aventure !
ROSE. Quoi donc, maman ?
MADAME BEAUMÉNIL. Une corbeille magnifique.
ROSE. Une corbeille, que l'on apporte ?
MADAME BEAUMÉNIL. De la part de M. Guichard.
ROSE. M. Guichard ! Qu'est-ce que cela signifie ?
MADAME BEAUMÉNIL. Que tout entier aux préparatifs de la noce, il n'est pas rentré chez lui, qu'il n'a pas encore ta lettre, et qu'il ignore...
ROSE. Ah ! mon Dieu ! il ne fallait pas recevoir...
MADAME BEAUMÉNIL. Est-ce que j'ai eu le courage ?.. D'ailleurs on ne fait pas une pareille confidence à un domestique.
ROSE, *passant auprès de la table.* Ah ! il a pris un domestique ! Mais vous allez renvoyer tout cela, j'espère ?
MADAME BEAUMÉNIL. Aussitôt que j'aurai quelqu'un.
ROSE, *s'en approchant.* A la bonne heure. Je ne veux pas qu'il pense... (*Regardant la corbeille.*) Ça fait un joli effet, le satin.
MADAME BEAUMÉNIL, *à Rose, qui entr'ouvre la corbeille.* N'y touche donc pas, Rose, puisque ce n'est plus pour nous !..
ROSE. Mon Dieu, maman, on peut bien regarder ; je veux voir seulement comment tout cela est choisi.
MADAME BEAUMÉNIL. Pour te moquer de M. Guichard. Dame ! il n'a pas des millions comme ton artiste.
ROSE, *soupirant, à part.* Oui, joliment ! Pauvre Émile ! J'ai le cœur navré !.. (*Haut.*) Oh ! le joli dessin !
MADAME BEAUMÉNIL, *regardant un tulle brodé.* Charmant ! C'est le voile, et un voile d'Angleterre encore ! Dis donc du prohibé, c'est cossu.
ROSE, *le mettant.* Oui, tenez, cela se met ainsi ; on croise cela par devant.
MADAME BEAUMÉNIL. Ah ! c'est joli, très-joli ; et ça te va...
ROSE. Vous trouvez ?
MADAME BEAUMÉNIL. Et ce bouquet. (*Elle lui met le bouquet.*) Je ne t'ai jamais vue avec un bouquet.
ROSE, *à part.* Son malheur me le rend plus cher que jamais. (*Haut.*) Voulez-vous une épingle, maman ? (*A part.*) Et son image sera toujours... (*Haut.*) Un peu de côté ; ça aura plus de grâce.
MADAME BEAUMÉNIL, *l'admirant.* Ah ! si tu voyais ! comme des fleurs vous relèvent une femme ! (*Elle prend dans la corbeille de la blonde qu'elle montre à Rose.*) As-tu remarqué cette blonde pour garnir la robe de noce ?
ROSE, *la regardant.* Il y a de quoi faire deux rangs.
MADAME BEAUMÉNIL. Deux rangs de blonde ! Aurais-tu été heureuse avec cet homme-là ! (*Continuant à la parer.*) Et dire que tout cela va être pour une autre !
ROSE. Pour une autre !
MADAME BEAUMÉNIL. Écoute donc, il a envie de se marier, ce garçon ; il voudra utiliser sa corbeille. J'ai idée que ce sera la fille de M. Gibelet, l'huissier au conseil des Anciens.
ROSE. Comment, la petite Gibelet, qui loge ici au quatrième ?
MADAME BEAUMÉNIL. Oui. Elle le regarde toujours de côté.
ROSE, *brusquement.* Je crois bien : elle louche...
MADAME BEAUMÉNIL. Oh ! non.
ROSE. C'est-à-dire qu'elle louche horriblement... Une petite sotte, si envieuse, si méchante, qui a toujours un air...
MADAME BEAUMÉNIL. Hum ! Si elle te voyait avec cette toilette, elle en ferait une maladie. Tu es si gentille comme ça !
ROSE. Vous trouvez ? je voudrais bien me voir aussi, maman.
MADAME BEAUMÉNIL. Attends ; je vais chercher le miroir. (*Elle entre dans la chambre de Rose.*)
ROSE, *seule.* Certainement, ce n'est pas tout cela qui m'éblouira. Je suis trop sûre de mes principes. Pauvre Émile ! mais après tout, il n'a rien. (*Elle s'est approchée de la corbeille, d'où elle retire une boîte qu'elle ouvre.*) Tiens, il y a le collier, et il n'y a pas les boucles d'oreilles ! Et ma pauvre mère, travailler à son âge ; elle qui n'aime pas à se priver ! (*Regardant un châle.*) V'là justement le châle que je désirais !
MADAME BEAUMÉNIL, *revenant.* Tiens, voilà la glace de la toilette. (*Elle tient le miroir devant elle.*)
ROSE. Quelle fraîcheur ! quelle élégance ! (*A part, et d'un ton pénétré.*) Ah ! certainement, ce n'est pas d'une bonne fille.

SCÈNE VII.

LES PRÉCÉDENTS, GUICHARD, *qui est entré tout doucement, et qui les regarde.*

GUICHARD. Me voilà, belle-mère !
ROSE ET MADAME BEAUMÉNIL. O ciel ! M. Guichard.
GUICHARD. Restez donc, je vous en prie. Ce que vous regardez vaut mieux que ce que vous allez voir. C'est assez galant, n'est-ce pas, belle-mère ? Mais si on ne l'était pas un jour de noce !
MADAME BEAUMÉNIL, *embarrassée.* Mais comment êtes-vous donc entré ?
GUICHARD, *d'un air fin.* Ah ! dame ! les maris se glissent partout. J'ai trouvé la porte ouverte.
MADAME BEAUMÉNIL. Je croyais l'avoir fermée.
ROSE, *interdite.* Et vous venez...
GUICHARD. Parbleu, je viens vous chercher.
LES DEUX FEMMES, *se regardant.* Nous chercher.
GUICHARD. Sans doute. Dites donc, il y a des gens qui tiennent à se marier dans les églises ; mais comme en ce moment elles sont fermées, l'essentiel c'est la municipalité. Nos amis y sont déjà, avec mes deux témoins, un pharmacien et un capitaine : c'est mon compagnon d'armes.
ROSE. Le pharmacien ?
GUICHARD. Non, le capitaine ; du temps que j'étais aux armées, dans les ambulances, conscrit de l'an III, et depuis médecin du Directoire, qui est mort entre mes mains. Pauvre Directoire ! Je vois avec plaisir que la mariée ne se fera pas attendre.
ROSE, *à sa mère.* Ah ! mon Dieu ! il ne sait donc pas...
MADAME BEAUMÉNIL. Monsieur Guichard, est-ce qu'en rentrant chez vous tout à l'heure, on ne vous a pas remis ?..
GUICHARD. On aurait eu de la peine : je ne suis pas rentré chez moi depuis hier.
MADAME BEAUMÉNIL. Comment !
ROSE, *bas.* Il n'a pas reçu ma lettre.
MADAME BEAUMÉNIL, *bas.* C'est égal, il faut le prévenir.
GUICHARD, *remarquant leur trouble.* Eh ! mais, qu'a-

vez-vous donc? (*D'un air sentimental.*) Est-ce que ça vous inquiète, Rose, que je n'aie pas pas couché chez moi?

ROSE. Oh! ce n'est pas cela.

GUICHARD. Calmez-vous, chère amie : c'est que j'étais à Versailles pour une succession qui m'est tombée sur la tête, comme une tuile; mais ça ne m'a pas fait de mal; une succession, celle de mon oncle Guillaume, ancien fournisseur dans les fourrages, qui m'a laissé vingt mille livres de rentes, c'est modeste.

MADAME BEAUMÉNIL. Tu l'entends, ma fille.

ROSE, *avec humeur.* Eh! maman, je ne suis pas sourde. (*A Guichard, timidement.*) Comment! monsieur Guichard, et cette fortune subite, cet héritage ne vous a pas fait changer d'idée à mon égard?

GUICHARD. Changer d'idée, moi? au contraire.

MADAME BEAUMÉNIL. Quelle délicatesse!

GUICHARD. Non, ce n'est pas de la délicatesse, c'est par calcul. Voyez-vous, moi, je n'ai pas l'air, mais de ma nature je suis un peu faible, et une femme riche, habituée au monde, je ne serais pas le maître; tandis qu'avec une petite fille pauvre, modeste, qui me devra tout...

MADAME BEAUMÉNIL. C'est bien plus rassurant.

GUICHARD. Et puis, ce qui m'a décidé pour l'aimable Rose, c'est cette figure candide. (*Rose baisse les yeux.*) Ce n'est pas elle qui aurait une intrigue à l'insu de sa mère. Voyez ses yeux baissés : avec ça, un mari est sûr de son fait, c'est bien tranquillisant.

MADAME BEAUMÉNIL. Quel brave homme! (*A sa fille.*) Ah çà, il faut pourtant le détromper, lui dire que tu ne l'épouses pas.

ROSE, *la poussant près de lui.* Chargez-vous-en, maman, je vous en prie.

GUICHARD. Aussi je veux qu'elle soit bien heureuse, qu'elle éclipse tout le monde! (*Tirant un écrin de sa poche.*) Et d'abord voilà un petit écrin qui manquait à la corbeille.

MADAME BEAUMÉNIL, *ouvrant l'écrin.* Des diamants!

ROSE, *le prenant des mains de sa mère.* Des girandoles! eh bien, je crois qu'il gagne à être connu, une bonne physionomie.

GUICHARD. Et pour la maman un petit cadeau. (*Il lui présente un étui de lunettes.*)

MADAME BEAUMÉNIL. Pour moi! un étui! des lunettes! des lunettes d'or! (*Bas, à Rose.*) Ah! dis-lui, toi, ma fille; je n'ai pas le courage. (*Elle fait passer Rose auprès de Guichard.*)

GUICHARD. Et puis une surprise que je vous garde encore.

ROSE. Encore!

GUICHARD. C'est d'occasion; mais nous en jouirons tout de suite, un joli cabriolet que j'ai acheté à un membre des Cinq-Cents qui s'en va avec les autres; il a sauté par la fenêtre. Et moi je serai de là. (*Il imite quelqu'un qui conduit un cabriolet.*)

ROSE. Une voiture! une voiture! maman.

MADAME BEAUMÉNIL. Une voiture, ma fille! juste ton rêve de cette nuit.

GUICHARD, *avec joie.* Elle avait rêvé à moi!

MADAME BEAUMÉNIL. Oui, à une voiture, dans laquelle vous étiez, avec vingt mille livres de rentes.

GUICHARD. Il y en a cinq de plus, et tout cela à votre porte; car j'entends le cabriolet qui vient nous prendre. (*Il va regarder à la fenêtre.*)

MADAME BEAUMÉNIL, *à sa fille.* Et la Gibelet qui est toujours à sa fenêtre, qui nous verrait passer.

ROSE, *à part.* Ah! je n'y tiens plus. Certainement j'aimerai toujours Émile; oh ça! Mais je l'attendrais dix ans qu'il n'en serait pas plus avancé.

MADAME BEAUMÉNIL. Eh bien?

ROSE, *avec effort.* Eh bien! maman, je me sacrifie.

MADAME BEAUMÉNIL. Est-il possible?

ROSE, *pleurant dans ses bras.* Mais pour vous, pour vous seule, car je suis bien malheureuse.

GUICHARD, *revenant à elle.* Eh bien! eh bien! comme disait le Directoire, partons-nous?

ROSE. Ciel! Angélique! Je vous en prie, pas un mot de ce mariage.

GUICHARD. Comment?

ROSE. Je vous dirai mes raisons. Mais partons sur-le-champ.

SCÈNE VIII.

LES PRÉCÉDENTS, ANGÉLIQUE.

AIR : *On prétend qu'en ce voisinage*, etc. (de FRA DIAVOLO.)

ANGÉLIQUE.
Ah! quelle nouvelle imprévue,
Un cabriolet est en bas!
A peine tient-il dans la rue,
Car d'ordinaire il n'en vient pas.

GUICHARD, *bas, à Rose.*
C'est le nôtre... Quelle est cette jeune fillette?

MADAME BEAUMÉNIL.
Une voisine.

GUICHARD
Je comprends!

ANGÉLIQUE, *étonnée.*
Vous sortiez?

MADAME BEAUMÉNIL.
Pour quelques instants.

ROSE, *troublée.*
Oui, pour une course, une emplette.

GUICHARD, *bas,*
L'emplette d'un mari.

ROSE.
Taisez-vous.

GUICHARD.
Je comprends.

ENSEMBLE.

ROSE ET MADAME BEAUMÉNIL.
Ne dites rien, elle est bavarde,
Et n' sait pas garder les secrets;
C'est nous seuls que cela regarde,
Partout nous le dirons après.

GUICHARD.
Je me tairai, je prendrai garde,
Ne craignez rien pour nos secrets;
C'est nous seuls que cela regarde,
Partout nous le dirons après.

ANGÉLIQUE, *étonnée.*
Qu'ont-ils donc? comme on me regarde!
Soupçonnerait-on nos secrets?
De l'adresse, prenons bien garde.
(*Bas, à Rose.*)
Sur mes serments compte à jamais.

ANGÉLIQUE, *bas, à Rose.*
Pour ces lettres moi qui venais,
Quel contre-temps!

ROSE, *de même.*
Bien au contraire;
Pendant notre absence, prends-les.

ANGÉLIQUE.
C'est dit, sois tranquille, ma chère.

MADAME BEAUMÉNIL.
Partons, il en est temps, je crois.

ROSE, *regardant en soupirant du côté de la croisée.*
Cher Émile!

GUICHARD, *triomphant.*
Elle est à moi.

ROSE. Quelle fraîcheur! quelle élégance. — Acte 1, scène 5.

REPRISE DE L'ENSEMBLE.
ROSE ET MADAME BEAUMÉNIL.
Ne dites rien, elle est bavarde, etc.
GUICHARD.
Je me tairai, je prendrai garde, etc.
ANGÉLIQUE.
Qu'ont-ils donc? comme on me regarde! etc.
(Rose, Guichard et madame Beauménil sortent.)

SCÈNE IX.

ANGÉLIQUE, seule, les regardant partir. Pauvre Rose! Elle a encore pleuré. Ah! que ces attachements font de mal! Mais, au moins, elle a des motifs de consolation, tandis que moi... (D'un air content.) Je l'ai vu tout à l'heure cependant. Il y avait bien longtemps! ça m'a fait plaisir. Et puis, je ne sais pas si c'est une idée; mais il m'a semblé qu'il soupirait, quand j'ai passé devant lui. (Revenant à elle.) Allons, j'oublie les lettres de Rose, dépêchons-nous. (Elle ouvre la commode.) Derrière ses bas de soie. En voilà-t-il une provision! Qu'est-ce qu'ils peuvent donc se dire pour user comme ça des rames de papier? (Regardant autour d'elle.) Elle m'a promis de me les lire; ainsi, il n'y a pas d'indiscrétion. (Elles les rassemble, et en ouvre une.) « Cher ange. » (A elle-même.) C'est gentil! (Lisant.) « Ma bien-aimée. » (A elle-même.) Comme c'est doux! Que d'amour! en v'là-t-il, plein mes poches! (Lisant.) « Que l'assurance de ta « tendresse me rend heureux! Elle me donne la force « de tout braver. » (A elle-même.) Oh! ça, je le conçois! (Lisant.) « En vain ta mère veut t'éloigner de « moi : je suis tranquille, j'ai ton serment, et Rose « ne peut plus appartenir à un autre. » (S'interrompant.) Mais qui donc ça peut-il être? (Elle tourne le feuillet et regarde au bas de la page.) O ciel! Émile! Émile Brémont! C'est le mien! (Avec émotion et s'essuyant les yeux.) Ah! malheureuse! Lui qui était si bon, si aimable pour moi! j'ai pu croire un instant... Et c'en est une autre! (Parcourant plusieurs lettres.) Oh! oui! « Je t'aime, je t'adore. » Il a bien peur qu'elle n'en doute, c'est répété à chaque ligne! Je n'y vois plus, j'étouffe! J'ai besoin de respirer. (*Elle s'approche de la fenêtre.*) Ah! mon Dieu! le voilà à sa fenêtre! (*Reculant au milieu du théâtre.*) Heureusement que le jour baisse, et qu'il ne me verra pas pleurer. (*Regardant de loin.*)

Air : *J'en guette un petit de mon âge.*
Mais, qu'ai-je vu! Quels procédés indignes!
Il me regarde tendrement...
Et voilà qu'il me fait des signes...
Ah! c'est pour elle qu'il me prend!
Dieu! dans l'excès de sa tendresse,
Il m'envoie un baiser, je crois...
Je n'en veux pas... Je ne reçois
Que ce qui vient à mon adresse.

(*Un paquet de lettres, attaché à une pierre, vient tomber à ses pieds.*)

Que vois-je! encore des lettres! Il croit donc qu'il n'y en a pas assez! (*Elle ramasse le paquet.*)

—

SCÈNE X.

ANGÉLIQUE, ROSE.

ROSE, *à part, et en entrant.* C'est fini : me voilà madame Guichard.

ANGÉLIQUE, *surprise et essuyant ses yeux.* Ah! c'est toi, Rose?

ROSE. Oui, ma mère et ce monsieur se sont arrêtés en bas. (*Remarquant son trouble.*) Mais qu'as-tu donc? Comme tu es émue!

ANGÉLIQUE, *s'efforçant de sourire.* Moi, non. C'est qu'en ton absence, et pendant que je prenais ces lettres, il m'est arrivé une aventure.

ROSE. Une aventure?

ANGÉLIQUE. Oui, tu ne m'avais pas dit que c'était M. Émile.

ROSE. Je ne te l'avais pas dit? ah! je croyais. Au surplus, qu'est-ce que ça te fait?

ANGÉLIQUE. Oh! rien du tout. Mais comme je loge dans la même maison, j'aurais pu lui éviter la peine de t'envoyer ses lettres (*Montrant la fenêtre.*) au risque de casser les carreaux, comme celle-ci. (*Elle lui présente la lettre.*)

ROSE, *repoussant la lettre et regardant du côté de la porte.*) Encore une! non, quoi que tu en dises, je ne dois plus souffrir... on n'aurait qu'à me surprendre. (*A part.*) Une femme mariée!

ANGÉLIQUE, *regardant au fond.* Personne ne vient.

ROSE. Eh bien! lis-la vite. Tout ce que je puis me permettre, c'est de l'écouter.

ANGÉLIQUE, *ouvrant la lettre.* Qu'est-ce qu'elle a donc? (*Elle lit.*) « On assure que vous allez vous marier. » (*A Rose.*) Vois-tu comme on fait des contes! (*Lisant.*) « Je ne puis le croire. Vous savez qu'au moment où vous serez à un autre, je me tue. »

ROSE. O ciel!

ANGÉLIQUE. Ça il n'y manquerait pas, il a une tête; et tu as bien fait de refuser M. Guichard.

ROSE, *troublée.* Continue.

ANGÉLIQUE, *lisant.* « Vous avez donc oublié vos serments! Relisez-les, je vous renvoie vos lettres. Ce sera votre punition! Mais non, c'est une calomnie : n'est-ce pas, Rose? tu m'aimes encore, j'en suis sûr, mais j'ai besoin de l'entendre de ta bouche. Aussi, je brave tout. Une planche peut me conduire près de toi, elle va de ma fenêtre à celle de ta chambre, et dès que la nuit sera venue... »

ROSE, *effrayée.* Ah! mon Dieu! il oserait... Mais non, il sera raisonnable. Va le trouver, dis-lui...

ANGÉLIQUE. Quoi donc?

ROSE. Silence! c'est M. Guichard.

ANGÉLIQUE. Le rival dédaigné?

ROSE. Chut! mets-la avec les autres. (*Angélique cache les lettres.*)

—

SCÈNE XI.

LES PRÉCÉDENTS, GUICHARD.

GUICHARD, *à la cantonade.* C'est très-bien, madame Beauménil. Dépêchez-vous de mettre le couvert. Ce n'est pas que j'aie grand appétit, mais je suis pressé. (*A Rose.*) Un souper fin, que j'ai envoyé prendre chez Legacque, par mon domestique à tournure; car nous soupons avec la maman, et nos amis, et puis après cela, cher ange, nous partons.

ANGÉLIQUE, *étonnée.* Vous partez! Comment?

GUICHARD. Dans ma voiture, (*Baisant la main de Rose.*) en tête-à-tête.

ANGÉLIQUE, *bas.* Mais prends donc garde, il te baise la main.

ROSE, *embarrassée.* Tu crois?

ANGÉLIQUE. Et tu te laisses faire?

GUICHARD. Qu'est-ce qu'elle a donc, cette petite? Est-ce qu'on ne peut pas embrasser sa femme?

ANGÉLIQUE, *étonnée.* Sa femme!

GUICHARD. Oui, certainement; depuis une heure.

ANGÉLIQUE. Si c'est comme ça que tu lui es fidèle!

ROSE. Ce n'est pas pour moi, c'est pour ma mère.

GUICHARD. J'espère que mademoiselle Angélique me fera le plaisir d'assister au souper; car les amis de ma femme sont les miens. Je l'aime tant; et elle m'aime aussi : elle me le disait encore tout à l'heure.

ANGÉLIQUE. Comment, tu as pu lui dire...

ROSE, *bas* A cause de ma mère.

ANGÉLIQUE. Pauvre fille!

GUICHARD. Et je vous crois, Rose, je vous crois sans peine. Et ce diable de souper qui ne viendra pas. Est-ce lui? Non. (*Entre le domestique.*) Mon domestique, c'est-à-dire votre domestique. Saluez votre maîtresse. (*Le domestique salue.*) Tu es passé chez moi. Ah! mes lettres. Donne, donne, et presse le souper. (*Le domestique sort.*) Qu'est-ce que je vois donc là? Une lettre! C'est votre écriture, une lettre de vous!

ANGÉLIQUE. Comment!

ROSE. De moi! O ciel! ma lettre de ce matin!

GUICHARD. Comment, chère amie, vous m'avez écrit.

ROSE, *à Angélique.* Celle où je lui dis que je ne l'aime pas, que je ne l'aimerai jamais.

GUICHARD. Une lettre d'amour, le jour de mon mariage. Oh! c'est joli, c'est très-joli. Voyons.

ROSE, *se jetant sur lui.* Monsieur Guichard, c'est inutile, ne l'ouvrez pas.

GUICHARD. Si fait, si fait!

ROSE, *lui retenant la main.* Je vous en prie, vous me feriez rougir.

GUICHARD. Il y a donc des choses!... Eh bien! chère amie, je ne vous regarderai pas. Je lirai sans regarder. (*Il ouvre la lettre.*)

ROSE, *poussant un cri.* Ah! Monsieur!

SCÈNE XII.

Les précédents, MADAME BEAUMÉNIL.

madame beauménil. Mon gendre, eh vite! eh vite! on vous demande en bas, pour un malheur qui vient d'arriver.
guichard. Un malheur!
madame beauménil. Ici, en face, un jeune homme qui loge au-dessus de la mère d'Angélique.
angélique, *bas, à Rose.* C'est Émile!
rose. Comment! qu'est-ce donc?
madame beauménil. On n'en sait rien; mais voilà une heure que l'on frappe à sa porte, et il ne répond pas...
rose et angélique. Ah! mon Dieu!
madame beauménil. Et l'on sent dans l'escalier une odeur de charbon.
guichard, *froidement.* C'est qu'il s'asphyxie.
rose. Ah! le malheureux!
angélique, *à Rose.* Il a appris ton mariage; et dans son désespoir...
madame beauménil. On a été chercher le commissaire, qui demande un médecin. Je me suis empressée de dire que mon gendre était ici.
guichard. Moi! par exemple!
rose et angélique. Oui, oui, vous avez bien fait.
madame beauménil. Vous ne pouvez pas vous dispenser d'y aller, mon gendre : le devoir, l'humanité...
rose. Eh! sans doute, Monsieur.
angélique. Courez donc vite!
guichard. Mais permettez : on ne dérange pas ainsi un marié qui va souper...
rose. Il s'agit bien de cela. Allez donc, Monsieur, allez au secours de ce pauvre jeune homme, ou je ne vous aimerai de ma vie.
angélique, *l'entraînant.* Venez vite, Monsieur.
madame beauménil. Venez, mon gendre.
guichard. Voilà, belle-mère, voilà. (*Il sort avec madame Beauménil et Angélique.*)

SCÈNE XIII.

ROSE, *seule.* Ah! je succombe. Pourvu qu'il n'arrive pas trop tard. Pauvre Émile! et c'est par amour pour moi! Et dire que peut-être en ce moment!.. (*On entend, dans le cabinet à droite, une guitare qui répète l'air* : « *Vivre loin de ses amours.* ») Qu'entends-je?.. ma guitare, dans ma chambre!.. (*Courant à la croisée.*) Est-ce qu'il aurait osé?.. Oui, oui, sa fenêtre ouverte, et cette planche, au risque de se tuer. Ah! je n'ai pas une goutte de sang dans les veines. Si l'on venait! Grand Dieu! la porte s'ouvre. (*Courant à la porte du cabinet.*) N'entrez pas, Émile. (*Elle repousse vivement la porte.*) Seule ici. Non, vous dis-je; non, vous n'entrerez pas, Monsieur, c'est inutile, je mets le verrou. (*A part.*) Ah! il n'y en a pas. (*Elle tombe dans un fauteuil, la porte s'ouvre. Le rideau baisse.*)

ACTE DEUXIÈME.

Le théâtre représente un salon : porte au fond; deux portes latérales. Au-dessous de celle à droite, une grande lucarne.

SCÈNE PREMIÈRE.

ÉMILIE, GUICHARD, AUGUSTIN, NANETTE.

(*Guichard est assis et tient un journal. Émilie est debout à sa droite, et Augustin à sa gauche. Nanette range l'appartement.*)

guichard. Allons, quand je te dis que ça ne se peut pas.
augustin. Mais, mon papa...
guichard. Mais, mon fils, tu ferais beaucoup mieux de t'en aller à ton école de droit, au cours de M. Poncelet.
augustin. Non, mon papa, je n'irai pas ce matin; j'aime autant étudier mon violon.
guichard. Hein! tu dis...
augustin. Je dis que je n'irai pas.
guichard, *avec colère.* Ah! tu ne veux pas y aller?
augustin. Non.
guichard, *se levant.* Eh bien! à la bonne heure, n'y va pas, ça m'est égal; ça regarde ta mère. (*A Nanette.*) Nanette, tu es bien sûre qu'elle n'est pas rentrée?
nanette. Pardine, Monsieur; puisque voilà mademoiselle Émilie qui arrive de Saint-Sulpice, où elle l'a laissée.
émilie. Oui, mon tuteur; elle doit, après, aller chez son directeur.
guichard. Dieu! si elle pouvait l'inviter pour aujourd'hui!
augustin. L'abbé Doucin!
guichard. Certainement; car ici, je ne sais pas comment ça se fait, c'est toute la semaine jeûne, vigile et carême, à moins que l'abbé ne soit invité. Je ne fais de bons dîners que quand il est des nôtres, lui et son épagneul. Brave homme, du reste, qui est gourmand, par bonheur.
augustin. Mais, mon papa, je ne vous comprends pas. Si ça vous déplaît de faire maigre, pourquoi ne le dites-vous pas à maman?
guichard. Pour la faire crier? Merci. Avec ça que lorsque ça commence, ça dure longtemps...
augustin. Laissez donc! si vous lui disiez...
guichard. Oui, toi, c'est possible; parce qu'elle te gâte, ta mère.
augustin. Pas tant, pas tant.
guichard. Si, elle te gâte. Mais moi! il y a près de quarante ans qu'elle en a perdu l'habitude, depuis que je l'ai épousée, dans la République. Moi qui avais choisi une petite fille sans fortune, pour être le maître, ça m'a joliment réussi. Le jour même de notre mariage, nous eûmes une querelle. Cette fois-là, c'était ma faute. Imaginez-vous, une lettre que je trouve dans mes papiers; une lettre qu'elle m'avait écrite avant la noce, une plaisanterie, une épreuve qu'elle avait voulu faire! J'eus la bêtise de me fâcher. Elle me l'a assez reproché depuis, et ça lui a donné un avantage sur moi. Ah! mes enfants! une femme est bien forte quand son mari a des torts.
nanette. Aussi, Monsieur a quelquefois des crises.
guichard. Hein! Qu'est-ce que vous dites? Mêlez-vous de votre cuisine.
nanette. Non, vous n'en avez peut-être pas, de crises?
guichard. Oui; mais heureusement que j'ai un moyen excellent de les faire cesser, et même de les empêcher.
émilie. Et lequel?
guichard. Quand je vois quelque chose qui se prépare, je prends bravement ma canne et mon chapeau, et je vais me promener au Luxembourg : ça me rappelle mon bon temps, le temps du Directoire! mes

pauvres directeurs ! Et souvent dans mes méditations politiques, car j'ai toujours aimé la politique, je me dis : « Dieu me pardonne! ma femme me traite comme le premier consul les a traités. Je n'ai plus voix au chapitre. »

AUGUSTIN. C'est votre faute, mon papa; et si vous voulez, je vais vous donner un moyen de ravoir la majorité.

GUICHARD. Une conspiration à nous trois! j'en suis.

AUGUSTIN. Eh bien, me voilà, moi, qui suis votre fils.

GUICHARD. Je m'en flatte.

AUGUSTIN. Voilà Émilie, votre pupille, la fille d'une ancienne amie de ma mère. Cette pauvre Angélique!

GUICHARD. Eh bien !

AUGUSTIN.

Air du vaudeville de *la Robe et les Bottes*.

Toujours soigneux de vous complaire,
Nous vous avons défendu jusqu'ici ;
Et vous savez, même contre ma mère,
Que vos enfants prenaient votre parti.
Mais ce parti qui vous honore
Ne compte, hélas! que nous deux... vous voyez...
Mariez-nous, pour augmenter encore
Le nombre de vos alliés.

GUICHARD. Est-il possible? Vous vous aimez! Ça ne se peut pas. Je ne m'en suis jamais aperçu.

AUGUSTIN. C'est égal, mon papa, nous nous aimons. Et si, comme je vous disais tout à l'heure...

GUICHARD. Eh! mon Dieu! je ne demanderais pas mieux! mais les obstacles... (*A Émilie*.) Toi, d'abord, tu n'as rien.

AUGUSTIN. Comment, rien?

GUICHARD. Absolument rien. Je dois le savoir, moi, qui suis ton tuteur.

ÉMILIE. Il a raison.

AUGUSTIN. Et ces papiers cachetés dont tu me parlais, et que t'a remis ta mère?

GUICHARD. Des papiers? Qu'est-ce que c'est que ça?

ÉMILIE. Ils ne sont pas pour moi, ils sont à l'adresse d'une personne que je n'ai jamais vue, un ancien ami de ma mère, M. Émile Brémont.

GUICHARD. Je ne connais pas.

NANETTE. Tiens; c'est peut-être des billets de banque.

GUICHARD. Que vous êtes bête, ma chère? Au fait, ça se pourrait.

AUGUSTIN. Eh! mon Dieu! qu'importe? L'essentiel, c'est que nous nous aimions. Vous parlerez, n'est-ce pas ?

GUICHARD. Tu vas me faire gronder.

ÉMILIE. Oh! je vous en prie!

AUGUSTIN. Mon petit papa!

GUICHARD. Que vous êtes câlins !

NANETTE, *qui est remontée, regarde par la porte du fond.* Voici Madame.

TOUS LES TROIS. Ah! mon Dieu!

GUICHARD. Ne dites rien, n'ayons pas l'air...

SCÈNE II.

LES PRÉCÉDENTS, MADAME GUICHARD. *Elle a un petit mantelet de dévote et une robe de soie grise, avec un bonnet très-simple.*

MADAME GUICHARD, *à la coulisse*. Mettez écriteau à l'instant. Je le veux. On donnera congé.

GUICHARD. Qu'est-ce donc, chère amie?

MADAME GUICHARD. Cet appartement qui est trop grand pour nous. Et décidément je le mets en location. J'en aurai mille écus.

GUICHARD. Nous déloger de notre maison ! Et où irons-nous?

MADAME GUICHARD. Au troisième.

GUICHARD, *à part*. Encore une économie. (*A madame Guichard*.) Mais, chère amie...

MADAME GUICHARD. Quelle objection y trouvez-vous ?

GUICHARD. Je trouve que mon cabinet sera bien froid.

MADAME GUICHARD. On bouchera la cheminée : c'est par là que vient le vent.

GUICHARD. Et les locataires du troisième ?

MADAME GUICHARD. Je leur donne congé. Des gens qui se sont fourrés dans la révolution... des libéraux, des jacobins : ils n'ont que ce qu'ils méritent.

GUICHARD, *cherchant à détourner*. Vous quittez l'abbé Doucin, chère bonne?

MADAME GUICHARD. Oui, Monsieur.

NANETTE, *à part*. On s'en aperçoit.

MADAME GUICHARD. Il est fort mécontent de vous tous.

ÉMILIE. De moi, Madame?

MADAME GUICHARD, *se tournant vers elle*. Oui, Mademoiselle. Il a remarqué vos distractions pendant l'office. (*Lui rendant un petit livre.*) Eh! tenez, voilà votre livre de prières que vous avez oublié sur votre chaise. Une autre fois vous aurez une femme de chambre derrière vous pour le rapporter. (*Émilie baisse les yeux*.)

NANETTE. Dame ! il faisait si froid.

MADAME GUICHARD. Et vous, mademoiselle Nanette, pourquoi avez-vous refusé à M. l'abbé Doucin d'être de l'association du sou?.. Tous les domestiques honnêtes en sont.

NANETTE. Que voulez-vous? Le peu d'argent que j'ai, je l'envoie à ma mère.

MADAME GUICHARD, *brusquement*. Taisez-vous. Vous n'aurez jamais de religion. (*A Augustin*.) Bonjour, Augustin, bonjour, mon garçon. Ne trouvez-vous pas que, tous les jours, il me ressemble davantage?

AUGUSTIN. Maman me fait toujours des compliments.

MADAME GUICHARD. Il est gentil celui que tu me fais là. Voyons, où avons-nous été hier au soir?

AUGUSTIN. Maman, j'ai été au spectacle.

MADAME GUICHARD. Qu'est-ce que j'apprends là ! au spectacle ! dans ces lieux de perdition ! Vous ne sortirez plus sans moi. Vous me suivrez à mes conférences.

NANETTE. C'est bien amusant!

AUGUSTIN. Si c'est comme cela qu'elle me gâte !

GUICHARD, *à Émilie*. Pourquoi aussi va-t-il lui dire?

MADAME GUICHARD. Qu'est-ce que c'est ?

GUICHARD. Je dis, chère amie... Je demande si l'abbé Doucin vient dîner aujourd'hui.

MADAME GUICHARD. Non.

GUICHARD. Tant pis, ça m'aurait fait plaisir.

MADAME GUICHARD. Il est un peu souffrant ; il a des crampes d'estomac.

GUICHARD. Pauvre homme ! (*Augustin passe auprès d'Émilie*.)

MADAME GUICHARD. Et ça me fait penser que je lui ai promis... Nanette, donnez-moi ces deux bouteilles de fleur d'orange et cette boîte de conserves d'abricots, dans l'armoire de ma chambre.

NANETTE, *sortant*. Oui, Madame.

MADAME GUICHARD. Ce digne homme! ça lui fera du bien.

GUICHARD, *bas, aux enfants*. Ces bonnes confitures dont elle ne veut jamais nous donner.

MADAME GUICHARD. A propos, monsieur Guichard...

GUICHARD, *se retournant*. Chère amie.

MADAME GUICHARD. Il faut aller le remercier de l'honneur qu'il vous a fait.
GUICHARD. L'abbé Doucin? qu'est-ce qu'il m'a donc fait?
MADAME GUICHARD. Comment! est-ce que je ne vous l'ai pas dit? grâce à lui, vous voilà marguillier de la paroisse.
GUICHARD. Ah!
MADAME GUICHARD. Eh bien! vous ne comprenez pas ce que cela veut dire, marguillier de la paroisse?
GUICHARD. Si fait.
MADAME GUICHARD. Un titre qui vous donne voix à la fabrique, qui vous place au premier banc! vous ne vous réjouissez pas?
GUICHARD. Pardonnez-moi, chère amie; marguillier! je suis très-content, me voilà marguillier. (*Appelant.*) Nanette.
NANETTE, *revenant avec deux bouteilles, et une boîte qu'elle présente à M. Guichard.* Monsieur.
GUICHARD. Je suis marguillier, Nanette; je veux que tout le monde s'en réjouisse, et pour fêter ma nouvelle dignité, tu vas me donner à déjeuner un bon beef-steak.
MADAME GUICHARD, *arrangeant les confitures.* Hein! qu'est-ce que vous avez dit?
GUICHARD. J'ai dit un bon beef-steak, avec des pommes de terre.
MADAME GUICHARD. Y pensez-vous? un jour maigre!
GUICHARD. C'est aujourd'hui maigre? (*A part.*) Je n'en sors pas, je vais encore avoir des pruneaux. (*Haut.*) Mais, ma bonne, je suis marguillier.
MADAME GUICHARD. Raison de plus pour vous mortifier, pour donner le bon exemple. (*Regardant l'étiquette des bouteilles.*) C'est la meilleure! celle qui est sucrée, n'est-ce pas, Nanette?
NANETTE. Oui, Madame.
MADAME GUICHARD. Vous boirez l'autre, monsieur Guichard.
GUICHARD. Moi! (*Augustin revient auprès de sa mère.*)
MADAME GUICHARD, *souriant.* Ah! vous êtes gourmand! vous aimez les chatteries! (*Regardant les confitures.*) Elles ont bonne mine. (*En prenant un peu.*)
GUICHARD, *avançant la main.* Oui, elles doivent être...
MADAME GUICHARD, *lui donnant un coup sur les doigts.* Eh bien!..
GUICHARD. Oh! merci.
ÉMILIE, *bas, à Guichard.* Dites donc, mon tuteur, c'est le moment de lui parler.
GUICHARD, *bas.* Tu crois?
ÉMILIE. Elle me paraît de bonne humeur.
NANETTE, *de même.* Allons, Monsieur. (*Augustin, de sa place, fait des signes à son père.*)
MADAME GUICHARD, *se retournant.* Qu'est-ce que c'est?
AUGUSTIN. Rien, maman : c'est mon père qui a quelque chose à vous dire, et qui nous priait de le laisser.

MADAME GUICHARD.
Air *de la valse de Robin des Bois.*
C'est fort heureux... c'est ce que je désire,
De vous parler j'avais aussi dessein.
GUICHARD.
Grand Dieu! que va-t-elle me dire?
MADAME GUICHARD, *à Nanette.*
Portez cela chez notre abbé Doucin.
AUGUSTIN.
Allons, papa.
GUICHARD.
C'est une rude tâche.
Je risque fort.

AUGUSTIN.
Que craignez-vous, enfin?
GUICHARD.
Elle pourrait, hélas! si je la fâche,
Me faire faire encor maigre demain.
ENSEMBLE.
AUGUSTIN, ÉMILIE, NANETTE.
Laissons-les seuls, que chacun se retire;
De lui parler { ma mère / Madame } avait dessein.
Est-ce pour { nous? / vous? } que va-t-elle lui dire?
Dans tout cela je crains l'abbé Doucin.
GUICHARD.
Que l'on me laisse, et chacun se retire,
De me parler ma femme avait dessein;
Je tremble, hélas! que va-t-elle me dire?
Veut-elle aussi me gronder ce matin?
MADAME GUICHARD.
Laissez-nous seuls, que chacun se retire,
De lui parler aussi j'avais dessein.
(*A part.*)
Monsieur Guichard à mes plans doit souscrire,
Je l'ai promis à notre abbé Doucin.
(*Augustin, Émilie et Nanette sortent.*)

SCÈNE III.
GUICHARD, MADAME GUICHARD.

MADAME GUICHARD. Voyons, parlez, monsieur Guichard, je vous écoute.
GUICHARD. Moi, je ne sais... je... (*A part.*) Que diable aussi, me laisser tout seul!
MADAME GUICHARD. Eh bien!
GUICHARD. Pardon, chère amie, après vous. Vous avez quelque chose à me dire.
MADAME GUICHARD. Oh! c'est fort simple. L'abbé Doucin, qui prend tant d'intérêt à ce qui vous regarde, m'a donné d'excellents conseils pour toute la famille : d'abord pour Augustin. Ce cher enfant! j'avais des projets sur lui; je pensais à le faire entrer dans les ordres, mais les temps sont mauvais, c'est un état perdu. Et puis, ce qui autrefois n'était pas un obstacle, il n'a pas de vocation. Vous le voyez, il aime le monde, le spectacle. Je crois même, Dieu me bénisse, qu'il est un peu libéral. L'Ecole de droit me l'a gâté : il faut donc chercher à le sauver d'une autre manière, pendant qu'il est encore jeune, et je ne vois que le mariage.
GUICHARD, *à part.* Je l'y ai donc amenée. (*Haut.*) Je crois qu'il aimerait mieux ça.

MADAME GUICHARD.
Air du *Pot de fleurs.*
Ah! je n'en suis pas étonnée!
Cela doit lui sourire assez;
Lui, qui voit toute la journée
Le bonheur dont vous jouissez.
Le mariage est un état, je pense,
Où l'on fait bien son salut.
GUICHARD.
Je le croi,
Car je sais déjà, quant à moi,
(*A part.*)
Qu'on peut y faire pénitence.

MADAME GUICHARD. Nous venons, avec M. l'abbé Doucin, de lui trouver un excellent parti, mademoiselle Esther Grandmaison.
GUICHARD. La fille du receveur général? Elle n'est pas jolie.
MADAME GUICHARD. Quatre-vingt mille francs de dot,

une piété exemplaire, et des espérances! et une famille si respectable! Le prêtre a eu le courage de prêter serment contre sa conscience, pour être fidèle à la bonne cause.

GUICHARD. C'est bien. Mais ma pupille Émilie?

MADAME GUICHARD. J'ai aussi pensé à elle. Je sais combien vous l'aimez, et je ne cherche qu'à vous être agréable. Nous lui assurons le sort le plus doux; du repos et de la liberté pour toute sa vie. A force de protections, je la fais entrer chez les dames de la rue de Varennes.

GUICHARD. Au couvent!

MADAME GUICHARD. On viendra la chercher aujourd'hui, à trois heures, sauf votre approbation, ainsi que pour Augustin; car vous êtes le maître de votre pupille, et de votre fils, comme de votre femme.

GUICHARD. Alors...

MADAME GUICHARD. Ainsi, c'est décidé, c'est convenu. Je vous en préviens, il n'y a plus à revenir. Maintenant, voyons, qu'avez-vous à me dire?

GUICHARD. Mon Dieu! chère amie, c'était la même chose, à peu près... seulement...

MADAME GUICHARD. Vous voyez bien que nous sommes toujours d'accord, et que je ne cherche qu'à vous complaire en tout. Mais vous, mon ami, ne ferez-vous rien pour moi?

GUICHARD. Quoi donc, ma bonne?

MADAME GUICHARD. Oh! vous ne pouvez plus vous refuser. Vous savez, ce don à la paroisse; un marguillier doit donner exemple, et puis vous ne me refuserez pas.

GUICHARD. C'est selon. Combien serait-ce?

MADAME GUICHARD.

Air: *Pour le trouver, on peut rester chez soi* (d'YELVA).

C'est à peu près...

GUICHARD.

Parlez, je vous écoute.

MADAME GUICHARD.

Vingt mille francs que ça pourra coûter.
Ah! c'est bien peu pour ses fautes.

GUICHARD.

Sans doute,
Quand on en a beaucoup à racheter.
Moi, qui suis sobre, et jamais ne m'oublie,
Pour mes péchés faut-il payer autant?
Heureux encor si j'avais, chère amie,
Le droit d'en faire au moins pour mon argent!

MADAME GUICHARD. Hein, plaît-il?

GUICHARD. Je verrai, si cela se peut.

MADAME GUICHARD, *sévèrement*. Comment donc? cela se doit, j'y compte, entendez-vous? il le faut. (*D'un ton caressant.*) Adieu, mon ami.

GUICHARD. Adieu, ma bonne.

MADAME GUICHARD, *sortant*. Adieu. (*Elle sort.*)

GUICHARD, *seul*. Que le diable m'emporte si elle les aura!

SCÈNE IV.

ÉMILIE, GUICHARD, AUGUSTIN.

(*Augustin et Émilie reparaissent de côté, et regardent si madame Guichard est partie.*)

AUGUSTIN. Elle est partie?

ÉMILIE. Eh bien! mon tuteur?

GUICHARD. Ah! voilà les autres.

ÉMILIE. Vous avez parlé?

GUICHARD. Certainement.

AUGUSTIN. Et ça va bien, n'est-ce pas?

GUICHARD, *embarrassé*. C'est-à-dire, il ne faut pas aller trop vite, cela commence à se débrouiller un peu.

TOUS DEUX. Ah! tant mieux.

GUICHARD, *à Augustin*. Toi d'abord, ta mère n'est pas éloignée de te marier.

AUGUSTIN, *à Émilie*. Quel bonheur!

GUICHARD. C'est déjà une bonne chose. Par exemple, il n'y a que la personne sur laquelle vous n'êtes pas d'accord, parce que c'est une autre qu'Émilie.

AUGUSTIN. Ah! mon Dieu! mais vous lui avez dit?..

GUICHARD. Non, je n'ai pas voulu la brusquer, d'autant qu'elle a de très-bonnes intentions pour la petite. Seulement ça ne cadre pas tout à fait avec vos idées, vu qu'elle voudrait la faire entrer au couvent.

ÉMILIE. Moi!

AUGUSTIN, *en colère*. Tandis qu'on me marierait à une autre.... Et vous ne vous êtes pas montré?

GUICHARD. Est-ce qu'on peut tout faire à la fois? En un jour, c'était déjà beaucoup d'avoir obtenu cela!

ÉMILIE. La belle avance!

AUGUSTIN. Aussi, c'est votre faute!

GUICHARD. Comment! c'est ma faute!

ÉMILIE, *pleurant*. Vous êtes d'une faiblesse...

GUICHARD, *élevant la voix*. Ah! c'est comme ça. Eh bien! arrangez-vous, je ne m'en mêle plus. Obligez donc des ingrats, on n'en a que des désagréments.

AUGUSTIN, *furieux*. Je n'obéirai pas.

ÉMILIE. Ni moi non plus.

SCÈNE V.

LES PRÉCÉDENTS; NANETTE, *accourant*.

NANETTE. Monsieur, Monsieur, voilà quelqu'un qui veut voir l'appartement.

GUICHARD. Allons, les affaires à présent! avertis ma femme.

NANETTE. C'est que le monsieur voudrait louer sans remise et écurie.

GUICHARD. Qu'est-ce que ça me fait? je ne demande pas mieux. Mais avertis ma femme, je ne m'en mêle pas. (*Regardant les enfants qui pleurent de côté.*) Je vois qu'il y aura du bruit aujourd'hui. Je m'en vais faire un tour au Luxembourg. (*Il prend sa canne et son chapeau, et se sauve par la porte à gauche.*)

SCÈNE VI.

ÉMILIE, *à droite, pleurant*; AUGUSTIN, *à gauche, essuyant ses yeux*; BRÉMONT ET NANETTE, *entrant par la porte du fond*.

NANETTE, *faisant entrer Brémont*. Entrez, entrez, Monsieur.

BRÉMONT. C'est bien. Voyons l'appartement.

NANETTE. Pas encore; dans un instant.

BRÉMONT. Est-ce que ton maître ne veut pas louer sans remise et sans écurie?

NANETTE. Si, Monsieur, jusqu'à présent. Mais pour qu'il le veuille définitivement, il faut que Madame y consente, et je vais la prévenir. Daignez vous asseoir, et l'attendre. (*Elle sort.*)

BRÉMONT. Auprès de ces jeunes gens? Volontiers, car j'ai toujours aimé la jeunesse. Il y a en elle une franchise, une insouciance, une gaieté de tous les moments. (*Apercevant Émilie qui pleure.*) Ah! mon Dieu! (*Regardant Augustin.*) Et l'autre aussi!.. Eh bien! eh bien!.. (*S'approchant d'eux.*) Qu'est-ce que c'est donc ? Qu'y a-t-il, mes jeunes amis?

AUGUSTIN. Ses amis...

BRÉMONT. Pardon, je ne vous connais pas, c'est vrai; mais vous pleurez tous deux, et pour moi on n'est plus étranger dès qu'on a du chagrin. Moi qui viens de loin, j'en ai eu tant!

LES DEUX JEUNES GENS, *s'approchant de lui.* Il serait vrai!

BRÉMONT, *leur prenant la main.* Vous le voyez, voilà déjà la connaissance faite. Il y a du bon dans le malheur, et il ne faut pas trop en médire : il rapproche, il unit les hommes. C'est le bonheur qui rend égoïste, et heureusement je vois que nous n'en sommes pas là.

AUGUSTIN. Il s'en faut.

BRÉMONT. Je comprends, quelque penchant, quelque inclination contrariée.

AUGUSTIN ET ÉMILIE. Qui vous l'a dit?

BRÉMONT. Hélas! j'ai passé par là.

AUGUSTIN. Ce pauvre monsieur!

BRÉMONT. Je n'ai pas toujours eu des rides, des cheveux blancs et une canne. J'étais (*Montrant Augustin.*) comme mon nouvel ami, vif, ardent, impétueux, et j'avais un cœur, qui est toujours resté le même : il n'a pas vieilli, et cela fait que lui et moi nous avons souvent de la peine à nous accorder. J'aimais comme vous, une personne charmante (*Montrant Émilie.*) comme elle.

ÉMILIE. Et elle vous aimait bien?

BRÉMONT. Certainement.

AUGUSTIN. Et vous lui fûtes fidèle?

BRÉMONT. Je le suis encore : Je suis resté garçon en l'attendant.

AUGUSTIN. Ah! que c'est bien à vous. Voilà comme nous ferons, nous attendrons s'il le faut, jusqu'à cinquante ans.

ÉMILIE. Jusqu'à soixante.

BRÉMONT. C'est le bel âge pour aimer : personne ne vous dérange, ni ne vous distrait.

AUGUSTIN. Et pourquoi ne l'épousez-vous donc pas ?

BRÉMONT. Qui donc?

ÉMILIE. Elle, la jeune personne ?

BRÉMONT. Ah! c'est qu'elle s'est mariée.

TOUS DEUX. Quelle horreur !

BRÉMONT. Pour obéir à sa mère. Moi, je n'étais qu'un pauvre artiste, qui ai quitté la France, avec mon violon et l'espérance ; tous les soirs je jouais avec variations :

Vivre loin de ses amours,
N'est-ce pas mourir tous les jours?

J'ai vécu comme cela une quarantaine d'années; donnant des concerts à Vienne, à Berlin, à Saint-Pétersbourg, où ils m'ont gardé; et à force d'avoir appuyé sur la chanterelle, j'ai acquis quelque fortune, une fortune d'artiste que j'ai conquise sur l'étranger, et que je viens manger en France : car on peut bien vivre loin de la patrie, mais c'est là qu'il faut mourir ! Et ce beau pays m'a tant fait de plaisir à revoir !

ÉMILIE. Vous avez dû le trouver bien changé?

BRÉMONT. Mais non! c'est exactement la même chose, comme de mon temps ; j'y ai vu partout les couleurs que j'y avais laissées : partout, même enthousiasme pour la gloire et la liberté! Tout y est de même, tout y est jeune, excepté moi!.. Mais, voyez, mes enfants, comme l'amour et la vieillesse vous rendent bavards; je voulais savoir votre histoire et je vous raconte la mienne... A votre tour maintenant.

AUGUSTIN. Ah! oui, votre confiance fait naître la nôtre.

ÉMILIE. Et nous vous aimons déjà.

BRÉMONT. J'en étais sûr.

AUGUSTE. Apprenez donc que c'est ma mère...

ÉMILIE. Oui, sa mère, madame Guichard, qui ne veut pas nous marier.

BRÉMONT. Madame Guichard!..

ÉMILIE. Qu'avez-vous donc?

BRÉMONT. Rien... Il y a tant de Guichards... et ce ne peut pas être la fille de madame Beauménil.

AUGUSTIN. Si vraiment.

BRÉMONT. Rose!..

AUGUSTIN. Ma mère.

BRÉMONT, *à Augustin.* Votre mère! est-il possible!.. Que je vous regarde encore!.. Un joli garçon!.. Et votre père, M. Guichard, le médecin... existe-t-il encore ?

AUGUSTIN. Oui, Monsieur.

BRÉMONT, *après un soupir.* Ah! tant mieux.

ÉMILIE. Ce lui qui ne demanderait pas mieux que de nous unir; mais qu'avez-vous donc?

BRÉMONT. Ce n'est rien, mes amis, ce n'est rien... un peu de trouble... d'émotion.

AUGUSTIN. On dirait que vous connaissez toute ma famille.

BRÉMONT. C'est vrai... je suis un ancien ami dont vous avez peut-être entendu parler, Émile Brémont.

ÉMILIE. M. Émile Brémont!.. Ah! si vous pouviez parler en notre faveur!

BRÉMONT. Je le ferai... comptez-y... et j'ose vous répondre du succès... Mais, voyez-vous, mes chers enfants, j'ai besoin d'un moment pour me remettre. (*Les enfants s'éloignent. A part.*) Pauvre Rose ! quelle surprise!.. quelle joie!..(*Haut, à Augustin et à Émilie.*) Mais surtout ne dites pas que c'est moi : votre mère va venir pour cet appartement.

AIR de *Partie et Revanche.*

Mon cœur bat d'espoir et d'attente,
Je crois qu'il a toujours vingt ans...
Mais mes jambes en ont soixante.
(*Augustin lui présente un fauteuil.*)
Et maintenant laissez-moi, mes enfants.
(*Les jeunes gens remontent le théâtre.*)
(*A part, et s'asseyant.*)
Elle va venir .. du courage ..

ÉMILIE, *s'approchant de lui, et lui prenant la main.* Quoi! vous tremblez?

BRÉMONT.
(*A part.*)
C'est possible. Entre nous,
On peut bien trembler, à mon âge,
Quand vient l'instant du rendez-vous.

AUGUSTIN, *à Émilie qui s'est retirée au fond à droite.* Est-il singulier, notre nouvel ami!

ÉMILIE. Oui; mais il a l'air d'un homme honnête homme... et puis il parlera pour nous.

AUGUSTIN. Et ces papiers que tu devais lui remettre ?

ÉMILIE. Je vais les chercher.

AUGUSTIN. Et moi je vais travailler. (*Il entre dans sa chambre à droite, tandis qu'Émilie sort par la porte du fond à gauche.*)

SCÈNE VII.

BRÉMONT, *seul, assis.* Je vais la voir!.. Ce mot seul me rend toutes mes illusions, et me transporte en idée au moment où je l'ai quittée... où je l'ai vue

ROSE, *tombe dans un fauteuil, la porte s'ouvre.* — Acte 1, scène 13.

pour la dernière fois, dans cette petite chambre bleue avec des draperies blanches, au cinquième étage ; et ce cabinet dont la porte fermait si mal ! et mon voyage aérien, sur ce pont périlleux, suspendu d'une fenêtre à l'autre, et où je marchais avec tant d'audace; je m'y vois. (*Se levant et chancelant.*) J'y suis... j'y marcherais encore... avec ma canne... car cette gentille Rose, je l'aime comme autrefois... et elle aussi, j'en suis sûr... Elle est comme moi... elle n'a pas changé... elle me l'avait promis.. Je la vois encore... ce regard si tendre... cette jolie taille... (*Avec la plus tendre expression.*) Ah ! Rose !.. Rose !.. quels souvenirs !.. (*On entend madame Guichard qui parle haut dans l'intérieur, et qui bientôt paraît à la porte du fond.*) On vient. (*D'un air fâché.*) Quelle est cette dame, et que me veut-elle ?..

―

SCÈNE VIII.
MADAME GUICHARD, BRÉMONT.

MADAME GUICHARD. Votre servante, Monsieur ; c'est vous, m'a-t-on dit, qui voulez louer mon appartement ?

BRÉMONT, *stupéfait, et la regardant avec émotion.* Comment ! c'est vous, Madame, qui êtes madame Guichard ?

MADAME GUICHARD. Oui, Monsieur.

BRÉMONT, *avec découragement.* Ah ! mon Dieu !... (*La regardant de nouveau.*) Cependant, il y a encore quelque chose... et nos cœurs, du moins... nos cœurs, oh ! ils ne sont pas changés.

MADAME GUICHARD. Vous avez vu l'antichambre... c'est ici le salon... à droite, la chambre de mon fils... par ici, salle à manger... d'autres chambres à coucher... cabinet de toilette... dégagements. (*Elle passe à la gauche de Brémont.*)

BRÉMONT, *passant à droite.* C'est inutile, je n'ai pas besoin d'en voir davantage... l'appartement me convient.

MADAME GUICHARD. Oui ; mais vous parlez d'en détacher la remise et l'écurie, cela n'est pas possible.

BRÉMONT. Permettez...

BRÉMONT, *apercevant Émilie qui pleure*. Ah! mon Dieu! — Scène 6.

MADAME GUICHARD. Je ne pourrai jamais les louer séparément.
BRÉMONT. Je les prendrai donc, quoique je n'en aie pas besoin.
MADAME GUICHARD. Il y aurait alors moyen de s'arranger : Monsieur pourrait les payer et ne pas les prendre, ou les sous-louer; je ne le force pas, il est le maître.
BRÉMONT. Vous êtes trop bonne : c'est donc une affaire conclue?
MADAME GUICHARD. Pas encore; on ne loue pas ainsi, sans connaître, sans prendre des informations : je demanderai quel est l'état, la profession de Monsieur?
BRÉMONT, *à part*. Ah! cela va lui rappeler... (*Haut.*) Musicien.
MADAME GUICHARD, *effrayée*. Ah! mon Dieu!

BRÉMONT.
Air du *Baiser au porteur*.
A ce mot seul elle est déjà tremblante,
De souvenir tous ses sens sont émus.

MADAME GUICHARD, *à part*.
Musicien!.. Ce mot seul m'épouvante...
Un logement de mille écus!
BRÉMONT.
Aux beaux-arts vous ne croyez plus.
MADAME GUICHARD.
Il faut avoir un peu de méfiance,
Je risquerais trop de perdre.
BRÉMONT.
Ah! grands dieux?
(*A part.*)
Rose jadis avait moins de prudence,
Et nous y gagnions tous les deux.

Je paierai six mois d'avance.
MADAME GUICHARD, *d'un air aimable, et lui offrant une chaise*. Vraiment!.. asseyez-vous donc, je vous en prie. (*Brémont refuse honnêtement.*) Ce que j'en dis n'est pas par crainte : la meilleure garantie est dans les manières et la physionomie de Monsieur.
BRÉMONT, *la regardant tendrement*. Vous trouvez; allons, voilà un peu de sympathie qui revient, une sympathie arriérée.

MADAME GUICHARD, *tirant sa tabatière, et offrant du tabac à Brémont.* Monsieur, en usez-vous?

BRÉMONT, *la regardant avec surprise.* Ah! Rose prend du tabac.

MADAME GUICHARD. Nous disons donc, mille écus de loyer, trois cents francs de remise, deux cents francs de portes et fenêtres; d'autant qu'ici nous avons un jour magnifique; nous avons aussi d'excellents portiers, qui auront pour vous les plus grands égards; et aux fêtes, aux jours de l'an, vous n'êtes obligé à rien envers eux, qu'au sou pour livre que vous me payez, c'est cinquante écus.

BRÉMONT. Ah! tout n'est donc pas compris?

MADAME GUICHARD. Vous êtes trop juste pour le supposer; nous avons aussi le frottage de l'escalier et l'éclairage, deux cents francs.

BRÉMONT. Comment, Madame?

MADAME GUICHARD. Voudriez-vous qu'à votre âge on vous laissât monter un escalier malpropre et mal éclairé, pour vous blesser, vous faire mal? je ne le souffrirai pas, je tiens beaucoup à mes locataires, c'est mon devoir, j'en réponds.

BRÉMONT. Vous êtes bien bonne, mais voilà des soins et des attentions qui, avec les réparations locatives, font monter mon loyer de mille écus à quatre mille francs.

MADAME GUICHARD. Est-ce donc trop cher pour habiter une maison bien située, bien aérée, une maison tranquille et respectable, où l'on tiendra à vous conserver? car je compte bien que vous ferez un bail, et ce sera de six ou neuf, à votre choix.

BRÉMONT. Permettez... permettez...

MADAME GUICHARD. Quoi! Monsieur, vous hésitez à vous engager, à vous enchaîner à nous; quand c'est moi, quand c'est une dame qui vous en prie! mais c'est fort mal, ce n'est pas galant, et j'avais meilleure idée de vous.

BRÉMONT, *à part.* Allons, elle est un peu intéressée, mais elle est toujours bien aimable.

MADAME GUICHARD. Vous acceptez donc pour neuf ans?

BRÉMONT. Puisqu'il le faut. (*Madame Guichard va s'asseoir auprès de la table. Elle met ses lunettes, et prend la plume. Brémont la regarde, et dit à part.*) Il paraît que Rose... (*Portant la main à ses yeux.*) C'est peut-être pour cela qu'elle ne m'a pas reconnu.

MADAME GUICHARD. Votre nom, Monsieur.

BRÉMONT. Mon nom? (*A part.*) Quel effet ça va lui faire! (*Haut.*) Mon nom... Brémont.

MADAME GUICHARD. Brémont avec un *t*?

BRÉMONT, *stupéfait.* Avec un *t*!

MADAME GUICHARD. Qu'avez-vous donc?

BRÉMONT. Quoi! ce nom-là vous est-il tellement inconnu, que vous ne sachiez plus comment l'écrire?

MADAME GUICHARD. Que dites-vous?

BRÉMONT. Avez-vous donc tout à fait banni de votre souvenir, comme de votre cœur, l'ami de votre enfance, le compagnon de vos peines, Émile Brémont?

MADAME GUICHARD. Émile! il serait possible! quoi! c'est vous?

BRÉMONT, *avec transport.* Oui, Rose, oui, c'est moi.

MADAME GUICHARD. Monsieur, un pareil ton...

BRÉMONT. Convient peu, je le sais, après un si long entr'acte; mais l'amitié, du moins, l'amitié est de tout âge! et n'ai-je pas quelques droits à la vôtre? Faut-il vous rappeler et nos serments et nos premiers amours?

MADAME GUICHARD. Monsieur...

BRÉMONT. Faut-il vous rappeler un premier retour, non moins cruel que celui-ci? et le moyen que j'employai pour éloigner votre mari? Ma vie que j'exposai pour parvenir jusqu'à la porte de votre chambre, que vous fermiez en vain, Rose? Il n'y avait pas de verrou.

MADAME GUICHARD. Monsieur, le ciel m'a fait la grâce d'oublier; c'est comme s'il n'était rien arrivé.

BRÉMONT. Non! l'on ne perd pas de pareils souvenirs; dites-moi seulement que vous ne l'avez pas oublié.

MADAME GUICHARD, *émue et hésitant.* Pas tout à fait... et, s'il faut... vous... l'avouer...

SCÈNE IX.

LES PRÉCÉDENTS, NANETTE.

NANETTE. Madame! Madame! voici M. l'abbé Doucin.

MADAME GUICHARD, *à part.* Dieu! (*Haut.*) C'est bien, je sais ce que c'est, j'y vais. Où est mon fils?

NANETTE. Dans sa chambre, à travailler. (*Elle sort.*)

MADAME GUICHARD, *s'approchant de la porte qu'elle ferme, et dont elle prend la clé.* C'est bien. J'aime autant qu'il ne voie pas cette petite Émilie, et qu'ils ne se fassent pas d'adieux. (*A part, jetant un coup d'œil sur Brémont.*) C'est souvent si dangereux! (*Haut, à Brémont, en le saluant.*) Monsieur...

BRÉMONT, *allant à elle, et la ramenant sur le devant du théâtre.* Un mot encore; car j'ai promis de vous parler en faveur de votre fils, qui est amoureux comme nous l'étions.

MADAME GUICHARD. Encore, Monsieur.

BRÉMONT. Et au nom de notre amitié, de nos anciens souvenirs...

MADAME GUICHARD. Monsieur, je vous prie de croire que je vous conserverai toujours comme ami... et comme locataire... mais dans ce moment, des devoirs me réclament, on m'attend, permettez que je vous quitte; j'aurai l'honneur de vous voir dans un autre moment. (*Elle le salue, et sort par la porte du fond, à droite.*)

SCÈNE X.

BRÉMONT, *seul.* Ah! pourquoi l'ai-je revue? moi qui l'avais conservée si tendre, si aimable, si fidèle; comment lui pardonner la perte de mes illusions? moi qui ne vivais que de cela. Et je resterais près d'elle! Non! non! je me gâterais peut-être aussi. Les cœurs d'à présent ne sont plus comme ceux de mon temps; il n'y a plus d'amitié, plus de passion!

SCÈNE XI.

ÉMILIE, BRÉMONT.

ÉMILIE, *pleurant.* Ah! mon Dieu, mon Dieu! je n'y survivrai pas.

BRÉMONT. Qu'est-ce donc?

ÉMILIE. M. l'abbé Doucin vient me chercher pour me conduire aujourd'hui même chez les dames de la rue de Varennes.

BRÉMONT. Pauvre enfant! Et je conçois que ce lieu-là, ce n'est pas gai.

ÉMILIE. Fût-ce un désert, un cachot, cela m'est bien égal; ce n'est pas cela qui me désole.

BRÉMONT. Et qu'est-ce donc?
ÉMILIE, *sanglotant.* C'est que je serai loin de lui, et que j'en mourrai de chagrin.
BRÉMONT. Est-il possible? Ah! que vous me faites de plaisir!
ÉMILIE. Eh bien! par exemple, vous que je croyais si bon!
BRÉMONT. C'est justement pour ça. En voilà donc une qui aime encore, comme de mon temps, du temps du Consulat! (*A Émilie.*) Il faut dire que vous ne voulez pas, et moi, je serai là, je vous soutiendrai.
ÉMILIE. Et le moyen de résister à madame Guichard, qui m'a élevée! car j'étais une pauvre orpheline, la fille d'une de ses anciennes amies, Angélique Gervaise.
BRÉMONT. Ah! mon Dieu! cette petite Angélique si bonne, si gentille, qui avait toujours des bonnets *à la Marengo*?
ÉMILIE. Je ne sais pas.
BRÉMONT. C'est juste.
ÉMILIE. Mais ce que je sais, c'est qu'elle vous regardait comme son meilleur ami, et qu'elle ne désirait qu'une chose : c'était de vous voir avant de mourir.
BRÉMONT. Pauvre Angélique!
ÉMILIE, *lui donnant un paquet cacheté qu'elle apportait en entrant.* Pour vous remettre ce dépôt qui vous appartenait, et qu'autrefois, disait-elle, on lui avait confié.
BRÉMONT. Donnez, donnez, mon enfant. Mes lettres et celles de Rose, qui, lors de mon départ, étaient restées entre ses mains. Pauvre Angélique! celle-là était une amie véritable; aveugle que j'étais! le bonheur était près de moi, sur le même palier. (*Regardant Émilie avec émotion.*) Ç'aurait pu être là ma fille! Ah! que j'étais insensé! il paraît que maintenant on est plus raisonnable. (*Il reste près de la table, ouvrant plusieurs de ces lettres, qu'il regarde d'un air mélancolique.*)

SCÈNE XII.

EMILE, BRÉMONT, *près de la table à droite;* AUGUSTIN, *frappant à la porte de la chambre.*

AUGUSTIN, *en dehors, frappant à la porte de la chambre à droite.* Eh bien! eh bien! ouvrez-moi donc.
ÉMILIE, *courant à la porte.* C'est ce pauvre Augustin! Ah! mon Dieu! la clé n'y est plus, on l'aura enfermé.
BRÉMONT, *sans quitter la lettre qu'il lit.* C'est tout à l'heure, sa mère...
ÉMILIE. Je l'aurais parié! C'est pour l'empêcher de me faire ses adieux.
AUGUSTIN, *paraissant à la lucarne qui est au-dessus de la porte.* Des adieux! Est-ce que tu pars?
ÉMILIE. A l'instant même; M. Doucin va m'emmener.
AUGUSTIN. Et je le souffrirais? Dis-leur que si on t'éloigne de moi, que si l'on nous sépare, je me brûle la cervelle.
BRÉMONT, *se levant vivement.* Bien, très-bien.
ÉMILIE. Y pensez-vous?
BRÉMONT. Voilà comme j'étais, je me reconnais.
AUGUSTIN. Mais ce ne sera pas long : attends, attends; je vais d'abord briser cette porte qui nous sépare. (*Il frappe contre la porte avec les pieds.*)
BRÉMONT. Briser les portes... Ces chers enfants! (*A Augustin.*) Eh! non, non; taisez-vous : on va arriver au bruit.
ÉMILIE. Il a raison; mais comment sortir?
AUGUSTIN. Par escalade.
BRÉMONT. A merveille.
ÉMILIE. Il va se faire du mal.
BRÉMONT. Du tout! Il y a un Dieu pour les amoureux; et avec deux ou trois chaises, à l'escalade!
AUGUSTIN. C'est juste, à l'escalade!
BRÉMONT, *avec joie.* A l'escalade! (*Il prend un fauteuil qu'il va poser contre la porte.*)
ÉMILIE, *montant sur le fauteuil que Brémont vient de mettre contre la porte, et parlant à Augustin.* Prends bien garde, au moins. (*Brémont, qui a été prendre une seconde chaise, la tient encore à la main, quand paraît madame Guichard.*)

SCÈNE XIII.

ÉMILIE, *à droite debout sur le fauteuil, causant par la lucarne avec* AUGUSTIN, *qui lui baise la main;* BRÉMONT, *tenant une chaise à gauche;* MADAME GUICHARD, *entrant par le fond en se disputant avec M.* GUICHARD.

GUICHARD. Comment! le nouveau locataire est déjà installé?
MADAME GUICHARD. Le voilà. (*Regardant.*) Qu'est-ce que je vois?
ÉMILIE. C'est ta mère. (*Brémont va s'asseoir auprès de la table, et lit tout bas les lettres qu'Émilie lui a remises.*)
MADAME GUICHARD, *qui a été prendre Émilie par la main, et qui l'a fait descendre du fauteuil.* Qu'est-ce que vous faites là, Mademoiselle? et qu'est-ce que c'est? que signifie une conduite pareille? (*Pendant ce temps Guichard va ouvrir la porte à Augustin.*) Regarder ainsi dans la chambre d'un jeune homme, causer avec lui en secret, à l'insu de vos parents, et dans une maison comme la mienne! Sont-ce là les exemples qu'on vous a donnés?
BRÉMONT, *ouvrant une lettre qu'il a sous la main, et la lisant à voix haute.* « Ma mère me défend de te « voir, mais je m'en moque; et dès qu'elle sera sortie, « cher Emile, je t'en avertirai, en laissant la fenêtre « ouverte. »
MADAME GUICHARD. O ciel!
GUICHARD, *sortant de la chambre avec Augustin.* Comment! Monsieur...
AUGUSTIN. Mais, mon père...
MADAME GUICHARD. Taisez-vous. Vous êtes aussi coupable; n'avez-vous pas de honte d'un tel oubli de toutes les convenances? causer un tel scandale, escalader des portes, des fenêtres!
BRÉMONT, *toujours assis près de la table et lisant une autre lettre.* « Prends garde, cher Emile, ton audace « me fait toujours trembler; et si les voisins te « voyaient passer sur cette planche, (*Guichard passe « auprès de madame Guichard.*) de la maison dans la « nôtre, comme tu l'as fait hier... »
MADAME GUICHARD. Ah! mon Dieu!
GUICHARD, *écoutant, et à madame Guichard.* Qu'est-ce que c'est? qu'est-ce que lit ce monsieur?
BRÉMONT, *sans se lever.* Un roman par lettres, que je me propose de publier avec le nom des personnages.
MADAME GUICHARD. Monsieur!..
BRÉMONT. Cela dépendra des circonstances, et d'un consentement que j'attends.
GUICHARD. Le consentement de l'auteur?
BRÉMONT. Justement.
GUICHARD. Ce doit être curieux. (*Voulant prendre les lettres.*) Voyons donc?

MADAME GUICHARD, *le retenant.* Y pensez-vous? quelle indiscrétion!

GUICHARD. Elle ne veut pas que je lise, parce que c'est un roman ; ma femme est d'une rigidité de principes... Elle ne peut souffrir les romans.

BRÉMONT, *se levant.* Je crois qu'elle a tort : les premiers chapitres sont si amusants; quelquefois les derniers sont bien tristes, mais il y a toujours, quand on le veut bien, une leçon morale à en tirer. (*A madame Guichard, lui donnant la lettre.*) Tenez, Madame, lisez vous-même, je vous la confie.

MADAME GUICHARD, *troublée et voulant cacher la lettre.* Monsieur...

BRÉMONT. Ne craignez rien : j'en ai bien d'autres.

GUICHARD, *à sa femme.* Lis donc, lis donc, ma bonne.

MADAME GUICHARD, *lisant avec émotion.* « Mon bien-aimé... Mon cher... »

BRÉMONT. Je vous prie, par exemple, de passer les noms propres.

GUICHARD. C'est juste. Mon cher... trois étoiles.

AIR : *Mon père, je viens devant vous.*

(*A demi-voix, à madame Guichard, qui achève de lire la lettre tout bas.*)
Du roman de nos premiers ans
Relisez la première page :
(*A haute voix, à cause de Guichard qui s'approche.*)
Et puisqu'enfin dans les romans
Tout finit par un mariage...

GUICHARD, ÉMILIE, AUGUSTIN.
Ah! les romans ont bien raison!

(*Augustin passe à la gauche de madame Guichard, et se met à genoux, tandis qu'Emilie, à sa droite, en fait autant.*)
De grâce, ma femme,
De grâce, Madame,
Profitons de cette leçon !

MADAME GUICHARD.
Non... non... non... non.

(*Pendant ce temps, Brémont a pris le violon, qu'il a aperçu sur la table près de la chambre d'Augustin, et il joue le refrain de l'air :*)
« Vivre loin de ses amours,
« N'est-ce pas mourir tous les jours? »

MADAME GUICHARD, *seule.*
Souvenir de mes amours,
Vous l'emportez, et pour toujours.

(*A Emilie et Augustin.*)
Je cède... Dans vos amours
Soyez heureux, et pour toujours.

ENSEMBLE.

AUGUSTIN ET ÉMILIE.
Ah! quel bonheur pour nos amours!
Nous sommes unis pour toujours.

GUICHARD ET BRÉMONT.
Ah ! quel bonheur pour leurs amours!
Ils sont unis, et pour toujours.

BRÉMONT, *passant auprès d'Augustin et d'Émilie.* Allons, tout n'est pas désespéré : elle est encore sensible à la musique.

AUGUSTIN, *à Brémont.* Notre bienfaiteur, notre ami.

ÉMILIE. Nous vous devons notre bonheur.

AUGUSTIN. Et nous vous en remercions en vous aimant toujours.

BRÉMONT, *soupirant, et leur prenant la main.* Toujours! encore ce mot-là! Voilà comme j'étais.

ÉMILIE. Est-ce que vous n'y croyez pas?

BRÉMONT. Si, mes enfants; être aimé fut toujours le rêve de mes jeunes années! Tâchez que ce soit aussi celui de ma vieillesse; car de toutes les choses impossibles, celle-là est encore la plus douce, et si de cette vie l'amour fut le premier chapitre, que l'amitié en soit le dernier !

CHŒUR.

AIR : *C'est à Paris* (de CARAFA.)
Par l'amitié (*bis.*)
Que notre vie
Soit embellie ;
Par l'amitié (*bis.*)
Que le passé soit oublié !

MADAME GUICHARD, *au public.*

AIR : *Mes yeux disaient tout le contraire.*
Protégez-moi, ne souffrez pas,
Messieurs, moi qui veux être sage,
Que j'aille encor faire un faux pas :
Ils sont dangereux à mon âge.
Quand j'en faisais dans mon printemps,
Je m'en relevais et sans peine...
Mais maintenant j'ai soixante ans,
Et j'ai besoin qu'on me soutienne.

TOUS.
Maintenant elle a soixante ans,
Elle a besoin qu'on la soutienne.

FIN
de
JEUNE ET VIEILLE

L'AVARE EN GOGUETTES

COMÉDIE-VAUDEVILLE EN UN ACTE

Représentée, pour la première fois, à Paris, sur le théâtre du Gymnase dramatique, le 12 juillet 1823.

EN SOCIÉTÉ AVEC M. GERMAIN DELAVIGNE.

Personnages.

M. DE GRIPPARVILLE, riche propriétaire.
M. TRUFFARDIN, marchand de comestibles.
BETZI, nièce de M. de Gripparville.
ÉDOUARD, amant de Betzi.

MADAME DE SAINT-ELME, femme de l'inspecteur général.
MAITRE-PIERRE, cuisinier de M. de Gripparville.
DANSEURS ET DANSEUSES.

La scène se passe à La Flèche, dans la maison de M. de Gripparville.

Le théâtre représente une salle de la maison de M. de Gripparville; porte au fond, deux portes latérales.

SCÈNE PREMIÈRE.

BETZI, ÉDOUARD.

BETZI. Comment, monsieur Édouard, vous en êtes bien sûr? mon oncle vous a promis...
ÉDOUARD. Je le quitte dans l'instant, et il m'a répété que, si je pouvais obtenir la place de receveur dans cette ville, il m'accorderait votre main.
BETZI. Je n'en reviens pas.
ÉDOUARD. Il ne pouvait guère faire autrement. Quoique sa pupille, vous ne dépendez pas de lui seul; je me suis adressé au conseil de famille, et comme ma fortune est loin d'égaler la vôtre, on a décidé, et votre oncle tout le premier, qu'il fallait, pour vous épouser, que j'obtinsse une place.
BETZI. Au fait, receveur dans la ville de La Flèche, c'est quelque chose. Et êtes-vous certain de réussir? il faudra bien solliciter; entendez-vous, Monsieur?
ÉDOUARD. J'ai quelques droits; mon père était un des chefs de la trésorerie; il y a rendu de grands services; mais cela ne suffit pas.
BETZI. On dit qu'il est arrivé en cette ville madame de Saint-Elme, la femme d'un inspecteur général; il y a bien longtemps, j'ai été avec elle en pension; peut-être ne m'a-t-elle pas tout à fait oubliée, et nous pourrions par sa protection...
ÉDOUARD. Vous avez raison; on dit qu'elle est descendue chez madame de Lineuil; j'irai la voir.
BETZI. Non, Monsieur, c'est moi qui m'en charge; car, autant qu'il m'en souvient, elle était fort aimable.

AIR : *Ma belle est la belle des belles.*

Je crains, une fois en ménage,
Une telle protection...
ÉDOUARD.
Beaucoup de gens en font usage.
BETZI.
Prenez-y garde, et pour raison :
En tout imitant vos caprices,
Bientôt mes droits seraient vengés;
Si vous avez des protectrices,
Monsieur, j'aurai des protégés.

Mais qui vient là? et quel est ce monsieur?

SCÈNE II.

LES PRÉCÉDENTS, TRUFFARDIN.

TRUFFARDIN. M. de Gripparville est-il visible?
BETZI. Non, Monsieur; mon oncle est sorti; mais il ne tardera pas à rentrer.
TRUFFARDIN. La porte est peut-être défendue; mais ce n'est pas pour moi; vous pouvez lui dire que je lui apporte de l'argent; M. Truffardin, ancien commis-voyageur de la maison Corcelet, et, à présent, marchand de comestibles pour son propre compte.
ÉDOUARD. Je me disais aussi que je connaissais cette figure-là.
TRUFFARDIN. Je ne me trompe pas, monsieur Édouard Dalville, le fils de mon ancien protecteur, et puisque nous ne sommes que nous trois, je peux dire mon ancien maître; car j'ai été intendant de votre père; je n'en rougis pas; c'est là que j'ai fait mes premières études, et perfectionné mon éducation gastronomique, j'avais des dispositions, il est vrai; mais j'étais loin de me douter alors qu'elles me conduiraient à la fortune.
ÉDOUARD. Tu as donc fait des affaires?
TRUFFARDIN. Excellentes! Si je n'engraisse pas, c'est par esprit de commerce, pour ne pas ruiner mon magasin. Né avec un grand fonds d'audace et d'appétit, j'ai jugé tous les hommes d'après moi; je me suis dit: On peut se tromper en spéculant sur leur cœur, jamais en spéculant sur leur estomac; les passions changent, l'appétit reste; et il y a toujours un moment dans la journée où il faut lui donner audience; c'est dans ce moment-là que je me présente, et je suis toujours bien accueilli.
ÉDOUARD. Et qui t'a forcé à quitter la capitale?
TRUFFARDIN. Les affaires de mon commerce; je fais de temps en temps des voyages dans la France, mais des voyages utiles; je ne m'amuse pas à regarder dans un pays ses édifices et ses monuments.

AIR de *la Robe et les Bottes.*

Moi, dans Bordeaux je ne vois qu'un vignoble,
J'admire les pruniers de Tours,
L'olive d'Aix, la liqueur de Grenoble,
L'oiseau du Mans, les pâtés de Strasbourg :

Trésors divins qu'on courant je rassemble,
Et pour moi, gourmand voyageur,
La carte de France ressemble
A celle du restaurateur.

ÉDOUARD. Mais qui t'amène ici, dans cette maison?
TRUFFARDIN. Je venais régler mes comptes avec M. de Gripparville, le plus riche et le plus avare de tous les grands propriétaires du département de la Sarthe.
BETZI. Eh mais! prenez garde, c'est mon oncle.
TRUFFARDIN. Ah! pardon. Quand je dis avare, je n'entends pas un ladre, un pince-maille, comme celui de Molière; les avares de nos jours sont des gens comme il faut, bien mis, qui aiment la société et l'argent. Nous avons eu plusieurs fois des relations avec M. de Gripparville; car par-dessous main, il vend, achète, brocante, et accepte tous les marchés, quand ils sont avantageux. Il y a quelques années, quand j'ai voulu m'établir, il m'a prêté, à quinze pour cent, une trentaine de mille francs que je viens lui rendre, parce que c'est de l'argent trop cher à garder. Le plus étonnant, c'est qu'il se persuade encore qu'il est mon bienfaiteur; je le veux bien; la bienfaisance à ce prix-là, il n'en manque pas sur la place. Je lui annonce en même temps une bonne nouvelle... M. de Saint-Elme, un inspecteur du trésor.
ÉDOUARD, à Betzi. M. de Saint-Elme, celui de qui dépend ma nomination.
BETZI. Il ne pouvait pas tarder à arriver, puisque depuis hier sa femme l'a précédé.
TRUFFARDIN. J'ai eu l'honneur de causer avec lui, à la dernière auberge; il m'a appris qu'il passerait une journée à La Flèche, et qu'il se proposait de voir M. de Gripparville, le futur receveur.
BETZI. Là! je disais bien que mon oncle avait quelque arrière-pensée.
ÉDOUARD. Une arrière-pensée, c'est une trahison infâme. Imagine-toi que, tout à l'heure encore, il fait décider par le conseil de famille que j'aurai la main de sa nièce, si je peux être nommé receveur dans cette ville, tandis que déjà il avait sollicité et obtenu cette place pour lui-même.
TRUFFARDIN. Obtenue... pas encore: elle n'est que promise, et nous sommes là. Il faut du génie, de l'adresse, et tout ce que j'en ai de disponible est à votre service.
ÉDOUARD. Ah! mon ami! comment jamais reconnaître?...
TRUFFARDIN. En vous adressant à moi pour le repas de noce, c'est tout ce que je demande.

AIR : *Une fille est un oiseau.*

Je sais obliger *gratis*;
Chaque jour, grâce à mon zèle,
J'augmente ma clientèle
En augmentant mes amis.
J'ai bon cœur, ma table est bonne;
Je ne refuse personne,
Quand je ne vends pas, je donne,
Et chez moi j'ai constamment,
Pour les plaideurs, des bourriches,
Des truffes pour les gens riches,
Et du pain pour l'indigent.

Vous mettre bien avec l'inspecteur, le brouiller avec votre oncle, voilà le but; pour les moyens, il ne reste plus qu'à les trouver.
BETZI. Quel homme est-ce que M. de Saint-Elme?
TRUFFARDIN. Un homme juste, intègre, sévère, ennemi du luxe, et même tellement économe, que, s'il n'était pas en place, on dirait qu'il est avare.
BETZI. Eh! mon Dieu! il va adorer mon oncle.

TRUFFARDIN. C'est ma foi vrai; attendez donc; n'y aurait-il pas moyen? Oh! oui, c'est cela. (*Se mettant à la table, et répétant tout haut ce qu'il écrit.* « Monsieur de Gripparville a l'honneur d'inviter monsieur et madame de Saint-Elme à passer chez lui la soirée. » « Ce 8 juillet 1823. »
BETZI. Qu'est-ce que vous faites donc là? est-ce que jamais mon oncle a donné de soirée?
TRUFFARDIN. Cela me regarde. (*A Edouard.*) Vous, mon cher ami, courez au-devant de votre inspecteur, et qu'il reçoive cette invitation en descendant de voiture. Allez, et ne craignez rien, vous êtes sous la protection de Comus.

AIR du vaudeville des *Blouses.*

Dieu tout-puissant, par qui le comestible
Est en faveur à la ville, à la cour;
Pour l'appétit, toi qui fais l'impossible,
Fais quelque chose aujourd'hui pour l'amour.
Ce dieu joufflu, qui fait mon espérance,
Souvent du vôtre a protégé les pas;
L'Amour, Comus, se doivent assistance,
C'est par eux seuls qu'on existe ici-bas.

ENSEMBLE.

Dieu tout-puissant, etc.

(*Edouard sort.*)

SCÈNE III.

TRUFFARDIN, GRIPPARVILLE, BETZI, *qui s'assied dans un coin du théâtre, et travaille.*

TRUFFARDIN. C'est votre oncle. (*Bas, à Betzi.*) Vous me permettrez de songer d'abord à mes affaires, nous soignerons après celles de mon jeune protégé. (*Haut, à Gripparville.*) Serviteur à mon cher patron.
GRIPPARVILLE. Ah! c'est toi, Truffardin; bonjour, mon garçon; te voilà donc dans notre pays?
TRUFFARDIN. Oui, pour un seul jour.
GRIPPARVILLE. Et tu me viens voir à une pareille heure! c'est très-mal, tu aurais dû arriver plus tôt, nous aurions déjeuné ensemble; mais moi, c'est déjà fait, et tantôt je dîne en ville.
TRUFFARDIN. Tant mieux.
GRIPPARVILLE. Comment, tant mieux?

TRUFFARDIN.
AIR de *Marianne.*

Des festins je crains la fumée,
Je n'en sors pas; c'est mon état.
Déjà la truffe parfumée
Ne flatte plus mon odorat.
Les ortolans
Et les faisans
N'ont plus, hélas! de pouvoir sur mes sens;
Et des jambons de mes foyers,
Mon cœur blasé dédaigne les lauriers.
Las de festins, las de bombances,
J'ai besoin d'un peu de repos,
Et chez vous j'arrive à propos
Pour prendre mes vacances.

Je vous apporte votre argent.
GRIPPARVILLE. Comment! un remboursement intégral?
TRUFFARDIN. A peu près; d'abord vingt-sept mille francs dans le portefeuille.
GRIPPARVILLE. Ah diable! voilà qui me contrarie, et que l'on dise encore que j'aime l'argent; j'avais du plaisir à le voir entre tes mains; j'étais heureux de te rendre service. Tu as fait la balance des intérêts?

TRUFFARDIN. Oui, Monsieur, vous pouvez le voir.
GRIPPARVILLE. C'est bien, c'est bien. Oh! tu es un honnête garçon ; il y a du plaisir à t'obliger.
TRUFFARDIN. Et du profit, à quinze pour cent. Ensuite trois mille francs en lettres de change sur Paris, à moins que vous ne préfériez une excellente affaire que j'ai à vous proposer.
GRIPPARVILLE. Oui, oui, j'aime mieux celle-là ; dis vite ce que c'est.
TRUFFARDIN. D'ici à trois ou quatre jours, on m'expédie en cette ville un assortiment de marchandises : pâtés de Périgueux, dindes, faisans, et autres comestibles, le tout parfaitement truffé et conditionné ; il y en a pour trois mille cinq cents francs, prix de fabrique.
GRIPPARVILLE. Hé bien, où en veux-tu venir ?
TRUFFARDIN. Attendez donc ; il y a eu du retard dans l'envoi ; or, je crains donc qu'en arrivant à Paris, cela ne soit détérioré ; moi, alors, j'aime mieux les placer dans cette ville, à très-bon marché : mille écus ; voulez-vous en profiter ?
GRIPPARVILLE. Et que veux-tu que j'en fasse ? (*A part.*) Un instant, un instant ; il y a cette semaine un grand dîner que la ville doit donner aux officiers de la garnison. Attends, attends, et j'ai appris par un conseiller de préfecture qu'on était fort embarrassé... (*Haut.*) Ecoute donc, mon ami, peut-être bien ; il se peut que je m'en accommode, quand je les aurai vus, et s'ils me conviennent...
TRUFFARDIN. On vous les adressera dans trois jours, rendus chez vous, francs de port ; voilà donc une affaire réglée : maintenant, voulez-vous me permettre de vous adresser mes compliments sur votre place de receveur.
GRIPPARVILLE, *lui fermant la bouche.* Silence ! mon ami, silence ! surtout devant ma nièce ; qu'elle ignore quelle est la place que je sollicite. Comment diable l'as-tu appris ?
TRUFFARDIN. Par M. de Saint-Elme lui-même, l'inspecteur général, qui paraît tellement disposé à vous l'accorder, qu'il doit venir passer la soirée chez vous.
GRIPPARVILLE. Ah! mon Dieu ! chez moi un inspecteur général !
TRUFFARDIN. Plaignez-vous donc, c'est pour vous une bonne fortune. Je l'ai rencontré à la dernière poste ; un train magnifique, une voiture à six chevaux.
GRIPPARVILLE. Ah! mon Dieu!
TRUFFARDIN, *à part.* Je crois bien, il était en diligence. (*Haut.*) C'est un homme qui jette l'or à pleines mains, un généreux compère, un gaillard de bonne humeur, car il m'a dit : « Nous allons nous en donner « chez ce cher Gripparville ; dieux ! quels dîners nous « allons faire ! »
BETZI. A merveille! je comprends. Oh ! la jolie conspiration !
GRIPPARVILLE. Comment ! tu crois que je serai obligé de le traiter ?
TRUFFARDIN. Et grandement ; sa table a une réputation européenne ; et l'on vient chez lui de Londres et de Berlin, pour dîner en ville.
GRIPPARVILLE. Ah! mon ami ! quel service tu me rends en m'apprenant cela ! moi qui comptais lui offrir un petit extraordinaire, le plat de sucrerie, et la tasse de café au dessert.
TRUFFARDIN. Vous étiez perdu ! c'est une position qu'il faut enlever à la *fourchette.*
GRIPPARVILLE. Hé bien ! demain, je verrai : mais aujourd'hui, comment veux-tu que je fasse ? d'ici à quelques heures, improviser une soirée, moi surtout qui n'en ai pas l'habitude.
TRUFFARDIN. Une soirée agitée, des tables de jeu, ça ne coûte rien. Je me charge des invitations.

AIR de *Toberne.*

Vous aurez une fête
Magnifique et sans frais ;
Vite que l'on apprête
Les bostons, les piquets.
Ne craignez rien, de grâce,
Ce sera bientôt fait.
  (*A Betzi.*)
Du zèle et de l'audace.
  (*A Gripparville.*)
De la cave au buffet
Ne laissez rien en place ;
Voilà comme on s'y met,
Voilà tout le secret.
  (*Il sort.*)

—

SCÈNE IV.

GRIPPARVILLE, BETZI.

GRIPPARVILLE. Ta, ta, ta, comme il y va !.. avec lui, il n'y a pas moyen de se reconnaître... Je pense maintenant à une foule d'objections que j'avais à lui faire... Cependant, comme il l'a dit, une soirée où l'on joue... ça fait de l'honneur et ça n'est pas cher... au contraire, plus il y a de monde, et moins ça coûte... parce qu'on met au flambeau.

—

SCÈNE V.

LES PRÉCÉDENTS, UN VALET, *ensuite* MADAME DE SAINT-ELME ET ÉDOUARD.

LE VALET, *annonçant.* Madame de Saint-Elme.
GRIPPARVILLE. Madame de Saint-Elme, qui nous fait visite à une pareille heure... qu'est-ce que cela signifie ?
BETZI. Pourvu que sa présence n'aille pas tout déranger !
MADAME DE SAINT-ELME, *à qui Édouard donne la main.* C'est charmant à vous, monsieur Edouard, d'avoir bien voulu me servir de cavalier... C'est monsieur de Gripparville que j'ai l'honneur de saluer... Vous trouverez peut-être ma visite un peu indiscrète, mais le cœur ne calcule pas, et l'amitié se met au-dessus des convenances... (*A Betzi.*) Dites-moi, ma chère... mademoiselle Betzi, la nièce de Monsieur, est-elle visible ?
BETZI. C'est moi, Madame.
MADAME DE SAINT-ELME. Comment ?.. c'est toi, ma chère... il y a si longtemps que nous avons quitté le pensionnat de madame Debray ! Tu n'as point oublié, j'espère, Pauline de Valville, ta meilleure amie ?
BETZI. Non, certainement.
GRIPPARVILLE, *à part.* Oui, elles ne se reconnaissent seulement pas.
MADAME DE SAINT-ELME. Je suis arrivée hier avec ma femme de chambre... tout simplement dans ma berline à trois chevaux... parce que mon cher mari a une autre manière de voyager.
GRIPPARVILLE. Je crois bien... il lui en faut six.
MADAME DE SAINT-ELME. C'est tout à l'heure, chez madame de Linœuil, que M. Edouard m'a appris que tu habitais cette petite ville... c'est assez triste, n'est-

ce pas? assez ennuyeux... cela m'a fait battre le cœur de souvenir... ça m'a rappelé la pension. Tu ne sais pas que je suis mariée... à M. de Saint-Elme... un homme de finance... Moi, j'aurais mieux aimé un militaire; mais mes parents n'ont pas voulu.
GRIPPARVILLE. Et vous avez obéi.
MADAME DE SAINT-ELME. Oh! oui, sans doute... dès qu'il se présente un établissement...

AIR : *Que d'établissements nouveaux.*
Un futur me fut proposé;
Un beau soir je le vis paraître,
Huit jours après je l'épousai.
BETZI.
Eh quoi! vraiment, sans le connaître?
MADAME DE SAINT-ELME.
C'est toujours de même à Paris;
Par se marier on commence;
Et l'on a, quand on est unis,
Le temps de faire connaissance.

Et toi, ma chère amie, quand dois-tu te marier? (*Regardant Edouard.*) Ah! oui... je comprends... ce sera fort bien... J'espère que tu me chargeras d'acheter la corbeille... j'attends cela de ton amitié.
GRIPPARVILLE. Vous êtes trop bonne, Madame, et c'est une peine que...
MADAME DE SAINT-ELME. Du tout... c'est un plaisir... j'ai des amies en province qui me chargent de toutes leurs commissions... Moi, j'aime à acheter, à marchander, à courir les magasins. On sait bien que ce n'est pas pour soi, mais c'est égal... c'est toujours de la dépense, et ça fait illusion.
GRIPPARVILLE, *à part.* Je vois qu'en effet la jeune dame est assez légère... ce n'est pas étonnant... tel mari, telle femme.
BETZI, *à part.* Et moi qui la craignais!
MADAME DE SAINT-ELME, *à Gripparville.* A propos, Monsieur, j'oubliais de vous faire mes remercîments... on dit que vous donnez ce soir une fête charmante...
GRIPPARVILLE. Quoi! Madame, vous savez déjà...
MADAME DE SAINT-ELME. Oui; nous avons rencontré en route votre intendant, votre majordome, monsieur, monsieur...
EDOUARD. Truffardin.
MADAME DE SAINT-ELME. Il nous a annoncé que vous nous donniez ce soir, à mon mari et à moi, un bal, un concert, un souper...
GRIPPARVILLE, *d'un air effrayé.* Comment... il vous a dit...
BETZI. Un bal, un bal! moi qui n'ai seulement pas de toilette.
MADAME DE SAINT-ELME. Quoi!.. vraiment... tu n'as pas... pauvre amie! ah! que je te plains!

AIR : *Au temps heureux de la chevalerie*
Monsieur sourit, et je vois qu'il nous raille.
GRIPPARVILLE.
C'est un malheur bien terrible!
MADAME DE SAINT-ELME.
Oui, vraiment.
Le bal pour nous est un champ de bataille
Où la victoire nous attend;
Aussi, Monsieur, je conçois ses alarmes;
Quand tout promet un triomphe d'éclat,
Il est cruel de se trouver sans armes
A l'instant même du combat.

Car je présume bien que dans cette ville il n'y a pas de magasins de nouveautés... à La Flèche.
BETZI. Si vraiment... tout ce qu'il y a de mieux... une marchande de modes qui a travaillé à Paris, et un magasin de nouveautés qui tire directement de la *Rosière.*
MADAME DE SAINT-ELME. De la *Rosière...* rue Vivienne... ce doit être très-bien... ils ont des choses charmantes... Viens, nous allons choisir.
BETZI. Mais, c'est que peut-être mon oncle ne voudra pas...
MADAME DE SAINT-ELME. Que tu viennes avec moi... (*A Gripparville.*) Vous y consentez... n'est-il pas vrai?
GRIPPARVILLE. Mais... Madame...
MADAME DE SAINT-ELME. Ah! ne craignez rien... je me charge de votre cadeau... A ce soir... c'est pour neuf heures... nous aurons plus de temps qu'il nous en faut... Monsieur Edouard, vous nous donnerez la main... (*A Gripparville.*) Vous verrez.. la robe sera délicieuse, je la choisirai comme pour moi... des tulles, des fleurs, enfin, ce qu'il y aura de mieux... Non, restez, je vous en prie, ou je me fâche... un maître de maison a tant d'occupations. (*Elle sort avec Edouard et Betzi.*)

—

SCÈNE VI.

GRIPPARVILLE, *seul.* Heureusement, les voilà dehors... car j'étouffais... Un bal, un concert, un souper; ce bourreau de Truffardin, on voit bien que cela ne lui coûte rien... Et comment faire maintenant?.. Comment s'en dispenser?.. (*Appelant.*) Maître-Pierre! Maître-Pierre! mon maître d'hôtel... et cette maudite femme... obligé de paraître enchanté, tandis qu'elle me portait des coups de poignard...

AIR du vaudeville de *Turenne.*
Je ne pouvais trouver une réponse;
Pour la traiter avec honneur,
Dieux! que d'argent!.. c'en est fait, j'y renonce;
Mais ma place de receveur!
Dieux! quel système de finance,
Pour m'enrichir, me ruiner d'abord!
Car la recette est peu certaine encor,
Et je suis sûr de la dépense.

Maître-Pierre!

—

SCÈNE VII.
GRIPPARVILLE, MAITRE-PIERRE.

MAITRE-PIERRE. Hé bien! Monsieur, qu'y a-t-il? est-ce qu'il arrive quelque accident?
GRIPPARVILLE, *d'un air désespéré.* Mon ami, nous sommes obligés, aujourd'hui, de donner à souper.
MAITRE-PIERRE, *étonné.* Pas possible!
GRIPPARVILLE. C'est comme je te le dis.
MAITRE-PIERRE. Hé bien! alors, qu'est-ce que veut Monsieur?
GRIPPARVILLE. Ce que je veux? tu mettras d'abord deux corbeilles de fleurs aux deux bouts de la table... ça tient de la place.
MAITRE-PIERRE. Oui, Monsieur, après...
GRIPPARVILLE. Après, tu mettras au milieu notre beau plateau en glace, avec des porcelaines de Sèvres, cela garnit.
MAITRE-PIERRE. Après, qu'est-ce que veut Monsieur?
GRIPPARVILLE. Ce que je veux! ce que je veux! Dieux!.. ce perfide Truffardin... si je le tenais...

—

M. Gripparville.

SCÈNE VIII.

Les précédents, TRUFFARDIN.

TRUFFARDIN. Ah! mon cher patron, je suis heureux de vous trouver encore ici; je viens de courir toute la ville de La Flèche, et je vous apporte une nouvelle.

GRIPPARVILLE. Viens ici, traître... et dis-moi ce que c'est que ce bal, ce concert, ce souper, dont tu as parlé à madame de Saint-Elme?.. Etait-ce là ce dont nous étions convenus?

TRUFFARDIN. Non, sans doute... Mais il l'a bien fallu dans votre intérêt.

GRIPPARVILLE. Dans mon intérêt... un bal, un concert, un souper...

TRUFFARDIN. Le souper est pour M. de Saint-Elme et le bal pour sa femme... car si vous avez sa femme contre vous, vous êtes perdu... Apprenez donc, puisqu'il faut tout vous dire, que vous avez des ennemis, et de plus, un concurrent redoutable... un jeune homme, M. Edouard Dalville, qui a aussi des vues sur la recette.

GRIPPARVILLE. Eh! parbleu, je le sais bien.

TRUFFARDIN. De plus... il se trame un complot contre vous.

GRIPPARVILLE. Un complot?..

MAÎTRE-PIERRE, s'avançant. Monsieur... je vous attends toujours.

GRIPPARVILLE. Eh! laisse-moi tranquille, je suis à toi... (A Truffardin.) Un complot, dis-tu?

TRUFFARDIN. Oui, un tour que l'on veut vous jouer et qui allait renverser tous vos projets.. (A part.) Et bien plus, qui allait déranger tous les nôtres... (Haut, à Gripparville.) Enfin, j'avais fait toutes vos invitations, lorsque je vois près du café de la Paix un groupe de jeunes gens qui riaient aux éclats... je m'approche et j'entends prononcer votre nom; car vous saurez qu'il n'est question dans toute la ville de La Flèche que du bal et du souper magnifique que vous devez donner ce soir... Ces messieurs, qui, à ce qu'il paraît, vous en veulent beaucoup, et qui ignorent l'intérêt que je vous porte, me font part alors d'un projet qu'ils ont conçu pour nous mystifier.

GRIPPARVILLE. Nous mystifier... ils trouveront à qui parler.

TRUFFARDIN. Je l'espère bien... car leur dessein est simplement d'aller chez toutes les personnes à qui vous avez adressé un billet d'invitation, pour les prévenir de votre part, que la réunion n'aura pas lieu ce soir, et est remise à un autre jour.

GRIPPARVILLE. C'est là ce qu'ils méditent?

TRUFFARDIN. Oui... et après tout l'argent que vous aurez dépensé, après les préparatifs que vous aurez faits... vous voyez-vous tout seul à attendre la compagnie?

Air du Vaudeville de l'*Ecu de six francs.*

Certes la perfidie est neuve ;
Mais ils veulent, c'est convenu,
Que la salle à manger soit veuve,
Et que le repas soit perdu ;
Car, disent-ils, maintefois ayant vu
Chez vous, à votre table oisive,
Tant de convives sans souper,
Ils veulent, pour se rattraper,
Y voir un souper sans convive.

GRIPPARVILLE. Je comprends l'intention; mon ami, il faut retourner chez tout notre monde, les prévenir du complot.

TRUFFARDIN. C'est aussi mon avis... mais envoyez un de vos gens, car moi, je n'en puis plus, et il faut que je passe à mon hôtel pour mes affaires... il faut que je retienne votre orchestre.

GRIPPARVILLE. C'est vrai, mon ami, c'est vrai... dieux! que de soucis!... que d'embarras! Maudite ambition... maudite place... Je vais envoyer quelqu'un... toi, Truffardin, vois pour l'orchestre... les musiciens... ne prends pas ceux du Vauxhall, ils sont trop chers... ni ceux du régiment, parce qu'ils ne reçoivent jamais rien, et qu'on est obligé de leur donner à souper.

TRUFFARDIN. Eh bien! lesquels prendrai-je?

GRIPPARVILLE. Dame!... vois toi-même... Je m'en rapporte à ton intelligence... Nous avions ici, l'année dernière, une clarinette qui était bien bonne... je crois que c'était un aveugle... mais je ne sais pas ce qu'il sera devenu... je lui avais pourtant dit d'attendre.

TRUFFARDIN. Il n'aura pas attendu... il se sera laissé mourir de faim... oubliant qu'il y avait encore en cette ville un protecteur des beaux-arts... Enfin, celui-là ou un autre... je vous promets une réunion de talents lyriques au plus bas cours possible. (*Il sort.*)

SCÈNE IX.

GRIPPARVILLE, MAITRE-PIERRE.

MAÎTRE-PIERRE. Monsieur, je suis toujours là.

GRIPPARVILLE. C'est bon. Obligé de commander moi-même mon souper, et pour qui? pour des gens qui ne peuvent pas me souffrir; car tout le monde nous en veut à nous autres pauvres riches. Allons, envoyons déjouer leurs complots. Eh! mais, quand j'y pense, ces messieurs voulaient m'attraper, me jouer un tour; eh! je ne demande pas mieux, laissons-les faire. Quel était mon but? de donner un bal à M. de Saint-Elme et à sa femme; je le donne toujours; si on n'y vient pas, si j'ai des ennemis, ce n'est pas ma faute. Loin de m'en vouloir, ils doivent au contraire me plaindre, me consoler et me dédommager de l'affront que j'ai reçu pour eux, de sorte que j'aurai eu les honneurs de la soirée, sans en avoir les frais.

MAÎTRE-PIERRE. Monsieur, j'attends toujours.

GRIPPARVILLE. C'est ma foi vrai.

MAÎTRE-PIERRE. Qu'est-ce que vous voulez pour votre souper?

GRIPPARVILLE, *d'un air riant.* Ce que je veux, mon garçon? rien! absolument rien.

MAÎTRE-PIERRE. Pas autre chose?

GRIPPARVILLE. Non, mon ami.

MAÎTRE-PIERRE. J'entends alors ce que veut Monsieur; notre repas de tous les jours, enfin notre ordinaire.

GRIPPARVILLE. Précisément; mais en revanche, tu vas illuminer le salon et la salle à manger. Des quinquets et des bougies tant que tu voudras; là-dessus je te laisse carte blanche, parce qu'enfin si le monde ne vient pas, on pourra toujours éteindre... Attends encore, tu feras une demi-douzaine de glaces.

MAÎTRE-PIERRE. Des glaces?

GRIPPARVILLE. Oui, pour que l'on puisse en apporter une fois sur un plateau. Encore, quand j'y pense, trois glaces suffiront, pour M. et madame de Saint-Elme; moi, je n'en prends pas, ainsi il en restera.

MAÎTRE-PIERRE. Ah çà! Monsieur, c'est donc un bal en tête-à-tête?

GRIPPARVILLE, *riant.* Précisément. Apprends, mon garçon, que nous n'aurons personne.

MAÎTRE-PIERRE. Vrai! voilà les réunions que vous aimez.

GRIPPARVILLE. Oui, c'est plus commode pour un maître de maison.

MAÎTRE-PIERRE. Mais, Monsieur, écoutez, il me semble qu'on arrive.

GRIPPARVILLE. Ce ne peut être que l'inspecteur, vite à ton ouvrage.

MAÎTRE-PIERRE. Ça ne sera pas long, vous avez une cuisine expéditive. (*Gripparville sort.*)

SCÈNE X.

MAITRE-PIERRE, *seul.*

Air de *Partie carrée.*

Au lieu de dresser mon potage,
Et de r'tourner mes sauc's et mes filets,
Je m'en vais soigner l'éclairage,
Et la bougie, et les quinquets.
L' convive le plus difficile
Sur mon souper ne dira rien, morbleu !
Et not' bourgeois peut être bien tranquille,
Ils n'y verront qu' du feu.

(*Il sort par la gauche.*)

SCÈNE XI.

MADAME DE SAINT-ELME, ÉDOUARD, BETZI.

MADAME DE SAINT-ELME. Convenez que c'eût été piquant, et que si nous n'avions pas déjoué la conspiration.

BETZI. Ah! Madame, que je vous remercie! (*Bas, à madame de Saint-Elme.*) Je crois que ma toilette est charmante, car, en la voyant, M. Édouard a souri, et mon oncle a fait la grimace.

MADAME DE SAINT-ELME. Et où est-il donc, le cher oncle?

BETZI. Dans le salon, à faire sa cour à votre mari, qui vient d'arriver.

ÉDOUARD. Je crains qu'il ne l'emporte sur moi auprès de M. de Saint-Elme; et vous avez beau dire, je crois, Madame, qu'un seul mot adressé par vous en ma faveur...

MADAME DE SAINT-ELME. Aurait tout détruit; je n'ai pas de crédit auprès de mon mari; au contraire, quand je lui recommande quelqu'un, il se persuade que ce ne peut être qu'un étourdi, et il donne la place à un autre; j'ai déjà eu comme cela deux ou trois protégés qui, grâce à moi, ont été destitués.

Air du vaudeville de *Voltaire chez Ninon*.

Vous voyez que sur mon mari
Je n'ai pas beaucoup de puissance;
Mais cependant, et malgré lui,
J'exerce encore une influence.
Ne pouvant servir mes amis,
Je peux, quand ma colère est grande,
Perdre gaîment mes ennemis,
En apostillant leur demande.

Tenez, il a eu raison, votre monsieur... comment l'appelez-vous?

ÉDOUARD. M. Truffardin.

MADAME DE SAINT-ELME. Oui, M. Truffardin, c'est un original que j'aime beaucoup; le moyen qu'il a pris est le meilleur; suivons son plan et nous réussirons; car le luxe et l'extravagance de M. Gripparville lui nuiront à coup sûr aux yeux de mon mari.

GRIPPARVILLE, *en dedans*. Ma nièce! ma nièce!

BETZI. Silence! voici mon oncle.

SCÈNE XII.
Les précédents, GRIPPARVILLE.

GRIPPARVILLE, *à la cantonade*. Ma nièce! ma nièce! mademoiselle Gripparville! Ah! vous voilà, je vous cherche partout.

MADAME DE SAINT-ELME. Eh! mais, qu'avez-vous donc, Monsieur? on dirait d'un maître de maison désorienté.

GRIPPARVILLE. Il n'y a peut-être pas de quoi! Imaginez-vous, Madame, que je venais de saluer votre mari, et je lui avais à peine adressé les deux ou trois phrases indispensables en pareil cas, que voilà huit, dix, douze, quinze personnes, qui arrivent coup sur coup.

MADAME DE SAINT-ELME. Vous ne les aviez donc pas invitées?

GRIPPARVILLE. Si, Madame; mais c'est que vous ne savez pas... moi, j'étais loin de m'attendre...

Air du vaudeville de *Catinat*.

Dans mon salon il faut les voir;
Quelle foule! quelle cohue?
Et personne pour recevoir...
Moi, j'en ai la tête perdue;
Comment se sont-ils introduits?
Car vraiment leur nombre m'étonne;
Je n'ai prié que des amis;
(*A part.*)
Et j'espérais n'avoir personne.

MADAME DE SAINT-ELME. Et là! de quoi vous plaignez-vous? de ce que votre fête va être charmante? Ingrat! vous devriez plutôt me remercier; sans moi, vous n'auriez pas un convive.

GRIPPARVILLE. Comment! Madame, c'est à vous que je devrais...

MADAME DE SAINT-ELME. Eh oui! j'ai appris, par M. Truffardin, le danger qui vous menaçait, et que vous couriez risque de donner chez vous une représentation du Solitaire, ce qui est fort ennuyeux; il fallait donc vous créer un public, vous improviser une société; je me suis adressée à mesdames de Saint-Ange et de Lineuil, et qui m'ont prêté, pour ce soir, toute leur compagnie, bien sûre que vous ne me désavoueriez pas. Mais admirez votre bonheur, pendant ce temps, M. Edouard, votre ami, qui avait eu aussi connaissance de la conspiration, courait chez toutes les personnes invitées par vous, criait à la trahison, ralliait les cavaliers, ranimait les danseuses, décidait les mamans, et grâce à nos efforts combinés, vous avez dans ce moment, dans votre salon, toute la ville de La Flèche.

GRIPPARVILLE, *à part*. Que le diable l'emp... (*Haut.*) Je ne sais, Madame, comment vous remercier; mais tout ce monde-là ne pourra jamais tenir... on ne peut même pas danser.

MADAME DE SAINT-ELME. A merveille, une soirée anglaise, un rout.

GRIPPARVILLE. Comment! un rout?

MADAME DE SAINT-ELME. Oui, une cohue à la mode, où l'on s'amuse sur place; il n'y a que cela d'agréable dans un salon; dès qu'on peut circuler, je m'en vais...

GRIPPARVILLE. Mais je ne sais pas trop comment placer les tables de jeu.

MADAME DE SAINT-ELME. Laissez donc; tout cela va s'éclaircir au moment du souper; il faut seulement le hâter, parce que quand il y aura une centaine de dames assises à table, et les messieurs debout...

GRIPPARVILLE. Comment! Madame, vous croyez...

MADAME DE SAINT-ELME. Ah! je suis sûre que vous nous ménagez encore quelque surprise; monsieur Edouard, nous comptons sur vous; vous vous tiendrez derrière notre chaise, parce que, dans un bal, le souper fût-il magnifique, quand on n'a pas là un cavalier, impossible de rien avoir.

Air : *Amis, voici la riante semaine*.

Allons, partons, à ce banquet splendide,
En dansant bien, je prétends faire honneur;
Dans cette enceinte où la gaîté préside,
(*A Édouard.*)
C'est vous, Monsieur, qui serez mon danseur.
Oui, le plaisir est l'âme de la vie;
Pour moi, vraiment, je n'existe qu'au bal;
Entendez-vous l'archet de la folie,
Qui du plaisir nous donne le signal?
(*Elle sort avec Betzi et Édouard.*)

SCÈNE XIII.

GRIPPARVILLE, *seul*. C'est ça, ils vont danser, ils sont bien heureux. Et le souper, le souper; mais c'est qu'ils y comptent; et rien de prêt, rien de commandé. Diable de jeunes gens qui forment un complot contre moi, et qui n'ont pas l'esprit de garder le secret; dieux! s'ils ne l'avaient dit qu'à moi, si j'avais été à la tête de cela!

SCÈNE XIV.
GRIPPARVILLE, MAITRE-PIERRE.

MAÎTRE-PIERRE, *mystérieusement*. Monsieur, je viens vous prévenir d'une chose, c'est que vous serez peut-être plus de personnes que vous ne croyez; car en v'là qui arrivent encore.

GRIPPARVILLE. Imbécile, crois-tu que je ne le sais pas?

MAÎTRE-PIERRE. A la bonne heure; alors, je venais demander à Monsieur ce qu'il faut faire pour le souper.

GRIPPARVILLE. Dieux! avoir invité toute la ville de

La Flèche, pour la renvoyer à jeun; quels brocards vont fondre sur moi, sans compter la perte de ma place!

MAÎTRE-PIERRE. Monsieur, je vous attends.

GRIPPARVILLE. Eh! laisse-moi tranquille; depuis ce matin, tu me répètes la même chose; est-ce que nous avons le temps maintenant de préparer un repas? sans cela, je ne demanderais pas mieux.

MAÎTRE-PIERRE. Si c'est là votre crainte, il y aurait encore un moyen. D'abord, je vais faire des potages, beaucoup de potages; pendant ce temps, on ira chez tous les marchands de comestibles, et en payant deux ou trois fois plus cher, on peut réussir à la hâte...

GRIPPARVILLE, *lui mettant la main sur la bouche.* Veux-tu te taire, veux-tu te taire, bourreau, ou je te chasse. Aller dépenser quinze à dix-huit cents francs, pour des gens que je ne connais pas, qui sont venus s'établir chez moi, me manger mon bien...

MAÎTRE-PIERRE. Mais non, Monsieur, ils ne mangeront rien.

GRIPPARVILLE. C'est bien ainsi que je l'entends; mais encore, faut-il sauver les apparences, et les renvoyer satisfaits.

MAÎTRE-PIERRE. Si vous en venez à bout...

GRIPPARVILLE. Cela dépend de toi, mon ami; tu peux faire ici l'office d'un serviteur fidèle; j'imagine un moyen victorieux et économique, qui tiendra lieu du souper que nous n'avons pas, et qui forcera nos convives à s'en aller, en me faisant des excuses et des compliments.

MAÎTRE-PIERRE. Parbleu! Monsieur, pour la rareté du fait, je ne demande pas mieux; que faut-il faire?

GRIPPARVILLE. Tu vas retourner dans ta cuisine; fais un grand feu dans la cheminée, et dans tes fourneaux; ensuite, mets tout sens dessus dessous, renverse tes casseroles et toute la batterie, jette de l'eau dans les cendres, un fracas épouvantable, et viens après cela me trouver d'un air effaré, la figure pâle, les cheveux en désordre, et annonce-moi bien haut, d'un air mystérieux, bien haut, entends-tu? que tout est perdu, abîmé. Tu chercheras un motif, le premier venu, un accident; répète bien souvent que c'était un repas magnifique, un vrai repas de noce, et que maintenant rien n'est plus mangeable; tu m'entends. Pour le reste, je m'en charge, et cela me regarde.

MAÎTRE-PIERRE. Oui, Monsieur, je crois comprendre; c'est une scène que nous allons jouer.

GRIPPARVILLE. A merveille: mais voici du monde, cours vite, mon garçon.

AIR du vaudeville de l'*Opéra-Comique.*

Si tu fais bien ce que je veux,
Compte sur ma reconnaissance.
MAÎTRE-PIERRE.
Convenez que j'ai, dans ces lieux,
Une singulière existence.
Je suis cuisinier, Dieu merci
Ou du moins je me l'imagine,
Et je vois que j' fais tout ici,
Excepté la cuisine.

V'là maintenant qu'il faut jouer la comédie.

GRIPPARVILLE. Mais va donc, et dépêche-toi; car voilà deux heures qu'ils dansent, et ils doivent mourir de faim. (*Maître-Pierre sort.*)

SCÈNE XV.

GRIPPARVILLE, BETZI, EDOUARD, MADAME DE SAINT-ELME, CHŒURS DE DANSEURS ET DANSEUSES, *entrant d'un air fatigué.*

PREMIER CHŒUR, *entrant par la droite.*
Ah! quel plaisir! (*bis.*)
Mais, sans mentir,
De faiblesse moi je tombe,
Je n'en puis plus, je succombe.

GRIPPARVILLE. Dans l'instant, Mesdames, on va servir... Allons, en voilà encore d'autres.

DEUXIÈME CHŒUR, *entrant par la gauche en même temps que madame de Saint-Elme; Edouard et Betzi entrent par le fond, et reprennent le chœur.*
Ah! quel plaisir! (*bis.*)
Mais, sans mentir,
De faiblesse moi je tombe,
Je n'en puis plus, je succombe.
Asseyons-nous, car les anglaises,
Les écossaises
Ne valent pas
Un bon repas

MADAME DE SAINT-ELME. Mais en effet, mon cher, faites donc hâter le souper, les contredanses languissent, et mon mari s'impatiente, je vous en préviens.

GRIPPARVILLE. Mon Dieu, Mesdames! je suis désolé, c'est mon maître d'hôtel, un faquin que je renverrai: je sais bien qu'il y a trente ou quarante plats à dresser; mais ce que je lui ai recommandé tout à l'heure n'était pourtant pas bien long à préparer.

ÉDOUARD, *bas, à Betzi et à madame de Saint-Elme.* Trente ou quarante plats! je n'en reviens pas.

BETZI. Ni moi non plus; ce n'est pas possible.

GRIPPARVILLE. Enfin, voici Maître-Pierre. (*A part.*) J'ai cru que le traître n'arriverait pas.

MADAME DE SAINT-ELME. Nous allons donc souper! ce n'est pas malheureux.

SCÈNE XVI.

LES PRÉCÉDENTS, MAITRE-PIERRE.

MAÎTRE-PIERRE, *d'un air joyeux.* Messieurs et Mesdames, j'ai à vous dire...

GRIPPARVILLE, *à part.* L'imbécile, il prend la physionomie riante; moi qui lui avais recommandé... (*Haut.*) Eh bien! qu'as-tu donc, Maître-Pierre? et que veux-tu m'annoncer avec ton air effaré?

MAÎTRE-PIERRE. Je vous annonce, Monsieur, que tout est servi.

GRIPPARVILLE, *joignant les mains.* Que dis-tu? tout a péri...

MADAME DE SAINT-ELME. Eh non! l'on vous dit que le souper est servi.

TOUS LES CONVIVES. Le souper, le souper! (*Ils sortent en désordre par le fond et les deux côtés.*)

MAÎTRE-PIERRE. Et un fameux souper, je m'en vante, une cinquantaine de plats. (*A Gripparville, qui le regarde d'un air étonné.*) Oui, Monsieur, ils y sont, et ça vous fait un coup d'œil...

SCÈNE XVII.

GRIPPARVILLE, MAITRE-PIERRE.

GRIPPARVILLE. Ah çà! bourreau, as-tu perdu la tête? ou bien as-tu été payé pour cela? Que signifie une pareille plaisanterie?

MAÎTRE-PIERRE. Ce n'est pas une plaisanterie, c'est la vérité.

GRIPPARVILLE. Quoi! ces cinquante plats que tu viens de m'annoncer?..

MAÎTRE-PIERRE. Sont réellement dans la salle à manger. Au moment où je vous quittais pour exécuter le souper économique et impromptu que vous m'aviez commandé, je trouve en bas deux ou trois énormes paniers, que des commissionnaires venaient d'apporter. Pour qui cela? ai-je dit : « Pour M. de Gripparville. »

GRIPPARVILLE. Pour moi!

MAÎTRE-PIERRE. Oui, Monsieur, et ils ont ajouté : « Rien à recevoir, tout est payé. »

GRIPPARVILLE. Tout est payé. Et que contenaient ces paniers?

MAÎTRE-PIERRE. De quoi faire cinq ou six soupers, des pâtés, des jambons, des gâteaux, des fruits secs ou confits; il y a de tout, et j'ai tout servi. Cela fait un spectacle comme je n'en ai jamais vu depuis dix ans que je suis à votre service.

GRIPPARVILLE. Je ne reviens pas de ma surprise.

MAÎTRE-PIERRE. Et le troisième panier qui contenait une centaine de bouteilles de vin de Champagne; je les ai arrangées en bataille sur le buffet, de sorte qu'il n'y a pas même eu besoin d'ouvrir votre cave.

GRIPPARVILLE. Serait-il bien possible! quelle bénédiction! et d'où cela peut-il me venir?

MAÎTRE-PIERRE. Dame, sans vous en douter, vous avez peut-être quelques amis.

GRIPPARVILLE. C'est possible. (*On entend en dehors les premières mesures du chœur suivant.*)

MAÎTRE-PIERRE. Tenez, voici l'effet du vin de Champagne.

—

SCÈNE XVIII.

GRIPPARVILLE, ÉDOUARD, CHŒUR DE JEUNES GENS.

(*Ils ont des assiettes à la main, et se forment en différents groupes, et mangent debout.*)

CHŒUR.
Ah! quelle ivresse! ah! quel nectar!
Bouchons, volez de toute part :
A boire, à boire !
Chantons à l'unisson :
Honneur et gloire
A notre amphitryon!

ÉDOUARD.
Quel luxe à la fête préside!
Bal superbe, repas *idem*,
On n'a rien vu de plus splendide
Depuis le riche *Aboulcasem*.

CHŒUR.
Ah! quelle ivresse! etc.

GRIPPARVILLE, *pendant ce chœur, va parler à tous les jeunes gens; il sort un instant et rentre.* Dieux! comme on s'en donne... et là-dedans... et ici... dans toute la maison. A merveille, mes amis, n'épargnez rien. (*Aux jeunes gens.*) Eh bien!.. qu'est-ce que c'est? il me semble que nous nous ralentissons de ce côté-ci.

ÉDOUARD. Je n'en reviens pas... et je ne le reconnais plus... il nous donne un souper magnifique... il nous le voit manger... et il est de bonne humeur.

TOUS LES JEUNES GENS. Eh bien! monsieur Gripparville... est-ce que vous n'êtes pas des nôtres? est-ce que vous ne prenez rien?

GRIPPARVILLE. Si, vraiment... si, mes bons amis... je ne demande pas mieux.

ÉDOUARD. Eh! que ne le dites-vous! c'est bien le..... (*Aux jeunes gens.*) Messieurs... le maître de la maison. (*On lui donne une assiette, un verre et une tranche de volaille; les jeunes gens s'empressent autour de lui, et lui versent à boire.*)

GRIPPARVILLE, *mangeant.*
Air du *Billet de loterie.*
C'est une volaille estimable:
Mais tout ce qu'on mange chez moi
Est vraiment d'un goût admirable;
C'est du Périgueux, je le crois.

ÉDOUARD.
Il va se ruiner, je pense.

GRIPPARVILLE.
Eh! que m'importe la dépense!
Qu'il est doux de manger son bien
Surtout quand il n'en coûte rien.

DEUXIÈME COUPLET.
Je sens que leur gaîté me gagne;
Mais goûtons un peu de vin;
C'est du véritable champagne.
Versez, amis, versez tout plein.

ÉDOUARD.
De dépenser il est avide.

GRIPPARVILLE.
Ma fortune est claire et liquide.
Qu'il est doux de manger son bien,
Surtout quand il n'en coûte rien.

ÉDOUARD. Et le voilà décidément en goguettes.

SCÈNE XIX.

LES PRÉCÉDENTS, TRUFFARDIN.

TRUFFARDIN. Eh bien! eh bien! il me semble que cela ne va pas mal.

GRIPPARVILLE. C'est toi, mon cher Truffardin..... veux-tu un verre de vin de Champagne? je ne t'ai pas vu de la soirée...

TRUFFARDIN. Je crois bien... j'arrive... j'ai eu tant d'occupation ; car, moi, je mène de front les affaires et les plaisirs... mais vous avez eu de mes nouvelles... je vous ai envoyé des convives; je vous ai envoyé des musiciens, et mon dernier envoi surtout... hein! je ne vous en parle pas, parce que je vois qu'ici il est du goût de tout le monde.

GRIPPARVILLE, *qui allait boire un verre de vin de Champagne, s'arrête soudain.* Hein! qu'est-ce que tu veux dire?

TRUFFARDIN. Que vous êtes bien le plus heureux des hommes... Vous savez ces paniers de comestibles que je vous avais promis, et qui devaient m'être expédiés dans trois ou quatre jours... en rentrant à mon hôtel je les trouve arrivés; je pense à vous, à votre bal, à votre souper... je vous les adresse sur-le-champ.

GRIPPARVILLE, *laissant tomber son verre.* Dieux!

TRUFFARDIN. Eh bien!.. qu'avez-vous donc?

GRIPPARVILLE, *rebouchant la bouteille de vin de Champagne qui est à côté de lui.* Rien.... rien, mon ami..... Comment, ce vin de Champagne... ce souper... c'était votre propriété?

TRUFFARDIN. Du tout, c'est la vôtre... nous sommes convenus que vous les prendriez en paiement, si toutefois vous les trouviez bons... et je m'en rapporte à ces messieurs.

ÉDOUARD. Divin, excellent, impossible de rien manger de meilleur.

TRUFFARDIN. J'en étais sûr... (*Bas.*) M. de Saint-Elme, que j'ai vu, est enchanté. (*Haut.*) Voici la petite note que vous examinerez à loisir.

GRIPPARVILLE, *prenant le papier.* Comment!.. la note des mille écus..... voilà une place qui m'aura coûté cher.

SCÈNE XX.
Les précédents, MADAME DE SAINT-ELME, BETZI.

MADAME DE SAINT-ELME. Ah! Monsieur... recevez mes compliments... charmant, délicieux... impossible de voir une plus jolie fête... j'en suis ravie... ce qui se trouve à merveille, car sans cela je serais d'une humeur effroyable; je viens d'avoir une scène avec mon mari... et nous nous sommes brouillés à votre sujet.

GRIPPARVILLE. A mon sujet?

MADAME DE SAINT-ELME. Oui, Monsieur, vous ne m'aviez pas dit que vous sollicitiez une place de receveur, moi, j'étais enchantée de votre bal... mais mon mari en était i digné... il déclamait contre votre luxe, votre prodigalité... ce n'est pas étonnant, lui... il est si économe; et enfin il m'a dit que quelqu'un qui était capable de dépenser six ou sept mille francs dans une soirée, n'aurait jamais de lui une place de receveur; et je le connais, vous ne l'aurez pas... mais c'est égal, votre soirée était charmante... je le lui dirais à lui-même.

GRIPPARVILLE, *regardant Truffardin*, Dieux! quelle perfidie!... je suis ruiné et trahi de tous les côtés; mais enfin cette place, à qui donc veut-il la donner?

SCÈNE XXI.
Les précédents, ÉDOUARD.

ÉDOUARD. A moi, Monsieur... il vient de me l'accorder...

BETZI. A M. Édouard... ah! que je suis contente...

GRIPPARVILLE. A vous, jeune homme!

ÉDOUARD. J'ignorais que vous fussiez mon concurrent, et vous saviez très-bien que j'étais le vôtre... aussi, loin de m'en vouloir... je suis certain que vous tiendrez votre parole?

GRIPPARVILLE. Moi, Monsieur?

ÉDOUARD. Oui, vous m'accorderez la main de votre nièce, que j'aime mieux devoir à votre consentement qu'à la décision du conseil de famille.

GRIPPARVILLE. Le conseil de famille décidera ce qu'il voudra; mais ne comptez pas sur moi pour le repas de noce.

ÉDOUARD. Celui-ci en a tenu lieu; et pour le nôtre...

TRUFFARDIN. C'est moi qui m'en charge... car je fais de tout... mariages, noces et festins.

GRIPPARVILLE. Oui, traître... des festins. (*A part.*) Voyons toujours à sauver de celui-ci ce que je pourrai... et, dès demain, je me retire trois mois à la campagne pour faire des économies, et tâcher de me rattraper.

VAUDEVILLE.

GRIPPARVILLE.
Air :
Économisons en tout temps;
C'est ma méthode, elle est fort bonne :
Ce que l'on ménage au printemps,
On le retrouve dans l'automne.
Le financier fait des budgets,
La jeunesse fait des folies,
L'ambitieux fait des projets,
Le sage des économies.

ÉDOUARD.
Que d'auteurs et que de journaux,
Que de romantiques en France,
Avares d'esprit, de bons mots,
Craignent de se mettre en dépense.
Depuis vingt ans chacun paraît
Riche des mêmes niaiseries.
Qu'il aurait d'esprit, s'il pouvait
Dépenser ses économies!

BETZI.
Je ne veux point, en fait d'amants,
Werther, ni d'autre fou semblable ;
Je préfère aux beaux sentiments,
Tendresse vraie et raisonnable.
Pour cause je me défierais
De ces amours de tragédies ;
Qui commence par des excès,
Finit par des économies.

MADAME DE SAINT-ELME.
Écoutez, messieurs les maris,
Trois secrets de grande importance :
« Voulez-vous être aimés, chéris?
« Parlez d'amour, de confiance;
« Voulez-vous être aimés, chéris?
« Parlez-nous souvent de folies ;
« Mais voulez-vous être obéis,
« Ne parlez pas d'économies. »

TRUFFARDIN.
Procureur, médecin, huissier,
Vous tous qui tourmentez les hommes,
Des exploits de votre métier
Montrez-vous toujours économes ;
Millionnaire, grand seigneur,
Dont la puissance est infinie,
Vous qui dispensez le bonheur,
Ne faites pas d'économie.

MADAME DE SAINT-ELME, *au public.*
Je crains bien, *entre nous soit dit*,
Qu'en examinant notre intrigue,
On lui reproche, en fait d'esprit,
De ne pas être assez prodigue.
Soyez, en blâmant nos défauts,
Plus généreux, je vous en prie;
Et vous, Messieurs, dans vos bravos
Ne mettez pas d'économie.

FIN DE L'AVARE EN GOGUETTES.

LOUISE
OU
LA RÉPARATION

COMÉDIE-VAUDEVILLE EN DEUX ACTES

Représentée, pour la première fois, à Paris, sur le théâtre du Gymnase dramatique, le 16 novembre 1839

EN SOCIÉTÉ AVEC MM. MÉLESVILLE ET BAYARD.

Personnages.

MADAME BARNECK, veuve d'un riche négociant.
LOUISE, sa nièce.
M. DE MALZEN, jeune baron.
SALSBACH, avocat.
FRITZ, domestique de madame Barneck.
SIDLER, ami de Malzen.
Plusieurs Jeunes Gens de Malzen.
Dames invitées a la noce.

La scène se passe dans le grand-duché de Bade.

ACTE PREMIER.

Le théâtre représente un salon de la maison de madame Barneck. Porte au fond. Portes latérales. La porte à gauche de l'acteur est celle de l'appartement de madame Barneck.

SCENE PREMIÈRE.

MADAME BARNECK, SALSBACH.

MADAME BARNECK. Est-il possible? monsieur Salsbach parmi nous! je vous croyais à Saint-Pétersbourg.

SALSBACH. Après deux ans d'absence j'arrive aujourd'hui, ma chère madame Barneck, et viens passer quelques jours avec vous. Je me suis arrêté d'abord à Carlsruhe, pour rendre compte de ma mission à S. A. le grand-duc : il était absent, je ne l'ai pas attendu, et ma seconde visite est pour mes anciens amis, mes excellents clients; car c'est votre mari, feu M. Barneck, qui m'a lancé dans la carrière. Votre fortune n'en a pas souffert; car si j'ai souvent plaidé pour vous...

MADAME BARNECK. Nous avons toujours gagné.

SALSBACH. Je le crois bien; avec vous, c'est facile : vous avez de l'argent et de l'obstination; c'est tout ce qu'il faut dans un procès.

MADAME BARNECK. Moi de l'obstination!

SALSBACH. Ou, si vous aimez mieux, du caractère... un caractère noble, généreux et têtu, qui fait que, quand vous avez une idée là... vous aimeriez mieux ruiner vous et les vôtres que d'y renoncer un instant. Du reste, la meilleure femme du monde, qui mettez à obliger les gens la même ténacité qu'à leur nuire, et dont la bourse est toujours ouverte à l'amitié. J'en sais quelque chose, et les malheureux du pays encore plus que moi.

MADAME BARNECK. Monsieur Salsbach.

SALSBACH. J'espère, du reste, que vos affaires, votre famille, tout cela va bien?

MADAME BARNECK. A merveille! et vous? votre négociation?

SALSBACH. Un plein succès. Nos voisins allaient obtenir à notre détriment un traité de commerce fort désavantageux pour nos mines de Badenville et nos vignobles du Rhin, on ne savait comment l'empêcher.

Air du *Piége*.
Il nous fallait, pour réussir
Dans ces affaires délicates,
Des gens qui pussent parvenir,
Esprits fins, adroits diplomates;
Hommes de génie, à peu près;
Mais dans notre diplomatie,
Les hommes ne manquent jamais :
Il ne manque que du génie.

Alors notre excellent prince a pensé à moi. Il s'est dit : Puisqu'il ne s'agit que d'embrouiller l'affaire, j'ai là le premier avocat de Carlsruhe, M. Salsbach, que je vais leur adjoindre. Et il a eu raison, tout a réussi au gré de ses désirs; aussi j'espère bien que le grand-duc saura reconnaître mes services. Et avant de quitter Calrsruhe je lui laisse une demande. Je sollicite, vous savez, ce qui a toujours été l'objet de mes désirs, de mon ambition, des lettres de noblesse.

MADAME BARNECK. Des lettres de noblesse!

SALSBACH. Pourquoi pas? vous qui vous êtes enrichie dans le commerce, qui avez des millions, qui êtes la première bourgeoise de la ville, vous n'aimez pas les grands seigneurs ni la noblesse; tous les industriels en disent autant, et demandent des cordons; mais moi c'est différent, le titre de *conseiller* ou de *baron* fait bien pour les clients, cela les fait payer double, et rien que ce mot *de*, *de Salsbach* mis au bas d'une consultation, savez-vous ce que cela fera?

MADAME BARNECK. Cela allongera vos plaidoyers, et voilà tout.

SALSBACH. Allons, nous voilà déjà en querelle.

MADAME BARNECK. Certainement, je ne trouve rien de plus ridicule que les gens qui achètent la noblesse.

SALSBACH. Ne disputons pas là-dessus, surtout un jour d'arrivée, et daignez plutôt me présenter à votre aimable nièce, à votre fille d'adoption, la petite Louise, qui, depuis trois ans, doit être bien embellie.

MADAME BARNECK. Grâce au ciel!

SALSBACH. Je me rappelle les soins que vous preniez de son éducation; vous ne la quittiez pas d'un instant, et vu que c'est votre seule parente, celle-là peut se vanter d'avoir un jour une belle fortune.

Air : *On dit que je suis sans malice.*
Que son sort est digne d'envie!
Être à la fois riche et jolie,
C'est trop pour un seul prétendant :
De nos jours on n'en veut pas tant.
L'un la prendrait pour sa richesse,
Un autre pour sa gentillesse;
Ce qu'elle a pour faire un heureux
Suffirait pour en faire deux.

Type de Louise.

Aussi quand elle se mariera...

MADAME BARNECK, *lui prenant la main d'un ton solennel.* Elle se marie aujourd'hui, mon cher monsieur Salsbach.

SALSBACH. Qu'est-ce que vous m'apprenez là?

MADAME BARNECK, *de même.* Dans une heure.

SALSBACH. Et vous ne me le disiez pas, et j'arrive exprès pour cela! J'espère, par exemple, que vous avez jeté les yeux sur ce qu'il y a de mieux, que son époux est jeune, aimable et bien fait.

MADAME BARNECK. Je ne sais, on le dit.

SALSBACH. Comment! vous qui aimiez tant votre nièce, qui deviez être si difficile sur le choix de son mari, vous ne le connaissez pas!

MADAME BARNECK. Je l'ai vu une fois; mais j'aurais peine à me le rappeler.

SALSBACH. Cependant quand il venait faire sa cour à votre nièce...

MADAME BARNECK, *s'animant.* Lui venir ici! lui mettre les pieds chez moi! si cela lui était arrivé, s'il avait osé!..

SALSBACH. Eh! mon Dieu! qu'est-ce que cela veut dire?

MADAME BARNECK. Ah! mon cher monsieur Salsbach, pourquoi étiez-vous absent? c'est dans une pareille affaire que vos conseils et votre expérience m'auraient été bien utiles.

SALSBACH. Parlez, de grâce.

MADAME BARNECK. Chut! Un de nos gens, pas un mot devant lui.

—

SCÈNE II.

LES PRÉCÉDENTS, FRITZ.

FRITZ. Pardon, Madame, si j'entre comme cela.

SALSBACH. Eh! c'est Fritz, votre garde-chasse.

FRITZ. Salut, monsieur Salsbach; vous vous portez bien tout de même.

SALSBACH. Ah! tu me reconnais.

FRITZ. Parbleu! c'est vous qui avez fait mon mariage; et mieux que cela, c'est vous qui avez fait mon

LOUISE, reculant et jetant un cri. Ah! — Acte 2, scène 12.

divorce. Ce sont des choses qui ne s'oublient pas. Ce bon monsieur Salsbach!

SALSBACH. Tu me parais engraissé.

FRITZ. Dame! le calme et la tranquillité, c'est-à-dire, pour le moment, je viens d'avoir une révolution, vu que le futur, pour qui j'avais une commission de Madame, m'a reçu la cravache à la main.

SALSBACH. Hein!

MADAME BARNECK. Est-ce qu'il t'a frappé?

FRITZ. Je ne crois pas, mais c'en était bien près. Il gesticulait en marchant dans la cour de Malzen.

SALSBACH. De Malzen! Comment! ce serait ce jeune baron de Malzen, dont le père, ancien ministre du prince, se croit le premier gentilhomme de l'Allemagne?

MADAME BARNECK. Lui-même.

FRITZ. J'allais donc le prévenir, de la part de Madame, que la cérémonie était pour quatre heures, et qu'il eût à se trouver ici, au château d'Ober-Farhen, pour y recevoir la bénédiction nuptiale, comme le jugement l'y condamne.

SALSBACH. Le jugement!

FRITZ. Ah! dame, il avait l'air vexé.

MADAME BARNECK. Vraiment?

FRITZ. Ça faisait plaisir à voir; il se mordait les lèvres en disant : « Je le sais, j'ai reçu l'assignation; mais ta maîtresse est bien pressée. — Oh! que je lui ai dit d'un petit air en dessous, elle ne s'en soucie pas plus que votre seigneurie; mais quand il y a jugement, faut obéir à la loi. »

MADAME BARNECK. Très-bien.

SALSBACH. Si j'y comprends un mot...

FRITZ. Ça l'a piqué, il s'est avancé, je crois, pour me payer ma commission, et comme Madame m'avait défendu de rien recevoir, j'y ai tourné le dos, au galop.

MADAME BARNECK. Et tu as bien fait; va, mon garçon, je suis contente. Va voir si tout est disposé dans la chapelle; et fais dresser la table pour le souper.

FRITZ. Oui, Madame, et je souperai aussi. (*Fritz sort par le fond, Salsbach le reconduit, et en descendant le théâtre il se trouve à la droite de madame Barneck.*)

SCÈNE III.

SALSBACH, MADAME BARNECK.

SALSBACH. L'ai-je bien entendu ! un mariage par arrêt de la cour?

MADAME BARNECK. Eh bien ! oui, c'est la vérité ; vous savez que, quand je plaide une fois, j'y mets du caractère, et j'aurais dépensé un million en assignations, plutôt que de ne pas obtenir la réparation qu'il devait à notre famille.

SALSBACH. J'entends. Ces jeunes nobles se croient tout permis, et le baron de Malzen aura tenté de séduire Louise.

MADAME BARNECK. La séduire !

AIR : *Un jeune page aimait Adèle.*
Que dites-vous? dans mon expérience
N'a-t-elle pas un modèle, un soutien?
Oui, de son cœur, où règne l'innocence,
Je vous réponds, Monsieur, comme du mien.
Aussi, malgré tout l'amour qu'elle inspire,
Le plus hardi n'eût osé s'avancer ;
Car, pour tenter de la séduire,
C'était par moi qu'il fallait commencer.

La pauvre enfant, grâce au ciel, n'a rien à se reprocher, et elle me disait hier encore, en caressant le petit Alfred, son fils...

SALSBACH. O ciel ! vous seriez grand'tante !

MADAME BARNECK. D'un enfant beau comme le jour.

SALSBACH. Miséricorde ! voilà du nouveau.

MADAME BARNECK. Un enfant dont je raffole, je ne peux pas vivre sans lui ; c'est moi, Monsieur, qui suis sa marraine.

SALSBACH. J'y suis. Vous si bonne, si indulgente ! vous avez pardonné à votre nièce.

MADAME BARNECK. Lui pardonner ! et quoi donc ? est-ce sa faute si le baptême est venu avant les fiançailles? est-ce sa faute si un rapt, un enlèvement?.. Ne parlons pas de cela ; car je me mettrais en colère ; et depuis trois ans, je ne fais pas autre chose. Je serais morte de chagrin, sans le désir d'obtenir justice, et de désoler ces grands seigneurs, ces barons que je ne puis souffrir. Il n'y avait que cela qui me soutenait. Je me suis d'abord adressée à l'ancien ministre, au vieux Malzen.

SALSBACH. C'était bien, c'était la marche à suivre.

MADAME BARNECK. Croiriez-vous qu'il a eu l'audace de me répondre, en l'absence de son fils qui voyageait alors en Italie, que si réellement le jeune homme s'était oublié avec une petite bourgeoise, il ne se refuserait pas à payer des dommages, et la pension d'usage.

SALSBACH, *avec colère.* Une pension ! des dommages-intérêts, pour réparer!..

MADAME BARNECK, *vivement.* Oui, Monsieur, ce qui est irréparable. Je répondis que les Barneck, enrichis par le travail et le commerce, valaient un peu mieux que les Malzen, barons ruinés par l'orgueil et la paresse.

SALSBACH. A la bonne heure.

MADAME BARNECK. Que c'était moi qui croyais me mésallier en faisant un pareil mariage ; mais que je voulais qu'il eût lieu pour rendre l'honneur à ma nièce, un rang à son fils, car je veux que mon filleul soit baron. Ce cher enfant, il le sera.

SALSBACH. Vous qui ne les aimez pas ?

MADAME BARNECK. Ah ! dans ma famille, c'est différent.

SALSBACH. Et M. de Malzen...

MADAME BARNECK. Se permit de m'envoyer promener.

SALSBACH. L'insolent !

MADAME BARNECK. Moi, je menaçai d'un procès.

SALSBACH. Il fallait commencer par là. Un procès ! et je n'y étais pas ! Comme je l'aurais mené ! J'aurais mangé sa fortune et la vôtre.

MADAME BARNECK, *lui prenant la main.* Ah ! mon ami !

SALSBACH. Voilà comme je suis ! C'est dans ces cas-là qu'on se retrouve.

MADAME BARNECK. En votre absence, je fis marcher les huissiers ; on plaida, et, en moins d'un an, je gagnai en deux instances.

SALSBACH. Bravo ! je n'aurais pas mieux fait.

AIR : *Un homme pour faire un tableau.*
Le bon droit enfin l'emporta.
MADAME BARNECK.
Mais par une chance fatale,
Le vieux baron nous échappa ;
Il était mort dans l'intervalle.
J'ai toujours, je le connaissais,
Des soupçons sur sa fin précoce,
Et je crois qu'il est mort exprès
Pour ne point paraître à la noce.

SALSBACH. Mais son fils?..

MADAME BARNECK. Son fils, revenu depuis peu de ses voyages, doit se présenter aujourd'hui pour exécuter la sentence.

SALSBACH. Il paraît que ce n'est pas de trop bonne grâce.

MADAME BARNECK. Oh ! vous n'avez pas d'idée de tout ce qu'il a fait pour nous échapper, jusqu'à nous menacer de se brûler la cervelle.

SALSBACH. Vraiment !

MADAME BARNECK. Toutes les chicanes possibles ! Mais il n'y a pas moyen pour lui de se soustraire ni à l'arrêt, ni à la noce ; car, grâce au ciel, il y est contraint, et par corps.

SALSBACH. C'est bien.

MADAME BARNECK. Je n'ai pas besoin de vous dire que le procès a été jugé à huis clos, et que, dans l'intérêt même de ma nièce, je n'ai pas laissé ébruiter l'affaire. Une seule chose me contrarie, c'est l'indifférence de Louise. Elle ne sent pas comme nous le plaisir de la vengeance. Vous ne croiriez pas que ce matin elle ne voulait pas entendre parler de ce mariage, et voyez où nous en serions si le refus venait d'elle. Heureusement que vous voici, et je compte sur vous pour la décider à être baronne.

SALSBACH. Soyez tranquille.

MADAME BARNECK. Mais j'entends déjà les voitures ; sans doute nos jeunes gens. Bravo ! courons à ma toilette.

SALSBACH. Comment ? du monde ?

MADAME BARNECK. Eh ! oui. Vous ne savez pas ! M. de Malzen avait demandé, pour se sauver une humiliation, que le mariage se fît sans bruit, sans témoins.

AIR de *Ma tante Aurore.*
Mais je ne lui fais pas de grâce :
Il craint l'éclat, et sans façons,
Moi j'ai fait inviter en masse
Tous les nobles des environs.
Quel dépit quand on va lui faire
Des compliments à l'étourdir !
Et puis au bal quelle colère !
Avec lui je prétends l'ouvrir.
SALSBACH.
Vous danserez !
MADAME BARNECK.
Ah ! quel plaisir !
A quinze ans je crois revenir.
La vengeance fait rajeunir.
Ah ! quel plaisir !
(*Elle rentre dans son appartement.*)

SALSBACH. Elle en perdra la tête, c'est sûr. Quant à sa nièce, je vais...

SCÈNE IV.

SALSBACH, SIDLER, PLUSIEURS JEUNES GENS EN TOILETTE.

CHŒUR.

AIR : *Au lever de la mariée.*

Dès qu'un ami nous appelle,
Nous accourons à sa voix ;
Prêts à célébrer la belle
Qui l'enchaîne sous ses lois.
C'est à l'amitié fidèle
De célébrer à la fois
L'amour, l'hymen et ses lois.

SALSBACH. Ma chère cliente avait raison, ce sont tous les gentilshommes des environs.

SIDLER. Monsieur, nous avons l'honneur... (*Bas, aux autres.*) Figure respectable, air gauche. S'il y a un père, c'est lui. (*Haut.*) Nous nous rendons à l'aimable invitation de notre ami Malzen, qui, à ce qu'il paraît, n'est pas encore arrivé.

SALSBACH, *froidement.* Non, Messieurs. Vous êtes plus pressés que lui.

SIDLER. Il est vrai que nous sommes venus si vite ; et il fait une chaleur... (*Bas, aux jeunes gens.*) Il me semble qu'il pourrait nous offrir des rafraîchissements, ou du moins un siége. (*Haut, à Salsbach.*) Monsieur est un parent de la mariée ?

SALSBACH, *froidement.* Non, Monsieur ; un ami.

SIDLER. Chargé peut-être de nous faire les honneurs ?

SALSBACH. Je ne suis chargé de rien.

SIDLER. Je m'en doutais. Il est impossible alors de remplir avec plus d'exactitude et de fidélité les fonctions que vous vous êtes réservées.

SALSBACH.

AIR des *Amazones.*

Le fat ! j'étouffe de colère.
SIDLER, *en riant, à ses amis.*
Que dites-vous du compliment ?
SALSBACH.
Mais attendons, j'aurai bientôt, j'espère,
Comme eux, droit d'être impertinent.
Depuis longtemps ils l'ont par leur naissance ;
Mais qu'un jour je l'aie obtenu,
Plus qu'eux encor j'aurai de l'insolence,
Pour réparer du moins le temps perdu.

(*Salsbach passe à gauche, Sidler et les jeunes gens à droite.*)

SIDLER, *qui pendant ce temps s'est rapproché de la porte du fond.* Mes amis, mes amis, j'aperçois le marié ; il entre dans la cour.

TOUS. Est-il bien beau ?

SIDLER. Non, vraiment, en bottes, en éperons, costume de cheval, singulier habit de noce ! Mais il paraît qu'ici (*Regardant Salsbach en riant.*) tout est original.

SALSBACH, *à part.* Encore, morbleu ! Allons trouver Louise, et faire prévenir la tante de l'arrivée de son estimable neveu. (*Il entre dans l'appartement de madame Barneck.*)

SIDLER. Allons, Messieurs, le compliment d'usage au marié.

SCÈNE V.

LES PRÉCÉDENTS ; MALZEN, *entrant :* SIDLER ET LES AUTRES, *l'entourant.*

REPRISE DU CHŒUR.

Dès qu'un ami nous appelle,
Nous accourons à sa voix,
Prêts à célébrer la belle
Qui l'enchaîne sous ses lois.
C'est à l'amitié fidèle
De célébrer à la fois
L'amour, l'hymen et ses lois.

MALZEN. Que vois-je ! comment, vous êtes ici, qui vous y amène ?

SIDLER. Et lui aussi ! c'est aimable. Il paraît que c'est le jour aux réceptions gracieuses. Ingrat ! nous venons assister à ton bonheur.

MALZEN. Que le diable les emporte ! (*Haut.*) Je suis bien reconnaissant ; mais, de grâce, qui a daigné vous prévenir ?

SIDLER, *lui présentant une lettre.* Toi-même ; vois plutôt, la circulaire de rigueur.

MALZEN, *prenant la lettre.* Hein ! plaît-il ! (*La parcourant des yeux.*) « Le baron de Malzen vous prie « de lui faire l'honneur, *et cætera.* » Allons, encore un tour de cette vieille folle. Décidément, c'est une guerre à mort.

SIDLER. Est-ce que ce n'est pas toi qui nous as invités ?

MALZEN. Je m'en serais bien gardé ; non pas que je ne sois charmé... mais dans la position où je me trouve...

SIDLER. Je me doutais bien qu'il y avait quelque chose ; tu n'es pas très-bien avec la famille ?

MALZEN. On ne peut pas plus mal.

SIDLER. Je comprends. La jeune personne... une passion...

MALZEN. Du tout, elle ne peut pas me souffrir.

SIDLER. Bah ! alors c'est donc toi...

MALZEN. Moi ! je la déteste.

SIDLER. J'y suis. C'est tout à fait un mariage de convenance.

MALZEN. Il n'y en a aucune.

SIDLER. Et tu l'épouses ?

MALZEN. Peut-être.

SIDLER. Ah çà ! mais à moins d'y être condamné...

MALZEN. Précisément, je le suis.

TOUS. Que dis-tu ?

SIDLER. Oh ! pour le coup, je m'y perds ; explique-toi !

MALZEN. C'est bien l'aventure la plus maussade et la plus comique en même temps ; car si elle était arrivée à l'un de vous, j'en rirais de bon cœur, parce qu'au fond le malheur ne me rend pas injuste. Au fait, le commencement était assez agréable : une jeune fille, jolie et fraîche comme les amours, seize ans au plus, simple comme au village, du moins je le croyais ; car maintenant je suis sûr que j'avais affaire à la coquette la plus adroite ! C'était dans un bal. Eh ! mais, Sidler, tu y étais aussi, il y a trois ans ?

SIDLER. Chez le grand bailli ! parbleu, je m'en souviens ; je faillis étouffer quand le feu prit à la salle ; tout le monde courait.

MALZEN. C'est cela. Tremblant pour les jours de ma jolie danseuse, je l'enlevai dans mes bras, et la portai au bout du jardin, dans un pavillon isolé, où, vu la distance, il était impossible que le feu arrivât. Mais je n'avais pas prévu un autre danger, la petite s'était évanouie pendant le trajet; j'étais fort embarrassé pour avoir du secours; je n'osais la quitter. (Souriant.) Et puis, entre nous, j'ai le malheur de ne pas croire aux évanouissements ! Bref, je ne sais, mais je n'appelai personne... et... enfin, c'est trois mois après, lorsque j'étais au fond de l'Italie, que j'apprends qu'on me suscite le procès le plus ridicule.

SIDLER. C'est drôle, cette histoire-là; tu aurais dû nous l'écrire.

MALZEN. Oui, autant la mettre dans la gazette, et puis cela a été si vite. Se trouver tout de suite époux et père, par arrêt de la cour, et avec dépens.

Air de *l'Artiste.*

D'un fils on me menace,
J'ignorais qu'il fût né;
Et, père contumace,
Me voilà condamné.
J'arrive par prudence,
Et sans retard aucun,
De peur que mon absence
Ne m'en coûte encore un.

SIDLER. C'est donc une famille qui a du crédit, une famille noble ?

MALZEN. Eh ! non, de la bonne bourgeoisie, et voilà tout.

SIDLER. Il fallait en appeler.

MALZEN. Nous n'y avons pas manqué ; et nous avons encore perdu.

SIDLER. C'est une horreur ! mais cela ne me surprend pas, la justice à présent est si bourgeoise! elle est pour tout le monde. Mais elle a beau faire, nous sommes au-dessus d'elle, et à la place...

MALZEN. Qu'est-ce que tu ferais ?

SIDLER. Je m'en irais; je me moquerais de l'arrêt. (*Les jeunes gens remontent la scène, Malzen et Sidler seuls se trouvent sur le devant.*)

MALZEN. Et si je ne l'exécute pas, je suis privé de mon grade, déshonoré, je ne puis plus servir, ma carrière est perdue.

SIDLER. Il fallait alors t'adresser au prince, dont ton père a été ministre; il t'aime, et si tu lui présentais requête...

MALZEN. C'est ce que j'ai fait inutilement. Hier encore je lui en ai adressé une nouvelle. La réponse n'arrive pas, l'heure s'avance, et pour la mémoire de mon père, pour ma propre dignité, il ne me reste plus qu'un moyen, que j'aurais dû peut-être tenter plus tôt. Chut! (*Regardant par la porte à gauche.*) Quelqu'un paraît au bout de cette galerie.

SIDLER. Est-ce la mariée ?

MALZEN. Eh ! non, c'est la tante.

SIDLER. Dieu ! quelle toilette !

MALZEN. Et quel port majestueux ! un vrai portrait de famille. Décidément il n'est pas permis d'avoir une tante comme ça. Laissez-moi, j'ai à lui parler.

SIDLER. Veux-tu que nous restions là pour te soutenir ?

MALZEN. Du tout.

SIDLER. Mais tu ne seras pas en force.

MALZEN.

Air du *Siège de Corinthe.*

Laissez-moi seul avec ma tante.

SIDLER.

Vous laisser ainsi tous les deux !
Avec femme si séduisante,
Le tête-à-tête est dangereux.
Si dans tes bras en pamoison soudaine,

Comme sa nièce, elle allait se trouver!
Crains sa faiblesse.

MALZEN.

Ah ! crains plutôt la mienne.
Je ne pourrais à coup sûr l'enlever.

ENSEMBLE.

MALZEN.

Oui, morbleu! je brave la tante,
Laissez-nous ici tous les deux;
L'entretien qui vous épouvante
N'a rien pour moi de dangereux.

SIDLER ET LE CHŒUR.

Allons, puisqu'il brave la tante,
Laissons-les ici tous les deux;
Mais pour lui cela m'épouvante;
Le tête-à-tête est dangereux.

(*Sidler et les jeunes gens entrent dans l'appartement à droite.*)

SCÈNE VI.

MALZEN; MADAME BARNECK, *en grande parure.*

MADAME BARNECK. Monsieur, on me prévient à l'instant...

MALZEN. Madame, vous voyez un ennemi que le sort des armes n'a pas favorisé, et qui se rend à l'invitation que vous avez eu la bonté de lui faire signifier.

MADAME BARNECK. C'est un peu tard, monsieur le baron; mais quand on y met autant de grâce et de bonne volonté. (*A part.*) Il étouffe. Oh ! que cela fait du bien !

MALZEN. J'aurais pourtant quelques reproches à vous faire.

Air du *Premier prix.*

Pourquoi ces gens, cet étalage?
Nous étions convenus ..

MADAME BARNECK.

Pardon,
Vous savez qu'en un mariage...

MALZEN.

Ah ! ne lui donnez pas ce nom.
C'est un combat, c'est une guerre.

MADAME BARNECK.

Rendez alors grâce à mes soins ;
Car dans un combat, d'ordinaire,
Vous savez qu'il faut des témoins.

Tout est prêt, Monsieur, et si vous voulez me suivre...

MALZEN. Permettez, Madame, je désirerais avant tout un moment d'entretien.

MADAME BARNECK. Comme ce n'est pas moi qui suis la fiancée, je vais faire appeler ma nièce, (*Appuyant.*) madame la baronne de Malzen.

MALZEN. La baronne ! (*Froidement.*) Non, Madame, la présence de mademoiselle votre nièce est inutile; c'est avec vous seule que je veux causer un instant, si vous consentez à m'entendre.

MADAME BARNECK. Oui, Monsieur, avec calme et sans vous interrompre ? dût-il m'en coûter, je vous le promets. (*Ils s'asseyent.*)

MALZEN, *après un court silence.* Ce qui s'est passé, Madame, a pu vous donner de moi une opinion assez défavorable ; mais j'ose croire que, lorsque vous me connaîtrez, vous me jugerez mieux. J'ai eu des torts, j'en conviens, et je ne les ai que trop expiés. C'est votre obstination qui a causé la mort de mon père...

MADAME BARNECK. Quoi! Monsieur...

MALZEN. Oui, Madame, voilà ce que je ne pardonnerai jamais. Jugez alors si je puis entrer dans votre famille, et si ce mariage n'est pas impossible.

MADAME BARNECK. Impossible, Monsieur, si c'est pour cela...

MALZEN. Ah! Madame, vous m'avez promis de ne pas m'interrompre : oui, un mariage impossible; car il ferait mon malheur, celui de votre nièce; et vous ne voudriez pas la punir aussi, en la forçant à épouser quelqu'un qu'elle n'aime point, et qui n'aura jamais d'amour pour elle.

MADAME BARNECK. S'il y avait eu d'autres moyens...

MALZEN. Il en est un, Madame; je vous dois un aveu, et je le ferai, quelque pénible qu'il puisse être pour moi. Vous me croyez riche, vous vous trompez; je ne le suis pas. Mon père ne m'a rien laissé que son nom et ses titres. Tout ce que je puis donc faire pour réparer mes torts, c'est de reconnaître mon fils, de lui donner ce nom, ces titres, désormais mon seul bien. Et pour que vous soyez sûre que personne au monde ne pourra les lui disputer, je promets dès aujourd'hui de ne jamais me marier, de renoncer à toute alliance, et je suis prêt à en donner toutes les garanties que vous désirerez.

AIR du *Baiser au porteur.*

Ma parole n'est pas trompeuse,
Je vous le jure sur l'honneur!
Que votre nièce soit heureuse;
Pour moi, je renonce au bonheur.
Ainsi, Madame, et sans vaine chicane,
Mon crime peut être effacé,
Et l'avenir auquel je me condamne
Expira les torts du passé.

Voilà, Madame, la satisfaction que je vous offre.

MADAME BARNECK, *se levant.* Et moi, Monsieur, je la refuse...

MALZEN, *se levant.* Madame!

MADAME BARNECK. Mais, Monsieur, la famille Barneck est riche, très-riche. Ce n'est ni la fortune, ni le titre d'un baron qui peut la satisfaire dans son honneur; il lui faut mieux que cela.

MALZEN. Oui, le baron lui-même.

MADAME BARNECK. Un bon mariage, bien public, bien solennel.

MALZEN. Un mariage! toujours ce maudit mariage!

MADAME BARNECK. Et il se fera aujourd'hui, dans une heure.

MALZEN. Mais je vous répète que je n'aime point votre nièce.

MADAME BARNECK. Quand on se marie à l'amiable, cela peut être nécessaire; mais dans les mariages par arrêt de la cour, on peut s'en passer.

MALZEN. Eh bien! Madame, apprenez donc la vérité : je l'abhorre, je la déteste.

MADAME BARNECK. Nous en avons autant à vous offrir; mais quand la loi est là, il faut bien s'y soumettre.

MALZEN. C'est ce que nous verrons.

MADAME BARNECK. L'arrêt vous condamne à épouser, et vous épouserez.

MALZEN, *hors de lui-même.* Plutôt vous épouser vous-même.

MADAME BARNECK. Eh mais! s'il y avait jugement, il le faudrait bien.

MALZEN. Je ne sais où j'en suis, et je serais capable de tout. Eh bien! Madame, puisque votre absurde tyrannie m'y contraint, il faudra bien devenir votre neveu; mais je vous préviens qu'aujourd'hui même, aussitôt le mariage célébré, je forme ma demande en séparation.

MADAME BARNECK. La nôtre est déjà prête. La loi permet en pareil cas de se séparer au bout de vingt-quatre heures; et nous comptons bien profiter du bénéfice de la loi.

MALZEN. Moi aussi.

AIR : *Non, non, vous ne partirez pas.*

Ah! j'y consens, je suis tout prêt.
  MADAME BARNECK.
C'est combler mon plus cher souhait.
  MALZEN.
D'avance mon cœur s'y soumet.
  MADAME BARNECK.
C'est un bonheur.
  MALZEN.
    C'est un bienfait.
  MADAME BARNECK, *vivement.*
Alors plus de querelle.
  MALZEN, *de même.*
Car enfin, grâce au sort,
La rencontre est nouvelle,
Nous voilà donc d'accord.
  TOUS DEUX, *avec ironie.*
Toujours d'accord, toujours d'accord.
  (*A part, avec colère.*)
Quel caractère! ah! c'est trop fort.
Je lui jure une guerre à mort.

SCÈNE VII.

LES PRÉCÉDENTS, SIDLER ET SES COMPAGNONS, *arrivant.*

(*Suite de l'air.*)

ENSEMBLE.

  SIDLER ET LES AMIS.
Qu'avez-vous? quel est ce transport?
Et pourquoi donc crier si fort?
La méthode est vraiment nouvelle,
  Mais pourquoi crier si fort
  Si vous êtes d'accord?
  MADAME BARNECK ET MALZEN, *criant.*
De grâce, calmez ce transport.
Grâce au ciel, nous voilà d'accord.
  (*A part.*)
Ah! de cette injure nouvelle
Je veux me venger encor :
  Tous deux être d'accord!
Non, non, c'est une guerre à mort.

SIDLER. A merveille, voici que vous vous entendez.

MALZEN. Joliment!

SIDLER. Est-ce qu'elle tient toujours à ses idées matrimoniales?

MALZEN. Plus que jamais.

SIDLER. Allons, mon cher, il faut se résigner. Je sors du salon, où la mariée vient d'arriver; vrai, elle n'est pas mal, et, si tu n'y étais pas obligé, je t'en ferais mon compliment.

MALZEN. Je n'y tiens pas.

SIDLER. Mais console-toi, nous sommes là, nous ne sommes pas tes amis pour rien.

MALZEN. Vous en êtes bien les maîtres. Le ciel m'est témoin que je ne vous empêche pas de m'enlever ma femme.

MADAME BARNECK. Quelle indignité.

MALZEN. Mais je ne vous le conseille pas; car Madame vous ferait un procès en dommages-intérêts.

SIDLER, *riant.* Pas possible.

MALZEN. Et comme aujourd'hui même nous sommes séparés, elle peut vous faire condamner dès demain à épouser en secondes noces.

MADAME BARNECK, *prête à s'emporter.* Monsieur! (*Se retenant.*) Mais, vous avez beau faire, vous ne me mettrez pas en colère. Je suis trop heureuse, car vous nous épouserez; oui, vous nous épouserez.

SIDLER. Voilà bien la femme la plus entêtée...
MALZEN, à part. Dieu, si ce n'était pas ma tante, si c'était seulement mon oncle, comme je l'aurais déjà fait sauter par la fenêtre. Qui vient là?

SCÈNE VIII.

LES PRÉCÉDENTS, FRITZ.

FRITZ. Madame, c'est un courrier à la livrée du prince, qui arrive en toute hâte de la part du grand-duc.
MALZEN, à Sidler. Quel espoir!
MADAME BARNECK, étonnée. Qu'est-ce que cela veut dire?
FRITZ. Il apporte deux lettres de son altesse : l'une est pour M. Salsbach, qui doit être ici.
MADAME BARNECK. C'est bien. Je me doute de ce que c'est, je la lui remettrai.
FRITZ. L'autre est adressée à monsieur le baron de Malzen.
MALZEN. Donne vite. Eh bien! est-ce que tu n'oses avancer?
FRITZ. C'est que je vous vois la même cravache que ce matin.
MALZEN, prenant vivement la lettre. Eh! donne donc. Dieu soit loué! c'est la lettre que j'attendais; et je triomphe enfin.
MADAME BARNECK. Que dit-il?
MALZEN, vivement et avec joie. Oui, Madame, j'avais écrit au prince, et lui rappelant les services de mon père et les miens, je l'avais supplié de refuser son consentement à ce mariage.
MADAME BARNECK. Vous auriez osé?..
MALZEN. Vous m'aviez fait condamner, je me suis pourvu en grâce.
MADAME BARNECK. Si un souverain osait commettre une pareille injustice...
MALZEN, qui tout en parlant a décacheté la lettre, vient de jeter les yeux dessus, et fait un mouvement de douleur. O ciel!
TOUS. Qu'est-ce donc?
MALZEN, lisant d'une voix émue. « Mon cher Malzen,
« il y a un pouvoir au-dessus du mien : c'est celui
« des lois. Elles ont prononcé; je dois me taire, et
« donner le premier à mes sujets l'exemple du res-
« pect qu'on doit à la justice. Votre affectionné
« maître. » (Froissant la lettre avec dépit.) Quelle indignité!
SIDLER. Quel absolutisme?
MADAME BARNECK. Ah! le bon prince! le grand prince! le magnanime souverain! Dès demain, j'irai me jeter à ses pieds; mais, aujourd'hui, nous devons avant tout songer au mariage : car l'heure est près de sonner. (A Malzen.) Rassurez-vous, monsieur le baron, on vous laissera un instant pour votre toilette, car je conçois que ce costume...
MALZEN. Ce costume, Madame, je le trouve fort bon; et je n'en changerai rien, absolument rien.
MADAME BARNECK. A la bonne heure. (A part.) Encore un affront qu'il veut nous faire; mais c'est égal, on enrage en frac aussi bien qu'en grand uniforme, et voilà ma vengeance qui arrive, voilà la mariée.

SCÈNE IX.

LES PRÉCÉDENTS, GENS DE LA NOCE, SALSBACH, donnant la main à LOUISE, qui est habillée en mariée. Toute la noce sort de l'appartement de madame Barneck.

CHŒUR.

AIR : Enfin il revoit ce séjour (de MALVINA).
Enfin voici l'heureux moment
Qui tous deux les engage;
Pour son mari quel sort charmant!
Qu'il doit être content!
SALSBACH, bas, à Louise.
Eh mais! pourquoi donc cet effroi?
Un peu plus de courage.
(Il passe à la droite de madame Barneck.)
MADAME BARNECK, à Louise.
Allons, mon enfant, calme-toi,
N'es-tu pas près de moi?
Enfin, voici l'heureux moment, etc.

CHŒUR.

Enfin, voici l'heureux moment, etc.

SALSBACH, bas, à madame Barneck. Ce n'est pas sans peine que je l'ai décidée; mais enfin, grâce à mon éloquence...
MADAME BARNECK. C'est bien. (A Louise.) Ne t'avise pas de pleurer; tu le rendrais trop heureux.
SIDLER, de l'autre côté du théâtre, bas, à Malzen. Quand je te disais qu'elle n'était pas mal, surtout ainsi, les yeux baissés...
MALZEN, la regardant avec dépit. Laissez-moi donc tranquille! un petit air hypocrite.
MADAME BARNECK. Partons, l'on nous attend dans la chapelle. (Bas, à Salsbach.) Ayez soin, aussitôt après le mariage, de dresser l'acte de la séparation : c'est vous que j'en charge.
SALSBACH. Soyez tranquille.
MADAME BARNECK. Et puis j'oubliais, une lettre qui vient d'arriver pour vous, de la part du grand-duc.
SALSBACH. Il serait possible! une place de conseiller, mes lettres de noblesse!
TOUS. Partons, partons.
SIDLER, à Salsbach. Monsieur l'ami de la famille ne vient pas?
SALSBACH, tenant la lettre. Non, je reste.
MALZEN. Je conçois, quand on n'y est pas condamné...
MADAME BARNECK. Allons, madame la baronne.

CHŒUR.

Enfin, voici l'heureux moment, etc.
(Malzen engage Sidler à donner la main à Louise. Dépit de madame Barneck en voyant sa nièce conduite par Sidler; Malzen offre la main à madame Barneck. Ils sortent tous par le fond.)

SCÈNE X.

SALSBACH, seul. Il me tardait qu'ils s'éloignassent; car, devant tout ce monde, je n'aurais pu être heureux à mon aise. Le cœur me bat en pensant que j'ai là dans ma main mes lettres de noblesse. Qui seraient bien étonnés, s'ils le savaient? ce sont ces jeunes freluquets de ce matin, le baron de Malzen, et surtout mon père, le maître d'école, s'il revenait au monde. Le cachet est rompu. C'est sans doute de la chancellerie? Non, de la main même du prince. Des lettres closes, quel honneur! Lisons.

« Monsieur,
« Le baron de Malzen a imploré ma protection
« contre la famille Barneck, dont vous êtes l'ami et
« le conseil. J'ai dû respecter la justice en refusant mon
« intervention... je vois d'ailleurs avec plaisir, dans
« mes États, les alliances des familles riches et des
« familles nobles. J'entends donc que ce mariage,
« devenu nécessaire, ait lieu aujourd'hui même. »
(*S'interrompant.*) C'est aussi notre intention, et son
altesse sera satisfaite, car, dans ce moment, sans
doute, bon gré, mal gré, les époux sont bénis. (*Continuant.*) « Mais je sais que, dans ce cas-là, la loi au-
« torise quelquefois une séparation, à laquelle Malzen
« est décidé à avoir recours. » (*S'interrompant.*) Il
n'est pas le seul, sa femme aussi. (*Continuant.*) « Il y
« a eu déjà trop de scandale dans cette affaire ; cette
« séparation en serait un nouveau que je veux em-
« pêcher ; et, pour cela, je compte sur vous. » Sur
moi ! (*Continuant.*) « Je suis tellement persuadé que
« votre intervention et vos soins conciliateurs amè-
« neront cet heureux résultat, que j'ai différé jusque-
« là de vous accorder ce que vous sollicitez. » Ah !
mon Dieu ! (*Continuant.*) « Mais au premier enfant
« qui naîtra du mariage contracté aujourd'hui, je
« vous promets cette grâce, que vous méritez du
« reste à tant de titres, etc., etc., etc. » Qu'est-ce
que je viens de lire ! et de quelle mission le prince
s'avise-t-il de me charger !

AIR : *J'en guette un petit de mon âge.*

Y pense-t-il ? quelle folie ?
Moi qui dois l'exemple au palais :
Il veut que je les concilie,
Et que j'accommode un procès.
Cet usage n'est pas des nôtres ;
Mais il l'exige... par égard,
Arrangeons-le... quitte plus tard
A se rattraper sur les autres.

D'ailleurs mes lettres de noblesse en dépendent.
Mais comment désarmer la tante, la plus obstinée des
femmes, et rapprocher des jeunes gens qui s'abhorrent, qui se détestent ? Un enfant ! Eh mais ! il y en
a un. (*Relisant la lettre.*) « Qui naîtra du mariage con-
« tracté aujourd'hui. » C'est clair : celui qui a précédé ne compte pas. Eh mais ! je les entends. C'est
toute la noce qui vient.

SCÈNE XI.

SALSBACH, LOUISE, MADAME BARNECK, MALZEN, SIDLER, FRITZ, PAYSANS, GARDES-CHASSE, GENS DE LA NOCE.

(*En entrant, Malzen donne la main à Louise ; mais aussitôt madame Barneck les sépare et se met entre eux.*)

FINAL.
AIR : Fragment du premier final de *la Fiancée.*

CHŒUR.

Ils sont unis. Ah ! quelle ivresse !
Quel doux moment ! quel jour heureux !
Qu'à les fêter chacun s'empresse ;
Pour leur bonheur formons des vœux.

MADAME BARNECK, *radieuse, et bas, à Salsbach.* Je triomphe.

MALZEN, *avec embarras.*
A l'arrêt j'ai souscrit, Madame,
Et votre nièce est donc ma femme.

SALSBACH, *le regardant.*
Pauvre garçon !

MALZEN.
Mais du bienfait
Dont vous avez flatté mon âme
J'ose espérer l'heureux effet.
Pour nous séparer l'acte est prêt.

MADAME BARNECK, *vivement.*
Moi-même aussi je le réclame.

SALSBACH, *à part.* Ah ! diable !
(*Haut.*)
Comme ils y vont ! Mais un moment.

MADAME BARNECK.
On peut signer.

MALZEN.
Dès ce soir.

MADAME BARNECK.
A l'instant.

SALSBACH, *passant entre Malzen et madame Barneck.*
Non pas, non pas, la loi est formelle ; elle ordonne
qu'avant la séparation les époux restent au moins
vingt-quatre heures ensemble, et sous le même toit.

MALZEN. C'est trop fort.

MADAME BARNECK. Non, jamais.

SALSBACH. Aimez-vous mieux que le mariage soit bon et inattaquable ?

MALZEN ET MADAME BARNECK. Ce serait encore pire.

ENSEMBLE.

MALZEN, *à part.*
L'aventure est cruelle.
Quoi ! j'aurais la douleur
D'habiter près de celle
Qui cause mon malheur !

LE CHŒUR.
L'aventure est nouvelle.
Un autre, plein d'ardeur,
Dans cette loi cruelle
Trouverait le bonheur.

MADAME BARNECK, *à part.*
L'aventure est cruelle.
Quoi ! j'aurais la douleur
De le voir près de celle
Dont il fit le malheur !

SALSBACH, *à part.*
L'aventure est nouvelle.
J'espère au fond du cœur
Que cette loi formelle
Sauvera mon honneur.

MALZEN, *avec effort.*
Jusqu'à demain, puisqu'il nous faut attendre,
Soumettons-nous.

SALSBACH, *souriant.*
C'est le plus court parti.

MALZEN.
Mais la justice, en m'ordonnant ainsi
Malgré moi de rester ici,
A rien de plus ne peut prétendre.

MADAME BARNECK, *montrant l'appartement à gauche.*
Dans notre appartement, ma nièce, il faut nous rendre.

MALZEN, *montrant celui qui est à droite.*
Je pense que le mien est de ce côté-là ?

MADAME BARNECK, *vivement.*
Oui, dans l'aile du nord.

SALSBACH.
Le plus froid, c'est cela.
L'un ici, l'autre là !

ENSEMBLE.

SALSBACH, *à part.*
Quel doux accord, quel bon ménage !
Comment, hélas ! les réunir ?
Ah ! c'en est fait, je perds courage,
Et, comme lui, je vais dormir.

MADAME BARNECK.
Par cet affront, par cet outrage,
Il croit peut-être nous punir ;
Mais au fond du cœur il enrage,
Et cela double mon plaisir.

MALZEN, *à part.*
Allons, allons, prenons courage,
Mon supplice est près de finir ;
Et de cet indigne esclavage
Je saurai bientôt m'affranchir.

LE CHŒUR.
Ah! quel affront! ah! quel outrage!
Nous qui comptions nous réjouir,
Nous inviter au mariage
Pour nous envoyer tous dormir.

(*Madame Barneck emmène Louise dans son appartement. Malzen, Sidler et les jeunes gens sortent du côté opposé. Le reste de la noce sort par le fond.*)

ACTE DEUXIÈME.

Le théâtre représente l'appartement de Louise. Au fond, une alcôve. Deux portes latérales : celle de droite conduit à l'appartement de la tante ; celle de gauche est la porte d'entrée. Au fond, deux croisées avec balcon extérieur. Auprès de la porte à droite et sur le devant une table de toilette. Deux flambeaux allumés.

SCÈNE PREMIÈRE.

LOUISE, *en négligé du matin, assise auprès de la toilette, et la tête appuyée sur sa main ;* SALSBACH, *entr'ouvrant la porte.*

SALSBACH. Peut-on entrer chez la mariée? (*Louise ne l'entend pas ; il entre, et, venant auprès d'elle, il répète encore :*) Peut-on entrer chez la mariée?
LOUISE, *se levant.* Ah! c'est vous, monsieur Salsbach.
SALSBACH. Pardon de me présenter ainsi. Vous n'avez paru ni au déjeuner, ni au dîner ; et j'étais impatient de savoir des nouvelles de *madame la baronne,* car vous voilà baronne maintenant : et la chère tante a beau dire, c'est un titre assez agréable.
LOUISE. Que l'on ne me donnera plus dès ce soir, je l'espère.
SALSBACH. Pourquoi donc? c'est indélébile, impérissable ; quand on a été baronne, ne fût-ce qu'un quart d'heure, il n'y a plus de raison pour que ça finisse.
LOUISE. Peu m'importe, je n'y tiens pas, pourvu que la séparation soit prononcée aujourd'hui même.
SALSBACH, *à part.* Nous y voilà.

AIR d'*une Heure de mariage.*
A se rapprocher tous les deux,
Comment pourrai-je les contraindre?
LOUISE, *l'observant.*
Mais vous paraissez soucieux.
A-vous-nous quelque obstacle à craindre?
SALSBACH.
(*A part.*)
Non, non, Madame, aucun encor!
(*Haut.*)
Vous êtes, sans qu'on vous y force,
Tous deux parfaitement d'accord.
C'est ce qu'il faut pour un divorce.

Vous ne l'avez pas vu depuis hier soir?
LOUISE. Non, sans doute.
SALSBACH, *à part.* Ni moi, non plus. (*Haut.*) Je viens de le rencontrer tout à l'heure ; il paraît qu'il voudrait vous parler.
LOUISE, *effrayée.* A moi!
SALSBACH. Oui ; il m'a chargé de vous demander un moment d'entretien. (*A part.*) Il se pendrait plutôt que d'y songer.
LOUISE. Que me dites-vous là? Ah! mon Dieu! cette idée me rend toute tremblante.

SALSBACH. Eh bien! eh bien! pourquoi donc? est-ce que je ne suis pas là? Certainement, je ne vous conseillerai jamais d'aimer votre mari, le ciel m'en préserve! mais cela n'empêche pas de l'écouter ; si ce n'est pas pour vous, c'est peut-être pour d'autres, pour le monde, pour l'honneur de la famille.
LOUISE, *avec calme et résolution.* Monsieur Salsbach, je n'ai pas encore votre expérience ; je connais peu ce monde dont vous me parlez, et qui m'a punie autrefois de la faute d'un autre. On m'a dit que, pour le satisfaire, il fallait un mariage, une réparation ; et quoique j'eusse de la peine à comprendre qu'il fût au pouvoir de quelqu'un que je n'estime pas de me rendre l'honneur, quand c'était lui qui s'était déshonoré, j'ai obéi, j'ai consenti à ce mariage, à condition qu'il serait rompu sur-le-champ ; et maintenant, c'est moi qui crois de ma dignité, de mon honneur, de réclamer cette séparation. Ma tante m'a fait demander pour ce sujet. Monsieur Salsbach, souffrez que je passe chez elle. (*Elle salue et sort.*)

SCÈNE II.

SALSBACH, *seul.* Et elle aussi, qui s'avise maintenant de montrer du caractère! Elle, autrefois si bonne, si douce, si patiente! Comme le mariage change une jeune personne! Le mari à gauche, la femme à droite, joli début pour mes lettres de noblesse! ces gens-là, cependant, étaient faits l'un pour l'autre : même fierté, même obstination ; et je suis sûr qu'ils s'aimeraient beaucoup, s'ils ne se détestaient pas. Voyons, voyons ; peut-être qu'en embrouillant l'affaire... ça m'a réussi quelquefois, et... chut! voici le mari ; est-ce qu'il aurait changé d'idée?

SCÈNE III.

SALSBACH ; MALZEN, *introduit par Fritz.*

MALZEN. C'est vous que je cherchais, Monsieur.
SALSBACH, *d'un air riant.* Qu'est-ce qu'il y a, mon cher monsieur? quelque chose de pressé, à ce qu'il paraît ; car pour venir jusque dans la chambre de la mariée...
MALZEN. Ah! c'est... pardon !.. si je l'avais su,..
SALSBACH, *souriant.* Pourquoi donc? vous avez bien le droit d'y entrer.
MALZEN. Je n'y resterai pas longtemps ; les vingt-quatre heures sont expirées, nous n'avons plus qu'à signer l'acte de séparation. Ainsi, terminons, je vous prie ; j'ai fait seller mon cheval, et je veux partir avant la nuit.
SALSBACH, *à part.* Quand je disais qu'il y avait sympathie... (*Regardant à sa montre. Haut.*) Permettez, Monsieur, permettez, il s'en faut encore de trois quarts d'heure.
MALZEN, *impatienté.* Ah! Monsieur!
SALSBACH. Non pas que nous tenions... Mais il faut au moins le temps de dresser l'acte, de le rédiger.
MALZEN, *montrant un papier.* C'est inutile, le voici.
SALSBACH. Déjà! très-bien, Monsieur. (*Il sonne.*)
MALZEN. Que faites-vous? vous ne lisez pas?
SALSBACH. Mon devoir est de le soumettre d'abord à la tante de madame la baronne. (*A Fritz, qui paraît.*) Portez cela à votre maîtresse. (*Fritz reçoit le papier, et entre chez madame Barneck.*) Et maintenant que tout est fini, jeune homme, je ne vois pas pour-

MADAME DARMECK. Qu'en un mot il n'y a eu entre nous aucun rapprochement. — Acte 2, scène 13.

quoi vous refusez l'entrevue que madame de Malzen vous a fait demander.
MALZEN. Madame de Malzen?
SALSBACH. Oui, avant de partir, votre femme veut vous parler; on vous l'a dit?
MALZEN. Du tout.
SALSBACH. Eh bien! je vous l'apprends. (*A part.*) Qu'est-ce que je risque? ça ne peut pas aller plus mal.
MALZEN. Me parler! et de quoi?
SALSBACH. Mais de vos intérêts communs.
MALZEN, *vivement.* Nous n'en aurons jamais.
SALSBACH. De votre fils peut-être; car vous n'avez pas oublié, Monsieur, que vous avez un enfant. (*Avec sensibilité.*) Un enfant! savez-vous bien, jeune homme, tout ce que ce mot renferme de sacré, de touchant, quels devoirs il impose?
MALZEN. Je vous dispense...
SALSBACH. Et quel bonheur il promettrait à votre vieillesse, surtout si vous en aviez plusieurs, beaucoup même? Le ciel protége les familles nombreuses.
MALZEN, *avec impatience.* Il suffit. J'ai pourvu au sort de mon fils, autant qu'il était en moi : ainsi cette entrevue est inutile.
SALSBACH, *vivement.* Pardonnez-moi, elle est indispensable.
MALZEN. Monsieur...
SALSBACH. Et vous êtes trop galant homme...
MALZEN, *avec colère.* Eh! morbleu!
SALSBACH. Justement, voici madame la baronne.
MALZEN, *s'arrêtant.* Dieu!

SCÈNE IV.
LES PRÉCÉDENTS, LOUISE.

LOUISE, *apercevant le baron.* Que vois-je!
SALSBACH, *à part.* C'est le ciel qui l'envoie.
MALZEN, *à part.* Je suis pris! c'était arrangé entre eux.
LOUISE, *bas, à Salsbach d'un ton de reproche.* Ah! monsieur Salsbach!
SALSBACH, *bas.* Ce n'est pas ma faute, madame la baronne; j'ai voulu le renvoyer, mais il a tant insisté... Vous aurez plus tôt fait de l'écouter.

LOUISE, *de même.* Eh! mon Dieu! et savez-vous ce qu'il me veut?

SALSBACH, *de même.* Non, madame la baronne. (*A part.*) Il serait bien embarrassé lui-même... (*Allant à Malzen qui est de l'autre côté.*) Je n'ai pas besoin, Monsieur, de vous engager à la modération, au calme. (*Bas, à Louise.*) Du courage, Madame! (*A Malzen.*) Je vous laisse! (*A part, et s'essuyant le front.*) Dieu! se donner tant de mal, et pour les enfants des autres! Ils finiront peut-être par s'entendre. (*Il se retire à pas de loup, et entre chez madame Barneck.*)

SCÈNE V.

LOUISE, MALZEN.

MALZEN, *à part.* Voilà bien la plus sotte aventure!.. Que peut-elle me vouloir?

LOUISE, *à part.* Qu'a-t-il à me dire?

MALZEN, *à part.* N'importe, il faut l'entendre.

LOUISE, *à part.* Puisqu'on le veut, écoutons-le. (*Moment de silence.*)

MALZEN. Elle a bien de la peine à se décider.

LOUISE. Comme il se consulte!

MALZEN, *à part.* Allons, il faut être généreux, et venir à son secours. (*Haut.*) Eh bien! Madame, vous avez désiré me parler?

LOUISE, *étonnée.* Comment! Monsieur, il me semble que c'est vous.

MALZEN. Moi! je n'y pensais pas.

LOUISE, *blessée.* Ah! Monsieur, ce dernier trait manquait à tous les autres.

MALZEN. Que voulez-vous dire?

LOUISE, *se contraignant.* Rien, Monsieur; j'y suis habituée, je ne vous fais aucun reproche. Tout ce que j'ai éprouvé depuis trois ans, tout ce que j'ai souffert pour vous, ne me donnait aucun droit à votre affection, je le sais; mais peut-être m'en donnait-il à vos égards.

MALZEN. Madame...

LOUISE

Air : *Pour le chercher je cours en Allemagne.*

Je sais pour moi votre haine profonde,
Mais un seul point me rassurait :
J'ai toujours vu jusqu'ici dans le monde
Que de respects chacun nous entourait.
Ce n'est pas moi plus que toute autre.
Mais, des égards.. je croyais, entre nous,
Qu'une femme, fût-ce la vôtre,
Devait en attendre de vous.

MALZEN, *embarrassé.* Je vous assure, Madame, que je n'ai jamais eu l'intention de rendre notre position plus pénible; elle l'est déjà bien assez. J'ai cru... on m'avait dit... on m'a trompé, je le vois... et si quelque chose dans mes paroles a pu vous offenser, il faut me le pardonner. (*D'une voix émue.*) Je suis si malheureux!

LOUISE, *baissant les yeux.* Du moins, vous ne l'êtes pas par moi. (*Malzen la regarde et baisse les yeux à son tour.*) Si l'on m'avait écoutée, croyez, Monsieur, que ce procès n'aurait jamais eu lieu! Le bruit et l'éclat ne vont pas à une femme, même quand elle a raison! ce qu'elle peut y gagner ne vaut pas ce qu'elle y perd! Mais je n'étais pas la maîtresse; tout ce que j'ai pu faire, c'est que votre sort ne fût pas enchaîné pour longtemps; et, grâce à moi, vous allez être libre.

MALZEN, *interdit.* Madame, je dois à mon tour me justifier sur des procédés...

LOUISE. C'est inutile : puissiez-vous les oublier, Monsieur, comme moi-même je les oublie!

MALZEN, *confondu, à part, avec dépit.* Eh bien! j'aimerais mieux la tante avec ses emportements que cet air de résignation qui vous met dans votre tort. (*Haut.*) Permettez-moi seulement, Madame, de vous expliquer...

LOUISE, *avec émotion.* Oh! non, non, point d'explication, je vous en conjure; je vous prie seulement d'avoir pitié de moi, de vouloir bien abréger cette entrevue, et, s'il est vrai, comme on me l'a assuré, que vous ayez quelque chose à me demander..

MALZEN. Oui, oui, Madame, avant de m'éloigner, me sera-t-il permis de voir mon fils?

LOUISE. Je vais donner des ordres, vous le verrez.

MALZEN, *troublé.* Un mot encore : je ne sais comment vous exprimer... je vois que je suis plus coupable que je ne pensais .. et j'ai regret maintenant d'avoir envoyé à madame votre tante, avant de vous l'avoir soumis, cet acte qui doit fixer...

LOUISE. J'étais près d'elle quand on l'a apporté. Je l'ai lu, Monsieur.

MALZEN, *vivement.* Vous l'avez lu? je vous demande pardon d'avance pour quelques expressions... je l'ai fait dans un premier moment, et vous avez dû être choquée...

LOUISE. Non; mais j'y ai trouvé des choses qui m'ont paru peu convenables, et que je me suis permis de changer.

MALZEN.

Air : *Je n'ai point vu ce bouquet de lauriers.*

Sans les connaître à l'instant j'y souscris :
Quoi qu'on ait fait, je l'approuve d'avance.
(*A part.*)
Car avec elle, et plus j'y réfléchis,
Je suis honteux de mon impertinence.
(*Haut.*)
Oui, j'en conviens, injuste en mes dédains,
Depuis qu'un fatal mariage
A dû réunir nos destins,
J'eus tous les torts...

LOUISE, *avec douceur.*
Et moi tous les chagrins,
Je préfère mon partage.

MALZEN. Ah! Madame, s'il dépendait de moi...

LOUISE, *l'interrompant.* C'est bien, Monsieur; j'aperçois votre ami, qui, sans doute, vous rapporte cet écrit.

SCÈNE VI.

LES PRÉCÉDENTS; SIDLER, *entrant par la gauche.*

SIDLER, *sans voir Louise.* Victoire! mon cher baron; voici l'acte bienfaisant...

MALZEN, *bas, et lui serrant la main.* Veux-tu te taire!

SIDLER, *voyant Louise.* Oh! mille pardons, Madame. Je veux dire que... voici l'acte douloureux qu'on a cru nécessaire...

LOUISE. Je vous laisse. (*Elle fait un pas pour sortir.*)

SIDLER, *l'arrêtant.* Pourquoi donc? puisque vous voilà réunis, nous pouvons toujours signer.

MALZEN, *regardant l'acte.* Oui; mais je dois d'abord effacer quelques mots. Que vois-je? c'est de votre main, Madame?.

LOUISE, *avec embarras.* Oui, Monsieur.

MALZEN, *qui a commencé à lire l'acte.* O ciel! quoique séparés, vous voulez que la communauté des biens continue?

SIDLER. Est-il possible?

LOUISE, *lui faisant signe de continuer.* Lisez, Monsieur; vous verrez que vous ne me devez aucun remerciment : je n'ai rien fait pour vous.

MALZEN, *continuant.* « Cette donation, que ma tante « approuvera, j'espère, je la fais, non pour un homme « que je n'aime (*Hésitant.*) ni n'estime, mais pour « mon fils seul ! Je ne veux pas que celui dont il porte « le nom se trouve dans une position indigne de son « rang et de sa naissance. Je ne veux pas que mon « fils puisse me reprocher un jour d'avoir permis que « son père connût la gêne et le malheur. »

SIDLER. Par exemple, voilà une générosité...

MALZEN. Dites un affront; non, je n'accepte point, je n'accepterai jamais. Et quelques torts que j'aie eus, Madame, je ne mérite pas cet excès d'humiliation, et je vous demande en grâce de m'écouter.

SCÈNE VII.

LES PRÉCÉDENTS ; MADAME BARNECK, *donnant la main à* SALSBACH.

MADAME BARNECK, *qui a entendu les derniers mots.* Il n'est plus temps, Monsieur; l'heure a sonné.

MALZEN. Comment !

MADAME BARNECK. Dieu merci, ma nièce est libre, et vous pouvez vous éloigner.

MALZEN. Pas encore, Madame.

MADAME BARNECK. Qu'est-ce à dire, Monsieur? quand tout est convenu, arrêté ; quand la séparation est prononcée ?

MALZEN, *vivement.* Elle ne l'est pas encore, Madame; votre nièce n'a pas signé.

MADAME BARNECK, *prenant l'acte.* Ce sera fait dans l'instant, Monsieur. Allons, Louise. (*Elle lui donne la plume.*)

SIDLER. Permettez...

SALSBACH. Un moment.

MALZEN, *à Louise.* Madame, je vous en conjure, au nom du ciel, ne signez pas avant de m'avoir entendu ; je puis me justifier, et... (*Louise signe.*)

SALSBACH. Elle a signé.

MALZEN, *accablé.* Ah !

MADAME BARNECK, *présentant la plume à Malzen.* A votre tour, Monsieur.

MALZEN *prend la plume, garde le silence un instant, puis la jetant avec vivacité, il s'écrie:* Non, Madame!

MADAME BARNECK. Comment?

MALZEN. Je ne signerai pas.

SIDLER. Qu'est-ce que tu dis donc?

SALSBACH, *à part.* Très-bien.

MALZEN. Non, je ne signerai pas un acte qui me déshonore. Il suffit de lire la clause que votre nièce a ajoutée.

MADAME BARNECK. Je ne la connais pas, Monsieur, et je l'approuve d'avance ; la baronne de Malzen ne peut rien vouloir que de juste, d'honorable. Ainsi, terminons ce débat, et signez sur-le-champ.

MALZEN, *hors de lui.* Non, vous dis-je ; mille fois non !

MADAME BARNECK. On vous y forcera, Monsieur.

MALZEN. C'est ce que nous verrons.

MADAME BARNECK.
Air du vaudeville de *Turenne.*
Les tribunaux décideront l'affaire.
MALZEN.
Vous le voulez? Eh bien! soit, j'y consens.

MADAME BARNECK.
Nous plaiderons.
SALSBACH.
C'est là ce qu'il faut faire.
TOUS.
Nous plaiderons !
SALSBACH, *à part.*
Quel bonheur je ressens !
(*Haut.*)   (*A part.*)
Un bon procès! En voilà pour longtemps.
SIDLER.
C'est son mari !
MADAME BARNECK.
Non pas !
SALSBACH.
La cause est neuve!
Avant qu'un arrêt solennel
Ait décidé ce qu'il est ; grâce au ciel,
Elle aura le temps d'être veuve.

LOUISE, *tremblante.* Ma tante, je vous en supplie...

MADAME BARNECK, *en colère.* C'est qu'on n'a jamais vu un pareil caractère ; il a fallu un jugement pour le marier, il en faut un pour le séparer, il en faudrait peut-être... Nous l'obtiendrons, Monsieur, nous l'obtiendrons ; et dès demain, je présenterai requête. (*A Salsbach.*) Monsieur Salsbach !

SALSBACH, *passant auprès de madame Barneck.* Je suis prêt, Madame ; mais il y aurait peut-être moyen d'arranger à l'amiable...

MADAME BARNECK. Du tout, je veux plaider ; et en attendant, j'espère, Monsieur, que vous allez vous retirer. Il est nuit, votre cheval est sellé depuis longtemps.

MALZEN. Il attendra; car je ne partirai pas sans avoir parlé à ma femme.

MADAME BARNECK. A votre femme !

SALSBACH. Votre femme, provisoirement, c'est vrai ; mais on verra.

MALZEN. Tant que durera le procès, vous ne pouvez pas empêcher que je ne sois son mari ; et j'ai bien le droit...

MADAME BARNECK. Vous n'en avez aucun.

MALZEN. Je lui parlerai.

MADAME BARNECK. Malgré moi ?

MALZEN. Malgré tout le monde. (*Avec force.*) Je suis ici chez elle, chez moi, dans la chambre de ma femme; et nul pouvoir ne m'en fera sortir. (*Il s'assied sur une chaise à gauche.*)

MADAME BARNECK, *s'approchant de Louise, qui a l'air de se trouver mal.* Qu'as-tu donc, Louise?

Air : *Sortez, sortez* (de LA FIANCÉE.)
O ciel! la pauvre enfant! la force l'abandonne.
MALZEN, *courant à elle.*
Malheureux que je suis!
MADAME BARNECK.
Sortez, je vous l'ordonne!
Monsieur, voulez-vous dans ces lieux
La voir expirer à vos yeux!
ENSEMBLE.
MADAME BARNECK.
Sortez, ou bien j'appellerai :
Il sortira, je l'ai juré.
SALSBACH, *à Malzen.*
Sortez, mon cher, je vous suivrai;
Faites les choses de bon gré.
SIDLER.
Sortons, mon cher, et de bon gré;
C'est moi qui vous consolerai.
MALZEN.
Puisqu'il le faut j'obéirai;
Mais dans ces lieux je reviendrai.
(*Salsbach et Sidler emmènent Malzen. Tous les trois sortent par la porte à gauche.*)

SCÈNE VIII.
LOUISE, MADAME BARNECK.

MADAME BARNECK. *Je reviendrai!* Qu'il en ait l'audace!
LOUISE. Comment? ma tante, est-ce que vous croyez?..
MADAME BARNECK. Pure bravade! Mais n'importe, je vais donner des ordres pour que l'on veille toute la nuit.
LOUISE, *tombant dans un fauteuil.* Ah! ma tante, quelle scène!
MADAME BARNECK. Pauvre petite! j'espère que je me suis bien montrée. C'est d'autant mieux à moi, que je ne savais pas trop de quoi il était question, ni le motif de sa résistance.
LOUISE. Je vous l'expliquerai; mais je dois convenir que c'est d'un honnête homme.
MADAME BARNECK. Hum! ce n'est pas cela, et j'ai bien une autre idée.
LOUISE. Quoi donc, ma tante?
MADAME BARNECK. Une idée qui m'est venue comme un coup de foudre, et qui rendrait notre vengeance complète. As-tu remarqué son trouble, son agitation? s'il s'avisait de t'aimer réellement?
LOUISE, *troublée.* Lui!
MADAME BARNECK. Je donnerais tout au monde pour que ce fût vrai; quel bonheur de le désoler!
LOUISE. Je n'y tiens pas.
MADAME BARNECK. Et tu as tort. Dieu! si c'était de moi qu'il fût amoureux! Adieu, mon enfant, adieu; ne t'inquiète pas, ne te tourmente pas, je me charge du procès, de la séparation; toi, songe seulement qu'il est parti désolé, désespéré. Ah! qu'il est doux de se venger, et quelle bonne nuit je vais passer! (*Elle embrasse Louise, et rentre chez elle.*)

SCÈNE IX.

LOUISE, seule. En vérité, ma tante a des idées que je ne conçois pas. (*Elle s'assied.*) Et ce qu'elle disait tout à l'heure... cette émotion... c'est singulier, je l'avais remarquée aussi; mais s'il était vrai!.. ce serait une raison de plus pour hâter cette séparation. Oui, mon indifférence pour lui est dans ce moment la seule vengeance qui me soit possible. (*On frappe doucement à la porte à gauche.*) On a frappé à ma porte. (*Elle se lève.*) Qui peut venir au milieu de la nuit! (*On frappe un peu plus fort.*) Impossible de ne pas répondre. (*D'une voix émue.*) Qui est là?
SALSBACH, *en dehors.* Moi, madame la baronne.
LOUISE. C'est la voix de Salsbach! que veut-il?
SALSBACH, *à voix basse.* Si vous n'êtes pas couchée, j'ai un mot à vous dire, c'est très-pressé.
LOUISE, *allant ouvrir.* Ah! mon Dieu! il va réveiller ma tante. Mais taisez-vous donc, monsieur Salsbach, vous faites un tapage... (*Elle lui ouvre.*)

SCÈNE X.
SALSBACH, LOUISE.

SALSBACH, *entrant.* Pardon, je craignais que vous ne fussiez endormie.
LOUISE. Qu'y a-t-il donc?
SALSBACH, *regardant dans l'appartement.* Madame Barneck est rentrée dans son appartement, tant mieux!
LOUISE. Mais pourquoi donc ces précautions? qu'avez-vous à me dire?
SALSBACH. Une chose fort délicate. M. de Malzen...
LOUISE. Eh bien?
SALSBACH. Vous saurez que je l'avais emmené et reconduit jusqu'à la grande porte, qui s'est refermée sur lui.
LOUISE. Grâce au ciel le voilà donc sorti!
SALSBACH. Pas encore.
LOUISE. Que dites-vous?
SALSBACH. Je viens de le retrouver dans le parc, dont probablement il avait franchi les murs, au risque de se casser le cou. Il voulait rester, j'ai répondu, il a répliqué. Je suis avocat; mais il est amoureux: il crie encore plus fort que moi, et comme on pouvait nous entendre, j'ai transigé. Il consentait à s'éloigner, à condition que je me chargerais pour vous d'une lettre qu'il allait écrire.
LOUISE. J'aurais refusé.
SALSBACH. Vous aimez donc mieux qu'il passe la nuit dans le parc, sous vos fenêtres? car il y est dans ce moment?
LOUISE. M. de Malzen!
SALSBACH. Exposé aux coups des gardes-chasse, qui, la nuit, peuvent le prendre pour un malfaiteur, et tirer sur lui.
LOUISE. O ciel! il valait mieux prendre la lettre.
SALSBACH. C'est ce que j'ai fait.

AIR de *Marianne.*

C'était un parti des plus sages.
Je l'ai vu tracer au crayon
Ce petit mot de quatre pages
Que je vous apporte.
LOUISE, *le prenant.*
C'est bon.
SALSBACH, *la suivant des yeux.*
On la reçoit;
C'est fort adroit;
Par ce moyen
Mes affaires vont bien.
(*Louise, sans lire la lettre, la déchire et jette les morceaux à terre.*)
Ciel! sans la lire,
On la déchire!
O sort fatal!
Mes affaires vont mal!
LOUISE.
Qu'avez-vous? quel effroi vous presse?
SALSBACH.
(*A part.*)
Moi? rien. Hélas! dans ce billet,
Il m'a semblé qu'on déchirait.
Mes lettres de noblesse.

(*Haut.*) Quoi! Madame, voilà le cas que vous en faites?
LOUISE. Oui, Monsieur.
SALSBACH. Mais cependant, Madame...
LOUISE, *sèchement.* Pas un mot de plus. Et maintenant, qu'il s'éloigne à l'instant!
SALSBACH. Je m'en vais lui dire de s'en aller. Pourvu qu'il opère sa retraite sans accident. (*Il passe à la gauche, Louise va auprès de la toilette; elle fait un mouvement. Il s'arrête.*) Vous dites...
LOUISE. Monsieur?
SALSBACH. J'ai cru que vous me parliez. Pourvu qu'il opère sa retraite sans accident. (*Un silence.*) Vous n'avez plus rien à m'ordonner?
LOUISE. Non.
SALSBACH. Bonsoir, bonsoir, madame la baronne.
LOUISE. Bonsoir, monsieur Salsbach.
SALSBACH, *à mi-voix.* Pourvu qu'il opère sa retraite sans accident. (*Il sort.*)

SCÈNE XI.

LOUISE, *seule ; elle va fermer la porte, et pousse le verrou.* Fermons cette porte. Je suis toute tremblante. (*Elle s'assied.*) En vérité, tant d'audace commence à me faire peur. Et ce M. de Malzen ! mais qu'est-ce qu'il a ? qu'est-ce qui lui prend maintenant ? un caprice, l'esprit de contradiction. Grâce au ciel tout est fini, et nous en voilà débarrassés. (*Elle se lève.*) Il faut tâcher surtout que ma tante ne se doute point de cette dernière extravagance. (*Regardant à terre.*) Et les morceaux de cette lettre que l'on pourrait trouver ! (*Elle les ramasse et les regarde.*) Quatre pages ! M. Salsbach a dit vrai, les voilà. Comment m'a-t-il écrit quatre pages ?.. qu'est-ce qu'il a pu me dire ? à moi ? (*Elle lit.*) « Louise... » C'est sans façon ! comment ! m'appeler Louise tout uniment ! (*Lisant avec émotion.*) « Louise, vous devez me haïr, et « je ne puis vous dire à quel point je me déteste moi-« même ! Avoir méconnu tant de charmes, tant de ver-« tus ! Ma vie entière suffira-t-elle pour expier mes « injustices ? » (*S'interrompant.*) Oh ! non, sans doute. (*Lisant.*) « J'ai vu notre enfant. Avec quelle émotion, « quel bonheur, j'ai retrouvé dans ses jeunes traits « ceux d'un coupable. » (*Avec un air de satisfaction.*) C'est vrai, il lui ressemble. (*Elle lit.*) « Les miens fi-« niront, j'espère, par vous paraître moins odieux, « en regardant souvent votre fils. Je ne puis exprimer « ce que j'éprouve depuis une heure ; j'ai mille choses « à vous dire, il faut absolument que je vous parle. « Je sais qu'il y va de ma vie, mais je brave tout ; et « dussé-je périr sous vos yeux... » (*On entend un coup de fusil dans le jardin.*) Qu'entends-je ! Ah ! le malheureux ! il aura été aperçu ! (*Elle court à la fenêtre à gauche, l'ouvre précipitamment pour voir ce qui se passe, et aperçoit Malzen sur le balcon.*)

SCÈNE XII.

LOUISE, MALZEN.

LOUISE, *reculant et jetant un cri.* Ah !

MALZEN, *à voix basse, et la main étendue vers elle.* Ne criez pas, ou je suis perdu.

LOUISE, *tremblante.* Que vois-je !

MALZEN, *de même.* J'étais poursuivi par un garde qui a crié *qui vive*?

LOUISE. O ciel !

MALZEN. Ne craignez rien, je me suis bien gardé de répondre. Aussi, me prenant pour un voleur, il m'a ajusté ; mais, caché par un massif, j'ai eu le temps de m'élancer au treillage de ce balcon.

LOUISE, *s'appuyant sur un meuble.* Je me soutiens à peine.

MALZEN. Calmez-vous.

LOUISE, *le regardant.* Ah ! mon Dieu !

MALZEN, *à la fenêtre, à droite, et prêtant l'oreille en dehors.* Chut, je vous en prie. On ouvre une fenêtre.

LOUISE, *écoutant.* C'est celle de ma tante.

MALZEN, *écoutant.* Elle s'inquiète, elle s'informe de ce bruit. On lui répond que c'était une fausse alerte. Très-bien. Elle recommande la plus grande surveillance. La fenêtre se referme.

LOUISE. Je respire.

MALZEN, *s'éloignant de la fenêtre.* Tout est tranquille maintenant. (*Se tournant vers Louise.*) Ah ! Madame ! que d'excuses je vous dois ! Combien je me repens de la frayeur que je vous ai causée !

LOUISE, *troublée.* En effet, cette manière d'arriver est si extraordinaire... Mais maintenant, Monsieur, qu'allez-vous devenir ? J'espère que vous allez repartir sur-le-champ.

MALZEN. Et par où, Madame ?

LOUISE. Mais, par le même chemin.

MALZEN. Impossible ; les gardes-chasse sont là.

AIR : *Pour le chercher je cours en Allemagne.*

Songez qu'on me poursuit encore :
Je ne pourrai, malgré l'obscurité,
Leur échapper ; aussi j'implore
Les droits sacrés de l'hospitalité.

LOUISE.

Comment ! Monsieur...

MALZEN, *l'imitant.*

Faut-il donc qu'on réclame
De tels bienfaits ? je croyais, entre nous,
Qu'un malheureux, fût-ce un époux, Madame,
Devait les attendre de vous.

LOUISE, *vivement.* Je ne dis pas non, Monsieur, mais vous ne pouvez pas rester là ; il faut vous éloigner à l'instant, je l'exige.

MALZEN, *allant à la porte à droite.* Peut-être que cette porte...

LOUISE, *l'arrêtant.* C'est la chambre de ma tante.

MALZEN. Ah ! diable ! (*Montrant la porte à gauche.*) Celle-ci ?..

LOUISE. Oui, elle donne sur l'escalier ; et... (*Elle se dispose à l'ouvrir, et s'arrête en écoutant.*) J'entends marcher.

FRITZ, *en dehors et à voix basse.* Madame la baronne.

LOUISE, *bas.* C'est Fritz.

FRITZ, *de même.* Ne vous effrayez pas de ce bruit, ce n'est rien. Mais pour qu' personne ne puisse entrer dans la maison, madame votre tante m'a dit de veiller dans ce corridor. Ainsi, dormez tranquille, j' suis là.

LOUISE. Oh ! mon Dieu ! et quel moyen ?...

MALZEN. Il n'y en a qu'un, et au risque de ma vie... (*Courant à la fenêtre à gauche.*) Cette fenêtre...

LOUISE, *l'arrêtant.* O ciel ! non, Monsieur, je vous en prie. (*Se reprenant.*) Il ne manquerait plus que cela, grand Dieu ! quelqu'un que l'on verrait s'échapper de chez moi. (*Elle descend sur le devant du théâtre, à droite.*)

MALZEN, *allant auprès d'elle et souriant.* Il n'y aurait que le mari qui pourrait s'en fâcher, et nous sommes sûrs de lui.

LOUISE. Monsieur...

MALZEN. Mais vous le voulez, Madame, je vous obéis. Je reste.

LOUISE, *à part.* Allons, c'est moi maintenant qui l'empêche de s'en aller. (*Elle va s'asseoir auprès de la toilette.*)

MALZEN, *regardant autour de lui.* Me voici donc dans votre chambre ! dans cette chambre qui devait être la nôtre, et dont je m'étais exilé moi-même. J'y suis près de vous, mais par grâce, comme un banni, un fugitif, à qui l'on accorde quelques instants d'hospitalité ; et demain...

LOUISE. Ah ! demain est loin encore.

MALZEN, *faisant quelques pas, et s'approchant de Louise.* Moi, je ne me plaindrai pas : le temps ne s'écoulera que trop rapidement.

LOUISE, *effrayée.* Monsieur, Monsieur, je vous en supplie.

MALZEN, *retournant à sa place.* C'est juste ; pardon, Madame. C'est bien le moins, puisque vous m'accordez un asile, que je ne sois pas incommode. Soyez tranquille, je ne vous gênerai pas, je me tiendrai là, sur une chaise. Vous permettez, Madame ?

LOUISE. Mais il le faut bien, Monsieur.

MALZEN. Que vous êtes bonne ! (*Il s'asseoit. Moment de silence.*) Je vous en prie, Madame, que je ne vous empêche pas de reposer. Je sens bien que, dans notre situation, c'est difficile : on dit que les plaideurs ne dorment pas ; mais nous pouvons, du moins, parler de notre procès : car maintenant c'est vous qui voulez plaider, c'est vous qui m'y forcez, et je vous préviens, Madame, que je me défendrai avec acharnement, que je vous ferai toutes les chicanes possibles. Vous ne pouvez pas m'en vouloir.

LOUISE, *le regardant.* En vérité, Monsieur, vous m'étonnez beaucoup. Il me semble que nous avons tout à fait changé de rôle, et ce matin encore...

MALZEN, *se levant et allant auprès de Louise.* Ne me parlez pas de ce matin, d'hier, de ces deux années. J'étais un insensé, un fou....

LOUISE. Et maintenant vous vous croyez plus sage ?

MALZEN, *se levant.* Non, mais plus juste, car j'ai appris à vous apprécier. Il est des préjugés que je ne prétends pas défendre, mais que je devais respecter : car c'étaient ceux de ma famille.

Air de *l'Angelus.*

Mon père, dans cette union,
Voyait une honte certaine,
Une tache pour notre nom.
LOUISE.
J'entends, et vous avez sans peine
Contre nous partagé sa haine.
MALZEN.
Oui, mon père était tout pour moi,
Et dans mon âme prévenue,
J'ai fait comme lui, mais je crois
Qu'il eût bientôt fait comme moi,
Si jamais il vous avait vue.

Mais ne vous connaissant point, décidé à vous repousser, la perte de ce procès l'a conduit au tombeau.

LOUISE. O ciel ! (*Elle se lève.*)

MALZEN. Jugez alors des sentiments qui m'animaient pendant ce mariage ; jugez si ma haine était légitime. En vous accablant de mes odieux procédés, il me semblait que je vengeais mon père. Un mot de vous a changé toutes mes résolutions, m'a fait connaître l'étendue de mes torts, et je n'ai plus qu'un seul désir, celui de les réparer, d'obtenir mon pardon, et de vous rendre au bonheur.

LOUISE, *avec émotion.* Au bonheur ! Et qui vous dit, Monsieur, qu'il soit encore possible ?

MALZEN, *étonné.* Comment ?

LOUISE. Qui vous dit que cet hymen que vous voulez m'imposer ne soit pas un supplice éternel pour moi ?

MALZEN. Qu'entends-je !

LOUISE. Savez-vous, lorsqu'un sort fatal m'a fait vous rencontrer, si ma famille n'avait pas déjà disposé de moi ? si moi-même je n'avais pas fait un choix dans lequel j'eusse placé les espérances de toute ma vie ? Quel droit aviez-vous de changer ma destinée ? Et pour tant de maux, tant d'offenses, quelle réparation ? que m'offrez-vous ? la main d'un homme que je ne connais pas, qui m'a vouée au mépris, et que peut-être je devrais haïr.

MALZEN. O ciel ! vous en aimeriez une autre ! il serait vrai !

LOUISE, *froidement.* De quel droit voulez-vous connaître mes sentiments ?

MALZEN. Ce n'est pas un mari qui vous interroge, dès ce moment je ne le suis plus ; mais parlez, de grâce.

LOUISE, *avec calme.* Je n'ai, Monsieur, nulle réponse à vous faire.

MALZEN. Ah ! votre silence en est une. (*Froidement.*) Écoutez, Louise ; je vous ai outragée, et pendant trois ans je vous ai rendue bien malheureuse ; mais ce jour seul vient de vous venger. Oui, soyez satisfaite, et jouissez à votre tour de votre triomphe et de mon tourment. (*Avec force.*) Je vous aime !

LOUISE. Que dites-vous ?

MALZEN. De toutes les forces de mon âme. Depuis que je vous ai vue apparaître à mes yeux comme un ange de bonté, depuis surtout que j'ai embrassé mon fils, je ne puis vous dire quelle révolution s'est opérée en mon cœur. Je ne puis vivre sans vous, et c'est dans ce moment que je vous perds à jamais, que vous m'abandonnez, que vous en aimez un autre !

LOUISE. Qui vous l'a dit ?

MALZEN. Vous-même, votre silence.

LOUISE. Pourquoi l'interpréter ainsi ?

MALZEN, *avec joie.* O ciel ! vous n'aimez personne ? vous le jurez ?

LOUISE. Je n'ai pas dit cela non plus.

MALZEN. Et qui donc serait digne de tant de bonheur ? Ah ! s'il est dû à celui qui vous aime le mieux, qui plus que moi pourrait y aspirer ? Je vous dois mon sang, ma vie entière, en expiation de mes fautes. Elle se passera à vous adorer, à implorer ma grâce. Et peut-être un jour, convaincue de mon amour, vous consentirez à me pardonner.

LOUISE, *troublée.*
Air de *Téniers.*

Non, non, Monsieur, gardez-vous de croire ;
N'essayez pas de m'attendrir :
Quand de vos torts je perdrais la mémoire,
Ma tante est là, que rien ne peut fléchir.
Elle a promis une haine constante,
Elle a juré sur l'honneur et sa foi
De ne jamais pardonner, et ma tante
Tient ses serments bien mieux que moi.

MALZEN, *vivement.* Dieux ! qu'entends-je !

LOUISE. Je n'ai rien dit.

MALZEN, *avec chaleur.* Au nom de mon amour, au nom de mon fils, rends-moi un bien qui fut le mien. Oui, Louise, je réclame mes droits. Tu m'appartiens. (*Il tombe à ses genoux.*)

LOUISE, *lui mettant la main sur la bouche.* Taisez-vous. (*Plus tendrement.*) Eh bien ! tais-toi, tais-toi, j'entends du bruit.

MALZEN. Ah ! je suis trop heureux !

SCÈNE XIII.

Les précédents, MADAME BARNECK.

LOUISE, *à part, et toute troublée.* C'est ma tante ! (*Malzen est à genoux devant elle; elle se met devant lui et le cache avec sa robe.*) Quoi ! c'est vous, de si bon matin ?

MADAME BARNECK. Il est jour depuis longtemps, et puis je t'annonce une visite : M. le président, dont la terre est voisine de la nôtre ; je l'avais fait prévenir hier soir, et il vient d'arriver.

LOUISE. Se déranger à une pareille heure !

MADAME BARNECK. C'est pour lui un plaisir. Il a le fusil sur le dos, et rend la justice en allant à la chasse. Viens, on t'attend.

LOUISE. Et pourquoi ?

MADAME BARNECK. Pure formalité. Il faut seulement renouveler entre ses mains la déclaration d'hier.

MALZEN, *la retenant par sa robe.* Vous n'irez pas. (*Louise le regarde et lui sourit avec tendresse.*)

MADAME BARNECK. Et devant témoins que j'ai choisis, et qui nous attendent, M. Sidler et M. de Salsbach, attester que, depuis ta demande en séparation, tu n'as pas vu ton mari, ce qui est bien aisé à dire.

LOUISE, *dans le dernier trouble.* Oui, ma tante.

MADAME BARNECK. Que tu ne lui as pas parlé.

LOUISE, *de même.* Oui, ma tante.

MADAME BARNECK. Qu'en un mot, il n'y a eu entre vous aucun rapprochement. (*Elle s'avance pour emmener Louise, et aperçoit Malzen à genoux, qui, pendant les mots précédents, a pris la main de Louise, qu'il presse contre ses lèvres.*) Ah ! qu'ai-je vu ! quelle horreur !

LOUISE, *voulant la faire taire.* Ma tante, au nom du ciel...

MADAME BARNECK. Et les témoins qui arrivent !.. (*S'élançant vers la porte au moment où entrent Sidler et Salsbach.*) Messieurs, Messieurs, on n'entre pas. Je vous défends de regarder.

SCÈNE XIV.

SIDLER, SALSBACH, MADAME BARNECK, LOUISE, MALZEN, plusieurs Jeunes Gens

Air de *Léonide.*

ENSEMBLE.

TOUS.
Ah ! grands dieux !
Dans ces lieux,
Quelle vue
Imprévue !
Quoi ! tous deux
En ces lieux !
En croirai-je mes yeux ?

MALZEN ET LOUISE.
Jour heureux
Pour tous deux !
Quelle joie imprévue !
Jour heureux
Pour tous deux !
Il comble enfin nos vœux.

MADAME BARNECK.
De rage et de dépit je tremble.

SALSBACH.
Est-ce donc pour se séparer
Qu'ici nous les trouvons ensemble ?

MADAME BARNECK.
J'en puis à peine respirer.

SALSBACH.
Enfermés dans cette demeure
Depuis hier soir...

MADAME BARNECK.
C'est trop fort ;
Et Madame trouvait encor
Que je venais de trop bonne heure

TOUS.
Ah ! grands dieux ! etc.

MALZEN ET LOUISE.
Jour heureux, etc.

SALSBACH. Ah çà ! mais que diable voulez-vous que nous attestions ?

MADAME BARNECK, *hors d'elle-même.* Vous attesterez, vous attesterez, Messieurs, que je suis furieuse, que je bannis Monsieur de ma présence, et que je ne le recevrai jamais chez moi. (*Malzen passe auprès de madame Barneck.*)

LOUISE. O ciel !

MADAME BARNECK. Et que vous, ma nièce, vous qui me devez tout, vous avez juré de ne jamais me quitter.

LOUISE, *baissant les yeux.* Il est vrai.

MALZEN. Croyez, Madame, que mon plus cher désir serait de voir confirmer par vous le pardon que j'ai obtenu de Louise ; mais, dans ce moment, je n'essaierai point de vous fléchir, je me soumettrai respectueusement à vos ordres.

MADAME BARNECK, *d'un air menaçant.* Je l'espère bien, ou sinon...

MALZEN. Et puisque vous me bannissez, résigné à mon sort... (*A Louise, d'un air peiné, et la prenant par la main.*) Allons, chère amie, faites vos adieux à votre tante, et partons.

MADAME BARNECK. Qu'est-ce à dire ?

MALZEN. Que je l'emmène chez moi.

MADAME BARNECK. L'emmener ! elle pourrait y consentir !

SALSBACH, *froidement, et prenant une prise de tabac.* Qu'elle le veuille ou non, c'est la loi, la femme doit suivre son mari.

MADAME BARNECK, *effrayée.* Ah ! mon Dieu !

MALZEN. Quant à mon fils, toutes les fois que vous désirerez le voir...

MADAME BARNECK. Et cet enfant aussi ! mon filleul, vous l'emmenez !

SALSBACH, *de même.* Vous ne pouvez pas l'empêcher : c'est le père. *Pater is est quem justæ nuptiæ...*

MADAME BARNECK. Eh! laissez-moi.

MALZEN, *à Sidler.* Toi, mon ami, tu nous suivras ; et puisque de M. Salsbach, comme ami de la maison, veut bien accepter un logement chez moi...

MADAME BARNECK. Et vous aussi ! tout le monde m'abandonne ! Je vais donc rester seule dans cet immense château !

SALSBACH. A qui la faute?

LOUISE, *joignant les mains.* Ma bonne tante !

MALZEN, *qui a passé à la droite de madame Barneck.* Madame!

SALSBACH. Ma respectable amie.

MADAME BARNECK, *entre eux deux.* Laissez-moi, laissez-moi. Perdre en un jour une colère à laquelle depuis si longtemps je suis habituée! Non, non, je tiens à mes serments, je ne le recevrai point ici; et puisqu'il enlève ma nièce, mon petit filleul, puisqu'il enlève tout le monde, eh bien! qu'il m'enlève aussi !

SALSBACH. Vivat! la paix est signée. Ils sont réunis, et moi baron; du moins j'y compte. (*Bas, à Malzen.*) Ah çà ! jeune homme, j'espère que nous allons réparer le temps perdu, ce petit bonhomme attend une sœur. (*Louise passe auprès de Malzen.*)

CHŒUR.

AIR du ballet de *la Somnambule.*

De nos plaideurs désormais
Célébrons l'accord propice ;
L'amour mieux que la justice
Sait arranger un procès.

MALZEN.

Ah ! quelle ivresse!
La guerre cesse.
Un seul jour change mon cœur.
A quoi donc tient le bonheur!

SALSBACH.

A quoi donc tient la noblesse !

CHŒUR

De nos plaideurs désormais, etc.

FIN de LOUISE.

VIALAT ET Cⁱᵉ, IMPRIMEURS ET ÉDITEURS.

LÉONIE, *aperçoit Ernest, pousse un cri, recule et va tomber évanouie.* — Acte 1, scène 13.

UNE FAUTE

DRAME EN DEUX ACTES, MÊLÉ DE COUPLETS

Représenté, pour la première fois, à Paris, sur le théâtre du Gymnase dramatique, le 17 août 1830.

Personnages.

ERNEST DE VILLEVALLIER.
LÉONIE, sa femme.
MADAME DARMENTIÈRES, tante de Léonie.
BALTHASAR, ancien domestique.

GRINCHEUX, maître menuisier.
JOSÉPHINE, sa femme, couturière.
PARENTS ET AMIS D'ERNEST.

La scène se passe dans un château aux environs de Bordeaux.

ACTE PREMIER.

Le théâtre représente un salon ouvert par le fond, et donnant sur les jardins. Portes latérales. Sur le devant du théâtre, à gauche de l'acteur, une table ; à droite, un petit guéridon.

SCÈNE PREMIÈRE.

JOSÉPHINE, *assise à droite, et tenant à la main son ouvrage, dont elle ne s'occupe pas* ; GRINCHEUX, *à gauche, devant la table, et écrivant.*

GRINCHEUX, *relisant son mémoire.* « Mémoire des « ouvrages faits par moi Grincheux, maître menui- « sier, dans le château de M. le comte de Villevallier. » Le plus beau château des environs de Bordeaux ! Un immense manoir féodal, qui, de tous les côtés, tombait de noblesse, et qu'il a fallu remettre à neuf. (*S'interrompant et appelant.*) Joséphine !.. ma femme !.. madame Grincheux !..

JOSÉPHINE. Qu'est-ce donc ?

GRINCHEUX. Qu'est-ce que tu fais là ?

JOSÉPHINE. Moi ?.. je travaille à la robe de Madame.

GRINCHEUX. Ce n'est pas vrai... tu étais encore à rêvasser... et je n'aime pas ça... est-ce que tu vas faire comme madame la comtesse, qui, depuis six mois, est toujours triste, souffrante et malade?.. elle du moins, c'est une grande dame, qui a une belle maison, une belle fortune, un bon mari!.. Elle peut être triste, elle a le temps... Mais une couturière comme toi, qui **tourne** à la mélancolie, c'est bête, vois-tu; parce que, pendant ce temps-là, l'ouvrage ne va pas.

JOSÉPHINE. Vous êtes toujours à gronder.

GRINCHEUX, *se levant et allant à elle.* C'est qu'en vérité je ne te reconnais pas. Voilà quatre ans que nous sommes mariés, et autrefois tu étais vive, joyeuse, toujours de bonne humeur; et quand j'étais à ma menuiserie, et toi à ta couture...

AIR : *Tenez, moi, je suis un bon homme.*
Tu chantais toujours, Dieu sait comme!
Des r'frains qu'étaient bien amusants...
Et puis, pour embrasser ton homme,
Tu t'interrompais d' temps en temps.
Ça nous faisait fair' bon ménage,
Chansons par-ci, baisers par-là !
J' travaillais deux fois davantage,
Et les pratiqu's payaient tout ça.

Et puis autrefois... le dimanche, tu te faisais belle pour moi... nous sortions ensemble... mais à présent, les jours de fête... hier, par exemple, où as-tu dîné et passé la soirée?

JOSÉPHINE. Chez madame Gravier, ma tante.

GRINCHEUX. C'est singulier qu'elle ne m'ait pas invité!.. Aussi, toute la journée, j'ai promené paternellement nos deux garçons dans les allées de Tourny, et au château Trompette... de sorte qu'en revenant, il a fallu les porter sur chaque bras... et le soir, pour me refaire, j'ai eu une dispute.

JOSÉPHINE. Vous êtes si gentil !

GRINCHEUX. Je ne suis pas mal... D'ailleurs, en m'épousant, tu me connaissais.

AIR : *De sommeiller encor, ma chère.*
Je ne t'ai point trompé, ma chère :
J'étais comm' ça quand tu m'as pris;
Pas beau, mais d'un bon caractère,
Et la beauté n'a pas grand prix :
Ses avantag's sont trop rapides,
Mais la laideur, mais les bons sentiments,
Ce sont des qualités solides
Qui rest' et qui durent longtemps.

Ainsi ce n'est pas moi qui suis changé, c'est toi.

JOSÉPHINE. Par exemple !

GRINCHEUX. Oui... oui... depuis quelques mois à peu près.

JOSÉPHINE. Si on peut dire des choses pareilles !.. Apprenez, monsieur Grincheux...

GRINCHEUX. Il n'y a pas besoin de se fâcher ni de rougir comme tu le fais... Tais-toi : car voilà le vieux Balthasar, mon cousin, l'intendant du château, qui de sa nature est toujours de mauvaise humeur.

SCÈNE II.

JOSÉPHINE, *assise*; BALTHASAR, GRINCHEUX.

BALTHASAR, *entrant par le fond.* Si ce n'est pas un meurtre, une indignité!.. Partout des papiers *persé!* des peintures nouvelles, des dorures, des colifichets ! Ce n'est plus notre ancien château... je ne m'y reconnais plus.

GRINCHEUX. Je crois bien, cousin; nous en avons fait un boudoir de la Chaussée-d'Antin de Paris. Ce n'est pas un mal.

BALTHASAR. Si vraiment!.. Mon pauvre maître, après un an d'exil, se fait sans doute une fête de revoir le château de ses pères; et en y rentrant, il se croira encore dans un pays étranger... Quant à moi, qui suis né ici, qui y ai passé ma jeunesse...

AIR de *Lantara.*
Ce vieux château devait me plaire!
J'ai, par le temps, vu ses murs se noircir :
Chaque colonne, chaque pierre
Me rappelaient un chagrin, un plaisir;
A chaque pas c'était un souvenir.
Il d'vait rester tel que moi, ce me semble;
Car c'est cruel, et mon cœur en gémit,
Pour deux amis qui vieillissaient ensemble,
De voir qu'un d'eux seulement rajeunit.

Enfin n'y pensons plus... quand mon maître reviendra... s'il revient jamais!.. (*A Grincheux, qui s'est approché de lui, et qui lui présente un papier.*) Qu'est-ce que c'est?

GRINCHEUX. Mon mémoire, que vous examinerez, et que j'ai fait en conscience; car c'est vous, cousin, qui m'avez fait avoir la pratique du château.

BALTHASAR, *regardant le papier.* As-tu bien mis là tout ce que tu as fait?

GRINCHEUX. Oh! oui... pour le moins.

BALTHASAR, *lisant.* Que de frais inutiles!.. que de folles dépenses!.. Enfin, ça ne me regarde pas... Monsieur l'a fait pour plaire à Madame.

JOSÉPHINE. C'est bien naturel!.. une jeune femme si bonne, si gracieuse, et surtout si jolie!.. On la reconnaîtrait pour Espagnole, celle-là, rien qu'à ses beaux yeux noirs.

BALTHASAR. Oui, la fille d'un ancien ambassadeur, dont à Paris il s'est avisé d'être amoureux... sa première inclination!.. Il en perdait la tête... moi aussi... et il a bien fallu la lui donner pour femme... au lieu d'en choisir une... tout uniment en France... Mon Dieu! elles ne sont pas pires là qu'ailleurs.

JOSÉPHINE. C'est aimable.

BALTHASAR. Est-ce que j'ai besoin d'être aimable, madame Grincheux?.. Est-ce que c'est mon habitude?

JOSÉPHINE. Non, certainement... mais si Madame vous entendait...

BALTHASAR. Qu'importe!.. J'ai ici mon franc-parler... le comte de Villevallier, mon maître, que j'ai vu naître, que j'ai élevé, que j'ai porté dans mes bras, m'a dit : « Balthasar, tant que je vivrai, tu resteras chez moi. » Et j'ai dit : « J'y compte... » Parce que mon maître... Vous ne savez pas ce que c'est que mon maître?.. c'est l'honneur même... c'est un cœur d'or... c'est le plus brave jeune homme... et si le ciel était juste, celui-là mériterait d'épouser un ange.

JOSÉPHINE. Il me semble qu'il n'est pas si mal tombé!.. Qu'est-ce que vous avez à reprocher à Madame?

BALTHASAR. Moi!.. est-ce que je lui reproche rien?

JOSÉPHINE. Dame!.. vous avez un air...

GRINCHEUX. C'est vrai, cousin... vous avez un air...

JOSÉPHINE, *se levant et venant auprès de Balthasar.* Est-ce qu'elle n'est pas honorée et chérie dans le pays? Est-ce qu'elle ne fait pas du bien à tout le monde?.. Est-ce qu'elle ne se conduit pas d'une manière exemplaire?

BALTHASAR. C'est possible... Je ne dis pas non.

JOSÉPHINE. Et cependant, depuis un an que son mari

l'a laissée seule ici, dans ce château, avec sa tante pour unique compagnie, ça n'est pas amusant.

BALTHASAR. Oh! sans doute; le devoir n'est jamais amusant... et puis c'est une chose si longue qu'un an de constance!

JOSÉPHINE. Mais oui... et il ne faut pas croire qu'en fait de constance tous les hommes en aient déjà tant... Vous, tout le premier; car autrefois vous adoriez Madame.

GRINCHEUX. Vous vous seriez mis au feu pour elle! témoin l'incendie du château, où vous vous êtes fait une blessure à la jambe, en voulant la sauver.

JOSÉPHINE. Et maintenant vous êtes toujours de mauvaise humeur quand on parle d'elle. Il semble que vous lui en vouliez.

BALTHASAR. Moi!.. Qui vous a dit cela? Est-ce que je l'accuse? Est-ce à elle que j'en veux?

JOSÉPHINE. Et à qui donc?

BALTHASAR. A sa tante... à madame Darmentières.

JOSÉPHINE. A ma marraine! qui, au fond, est une si bonne femme!

BALTHASAR. Une véritable Espagnole, qui, avec ses idées castillanes, voit partout des don Rodrigue et des héros de romans... Donnez donc un pareil mentor à une femme de dix-sept ans, légère et sans expérience!

JOSÉPHINE. C'est justement ce qui prouve pour madame la comtesse... elle n'en a que plus de mérite à se conduire comme elle fait... Mais à nous autres femmes, on ne nous rend jamais justice. (*Elle va se rasseoir.*)

BALTHASAR. Ah! souvent, si on vous la rendait...

JOSÉPHINE. Fi! ce que vous dites là n'est pas galant... Mais en général, monsieur Balthasar ne se pique pas d'être poli.

BALTHASAR. Ce n'est pas d'hier, du moins, que vous pouvez me faire ce reproche... car je vous ai saluée deux fois sans que vous ayez daigné m'apercevoir.

GRINCHEUX. Et où donc?

BALTHASAR. Au château de Raba... où vous vous promeniez en compagnie.

GRINCHEUX. Tu as été hier te promener avec ta tante... en sortant de dîner.

JOSÉPHINE, *baissant les yeux*. Oui, mon ami.

BALTHASAR, *d'un air de doute et s'approchant de Joséphine*. Ah! cousine! ah! c'était votre tante qui vous donnait hier le bras.

JOSÉPHINE, *d'un air suppliant*. Monsieur Balthasar...

BALTHASAR, *à demi-voix, et avec humeur*. Soyez tranquille!.. est-ce que je vois jamais ce qui ne me regarde pas?

GRINCHEUX. Qu'est-ce que c'est donc?

BALTHASAR. Rien du tout... (*Lui donnant une poignée de main.*) Ce pauvre Grincheux!.. J'examinerai ton mémoire... car voici la tante de Madame.

GRINCHEUX, *étonné*. Ah çà!.. il y a donc quelque chose?

SCÈNE III.

Les précédents, MADAME DARMENTIÈRES.

MADAME DARMENTIÈRES, *entrant par le fond, à droite*. Que l'on porte les fleurs et les bouquets dans ma chambre; et surtout le plus grand secret... Balthasar, Joséphine, ma chère fillcule, vous voilà... J'ai des ordres à vous donner. Et vous, Grincheux, puisque vous êtes venu passer ici quelques jours auprès de votre femme, vous ne nous serez pas non plus inutile.

JOSÉPHINE ET GRINCHEUX. Qu'est-ce donc?

MADAME DARMENTIÈRES. C'est aujourd'hui le jour de naissance de ma nièce, ma chère Léonie... et comme elle, qui est toujours malade, se trouve aujourd'hui un peu mieux... il faut en profiter.

JOSÉPHINE. Je veux être la première à offrir mon bouquet à Madame.

MADAME DARMENTIÈRES, *la retenant*. Non pas... garde-t'en bien... ce n'est pas le moment... Je veux quelque chose d'imprévu... d'inattendu, qui nous frappe tous de surprise et d'admiration.

BALTHASAR, *à part*. C'est ça... du romanesque... des coups de théâtre!..

MADAME DARMENTIÈRES. J'ai invité une nombreuse société. Nous aurons ce soir un grand souper, un bal, un feu d'artifice... Moi, j'aime le monde, le bruit... c'est là mon bonheur, surtout quand il s'agit de fêter ma nièce.

Air du vaudeville de l'*Écu de six francs.*

Partout son chiffre et sa devise
En transparent dans le jardin;
Et pour compléter sa surprise,
Alors nous paraîtrons soudain,
Des fleurs, des bouquets à la main!..
C'est moi qui dois marcher en tête.
Le coup d'œil sera ravissant;
Et cela m'amusera tant!.

BALTHASAR, *à part*. C'est pour elle que sera la fête.

MADAME DARMENTIÈRES. Mais il me manque, pour le dénoûment, quelque chose de foudroyant... de ces coups extraordinaires qui vous renversent... qu'est-ce que nous pourrions donc faire?

JOSÉPHINE. Je m'en rapporte à vous, ma marraine.

MADAME DARMENTIÈRES. Et vous, Balthasar, qu'est-ce que vous en dites?

BALTHASAR, *passant auprès de madame Darmentières*. Moi, je dirais tout uniment à madame la comtesse : « Ma chère nièce, c'est aujourd'hui que tu es née « pour l'orgueil de tes parents et le bonheur de ton « époux... songe à lui, à tes devoirs, et embrasse-« moi... voilà mon bouquet. »

MADAME DARMENTIÈRES. Dieu! que c'est bourgeois!

JOSÉPHINE. Comme c'est fête de famille!

BALTHASAR. C'est possible... j'ajouterais...« Si je ne « te fête pas autrement, c'est qu'en l'absence de ton « mari, il ne me paraît pas convenable de donner des « bals, des réjouissances, des feux d'artifice. »

MADAME DARMENTIÈRES. Balthasar!..

BALTHASAR. Vous me demandez mon avis...

MADAME DARMENTIÈRES. Il est impertinent... et vous pouvez le garder.

BALTHASAR. C'est dit... il ira avec beaucoup d'autres qu'on ne me demandait pas, et qu'on eût bien fait de suivre. (*Grincheux passe auprès de sa femme.*)

MADAME DARMENTIÈRES. Je n'ai besoin ni de votre approbation, ni de votre censure. Je fais ce qui me convient, et ce qui conviendrait à M. le comte de Villevallier, mon neveu, s'il était ici... Pourquoi n'y est-il pas? Pourquoi, depuis un an, nous laisse-t-il seules en ce château?

BALTHASAR. Si mon maître le fait, c'est qu'il a ses raisons.

MADAME DARMENTIÈRES. Vous les connaissez donc?

BALTHASAR. Non : mais elles ne peuvent être que justes et convenables.

AIR : *Au temps heureux de la chevalerie.*

Voilà pourquoi je pense au fond de l'âme
Que votre nièc' peut bien, ainsi que vous,
Aveuglément, et sans craindre de blâme,
Se conformer aux ordr's de son époux.
Sans qu' ma raison ou mon cœur réfléchisse,
Tout c' qu'il commande, à l'instant je le fais,
Car je suis sûr, pour peu que j'obéisse,
D' rendre un service, ou d' répandr' des bienfaits.

MADAME DARMENTIÈRES. Il suffit... Avez-vous été ce matin à la ville? avez-vous fait les commissions de ma nièce?

BALTHASAR. Oui, Madame.

MADAME DARMENTIÈRES. Y avait-il des lettres pour nous?

BALTHASAR. Plusieurs : ainsi que les journaux... pardon, je les ai là.

MADAME DARMENTIÈRES. Et vous ne me les avez pas données !.. où avez-vous la tête? A quoi pensez-vous? (*Elle prend les lettres, en ouvre une.*) Dieu! l'écriture de mon neveu!

BALTHASAR. C'est de lui, Madame?.. Madame, se porte-t-il bien?

MADAME DARMENTIÈRES, *lisant.* Certainement.

BALTHASAR. Il ne lui est rien arrivé?

MADAME DARMENTIÈRES, *de même.* Du tout.

BALTHASAR. Dieu soit loué!.. ah! que vous êtes bonne!.. et après, Madame, après... qu'es-ce qu'il dit?

MADAME DARMENTIÈRES. Que ce soir il peut être ici.

BALTHASAR. Vous ne me trompez pas?

MADAME DARMENTIÈRES, *vivement.* Voilà l'idée que je cherchais... au milieu de la fête... l'arrivée d'un mari! Surprise, coup de théâtre!.. il ne s'agit que de bien ménager cela, et je m'en charge... pourvu que personne ne prévienne ma nièce.

BALTHASAR. Mon maître, mon cher maître!.. je veux être le premier à le recevoir... J'irai au-devant de lui... Daignez me dire par où il doit arriver.

MADAME DARMENTIÈRES. C'est inutile ; je veux le plus grand secret... D'ailleurs on aura besoin de vous ici, pour le service de la table, celui de l'office et l'inspection de l'argenterie.

BALTHASAR. Ah! Madame, grâce pour aujourd'hui.

MADAME DARMENTIÈRES. Pourquoi donc?

BALTHASAR.

AIR du vaudeville de *la Robe et les Bottes.*

Vous savez bien que d'ordinaire
Devant l'ouvrag' je ne recule pas;
Et j'ai gardé, quoique sexagénaire,
Du cœur, de la tête et des bras.
Mais prêt à r'voir mon maître, j' vous l'atteste,
Par le bonheur je me sens oppresser,
Il m'ôt' la force ; et je veux qu'il m'en reste,
Ne fût-ce que pour l'embrasser.

MADAME DARMENTIÈRES, *le regardant avec pitié.* Ces vieux domestiques sont si ridicules!

BALTHASAR. Ce n'est pas une raison pour les tuer... (*Entre ses dents.*) S'il fallait tuer tout ce qui est ridicule...

MADAME DARMENTIÈRES. Balthasar!

GRINCHEUX, *allant à Balthasar.* Cousin...

BALTHASAR. Eh! qu'est-ce que cela me fait? (*Il passe à la gauche de Grincheux.*)

MADAME DARMENTIÈRES. C'en est trop... sortez d'ici à l'instant.

BALTHASAR. Sortir!.. je suis au service de M. le comte... c'est lui qui est mon maître.

MADAME DARMENTIÈRES. Mais, en son absence, ma nièce a tout pouvoir ; et quand je lui raconterai votre insolence, c'est elle qui vous chassera.

BALTHASAR. Peut-être.

MADAME DARMENTIÈRES. Voilà qui est trop fort... et nous verrons qui de moi, ou d'un insolent valet...

JOSÉPHINE ET GRINCHEUX. Prenez donc garde, monsieur Balthasar... mon cousin.

BALTHASAR. Ça m'est égal ; nous verrons.

GRINCHEUX. Paix! c'est Madame.

SCÈNE IV.

LES PRÉCÉDENTS, LÉONIE, *entrant par le fond.*

LÉONIE. Eh! mon Dieu! d'où vient ce bruit?

MADAME DARMENTIÈRES. C'est ce vieil intendant... ce valet, qui a osé me manquer de respect.

LÉONIE. Comment! Balthasar, vous vous seriez permis...

MADAME DARMENTIÈRES. Oui, ma nièce... et il s'est oublié à un tel point, que j'exige qu'aujourd'hui on le renvoie, sur-le-champ.

LÉONIE. Serait-il vrai, Balthasar?

BALTHASAR. Oui, madame la comtesse, j'ai eu tort, je ne dis pas non.

LÉONIE, *avec émotion, et sans sévérité.* C'est mal, très-mal... et, sinon par égard pour moi, qui suis souffrante, au moins pour mon mari, pour M. le comte votre maître... vous deviez, Balthasar, respecter ma tante.

MADAME DARMENTIÈRES. Lui parler ainsi, et avec cette modération!.. qu'il soit renvoyé, je le veux.

LÉONIE. Je le devrais, sans doute.

BALTHASAR. Me voici prêt à régler mes comptes.

MADAME DARMENTIÈRES, *poussant Léonie.* Allons donc!

LÉONIE. Soit... tantôt... je vous parlerai... à vous seul.

MADAME DARMENTIÈRES. Et pourquoi pas?

LÉONIE. De grâce, ma tante... il n'est pas nécessaire devant Joséphine, devant tout le monde, de faire une scène... (*A Balthasar.*) Plus tard, dans une heure, vous viendrez.

BALTHASAR. Oui, Madame. (*Pendant que Léonie remonte vers le fond, Balthasar regarde madame Darmentières d'un air content, puis il dit bas à Grincheux :*) Je vous l'avais bien dit... elle ne me renverra pas... je suis tranquille. (*Il sort.*)

SCÈNE V.

JOSÉPHINE, *assise* ; MADAME DARMENTIÈRES, LÉONIE, GRINCHEUX.

MADAME DARMENTIÈRES. En vérité il n'y a que dans ce pays où l'on soit exposé à de telles insolences... Si à Madrid, où vous êtes née et moi aussi, cela fût arrivé...

AIR du *Ménage de garçon.*

En prison, ou bien aux galères,
On l'eût envoyé tout d'abord ;
Car il suffit, dans ces affaires,
D'avoir un bon corrégidor.

GRINCHEUX.

C' n'en est pas là chez nous encor.
Dans notre pays, qu'est barbare,
Il faut, pour qu'un homme ait des torts,

Trouver des raisons : c'est plus rare
A trouver qu' des corrégidors.
Il faut des raisons... c'est plus rare
A trouver qu' des corrégidors.
(Il passe auprès de sa femme.)

LÉONIE. Il suffit... je vous promets, ma tante, que vous aurez satisfaction... Mais comment cela est-il arrivé?

MADAME DARMENTIÈRES. A propos de rien... au sujet de ces lettres qu'il m'apportait, et que je n'ai pas encore achevé de lire. En voici pour vous. (Elle remet des lettres à Léonie, et achève de parcourir celles qui lui restent. Léonie va s'asseoir auprès de la table à gauche.) Celle-ci est de mon libraire, à qui j'ai demandé des romans nouveaux... Il y a longtemps que je n'ai eu d'émotions fortes... (Prenant une autre lettre.) Celle-là... « A madame Joséphine Grincheux, au château de « Villevallier. » Ce n'est pas pour moi.

JOSÉPHINE, se levant. Ah! mon Dieu! Balthasar se sera trompé.

GRINCHEUX, prenant la lettre. Sans doute.

JOSÉPHINE, la lui reprenant. Ce n'est pas pour toi. (Madame Darmentières lit ses lettres tout bas, auprès de la table, à droite, ainsi que Léonie, qui est assise à gauche ; Joséphine et Grincheux occupent le milieu de la scène sur le devant.)

GRINCHEUX, à voix basse, à sa femme. C'est égal : je peux bien en prendre connaissance.

JOSÉPHINE, troublée, et reconnaissant l'écriture, à voix basse aussi. Du tout... ce n'est pas nécessaire... non pas certainement que j'y tienne en aucune façon...

GRINCHEUX. Eh bien! moi, madame Grincheux, j'y tiens beaucoup... Tout à l'heure je ne sais ce que vous avez dit à mon cousin Balthasar... mais il avait avec moi un air de compassion qui m'a déplu... (S'animant par degrés.) Je n'aime pas qu'on me plaigne.

JOSÉPHINE, de même. Si vous en croyez Balthasar, il brouillerait tous les ménages.

GRINCHEUX. Mais c'est égal ; je veux savoir pourquoi on vous la adresse ici, au château.

JOSÉPHINE. Parce qu'on sait que j'y travaille, que j'y suis en journée.

GRINCHEUX. Voyons.

JOSÉPHINE. Vous ne la verrez pas.

LÉONIE, avec impatience, et interrompant sa lecture. Qu'est-ce donc?.. Encore des disputes!.. en vérité, je suis bien malheureuse... même ici, dans mon intérieur, dans ce château où je vis presque seule, je ne puis avoir un instant de repos ni de tranquillité.

GRINCHEUX, remontant la scène, et allant auprès de Léonie. Pardon, madame la comtesse, c'est la faute de ma femme.

JOSÉPHINE. C'est la sienne.

GRINCHEUX. Elle ne veut pas me montrer cette lettre.

JOSÉPHINE. Pourquoi veut-il connaître mes secrets?

GRINCHEUX. Pourquoi en a-t-elle avec moi? Dès que, dans un ménage, il y a communauté, les secrets en sont ; et si elle refuse, c'est qu'elle est coupable.

LÉONIE, vivement, et avec agitation. Coupable! que dites-vous?.. qui vous donne le droit de l'accuser?

GRINCHEUX. C'est elle-même... moi, je ne demande pas mieux que de taire bon ménage, et d'être bon mari ; c'est dans ma nature... S'il n'y a rien de mal dans cette lettre, qu'elle vous la montre. (Prenant Joséphine par le bras, et la faisant passer auprès de Léonie.) Je m'en rapporte à vous, madame la comtesse, qui êtes la sagesse et la vertu même, et d'après ce que vous me direz, je serai tranquille.

MADAME DARMENTIÈRES, à Joséphine. Voilà, ma filleule, qui me paraît raisonnable.

JOSÉPHINE. Je ne dis pas non, ma marraine... Mais aller importuner madame la comtesse de nos affaires particulières!..

GRINCHEUX. Dès qu'elle y consent... Eh bien! madame Grincheux, vous hésitez?.. Elle hésite...

JOSÉPHINE. Non, non, certainement. (Elle remet la lettre à Léonie.) La voici.

LÉONIE, au moment où elle reçoit la lettre, lui prend la main. Joséphine, vous tremblez.

JOSÉPHINE. Non, Madame.

LÉONIE la regarde, puis regarde la lettre qu'elle tient et, sans la décacheter, dit à Grincheux, en se levant et passant près de lui. C'est bien... tout à l'heure... à mon aise... je la lirai... et nous en parlerons... je vous le promets.

GRINCHEUX. Ça suffit, Madame, ça suffit.

Air des *Comédiens*.

Tout c' que j' demande est d'avoir confiance :
Rendez-la-moi, c'est là tout mon espoir.
MADAME DARMENTIÈRES.
(Bas.)
Viens, laissons-les... Je veux en confidence,
Vous expliquer mes ordres pour ce soir.
(Passant auprès de Léonie.)
Et vous, songez à Balthasar... qu'il sorte...
Quand de ses gens on veut être obéi,
Au moindre mot on les met à la porte.
GRINCHEUX.
C'est l' seul moyen d'en être bien servi.
ENSEMBLE.
MADAME DARMENTIÈRES.
Ah! quel plaisir! mon cœur jouit d'avance
De la surprise où je m'en vais la voir;
(A Grincheux.)
Viens, laissons-les... Je veux en confidence,
Vous expliquer mes ordres pour ce soir.
GRINCHEUX.
Tout c' que j' demande est d'avoir confiance :
Rendez-la-moi, c'est là tout mon espoir;
Aussi, Madam', j' vous remerci' d'avance,
Et je viendrai tout à l'heur' vous revoir.
LÉONIE, regardant Joséphine.
Eh mais! je crois qu'elle tremble d'avance;
Qu'a-t-elle donc? de crains de le savoir.
S'il en est temps encor, de l'indulgence;
Tâchons au moins de la rendre au devoir.
JOSÉPHINE.
Ah! malgré moi, mon cœur tremble d'avance!
Par cet écrit que va-t-elle savoir!
Dans sa bonté mettons ma confiance,
Car désormais c'est là tout mon espoir.
(Madame Darmentières et Grincheux sortent.)

SCÈNE VI.

LÉONIE, JOSÉPHINE.

LÉONIE. Eh bien! Joséphine, dois-je ouvrir cette lettre? Vous ne me répondez pas... Vous m'effrayez... et en vérité... je suis aussi émue, aussi tremblante que vous... Cette lettre... vous savez donc de qui elle est?

JOSÉPHINE. Je m'en doute, du moins.

LÉONIE. Et faut-il que je la lise?

JOSÉPHINE, joignant les mains. Oui, Madame, oui... ne fût-ce que pour ma punition.

LÉONIE, regardant la signature. Signé *Théophile*... Quel est ce Théophile?

JOSÉPHINE. Un jeune homme qui a à peine dix-huit ans... qui a étudié... qui aurait pu être clerc dans quelque bonne étude de Bordeaux... Mais il a mieux aimé être simple commis chez M. Durand, son oncle, qui est marchand de nouveautés.

LÉONIE. Et pourquoi?

JOSÉPHINE. Parce que M. Durand demeure à côté de chez nous.

LÉONIE. Je comprends... il vous aime?

JOSÉPHINE. Je le crois... Voilà dix-huit mois qu'il me fait la cour... mais je n'ai jamais voulu l'écouter... Oh! ça, je vous le jure.

LÉONIE. Bien vrai?

JOSÉPHINE. Lisez, Madame... vous verrez qu'il doit se plaindre... car il se plaint toujours ; et ça me fait assez de peine.

LÉONIE, *lisant avec émotion*. Ainsi vous croyez n'avoir rien à vous reprocher?

JOSÉPHINE. Rien... ce n'est pas ma faute... il m'aime tant! il est si gentil! tandis que M. Grincheux est si défiant, si grondeur, si jaloux!

LÉONIE. A-t-il toujours été ainsi?

JOSÉPHINE. Non, Madame, je ne crois pas... Dans les commencements de notre mariage, il était assez bien, j'en conviens; mais il y a longtemps que cela a cessé.

LÉONIE. Et depuis quand?

JOSÉPHINE. Je l'ignore.

LÉONIE. Et moi, je crois le savoir... Joséphine, n'est-ce pas depuis dix-huit mois à peu près?

JOSÉPHINE. Comment cela?

LÉONIE. Oui, c'est depuis qu'un autre vous a paru aimable que votre mari a cessé de l'être à vos yeux.

AIR : *J'en guette un petit de mon âge.*

S'il vous maltraite et s'il vous parle en maître,
S'il est grondeur, n'est-ce pas, entre nous,
Depuis qu'il a sujet de l'être?
Qui l'a rendu défiant et jaloux?
Et lorsque vous pensez à d'autres,
S'il vous épie au logis, au dehors,
S'il est coupable, enfin, s'il a des torts,
Ces torts ne sont-ils pas les vôtres?

JOSÉPHINE. Ah! Madame!

LÉONIE. Et si vous saviez, mon enfant, quel avenir vous vous préparez!.. encore un pas, et il n'y a plus pour vous ni bonheur, ni repos. (*Mouvement de Joséphine.*) Je ne vous parle point de vos regrets, de vos reproches continuels... de votre intérieur à jamais troublé... de la désunion, de la défiance dans votre ménage... Mais vingt fois par jour l'effroi dans le cœur, la honte sur le front, vous tremblerez d'être trahie... Vous vivrez dans la crainte de vos voisins, dans la dépendance d'un domestique, qui, s'il a cru lire dans votre cœur, aura acquis le droit de vous faire rougir... et si, fatiguée d'une journée si pénible, vous espérez la nuit trouver le repos, vous le chercherez en vain... vous ne dormirez point... non; le souvenir de votre faute viendra vous poursuivra jusque dans votre sommeil, et vous craindrez, même en dormant, de trahir votre secret.

JOSÉPHINE. Ah! mon Dieu!.. vous me faites peur.

LÉONIE. Oui,... oui,, croyez-moi, il en est temps encore; éloignez de votre cœur et de vos sens des idées dont on triomphe toujours quand on le veut bien... on peut vivre loin de celui qu'on aime,.. on souffre peut-être; mais on n'est pas vraiment malheureuse.

JOSÉPHINE, *pleurant*. Il me semble cependant que je le suis.

LÉONIE, *avec agitation*. Ah! c'est que vous ne connaissez pas le remords.

JOSÉPHINE, *effrayée*. Que dites-vous?

LÉONIE, *se reprenant*. Que, dans ce moment même, où vous pleurez, où vous le regrettez, vous trouvez dans votre propre estime, dans la mienne, dans le sentiment de vos devoirs, un adoucissement à vos maux, et des consolations...On n'en a plus dès qu'on s'est oublié un instant... Joséphine, il y a longtemps que je vous vois ici... vous êtes la filleule de ma tante ; et comme telle, je dois vous porter intérêt... que mes avis, que mes conseils vous préservent d'un tel malheur... Vous avez un mari qui est un honnête homme, qui vous aime... vous avez été heureuse avec lui; vous le serez encore dès que vous le voudrez... me le promettez-vous?,. Et à cette condition, je déchire cette lettre... (*Elle déchire la lettre.*) et je lui dirai que vous êtes ce que je désire que vous soyez... et ce que vous êtes en effet, n'est-il pas vrai? une honnête femme.

JOSÉPHINE. Oui, Madame, oui, je vous le jure... (*Pleurant.*) J'aurai bien de la peine: mais c'est égal... je suivrai vos conseils... (*En hésitant.*) Que disait-il dans cette lettre?

LÉONIE. Il demandait à vous voir... et vous indiquait un rendez-vous.

JOSÉPHINE. Pauvre garçon!

LÉONIE. Il faut le refuser et l'éviter, s'il s'offrait à vos yeux.

JOSÉPHINE. Oui, Madame... il m'est plus aisé de ne pas le voir, que de le voir malheureux.

LÉONIE. C'est bien... ayez confiance en moi... dites-moi tout... et je ne vous abandonnerai pas.

JOSÉPHINE.

AIR du vaudeville de *Voltaire chez Ninon*.

Quand j'pens' qu'en ce moment, hélas!
Il est déjà p't-être à m'attendre!
Mais c'est égal, je n'irai pas;
A vos avis je veux me rendre.
(*Pleurant.*)
Pendant longtemps j'en pleurerai,
J'ai bien du chagrin.

LÉONIE.
Je le pense.

JOSÉPHINE.
Mais c'est à vous que je l' devrai,
Comptez sur ma reconnaissance.
(*Elle sort.*)

SCÈNE VII.

LÉONIE, *seule*. Pauvre enfant! que je m'estimerai heureuse si je puis la sauver! (*Elle s'assied à gauche, reste plongée dans ses réflexions et le coude appuyé sur la table ; ses regards tombent sur les lettres qu'elle y a laissées.*) Achevons... (*Elle en ouvre une.*) Du comte de Lémos, de mon père... (*Elle porte la lettre à ses lèvres. Lisant :*) « Mon enfant chéri, ma fille, voilà bien long-
« temps que je ne vous ai écrit ; mais si enfin je puis
« le faire, si j'existe encore, je le dois au plus noble,
« au plus généreux des hommes, à celui que je vous
« ai donné pour mari. Vous avez su ma disgrâce et
« mon rappel en Espagne ; mais ce que vous ignorez,
« c'est que, quelque temps après mon retour, arrêté
« comme ancien membre des Cortès, j'ai été dépouillé
« de mes biens, et condamné à une peine infa-
« mante... » (*S'interrompant*) Grand Dieu!.. (*Continuant.*) « L'arrêt était porté ; et avant que vous puis-
« siez l'apprendre, mon gendre accourt à Madrid...
« Il voit l'ambassadeur, nos ministres, tout est inu-
« tile. Alors, à force d'or, d'adresse et de courage,

« il parvient à me faire évader, et me conduit sur « une terre étrangère, où il a partagé mon exil et « tous mes maux, jusqu'au jour de la justice, qui est « enfin arrivé... On me rappelle, on me rend mes « biens... mais à mon âge, à soixante-dix ans, je ne « puis jamais espérer m'acquitter envers Ernest... « C'est vous, mon enfant, que je charge de ce soin... « c'est vous seule qui pouvez payer mes dettes... « Songez que si jamais vous lui causiez le moindre « chagrin, j'en mourrais, ma fille. » (*Elle retombe la tête appuyée dans les mains.*) Oh! mon Dieu!

SCÈNE VIII.

BALTHASAR; LÉONIE, *assise.*

LÉONIE. Qui vient là me déranger?... c'est Balthasar.
BALTHASAR. Me voici, madame la comtesse... je me rends à vos ordres.
LÉONIE. A merveille! (*Avec embarras.*) Eh bien! eh bien! Balthasar, voulez-vous donc me forcer à user de rigueur envers vous?... vous savez cependant tout ce que jusqu'ici je vous ai montré de bontés et de ménagement.
BALTHASAR, *froidement.* Je le sais... mais puisque madame votre tante veut absolument que vous me chassiez...
LÉONIE, *doucement.* Ai-je dit cela?.. y ai-je consenti?.. Non pas que vous ne l'ayez mérité, peut-être.
BALTHASAR, *avec colère.* Moi!..
LÉONIE, *vivement et avec crainte.* Ma tante du moins le croit... mais moi, je n'ai point oublié que mon mari... qu'Ernest vous chérissait... que vous l'avez élevé... et si je fais preuve encore aujourd'hui d'une trop longue indulgence... c'est par égard pour lui.
BALTHASAR. Je l'en remercie, Madame... c'est cela de plus que je devrai à mon maître.
LÉONIE. Et à moi, Balthasar, ne croyez-vous rien me devoir?
BALTHASAR. Si, Madame... et, pendant longtemps, j'en ai été bien reconnaissant.
LÉONIE. Et pourquoi, depuis quelque temps, avez-vous changé? Pourquoi n'avez-vous plus pour ma tante et pour moi les égards que nous avons droit d'attendre?
BALTHASAR. Si c'est ainsi, c'est malgré moi... c'est sans le vouloir... Il est possible que je me sois trompé... que j'aie tort... je le voudrais... et au prix de tout mon sang...
LÉONIE, *se levant et reprenant confiance.* Je ne vous comprends pas, Balthasar... Voyons, expliquez-vous sans crainte. Qu'y a-t-il?
BALTHASAR. Il y a, Madame, que je chéris mon maître par-dessus tout... que son père et lui nous ont comblés de bienfaits... que moi et les miens nous sommes habitués à lui et à ce château, comme si nous en dépendions... nous sommes presque de sa famille... et nous dévouer pour lui n'est pas même un mérite, ni un devoir... c'est notre vie, notre existence...
LÉONIE. Je le sais... eh bien?
BALTHASAR. Eh bien!...Quand il est parti, quelques jours après son mariage, il m'a dit : « Balthasar... une affaire malheureuse, dont je ne puis parler à ma femme, car cela lui ferait trop de peine, m'oblige à m'éloigner...Je ne sais combien de temps je serai absent, ni même s'il me sera possible de vous donner exactement de mes nouvelles... mais je te laisse ici, je suis tranquille... tu veilleras sur elle... c'est ce que j'ai de plus cher. »
LÉONIE, *avec émotion.* Il a dit cela!
BALTHASAR. Oui; et moi je lui ai répondu : « Mon maître, partez... comptez sur votre vieux serviteur, je réponds de tout. »
LÉONIE. Et tu as tenu parole... car, lorsque le feu prit à l'aile droite du château...
BALTHASAR. Ah! ce n'est pas de cela que je voulais parler... ce n'est pas ainsi que j'aurais dû veiller...
LÉONIE. Que voulez-vous dire?
BALTHASAR. Que souvent il y avait de certaines personnes, certaines sociétés... votre tante le trouvait bon, il n'y avait rien à dire... non pas qu'on veuille faire mal...
LÉONIE. Eh bien!
BALTHASAR. Mais la jeunesse... l'étourderie... on se laisse entraîner plus loin qu'on ne croit... Et s'il n'avait dépendu que de moi, on aurait congédié tout ce monde.
LÉONIE. Des parents, des amis de mon mari... pas d'autres... Balthasar, c'est ce que vous voulez dire... Achevez... car je n'ai jamais entendu que personne ne m'ait blâmée... que personne ait cru apercevoir...
BALTHASAR. Non, personne, grâce au ciel!.. Mais moi... moi seul, qui toujours sur pied, et le jour et la nuit... ai cru voir!.. Oui, je suis bien vieux... mes yeux sont bien faibles... (*La regardant en face.*) mais, par malheur, ils ne me trompent pas... et j'ai vu...
LÉONIE. Qui donc?.. c'est trop souffrir... parlez, je le veux; je l'exige...
BALTHASAR, *avec un accent terrible.* Vous me le demandez... à moi?
LÉONIE, *effrayée.* Non, non... (*Se remettant sur-le-champ.*) car voici ma tante... Sans cela, Balthasar, je saurais ce que signifie un discours aussi étrange... et auquel je ne puis rien comprendre.
BALTHASAR. Fasse le ciel que vous disiez vrai!

SCÈNE IX.

BALTHASAR, MADAME DARMENTIÈRES, LÉONIE.

MADAME DARMENTIÈRES. Comment! cet homme est encore ici?.. je croyais, ma nièce, que vous n'aviez à lui parler que pour le congédier.
LÉONIE. Sans doute; mais d'après l'entretien que nous venons d'avoir... il promet à l'avenir plus de respect... plus de déférence pour vous... (*Regardant Balthasar.*) N'est-ce pas? (*Signe d'approbation de Balthasar.*)
MADAME DARMENTIÈRES. Il est trop tard... et si maintenant j'exige son renvoi... ce n'est plus dans mon intérêt, mais dans le vôtre.
LÉONIE. Comment cela?
MADAME DARMENTIÈRES. Il s'est vanté de rester ici malgré vous.
LÉONIE. Est-il possible?
MADAME DARMENTIÈRES. C'est à moi qu'il l'a dit... il prétend que vous ne pouvez pas... que vous n'osez pas le mettre dehors... et, en conscience, si vous hésitez encore, je vais croire qu'il a raison.
LÉONIE, *avec embarras.* Ma tante... (*Passant entre madame Darmentières et Balthasar.*) Puisque vous m'y

forcez... Balthasar... vous sentez vous-même que vous ne pouvez plus rester ici.

MADAME DARMENTIÈRES. C'est bien heureux !

BALTHASAR, *étonné*. Comment! vous me renvoyez!

LÉONIE. C'est vous qui l'avez voulu.

BALTHASAR, *avec douleur*. Ce n'est pas possible! vous n'y pensez pas.

MADAME DARMENTIÈRES. Quelle audace!

BALTHASAR. Je dis seulement que cela fera trop de peine à mon maître.

MADAME DARMENTIÈRES. Il ose encore hésiter.

LÉONIE, *avec émotion*. Il suffit... sortez.

MADAME DARMENTIÈRES. Et à l'instant même... car je savais bien, moi... que je l'emporterais.

BALTHASAR. Oui, je sortirai... puisque mon seul appui, mon seul protecteur n'y est plus... mais il reviendra peut-être... et alors s'il demande pourquoi on a chassé son fidèle serviteur... s'il le demande...

MADAME DARMENTIÈRES.

AIR : *Téméraire* (de LA CHAMBRE A COUCHER).

Téméraire,
Sortez!
Redoutez
Ma colère.
Sortez, éloignez-vous
Redoutez mon courroux.

BALTHASAR.

Mon maître reviendra, j'espère,
Et l'on verra... mais, taisons-nous.

ENSEMBLE.

BALTHASAR.

Mon maître reviendra, j'espère,
C'est à vous,
C'est à vous,
De craindre son courroux.

(*Il sort.*)

LÉONIE.

Que faire?
Calmez,
Calmez
Votre colère.
Sortez, éloignez-vous!
Redoutez son courroux.

MADAME DARMENTIÈRES.

Téméraire,
Sortez!
Redoutez
Ma colère.
Sortez, éloignez-vous!
Redoutez mon courroux.

LÉONIE, *s'asseyant sur le fauteuil à droite*. Ah! je me soutiens à peine.

MADAME DARMENTIÈRES. C'est bon... c'est ainsi qu'il faut agir... Eh bien! te voilà tout émue, pour avoir montré un peu de caractère!..

LÉONIE. Moi !.. non, ma tante... ce n'est rien... cela se passera...

—

SCÈNE X.

LÉONIE, *assise* ; MADAME DARMENTIÈRES, GRINCHEUX.

GRINCHEUX, *entrant mystérieusement par la gauche, et parlant à madame Darmentières*. Madame!

MADAME DARMENTIÈRES. Qu'est-ce donc, Grincheux?

GRINCHEUX, *à demi-voix*. Un homme à cheval vient d'arriver... un inconnu, qui est ici à côté, et qui demande à vous parler, d'abord à vous.

MADAME DARMENTIÈRES. Dieu! si c'était...

GRINCHEUX. Justement... je crois que c'est cela.

MADAME DARMENTIÈRES, *regardant Léonie*. Comment la renvoyer? Ma chère nièce...

LÉONIE, *regardant madame Darmentières et Grincheux*. Eh bien !.. qu'avez-vous donc? Pourquoi cette figure contrainte ? (*Elle se lève*.) Il me semble qu'on ne m'aborde plus maintenant qu'avec un air de mystère.

MADAME DARMENTIÈRES. C'est qu'il y en a aussi... (*A part*.) Livrons-lui la moitié de mon secret pour garder l'autre. (*Haut*.) Vois-tu, ma chère amie, nous avons besoin que tu nous laisses... et que tu ne te doutes de rien.

LÉONIE. Et pourquoi ?

MADAME DARMENTIÈRES. Parce que nous te ménageons une surprise... une fête.

LÉONIE. Une fête !.. à moi... en ce moment !.. (*A part*.) Elle arrive bien.

MADAME DARMENTIÈRES. Eh! oui, c'est ton jour de naissance... je te l'apprends... ce qui ne t'empêchera pas d'être surprise.

LÉONIE, *affectant de sourire*. Non, sans doute... merci, ma bonne tante... merci... (*Elle va pour sortir*.)

GRINCHEUX, *s'approchant de Léonie*. Eh bien! madame la comtesse, cette lettre de ma femme ?..

LÉONIE. Ah! j'oubliais de t'en parler. Ne crains rien... c'est une dame de mes amies qui lui écrivait pour une robe nouvelle.

GRINCHEUX. Vraiment !.. j'en étais sûr... et dès que Madame m'en répond...

LÉONIE. Certainement.

MADAME DARMENTIÈRES. Allons donc, ma nièce, allons donc.

LÉONIE. M'y voilà, ma tante.

AIR : *O plaisir, ô vengeance!* (Final du deuxième acte de FRA DIAVOLO.)

ENSEMBLE.

LÉONIE, *à part*.
Quel tourment! une fête
Quand je tremble d'effroi!
(*Haut*.)
Oui, oui, je serai prête,
On peut compter sur moi.

MADAME DARMENTIÈRES.
Hâte-toi d'être prête ;
Allons, promets-le-moi :
Ou sinon, cette fête
Commencera sans toi.

GRINCHEUX, *à part*.
Ah! pour moi quelle fête!
Ma femme est dign' de moi,
Et je puis sur ma tête
Répondre de sa foi.

MADAME DARMENTIÈRES.
Du secret, et surtout un soin particulier
Dans la mise.

LÉONIE.
Pourquoi?

MADAME DARMENTIÈRES.
Je veux de l'élégance!
J'ai du monde et beaucoup que j'ai dû convier,
Pour célébrer le jour de ta naissance.

LÉONIE.
Loin de fêter ce jour, puisse-t-on l'oublier!

MADAME DARMENTIÈRES.
Hâte-toi d'être prête, etc.

LÉONIE.
Quel tourment! une fête, etc.

GRINCHEUX.
Ah! pour moi quelle fête, etc.

(*Léonie entre dans la chambre à droite*.)

MADAME DARMENTIÈRES, *qui a suivi Léonie jusqu'à la*

LÉONIE. O mon Dieu! ô mon père... pardonnez-moi! — Acte 2, scène 5.

porte. Elle est rentrée chez elle. (A Grincheux.) Dis à ce monsieur de paraître.

GRINCHEUX. Oh! il n'est pas loin... (Il va à la porte à gauche.) Entrez... entrez...

SCÈNE XI.
MADAME DARMENTIÈRES, ERNEST, GRINCHEUX.

MADAME DARMENTIÈRES, à Ernest qui entre. C'est lui... c'est mon neveu !

ERNEST. Ma chère tante!

MADAME DARMENTIÈRES. Ne faites pas de bruit... Grincheux, laissez-nous, et veillez à ce que personne ne puisse nous surprendre. (Grincheux sort.)

ERNEST, regardant autour de lui d'un air étonné. Et pourquoi donc tous ces mystères? ne suis-je pas chez moi? Il m'a fallu d'abord faire antichambre dans mon salon, pendant un quart d'heure... et maintenant je ne peux pas vous aimer tout haut, ni vous dire que je suis enchanté de vous voir?

MADAME DARMENTIÈRES. Si vraiment.

ERNEST. Et ma chère Léonie... ma femme, où est-elle?

MADAME DARMENTIÈRES. Silence... c'est pour elle surtout qu'il faut vous taire... elle ne se doute de rien... et nous lui ménageons une surprise.

ERNEST. Vraiment... je reconnais là, ma chère tante, votre tournure d'esprit romanesque... les événements ordinaires et habituels vous désespèrent... et vous aimez mieux, je crois, une catastrophe à effet, qu'un bonheur tranquille et bourgeois... Je ne suis pas comme vous... et je tiens à embrasser ma femme, sans façons, et le plus tôt possible.

MADAME DARMENTIÈRES. Attendez seulement quelques instants.

ERNEST. Je préférerais que ce fût tout de suite... car enfin, c'est du temps perdu... et il y a si longtemps que je ne l'ai vue... l'avoir quittée après un mois de mariage!

MADAME DARMENTIÈRES. C'est terrible.

ERNEST. Et je l'aime tant!.. je n'ai jamais aimé qu'elle... c'est ma seule inclination ; et quand on trouve

sa sœur, son amie, sa maîtresse, tout réuni dans sa femme...
MADAME DARMENTIÈRES. C'est heureux... et c'est rare.
ERNEST. Eh bien! vous qui aimez l'extraordinaire, en voilà... vous devez être enchantée... Eh mais! où est donc Balthasar? comment ne l'ai-je pas encore vu? (*Avec crainte.*) Il existe encore, n'est-ce pas?
MADAME DARMENTIÈRES. Certainement.
ERNEST. Il est si vieux que, quand je le quitte, j'ai toujours peur de ne plus le retrouver.
MADAME DARMENTIÈRES. Il est absent... on vous dira pourquoi.
ERNEST. Absent... tant pis; car dans ce moment même...

AIR du vaudeville du *Premier Prix*.

Vous le dirai-je en confidence?
Quelque chose me manque ici,
C'est la figure et la présence
De ce vieil et fidèle ami.
Oui, depuis que je suis au monde,
Et qu'en ce château je le voi,
Quand je ne l'entends pas qui gronde,
Je ne crois pas être chez moi.

Mais parlez-moi de Léonie, de ma femme. Elle doit être bien jolie... n'est-ce pas?
MADAME DARMENTIÈRES. Mais oui... c'est ce que chacun dit.
ERNEST. Heureusement, ma chère tante, que vous étiez là, et qu'en duègne sévère vous défendiez le trésor que je vous avais confié.
MADAME DARMENTIÈRES. Comme je me serais défendue moi-même.
ERNEST. Je n'en doute point.
MADAME DARMENTIÈRES. D'abord, et pour l'étourdir sur votre absence, je lui ai conseillé de se distraire, de voir le monde.
ERNEST. Vous avez bien fait... Que le bonheur, que le plaisir puissent toujours l'environner!..
MADAME DARMENTIÈRES. Les sociétés de Bordeaux ont été très-brillantes cet hiver, et Léonie y a eu un succès étonnant! Vive, légère, étourdie, elle était charmante... tout le monde l'adorait, ce qui me faisait un plaisir... Mais cela n'a pas duré... Sa tristesse l'a reprise... Elle n'a plus voulu voir personne... Elle ne pensait qu'à vous, ne s'occupait que de vous... Et depuis six mois elle est réellement malheureuse, et surtout très-souffrante.
ERNEST. Que dites-vous?.. elle est souffrante! Alors c'est décidé, je n'accepte point.
MADAME DARMENTIÈRES. Quoi donc?
ERNEST. Tout entier au plaisir de vous voir, je ne vous ai pas parlé des honneurs qui, chemin faisant, me sont arrivés... on me propose un poste important... une ambassade.
MADAME DARMENTIÈRES. Je suis enchantée, ravie, transportée.
ERNEST. Ce n'est pas la peine; car je refuserai... Ma femme! ma pauvre femme est souffrante, et je la quitterais! Songez donc que c'est ma vie, mon bonheur... que je mourrais si je la perdais... Non, non, plus rien qui m'éloigne d'elle. Je vivrai ici désormais en bon propriétaire et en mari... Il me semble, autant qu'il m'en souvient, que c'est un état fort agréable... Aussi, ma tante, c'est fini : le quart d'heure est expiré... je ne peux plus attendre.
MADAME DARMENTIÈRES. Eh bien! puisqu'il faut vous le dire... apprenez donc que c'est aujourd'hui le jour de la naissance de votre femme.
ERNEST. Attendez donc.. c'est, ma foi vrai!.. et le jour de mon arrivée! est-ce heureux!
MADAME DARMENTIÈRES. Je le crois bien... j'ai invité tout ce qu'il y a de mieux dans le département... Entendez-vous?.. Voici déjà les voitures qui entrent dans la cour.

AIR : *A soixante ans.*

Ils vont offrir à Léonie
Leurs compliments et leurs vœux empressés.
Pour mon bouquet, sûre d'être obéie,
Moi, je dirai : Mon neveu, paraissez
Quels cris de joie à l'instant sont poussés!
On vous entoure... ils sont tous en délire,
Et votre femme en vos bras.

ERNEST.
Ah! bravo!
MADAME DARMENTIÈRES.
Coup de théâtre, étonnement, tableau!
ERNEST, *riant*.
La toile tombe.
MADAME DARMENTIÈRES.
Et chacun se retire.
ERNEST.
Ce moment-là doit être le plus beau.
MADAME DARMENTIÈRES.
La toile tombe, et chacun se retire.
ERNEST.
Pour un époux c'est l'instant le plus beau.

SCÈNE XII.

GRINCHEUX, MADAME DARMENTIÈRES, ERNEST.

GRINCHEUX. Madame, Madame, voilà déjà une vingtaine de personnes d'arrivées. Qu'est ce qu'il faut faire?
MADAME DARMENTIÈRES. Laissez-les venir... Vous, mon cher neveu, entrez dans ce petit salon... Vous paraîtrez quand je vous le dirai.
ERNEST. C'est convenu.
MADAME DARMENTIÈRES, *à Ernest*. Du silence. (*A Grincheux.*) De la discrétion... Ah! que je suis heureuse!
ERNEST, *en s'en allant*. Je le crois bien... Voilà une surprise qui la fera mourir de joie. (*Il entre dans le salon à gauche.*)

SCÈNE XIII.

JOSÉPHINE, MADAME DARMENTIÈRES, GRINCHEUX, CHŒUR DE PARENTS ET AMIS.

CHŒUR.
Fragment du final du premier acte de *Fra Diavolo*.

Sa fête, sa fête,
Est la nôtre à tous.
La fête, la fête
Qu'ici l'on souhaite
En est une aussi pour nous.

LÉONIE, *entrant, aux personnes qui l'entourent*.
Merci, mes bons amis.
MADAME DARMENTIÈRES.
C'est moi qui les ai réunis.
LÉONIE.
Ah! c'est trop de bonté.
MADAME DARMENTIÈRES, *regardant Léonie*.
De surprise et d'ivresse
Que son cœur est ému!
Ah! ce prix était dû
A la sagesse,
A la vertu.
ENSEMBLE.
LÉONIE.
Tout vient redoubler ma tristesse.
Il faut, pour comble de malheur,
Sourire à leurs chants d'allégresse
Lorsque le deuil est dans mon cœur.

MADAME DARMENTIÈRES, JOSÉPHINE, GRINCHEUX.
Près de vous, l'amitié s'empresse.
Croyez aux vœux de notre cœur ;
Pour nous quel moment d'allégresse !
Quel jour de fête et de bonheur !
GRINCHEUX, *s'avançant et offrant un bouquet.*
Recevez ce bouquet, gag' d'amour et de zèle...
JOSÉPHINE, *s'avançant aussi et offrant le sien.*
Recevez ce bouquet, c'est l'hommage de celle
Qui, vous prenant toujours pour guide et pour modèle...
LÉONIE, *lui prenant la main.*
C'est assez, mes amis.
ENSEMBLE.
LÉONIE.
Tout vient redoubler ma tristesse, etc.
CHŒUR GÉNÉRAL.
Près de vous l'amitié s'empresse, etc.
(*Ils offrent tous des bouquets à Léonie.*)
MADAME DARMENTIÈRES, *passant au milieu du théâtre.*
Maintenant, que chacun m'écoute.
TOUS.
Qu'a-t-elle donc ?
MADAME DARMENTIÈRES.
Ainsi que vous, sans doute,
Je dois offrir mon bouquet... c'est l'instant.
(*Bas, à Grincheux.*)
Dis-lui qu'il peut sortir, c'est l'instant de paraître
(*Grincheux entre dans le cabinet et madame Darmentières s'approche de Léonie.*)
LÉONIE.
Quoi ! vous aussi, ma tante, un bouquet ? ah ! donnez !
GRINCHEUX ET LE CHŒUR, *à part.*
Venez, venez.
LÉONIE, *à madame Darmentières.*
Eh bien, où donc est-il ?
TOUS.
Venez.
MADAME DARMENTIÈRES *conduit Léonie vers le groupe a gauche, qui s'entr'ouvre et laisse voir Ernest.*
Il est ici,
Et le voici.
(*Léonie l'aperçoit, pousse un cri, recule et va tomber, évanouie, entre les bras de sa tante et des dames, qui lui prodiguent leurs secours. Ernest est à genoux.*)
ENSEMBLE.
ERNEST.
Eh quoi ! c'est moi ; quoi ! c'est ma vue
Qui la prive, hélas ! de ses sens !
(*A madame Darmentières, avec colère.*)
Votre imprudence l'a perdue,
Et c'est à vous que je m'en prends.
MADAME DARMENTIÈRES.
Ma surprise l'a trop émue.
Oui... c'est ma faute, je le sens ;
Mon imprudence l'a perdue.
Tâchons de lui rendre ses sens.
GRINCHEUX, JOSÉPHINE ET LE CHŒUR.
Quoi ! c'est son époux, et sa vue
Vient de la priver de ses sens !
Souvent une joie imprévue
Peut causer de tels accidents.
(*On emporte Léonie sans connaissance. Ernest, Joséphine, Grincheux la suivent et sortent en désordre.*)

ACTE DEUXIÈME.

Le théâtre représente un petit salon, ou boudoir, attenant à la chambre à coucher de Léonie. Deux portes latérales. La porte à droite de l'acteur est la porte d'entrée ; l'autre, celle de l'appartement de Léonie. Sur le devant du théâtre, à gauche, un canapé et deux fauteuils ; à droite, une petite table sur laquelle se trouve une écritoire, avec plumes, papier, etc., etc.

SCÈNE PREMIÈRE.

JOSÉPHINE, *debout près de la porte à gauche.* Je n'ose entrer dans la chambre de Madame... Elle était hier soir si malade... et il est si grand matin... Pourtant je crois avoir entendu sonner. Allons, du courage. (*Elle frappe doucement.*) La porte s'ouvre.

SCÈNE II.

JOSÉPHINE, ERNEST.

JOSÉPHINE. Eh bien ! Monsieur, quelles nouvelles.
ERNEST. Ce ne sera rien, je l'espère, mon enfant... Cet évanouissement nous avait d'abord effrayés... Il a duré si longtemps !.. et elle n'en est sortie qu'avec une fièvre terrible, qui, pendant quelques instants même, a été accompagnée de délire... mais heureusement elle est mieux... Elle est tout à fait calme... Son état ne demande que du repos et des ménagements.
JOSÉPHINE. Quel bonheur !
ERNEST. Pourvu que ma tante ne s'avise pas encore de nous préparer quelque surprise !
JOSÉPHINE. La pauvre femme est désolée.
ERNEST. Je le crois bien... Cela lui a fait mal aussi... Mais c'est égal, cela ne la corrigera pas : il y a des femmes qui ont besoin d'émotions, n'importe à quel prix.
JOSÉPHINE. Elle a cru bien faire.
ERNEST. Tu as raison ! et c'est moi qui suis le plus coupable, puisque j'ai eu la faiblesse de me prêter à ses idées... Enfin, dis-lui que ma femme a déjà demandé à la voir, et que si elle veut se résigner à ne produire aucun effet, à agir et à parler, en un mot, comme une personne naturelle, elle peut venir après le déjeuner passer ici la matinée.
JOSÉPHINE. Près du lit de Madame ?
ERNEST. Non... Léonie se lèvera ; elle l'a demandé, et le docteur y consent... Le soleil est superbe, et l'air lui fera du bien.
JOSÉPHINE, *apercevant Léonie qui sort de sa chambre.* Ah ! la voici ! (*Elle court à elle, la soutient, et la conduit au canapé, sur lequel elle la fait asseoir. Ernest est à sa gauche, Joséphine à sa droite.*)

SCÈNE III.

JOSÉPHINE, LÉONIE, ERNEST.

JOSÉPHINE. Eh bien, Madame, comment vous trouvez-vous ?
LÉONIE. Bien faible encore..., la tête surtout... cela se passera.
ERNEST. J'espère bien que ce soir il n'y paraîtra plus.
LÉONIE. Je le crois aussi... Pourquoi alors le docteur est-il revenu ? Il sort de ma chambre et demande à vous parler... Est-ce qu'il me croit plus mal ?
ERNEST. Non, certainement... mais hier, tout effrayé, et sans motif, de l'état où je vous voyais, je l'avais prié de venir de grand matin avec quelques-uns de ses confrères, l'élite de la faculté de Bordeaux.
LÉONIE. Comment ?
ERNEST. Oui, mon amie ; vous étiez menacée d'une consultation !.. quatre médecins !.. Vous en serez quitte pour la peur, et ces messieurs pour un déjeuner que je vais leur offrir.

LÉONIE.

Air du *Piége*.

Vous allez donc en faire les honneurs?
ERNEST.
Non, de ce soin je vais charger ma tante.
JOSÉPHINE.
Tenir tête à quatre docteurs!
ERNEST, *qui est passé derrière le canapé, et s'appuie sur le dossier en regardant Léonie.*
Oui, certe, elle en sera contente.
Tous les effets tragiques et soudains
Lui plaisent fort, c'est sa folie,
C'est son bonheur...
et quatre médecins
C'est presque de la tragédie..

(*Il fait un pas pour sortir, puis revenant auprès de Léonie.*)

Adieu! amie... Soyez tranquille!.. Je reviens dans l'instant... Adieu. (*Il sort.*)

SCÈNE IV.

JOSÉPHINE, LÉONIE.

JOSÉPHINE, *regardant sortir Ernest.* Il est gentil, monsieur le comte!.. Et pour moi, Madame, je serais presque de l'avis de Balthasar.

LÉONIE, *effrayée.* Balthasar! O ciel! est-ce qu'il est ici?

JOSÉPHINE. Eh mon Dieu!.. qu'avez-vous? quel trouble quelle agitation!.. Madame, calmez-vous.

LÉONIE, *revenant à elle.* Je suis calme... Qu'est-ce que tu disais?

JOSÉPHINE. Qu'il est impossible de ne pas adorer monsieur le comte... Il est si bon, si attentif... ne s'occupant jamais que de vous... Si vous aviez vu, hier, quels soins il vous prodiguait!..

LÉONIE. Vraiment?

JOSÉPHINE. Il ne s'en est rapporté à personne qu'à lui-même... Personne n'est entré dans votre chambre que lui.

LÉONIE. En effet... ce matin, quand j'ai sonné... il était là, le premier.

JOSÉPHINE. Je le crois bien... il ne s'était pas couché... Il a veillé toute la nuit.

LÉONIE. Pour moi?..

JOSÉPHINE. Il paraît que vous avez été bien mal.

LÉONIE. Que me dis-tu?

JOSÉPHINE. Un ou deux accès de fièvre chaude... rien que cela... et parfois un délire effrayant.

LÉONIE. Et dans ce moment-là, qui était près de moi?

JOSÉPHINE. Lui, Madame, lui seul.

LÉONIE, *à part, avec crainte.* O mon Dieu!

JOSÉPHINE. Voilà un mari qu'il ait aisé d'aimer... et je conçois que Madame n'y ait pas eu de peine... mais moi...

LÉONIE. Que dites-vous?

JOSÉPHINE. Depuis que vous m'avez parlé, Madame, depuis hier, j'y fais mon possible... et Dieu me fera la grâce d'en venir à bout... Mais je suis bien malheureuse.

LÉONIE. Et pourquoi?

JOSÉPHINE. Théophile est encore ici... au château... il y est venu sous prétexte d'apporter des étoffes, et de régler les derniers mémoires... Je l'évite tant que je peux... mais il me suit partout, si bien que Grincheux l'a remarqué, et que cela lui redonne des idées; car ces maris, cela voit tout.

LÉONIE, *avec impatience.* Après... Dépêchons-nous, je vous prie.

JOSÉPHINE. Quand je dis que cela voit tout... Il n'a pas vu une lettre qu'on avait glissée, en passant, dans la poche de mon tablier, et dans cette lettre...

LÉONIE. Eh bien?

JOSÉPHINE. Il demande une réponse dans le creux du tilleul... et dit que, si je continue à l'éviter, à ne plus lui parler, il fera un coup de désespoir...

LÉONIE. Il se tuera?

JOSÉPHINE. Pire encore... il se mariera... il épousera quelqu'un qu'on lui propose.

LÉONIE. Eh bien! Joséphine, loin de l'en détourner... il faut l'y engager.

JOSÉPHINE. Je ne pourrai jamais.

LÉONIE. Est-ce que vous ne l'aimez pas pour son bonheur?

JOSÉPHINE. Si, Madame... mais il ne pensera plus à moi, il me détestera.

LÉONIE. Au contraire, il vous en estimera davantage : et désormais il lui serait impossible de vous oublier.

JOSÉPHINE, *vivement.* Ah! j'écrirai, Madame, j'écrirai, je vous le promets, et sur-le-champ... Voici monsieur le comte qui vient. (*Léonie s'assied sur le canapé.*)

SCÈNE V.

ERNEST, JOSÉPHINE, LÉONIE, *assise.*

ERNEST, *entrant.* Nos docteurs sont à table, et je suis tranquille sur eux. (*A Joséphine.*) Ils ont seulement prescrit quelques gouttes d'une potion qu'il faudra porter dans sa chambre.

JOSÉPHINE. Oui, Monsieur.

ERNEST. Car ils prétendent que le danger est passé, mais que, dans l'état de faiblesse où elle est, la moindre émotion pourrait rappeler la fièvre, et ce délire qui m'avait si fort effrayé.

JOSÉPHINE. Quoi!.. la moindre émotion?

ERNEST. Il ne faut désormais que du calme et du repos. (*Joséphine sort.*)

LÉONIE, *avec inquiétude.* Qu'est-ce?

ERNEST, *allant à elle, et s'asseyant à sa droite sur le canapé.* Rien... Nous n'avons plus besoin de la faculté, et j'en suis enchanté... J'étais jaloux même de leurs soins; c'est moi que cela regarde... c'est à moi seul de veiller sur ce que j'ai de plus cher.

LÉONIE. Ah! combien vos bontés me confondent!

ERNEST. Y penses-tu? n'est-ce pas mon devoir et mon bonheur?.. Cette nuit même, malgré l'inquiétude que j'éprouvais, si tu savais combien j'étais heureux de veiller près de toi... de sentir ta main dans la mienne... de m'enivrer de ta vue!.. de contempler ces traits si doux encore, quoique altérés par la souffrance... et plusieurs fois... oui, je m'en souviens... tu as parlé.

LÉONIE. O ciel!

ERNEST. Des phrases... des mots entrecoupés... je n'ai pu rien distinguer.

LÉONIE, *respirant avec joie.* Ah!

ERNEST. Mais j'ai entendu mon nom qui errait sur tes lèvres... Ernest... Ernest... tu m'appelais... et j'étais près de toi... comme dans ce moment...

LÉONIE. Ah! pourquoi m'as-tu jamais quittée!

ERNEST. Il le fallait... N'est-ce pas ton père qui, autrefois, dans ces temps de trouble, a recueilli ma famille?.. N'est-ce pas lui qui m'a élevé?.. qui t'a donnée à moi?.. Aussi, j'avais juré de tout immoler à son bonheur et au tien... Mais si tu savais combien étaient longues les heures de l'absence!.. Vingt fois, si un devoir sacré, si le salut de ton père ne m'eût retenu, je serais parti; je serais arrivé à l'improviste... je t'aurais dit : « Ma femme, me voilà! je ne puis vivre « sans toi. » Mais, grâce au ciel, le temps de l'exil est fini : j'ai retrouvé le bonheur... je te retrouve... Vois donc désormais quel sort est le nôtre!.. combien nous serons heureux!

Air de : *Les maris ont tort.*

A mon bonheur je n'ose croire ;
Le ciel m'a permis d'obtenir
Quelques honneurs et quelque gloire
Qu'avec mon nom j'ai pu t'offrir.
Il m'a donné de la richesse
Pour embellir tous tes instants,
Et, mieux encor, de la jeunesse
Afin de t'aimer plus longtemps.

Mais voyons, mon amie, rendez-moi un peu compte de tout ce qui est arrivé en mon absence... Comment ta vie s'est-elle passée?.. as-tu été contente de nos amis, de nos gens... des embellissements qu'on a faits en ce château?.. Balthasar n'est pas ici?..

LÉONIE, *troublée*. Balthasar!..

ERNEST. J'ignore pourquoi... car c'est à lui que j'avais donné mes ordres... et ordinairement il est là pour me rendre compte.

LÉONIE, *dont le trouble augmente*. Lui!.. vous rendre compte!..

ERNEST, *lui prenant la main*. Eh mais! qu'as-tu donc?

LÉONIE. Rien.

ERNEST. Si... tu as plus d'agitation.

LÉONIE. Non... vraiment.

ERNEST, *continuant toujours et lui tenant la main*. On m'a dit qu'il était parti depuis hier... le moment est bien choisi... mais il ne peut être qu'à la ferme... et je l'ai envoyé chercher...

LÉONIE, *avec agitation*. Il va venir?..

ERNEST. Ce matin, probablement... Eh mais!.. ta main est brûlante... est-ce que la fièvre reprend?..

LÉONIE, *avec égarement, et retirant sa main brusquement*. Non, non... je suis bien...

ERNEST, *se levant*. Eh! mon Dieu!.. cela m'inquiète. (*Il appelle*.) Joséphine!.. (*Courant à la fenêtre*.) Les voitures ne sont plus dans la cour... nos docteurs sont repartis... ah! ce qu'ils ont ordonné... si on l'avait apporté... (*Il entre dans la chambre de Léonie*.)

LÉONIE, *seule*. Que je souffre!.. mon Dieu! que je souffre!.. ma tête est en feu! où suis-je?.. (*Ecoutant*.) J'entends marcher... on vient... on vient...

ERNEST, *entrant*. Ils n'ont rien apporté... n'importe... (*Apercevant Léonie qui se lève et marche*.) Ah! quelle agitation!.. quel trouble effrayant! Léonie...

LÉONIE, *avec égarement*. Taisez-vous... n'entendez-vous pas?.. il monte... le voilà...

ERNEST. Et qui donc?

LÉONIE. Balthasar!.. devant moi! oh! que j'ai peur!.. j'ai beau baisser mon front... il me voit toujours... n'est-ce pas? (*Se jetant dans les bras d'Ernest*.) Qui que vous soyez, par grâce... par pitié... cachez-moi... qu'il ne puisse pas m'apercevoir... il dirait... « La voilà... elle est coupable!»

ERNEST. Léonie... quelle idée!.. quel mensonge!

LÉONIE. Non... non... l'on ne ment point avec des cheveux blancs... il a dit vrai.

ERNEST. Quel délire vous égare!... songez à vous-même... songez à votre père.

LÉONIE. Mon père!.. mon père... ah! viens, em-mène moi... éloignons-nous!.. c'est ce jeune homme... ce parent d'Ernest.

ERNEST. Un parent à moi... et qui donc?

LÉONIE. Ne le vois-tu pas?.. il vient d'entrer dans le salon... il part dans huit jours pour l'armée... et ma tante a voulu qu'il restât ce temps-là au château... moi je ne voulais pas... je ne devais pas le souffrir; car il m'a dit qu'il m'aimait... moi je n'aime qu'Ernest... Il pleure... il se désespère... pour le consoler j'ai laissé tomber mon bouquet, qu'il vient de ramasser... tiens, vois-tu? il l'a porté à ses lèvres, il l'a caché dans son sein... (*Avec un soupir.*) Heureusement il part demain... Qui vient là?.. entrer ainsi chez moi... la nuit... par ce balcon!.. c'est lui... Ah! que ma légèreté fut coupable, je ne conçois pas ce qui a pu lui inspirer une pareille audace!.. sortez... laissez-moi... laissez-moi... vous me faites horreur!

ERNEST. O rage!

LÉONIE. Je n'aime qu'Ernest... Ernest, viens me défendre... je suis digne de toi... viens... (*Avec désespoir.*) Non... va-t'en... (*Tombant à genoux.*) O mon Dieu!.. ô mon père... pardonnez-moi!

ERNEST. Tais-toi, malheureuse... tais-toi.

LÉONIE. Oui... oui... il faut se taire... minuit sonne... c'est la veille de Noël... il est descendu par le balcon, le long des treillages... j'entends un coup de fusil... on l'aura aperçu dans l'ombre!.. c'est Balthasar!.. Balthasar... dont je ne puis éviter le regard... Trembler à sa vue!.. rougir devant un valet! si je lui demandais grâce... Non... non... il ne le voudra pas... que faut-il faire?.. j'ai voulu me tuer.

ERNEST. Que dis-tu?

LÉONIE. Je n'ai pas osé... j'ai eu peur... mais si Ernest revient, j'oserai... et déjà je sens là... mon Dieu! m'auriez-vous exaucée? Je me sens mourir. (*Elle tombe sur le canapé, fermant les yeux peu à peu.*)

Air : *O vierge sainte, en qui j'ai foi* (de FRA DIAVOLO).

O toi, dont j'ai trahi la foi,
Ernest... Ernest... pardonne-moi;
Ernest... Ernest... pardonne-moi.

(*Sa tête tombe sur ses épaules... le sommeil la saisit. Ernest s'est assis près de la table à droite, la tête dans les mains, et plongé dans ses réflexions.*)

SCÈNE VI.

ERNEST, LÉONIE, *endormie*; MADAME DARMENTIÈRES, *entrant avec* JOSÉPHINE.

MADAME DARMENTIÈRES ET JOSÉPHINE, *dans le fond.*
Que le silence
Guide nos pas;
De la prudence
Et parlons bas.

MADAME DARMENTIÈRES.
(*A Ernest.*)
Elle dort... Qu'avez-vous? ah! votre air m'épouvante.

ERNEST.
Moi!.. je n'ai rien, ma chère tante.

ENSEMBLE.
ERNEST.
A qui m'offense
Malheur, hélas!
Que la vengeance
Arme mon bras!

MADAME DARMENTIÈRES ET JOSÉPHINE.
Faisons silence;
Oui, parlons bas;
Que la prudence
Guide nos pas.

ERNEST, à *Joséphine lui montrant Léonie.* Joséphine, restez près d'elle, ne la quittez pas. (*Joséphine se rapproche de Léonie, qui est toujours sur le canapé. Ernest emmène madame Darmentières à droite.*) Dites-moi, ma chère tante...

MADAME DARMENTIÈRES. Tout ce que vous voudrez... mais auparavant daignez jeter les yeux sur cette liste.

ERNEST. Qu'est-ce encore?

MADAME DARMENTIÈRES. Je fais part de votre arrivée à nos parents, à nos amis... à ceux qui, en votre absence, ne nous ont point abandonnées, c'est bien le moins.

ERNEST. Il venait donc ici, en mon absence, beaucoup de monde?

MADAME DARMENTIÈRES. Mais, oui... la proximité de la ville... on venait dîner... et l'on repartait le soir.

ERNEST. Jamais on ne restait?.. Vous auriez pu cependant, de temps en temps, retenir pour quelques jours...

MADAME DARMENTIÈRES. Cela m'est arrivé une fois... bien malgré ma nièce, qui s'y opposait... qui ne le voulait pas... et je suis enchantée que vous soyez de mon avis... car, en effet, quand ce sont des personnes de la famille...

ERNEST. Ah! c'était de nos parents!

MADAME DARMENTIÈRES. Edouard de Miremont.

ERNEST. Edouard!..

MADAME DARMENTIÈRES. Celui que vous avez fait entrer à Saint-Cyr, et fait nommer sous-lieutenant. (*Ernest s'est mis à la table sans rien dire.*) Eh bien! que faites-vous donc?

ERNEST, *froidement*. Je ne le vois pas sur votre liste... et je lui écris... pour l'inviter.

MADAME DARMENTIÈRES. Y pensez-vous?

ERNEST. Oui... j'ai à lui parler.

MADAME DARMENTIÈRES. Vous ne savez donc pas que le pauvre garçon n'est plus.

ERNEST. Que dites-vous?

MADAME DARMENTIÈRES. Il y a six mois, à peu près... quelques jours après nous avoir quittées... Il est arrivé à l'armée, et le premier boulet a été pour lui.

ERNEST. Il est mort!

MADAME DARMENTIÈRES. Ce qui ne m'étonne pas... avec une tête comme la sienne.

ERNEST. Mort!.. (*A part, laissant tomber sa plume.*) Et maintenant, sur qui me venger?.. (*Regardant Léonie.*) Sur qui?.. sur la fille de mon bienfaiteur... de mon second père!..

JOSÉPHINE. Monsieur... Madame revient à elle... elle s'éveille.

LÉONIE. Ah! que j'ai souffert!.. quel rêve affreux! (*Regardant autour d'elle.*) Ma tante... Joséphine... où donc est-il?

MADAME DARMENTIÈRES. Toujours avec toi... il ne t'a point quittée... (*A Ernest.*) Mon neveu...

LÉONIE. De grâce, approchez-vous. (*Ernest s'avance en silence. Elle lui prend la main, qu'elle porte à ses lèvres.*) Je souffre moins... Je me sens mieux quand vous êtes là.

—

SCÈNE VII.

LES PRÉCÉDENTS, GRINCHEUX.

GRINCHEUX. Monsieur le comte... (*Apercevant Joséphine, à part.*) Ah! heureusement, voilà ma femme... je ne savais où elle était. (*Haut.*) Monsieur le comte, il y a là quelqu'un que vous avez fait venir, et qui demande à vous parler.

ERNEST. Et qui donc?

GRINCHEUX. Mon cousin Balthazar.

MADAME DARMENTIÈRES, ERNEST, LÉONIE. Balthasar! (*Léonie, hors d'elle-même, se lève par un mouvement convulsif.*)

ERNEST, *la retenant par la main.* Que faites-vous?.. (*A part.*) Elle ne pourrait encore supporter sa vue. (*Haut, à Grincheux.*) Qu'il attende! plus tard, nous le verrons.

GRINCHEUX, *sortant.* Oui, monsieur le comte. (*Léonie fait un geste de joie, et retombe sur le canapé.*)

ERNEST, *la regardant.* Elle renaît... malheureuse enfant!

AIR d'*Aristippe*.

La voilà pâle, et les yeux vers la terre,
Et de honte près de mourir!
Non... j'ai promis jadis à son vieux père,
Quand aux autels il vint de nous unir,
De la défendre et de la secourir.
Malgré ses torts, dont tous mes sens s'émeuvent,
Je l'ai juré, je m'en souviens;
Et les serments qu'elle a trahis ne peuvent
M'exempter de tenir les miens.

(*S'approchant d'elle avec bonté.*) Calmez-vous... le repos vous est, avant tout, nécessaire...

MADAME DARMENTIÈRES, *qui s'est assise près de la table, à droite.* Sans doute, le repos et la distraction... (*A Léonie.*) Et, si tu le veux, nous allons passer la matinée auprès de toi, à travailler... en causant; n'est-ce pas, Joséphine?

JOSÉPHINE. Oui, Madame.

MADAME DARMENTIÈRES. Et vous, mon neveu, qui venez de voyager... j'espère bien que nos matinées et nos soirées vont être bien employées... je compte sur vous pour les aventures intéressantes. (*A Léonie.*) Toi, tout ce qu'on te demande est de rester tranquille et de nous écouter.

ERNEST. Oui... écoutez.

LÉONIE. Si c'est vous qui parlez, Monsieur, ce me sera bien facile.

JOSÉPHINE. Ah! quel bonheur! écoutons bien.

GRINCHEUX, *rentrant.* Monsieur, il dit qu'il ne veut que vous voir.

ERNEST. Qui donc?

GRINCHEUX. Balthasar.

ERNEST. Impossible..... (*Après un instant de réflexion.*) Si fait... qu'il entre.

GRINCHEUX. Ce pauvre homme a tant d'envie, qu'il n'y tient plus... Il est là.

LÉONIE. La force m'abandonne!

—

SCÈNE VIII.

LES PRÉCÉDENTS, BALTHASAR, *entrant les yeux baissés.*

BALTHASAR, *il s'approche d'Ernest et lui baise la main.* Ah! mon maître!

ERNEST. Tout à l'heure, je vous parlerai.

BALTHASAR. Ah! Monsieur!

MADAME DARMENTIÈRES. C'est bien... et qu'il se taise.

GRINCHEUX. Comment donc?

MADAME DARMENTIÈRES. Ainsi que vous, Grincheux.

GRINCHEUX. Quoi!.. qu'est-ce qu'il y a?

JOSÉPHINE, *qui est passée auprès de lui.* Parce que Monsieur va vous dire quelque chose de bien intéressant.

GRINCHEUX. C'est différent.

MADAME DARMENTIÈRES. Écoutons. (*Léonie est sur le canapé; Ernest sur un fauteuil à côté d'elle, à droite. Madame Darmentières est assise auprès d'Ernest; Joséphine est sur une chaise auprès de Léonie, à gauche de Grincheux, et Balthasar debout, à la droite de madame Darmentières.*)

ERNEST, *après quelques instants de silence.* Vous saurez que, l'année dernière, je m'étais rendu à Madrid pour tâcher de délivrer le comte de Lémos, mon beau-père, qui était détenu dans les anciennes prisons de l'inquisition... Je ne vous parlerai point ici de toutes mes démarches... de mes tentatives pour le sauver... Ce sont toujours des geôliers trompés ou gagnés à prix d'argent... c'est ce qu'on voit partout.

MADAME DARMENTIÈRES. Oui, mais c'est égal... c'est toujours bien intéressant, surtout quand le prisonnier réussit à s'évader.

ERNEST. C'est aussi ce qui nous est arrivé... Nous avions même eu le bonheur, grâce à un déguisement, de gagner la frontière; mais nous n'étions pas encore en sûreté, car on prétendait, à tort ou à raison, qu'il y avait des ordres de livrer M. de Lémos partout où on le retrouverait, et injonction de le reconduire en Espagne... Il fallut donc se cacher encore, et, toujours déguisés, traverser le midi de la France, pour aller nous embarquer à La Rochelle... Dans ce trajet, je passai bien près de Bordeaux, et par conséquent bien près d'ici.

MADAME DARMENTIÈRES. Et quand donc?

ERNEST. Mais il y a à peu près six mois.

JOSÉPHINE. Voyez-vous cela!

ERNEST. Être si près de sa femme, et ne pas la voir, me semblait bien cruel... surtout après six mois d'absence. D'un autre côté, ma présence aurait fait événement, et aurait peut-être aidé à découvrir mon beau-père... N'osant pas alors me présenter chez moi en plein jour, j'écrivis un mot à Léonie, qui seule de la maison était prévenue... et j'arrivai la veille de Noël... à minuit.

LÉONIE, *étonnée et tremblante.* Que dites-vous?

ERNEST. Vous m'avez promis de vous taire... et de me laisser parler.

MADAME DARMENTIÈRES ET JOSÉPHINE. Sans doute.

MADAME DARMENTIÈRES. Ma nièce, n'interrompez pas. (*A Ernest.*) Eh bien, mon neveu?

ERNEST. Eh bien!.. je franchis les murs du parc.

BALTHASAR. Qu'entends-je!

LÉONIE, *pâle et tremblante depuis le commencement du récit.* Ô mon Dieu!

ERNEST. Et je croyais pouvoir m'en aller de même, sans danger, grâce à la faveur de la nuit... lorsque quelqu'un de la maison, me voyant descendre le long du treillage, me prit sans doute pour un voleur... et s'avisa de tirer sur moi un coup de fusil.

LÉONIE, *poussant un cri, et cachant sa tête dans ses mains.* Ah!.. (*Étendant les bras du côté d'Ernest, et presque à genoux.*) Monsieur... Monsieur!..

ERNEST. Taisez-vous... je le veux.

BALTHASAR, *de l'autre côté.* C'est fait de moi.

GRINCHEUX. Qu'as-tu donc?

MADAME DARMENTIÈRES. Quelle aventure! mais, ce qu'il y a de plus extraordinaire... c'est que maintenant je me rappelle parfaitement... c'était au mois de décembre, la veille de Noël.

ERNEST. Précisément.

MADAME DARMENTIÈRES. A telles enseignes que c'est le lendemain que notre cousin Édouard est parti.

(*Mouvement de colère d'Ernest.*) Une nuit très-sombre... très-pluvieuse... et il y avait plus d'une heure que ma nièce m'avait dit bonsoir, et était montée dans son appartement au-dessous du mien, lorsque j'entends tout doucement... tout doucement... le long du treillage, comme quelqu'un qui montait...

ERNEST, *l'interrompant.* C'était moi.

BALTHASAR, *confondu.* Ah!.. c'était vous!..

MADAME DARMENTIÈRES. Et ce que je ne pouvais comprendre, c'est qu'il me semblait, de temps en temps, entendre la voix d'un homme.

ERNEST, *avec colère.* D'un homme... (*Se reprenant.*) C'était moi...

BALTHASAR. Il serait possible!... Et moi... j'en tremble encore... moi qui ai tiré sur vous!

ERNEST. Que dis-tu?

BALTHASAR, *venant auprès d'Ernest.* Oui, ce coup de fusil que vous avez entendu... il venait de moi... je vous avais ajusté, de bien loin, il est vrai... et par bonheur, ma main tremblait... Sans cela... dans son propre château, et sous les coups de son serviteur... mon maître... mon pauvre maître...

ERNEST. Allons, tais-toi... Et ne vas-tu pas te désoler?... Après tout, ce n'est qu'une erreur. (*Joséphine passe à la droite du théâtre, auprès de Grincheux.*)

BALTHASAR. Oui... si ce n'était que cela... si je n'avais pas d'autre crime à me reprocher... Mais il en est un que je ne me pardonnerai jamais... (*S'avançant près de Léonie, et se mettant à genoux devant elle.*) Madame la comtesse... ma noble et digne maîtresse... je suis un malheureux, un misérable... J'ai osé vous soupçonner... Depuis six mois je vous outrage... je vous accuse!.. Trahir un pareil maître... c'eût été trop mal... ce n'était pas possible!... Et cependant j'ai pu avoir une pareille pensée!...

LÉONIE, *le relevant.* Balthasar!

BALTHASAR. Vous avez été trop bonne, mille fois... car c'est aujourd'hui seulement que vous m'avez puni... que vous m'avez renvoyé...

MADAME DARMENTIÈRES. C'est bien, Balthasar, c'est bien... Dès que vous reconnaissez vos torts... nous oublions tout... Cela dépend maintenant de ton maître, il prononcera.

BALTHASAR. Monsieur le comte, m'accordez-vous ma grâce?

ERNEST, *froidement.* Je peux pardonner les injures qui me sont personnelles; mais je ne pardonnerai jamais un soupçon ou un outrage envers ma femme... Plus tard, je verrai ce que je peux faire pour vous... Mais puisque votre maîtresse vous a renvoyé... sortez.

BALTHASAR. Ah! c'est bien cruel! (*A Ernest.*) Mais je l'ai mérité, mon maître, je l'ai mérité. (*S'avançant près de Léonie.*) Madame, je fus bien coupable... mais vous, qui fûtes sans reproche... daignez parler pour moi.

ERNEST, *à madame Darmentières.* Ma tante... tout à l'heure... (*Madame Darmentières sort. A Joséphine et à Grincheux.*) Mes amis, laissez-moi. (*Ils sortent. A Balthasar, qui veut encore lui parler d'un air suppliant.*) Sortez. (*Balthasar sort.*)

SCÈNE IX.

ERNEST, LÉONIE.

(*Ernest, debout au fond, reste enseveli dans ses réflexions. Léonie se retourne vers lui; elle voudrait*

LÉONIE, seule, lisant. — Acte 1, scène 7.

et n'ose lui parler. Enfin, ne pouvant retenir ses sanglots, elle tombe à genoux, et prie, mais en tournant le dos à Ernest.)

ERNEST, *s'approchant.* Eh bien! Léonie, que faites-vous?

LÉONIE. Hélas! Monsieur... je n'ose vous regarder, ni vous parler... Oh! mon Dieu!.. si vous saviez ce qui se passe dans mon âme...

ERNEST. Levez-vous... et écoutez-moi. *(Léonie se lève, s'approche d'Ernest lentement, et la tête baissée.)*

LÉONIE. Ah! Monsieur...

ERNEST, *froidement.* Ne me remerciez pas. J'ai songé à votre père, que cette nouvelle aurait fait mourir de chagrin, et j'ai fait ce que j'ai dû, pour lui et pour moi... j'ai voulu que celle qui portait mon nom fût respectée et honorée... J'y ai réussi... vous avez retrouvé l'estime de tous.

LÉONIE. Excepté la vôtre, Monsieur... Je ne vous dirai point que votre éloignement, que l'absence de vos conseils, que tout enfin n'a que trop secondé la légèreté et l'imprudence qui, malgré moi, m'ont perdue... Rien de tout cela, je le sais, ne peut atténuer ma faute, et le ciel ou bien mes remords qui vous l'ont révélée disent assez qu'elle est sans excuse. Et si vous êtes trop généreux pour m'en punir, et pour vous en venger... c'est à moi de me charger de ce soin... et je vous promets que ma mort...

ERNEST. Que dites-vous?

LÉONIE. C'est ma seule ressource... mon seul espoir.

ERNEST. Croyez-vous donc qu'on répare une faute en en commettant une nouvelle?.. Il faut vivre pour expier ses torts... Mais cela demande un long courage; et je conçois qu'il est plus facile de mourir.

LÉONIE. Ah! Monsieur... je vous obéirai.

ERNEST. Vous vivrez... mais loin de moi... Je veux que cette séparation se fasse sans bruit, sans éclat. Fiez-vous à moi du soin de sauver les apparences... et quant à vous, Madame, puisque vous avez promis de m'obéir... vous saurez tout à l'heure ce que je veux faire de vous, ce que j'attends de vous... je reviens...

LÉONIE. Je me sens mourir! — Acte 2, scène 5.

LÉONIE. Un mot... car tout me dit que je vous vois pour la dernière fois... un mot encore.
ERNEST. Je vous écoute... que me voulez-vous?
LÉONIE. Je me soumettrai à tout ce que votre justice ordonnera, quelque rigoureuse qu'elle soit... Mais ne m'ôtez pas tout espoir... et un jour, Monsieur, un jour du moins, quand mes traits flétris par la souffrance et les années, quand mes joues sillonnées par les larmes vous diront que j'ai assez pleuré ma faute, alors... oh! ce sera dans bien longtemps!.. alors puis-je espérer?.. (Ernest, pour cacher son émotion, veut s'éloigner.) Ah! ne me quittez pas!.. Encore un instant... encore un, je vous prie, une grâce... (Ernest, qui était près de la porte au moment de sortir, s'arrête.) non pour moi... Balthasar doit-il être puni? Et dois-je ajouter à mes torts celui de vous priver d'un ami et d'un serviteur fidèle?
ERNEST. Il reviendra... je lui dirai... Attendez-moi ici...
LÉONIE. Oui, Monsieur. (Ernest sort.)

SCÈNE X.

LÉONIE, puis GRICHEUX et JOSÉPHINE.

LÉONIE. Il me fuit... il me quitte... O mon Dieu! quel sort m'attendait!.. quel avenir m'était promis!.. et que de bonheur détruit pour une seule faute!.. (Vivement.) On vient... (S'essuyant les yeux.) Pour lui, pour son honneur, cachons mes larmes. (Affectant un air riant.) Ah! c'est Joséphine et son mari!
GRICHEUX, tenant Joséphine sous le bras. Oui, ma femme; je suis le plus heureux des hommes, et t'aime plus que jamais.
JOSÉPHINE. Et pourquoi?
GRICHEUX. Pourquoi? je n'ai pas besoin de te le dire... Mais tout le monde le saura, à commencer par madame la comtesse, parce que c'est devant elle que j'ai pu te soupçonner.
LÉONIE. Que dites-vous?
GRICHEUX. Oui, Madame.. malgré ce que vous m'avez dit, j'avais des inquiétudes... parce qu'il y a un petit blond, un commis marchand, qui suit ma

femme partout... Moi alors je la suivais aussi; de sorte que tous les trois nous ne nous quittions pas... Il rôdait depuis ce matin dans le parc, à l'entour du gros tilleul... Trois fois il a été regarder dans le creux de l'arbre... Et moi, caché dans le feuillage, j'étais là à l'affût, lorsque j'ai vu arriver madame Grincheux, qui mystérieusement a jeté une lettre et s'est enfuie. Or, cette lettre, quoiqu'elle ne fût pas à mon adresse... (Il fait signe de briser le cachet.)

JOSÉPHINE. Ô ciel!

GRINCHEUX.

AIR : *Va, d'une science inutile.*

J'ai lu... d' joie encor j'en suis ivre,
Qu'ell' lui disait, pour premier point,
D' cesser d' l'aimer et d' la poursuivre,
Attendu qu'ell' ne l'aimait point...
Attendu qu' c'est moi seul qu'elle aime ;
Et de sa part est-ce gentil
De l' dire à d'autr's, quand à moi-même
J' crois que jamais ell' ne l'a dit !

JOSÉPHINE, *bas, à Léonie.* Ah! Madame... que ne vous dois-je pas ?

GRINCHEUX. J'ai remis le billet, qu'un instant après on est venu reprendre... Et si vous aviez vu son désespoir... Il s'arrachait les cheveux.

JOSÉPHINE. Pauvre garçon!

GRINCHEUX. C'est ce que je me suis dit : il m'a fait de la peine et en même temps du plaisir... parce que cela prouve que ma femme...

JOSÉPHINE. N'est peut-être pas plus sage qu'une autre. (*Regardant Léonie.*) Mais elle a eu de bons avis, de sages conseils... et tout le monde n'a pas le même bonheur...

GRINCHEUX. C'est égal, tu peux faire maintenant tout ce que tu voudras, je n'y trouverai jamais à redire, et je te promets d'être le meilleur des maris... de ne te rien refuser... de t'obéir en tout...

JOSÉPHINE, *passant auprès de lui et lui prenant la main avec émotion, tout en regardant Léonie.* C'est bien, Grincheux, c'est bien... Je te promets d'être une bonne femme et de faire bon ménage... (*Le faisant passer auprès de Léonie.*) Remercie madame la comtesse, et partons.

GRINCHEUX. La remercier... et pourquoi ?

JOSÉPHINE. Remercie-la toujours.

GRINCHEUX.

AIR : *Ce que j'éprouve en vous voyant.*

Grand Dieu! quel bonheur est le mien!
JOSÉPHINE.
Ah! puisse le ciel le lui rendre!
LÉONIE.
Ah! je crois qu'il vient de l'entendre.
Je l'us son guide et son soutien ;
Je l'ai sauvée... Ah! ce mot me fait bien.
Trop coupable, mon Dieu! je n'ose
Réclamer contre ton arrêt;
Ah! Mais, comme Ernest me le disait,
(*Voyant Grincheux aux genoux de Joséphine, et lui baisant la main.*)
Puisse le bien dont je suis cause
Expier le mal que j'ai fait!

SCÈNE XI.

LES PRÉCÉDENTS, MADAME DARMENTIÈRES ; BALTHASAR, *qui se tient derrière elle.*

MADAME DARMENTIÈRES. Ah! ma nièce, ma chère nièce, quel bonheur! tu ne sais pas... Il est nommé à une ambassade... Tous les appartements se remplissent de personnes qui viennent le féliciter... Tiens, les entends-tu ?... On a tant d'amis quand on est heureux!

JOSÉPHINE. Et dans ce moment, Madame, vous êtes si heureuse, n'est-ce pas ?

LÉONIE. Oui, mes enfants, oui, mes amis.

SCÈNE XII.

LES PRÉCÉDENTS, ERNEST.

ERNEST, *à la cantonade.* Je vous remercie, mes amis, des compliments que vous m'adressez, et auxquels je suis bien sensible.

BALTHASAR, *à Léonie.* Vous avez voulu, Madame, que ce fût un jour de bonheur pour tout le monde; car, grâce à vous, mon maître me pardonne.

LÉONIE. Ah! je l'en remercie.

BALTHASAR. Et moi, je n'ose vous dire ce que j'éprouve; mais je vous chéris maintenant autant que mon maître; je vous admire, je vous honore, je voudrais pouvoir vous servir à genoux.

JOSÉPHINE. Il a bien raison.

GRINCHEUX. Oui, sans doute.

LÉONIE. Assez, assez, mes amis. (*A part.*) Je dois donc usurper leur estime à tous!

ERNEST, *qui, après avoir remercié tout le monde, était venu sur le devant du théâtre avec madame Darmentières.* Vous sentez bien, ma chère tante, que ma nouvelle dignité m'imposant quelques devoirs, il faut d'abord se rendre à Paris.

MADAME DARMENTIÈRES. Certainement, il le faut. Nous irons avec vous ; nous vous accompagnerons, n'est-ce pas, ma nièce ?

ERNEST. Dans ce moment, ce serait difficile, car un courrier que je reçois m'oblige à partir aujourd'hui; mais auparavant j'ai quelques arrangements à prendre avec ma femme. Vous permettez...

MADAME DARMENTIÈRES. Comment donc!

ERNEST, *allant à Léonie, et l'emmenant au bord du théâtre, pendant que madame Darmentières, Balthasar, Joséphine et Grincheux restent au fond.* Cette ambassade qu'on me proposait, et que ce matin je voulais refuser, pour ne pas vous quitter, je viens de l'accepter; mais comme, avant de quitter son pays, il faut mettre ordre à ses affaires, (*Lui donnant un papier.*) voici un acte que je remets entre vos mains, et qui contient mes volontés expresses.

LÉONIE. Je les suivrai, Monsieur.

ERNEST. Il vous assure, dès ce moment, la moitié de ma fortune, et la totalité après moi. (*Léonie, faisant le geste de déchirer le papier.*) Vous n'êtes pas maîtresse de refuser ; vous m'avez juré d'obéir, et cette fois, du moins, tenez vos serments.

LÉONIE, *baissant la tête avec honte, et serrant le papier.* Ah! Monsieur.

ERNEST, *se tournant vers madame Darmentières, qu'il embrasse.* Je pars, adieu. (*A part ; et regardant Balthasar.*) Et ce pauvre Balthasar, que cette fois je ne retrouverai plus. (*Haut.*) Et toi aussi, mon vieux et fidèle ami, embrassons-nous.

BALTHASAR. Ah! mon maître!

ERNEST, *s'efforçant de sourire.* Je pleure, et je ne sais pourquoi.

BALTHASAR. Moi, je le sais bien : c'est de joie et de bonheur.

ERNEST. Allons, allons, partons à l'instant. (*Il fait quelques pas vers la porte.*)

MADAME DARMENTIÈRES. Et votre femme, à qui vous ne dites pas adieu.
ERNEST, *s'arrêtant.* C'est vrai. (*S'avançant près de Léonie, et lui prenant la main.*) Adieu, mon amie, adieu. (*Il va pour la quitter.*)
LÉONIE, *le regardant d'un air suppliant.* Monsieur, on nous regarde.
ERNEST. Ah! vous avez raison. (*Il l'embrasse sur le front.*)
MADAME DARMENTIÈRES. J'espère bien que dans sept ou huit jours nous nous reverrons.
ERNEST. Oui, ma chère tante, dans quelques jours.
LÉONIE, *bas.* Serait-il vrai?
ERNEST, *de même.* Jamais.
BALTHASAR, GRINCHEUX ET JOSÉPHINE. Adieu, Monseigneur. Adieu, monsieur le comte.
MADAME DARMENTIÈRES, *regardant Léonie avec orgueil.* Ah! qu'elle est heureuse!
LÉONIE, *seule, à droite du théâtre.* Malheureuse! pour toujours. (*Ernest s'éloigne en jetant un dernier regard sur sa femme. Léonie cache sa tête dans ses mains, et fond en larmes. Tout le monde reconduit Ernest.*)

FIN DE UNE FAUTE.

LA LOGE DU PORTIER

COMÉDIE-VAUDEVILLE EN UN ACTE

Représentée, pour la première fois, à Paris, sur le théâtre du Gymnase dramatique, le 14 janvier 1833.

EN SOCIÉTÉ AVEC M. MAZÈRES.

Personnages.

M. SELMAR, négociant, maître de la maison.
MADAME JACOB, la portière.
PETIT JACOB, son fils.
PHILIPPE, valet de chambre.
ANNETTE, femme de chambre.
M. RAYMOND, propriétaire à Marseille.
ADOLPHE, son neveu.
MORODAN, cocher de M. Raymond.
PIED-LÉGER, facteur de la poste aux lettres.

Le théâtre représente le vestibule d'un hôtel. Au fond, la porte cochère. A gauche, sur le premier plan, la loge du portier. Sur le second, un escalier dérobé. A droite sur le premier plan, le grand escalier d'honneur, avec une rampe en fer, et en cuivre doré. Au coin de l'escalier, et sur le devant du théâtre, un grand poêle. Une grande lampe non allumée descend de la voûte.

SCÈNE PREMIÈRE.

ADOLPHE, *enveloppé d'un quiroga, et descendant l'escalier avec précaution.* Sept heures viennent de sonner, et je puis sortir, je crois, sans être aperçu. Comment! les portes de l'hôtel ne sont pas encore ouvertes! il me semblait de là-haut avoir entendu; mais non, cette maudite portière est là qui dort tranquillement. Ces gens-là sont d'une paresse... et si les autres domestiques venaient à s'éveiller; je n'ose maintenant remonter par ce petit escalier que je connais si bien. Annette, la femme de chambre, n'aurait qu'à m'entendre, tout serait perdu. Quand j'y pense, quelle situation est la mienne! être obligé de me cacher, d'avoir recours au mystère; moi, avec les droits et le titre que j'ai. (*On entend frapper.*) Qui vient de si bon matin? (*Il se cache contre la rampe de l'escalier. On frappe de nouveau.*) Cette fois, il faudra bien que l'on ouvre.
JACOB, *qu'on ne voit pas et qui est dans la loge.* Ma mère, est-ce que vous n'entendez pas? voilà la seconde fois que l'on frappe.
MADAME JACOB, *dans la loge.* Eh bien! lève-toi, et va tirer les gros verrous.
JACOB. Ce n'est pas la peine: il était si tard hier que je ne les ai pas mis, ça a été plus tôt fait.
ADOLPHE. Voilà une maison bien gardée... (*On frappe de nouveau.*) Allons, ils n'en finiront pas.
JACOB. Mais, tirez donc le cordon; on fait un tapage qui va réveiller ces dames. (*On entend tirer le cordon, la porte du fond s'ouvre.*)

SCÈNE II.

PIED-LÉGER, *avec sa boîte aux lettres;* ADOLPHE, *toujours caché.*

PIED-LÉGER, *allant à la loge et frappant aux carreaux.* Mère Jacob! mère Jacob! c'est le facteur.

AIR du ballet des *Pierrots.*
Eh bien! quand serez-vous levée?
Peut-on s'éveiller aussi tard!
ADOLPHE.
A merveille! son arrivée
Pourra protéger mon départ.
Enfin grâce à lui, je m'esquive.
On voit souvent de ces jeux-là:
Et c'est parce que l'un arrive,
Que bien souvent l'autre s'en va.

(*Il sort par la porte qui était restée ouverte.*)

PIED-LÉGER, *se retournant et l'apercevant sortir.* Voilà un des bourgeois de l'hôtel qui est matinal. (*Il frappe de nouveau à la loge.*) Eh bien! madame Jacob, vous réveillerez-vous? Elle ne répondra pas... c'est pire que la Belle au bois dormant.

SCÈNE III.

PIED-LÉGER, MADAME JACOB, *paraissant,* LE PETIT JACOB.

MADAME JACOB. Eh bien! monsieur Pied-Léger, qu'y a-t-il!
PIED-LÉGER. Il y a que, depuis une heure, vous me faites attendre à la porte; j'en ai l'onglée, et la distribution en souffre. Voilà d'abord vos journaux. (*Cher-*

chant parmi ceux qu'il a.) Monsieur Selmar, négociant, rue de la Chaussée-d'Antin.

MADAME JACOB. Y sont-ils tous les trois?

PIED-LÉGER. Eh! oui, y compris le Journal des Modes. Mais savez-vous, madame Jacob, qu'excepté vous, on se lève de bon matin dans votre maison. Au moment où j'entrais, il y a un monsieur qui descendait l'escalier.

MADAME JACOB. M. de Selmar serait déjà sorti! à cette heure, à pied, cela n'est pas possible.

PIED-LÉGER. Je vous dis que je l'ai vu... un petit, enveloppé dans un *quiroga*.

MADAME JACOB. Un petit... et M. Selmar est grand, et puis, (*A son fils.*) dis donc, Jacob, est-ce que Monsieur a un *quiroga*?

JACOB. Est-ce que je le sais! ne me parlez pas de manteaux et de pelisses; moi, ça m'embrouille

AIR : *Tenez, moi je suis un bon homme.*

C'te mode nouvelle à moi m' semble
Devoir produire des abus,
Par ce moyen tout l' mond' se r'semble,
Jeunes et vieux sont confondus :
Et l'autre soir vous savez comme
C'te jeun' dame en sortant d'ici,
S'en allait avec un bel homme
Qu'elle avait pris pour son mari.

MADAME JACOB. Il faut cependant que ce soit Monsieur; car il n'y a pas d'autre personne dans la maison, l'hôtel entier n'est habité que par M. de Selmar et sa femme... et mademoiselle Gabrielle, leur fille, pas d'autres locataires.

PIED-LÉGER. Ce serait en effet assez bizarre. (*Il regarde dans la loge.*) Ah! mon Dieu! votre pendule va-t-elle bien? Ma levée de huit heures qui devrait être terminée; voilà vos lettres, nous règlerons une autre fois.

MADAME JACOB. Dites donc, monsieur Pied-Léger, vous viendrez un de ces jours, faire la partie de loto... Lundi nous recevons; une soirée tranquille, sans cérémonie, le cidre et les marrons; et nous causerons des nouvelles du quartier.

PIED-LÉGER. Justement: j'en ai de bonnes : vous savez bien, la portière du numéro 9...

MADAME JACOB. Cette jeune veuve!

PIED-LÉGER. Ah! bien oui : je vous apporterai une lettre de faire part. . la mère et l'enfant se portent bien. A ce soir, madame Jacob, à ce soir après la dernière levée. (*Il sort.*)

SCÈNE IV.

MADAME JACOB; JACOB, *se mettant à déjeuner.*

MADAME JACOB. Voilà une aventure bien singulière, et qu'il faut absolument que j'éclaircisse. (*Elle cherche à entr'ouvrir les lettres, et à lire malgré le pli.*)

SCÈNE V.

JACOB, *dans la loge*; MADAME JACOB; M. RAYMOND, *couvert d'une redingote brune.*

MADAME JACOB, *à M. Raymond qui entre.* Qu'y a-t-il? Que demandez-vous?

RAYMOND. C'est une lettre qu'on m'a dit de remettre à M. de Selmar: on attend la réponse.

MADAME JACOB. M. de Selmar n'y est pas. Quand je dis qu'il n'y est pas, c'est-à-dire qu'il pourrait bien y être, car moi je ne l'ai pas vu sortir. (*A part.*) Mais voilà un bon moyen pour connaître la vérité. (*Haut.*) Voulez-vous prendre la peine d'attendre? je vais porter moi-même la lettre à M. de Selmar. (*A part.*) S'il est là-haut, il est bien évident que ce n'est pas lui qui tout à l'heure... Alors nous saurons peut-être quel est ce beau jeune homme qui ne demeure point ici, et qui sort de si bon matin. (*Haut, à Raymond.*) Je suis à vous. (*A son fils.*) Jacob, reste là, et garde bien la porte.

JACOB, *criant.* Oui, ma mère.

SCÈNE VI.

JACOB, *dans la loge*, RAYMOND.

RAYMOND. Il paraît que madame Jacob, c'est la portière. Mais comment ne sait-elle pas si son maître est absent ou non? Je crains bien alors que mon plan ne réussisse pas, et que ce déguisement... Après tout, qu'est-ce que je risque? dans ma position...

AIR de *la Robe et les Bottes.*

Riche et garçon j'avais pour espérance
Un seul neveu; mais l'ingrat m'a quitté;
Et je me trouve au sein de l'opulence
Sans nul parent, sans amis, sans gaîté.
Etre heureux seul, cela ne peut su fire!
Il faut encor, pour contenter son cœur,
Un autre cœur à qui l'on puisse dire :
Je suis heureux, partagez mon bonheur.

On m'écrit au fond de ma province pour me proposer une alliance honorable, une fortune solide, une jeune personne douce, aimable, modeste, enfin parfaite, comme toutes les demoiselles à marier; mais qui me prouvera qu'on m'a dit la vérité? Faut-il en croire mes correspondants ou aller aux informations?.. Moi j'ai toujours été un peu romanesque, un peu bizarre; j'aime mieux m'en rapporter à moi qu'aux autres; j'aime mieux écouter qu'interroger. Me voici dans l'hôtel du beau-père, et je pense que, pour la guerre d'observation que je médite, il n'y a pas de position plus favorable que la loge du portier : c'est le seul endroit où l'on sache fidèlement ce qui se passe au premier; c'est la partie officielle de la maison : aussi j'y établis pour aujourd'hui mon quartier général, et, d'après les rapports favorables ou contraires, je formerai ma demande ou je reprendrai la poste... Qui descend le grand escalier?.. C'est la femme de chambre : ce doit être, si je ne me trompe, un puissant auxiliaire.

SCÈNE VII.

RAYMOND, ANNETTE, *descendant le grand escalier.* JACOB.

ANNETTE, *allant à la loge.* Jacob, les lettres de Madame.

JACOB. Voilà, mademoiselle Annette : ces gens-là sont bien heureux d'avoir appris l'écriture; si j'en savais autant, je vous écrirais tous les jours.

ANNETTE. A moi, Jacob!

JACOB. Mais c'est la faute de ma mère, qui ne veut pas que j'aille à la classe du soir.

ANNETTE. Il me semble que vous pouvez vous en passer, puisque j'ai la complaisance de vous donner de temps en temps des leçons d'écriture.

JACOB. Oui, mais c'est si rarement ! je finirai par oublier.

ANNETTE. Eh bien ! tantôt, au boudoir de Madame, où je travaille toute la matinée.

JACOB, *avec joie*. Ah! oui, mademoiselle Annette.

ANNETTE. Et surtout ne passez pas par le grand escalier et par l'antichambre ; il y a toujours là Philippe, le valet de chambre, et les autres domestiques. Ce n'est pas certainement qu'on fasse du mal ; mais il n'est pas nécessaire que tout le monde sache... Ces gens-là sont si mauvaises langues !

JACOB. Oui, surtout ce M. Philippe. Allez, j'ai de bons yeux, je suis sûr qu'il vous fait la cour, et qu'il ne vous est pas indifférent. Dieux ! que je suis malheureux !

ANNETTE. Allons, Jacob, vous êtes un enfant, vous n'êtes pas raisonnable.

RAYMOND, *à part*. C'est clair, le fils de la portière aime la femme de chambre : intrigue subalterne qui ne me regarde pas.

JACOB. Aussi, si ma mère l'avait voulu, il y a longtemps que j'aurais pris du service.

ANNETTE. Du service, Jacob ?

JACOB. Oui, je voulais me faire jockey, pour rapprocher les distances ; mais madame Jacob a des idées d'orgueil et de fierté ; elle dit que quand, depuis cinquante ans, on est portier de père en fils, il ne faut pas déroger ; elle fait des phrases ; elle dit comme ça que la livrée ne vaut pas l'indépendance du cordon... est-ce que je sais ; elle a un tas de raisonnements qui seront cause que là devant mes yeux je vous verrai en épouser un autre. Dieux ! ce M. Philippe, que je le déteste ! Il est bien heureux d'être valet de chambre ; si j'avais le bonheur d'être son égal !

ANNETTE. Jacob, je vous ordonne d'être sage, de vous modérer. Déjà ce matin je n'ai pas été contente de vous ; je vous défends bien de recommencer, et si ces enfantillages-là vous arrivent encore...

JACOB. Comment ! mademoiselle Annette, qu'est-ce que j'ai donc fait ?

ANNETTE. Je vous ai bien entendu de grand matin dans le corridor : qu'est-ce que cela signifie ! Vous savez bien que ma chambre est à côté de celle de ces dames, et vous allez marcher, vous arrêter devant ma porte, soupirer, et surtout vous faites un bruit en descendant le grand escalier...

RAYMOND. Oh ! oh !

JACOB. Moi, Mademoiselle !

ANNETTE. Oui, sans doute : croyez-vous que je n'ai pas distingué les pas d'un homme ?

JACOB. Ce n'était pas moi, je vous jure ; et la preuve, c'est que je dormais, et je rêvais à vous.

ANNETTE. Ce n'était pas vous ?

JACOB. Attendez, m'y voilà ! il n'y a pas de doute, c'était le monsieur de ce matin, le jeune homme au beau manteau.

ANNETTE. Un jeune homme qui sortait de chez nous à une pareille heure !

RAYMOND, *avançant*. Hein ! qu'est-ce que cela signifie ?

JACOB, *à Annette*. C'est ma mère : taisez-vous, je vous raconterai tout cela.

RAYMOND. Eh bien ! à la bonne heure ! voilà un commencement qui promet.

SCÈNE VIII.

LES PRÉCÉDENTS, MADAME JACOB, *descendant le grand escalier*.

MADAME JACOB. Je n'ai pu entrer chez Monsieur ; mais il paraît que décidément il y est : car Madame m'a dit positivement qu'elle venait d'entrer dans son cabinet, où il était à travailler ; qu'il ne voulait recevoir personne ce matin, (*A Raymond*.) Et que vous n'auriez de réponse que sur les dix heures. Ainsi, mon cher, repassez dans la matinée.

RAYMOND. C'est qu'on m'a dit de ne revenir qu'avec la lettre de M. de Selmar.

MADAME JACOB. C'est donc bien important ! En ce cas, vous ne risquez rien d'attendre, si vous avez le temps.

RAYMOND. Oh ! je ne demande pas mieux.

JACOB. Tenez, mettez-vous là, près du poêle, et puis, si vous savez lire, voilà les journaux pour vous amuser.

RAYMOND. Pour m'amuser !

ANNETTE. Ah ! donnez-moi le Journal des Modes.

RAYMOND. Mais ils ne sont pas décachetés.

JACOB, *les déployant*. Tiens, qu'est-ce que cela fait ? Ici, on les lit toujours avant les maîtres : ça, le sou pour livre et la bûche, c'est le fixe de notre état.

RAYMOND.

AIR du vaudeville de *l'Écu de six francs*.

Voilà tout ce que je désire !
Ce journal me sert à souhaits ;
Avec soin feignons de le lire,
Et prêtons l'oreille aux caquets :
Pour s'instruire c'est la recette,
Et je vais, quelle rareté,
Apprendre ici la vérité
Tout en lisant une gazette.

ANNETTE, *montrant Raymond*. Dites donc, madame Jacob, il a l'air d'un brave homme, il y aurait conscience à lui faire perdre son temps ; renvoyez-le.

MADAME JACOB. Et pourquoi ?

ANNETTE. C'est que Monsieur ne lui donnera pas réponse aujourd'hui.

MADAME JACOB. Puisque Madame m'a dit...

ANNETTE. C'est égal, je vous atteste, moi, que Monsieur n'est pas ici ; et même je vous dirai plus, il n'y a pas couché.

RAYMOND, *à part*. Comment ! mon beau-père !

MADAME JACOB. Il se pourrait ! et d'où le savez-vous ?

ANNETTE. De Philippe, qui est entré ce matin dans sa chambre, dont la porte était fermée à double tour ; mais il avait sa double clé, et il m'a assuré que rien n'était dérangé dans l'appartement.

RAYMOND, *ayant l'air de lire le journal, et avançant la tête*. Un instant, redoublons d'attention.

SCÈNE IX.

LES PRÉCÉDENTS, PHILIPPE.

MADAME JACOB. C'est M. Philippe. (*Allant à lui*.) Comment ! mon cher ami, Monsieur a passé la nuit dehors, et nous n'en savions rien ?

PHILIPPE. Chut ! il y a là-dessous un mystère, mais nous le découvrirons.

RAYMOND, *à part*. A merveille ! voilà un autre corps d'armée qui vient au secours.

PHILIPPE. D'abord, on fait tout au monde pour cacher le départ de Monsieur.

MADAME JACOB. Je crois bien, puisque Madame m'a dit tout à l'heure qu'il s'était renfermé dans son cabinet.

PHILIPPE. Et à moi, elle m'a dit qu'il était sorti, il y a un quart d'heure, pour aller déjeuner en ville, rue Pigale; et, en ma présence, elle a donné l'ordre à Lafleur d'aller le prendre avec le cabriolet un peu avant dix heures.

MADAME JACOB. C'est en effet à cette heure-là que Madame m'a dit qu'il rendrait la réponse à ce brave homme (*Montrant Raymond.*) qui est là pour une affaire très-importante. (*A Raymond.*) N'est-ce pas?

PHILIPPE. Un instant; procédons par ordre. Il y a quelques jours que j'ai porté une lettre à l'agent de change de Monsieur, qui, en la lisant, s'est écrié d'un air mécontent : « Attendre à aujourd'hui, lorsque nous sommes en baisse ! » D'où j'ai conclu que Monsieur faisait vendre ses rentes, et les faisait vendre avec perte.

MADAME JACOB. C'est évident.

PHILIPPE. Donc, il y était obligé ; donc il avait besoin d'argent.

ANNETTE. Mais, Monsieur a donné un bal la semaine dernière.

PHILIPPE. Raison de plus.

AIR : *Tout ça passe.*

Telle est la règle aujourd'hui.
Un banquier dans la détresse
Annonce un grand bal chez lui,
A venir chacun s'empresse :
Il s'esquive avec adresse
Au doux bruit des instruments :
L'honneur, les danseurs, la caisse,
Tout ça saute... en même temps.

Ce n'est rien encore ; je conduis Monsieur hier matin en cabriolet chez un de ses amis ; je remarque dans la cour une chaise de voyage toute prête, et j'aperçois au bout de la rue des chevaux de poste, qu'on avait envoyé chercher, et qui arrivaient. « Philippe, me « dit Monsieur, vous ne viendrez pas me prendre, « je vais faire des adieux à un ami qui part, je ne re- « viendrai à l'hôtel que pour dîner ; mais si je n'é- « tais pas rentré à cinq heures, qu'on ne m'attende « pas. » Je n'ai rien dit, parce que cela pouvait être vrai ; mais maintenant je me rappelle son air un peu embarrassé, un passeport qu'il y a quelques jours j'ai été faire viser pour Rouen ; son appartement où il n'a pas mis les pieds. Il n'y a plus de doute, Monsieur n'était pas hier à Paris.

MADAME JACOB. Donc, il a été à Rouen pour affaire de commerce.

PHILIPPE. Il sera revenu cette nuit, et arrivé ce matin rue Pigale, où il est censé avoir déjeuné, et où Lafleur doit aller le reprendre. Voilà son itinéraire mot pour mot, et il est impossible que cela ait pu se passer autrement.

TOUS. Il a raison.

RAYMOND, *à part*. D'où je conclus que mon beau-père est mal dans ses affaires.

MADAME JACOB. Ce n'est pas tout, et nous avons bien d'autres nouvelles ; un jeune homme est sorti ce matin de l'hôtel.

TOUS. Un jeune homme !

ANNETTE. Un jeune homme ! et comment ?

JACOB
AIR de *Toberne.*

Maintenant je devine.
Hier soir dans c' logis
On frappe à la sourdine ;
Pour Monsieur, je l'ai pris :
J'avais cru reconnaître...

PHILIPPE.
A qui donc se fier?
Le prendre pour ton maître !

JACOB.
On s' tromp' quoique portier.
Qui sait ! l'on s'est peut-être
Trompé d' mêm' au premier.

TOUS, *à voix basse*.
Comment ! il se pourrait!
Voilà, voilà tout le secret !

ANNETTE. Justement. J'y suis à mon tour : c'est lui que j'aurai entendu ce matin dans le corridor, sur les sept heures ; ce qui est très-désagréable, parce qu'enfin quoiqu'on ne soit qu'une femme de chambre, on tient à sa réputation.

PHILIPPE. Attendez donc : un jeune homme d'une taille moyenne.

MADAME JACOB. Précisément ; le facteur l'a dit.

PHILIPPE. M'y voilà peut-être.

MADAME JACOB. Vous savez donc...

PHILIPPE. Rien encore, mais nous n'en sommes pas loin.

TOUS, *ensemble*. Écoutons tous.

RAYMOND. C'est fini, ils vont trop m'en apprendre.

PHILIPPE. Je revenais l'autre semaine, à pied, lundi dernier, le jour où j'avais été à cette noce ; il était quatre heures du matin ; en approchant des murs du jardin, j'aperçois un jeune homme qui en descendait lestement. Je ne peux pas trop vous dire ce que j'éprouvai en ce moment ; mais par un mouvement involontaire, j'ouvrais la bouche pour crier *au voleur*, lorsqu'un geste menaçant m'arrête juste à la première syllabe. « Tais-toi, je ne suis pas un voleur ; mais je t'as- « somme si tu parles. » Je ne réponds que par mon silence. « Tiens, voilà deux napoléons ; prends, et, sur « ta tête, ne me suis pas. » A ces mots, il était déjà parti.

TOUS. Eh bien?

PHILIPPE. J'ai pris les deux napoléons ; et je l'ai suivi, mais de loin ; il s'est arrêté ici près, rue Saint-Lazare, maison du débit de tabac, a frappé à une allée ; la porte s'est refermée, et quelques minutes après j'ai vu de la lumière au second.

RAYMOND, *écrivant sur son calepin*. Rue Saint-Lazare ; maison du débit de tabac, au second. C'est là maintenant qu'il faut établir mon quartier général. Diable ! une allée. C'est fâcheux ! il n'y aura pas de portière ; mais il y a des voisins. (*Il se lève et dit :*) Pardon, Madame, je reviendrai dans une heure. (*Madame Jacob tire le cordon, il sort.*)

ANNETTE. Quelles pouvaient être les intentions de ce jeune homme ?

PHILIPPE. Il n'y a pas à hésiter ; il venait pour Madame, ou pour Mademoiselle. Mais la circonstance d'aujourd'hui... Monsieur qui se trouve à Rouen, vous entendez... tandis qu'une autre personne se trouve ici ; vous comprenez... tout cela me fait croire que c'est pour Madame.

MADAME JACOB. Enfin, nous saurons bien.

PHILIPPE. Sans doute, car c'est ici que s'éclaircissent tous les mystères.

AIR de la ronde du *Solitaire.*

Qui connaît les nouvelles
De tout notre quartier?
Par des récits fidèles
Qui va les publier?

Qui sait que la lingère
Passe en cabriolet?
Qui sait que la laitière
Met de l'eau dans son lait?
C'est notre portière
Qui sait tout, qui voit tout,
Entend tout, est partout.
TOUS.
Oui ! c'est la portière
Qui sait tout, qui voit tout,
Entend tout, est par tout.

PHILIPPE. Écoutez, le bruit d'un cabriolet; il s'arrête. C'est Monsieur qui rentre. (*On entend en dehors: Porte, s'il vous plaît.*)
JACOB. Maman, je vais ouvrir la porte.

SCÈNE X.
LES PRÉCÉDENTS, M. DE SELMAR, LAFLEUR.

M. SELMAR, *parlant à Lafleur*. Non, ce n'est pas la peine de rentrer le cabriolet, qu'il attende à la porte, je ressortirai peut-être tout à l'heure. (*Descendant le théâtre, et à part.*) Tout s'est passé à merveille : parti hier pour Rouen, revenu ce matin; et personne ne s'en est seulement douté. Quand on le veut bien, on est toujours maître de ses secrets. Moi je ne me confie jamais à mes domestiques; aussi ils ne savent rien de mes affaires. Allons, la perte ne sera pas aussi considérable que je le croyais. Que je trouve ce matin seulement une soixantaine de mille francs, je fais face à tout, et mon crédit n'aura pas éprouvé la moindre atteinte.

AIR des *Habitants des Landes*.

Qu'un négociant fléchisse,
Ou qu'un mari soit trompé!
Qu'un autre nous éblouisse
Par un crédit usurpé!
C'est du secret, du mystère
Que tout dépend dans Paris :
En amour, comme en affaire,
Pour les banquiers, les maris,
    Tout va bien, (*bis*.)
Quand personne ne sait rien.
Tout va bien
Quand personne ne sait rien.
TOUS LES DOMESTIQUES, *à part.*
    Tout va bien,
Il ne peut nous cacher rien.

M. SELMAR. Bonjour, Annette; je ne t'ai pas vue ce matin, je suis sorti de bonne heure.
ANNETTE. C'est vrai, Monsieur.
M. SELMAR, *à madame Jacob*. Mes journaux. (*Jacob les lui donne.*) Voyons la vente.
PHILIPPE, *qu'on a vu causer avec Lafleur s'approchant d'Annette, lui dit tout bas :* Eh bien! tout s'est passé comme je vous l'avais dit ; je ne me suis pas trompé d'une syllabe ; mais les maîtres sont d'une confiance, d'une bonhomie!.. Ce n'est pas nous qu'on abuserait ainsi.
ANNETTE. Non, sans doute.
JACOB, *bas, à Annette.* Vous ne m'avez pas dit à quelle heure, au boudoir?
ANNETTE, *vivement.* A trois heures, par le petit escalier, et taisez-vous.
M. SELMAR. Il n'y a pas de lettres?
MADAME JACOB. En voici une qu'un commissionnaire a apportée, et qui doit être importante, car il a attendu deux heures, et ne s'en est allé que quand il a eu perdu patience.

M. SELMAR, *après avoir parcouru la lettre.* Ah! mon Dieu ! c'est de la part de ce riche propriétaire de Marseille, celui qu'on nous a proposé pour gendre ! (*Haut.*) Et il ne m'a pas trouvé, et on l'a fait attendre. (*A madame Jacob.*) S'il revenait quelqu'un de la part de M. Raymond, ou bien M. Raymond lui-même, qu'on le fasse monter sur-le-champ, qu'on le conduise dans mon cabinet. Entendez-vous, Philippe, et avec les plus grands égards. (*Il monte par le grand escalier.*)

SCÈNE XI.
LES PRÉCÉDENTS, hors M. DE SELMAR.

PHILIPPE. Monsieur Raymond ! qu'est-ce que cela veut dire?
MADAME JACOB. Connaissez-vous cela?
PHILIPPE. Ah ! mon Dieu, non!
JACOB. Ni moi.
ANNETTE. Ni moi ; je n'en ai jamais entendu parler. (*Ils sont tous quatre réunis et forment un groupe.*)

SCÈNE XII.
LES PRÉCÉDENTS, M. RAYMOND, *en habit de ville très-riche.*

RAYMOND. C'est bien, c'est bien, restez à vos chevaux ; je n'ai pas besoin qu'on me suive, je m'annoncerai bien moi-même. (*Aux quatre domestiques qui se retournent.*) Monsieur de Selmar est-il rentré?
PHILIPPE. Oui, Monsieur. (*Le regardant.*) Ah! mon Dieu !
ANNETTE, *de même.* Comment! il se pourrait ?
MADAME JACOB. C'est le monsieur de tout à l'heure.
JACOB. C'est le commissionnaire!
RAYMOND, *froidement.* Voulez-vous bien me conduire vers lui, et annoncer monsieur Raymond.
PHILIPPE. Comment! vous êtes monsieur Raymond ?
ANNETTE, *aux deux autres.* C'est M. Raymond.
JACOB, *et sa mère.* M. Raymond !
RAYMOND. Oui, lui-même. (*A part.*) Je conçois leur surprise ; et voilà un événement qui ouvre un vaste champ aux conjectures. Heureusement je n'ai rien à craindre ; je ne suis pas leur maître ; et comme ils ne me connaissent pas, je puis, je crois, défier leur curiosité.
PHILIPPE, *se rangeant et montrant l'escalier.* Si Monsieur veut prendre la peine de monter, Lapierre, qui est dans l'antichambre, annoncera Monsieur. (*Raymond monte par le grand escalier.*)

SCÈNE XIII.
LES PRÉCÉDENTS, *excepté* RAYMOND.

PHILIPPE, *les rassemblant tous autour de lui.* Eh bien! mes amis, concevez-vous ce que cela veut dire? Voilà bien une autre aventure ?
MADAME JACOB. Ce matin, en commissionnaire, et une heure après, en beau monsieur.
JACOB. Je voudrais bien savoir s'il était déguisé ce matin, ou s'il l'est maintenant.
PHILIPPE. Quel qu'il soit, nous découvrirons ce mystère, il y va de notre honneur ; et, pour moi, je pense d'abord... (*On entend une sonnette.*) C'est Monsieur qui m'appelle. Il n'y a rien d'insupportable comme les

maîtres; ils vous sonnent toujours quand on est occupé.

ANNETTE. C'est égal, ce monsieur Raymond avait des intentions ; et puisqu'il est venu déguisé, mon avis est que... (*On entend une autre sonnette.*) C'est Madame qui a besoin de moi. Là, c'est comme un fait exprès ! je vous demande s'il y a moyen de rien savoir? (*Les deux sonnettes se font entendre en même temps.*)

MADAME JACOB. Mais allez donc; Monsieur et Madame s'impatientent.

AIR : *Quel carillon.*

Quel carillon
Dans ces lieux se fait entendre!
Quel carillon
Retentit dans la maison!

JACOB.
Il part, c'est bon!
Au boudoir je vais me rendre,
Attention,
N'oublions pas la leçon.

TOUS.
Quel carillon
Dans ces lieux se fait entendre !
Quel carillon
Retentit dans la maison!

(*Philippe et Annette montent par le grand escalier, Jacob se glisse par le petit.*)

SCÈNE XIV.

MADAME JACOB, *seule.* Je n'en reviens pas. Et comment pénétrer ce mystère? Dire qu'il était là tantôt avec une simple redingote brune, et maintenant (*Allant à la porte, et regardant dans la rue.*) un bel équipage, deux chevaux gris, deux laquais et un cocher d'une ampleur ! il paraît qu'on ne maigrit pas à son service. Entrez donc, Monsieur, entrez donc, vous devez avoir froid dans la rue ; et si vous vouliez vous chauffer un instant au poêle?

SCÈNE XV.

MADAME JACOB, MORODAN, *en grosse redingote garnie de fourrure.*

MORODAN. Ma foi, Madame, ce n'est pas de refus ; mais c'est que j'ai là mes bêtes. Là là, Petit-Gris ! Saint-Jean, veillez un peu à mes chevaux.

MADAME JACOB. Monsieur ne nous avait pas encore fait l'honneur de venir nous voir.

MORODAN, *s'asseyant près du poêle.* Non, Madame ! nous sommes arrivés depuis peu de Marseille, et nous y retournons bientôt; car je crois que nous ne sommes ici que pour nous marier.

MADAME JACOB. Vous marier!

MORODAN. A ce que m'a dit Saint-Jean, le domestique de Monsieur ; car je ne suis à son service que depuis trois jours ; il m'a pris dans les Petites-Affiches, une feuille purement littéraire, avec laquelle je suis habituellement en rapport; oui, c'est là que Monsieur a trouvé ma notice : « *Morodan, cocher-expert, connu « pour aller vite.* » Avec moi, il faut ou qu'on verse, ou qu'on arrive, je ne connais que cela.

MADAME JACOB. Vous dites donc que vous allez vous marier? M. Raymond, votre maître, est donc veuf?

MORODAN. Non, nous sommes garçon, toujours à ce que m'a dit Saint-Jean. Monsieur avait un neveu avec qui s'est brouillé, et qu'il est venu, je crois, chercher à Paris.

MADAME JACOB. Vous y êtes donc établi dans ce moment?

MORODAN. Oui, nous demeurons rue de Tournon, n° 32 ; la maison est à nous, et justement, dans ce moment, nous avons besoin d'un portier.

MADAME JACOB. Ah ! vous avez besoin... (*A part.*) Maudit cocher ! il n'arrivera pas.

MORODAN, *parlant de sa place, aux chevaux.* Eh bien ! qu'est-ce que je vous disais ! entendez-vous le démon ? Ohé ! oh ! là là. Ce Petit-Gris ne peut pas rester en place : aussi, c'est la faute de Monsieur, qui ce matin nous fait attendre deux heures au détour de la rue.

MADAME JACOB. Comment! ce matin vous l'avez attendu? Sur les neuf heures, n'est-ce pas?

MORODAN. Oui ; mais c'est une aventure, un déguisement : il ne faut pas dire...

MADAME JACOB. Je sais ce que c'est. Il est arrivé ici en redingote brune, en petite perruque.

MORODAN. Je vois que vous êtes au fait. Eh bien! alors, dites-moi donc ce que cela veut dire?

MADAME JACOB, *à part.* Il s'adresse bien.

MORODAN. Il y avait une heure que je rongeais mon frein, quand Monsieur est accouru. Vite, rue Saint-Lazare, au débit de tabac, fouette cocher. Nous arrivons : Monsieur se précipite dans la boutique ; et, du haut de mon siège, j'entends qu'on demande des renseignements sur un jeune homme qui demeure dans la maison, au second étage.

MADAME JACOB. Je comprends, il nous aura écoutés : c'est le *quiroga.*

MORODAN. Le *quiroga !*

MADAME JACOB. Oui, oui, allez toujours.

MORODAN. « Monsieur, reprend la marchande de ta- « bac, le jeune homme dont vous parlez n'est pas « rentré hier. »

MADAME JACOB. Je crois bien, c'est cela même; nous y sommes.

MORODAN. « Mais voici un petit mot qu'il a envoyé « à onze heures du soir : *Qu'on ne m'attende point,* « *je ne rentrerai pas.* » Monsieur prend le billet, le regarde. Dieux ! s'écrie-t-il, quelle écriture ! il serait possible !

MADAME JACOB. Il a dit cela?

MORODAN. Ces propres paroles : quelle écriture ! il serait possible !

Air de *Marianne.*

Soudain nous nous mettons en route,
Et jusqu'ici je l'ai conduit ;
Mais dans la voiture sans doute
Il aura r'pris son autre habit.
Tout confondu,
Quand je l'ai vu
En beau monsieur redescendre impromptu :
J' dis : Quels changements!
Si tant de gens
Qui roul'nt carrosse, ou derrière ou dedans,
De mon maître imitant l'allure,
Allaient, s'éveillant en sursaut,
Se trouver des gens comme il faut
En descendant d' voiture.

Je vous le demande maintenant, qu'est-ce que cela signifie?

MADAME JACOB. Eh bien! je me le demande aussi; mais patience, nous sommes sur la bonne route, nous y arriverons.

Madame Jacob la portière.

SCÈNE XVI.

Les précédents; PHILIPPE, *descendant vivement l'escalier.*

PHILIPPE. Madame Jacob! madame Jacob! j'ai des nouvelles.
MADAME JACOB. Et moi aussi.
PHILIPPE, *montrant Morodan qui s'est assis auprès du poêle.* Quel est ce cocher étranger?
MADAME JACOB. Il est de la maison de ce M. Raymond.
PHILIPPE, *le saluant.* Monsieur, j'ai bien l'honneur.
MORODAN, *se levant et saluant aussi.* Monsieur, c'est moi qui...
PHILIPPE. Je vous en prie, je suis chez moi; restez donc.
MORODAN. Du tout, j'ai l'habitude d'être assis; si vous vouliez prendre mon siège.
PHILIPPE. Ne faites donc pas attention, je passe ma vie à être debout. Je crois avoir déjà eu l'honneur de voir Monsieur; n'avons-nous pas dîné ensemble chez ce prince russe?
MORODAN. C'est mon avant-dernière maison. Nous nous sommes aussi rencontrés quelquefois à l'Opéra.
PHILIPPE. L'année dernière; cette année, nous sommes abonnés aux Bouffons.
MORODAN. Et vous avez bien raison; j'aime mieux ce théâtre, la salle est plus petite, et il fait plus chaud... sous le péristyle.
MADAME JACOB. Eh! Messieurs, vous parlerez spectacle une autre fois. (*A Philippe.*) Racontez-moi vite ce que vous savez. Vous pouvez tout dire devant Monsieur; c'est un bon enfant.
PHILIPPE. Ah! c'est un bon enfant. Eh bien! mes amis, le maître de Monsieur est un prétendu; il vient pour épouser Mademoiselle.
MADAME JACOB. Eh! nous le savons de reste.
PHILIPPE. Mais l'explication a été chaude, car on entendait leurs voix de l'antichambre.
MADAME JACOB. Et vous n'avez pas écouté?
PHILIPPE. J'étais de là, l'oreille contre la porte.

« Monsieur, (*A Morodan.*) disait votre maître, on « m'a trompé sur votre fortune; je sais que dans ce « moment vous êtes gêné. — Monsieur, disait M. de « Selmar, il n'est pas nécessaire de parler si haut; « je vois que vous refusez de vous allier à nous; mais « ce n'est pas une raison pour me perdre. — Au « contraire, je viens pour vous sauver, et j'ai cent « mille francs à votre service; mais c'est à une con- « dition. »

MADAME JACOB. Eh bien! cette condition?
MORODAN. Oui, quelle est-elle?
PHILIPPE. Je ne l'ai pas entendue, car Monsieur venait à la porte qu'il a ouverte. « Philippe! » Vous comprenez bien que j'étais déjà à dix pas de là, assis près de la croisée, tenant à la main *le Solitaire*, et feignant de dormir, comme quelqu'un qui aurait lu. Philippe! j'étends les bras, je me frotte les yeux... « Descendez, et défendez ma porte, je n'y suis pour « personne. — Et nous, reprend votre maître, passons « chez ces dames. » Alors... (*On frappe.*) Hein, qui est-ce qui frappe?
MADAME JACOB, *tirant le cordon sans regarder.* C'est égal, allez toujours.

SCÈNE XVII.

LES PRÉCÉDENTS, ADOLPHE.

ADOLPHE. M. de Selmar?
PHILIPPE, *le regardant.* Ah! mon Dieu! si je ne me trompe...
ADOLPHE. M. de Selmar?
MADAME JACOB, *à part.* N'oublions pas la consigne. (*Haut.*) Monsieur est sorti.
ADOLPHE. Sorti!
PHILIPPE. Oui, Monsieur.
ADOLPHE. Tu mens, coquin!
PHILIPPE. Monsieur me reconnaît; moi aussi, je reconnais Monsieur. Lundi dernier, la nuit, le mur du jardin... oh! je n'ai rien dit.
ADOLPHE, *lui donnant une bourse.* Prends, et tais-toi.
PHILIPPE. Je prends, et je me tais. (*Bas.*) Monsieur est chez lui.
ADOLPHE, *de même.* C'est bon. (*Haut, à madame Jacob.*) Vous dites donc que Monsieur ne reçoit pas. Il y a pourtant une voiture à la porte.
MADAME JACOB. C'est égal, dès que Monsieur dit qu'il n'y est pas. (*A part.*) Est-il obstiné!
PHILIPPE, *bas.* C'est la voiture d'un futur.
ADOLPHE. Un futur!
PHILIPPE, *bas.* Il vient pour épouser.
ADOLPHE. Epouser! c'est ce que nous verrons. Mais je suis bien bon, n'ai-je pas la clé? et cet escalier dérobé... Adieu, adieu, mes amis; puisque votre maître n'est pas visible, je reviendrai demain. (*Il fait semblant de sortir par le fond, et se glisse par le petit escalier.*)

SCÈNE XVIII.

LES PRÉCÉDENTS, excepté ADOLPHE.

MADAME JACOB. Eh bien donc, monsieur Philippe, continuez, puisqu'enfin le voilà parti.
PHILIPPE. Parti... Ah! madame Jacob! aurez-vous donc toujours des yeux pour ne point voir?
MADAME JACOB. Comment?
PHILIPPE. Il est monté par le petit escalier.
MADAME JACOB. Vous l'avez vu?
PHILIPPE. Oui, sans doute. Il paraît qu'il connaît le chemin; et puisqu'il faut tout vous dire, c'est le jeune homme de l'autre soir, le monsieur aux louis d'or.
MADAME JACOB. J'y suis; c'est le manteau de ce matin, ce monsieur qui venait pour...
PHILIPPE. Ou pour... car nous ne savons pas encore au juste; mais je vous le demande, madame Jacob, quelles mœurs!
MORODAN. C'est pourtant vrai, quelles mœurs! Ce n'est pas dans notre classe que...
PHILIPPE. Moi, je ne loge pas au premier, je ne suis qu'un laquais; mais, si j'épouse Annette, c'est que je sais à quoi m'en tenir. Mademoiselle Annette est la sagesse même.
MADAME JACOB. Oh! oui, la sagesse même. Où donc est ce petit Jacob? (*Appelant.*) Jacob... Moi qui avais une commission à lui donner.

SCÈNE XIX.

LES PRÉCÉDENTS, ANNETTE.

ANNETTE. Ah! mes amis! si vous saviez, l'émotion et surtout la surprise...
PHILIPPE. Eh bien? Annette? ma chère Annette! elle se trouve mal!
MADAME JACOB. Tenez, c'est des vapeurs dans le genre de Madame.
ANNETTE. Ce ne sera rien. Le flacon de ma maîtresse, dans mon tablier.
PHILIPPE, *prenant le flacon dans la poche d'Annette.* Le voilà... elle revient.
ANNETTE. Dans un autre moment, il y aurait eu de quoi se trouver mal tout à fait... Imaginez-vous que tout à l'heure dans le boudoir de Madame, où j'étais à travailler seule, voilà que tout à coup nous entendons, c'est-à-dire j'entends Madame qui crie : Annette! Annette! ouvrez; pourquoi êtes-vous enfermée?
PHILIPPE. Vous étiez enfermée?
MADAME JACOB. Mais où donc est Jacob! je croyais qu'il était là!
ANNETTE. Oui, je ne sais comment, par inadvertance. Enfin je me dépêche le plus possible; j'ouvre, et je vois ma maîtresse et sa fille, avec Monsieur et cet étranger... M. Raymond.
PHILIPPE. Comme je vous le disais tout à l'heure, ils étaient passés chez ces dames.
ANNETTE. « Annette... sortez, » me dit ma maîtresse, et la porte se referme.
PHILIPPE. Il fallait faire comme moi, écouter.
ANNETTE. Impossible, ils parlaient à voix basse; mais que disaient-ils? voilà ce que je ne pouvais deviner; aussi la curiosité, l'impatience, d'autres idées encore, tout cela réuni, fait que je n'y puis plus tenir; je tourne le bouton de la porte, et j'entre audacieusement. — Madame a sonné? — Du tout, Mademoiselle. — Je demande pardon à Madame, je suis certaine d'avoir entendu sonner. — Vous vous êtes trompée, laissez-nous. — Dans ce moment, la porte, que j'avais laissée tout contre, s'ouvre avec fracas; un jeune homme se précipite...
MORODAN. Parbleu, celui de tout à l'heure.
PHILIPPE. Je vous disais bien qu'il était monté.
ANNETTE. En l'apercevant, Mademoiselle jette un cri...
MORODAN. Décidément c'était pour Mademoiselle.

ANNETTE. Mais le jeune homme regarde l'étranger.
PHILIPPE. Ah! mon Dieu, ils vont se battre!
MORODAN. Mon maître, se battre! Monsieur, voilà nos deux maisons brouillées.
ANNETTE, *ayant l'air de reprendre haleine.* Le jeune homme regarde l'étranger, s'élance vers lui... Celui-ci lui tend les bras, et ils s'embrassent tous deux, tandis que Monsieur, me poussant par les épaules, me met hors du cabinet, et tout cela si rapidement, que j'ai à peine le temps de me reconnaître; je descends, je me trouve mal, et voilà.

PHILIPPE.
Air de *Turenne.*
Mais que veut dire ce mystère?
Et quels sont ces deux inconnus?
ANNETTE.
Est-ce son fils?
MADAME JACOB.
Est-ce son père?
MORODAN.
Attendez donc!.. je n'y suis plus.
TOUS.
Nos soins seraient-ils superflus?
MADAME JACOB.
Faut-il souffrir que par de tels outrages
Un maître ainsi blesse nos intérêts?
PHILIPPE.
Garder pour eux tous leurs secrets,
C'est presque nous voler nos gages.

C'est fini, au moment où nous croyons tenir le fil, le voilà plus embrouillé que jamais; et nous n'y sommes plus.
MORODAN. Il est de fait que vous n'y êtes plus.
MADAME JACOB. Et dire que nous ne pourrons pas pénétrer ce mystère!

SCÈNE XX.

Les précédents, JACOB.

JACOB, *descendant le petit escalier.* Ma mère, madame Jacob... ohé... les autres!
MADAME JACOB. Ah! le voilà enfin... Eh bien! qu'y a-t-il donc?
JACOB. Allez, de fameux événements, et je peux vous en apprendre, car je connais toute la manigance.
TOUS. Il serait possible!
MADAME JACOB, *le caressant.* Quand je vous le disais, est-il gentil! Parle donc, mon enfant.
TOUS. Eh! oui, parle vite.
PHILIPPE. Mais par quel moyen as-tu appris...
JACOB. Par quel moyen? ça c'est mon secret à moi, vous ne le saurez pas; mais pour celui de nos maîtres, c'est différent! Imaginez-vous donc que M. Adolphe qui vient d'arriver est le neveu de M. Raymond.
ANNETTE. Son neveu!
MORODAN. Notre neveu!
JACOB. Eh! oui vraiment! il était dans la disgrâce de son oncle, au sujet d'un mariage qu'il avait refusé à Marseille. Alors, il est venu ici à Paris, et il était tombé amoureux de Mademoiselle.
MADAME JACOB, *à Philippe.* Amoureux de Mademoiselle, vous le voyez.
PHILIPPE. Parbleu! c'est moi qui vous l'ai dit.
MORODAN. Du tout, vous disiez de Madame.
ANNETTE. Laissez-le donc achever.
JACOB. Étant sans fortune, et brouillé avec son oncle, il n'osait pas lui parler de son amour, et demander son consentement; d'un autre côté, M. de Selmar lui aurait refusé sa fille. Alors, depuis quelques jours, et sans en parler à personne, ils s'étaient mariés secrètement.
TOUS. Secrètement.
ANNETTE. Vous voyez, monsieur Philippe, avec vos idées... moi j'étais bien sûre que ma maîtresse...
JACOB. Là-dessus, des reproches, des explications, des pardons avec des sanglots, mon père, ma fille, et ainsi de suite. Finalement, il a été convenu que, pour l'honneur de la famille, cela serait tenu secret; que le mariage ne serait censé avoir lieu qu'aujourd'hui; qu'on allait tout préparer pour cela, et qu'on ne parlerait pas des soixante mille francs que M. Raymond doit prêter à notre maître. Alors, ils se sont tous réconciliés, et sont enfin sortis du boudoir; (*Bas, à Annette.*) Heureusement pour moi, car j'étouffais.
ANNETTE, *d'un air d'intérêt.* Comment! vous étouffiez?
JACOB, *bas, à Annette.* Oui, cette armoire où vous m'avez fait cacher était si étroite!
ANNETTE, *de même.* Taisez-vous, voici ces messieurs.

SCÈNE XXI.

Les précédents, M. DE SELMAR, M. RAYMOND, ADOLPHE.

M. SELMAR. Mon cher Raymond, mon cher Adolphe, si vous saviez combien je suis heureux de cette alliance! mais vous sentez comme moi que la plus grande discrétion...
RAYMOND. Moi, d'abord, je vous réponds de mes gens.
M. SELMAR. Moi des miens; et la bonne raison, c'est qu'ils ne savent rien.
PHILIPPE, *à Adolphe.* J'espère que Monsieur est content de moi, et que maintenant qu'il va être notre maître, il ne m'oubliera pas.
M. SELMAR. Comment! Philippe, vous savez...
PHILIPPE. Oui, Monsieur: les bonnes nouvelles se répandent vite, et comme Madame nous avait promis que le jour du mariage de Mademoiselle.
M. SELMAR. En effet. Eh bien! quand ma fille se mariera, ce qui ne va pas tarder, nous verrons.
PHILIPPE. Ah! Monsieur, je suis tranquille; c'est comme si c'était déjà fait.
M. SELMAR. Hein! qu'est-ce que cela signifie?
PHILIPPE. Que quand même nous connaîtrions la vérité, ce n'est pas avec des domestiques aussi fidèles et aussi dévoués à leurs maîtres qu'il y a jamais rien à craindre.
RAYMOND, *bas, à M. Selmar.* Ils sont au courant de tout.
M. SELMAR. Puisque vous étiez si bien instruits pourquoi dès hier ne m'avoir pas averti?
ANNETTE. Monsieur sait bien qu'hier c'était impossible.
M. SELMAR, *troublé.* Ah! c'était... Allons, ils n'en ont pas manqué un.
RAYMOND. Ce n'est pas étonnant; si vous aviez pris les mêmes précautions que moi.
MADAME JACOB, *faisant la révérence à M. Raymond.* Puisque Monsieur n'a pas de portier pour sa maison de la rue de Tournon, n° 32, s'il voulait prendre mon fils Jacob.
RAYMOND. Comment! vous savez qui je suis?
MADAME JACOB. Qui ne connaît M. Raymond, riche propriétaire de Marseille... J'ose croire que Mon-

sieur en serait content, et que pour le zèle, l'activité et la discrétion...

RAYMOND. Oui, il est à bonne école.

M. SELMAR, *bas, à M. Raymond*. Eh bien! qu'en dites-vous? et quel parti faut-il prendre pour échapper à la maligne curiosité de ces argus?

RAYMOND. Aucun, mon cher ami; et puisqu'on ne peut se soustraire à cette surveillance intérieure, à cette inquisition domestique; puisqu'il est impossible de leur cacher aucune de nos actions, tâchons qu'elles soient toujours telles qu'on n'y puisse rien blâmer, et rappelons-nous toujours ce poëte qui disait :

« La loge du portier
« Est le vrai tribunal où se juge un quartier. »

VAUDEVILLE.

AIR : *Dieux! que c'est beau!* (de LA PETITE LAMPE MERVEILLEUSE.

RAYMOND, *à Jacob*.
De mon hôtel je te crois digne
D'être portier : sois donc heureux,
Mais retiens bien cette consigne :
Quand il viendra quelques fâcheux,
Ferme bien la porte sur eux.
Mais lorsque vient l'humble mérite,
Quand la beauté me rend visite,
Sur-le-champ, en portier discret,
Le cordon, s'il vous plaît.

M. SELMAR.
Qu'une maison soit opulente,
Que le maître occupe un emploi;
Soudain l'amitié diligente
Frappe à la porte... Ouvrez, c'est moi;
Croyez à mon zèle, à ma foi.
Mais le jour du malheur arrive,
Soudain l'amitié fugitive,
S'écrie, en faisant son paquet :
« Le cordon, s'il vous plaît. »

PHILIPPE.
Des demandeurs la foule est grande,
Et même chez nos grands seigneurs,
Chacun en veut, chacun demande
Ou de l'argent ou des honneurs.
L'un voudrait avoir une place,
L'autre, se courbant avec grâce,
Dit, en présentant son placet :
« Un cordon, s'il vous plaît. »

MORODAN.
Moi, j'en conviens, de la Turquie
J'aime assez les goûts et les mœurs;
On y vit sans cérémonie,
On y meurt plus gaîment qu'ailleurs;
Sitôt qu'un muet vous arrête,
Loin de fuir pour sauver sa tête,
On dit, en baissant son collet :
« Le cordon, s'il vous plaît. »

JACOB, *au public*.
Que de portiers, dans leur paresse,
Craignent de tirer le cordon;
Moi, Messieurs, je voudrais sans cesse
Avoir du monde à la maison.
Aussi, Messieurs, je vous exhorte
A venir souvent à ma porte
Dire, en prenant votre billet :
« Le cordon, s'il vous plaît. »

FIN
de
la Loge du Portier.

LA MAITRESSE AU LOGIS
COMÉDIE-VAUDEVILLE EN UN ACTE

Représentée, pour la première fois, à Paris, sur le théâtre du Gymnase dramatique, le 9 juin 1823.

Personnages.

M. DE MERTEUIL.
LÉON }
FORTUNÉ } DE SAINT-YVES, ses neveux.

HORTENSE, jeune veuve.
JULIE, femme de chambre d'Hortense.
GERVAIS, jardinier d'Hortense.

Le théâtre représente un salon. Porte au fond. Deux portes latérales.

SCÈNE PREMIÈRE.
JULIE, GERVAIS.

GERVAIS, *au milieu du salon, avec un pot de fleurs sous le bras.* Mademoiselle Julie, mademoiselle Julie, entendez-vous la sonnette de Madame?

JULIE, *sortant de la porte à gauche du spectateur.* Eh! sans doute, Madame demande sa robe de noce; mais dans un jour comme celui-ci, on ne sait auquel entendre... On y va, on y va. (*Elle entre dans l'appartement à droite.*)

GERVAIS, *seul.* Il me semble cependant qu'une robe de mariage c'est assez essentiel; moi, d'abord, je suis pour qu'on se fasse beau et surtout qu'on s'amuse un jour de noce. C'est si agréable ce jour-là... surtout pour nous autres.

AIR : *De sommeiller encor, ma chère.*

Grâce au ciel, nous savons l'usage ;
A chacun l'on fait un présent,
Le jour où l'on entre en ménage ;
C'est fort bien vu, c'est très-prudent ;
Car l'hymen ressemble, et pour cause,
A ces spectacles où souvent
L'on ne donnerait pas grand'chose,
Si l'on ne payait qu'en sortant.

(*Julie entre.*)

Eh bien! Mademoiselle, vous voilà déjà revenue.

JULIE. Eh! oui, sans doute; Madame ne veut pas de cette robe; elle prétend que cela lui donnerait un air de mariée, et c'est ce qui lui déplaît le plus au monde. Alors, quand on a de semblables idées, on ne prend pas un mari, et on reste veuve.

GERVAIS. Du tout, Mademoiselle ; le veuvage ne vaut rien... pour les domestiques. Il n'y a qu'une volonté, partant il faut obéir. Dans le mariage, au contraire, ce qui est l'avis de Monsieur n'est pas l'avis de Madame; si l'on est maltraité par l'un, on est protégé par l'autre, et souvent par les deux, car nous avons les querelles, les raccommodements, les rapports, les rapports surtout.

AIR : *Il me faudra quitter l'empire.*

L'un pour parler souvent vous récompense ;
Pour ne rien dir' l'autre vous donne aussi.
JULIE.
Faire payer jusques à ton silence...
GERVAIS.
C'est de l'argent bien gagné, Dieu merci.
On d'vrait l' payer plus cher encore.
Jug' quel trésor qu'un serviteur discret :
Puisqu'en ménage on prétend que l'on est
Bien plus heureux par les chos' qu'on ignore
Que par celles que l'on connaît.

JULIE. Vraiment, Gervais, je ne t'aurais jamais cru autant de talent d'observation, et je crois d'ailleurs que le prétendu t'a mis dans ses intérêts.

GERVAIS. C'est vrai ; ce M. Fortuné de Saint-Yves me paraît un brave jeune homme; d'abord, il a une belle fortune.

JULIE. Oui, il n'y a que cela à en dire.

GERVAIS. C'est un beau cavalier.

JULIE. C'est un sot.

GERVAIS. Laissez donc; il a toujours l'argent à la main.

JULIE. Oui, c'est là l'esprit des gens riches.

GERVAIS. Pas toujours; j'en connais qui cachent leur esprit ; et, en outre, celui-ci a un air bon enfant.

JULIE. Oui, ni humeur, ni volonté, ni caractère, toujours de l'avis du dernier qui lui parle ; il ne faudrait pas s'y fier, il n'y a rien de pis que ces gens-là ; et je ne conçois pas comment Madame, qui est jeune et riche, et maîtresse d'elle-même, a été faire un pareil choix.

GERVAIS. Pourquoi? c'est qu'elle l'aimait.

JULIE. Je n'en voudrais pas répondre ; vous voyez comme cette noce a un air triste; pas d'amis, pas de parents, personne d'invité, point de bal, ni au salon, ni à l'office ; moi qui avais un costume charmant.

GERVAIS, *regardant la porte du fond.* Vous voyez bien, vous disiez qu'il n'y avait pas d'invitations, v'là un monsieur qui a un air de famille ; c'est quelque père, ou quelque cousin pour le moins.

SCÈNE II.
LES PRÉCÉDENTS; M. DE MERTEUIL, *entrant par le fond.*

M. DE MERTEUIL. Votre maîtresse est-elle visible ?

JULIE. Je ne saurais vous dire. Monsieur ignore peut-être qu'aujourd'hui il y a une noce.

M. DE MERTEUIL. Si vraiment, je le sais.

JULIE. C'est que Madame avait dit qu'elle n'attendait personne.

M. DE MERTEUIL. Aussi je viens sans être invité; vous pouvez annoncer M. de Merteuil, l'oncle du marié.

GERVAIS. Là, je disais bien que Monsieur avait un air d'oncle, ou de quelque chose d'approchant; vous dites M. de Merteuil? j'y vais; je suis si content que M. de Saint-Yves, que M. votre neveu... (*A Julie.*) Moi, d'abord, il me tardait qu'il y eût un maître dans la maison, parce que d'obéir à une femme...

JULIE. Eh bien! par exemple.

GERVAIS. Oui, j'ai le cœur bien placé ; je ne suis que jardinier, mais je suis fier comme un laquais. (*A M. de Merteuil.*) Je vais vous annoncer.

M. DE MERTEUIL. Restez, j'aperçois votre maîtresse.

SCÈNE III.

LES PRÉCÉDENTS; HORTENSE, *sortant de l'appartement à droite.*

HORTENSE, *faisant la révérence.* Comment! monsieur de Merteuil dans ce pays! Je vous croyais encore au fond de la Bourgogne. (*Aux domestiques.*) Laissez-nous. Gervais, passez à la mairie ; vous vous informerez si tout est prêt pour la cérémonie ; vous direz ensuite que l'on mette les chevaux et vous reviendrez m'avertir.

GERVAIS. Oui, Madame... (*A part.*) C'est cela, trois ou quatre ordres à la fois. Mais, patience, ça va changer.

SCÈNE IV.

M. DE MERTEUIL, HORTENSE.

M. DE MERTEUIL. Vous allez sans doute me trouver bien indiscret?

HORTENSE. Vous ne pouvez jamais l'être. Croyez, Monsieur, que nous ignorions votre retour, sans cela nous nous serions empressés, votre neveu et moi...

M. DE MERTEUIL. Eh quoi! Madame, ce que j'ai appris est donc vrai! vous allez vous marier?

HORTENSE. Mais, oui; dans deux heures à peu près.

M. DE MERTEUIL. Comment! il y a deux mois, je viens demander votre main pour le plus jeune de mes neveux, Saint-Yves, que j'ai élevé, qu'j 'aime, mon enfant d'adoption, un cavalier charmant, dont chacun vante l'esprit, l'amabilité, le caractère. Vous le refusez, vous ne lui permettez même pas de se présenter chez vous, et de détruire les injustes préventions que vous aviez contre lui. Persuadé que vous voulez toujours rester veuve, je vais faire un voyage dans une de mes terres ; et ce matin, à mon retour, j'apprends que, non contente d'avoir refusé mon pauvre neveu, vous allez épouser son cousin, un génie épais et massif comme son individu. Du reste, il ne m'appartient pas d'en dire du mal, puisque c'est un de mes parents ; mais enfin, sous aucun rapport, il ne peut entrer en comparaison avec mon autre neveu. Tout cela n'est-il pas vrai? Répondez.

HORTENSE. Oui, Monsieur.

M. DE MERTEUIL. Comment donc son cousin a-t-il pu vous séduire? car enfin, puisqu'il est l'époux de votre choix, vous avez sans doute pour lui un amour ?..

HORTENSE. Non, Monsieur.

M. DE MERTEUIL. Et vous l'épousez?

HORTENSE. Oui, Monsieur.

M. DE MERTEUIL. Par exemple, Madame, vous me permettrez de vous dire que voilà une conduite...

HORTENSE. Bizarre, inexplicable ; allons, convenez-en ; avec sa nièce on peut tout dire, on n'a pas besoin d'être galant.

M. DE MERTEUIL. Eh bien! pour profiter de la permission, je vous dirai que vous allez commettre une... une imprudence.

HORTENSE. Ah! vous me ménagez encore ; et vous vouliez dire mieux.

M. DE MERTEUIL. Eh bien! oui, Madame, une folie ; et c'en est une que rien ne peut justifier.

HORTENSE. Peut-être. D'abord, Monsieur, s'il n'avait tenu qu'à moi, je ne me serais jamais remariée, je serais toujours restée veuve ; il est si doux d'être libre, de n'être point soumise aux volontés, aux caprices d'un maître, ou d'un époux, comme vous voudrez ; moi, je l'avoue, j'aime à commander ; le pouvoir a tant de charmes! Mais c'est pour nous autres femmes que l'indépendance est une chimère ; et je m'aperçus bientôt que j'avais fait un rêve impossible à réaliser. Dans le monde, dans les sociétés, aux spectacles, comment se présenter seule? il faut agréer malgré soi les soins d'un chevalier. Dès qu'on entre dans un salon, on se demande : quelle est cette dame? c'est madame une telle, une veuve. Ah! c'est une veuve! Ce titre de veuve inspire tant de hardiesse, tant de confiance, tout le monde se croit des droits, depuis le vieux conseiller jusqu'au jeune lycéen qui sort de son collège. Vous voyez donc bien que pour sa réputation on ne peut pas rester veuve.

M. DE MERTEUIL. Raison de plus pour bien réfléchir au choix d'un époux.

HORTENSE. C'est ce que j'ai fait. Je me suis d'abord promis de ne pas me marier par inclination. Je me suis rappelé ensuite que mon premier mari, qui m'avait rendue fort malheureuse, avait infiniment d'esprit, beaucoup plus que moi.

M. DE MERTEUIL. J'ai peine à le croire, Madame.

HORTENSE. Et moi, je n'en puis douter ; car il avait pris sur moi un ascendant qui me forçait toujours à lui obéir, quelque absurdes, quelque injustes que me parussent ses volontés ; et comme je ne vous ai pas caché que je voulais, malgré mon mariage, rester chez moi maîtresse souveraine et absolue, j'ai dû, d'après mon système, me défier de ces gens charmants, aimables, spirituels. Voilà pourquoi j'ai refusé le parti que vous m'aviez proposé.

M. DE MERTEUIL. Je conçois, Madame, tout ce que cette exclusion a d'honorable pour mon pauvre neveu ; et je comprends maintenant comment son heureux cousin a dû l'emporter sur lui.

HORTENSE. Vous auriez tort, Monsieur, d'en rien induire de défavorable à celui que j'ai choisi. Il y a en tout un juste milieu à observer : un homme peut être fort bien, sans être charmant, et être fort aimable, sans être un Voltaire.

AIR du *Pot de fleurs.*

De l'art des vers les amours font usage,
Mais pour l'hymen l'humble prose suffit ;
   Car on est heureux en ménage
Plus par le cœur que par l'esprit :
Que m'apprendront ces vers faits pour séduire?
Que mon époux est fidèle et constant?
Si son amour le prouve à chaque instant,
   Qu'a-t-il besoin de me le dire?

M. DE MERTEUIL. A la bonne heure, Madame! mais au moins vous ne serez point inaccessible à la pitié ; et je suis sûr que mon neveu est au désespoir. Si vous l'aviez entendu comme moi, quand je lui ai porté votre refus ; si vous lisiez ses lettres, si vous saviez tous les partis qu'il a refusés pour vous!

HORTENSE. Pour moi?

M. DE MERTEUIL. Oui, Madame ; il en est temps encore, rompez ce mariage, ou du moins retardez-le de quelques jours.

SCÈNE V.

LES PRÉCÉDENTS, GERVAIS.

GERVAIS. Un jeune homme qui est en bas voudrait parler à M. de Merteuil.

M. DE MERTEUIL. Ah! mon Dieu! si c'était lui; s'il venait me supplier de tenter un dernier effort... Parlez, Madame, que lui dirai-je?

HORTENSE. Qu'il n'est pas raisonnable, ni vous non plus; les choses sont trop avancées; que peut-être sans cela... mais tout est disposé pour le mariage, n'est-il pas vrai?

GERVAIS. Oui, Madame, tout est prêt; je venais vous le dire.

HORTENSE. Vous le voyez: nous n'attendons plus que le futur.

GERVAIS. Il est ici, Madame, dans le petit salon; mais sachant que vous étiez avec Monsieur, il attend vos ordres pour se présenter.

M. DE MERTEUIL. Je me retire, Madame.

HORTENSE. Non pas, j'espère que vous passerez la journée avec nous; n'êtes-vous pas notre plus proche parent? Voyez seulement ce que l'on vous veut et quelle est la personne qui vous demande.

GERVAIS. C'est un jeune paysan, qui tient une lettre à la main.

M. DE MERTEUIL. Puisque vous le voulez, Madame, je reviens dans l'instant.

SCÈNE VI.

HORTENSE, GERVAIS.

HORTENSE. A-t-on jamais vu une pareille obstination? et pouvais-je penser que ce jeune homme que j'ai rencontré deux ou trois fois en société irait se prendre ainsi de belle passion? Ah! mon Dieu! et mon mari que j'oublie. (*A Gervais.*) Dis-lui donc qu'il peut se présenter. (*Gervais entre dans le salon à gauche.*) M. de Merteuil a beau faire, je n'ai là-dedans rien à me reprocher; et s'il m'aime, c'est un malheur dont je ne suis pas responsable.

SCÈNE VII.

GERVAIS, HORTENSE, SAINT-YVES, *habit noir, gilet et culotte clairs, guêtres larges à l'anglaise et de même couleur, perruque blonde bouclée ridiculement; il sort du salon à gauche.*

GERVAIS. Oui, Monsieur, Madame est visible et vous attend.

HORTENSE. Que j'ai d'excuses à vous faire! j'ignorais, je vous le jure, que vous fussiez là. Vous vous êtes ennuyé sans doute?

SAINT-YVES. Du tout; j'étais là dans un fauteuil, où je crois que je me suis endormi; moi, d'abord, je ne m'impatiente jamais.

HORTENSE. C'est d'un heureux caractère; mais vous pouviez entrer, car j'étais là à causer avec M. de Merteuil, votre oncle.

SAINT-YVES. Ah! mon oncle de Merteuil est ici? j'en suis enchanté, c'est-à-dire, enchanté... j'entends par là que ça m'est bien égal, parce qu'il ne m'a jamais beaucoup aimé, à cause de mon cousin Léon qu'il me préférait. Connaissez-vous mon cousin Léon?

HORTENSE. Fort peu.

SAINT-YVES. Eh bien, vous verrez un joli garçon! on dit que nous nous ressemblons un peu; mais il est bien mieux; et puis, voyez-vous, mon cousin Léon est un gaillard qui a des connaissances, de l'instruction; et ses études... donc!.. je peux dire qu'il les a faites doubles; je vais vous expliquer comment.

Air du vaudeville du *Petit Courrier*.

Dans le collège où nous étions,
Nos devoirs étaient tous les mêmes;
C'est lui qui me faisait mes thèmes
Et qui dictait mes versions.
Je me fâche peu, d'ordinaire,
Mais quand on m'insultait, ma foi,
S'il fallait se mettre en colère,
C'est lui qui s'y mettait pour moi.

Parce que moi, voyez-vous, au collège je n'ai jamais été fort d'aucune manière. (*En riant.*) Ah! ah! aussi, je n'ai pas peur de perdre mon latin; ah! ah!

HORTENSE. Mais taisez-vous donc; si on vous entendait.

SAINT-YVES, *reprenant l'air soumis et sérieux.* Je me tais, Madame.

HORTENSE. Avez-vous fait ce dont nous étions convenus?

SAINT-YVES. Oui, Madame, oui; j'ai été chez la marchande de modes, lingère, bijoutier, etc., et j'espère que vous avez dû être contente de la corbeille de noce que je vous ai envoyée hier.

HORTENSE. Oui, sans doute; elle était d'une élégance! d'un goût exquis... je n'en revenais pas.

SAINT-YVES. Je le crois bien; aussi ce n'était pas moi qui l'avais choisie, pas si bête; j'en avais chargé mon cousin Léon, parce que lui, il s'entend à toutes ces niaiseries-là. Ah, ah, ah!

HORTENSE. Je vous ai déjà dit qu'on pouvait vous entendre.

SAINT-YVES. Je me tais, Madame. Voici en même temps votre portrait. Si le cadre ne vous plaît pas, ce n'est pas ma faute; je voulais le faire entourer de brillants, mais mon cousin Léon n'a pas voulu; savez-vous pourquoi? c'est assez bête; il m'a dit : « A quoi bon des « diamants? ceux qui regarderont ce portrait ne les « verront pas. » Ce qui est une niaiserie, parce que des diamants, ça se voit toujours; alors, je lui ai dit : « Fais comme tu voudras. »

HORTENSE. Comment, est-ce que ce serait lui aussi?

SAINT-YVES. Oui, Madame.

Air : *Qu'il est flatteur d'épouser celle.*

Mais je ne veux plus, je l'atteste,
A mon cousin avoir recours;
Pour mettre un cadre aussi modeste,
On l'a fait attendre huit jours;
Il faut qu'il soit bien bon apôtre.
Huit jours! est-ce là du bon sens?
(*Montrant le portrait.*)
Il en aurait fait faire un autre,
Qu'il n'eût pas été plus longtemps.

Il est vrai qu'à Paris les ouvriers, eh, eh!..

HORTENSE. Encore, Monsieur!

SAINT-YVES. Je me tais, Madame; mais en tout cas vous lui en ferez tout à l'heure vos reproches, car il va venir.

HORTENSE. Il va venir! et comment?

SAINT-YVES. C'est moi qui suis allé ce matin à Paris, pour l'inviter à ma noce; quant à mes autres parents, ils demeurent tous dans les environs, et seront ici dans l'instant.

HORTENSE. Il ne manquait plus que cela! Et pour-

SAINT-YVES. Voici en même-temps votre portrait. — Scène 7.

quoi l'avez-vous fait sans me consulter? Je vous avais dit que je voulais que ce mariage se fît sans bruit, sans éclat.

SAINT-YVES. Aussi, Madame, vous le voyez, j'ai suivi vos ordres ; mariage incognito, tenue de campagne.

HORTENSE. C'est bien ; mais votre cousin, vos autres parents...

SAINT-YVES. Ah! mon Dieu, qu'est-ce que j'ai fait là? vous allez vous fâcher contre moi.

HORTENSE. Non, sans doute ; mais après la cérémonie, vous aurez la bonté d'aller sur-le-champ désinviter tout le monde.

SAINT-YVES. Oui, Madame.

HORTENSE. Quant à votre cousin Léon... vous ne pourrez pas retourner à Paris, à six lieues d'ici.

SAINT-YVES. Non, Madame.

HORTENSE. Il faut donc bien le laisser arriver ; mais on lui dira... enfin nous trouverons quelque prétexte.

SAINT-YVES. Oui, Madame.

HORTENSE. Quant à votre oncle Merteuil... (Se retenant.) Le voici, je l'entends.

SCÈNE VIII.

LES PRÉCÉDENTS, puis M. DE MERTEUIL.

SAINT-YVES. C'est bon, je vais le renvoyer.

HORTENSE. Du tout.

SAINT-YVES. Puisqu'il est de mes parents, autant commencer par lui.

HORTENSE. Au contraire, je veux que vous l'engagiez à rester aujourd'hui.

SAINT-YVES. C'est que vous m'aviez dit d'abord...

HORTENSE. Je dis maintenant autrement ; et surtout que ça ait l'air de venir de vous.

SAINT-YVES. Oui, Madame.

HORTENSE, à M. de Merteuil. Eh bien! Monsieur, quelle nouvelle vous annonçait-on ?

M. DE MERTEUIL. Ce n'était point du tout ce que je croyais ; c'est une affaire assez délicate, et pour laquelle on me donnait des instructions.

SAINT-YVES, allant à lui. Vous vous portez bien, mon cher oncle ?

M. DE MERTEUIL. Oui, mon cher neveu, et je te féli-

Léon. Je vous aime, je vous adore! — Scène 18.

cité de ton bonheur. Je t'avoue après cela que, si on m'avait consulté d'avance, ce qui arrive aujourd'hui n'aurait peut-être pas eu lieu. Mais il faut bien se prêter de bonne grâce, lorsqu'on ne peut pas faire autrement...

SAINT-YVES. Hein! est-ce d'un bon oncle? Voilà comme il a toujours été pour moi. A propos de cela, on m'a chargé de vous inviter à dîner avec nous; mais je vous prie de croire que ça vient de moi. Comme dit la chanson : « De moi-même et sans effort. » Ah, ah! (Il rencontre un regard d'Hortense, et se calme sur-le-champ.) Ah! vous acceptez, n'est-ce pas?

M. DE MERTEUIL. Oui, mon garçon, oui, je te le promets, mais ne compte pas sur moi pour te servir de témoin.

SAINT-YVES. Nous n'en avons pas besoin ; ils sont avertis. La mairie est à deux pas, et nous n'avons qu'à signer.

GERVAIS, *avec un gros bouquet au côté*. La voiture de Monsieur.

HORTENSE. Hein! qu'est-ce que c'est?

GERVAIS, *répétant plus fort*. La voiture de Monsieur.
HORTENSE, *souriant*. C'est juste.

SAINT-YVES.
Air des *Comédiens*.

Oui, tout est prêt pour ce doux hyménée.
Dans un instant je serai votre époux.
HORTENSE, *à M. de Merteuil*.
Pour compléter cette heureuse journée,
Nous reviendrons la finir avec vous.
M. DE MERTEUIL.
Hâtez-vous donc ici de reparaître.
GERVAIS, *à part*.
C'est qu'à Madam' j'étais las d'obéir ;
Ne pouvant pas encore être mon maître,
J'en change au moins, ça fait toujours plaisir
ENSEMBLE.
Oui, tout est prêt pour ce doux hyménée, etc
(*Saint-Yves et Hortense sortent.*)

SCÈNE IX.

M. DE MERTEUIL, JULIE, *sortant de la chambre à droite.*

M. DE MERTEUIL. Ma foi...

JULIE, *entrant mystérieusement.* Monsieur... Monsieur...

M. DE MERTEUIL. Ah! la femme de chambre de Madame. Eh! mon Dieu, d'où vient cet air mystérieux?

JULIE. Monsieur, comme oncle de mon maître et de ma maîtresse, je crois devoir vous prévenir d'un événement qui les intéresse l'un ou l'autre, et peut-être tous les deux.

M. DE MERTEUIL. Qu'est-ce donc?

JULIE. Une espèce de paysan, celui même qui tout à l'heure vous a apporté une lettre, vient de m'aborder dans l'avenue, et m'a dit tout bas à l'oreille : Mademoiselle Julie, un jeune homme qui connaît l'attachement que vous portez à votre maîtresse aurait un secret important à vous confier : trouvez-vous d'ici à un quart d'heure dans le petit pavillon au bout du jardin ; votre fortune en dépend.

M. DE MERTEUIL. Voilà tout?

JULIE. Voilà tout... si ce n'est cette bourse qu'il a laissée en s'enfuyant, et dans laquelle on avait oublié une vingtaine de pièces d'or. Je vous le demande, Monsieur, qu'est-ce que vous dites de cela?

M. DE MERTEUIL. Mais, toi-même, qu'est-ce que tu en dis?

JULIE. Moi? rien, Monsieur. Je pense que c'est un des adorateurs de Madame, un prétendant malheureux, peut-être même ce jeune homme que Madame a refusé... M. Léon, votre neveu.

AIR : *On dit que je suis sans malice.*

C'est lui surtout que j'appréhende.
Dois-je ou non, je vous le demande,
Aller à ce rendez-vous-là?
C'est pour ma maîtresse, et voilà
D'où vient mon embarras extrême,
Si ce n'était que pour moi-même,
Monsieur sent bien qu'en pareil cas,
Hélas! je n'hésiterais pas.

M. DE MERTEUIL. Moi, je n'ai point d'avis à te donner; fais ce que tu voudras.

JULIE. Je remercie Monsieur : mon devoir était de le prévenir, car je n'aurais osé rien prendre sur moi ; mais dès que Monsieur est instruit et qu'il m'autorise...

M. DE MERTEUIL. Du tout ; je ne suis pour rien là-dedans ; je te l'ai dit, fais ce que tu voudras ; je vois seulement que ta volonté est d'y aller.

JULIE. Oui, Monsieur, pour lui apprendre que maintenant ma maîtresse est mariée (ce qu'il ignore sans doute), et qu'alors il m'est impossible de l'écouter. Voilà, je crois, tout ce qu'il est possible de faire.

M. DE MERTEUIL. Très-bien, très-bien ; et tu y as d'autant plus de mérite, qu'il me semble que tu n'aimes pas beaucoup le mari de Madame.

JULIE. Je vous en demande pardon, puisque c'est aussi votre neveu. Mais, moi, Monsieur, je ne peux pas le souffrir; et si Madame avait écouté mes conseils... Du reste maintenant, ils seraient inutiles. Le voilà le mari de Madame, et mon devoir est de le servir avec tout le zèle et l'affection que l'on doit à son maître. Adieu, Monsieur, je cours au petit pavillon. (*Elle sort.*)

HORTENSE, *dans la coulisse.* C'est bien, Monsieur, c'est bien ; partez, mais revenez vite.

M. DE MERTEUIL. Elle fait d'autant mieux que voici sa maîtresse.

SCÈNE X.
M. DE MERTEUIL, HORTENSE.

M. DE MERTEUIL. Eh quoi! Madame, la cérémonie est déjà terminée?

HORTENSE. Eh! mon Dieu, oui... le temps d'apposer sa signature au bas de ce grand registre, et d'entendre la lecture que nous a faite monsieur l'adjoint.

M. DE MERTEUIL. Il me semble que cette lecture vous a donné des idées assez tristes.

HORTENSE. Non, mais il n'y a rien de bien divertissant dans les actes de l'état civil.

M. DE MERTEUIL. Oui, c'est moins gai qu'un roman... Beaucoup de gens cependant prétendent que le mariage en est un.

HORTENSE, *en souriant.* En tout cas, il ne faudrait pas le juger d'après le premier chapitre.

M. DE MERTEUIL. Mais dites-moi donc, où est mon neveu, votre mari?.. Je ne le vois pas avec vous.

HORTENSE. Il est allé chez plusieurs de nos parents qu'il avait invités sans m'en prévenir, et que je ne me soucie pas de recevoir ; j'aime mieux que nous ne restions que nous trois... en petit comité.

M. DE MERTEUIL. Comment a-t-il pu vous quitter, même pour quelques instants?

HORTENSE. Eh mais... il l'a bien fallu ; je le lui avais dit.

M. DE MERTEUIL. Pardon ; j'oubliais que vous vous étiez réservé par contrat de mariage le droit de commander.

HORTENSE. Non, mais je compte bien le prendre.

M. DE MERTEUIL. Et vous pensez qu'en ménage ce bonheur-là peut tenir lieu de tous les autres?

HORTENSE. A peu près du moins, et je connais beaucoup de dames qui seraient de mon avis.

AIR de *Céline.*

De toute femme raisonnable
Je ne crains pas le désaveu!
Ce plaisir du moins est durable,
Et les plaisirs le sont si peu!
Il n'est qu'un temps pour la jeunesse,
Il n'est qu'un temps pour les amours ;
On ne saurait aimer sans cesse
Et l'on peut commander toujours.

SCÈNE XI.
LES PRÉCÉDENTS, GERVAIS.

GERVAIS. Madame, un jeune homme qui est en bas demande à vous parler.

HORTENSE. Et que veut-il?

GERVAIS. Ce n'est pas moi, c'est mademoiselle Julie qui l'a reçu : elle dit qu'il arrive de Paris en voiture, et qu'il s'appelle M. Léon de Saint-Yves : c'est un cousin de Monsieur, un joli cavalier.

HORTENSE. Comment! M. Léon? Dites que je ne peux recevoir .. ou plutôt que je n'y suis pas.

GERVAIS. Oh! non, Madame... non... on lui a dit que vous y étiez.

HORTENSE. Et qui vous a prescrit d'agir ainsi?

GERVAIS. C'est Monsieur : il a dit en partant qu'il allait désinviter tous ses parents ; mais que si cependant il en venait quelques-uns, on les amènerait auprès de Madame.

HORTENSE. C'est bien ; mais cet ordre ne regarde pas M. Léon : vous pouvez le congédier.

GERVAIS. Il n'y a pas moyen, Madame, Monsieur l'a

défendu; et puisqu'il y a un maître maintenant, c'est à lui de commander.

HORTENSE. Eh bien! par exemple, voilà qui est nouveau.

M. DE MERTEUIL. Calmez-vous, je vous prie, et faites attention qu'après ce que vos gens ont dit à mon neveu Léon, vous ne pouvez guère vous dispenser de le recevoir.

HORTENSE. Comment! Monsieur, vous voulez...

M. DE MERTEUIL. Un pareil refus paraîtrait fort singulier : c'est un parent de votre mari, et il faudra toujours qu'il se présente chez vous; d'ailleurs une visite de noce, une visite de cérémonie, c'est l'affaire de cinq minutes.

HORTENSE. Puisque vous le jugez convenable... (*A Gervais.*) A la bonne heure. (*Gervais fait un geste de joie.*) Dis à Julie de le faire entrer.

GERVAIS. Oh! non, j'y vais moi-même; il faut que je le voie.

HORTENSE. Et pour quelle raison?

GERVAIS. Parce que Monsieur m'a ordonné de regarder tout ce qui arriverait, et de tout examiner afin de lui rendre compte.

HORTENSE, *avec un mouvement de colère.* Comment! (*Se reprenant froidement.*) Sortez! (*Gervais sort.*) Je n'en reviens pas; une pareille idée, un ordre aussi inconvenant!

M. DE MERTEUIL. Il y a des gens curieux qui veulent tout savoir... Ah çà! pendant que vous allez vous faire des compliments, je vais déjeuner.

HORTENSE. Comment! Monsieur, vous me quittez?

M. DE MERTEUIL. Je n'ai rien pris d'aujourd'hui : un jour de noce!.. moi qui comptais sur le déjeuner dînatoire.

HORTENSE. Mais la présence de votre neveu...

M. DE MERTEUIL. Ne fera rien à mon estomac, et le plaisir de le voir ne calmera pas mon appétit. Je reviens dans l'instant; ne vous dérangez donc pas, je vais demander à vos gens un verre de madère, la moindre chose...

HORTENSE. Je vais donner l'ordre...

M. DE MERTEUIL. Ce n'est pas la peine, je leur commanderai moi-même, si vous voulez bien le permettre; aussi bien, aujourd'hui, je vois qu'ici tout le monde s'en mêle! (*Il sort.*)

SCÈNE XII.

HORTENSE, LÉON, *en grand costume, tout en noir, perruque brune.*

LÉON, *à la cantonade.* C'est bien, mon garçon, ne te donne pas la peine, je m'annoncerai moi-même. (*Ils se saluent.*)

HORTENSE. Je suis fâchée, Monsieur, que mon mari soit absent; il sera privé du plaisir de vous voir.

LÉON. Qu'à cela ne tienne, Madame; peut-être une autre fois serai-je assez heureux pour le rencontrer : avec un peu de persévérance, on finit toujours... D'ailleurs il y a de bonnes raisons pour que dans ce moment je ne m'aperçoive pas de son absence.

HORTENSE, *embarrassée.* Monsieur, certainement....

LÉON. Et puis, vous sentez bien que ce n'est pas précisément avec mon cousin que je désirais faire connaissance; il y a longtemps qu'elle est faite : nous avons été au collège ensemble; nous nous sommes rarement quittés, et je lui avais toujours prédit que son nom lui porterait bonheur.

HORTENSE, *souriant.* On dit cependant qu'au collège vous étiez plus heureux que lui?

LÉON, *la regardant.* Oui, Madame, mais depuis il a pris sa revanche; et je viens joindre mes félicitations à celles de ses amis sur le mariage qu'il vient de contracter. Daignerez-vous, Madame, recevoir mes compliments?

HORTENSE. Oui, Monsieur, et j'espère bientôt avoir le plaisir de vous les rendre. Avec votre fortune, votre naissance, et surtout votre mérite, il est impossible qu'il ne se présente pas bientôt un parti digne de vous. Soyez persuadé, Monsieur, que je le désire plus que personne, et qu'il me serait doux de trouver dans votre femme une cousine et une amie.

LÉON. Je vous remercie pour elle, Madame.

AIR : *Du partage de la richesse.*

Pour moi c'est moins flatteur peut-être;
Jamais de vous je n'obtins rien, hélas!
Et vous aimez déjà, sans la connaître,
Ma femme qui n'existe pas!
D'un tel espoir je suis ravi, Madame,
Et pour mon cœur il est bien doux
Que vous daigniez rendre à ma femme
L'amitié que j'aurai pour vous.

Mais je doute que je puisse profiter de votre générosité, car je ne me marierai jamais.

HORTENSE. Et pour quelle raison? pourquoi ne pas faire un choix?

LÉON. J'en avais fait un, Madame, que tout le monde aurait approuvé : l'amabilité, les grâces, l'esprit, la raison, tout se réunissait pour le justifier, mais celle qui en était l'objet a refusé mes hommages, et n'a même pas daigné me recevoir. J'avais juré de me venger, de l'oublier; mais j'ai réfléchi depuis que ma colère était injuste, et mon serment impossible; qu'il n'était pas plus en son pouvoir de m'aimer qu'au mien de cesser de l'adorer; alors, d'après ces sentiments, nous avons pris tous les deux le seul parti qui nous convint; elle, de se marier, et moi de rester toujours garçon.

HORTENSE. Eh quoi! Monsieur...

LÉON. Oui, Madame, c'est un parti pris; et je ne dis pas cela pour qu'on m'en sache gré, car je n'attends rien, je n'espère rien, et je ne sais pas en effet à quoi l'on pourrait m'employer, puisqu'on ne me trouve pas bon même pour faire un mari... vous sentez bien que ce n'est pas...

HORTENSE, *souriant.* Je vois, Monsieur, que ce refus a touché plus que votre cœur, car il a blessé votre amour-propre. Eh bien! peut-être avez-vous tort. Si en effet la personne dont vous parlez, craignant de se donner un maître, eût redouté l'ascendant de votre esprit; si, par exemple, elle ne vous eût offert sa main qu'à la condition de rester toujours maîtresse absolue, qu'auriez-vous fait?

LÉON. Ce que j'aurais fait, Madame? c'est moi qui aurais refusé.

HORTENSE. Il se pourrait!

LÉON. Oui, Madame.

AIR du vaudeville de *Turenne.*

Malgré l'excès de ma tendresse,
Loin d'accepter une pareille loi,
J'aurais refusé ma maîtresse,
Pour elle... encor plus que pour moi.
D'un homme libre, et généreux, et brave,
Le noble amour doit nous enorgueillir,
Mais c'est vouloir soi-même s'avilir,
Que d'être aimé par un esclave.

HORTENSE. C'est-à-dire, Messieurs, que la seule chose qui vous flatte dans le mariage est l'empire que vous comptez exercer sur nous?

LÉON. Non pas, Madame, je n'ai pas dit cela; et je voudrais, au contraire, que, dans un bon ménage, personne ne commandât, que personne n'eût d'autorité absolue; quand c'est le mari qui veut s'en prévaloir, elle est tyrannique, elle devient humiliante quand c'est la femme qui l'exerce. Entre deux amants, entre deux époux qui s'aiment, amour, plaisirs, tout est commun... pourquoi le droit de commander ne le serait-il pas? L'homme le plus extravagant peut souvent avoir raison; la femme la plus raisonnable peut quelquefois avoir tort; pourquoi ne pas s'éclairer mutuellement? pourquoi ne pas régner deux? Ah! si le ciel eût comblé mes vœux, si celle que j'aime eût été sensible à mon amour, j'eusse été non son esclave, mais son ami, son guide, son conseil; elle eût été le mien; j'aurais été fier de céder à ses avis, d'obéir non pas au joug du caprice, mais à celui de la raison, et peut-être elle-même... Mais pardon, Madame, me voici malgré moi bien loin du sujet qui m'amenait ici : j'oublie que de pareilles idées ne me sont plus permises, et que je trace là des plans de bonheur qu'un autre que moi est appelé à réaliser.

SCÈNE XIII.

LES PRÉCÉDENTS, GERVAIS.

GERVAIS. Madame, faut-il servir? il est cinq heures.
HORTENSE. Comment, déjà! et mon mari?
GERVAIS. Le voilà qui revient; car j'ai aperçu la voiture au bout de l'avenue. (*A part.*) Diable, il me semble que, quand je suis entré, ils étaient bien près, et que ce monsieur parlait vivement... j'en prendrai note.
LÉON. Comment! mon cousin Fortuné est déjà de retour?
HORTENSE. Ne désiriez-vous pas le voir?
LÉON. Oui, tout à l'heure; mais maintenant!.. J'avoue qu'en arrivant ici j'avais bien pris ma résolution, et je me croyais le courage de le voir, de le féliciter tranquillement sur son mariage... Je sens à présent que cela me serait impossible, et je vous demande la permission de me retirer.
HORTENSE. En conscience, je ne puis vous l'accorder, vous êtes resté ici pendant son absence, et vous partiriez au moment où il arrive... ce ne serait pas convenable.
LÉON. Oui; mais ce serait beaucoup plus prudent.
HORTENSE. Vous êtes le maître, Monsieur; mais vous me feriez beaucoup de peine.
LÉON. Je reste, Madame, je reste; je ne vous désobéirai pas, pour la première fois que vous daignez me donner des ordres.
HORTENSE. Je vous remercie de votre complaisance; mais en attendant le dîner, vous trouverez au salon M. de Merteuil, votre oncle; nous vous y rejoignons à l'instant. Gervais, conduisez Monsieur, et allez sur-le-champ veiller à ce qu'on nous serve. (*Léon, conduit par Gervais, entre dans le salon à gauche.*)

SCENE XIV.

HORTENSE, JULIE.

HORTENSE. Oui, je crois que j'ai bien fait de le retenir; M. de Merteuil et mon mari m'en sauront gré; d'ailleurs, j'ignore pourquoi je craignais de le voir : je m'en étais fait une tout autre idée; je pensais trouver en lui un étourdi, un jeune homme à la mode... le commencement de sa conversation me l'avait fait croire; mais la fin de notre entretien... ah! oui, il est trop raisonnable pour être jamais à craindre.

JULIE, *entrant.* Madame!
HORTENSE, *sans l'écouter ni l'apercevoir.* Comment! malgré l'amour qu'il avait pour moi, il aurait eu, disait-il, la force, le courage de me résister; j'aurais bien voulu voir cela.
JULIE. Madame!
HORTENSE. Ah! c'est toi, Julie?
JULIE. Oui, Madame, voilà plusieurs fois que je vous parle, mais vous étiez préoccupée.
HORTENSE. Moi, du tout; qu'y a-t-il? que me veux-tu?
JULIE. Vous prier de descendre un instant, pour apaiser Monsieur, car il est d'une humeur!
HORTENSE. Lui, de l'humeur; eh bien! par exemple; cela lui va bien.
JULIE. Croyez-vous donc qu'il n'y a que les gens d'esprit qui en ont? Monsieur conduisait lui-même le cabriolet, et en entrant, il a eu la maladresse d'accrocher : alors il s'est mis dans une colère contre le concierge, sans doute de ce que la porte n'était pas plus grande; voyant ensuite les deux beaux vases qui ornent le vestibule, et qui apparemment lui choquaient la vue, il a donné ordre de les casser.
HORTENSE. Comment! ces albâtres qu'on m'a rapportés d'Italie, ces deux vases antiques?
JULIE. C'est ce que je lui ai dit, Madame, il m'a répondu : « raison de plus, il y a assez longtemps qu'ils « servent. »

AIR : *Traitant l'amour sans pitié.*

Sur ce mot, et malgré nous,
On s'est permis de sourire,
Alors je ne peux vous dire
Ses transports et son courroux ;
Puisqu'auprès de vous qu'il aime,
C'est la docilité même,
Puisqu'à votre ordre suprême,
A l'instant il obéit,
Vous feriez bien, sur mon âme,
De lui commander, Madame,
D'avoir un peu plus d'esprit.

Tenez, vous pouvez l'entendre encore; c'est lui, je me sauve.

SCÈNE XV.

HORTENSE, SAINT-YVES, *dans le premier costume,* GERVAIS.

SAINT-YVES. Qu'est-ce que c'est que de pareils insolents? que cela vous arrive encore! (*Apercevant Hortense, il lui dit d'un ton doucereux.*) Ah! vous étiez là, Madame? je vous prierai d'interposer votre autorité auprès de vos gens, qui me manquent de respect.
HORTENSE. Il me semble que vous n'avez pas besoin de moi, et que vous vous acquittez assez bien du soin de les rappeler à l'ordre.
SAINT-YVES. Je vous demande bien pardon, mais c'est que je ne peux pas souffrir que quand je parle à des domestiques, ils se permettent de me répondre.
HORTENSE. Cependant, Monsieur, si vous les interrogez.
SAINT-YVES. Mon Dieu! Madame, vous avez raison, et

je suis tout à fait de votre avis; aussi je ne demande pas mieux que de vous obéir, à vous, à la bonne heure; mais à vos domestiques, c'est autre chose; je suis bien leur serviteur, et je vous demanderai la permission de les chasser tous, excepté Gervais, par exemple; (*Lui frappant sur l'épaule.*) celui-là c'est un bon enfant, et nous nous entendons bien ensemble, n'est-ce pas?

HORTENSE. Y pensez-vous? Que vous ayez confiance en lui, à la bonne heure; mais une telle intimité est-elle convenable? et puisque nous en sommes sur ce chapitre, qu'est-ce que c'est, s'il vous plaît, que les ordres que vous lui avez donnés ce matin? Je veux qu'il s'explique là-dessus, et devant vous. Allons, réponds.

GERVAIS, *à Saint-Yves*. Monsieur, faut-il répondre?

SAINT-YVES. Sans doute.

GERVAIS. Eh bien! c'est au sujet de ce que vous m'aviez dit tantôt, d'examiner ce que ferait Madame... et j'en ai pris note ainsi que...

HORTENSE. Cela suffit, taisez-vous.

GERVAIS. Monsieur, faut-il me taire?

SAINT-YVES. Eh! oui.

HORTENSE. Dois-je croire, Monsieur, ce que dit ce valet? est-il vrai que vous ayez pu...

SAINT-YVES. Écoutez donc, Madame; moi, je ne m'abuse pas sur ce que je peux valoir, je me connais très-bien : vous avez de l'esprit, et je n'en ai point; si j'en avais, je n'aurais pas besoin de précautions; mais on n'en a pas, et on prend ses sûretés.

GERVAIS. C'est bien vu.

HORTENSE. Mais au moins, Monsieur, faudrait-il que les moyens de défense fussent convenables.

SAINT-YVES. Est-ce un mal que de chercher à savoir? Parce que l'on est bête, cela n'empêche pas la curiosité.

GERVAIS. C'est juste, il y a des bêtes curieuses.

HORTENSE. Il fallait alors, Monsieur, vous adresser tout simplement à moi-même; je me serais fait un plaisir de vous raconter tout ce qui s'est passé en votre absence; je vous aurais dit que votre cousin Léon est venu vous voir, qu'il est arrivé pendant que j'étais ici à causer avec M. de Merteuil.

GERVAIS, *bas, à Saint-Yves*. Oui, mais l'oncle s'en est allé, et les a laissés seuls.

HORTENSE. Nous avons causé quelques instants.

GERVAIS, *bas, à Saint-Yves*. Une heure entière; et quand j'ai annoncé votre retour, Madame a dit : *Déjà!*

HORTENSE. Qu'y a-t-il? et qu'est-ce que Gervais vous disait là?

SAINT-YVES. Rien, Madame; c'est que...

HORTENSE. C'est bien. (*A Gervais.*) Vous n'êtes plus à mon service; sortez.

GERVAIS. Monsieur, faut-il que je sorte.

SAINT-YVES. Sans doute, si Madame le veut; mais je serai obligé d'en prendre un autre pour le même objet : autant garder celui-là qui est déjà au fait.

HORTENSE. Comment! Monsieur, vous persistez!

SAINT-YVES. Permettez donc, j'ai promis de faire en tout votre volonté, pour ce qui est des détails du ménage, du matériel de l'administration, à la bonne heure; mais pour ce qui est du personnel, cela me regarde; ce sont des choses dont vous ne sentez pas l'importance; et puisqu'il s'agit ici de mon cousin Léon, je me rappelle maintenant... voyez-vous ce que c'est que d'être... comme je vous disais tout à l'heure, et de ne pas faire attention, je me rappelle très-bien qu'il a eu votre portrait entre les mains et qu'il le regardait avec des yeux... et qu'il me parlait de vous avec des soupirs... Certainement il n'est pas venu ici sans intention, et je cours m'expliquer là-dessus.

HORTENSE. Y pensez-vous, Monsieur? un jour comme celui-ci aller faire une scène.

SAINT-YVES. Du tout, je ne me fâcherai pas, mais je lui dirai de s'en aller; il ne peut pas m'en vouloir... dès qu'il connaîtra les motifs... je lui dirai : « Cousin, tu es aimable, tu as de l'esprit... ma femme te trouves fort bien... elle pourrait t'aimer. »

HORTENSE. Comment! Monsieur, vous lui direz...

SAINT-YVES. Tiens... vous croyez qu'entre parents on se gêne... Je lui en dirai bien d'autres : je vais trouver mon cousin au salon, je vais lui parler; ce ne sera pas long.

HORTENSE. Comment! Monsieur... vous me laissez?

SAINT-YVES. Voilà, mon oncle Merteuil, qui va vous tenir compagnie. (*Il sort par la porte à gauche.*)

SCÈNE XVI.

HORTENSE, M. DE MERTEUIL.

M. DE MERTEUIL, *entrant par le fond, et suivant de l'œil Saint-Yves, qui s'en va parlant toujours d'un ton très-élevé*. Eh! qu'a-t-il donc votre mari?

HORTENSE. Je n'en reviens pas encore. Et comment aurais-je pu soupçonner... Vous voilà, mon oncle... je vous croyais au salon.

M. DE MERTEUIL. Non, j'ai été, après mon déjeuner, faire un tour dans votre parc. Mais qu'avez-vous donc? il me semble que pour un jour de noce, vous avez une physionomie bien sombre.

HORTENSE. Ah! ce n'est rien; j'ai éprouvé un instant de contrariété.

M. DE MERTEUIL. De la part de ce mari... si soumis, si débonnaire!

HORTENSE. Non, certainement; je n'ai point à m'en plaindre... mais il y a peut-être quelques convenances... que j'aimerais à lui voir observer.

M. DE MERTEUIL. Écoutez donc, c'est une bonne chose en ménage que d'être sans esprit, mais cela ne tient pas lieu de tout. Heureusement qu'il faut espérer que sa docilité... sa douceur... (*On entend dans la salle à côté,* SAINT-YVES *qui crie très-haut et très-vivement :*) Ah! parbleu, nous verrons... si je n'étais pas le maître de recevoir les gens qui me conviennent.

M. DE MERTEUIL. Eh mais! n'est-ce pas lui que j'entends?

HORTENSE. Ah! mon Dieu oui! ils se disputent.

M. DE MERTEUIL. Eh! qui donc?

HORTENSE. Mon mari... et M. Léon... un faux rapport qu'on lui a fait... il s'est imaginé... mon cher oncle, je vous en prie, voyez ce que c'est; apaisez-les par votre présence, et empêchez que cela n'ait des suites.

M. DE MERTEUIL. En effet, quel tapage!... J'y vais... Voyez de quel avantage vous vous privez : un homme d'esprit dans un pareil cas ne fait jamais de bruit. (*Il entre dans le salon.*)

SCÈNE XVII.

HORTENSE, JULIE.

HORTENSE. Ciel! qu'ai-je fait? et quel espoir me reste-t-il? Avec du temps, des soins, de la patience, tout autre caractère peut changer. Mais lui! que lui dire? il ne me comprendrait pas. Aujourd'hui même, et sans le vouloir, à quelles humiliations il m'expose! Ah! Julie, te voilà!

JULIE. Oui, Madame... encore tout émue! Pauvre

jeune homme! en me parlant il avait les larmes aux yeux! il semblait, en quittant ces lieux, qu'il s'éloignait de tout ce qu'il avait de plus cher.

HORTENSE. De qui parles-tu?

JULIE. De M. Léon. Je l'ai vu au moment où il sortait du salon; il a écrit à la hâte ces mots au crayon, et m'a dit de vous les remettre.

HORTENSE. A moi! que peut-il me dire?

JULIE. Ce n'est pas sans doute un grand secret, car le billet est tout ouvert.

HORTENSE, *lisant.* « Je ne puis obéir à vos ordres, « Madame, je suis forcé de vous quitter. Je viens d'a- « voir, avec mon cousin, une explication qui aurait « été beaucoup plus loin... si je ne m'étais rappelé « qu'il était votre mari. Je n'avais plus maintenant « qu'un seul moyen de vous prouver mon amour: c'é- « tait de sacrifier mon ressentiment à la crainte de « vous compromettre, et je n'ai point hésité... Adieu, « Madame. — Adieu, pour jamais! » (*A part.*) Pauvre jeune homme!

JULIE.

Air du vaudeville de *l'Homme vert.*

C'est pour la suite que je tremble;
Car, hélas! voilà maintenant
Les deux cousins brouillés ensemble.

HORTENSE.

Dieu! quel funeste événement!

JULIE.

Oui, certes, rien n'est plus funeste
Qu'un départ comme celui-là,
Surtout lorsque celui qui reste
Ne vaut pas celui qui s'en va.

HORTENSE. Il ne t'a rien dit de plus?

JULIE. Non, Madame; il m'a seulement priée de lui accorder une grâce.

HORTENSE. Et c'était...

JULIE. C'était... de voir Madame pour la dernière fois... afin de lui demander ses ordres.

HORTENSE. Vous avez bien fait de le refuser.

JULIE. Du tout, Madame, je ne mérite pas vos éloges. Il était si malheureux que je n'ai pu m'y résoudre et... il est là... à côté.

HORTENSE. Qu'avez-vous fait! Renvoyez-le à l'instant... je ne veux pas le voir.

JULIE. Dites-le-lui donc vous-même, Madame... car, pour moi... je n'en aurai jamais le courage. (*Elle sort.*)

SCÈNE XVIII.

HORTENSE, LÉON, *entrant par la porte à droite.*

HORTENSE. Que vois-je!.. monsieur Léon!

LÉON. Parlez bas, je vous en prie: d'ici à côté l'on pourrait vous entendre, et vous ne voudriez pas...

HORTENSE. Grand Dieu! laissez-moi sortir. Après ce qui s'est passé... vous sentez bien, Monsieur, qu'il m'est désormais impossible de vous entendre.

LÉON.

AIR: *Ah! si Madame me voyait* (de ROMAGNÉSI).

Il faut obéir au devoir,
Mais en fuyant votre présence,
Faut-il partir sans l'espérance,
Hélas! de jamais vous revoir! (*bis.*)
Eh mais! quel trouble vous agite?
Vous êtes émue.

HORTENSE.

En effet,
Oui, de frayeur mon cœur palpite:

(*A part.*)
Ah! si mon mari le voyait! (*bis.*)

DEUXIÈME COUPLET.

LÉON.

Ce seul mot que j'implore ici
Peut-il donc blesser votre gloire?

HORTENSE, *troublée.*

A votre amitié je veux croire.

LÉON.

Moi, Madame, moi, votre ami!
Je ne puis être votre ami.
Ce serait vous tromper encore;
Sachez mon funeste secret:
Je vous aime, je vous adore!..

HORTENSE, *lui mettant la main sur la bouche.*

Ah! si mon mari l'entendait! (*bis.*)

Je vous le répète, Monsieur, après ce qui s'est passé... il m'est désormais impossible de vous voir.

LÉON. Je le sais, Madame; mais, dans le monde, dans d'autres sociétés... vous me permettrez du moins de me présenter devant vous.

HORTENSE. Non, Monsieur: je vous prie au contraire, si j'ai quelque pouvoir sur vous, de ne point vous offrir à mes yeux, d'éviter ma présence autant qu'il vous sera possible.

LÉON. Qu'entends-je? me prescrire de pareilles lois! Pensez-vous, Madame, aux idées qu'elles pourraient me donner? c'est presque me juger redoutable: c'est avouer que je puis avoir quelque influence sur votre repos.

HORTENSE. Je ne veux ni ne dois vous répondre. Je vous crois, Monsieur, un homme d'honneur... et digne de la confiance que j'ai eue en vous. Quelles que soient les idées que vous attachiez à ces mots... partez... et ne me revoyez jamais.

LÉON, *se jetant à ses pieds.* Ah! rien n'égale mon bonheur. Hortense, voilà tout ce que je demandais.

HORTENSE. Monsieur! que faites-vous? au nom du ciel!

SCÈNE XIX.

LES PRÉCÉDENTS, GERVAIS.

GERVAIS, *traversant l'appartement, et apercevant Léon aux pieds d'Hortense.* Dieu! qu'ai-je vu? quelle bonne nouvelle pour Monsieur!

HORTENSE. C'est Gervais... il nous a vus!

LÉON. Du tout.

HORTENSE. Il va avertir mon mari...

LÉON. Il ne le trouvera pas.

HORTENSE. C'est lui... je l'entends.

LÉON, *toujours à genoux.* Cela m'est égal... je suis décidé à tout braver.

HORTENSE. Monsieur... voulez-vous me perdre? on vient.

SCÈNE XX.

LES PRÉCÉDENTS; JULIE, *entrant par la droite.*

JULIE. Ah! mon Dieu, qu'est-ce que je vois là?

HORTENSE, *à Saint-Yves.* Quelle humiliation! devant tous mes gens!

SAINT-YVES. Ne craignez rien, j'ai un excellent moyen de sauver votre réputation. Ma chère Julie! tu vois le plus heureux des hommes... (*Montrant Hortense.*) Voilà ma femme.

HORTENSE. Comment!

SAINT-YVES. Mon cousin Fortuné a disparu... il me cède tous ses droits.

HORTENSE, à part. Ah! mon Dieu, le pauvre jeune homme! la tête n'y est plus. (A Saint-Yves.) Léon! quelle extravagance! revenez à vous... Comment voulez-vous qu'elle puisse croire...

SAINT-YVES. Pourquoi pas? avec un peu d'audace et d'adresse... J'espère bien vous le prouver à vous-même. Oui, Madame, c'est moi qui, après le départ de mon oncle, désolé de vos refus, mais ne désespérant pas de vous fléchir, ai appris, par une dame de vos amies, et vos motifs et vos projets; c'est moi qui, pendant six semaines, ai eu le courage de vous faire la cour sous ce déguisement; c'est moi enfin, qui n'ai jamais eu d'autre nom que Fortuné de Saint-Yves; c'est sous celui-là que, ce matin, j'ai signé mon bonheur, que j'ai juré de vous adorer sans cesse... Commencez-vous à croire que la raison me revient?

HORTENSE. O ciel! que dois-je penser? (Regardant Saint-Yves.) Cet air de bonheur qui brille dans tous ses traits... (Regardant Julie.) Ces regards d'intelligence, qu'est-ce que cela signifie? se fait-on un jeu de mes tourments?.. ah! ce serait trop cruel! Parlez... tout ce que vous venez de me dire...

SCÈNE XXI.
LES PRÉCÉDENTS, M. DE MERTEUIL.

M. DE MERTEUIL, qui est entré pendant les derniers mots de la scène précédente. Est la vérité même, c'est moi qui vous l'atteste.

HORTENSE, prête à se trouver mal. Ah! que je suis heureuse! Quoi! votre autre neveu... M. de Saint-Yves..

SAINT-YVES. Ne vous a jamais vue, heureusement pour moi.

HORTENSE. Et pour moi aussi... (A M. de Merteuil.) Mais vous, Monsieur, comment avez-vous pu vous prêter à une pareille ruse?

M. DE MERTEUIL. Je l'ignorais quand je suis arrivé: c'est depuis, que j'ai eu connaissance du stratagème; cette lettre... ce paysan...

SCÈNE XXII.
LES PRÉCÉDENTS, GERVAIS.

GERVAIS. C'est étonnant, je ne peux pas trouver Monsieur; que diable est-il donc devenu? (Apercevant Saint-Yves.) Comment! Monsieur, encore ici?

SAINT-YVES, baisant la main d'Hortense. Oui, mon cher Gervais.

GERVAIS. Eh bien! par exemple... Comment, Madame! vous osez?..

HORTENSE, le regardant. Ah çà! il continue donc encore son rôle?

SAINT-YVES. Du tout, il était de bonne foi. Dans tous les complots il y a des compères qui sont au fait, et d'autres qui ne s'en doutent pas. Gervais était de ceux-ci.

GERVAIS. Qu'est-ce que cela veut dire?

JULIE. Que c'est là notre maître, et que les deux n'en font qu'un.

GERVAIS. Il serait possible! C'est fait de moi; je suis chassé.

HORTENSE. Non, je te pardonne... Du moins, mon ami, si vous le voulez.

SAINT-YVES. Dès que vous le désirez... qu'il reste donc, pour lui prouver que vous êtes toujours LA MAÎTRESSE AU LOGIS.

HORTENSE.

AIR : *Amis, voici la riante semaine.*

Je vois enfin, je vois qu'en cette vie
Tout galant homme aimant à nous céder,
Accorde tout à la femme qui prie,
Refuse tout à qui veut commander.
(Au public.)
Pour applaudir à cette œuvre légère,
Venez, Messieurs, vous serez bien reçus;
Songez-y bien, ce n'est qu'une prière;
Vous le savez, je ne commande plus,
Où vous régnez je ne commande plus.

FIN
de
la Maîtresse au logis.

UN DERNIER JOUR DE FORTUNE

COMÉDIE-VAUDEVILLE EN UN ACTE

Représentée, pour la première fois, à Paris, sur le théâtre du Gymnase dramatique, le 21 novembre 1823

EN SOCIÉTÉ AVEC M. DUPATY.

Personnages

M. DE SAINT-PIERRE.
MADAME DE ROSTANGE.
EDMOND DE MORINVAL.

CÉCILE, servante de l'hôtel garni.
JASMIN, domestique de M. de Saint-Pierre.

La scène se passe dans un hôtel garni.

Le théâtre représente un appartement d'hôtel garni.

SCÈNE PREMIÈRE.

EDMOND, CÉCILE.

CÉCILE. Comment! monsieur Edmond, c'est vous que je revois!

EDMOND. Ma chère Cécile, combien j'ai été sensible à ton accueil et à celui de ta mère! Vous n'avez donc point oublié le nom de vos anciens maîtres?

CÉCILE. Qui vous amène à Paris? et que venez-vous faire à l'hôtel des Milords?

EDMOND. Ce qu'on peut faire dans un hôtel garni... m'y loger, si toutefois les appartements ne sont pas trop chers.

CÉCILE. Comment! il serait possible!... votre situation...

EDMOND. Est toujours la même. On dit que la fortune est changeante, je ne m'en aperçois pas. J'étais très-jeune, lorsque mon père quitta la France avec toute sa famille. Les circonstances ne sont plus les mêmes; j'y rentre enfin; mais je m'y suis trouvé seul, sans appui, sans famille; je dirais presque sans amis, si je ne t'avais pas rencontrée.

CÉCILE. Et les grands biens qu'avant son départ votre père avait laissés en France?

EDMOND. Sur le bruit de notre mort, des parents très-éloignés s'en sont emparés. Depuis vingt-cinq ans, et plus, les débris en ont été dispersés entre un millier de collatéraux; en quelles mains les retrouver? Et quand le hasard me les ferait découvrir, il me faudrait, pour les ravoir, soutenir au moins une vingtaine de procès. Et songe donc! vingt procès! il y aurait de quoi me ruiner, si je ne l'étais déjà.

AIR : *L'amour qu'Edmond a su me taire.*

Les gens de loi, dans la plus mince affaire,
Lèvent, dit-on, deux francs sur un écu;
Tu peux alors juger dans cette guerre
Quelle est la part qui revient au vaincu;
Car les plaideurs, qu'un procureur travaille,
Gagnant leur cause à prix d'or et de sous,
Sont des soldats qui du champ de bataille
Sortent vainqueurs avec un bras de moins.

CÉCILE. Que voulez-vous donc faire?... Demander une place...

EDMOND. Du tout, je ne veux rien devoir à personne. Je suis jeune, j'ai de la force, et tant que ce bras-là pourra porter un fusil, je n'aurai pas besoin de solliciter... sois tranquille. Au feu, il y a toujours de la place.

AIR : *A soixante ans.*

Partout ailleurs il faudrait un miracle
Pour parvenir et l'emporter soudain,
A chaque pas s'ouvre un nouvel obstacle,
Mille rivaux vous ferment le chemin.
Et comment garder l'équilibre,
Lorsque chacun vous heurte pour passer?
Mais au combat l'on a beau se presser,
A qui le veut la place est toujours libre,
Et rien, morbleu! n'empêche d'avancer.

Mais, avant de partir, je voulais faire mes adieux à quelqu'un qui demeure ici, à Paris. Et voilà pourquoi je viens passer quelques jours dans cet hôtel. Apprends-moi d'abord quelles sont les personnes qui l'habitent.

CÉCILE. Il y a trois locataires importants : d'abord, au rez-de-chaussée, M. de Valberg, seigneur très-riche, qui joue presque toute la journée, et une partie de la nuit.

EDMOND. M. de Valberg... J'ai quelque idée de ce nom. Mais, n'importe; après...

CÉCILE. Ici, au-dessus, une soi-disant baronne de Rostange, et sa fille.

EDMOND, *vivement.* C'est bien cela! une jeune personne charmante.

CÉCILE. La bonté, la douceur même; vous la connaissez?

EDMOND. Mais, c'est-à-dire, j'ai entendu parler; car, pour moi, je connais très-peu...

CÉCILE. Non, non, monsieur Edmond. Cela n'est pas possible, et je vois à votre embarras que vous connaissez beaucoup...

EDMOND. Eh bien! oui, ma chère Cécile, j'aime Élise, autant qu'il est possible d'aimer. C'est dans le lieu de notre exil que je l'ai rencontrée. Mais comment madame de Rostange se trouve-t-elle à Paris? qu'y fait-elle?

CÉCILE. Des visites. Et je ne sais pourquoi elle a loué un appartement dans cet hôtel; car elle demeure habituellement dans une remise, qui toute la journée la promène tour à tour dans tous les ministères de la capitale.

EDMOND. Pourrais-je la voir?

CÉCILE. Ce n'est pas aisé.

AIR : *Ainsi jadis un grand prophète.*

Pour la rencontrer dans cette ville,
Il faut être leste et bien portant;
Dans sa voiture est son domicile,
On ne peut lui parler qu'en courant.
Au galop, comme il faut qu'elle parle,

La voit-on passer dans le quartier,
C'est au cocher qu'on donne sa carte,
Au lieu de la remettre au portier.

Du reste, on prétend qu'elle voudrait trouver un mari pour sa fille, et peut-être pour elle-même, si l'occasion s'en présentait; et elle y parviendra, car elle a, dit-on, peu de fortune, mais beaucoup de crédit.

EDMOND. Tant pis, car je n'en ai guère. Et où trouver des amis, des protecteurs qui puissent me servir auprès d'elle!

CÉCILE. Attendez; nous avons ici M. de Saint-Pierre, le troisième locataire; un excellent homme, pour qui madame de Rostange a les plus grands égards.

EDMOND. Quel est ce monsieur de Saint-Pierre?

CÉCILE. Impossible de vous le dire. On ne lui connaît aucune terre, aucune propriété, et il roule sur l'or. On ne sait ni qui il est, ni d'où il vient, et partout il est recherché, considéré. Enfin, il n'a aucune dignité, n'occupe aucune place, et presque tous les jours on l'invite à dîner en ville.

EDMOND. Son âge?

CÉCILE. Jeune.

EDMOND. Ses manières?

CÉCILE. Pas très-nobles...

EDMOND. Son caractère?

CÉCILE. Un peu bizarre, mais très-généreux, et pas plus de fierté que s'il avait encore sa fortune à faire. Tout le monde l'aime dans l'hôtel; moi, surtout, qu'il a comblée de bontés. Il a pris soin de ma mère, il lui a assuré une pension pour le reste de ses jours, et je suis certaine que si je lui parlais en votre faveur...

EDMOND. Eh mais!... au portrait que tu m'en fais, n'aurait-il pas des vues sur la main d'Élise?

CÉCILE. Lui! quelle idée! mais tenez, je l'entends, voulez-vous que je vous présente?

EDMOND. Non, viens achever de m'instruire et s'il est nécessaire, je saurai tout seul faire connaissance avec lui. (Il sort avec Cécile.)

SCÈNE II.

M. DE SAINT-PIERRE, *sortant de la porte à droite*.

Holà! quelqu'un!.. Personne dans mes appartements, ni dans cette antichambre. Mes domestiques seront sans doute sortis; ils ont dit qu'ils avaient ce matin des affaires. (*S'asseyant.*) Eh bien! j'attendrai. Encore si cette petite Cécile était là... Excellente fille, à qui je ne suis pas indifférent, j'en suis sûr. Eh bien! elle a raison; car moi, de mon côté, il n'y a d'autre inconvénient que ma fortune; et c'est un obstacle que chaque jour je m'applique à faire disparaître. Encore quelques semaines, et nous serons de pair. (*On sonne.*) Hein! qu'est-ce que c'est? Maudite sonnette! elle produit toujours sur moi un effet.

AIR du vaudeville de *l'Écu de six francs*.
Cette sonnette me réveille
Dans tous les rêves que je fais,
Et vient sans cesse à mon oreille
Me rappeler ce que j'étais.
En vain je veux être rebelle
A ses accords désobligeants,
Lorsque je sonne un de mes gens,
Je crois toujours que je m'appelle.

C'est qu'aussi on n'a jamais vu d'aventure comme la mienne; et si elle ne m'était pas arrivée, je croirais que c'est un conte. Moi, Lapierre, franc original, et garçon sans souci, né sans prétention, dans cette classe estimable de la société, cette classe, la plus nombreuse et la plus nécessaire de toutes, celle des valets, je m'y étais fait une réputation méritée; lorsqu'un beau jour, fatigué d'être heureux, il me prend l'idée d'être riche; mais, trop paresseux pour travailler, et quoique n'ayant pas un sou, trop honnête homme pour spéculer à la Bourse, je mets mes gages à la loterie, et je gagne un quaterne: cinquante mille écus, c'était rond, c'était joli; mais qu'en faire?.. les placer, il n'y avait pas de quoi rouler carrosse; les dépenser, impossible en province. M. Lapierre quitte Toulouse, vient s'établir à Paris, prend un appartement superbe dans un hôtel garni, des domestiques dans les Petites-Affiches, et un nom dans le calendrier, qui n'en refuse à personne. Me voilà donc M. de Saint-Pierre! Voyons, me dis-je alors, puisque cette épreuve ne me coûte rien, si la vie d'un maître est plus douce que celle d'un valet, et si le bonheur est plus aisé à rencontrer sous le frac que sous la livrée; ne nous refusons rien, épuisons tous les plaisirs. Cinquante mille francs par mois; si on ne trouve pas le bonheur à ce prix-là, c'est qu'il n'est pas à vendre. Ma foi, je ne regrette pas mon argent, je me suis amusé.

AIR d'*Aristippe*.
De Paris j'ai vu les miracles,
De ses plaisirs j'ai goûté les douceurs,
J'ai parcouru tous les spectacles,
J'ai visité les plus brillants traiteurs.
Des amours la joyeuse troupe
Versait les vins les plus exquis;
Et mes lèvres vidaient la coupe
Que ma main remplissait jadis.

Hein! qui vient là? C'est un de mes domestiques provisoires.

SCÈNE III.

M. DE SAINT-PIERRE, JASMIN.

M. DE SAINT-PIERRE, *regardant Jasmin*. Ça n'a pas la moindre disposition; et je leur en remontrerais quelquefois si ce n'était le décorum. Il est vrai que, quand on a exercé soi-même, on est plus difficile qu'un autre.

JASMIN, *d'un air niais*. Monsieur, ce sont vos lettres et vos journaux, et un petit rouleau.

M. DE SAINT-PIERRE. Eh bien! où sont ces lettres et ces journaux? (*Jasmin fouille dans sa poche et les lui donne.*) On les montre, on s'avance. Vois-tu? le corps droit, et on étend la main avec grâce. Monsieur, ce sont vos lettres.

JASMIN, *les lui prenant*. Je vais recommencer.

M. DE SAINT-PIERRE. Eh non! ça n'en finirait pas d'aujourd'hui. Laisse-moi. (*Jasmin sort. Saint-Pierre ouvrant la première lettre.*) C'est de M. de Valberg, mon voisin. Que me veut-il? (*Il lit.*) « Je vous envoie, « mon cher voisin, les cent louis que je vous dois. » Parbleu je n'y comptais guère. Un joueur qui paie ses dettes. Qu'est-ce donc qui lui est arrivé? (*Continuant de lire.*) « Vous partagerez ma joie, quand vous « saurez que j'ai maintenant cinquante mille livres « de rente, qu'on ne peut pas m'ôter. » Il est bien heureux. Comment donc cela? « Je suis allié, mais de « très-loin, à l'ancienne famille de Morinval, qui depuis « longtemps a disparu. Leur fortune, après avoir « passé entre les mains de plusieurs vieux collatéraux « qui sont tous morts, est enfin arrivée tout entière « entre les miennes. Il y a aujourd'hui ou demain

« une trentaine d'années, à ce qu'il paraît, que ces « biens sont possédés, sans aucune réclamation; « ainsi, d'après ce que dit mon avoué, prescrip- « tion acquise, plus de recours à craindre; vous voyez « donc bien que j'ai encore de quoi jouer quelques par- « ties de creps ou d'écarté, etc., etc. » Grand bien lui fasse. Je vois qu'entre ses mains la fortune des Morinval ira encore plus vite que la mienne. Quelle est cette autre lettre?.. De madame de Rostange, ma voisine. Elle voulait me donner sa fille par spéculation, je l'ai refusée par délicatesse ; et nous n'en sommes pas moins bons amis. (*Lisant.*) Elle a un service à me demander; à la bonne heure, mais qu'elle se dépêche. (*Ouvrant une troisième lettre.*) Ah, ah! ceci vaut mieux; c'est de mon notaire. (*Lisant.*) « Je vous envoie ce que « vous me demandez. Ce sont vos derniers mille écus, « je n'ai plus d'autre argent. » Comment, il se pourrait!.. (*Montrant les trois billets de banque et le rouleau qui est sur la table.*) Voilà tout ce qui me reste. Je ne me croyais pas si avancé. Je me suis donc amusé plus que je ne croyais. Mais quoiqu'on y soit préparé, cela fait toujours quelque chose.

Air du vaudeville de *la Somnambule*.

N'ayant plus rien, sachons dans ma détresse
Être philosophe en effet;
C'est un fardeau que la richesse,
Mais un fardeau que l'on quitte à regret.
Fortune, amour, sont les mépris du sage,
Contre leurs fers chacun est révolté;
Et le captif dont on rompt l'esclavage
En soupirant reprend sa liberté.

Allons, allons, chassons ces idées-là. Oui, monsieur Lapierre, il faut prendre gaiement son parti, et plier bagage. En payant les menus frais, les gages de mes domestiques, une petite gratification, je vais me trouver, comme eux, sur le pavé. Heureusement, ils ont de l'amitié pour moi, ils m'aideront à trouver quelque bonne place; ou plutôt pourquoi ne la chercherais-je pas moi-même? je suis en assez belle position pour cela. Pendant ces trois mois, j'ai été reçu dans les premiers salons de la capitale. Voyons parmi mes amis intimes quel est l'heureux mortel à qui je voudrais me donner. Et parbleu ! M. de Valberg, dont je lisais tout à l'heure la lettre. Il a cinquante mille livres de rente; et puis, valet d'un joueur, c'est une belle condition.

« Sous ses heureuses mains le cuivre devient or. »

Ah! ah! c'est toi, Cécile!

SCÈNE IV.
M. DE SAINT-PIERRE, CÉCILE.

CÉCILE. Oui, Monsieur; je vous apporte votre déjeuner.
M. DE SAINT-PIERRE, *à part.* Allons, laissons-nous servir encore aujourd'hui; mais demain, je me déclare; car une fortune, c'est gênant pour faire la cour à une fille qui n'en a pas. (*Haut.*) Il me semble que tu viens bien tard aujourd'hui.
CÉCILE. C'est que vous ne savez pas... Il vient d'y avoir une scène dans l'hôtel. Ce M. de Valberg, qui n'a pas votre bonté, votre patience, vient de tomber à coups de canne sur George, son cocher, qui l'avait fait attendre deux minutes.
M. DE SAINT-PIERRE. Ah! mon Dieu! qu'est-ce que tu me dis donc là? Il bat donc ses gens?..
CÉCILE. Oui, Monsieur. Encore hier, son jockey, à grands coups de cravache... Il paie bien, mais il frappe encore mieux.
M. DE SAINT-PIERRE. C'est bon à savoir. Je suis bien son serviteur. (*A part.*) Mais pour son domestique, c'est autre chose. (*Arrangeant de l'or dans un papier.*) Tiens, Cécile, porte ceci au maître de l'hôtel. C'est le compte du mois. Attends donc, attends donc, je n'ai pas l'habitude d'oublier la fille. Voilà pour toi.
CÉCILE. Là, encore des pièces d'or! Mon Dieu, Monsieur, je n'ose pas vous refuser; et je ne sais comment vous dire...
M. DE SAINT-PIERRE, *tout en déjeunant.* Qu'est-ce que c'est?
CÉCILE. C'est que, presque tous les jours, sur les mémoires que je vous apporte, vous m'en donnez autant. Et ma mère, qui doit déjà tant à vos bontés, dit que ça lui fait peur.
M. DE SAINT-PIERRE, *de même.* Et pourquoi?
CÉCILE. Je n'en sais rien; mais ça lui fait peur.
M. DE SAINT-PIERRE. Ah! ah! j'entends. Tu la préviendras de ma part qu'elle ne sait ce qu'elle dit.

Air des *Amazones*.

De tout l'argent qu'à pleines mains je jette,
Celui-là seul est placé comme il faut.
(*A part.*)
Quand chaque jour se vidait ma cassette,
En la voyant je disais aussitôt:
« Au but fatal j'arriverai bientôt;
« Oui, du naufrage, hélas! que je redoute,
« Ne pouvant être préservé,
« Faisons du moins un peu de bien en route,
« C'est toujours cela de sauvé. »

(*Haut.*) Ainsi prends toujours.
CÉCILE. Mais, Monsieur...
M. DE SAINT-PIERRE. Eh bien! ne fût-ce que pour moi! Vois-tu, Cécile, il faut de l'ordre, de l'économie; il faut mettre de côté. Quand tu seras riche, tu prendras un époux, tu choisiras toi-même. (*A part.*) Nous verrons si elle pense à moi.
CÉCILE. Mais, Monsieur...
M. DE SAINT-PIERRE, *s'éloignant, et changeant de ton.* C'est bon, c'est bon. On vient de ce côté. (*Montrant la table où est le déjeuner.*) Débarrasse-moi de tout cela, et va-t'en...
CÉCILE, *à part.* Là, c'est madame de Rostange: et moi qui n'ai pas seulement eu le temps de lui parler de M. Edmond. (*Elle sort.*)
M. DE SAINT-PIERRE. Ma chère voisine! qu'elle soit la bienvenue! (*A part.*) C'est peut-être le ciel qui me l'envoie. Une dame qui a du crédit... Je vais sans doute trouver là ce que je cherche.

SCÈNE V.
M. DE SAINT-PIERRE, MADAME DE ROSTANGE.

MADAME DE ROSTANGE. Monsieur de Saint-Pierre va me regarder comme bien indiscrète de le déranger de si bonne heure.
M. DE SAINT-PIERRE. Du tout, Madame, il faut que je m'habitue à me lever matin.
MADAME DE ROSTANGE. Vous avez reçu de moi un petit mot, qui vous prévenait d'un service que je voulais vous demander.
M. DE SAINT-PIERRE. Parlez, et je suis à vos ordres. Je vous prie de croire que je suis tout à fait disponible.
MADAME DE ROSTANGE. Vous êtes mille fois trop bon!

J'espère obtenir aujourd'hui la place que je sollicite depuis si longtemps. Il me serait facile alors de marier ma fille, et peut-être moi-même, par la suite. Je suis libre, jeune encore...

M. DE SAINT-PIERRE, *galamment.* Je suis garant qu'il se présenterait plus d'un prétendant.

MADAME DE ROSTANGE, *minaudant.* Vous croyez? Enfin, mon cher voisin, j'ai, ce matin, des visites, des courses à faire, et si vous vouliez me prêter pour aujourd'hui votre voiture et vos gens...

M. DE SAINT-PIERRE. Quoi! vraiment, vous avez besoin, pour aujourd'hui... Comme c'est heureux! Holà! quelqu'un! Que l'on mette les chevaux! Je suis désolé de ne pas vous conduire moi-même; mais, demain, si vous voulez... demain! c'est possible!

MADAME DE ROSTANGE. Je vous reconnais à cette galanterie vraiment française.

M. DE SAINT-PIERRE. Vous n'avez donc pas votre remise?

MADAME DE ROSTANGE. Non; il n'est pas venu aujourd'hui, non plus que mes gens. Ils sont tous d'une insolence... A les entendre, il faudrait toujours être à la bourse à la main, et tous les mois arrêter bourgeoisement leur compte.

AIR : *Du partage de la richesse.*

Je n'ai jamais, dans ma jeunesse,
Vu les laquais exiger de l'argent;
Les miens, qui n'ont nulle délicatesse,
En demandent à chaque instant.

M. DE SAINT-PIERRE.
Ils demandent?

MADAME DE ROSTANGE.
Oui, sur mon âme.

M. DE SAINT-PIERRE.
On ne saurait les en gronder,
Surtout dans ce siècle, Madame,
Où tant de gens prennent sans demander.

MADAME DE ROSTANGE. N'importe, je leur ai appris à vivre.

M. DE SAINT-PIERRE, *à part.* En les faisant mourir de faim. Ah! elle est fière et paie mal. C'est bon à savoir. (*Haut.*) Voulez-vous permettre, Madame? Je crois que votre voiture est prête. (*Il la reconduit jusqu'à la porte.*) Encore une à qui je donne congé. Nous ne ferons pas affaire ensemble.

SCÈNE VI.

M. DE SAINT-PIERRE, *seul.* Ai-je bien fait d'aller aux informations! Deux jolies conditions que j'aurais eues là. Voyons donc, avant tout, à bien arrêter mon plan, et à fixer les conditions nécessaires dans un maître. D'abord, qu'il soit riche, c'est indispensable; *secundo,* qu'il soit jeune : les vieillards sont trop exigeants; *tertio,* qu'il ait une place, parce que ces maîtres qui n'ont rien à faire donnent trop d'occupation à leur domestique : ils sont toujours chez eux à surveiller; *quarto,* enfin, qu'il soit marié, parce que chez les garçons on a trop de mal : les duels, les créanciers, les amis intimes; sans compter le chapitre des intrigues à parties doubles. C'est à ne pas y tenir. Tout cela est très-difficile à rencontrer. Hein! qui vient là?

SCÈNE VII.

M. DE SAINT-PIERRE, EDMOND.

EDMOND, *entrant.* M. de Saint-Pierre...

M. DE SAINT-PIERRE. C'est moi-même. (*Le regardant.*) Voilà un jeune homme qui a de fort belles manières.

EDMOND, *à part, pendant que M. de Saint-Pierre l'examine.* Pendant que madame de Rostange était sortie, je viens de voir Élise; d'après ce qu'elle m'a dit, il n'y a plus de doute, on a des vues sur M. de Saint-Pierre, et je saurai bien le forcer à s'expliquer. (*Haut.*) Monsieur, le motif qui m'amène va vous paraître...

M. DE SAINT-PIERRE, *d'un air aimable.* Fort agréable, puisqu'il me procure l'avantage de vous recevoir. Mais je ne souffrirai pas que vous restiez ainsi. Holà! quelqu'un! Des siéges.

EDMOND. Du tout, Monsieur, ce n'est pas la peine de déranger vos gens pour si peu de chose.

M. DE SAINT-PIERRE, *allant chercher deux fauteuils.* Vous avez raison, quand on peut se servir soi-même. (*Le regardant avec affection.*) Ce jeune homme a quelque chose qui prévient en sa faveur. (*Le forçant à s'asseoir.*) Asseyez-vous donc, je vous prie. Eh bien, Monsieur...

EDMOND. Eh bien, Monsieur... (*A part.*) Avec ses politesses, il m'a tout déconcerté; et je ne sais comment m'y prendre. (*Haut.*) Monsieur, je suis lié depuis longtemps avec la famille de madame de Rostange; et sans avoir l'honneur d'être connu de vous, j'ai à ce sujet une demande à vous faire.

M. DE SAINT-PIERRE. A moi, une demande?

EDMOND. Oui, une question, sur laquelle je vous prierai de vouloir bien me satisfaire.

M. DE SAINT-PIERRE. Avec grand plaisir; mais à charge de revanche. Puisque vous m'interrogez, il doit m'être permis d'en faire autant; et si je réponds à vos questions, vous devez répondre aux miennes.

EDMOND. Qu'à cela ne tienne, Monsieur, je suis prêt à vous contenter sur tous les points.

M. DE SAINT-PIERRE. D'abord, quel âge avez-vous?

EDMOND. Il me semble qu'il n'est pas nécessaire...

M. DE SAINT-PIERRE. Si, Monsieur, plus que vous ne croyez, moi j'y tiens!

EDMOND. Vingt-huit ans.

M. DE SAINT-PIERRE, *à part.* Vingt-huit ans, c'est bien. Bon âge! Voilà ce que je cherche. (*Haut.*) Vous êtes d'une bonne famille?

EDMOND. Mon père était comte et lieutenant général.

M. DE SAINT-PIERRE. Tant mieux. Et, dites-moi, n'auriez-vous pas par hasard des dettes, des créanciers ?

EDMOND. Monsieur!.. de pareilles questions...

M. DE SAINT-PIERRE. Vous étonnent, je le sais, mais quand vous en connaîtrez le motif... D'ailleurs, vous serez libre tout à l'heure de m'interroger, à votre tour, sur tout ce qu'il vous plaira. Moi je ne crains pas les informations.

EDMOND, *souriant.* Allons, Cécile avait raison, c'est un original de la première force. (*Haut.*) Eh bien! Monsieur, puisque vous prenez intérêt à mes affaires, je vous déclare que je n'ai ni dettes, ni créanciers, et que j'espère bien n'en avoir jamais.

M. DE SAINT-PIERRE, *à part.* De la conduite, de l'ordre, c'est très-bien. (*Haut.*) Vous me semblez d'un caractère aimable et facile. Mais est-ce que quelquefois vous ne vous mettez pas en colère?

EDMOND, *souriant.* Convenez que, si j'y étais sujet, j'aurais ici une belle occasion ; car toutes ces demandes, que depuis une heure j'ai la patience d'écouter...

M. DE SAINT-PIERRE. C'est juste, et je n'en veux pas d'autres preuves. (*A part.*) Voilà l'homme qu'il me faut. (*Haut.*) Je parie que vos domestiques ont dû toujours être très-heureux avec vous.

EDMOND. S'il en avait été autrement, nous aurions été bien ingrats; nous avons trouvé en eux, pendant notre exil, tant de zèle, tant de dévouement. En pareil cas, Monsieur, un domestique est un ami.

M. DE SAINT-PIERRE, *avec attendrissement*. Cela suffit, Monsieur. (*Ils se lèvent.*) Vous avez en moi un ami, et désormais je vous suis attaché.

EDMOND. Comment, Monsieur, ai-je pu mériter?..

M. DE SAINT-PIERRE. Vous ne me connaissez pas; je peux vous rendre plus de services qu'un autre. Et pour commencer, il faut que je vous donne un domestique de ma main. Ce n'est pas pour me vanter, mais vous trouveriez difficilement un meilleur sujet.

EDMOND. Je vous remercie, Monsieur, de vos bontés, et surtout du domestique que vous voulez bien m'offrir; mais ma fortune ne me permet plus d'en avoir.

M. DE SAINT-PIERRE. Comment! il serait possible.

EDMOND. Oui, Monsieur, je n'ai rien, et n'en rougis pas. Après l'explication que je voulais avoir avec vous, mon intention était de m'engager et de me faire soldat.

M. DE SAINT-PIERRE, *à part*. Est-ce jouer de malheur! je n'en rencontre qu'un qui me convienne; je ne trouve qu'un seul homme qui soit digne d'être maître, et il n'a pas de domestiques! Ça m'est égal, j'y mettrai de l'obstination, et nous verrons... (*Haut.*) Non, Monsieur, il ne faut pas que cela vous décourage. Qu'est-ce qui vous manque? une fortune! Eh! mon Dieu, ce n'est pas si difficile à acquérir, il y a tant de moyens... Le hasard, l'intrigue, et quelquefois même, le mérite... Ne suis-je pas là, d'ailleurs?

EDMOND. Comment! vous daigneriez?..

M. DE SAINT-PIERRE. Oui, jeune homme. Je serai votre guide, votre protecteur, en attendant mieux.

EDMOND. Que voulez-vous dire?

M. DE SAINT-PIERRE. Je vous l'expliquerai plus tard. Mettez-moi d'abord au fait de votre position.

EDMOND. Ce ne sera pas long... J'ai été riche, je ne le suis plus.

M. DE SAINT-PIERRE. Je connais ça. Tout le monde en est là.

EDMOND. Mon père, le comte de Morinval, a quitté la France, il y a une trentaine d'années.

M. DE SAINT-PIERRE. Comment! Que dites-vous là? Vous êtes le fils... l'héritier direct des comtes de Morinval?

EDMOND. Oui, Monsieur.

M. DE SAINT-PIERRE, *courant à la table*. Cette lettre... Oui... C'est bien cela... Ah! mon Dieu, s'il était encore temps.

EDMOND. Que voulez-vous dire?

M. DE SAINT-PIERRE. Rien; car je ne veux pas vous donner de fausse joie; mais, cependant...

Air de *Marianne*.

Si le sort comble mon attente,
Je puis vous rendre, à l'impromptu,
Cinquante mille francs de rente,
Et, faute d'autre revenu,
C'est toujours ça,
Mais jusque-là,
Entre nous deux gardons ce secret-là.

EDMOND.

Que dites-vous? il se pourrait...
Un tel trésor soudain me reviendrait?

M. DE SAINT-PIERRE.

Et pourquoi pas? chacun l'éprouve,
En fait de fortune, à présent,
A chaque instant,
On en perd tant,
Qu'il faut bien qu'il s'en trouve.

EDMOND. Mais daignez, au moins, m'expliquer ce mystère.

M. DE SAINT-PIERRE, *écrivant*. Mon avoué s'en chargera. Je vous adresse à lui. Un habile homme. Si la prescription n'est pas encore acquise, il suffira, je crois, d'une seule signification, et je le connais, il en fera plutôt deux qu'une. Holà! quelqu'un!

EDMOND. En vérité, je ne sais si je dors ou si je veille.

SCÈNE VIII.

LES PRÉCÉDENTS, JASMIN.

M. DE SAINT-PIERRE, *écrivant toujours*. J'ai prêté mon landau à madame de Rostange, et ne peux vous offrir que mon cabriolet. C'est la voiture des gens d'affaires. (*A Jasmin.*) Vite, mettez mon cheval bai. (*Jasmin sort. A Edmond.*) Vous en serez content. Je dois le vendre demain à un agent de change. Une lieue en cinq minutes... un vrai trésor, surtout pour ces messieurs qui font leur fortune à la course.

SCÈNE IX.

M. DE SAINT-PIERRE, EDMOND.

M. DE SAINT-PIERRE, *qui a achevé sa lettre*. Ah çà! pendant qu'on attelle, nous avons quelques minutes à nous. Causons un peu de nos affaires! Jusqu'ici, cela se présente bien. (*Comptant sur ses doigts.*) Vingt-huit ans... un charmant caractère, cinquante mille livres de rentes, cela commence à prendre tournure; mais cela ne suffit pas!.. Etes-vous marié?

EDMOND. Non, Monsieur.

M. DE SAINT-PIERRE. Tant pis... Il faut vous marier, ça m'est nécessaire...

EDMOND, *étonné*. Comment!..

M. DE SAINT-PIERRE. C'est nécessaire au plan de bonheur que j'ai formé pour vous, et je vous marierai... (*A part.*) C'est une des conditions *sine quâ non*.

EDMOND. Comment ai-je pu mériter cette généreuse protection?

M. DE SAINT-PIERRE, *sans l'écouter*. Voyons, qui vais-je lui donner?.. C'est très-difficile!.. Vous ne seriez pas amoureux par hasard?.. ça nous aiderait un peu.

EDMOND, *à part*. Grands dieux! (*Haut.*) Après ce que je vous dois, Monsieur, je ne sais comment vous avouer que j'aime Elise de Rostange, et que la crainte de vous avoir pour rival...

M. DE SAINT-PIERRE. Moi, votre rival!.. On me l'avait proposée en mariage, c'est vrai... Mais dès qu'elle vous convient...

EDMOND. Je ne puis en revenir encore... Quoi! malgré sa mère qui me refuse...

M. DE SAINT-PIERRE. Elle consentira. Encourager des inclinations mutuelles, fléchir des parents, unir des enfants... c'est de mon emploi, et cela va m'y remettre, pourvu toutefois que vous me répondiez du caractère de la prétendue; car pour moi, c'est le principal.

EDMOND. C'est la bonté, la douceur même.

M. DE SAINT-PIERRE. Elle n'a pas de caprices?

EDMOND. Jamais.

M. DE SAINT-PIERRE. Elle ne fait pas de scènes à ses gens?

EDMOND. Quelle idée!

M. DE SAINT-PIERRE. Je vous demande cela... ce n'est pas pour moi, c'est pour cette pauvre Cécile, une petite fille charmante que je compte vous présenter comme femme de chambre.

EDMOND.

AIR: *Qu'il est flatteur d'épouser celle.*

Parlez, commandez, je vous prie;
Pouvoir vous payer de retour
Est le seul espoir de ma vie.
Oui, Monsieur, croyez dès ce jour
A mon respect, à ma tendresse;
Car je veux, je le dis tout haut,
A vos ordres être sans cesse.

M. DE SAINT-PIERRE, *à part*.
Voilà le maître qu'il me faut.

SCÈNE X.

Les précédents, JASMIN.

JASMIN. Le cabriolet de Monsieur est prêt.
M. DE SAINT-PIERRE. A merveille! courez chez votre avoué... (*Il prend sur la table le chapeau d'Edmond, et le lui donne. Edmond se dispose à sortir, Saint-Pierre, l'arrêtant.*) Un mot encore... (*Comptant sur ses doigts.*) Je savais bien que j'oubliais quelque chose... Avez-vous une place?
EDMOND. Non, Monsieur.
M. DE SAINT-PIERRE. Il faudra donc que je vous en aie une. (*A part.*) Allons, c'est un maître qui est entièrement à faire. (*Haut.*) Partez, songez à votre fortune... je vais ici m'occuper de votre femme et de votre place. (*Edmond sort en courant.*)

SCÈNE XI.

M. DE SAINT-PIERRE, JASMIN.

JASMIN. Madame de Rostange vient de rentrer dans l'hôtel.
M. DE SAINT-PIERRE. A merveille... commençons par elle.
JASMIN. Il faut qu'elle ait été au galop; car vos chevaux sont en nage.
M. DE SAINT-PIERRE. Je crois bien : elle aura, comme de coutume, couru tous les ministères; et mes chevaux qui n'ont pas l'habitude de solliciter... (*A Jasmin.*) C'est elle, va-t'en, mais ne t'éloigne pas; j'aurai besoin de toi. (*Jasmin sort.*)

SCÈNE XII.

M. DE SAINT-PIERRE, MADAME DE ROSTANGE.

MADAME DE ROSTANGE. Ah! mon cher voisin, que je vous fasse part de mon bonheur. Je sais l'intérêt que vous nous portez... Apprenez donc que je marie ma fille.
M. DE SAINT-PIERRE. Que dites-vous? Ce n'est sans doute qu'un projet.
MADAME DE ROSTANGE. Non, c'est arrêté, c'est convenu. Je n'avais pas de fortune à donner; mais une place est une dot. Et en faveur des services que mon mari a rendus, on m'accorde pour mon gendre le poste le plus honorable.
M. DE SAINT-PIERRE, *à part.* Cela se trouve bien. (*Haut.*) Je m'en réjouis comme vous... mais ce gendre n'est pas encore choisi.
MADAME DE ROSTANGE. Si vraiment... un arrière-cousin du ministre... Comme je vous le disais, tout est d'accord; il a ma parole... j'ai la sienne; et nous n'attendions plus que ce brevet qu'on vient de m'accorder, et que je vais lui expédier.
M. DE SAINT-PIERRE, *à part.* Morbleu!.. c'est fait de nous.
MADAME DE ROSTANGE. Eh bien!.. qu'avez-vous donc? D'où vient ce trouble, cette émotion?
M. DE SAINT-PIERRE. Moi, Madame! c'est de surprise et de satisfaction... pour vous, du moins.
MADAME DE ROSTANGE. Je crois bien... un arrière-cousin du ministre... (*S'approchant de la table.*) Vous avez là des enveloppes... un cachet... Je vous demanderai la permission...
M. DE SAINT-PIERRE. C'est trop d'honneur que vous me faites... (*Pendant que madame de Rostange arrange une enveloppe.*) Eh bien! à la première attaque me voilà dérouté... et je ne sais plus que dire... Morbleu! Lapierre, tu t'es rouillé dans la prospérité... Pas une idée, pas une ruse... Et tu veux remonter valet de chambre?
MADAME DE ROSTANGE. Vous n'auriez pas là un de vos gens?
M. DE SAINT-PIERRE. Si, Madame... Mais avant d'adresser le paquet à M. l'arrière-cousin du ministre, j'aurais voulu obtenir de vous un instant d'audience... Vous comprenez, sans que je vous le dise, que ce mariage me contrarie beaucoup.
MADAME DE ROSTANGE. Et pourquoi?.. Il ne tenait qu'à vous d'épouser ma fille.
M. DE SAINT-PIERRE. Oui, sans doute.
MADAME DE ROSTANGE. N'avez-vous pas refusé l'alliance que je vous proposais?
M. DE SAINT-PIERRE. Je ne dis pas non...
MADAME DE ROSTANGE. Alors, quel motif pouvez-vous avoir?
M. DE SAINT-PIERRE. Quel motif?.. (*A part.*) Ah! mon Dieu! il n'y a pas d'autre moyen... En bon serviteur, il faut ici se dévouer. (*Haut.*) Vous me demandez les motifs de mon refus?.. Tout autre que vous, Madame, les connaîtrait déjà; mais votre sévérité vous empêche de les deviner, et votre modestie de les apprécier.
MADAME DE ROSTANGE. Que voulez-vous dire?
M. DE SAINT-PIERRE. Que je serais déjà votre gendre, si vous-même ne vous y étiez opposée.
MADAME DE ROSTANGE. Moi, Monsieur?
M. DE SAINT-PIERRE. Oui, Madame; quelque étonnants qu'ils puissent vous paraître, tels sont les sentiments que je n'ai jamais osé vous déclarer... L'amour ne s'est jamais présenté à moi paré des illusions de la jeunesse... Je l'ai toujours vu sage, estimable, raisonnable, enfin tel que je vous vois. Je n'ai point rêvé la tendresse, je l'ai spéculée.

Air du vaudeville de la Robe et les Bottes.
Sensible amant, capitaliste sage,
Mon cœur, mes biens, veulent un guide sûr,
Et je préfère aux roses du jeune âge
Les fruits heureux de l'âge mûr.
Doublant mes fonds, chaque année à ma caisse
Ajoute encor des revenus nouveaux,
Et le temps fait sur ma tendresse
Le même effet que sur mes capitaux.

MADAME DE ROSTANGE. Comment! Monsieur, il se pourrait!
M. DE SAINT-PIERRE. Oui, Madame, tels étaient mes projets; et je songeais à les réaliser, lorsque ce fatal mariage est venu détruire à jamais toutes les combinaisons de mon amour.
MADAME DE ROSTANGE. Et pourquoi donc, Monsieur?
M. DE SAINT-PIERRE. Vous comprenez, Madame, qu'à mon âge, me dévouant par goût à l'état de beau-père, je tiendrais à l'exercer avec tout l'agrément dont il est susceptible, ce qui n'arriverait certainement pas si j'avais pour gendre un arrière-cousin du ministre, que je ne connaîtrai pas, et qui ne sera obligé envers moi à aucun égard... Si, au contraire, l'époux de votre fille avait été choisi par moi, s'il me devait tout... s'il me regardait comme son père... comme son bienfaiteur... si, en un mot, vous aviez agréé le jeune homme que j'avais en vue...
MADAME DE ROSTANGE. Comment! Monsieur, vous y aviez pensé?..
M. DE SAINT-PIERRE. Voilà quinze jours que je m'en occupe; et j'avais pris parmi ce qu'il y avait de mieux... M. le comte Edmond de Morinval, le dernier héritier de la famille de ce nom.
MADAME DE ROSTANGE. M. Edmond, qui est ruiné, et qui n'a rien!
M. DE SAINT-PIERRE. Oui... mais moi, je lui donne cinquante mille livres de rente.
MADAME DE ROSTANGE. Il se pourrait!
M. DE SAINT-PIERRE. En signant le contrat.
MADAME DE ROSTANGE, *étonnée.* Vous lui donnez cinquante mille livres de rente!.. Et que vous reste-t-il donc?
M. DE SAINT-PIERRE, *souriant.* Là-dessus, soyez tranquille... Mais je vous en ai prévenue, le véritable amour ne fait pas de phrase... il ne procède que par articles. Accordez à Edmond de Morinval, 1° la main

de votre fille; 2° la place que vous avez obtenue, et dans huit jours nous faisons deux noces... Qu'en dites-vous?

MADAME DE ROSTANGE. Certainement... je sacrifierais tout au bonheur de ma fille... mais permettez : je vais rompre avec l'arrière-cousin du ministre... donner à un autre une place qui lui était destinée, et qu'il m'avait un peu aidée à solliciter... Voilà ce qu'il y a de sûr, et de positif : les mariages dont vous me parlez le sont-ils autant?.. Qui m'en répondra?

M. DE SAINT-PIERRE. J'entends... vous me demandez des garanties?..

MADAME DE ROSTANGE. Non pas... mais enfin...

M. DE SAINT-PIERRE. Je vous dis que nos cœurs s'entendent, et qu'ils sont nés l'un pour l'autre... La sympathie du calcul !.. Comment donc vous rassurer sur mes sentiments?.. Les dédits... sont d'anciens moyens qui n'ont plus cours à présent : mais les billets au porteur sont toujours de mode... (*Se mettant à table et écrivant.*) et le style de celui-ci est d'une précision qui ne laisse aucun doute. « Fin septembre prochain, « je paierai à madame de Rostange, ou à son ordre, « la somme de soixante mille francs, valeur reçue, si, « à cette époque, je ne suis pas son mari. »

MADAME DE ROSTANGE. Fi donc !.. ce n'est pas cela que j'exigeais; mais vous le voulez... Je rentre chez moi... j'envoie au cousin du ministre son congé, et à M. Edmond notre consentement. (*Elle sort.*)

M. DE SAINT-PIERRE, *la reconduisant.* A merveille !.. Voilà déjà mon maître marié, et placé... ce n'est pas sans peine... Et pour ma rentrée dans l'emploi, j'ai eu affaire à forte partie... D'autant qu'il fallait brusquer les événements; car, ce soir, adieu ma fortune... et par suite mon crédit... C'est donc ce soir. (*Appelant.*) Jasmin... C'est ce soir que mon règne finit avec le trimestre... Ah! Jasmin.

SCÈNE XIII.
M. DE SAINT-PIERRE, JASMIN.

M. DE SAINT-PIERRE, *à Jasmin qui entre.* Tu diras à mes gens de ne pas aller dîner en ville, comme cela leur arrive quelquefois... J'ai besoin d'eux aujourd'hui... Entends-tu... d'eux tous... depuis le jockey jusqu'à toi le valet de chambre.

JASMIN. Oui, Monsieur.

M. DE SAINT-PIERRE. Tu commanderas en même temps à mon maître d'hôtel un dîner délicat, et solide, à cause des convives que j'attends... Une douzaine de couverts; et surtout, qu'il ait soin de me dépenser cinquante louis... pas un de plus... pas un de moins...

JASMIN. Oui, Monsieur... Y aura-t-il des invitations à envoyer?

M. DE SAINT-PIERRE. Sans doute... mais ce ne sera pas loin. (*Il lui parle bas à l'oreille.*)

JASMIN, *d'un air honteux.* Comment! Monsieur! il serait possible!

Air : *Quand l'Amour naquit à Cythère.*
De vos bontés, de cet honneur extrême,
Je suis confus, je n'en reviens pas;
Quoi! vous voulez, Monsieur, aujourd'hui même..
M. DE SAINT-PIERRE.
Vous voir assis à ce repas.
JASMIN.
Qui, nous... siéger à cette place auguste !
Nous qui toujours, par état, par devoir,
Sommes debout...
M. DE SAINT-PIERRE.
C'est pour ça qu'il est juste
Qu'un jour au moins vous puissiez vous asseoir.

JASMIN. C'est égal, Monsieur, nous n'oserons jamais... Je ne suis pas assez heureux... pour une pareille faveur.

M. DE SAINT-PIERRE. Tu n'es pas heureux !.. toi, Jasmin! toi, un valet de chambre... Diable ! j'en connais bien qui voudraient être à ta place... Ta condition n'est-elle pas souvent préférable à celle des maîtres?.. Qu'as-tu besoin de t'occuper de tes affaires, ou de t'inquiéter de ton sort?.. tu laisses ce soin au grand seigneur qui t'a pris à son service. En voyant le mal qu'il se donne pour augmenter sa fortune, tu crois peut-être que c'est pour lui qu'il travaille; du tout... c'est pour toi... c'est pour te nourrir, pour te loger, pour te payer des gages... Il est ton véritable intendant... car cette table exquise dont il est si fier, tu en jouis aussi bien que lui... quoiqu'à des heures différentes. Si tu restes... tu habites comme lui un hôtel ou un palais... si tu sors, toujours en voiture... en seconde ligne, il est vrai... mais qu'importe! Douce indépendance, aimable oisiveté, premiers trésors de l'homme; on ne vous trouve que sous la livrée... et qui ne sait pas vous apprécier, n'est pas digne de vous posséder... Mais qui vient là?.c'est mon jeune protégé. (*A Jasmin.*) Va vite exécuter mes ordres. (*Jasmin sort.*)

SCÈNE XIV.
M. DE SAINT-PIERRE, EDMOND.

M. DE SAINT-PIERRE, *à Edmond.* Eh! arrivez donc, mon cher... Comment cela va-t-il?.. J'étais d'une inquiétude...

EDMOND. Ah! Monsieur, comment vous prouver ma reconnaissance...' Après avoir lu votre billet, votre homme d'affaires a pris sur-le-champ toutes les mesures nécessaires. Il était temps... car c'est demain que le délai expire...

Air du vaudeville de l'*Opéra-Comique.*
Grâce à vous, grâce à lui, je puis
Tout recouvrer, sans qu'il m'en coûte.
Quel honnête homme! dans Paris
En est-il comme lui?
M. DE SAINT-PIERRE.
Sans doute.
Oui des avoués sans défaut,
D'une probité scrupuleuse,
On peut en trouver... il ne faut
Qu'avoir la main heureuse.

EDMOND. Par exemple, il m'a demandé sur-le-champ ma clientèle pour l'avenir... Vous devinez ma réponse. En même temps ce brave homme avait un domestique... un excellent sujet...

M. DE SAINT-PIERRE. Hein !.. qu'est-ce que vous me dites là?

EDMOND. Il désirait le placer auprès d'un homme riche, en qualité de valet de chambre... Il me l'a proposé...

M. DE SAINT-PIERRE. Ah ! mon Dieu !

EDMOND. Et vous sentez bien que j'ai accepté sur-le-champ.

M. DE SAINT-PIERRE. Vous avez accepté?

EDMOND. Certainement, et en le remerciant encore... Mais qu'avez-vous donc?.. et d'où vient le trouble où je vous vois?

M. DE SAINT-PIERRE, *à part.* Nos affaires allaient si bien jusque là... Il ne fallait pas moins qu'un avoué pour les embrouiller... (*Haut.*) Malheureux jeune homme, qu'avez-vous fait?

EDMOND. Quelle faute ai-je donc commise?

M. DE SAINT-PIERRE. La plus grande de toutes !.. Vous ne savez donc pas que dans la situation où vous êtes, le choix d'un domestique est pour vous de la dernière importance, que votre sort en dépendait...

EDMOND. Que voulez-vous dire?

M. DE SAINT-PIERRE. Que la main puissante qui vous protégeait se voit forcée de vous abandonner... que le cours de vos prospérités va soudain s'arrêter, et que vous n'avez plus maintenant que des malheurs à attendre.

SCÈNE XV.

Les précédents, CÉCILE.

CÉCILE. Ah! monsieur Edmond, venez à notre aide, mademoiselle Elise se désole... elle dit qu'elle ne pourra y survivre...
EDMOND. Qu'y a-t-il donc?
CÉCILE. Sa mère avant de repartir est passée chez elle, et lui a déclaré que ce soir même elle serait mariée, et qu'il fallait obéir.
EDMOND. Ah! mon Dieu... que faire?.. quel parti prendre? (A Saint-Pierre.) Vit-on jamais un malheur pareil au mien?
M. DE SAINT-PIERRE, froidement. Je vous l'avais dit... cela commence.
EDMOND. Ah! Monsieur... ah! mon protecteur, ne m'abandonnez pas!
CÉCILE. Hélas! oui... ils n'ont plus d'espoir qu'en vous.
EDMOND. Encore ce dernier service.
M. DE SAINT-PIERRE. Je ne veux plus vous en rendre.. Il y a une demi-heure, je n'aurais pas hésité... c'était mon devoir... Mais à présent cela ne me regarde plus... et c'est à un autre à prendre ce soin.
EDMOND. Toute votre conduite envers moi, l'amitié que vous m'avez témoignée, le courroux que vous me faites paraître, tout me semble inexplicable!... Vous aurais-je offensé sans le vouloir? parlez, je suis prêt à réparer mes torts... à vous obéir en tout.
M. DE SAINT-PIERRE. Bien vrai?
EDMOND. Je vous en donne ma parole d'honneur.
M. DE SAINT-PIERRE. C'est bien... vous épouserez votre Elise.
EDMOND, se jetant à ses pieds. Ah! Monsieur! comment reconnaître...
M. DE SAINT-PIERRE, faisant ses efforts pour le relever. Du tout... ce n'est plus ça!.. je ne veux pas que vous soyez ainsi... Je veux absolument que vous vous releviez... c'est ma première condition. (Edmond se relève.) La seconde, c'est que vous renverrez à votre avoué son valet de chambre, et que vous n'en prendrez qu'un que de ma main.
EDMOND. Je vous le jure.
M. DE SAINT-PIERRE. A ce prix-là j'oublie tout, et la fortune va de nouveau vous protéger.

SCÈNE XVI.

Les précédents, JASMIN.

JASMIN. C'est un paquet qui est adressé à M. de Saint-Pierre, pour remettre à M. le comte de Morinval.
M. DE SAINT-PIERRE, montrant Edmond. Donnez à Monsieur. (Jasmin sort.)
EDMOND, décachetant la lettre. Une lettre de madame de Rostange, et une autre du ministre... O ciel! il serait possible! à moi une place aussi belle... aussi honorable.
M. DE SAINT-PIERRE, froidement. Je vous l'avais annoncé .. voilà que cela reprend.
EDMOND. Grand Dieu! ce n'est rien encore... une lettre de madame de Rostange... elle m'accorde la main de sa fille .. (A Saint-Pierre.) Ah! vous êtes mon sauveur, mon Dieu tutélaire.
M. DE SAINT-PIERRE, lui montrant la lettre. Prenez garde... il y a peut-être quelques conditions qui ne vous plairont pas autant.
EDMOND, reprenant la lettre. Oui, madame de Rostange se marie elle-même... et elle exige pour condition que j'obtienne aussi l'agrément de mon futur beau-père... quel peut être ce beau-père?
M. DE SAINT-PIERRE. Ce n'est pas ce qu'il y a de mieux dans l'événement, car c'est un beau-père qui ne vous convient pas du tout, et dont la présence pourrait tout renverser... Il faut maintenant nous entendre pour nous en débarrasser... Cela dépend de vous.
EDMOND. Et comment?
M. DE SAINT-PIERRE. Madame de Rostange le croit riche... dites-lui hardiment qu'il ne l'est plus... Elle le prend pour un homme de qualité... apprenez que c'est un homme de rien, qui a fait fortune en un jour et qui l'a mangée en trois mois. Enfin, s'il faut vous le dire... il a autrefois porté la livrée. Moi, qui vous parle, je l'ai vu!..
EDMOND. O ciel!

AIR de *Partie carrée*.

Mais, Monsieur, sur un fait semblable,
Pour engager son honneur et sa foi,
Il faut avoir la preuve irrécusable;
Qui donc ici la fournira?
    M. DE SAINT-PIERRE.
            C'est moi.
Quand il faudra, je saurai vous instruire,
Et le forcer à tout vous dévoiler;
Car j'en suis sûr, je n'ai qu'un mot à dire
Pour le faire parler.

SCÈNE XVII.

Les précédents, JASMIN.

JASMIN. Monsieur est servi.
M. DE SAINT-PIERRE. C'est bien. Tous mes convives sont-ils là?
JASMIN. Oui, Monsieur.
M. DE SAINT-PIERRE, à Cécile et à Edmond. Pardon, mes amis, il faut que j'y aille. Je les ai quelquefois fait attendre, mais aujourd'hui, ce ne serait pas convenable! (A Edmond.) Je vous fais mes excuses de ne pas vous inviter; ce sont des personnes avec qui vous ne seriez peut-être pas à votre aise.
JASMIN. En même temps, madame de Rostange a fait prévenir qu'elle allait passer chez vous.
M. DE SAINT-PIERRE. Je ne peux pas la recevoir... au moment de me mettre à table. (A Edmond.) Daignez prendre ce soin-là pour moi... c'est votre belle-mère... Surtout n'oubliez pas ce que je vous ai dit... Du courage.

AIR : *Trou la la*.

Tout va bien, (bis.)
En avant, ne craignez rien;
Tout va bien (bis).
Pour votre sort et le mien.
Sans adieu; j'ai là-dedans
Des convives importants.
    CÉCILE.
Quoi! ceux que vous attendez?
    M. DE SAINT-PIERRE.
Sont tous des habits brodés.
Tout va bien, (bis.)
En avant, ne craignez rien;
Tout va bien (bis).
Pour votre sort et le mien.
            (Il sort.)

SCÈNE XVIII.

CÉCILE, EDMOND, puis MADAME DE ROSTANGE.

CÉCILE, bas, à Edmond. Allons, Monsieur, obéissez et laissez-vous conduire par lui. Voici votre belle-mère.
EDMOND. Ah! Madame, comment vous remercier de toutes vos bontés? J'allais me présenter chez vous.
MADAME DE ROSTANGE. Je m'attendais presque à vous trouver ici... Je sais que M. de Saint-Pierre est votre protecteur; car c'est à lui que vous devez tout. Vous a-t-il parlé de mon mariage?
EDMOND. Oui, Madame. Vous étiez sûre d'avance de mon approbation; et si, dans cette circonstance, j'ose hasarder un avis, ne voyez dans ma conduite que le désir que j'ai de vous prouver ma reconnaissance.

MADAME DE ROSTANGE. Que voulez-vous dire?
EDMOND. Qu'on vous trompe, Madame; du moins tout nous le prouve. Vous croyez à celui que vous épousez une grande fortune, et l'on assure qu'il est ruiné.
CÉCILE. Oui, Madame. Vous le croyez un homme de qualité, il ne l'est pas plus que moi; et pour que vous sachiez à quoi vous en tenir, apprenez que c'est un ancien valet.
MADAME DE ROSTANGE. Qui a pu débiter de pareilles calomnies? On n'avance pas des faits aussi graves sans en donner des preuves.
EDMOND. Je n'en ai point, il est vrai; mais un homme estimable, un homme d'honneur, dont vous ne récuserez pas, j'espère, le témoignage, M. de Saint-Pierre lui-même, s'est chargé de nous les fournir.
MADAME DE ROSTANGE. M. de Saint-Pierre! Eh mais, c'est lui que j'épouse; c'est lui dont vous parlez. (*On entend au dehors un chœur de gens à table qui chantent l'air précédent* : Trou la la.)
TOUS. Qu'est-ce que cela veut dire? et quel est ce bruit?

SCÈNE XIX.

LES PRÉCÉDENTS ; HUIT OU DIX DOMESTIQUES *en grande livrée paraissant d'abord, ensuite* M. DE SAINT-PIERRE *pareillement en livrée. Il est au milieu d'eux, et leur donne tour à tour une poignée de main.*

CHŒUR DE DOMESTIQUES, *qui entrent en chantant.*
AIR : *Trou la la.*
Quel plaisir, (*bis.*)
Quand son règne va finir!
Quel plaisir! (*bis.*)
Dépêchons-nous de jouir.
EDMOND, MADAME DE ROSTANGE, CÉCILE.
Qu'ai-je vu? (*bis.*)
Quel spectacle inattendu!
Qu'ai-je vu? (*bis*)
ENSEMBLE.
MADAME DE ROSTANGE.
Mon époux ainsi vêtu.
CÉCILE.
Notre maître ainsi vêtu.
MADAME DE ROSTANGE.
A peine si j'en revien,
Quoi! cet habit..
M. DE SAINT-PIERRE.
C'est le mien.
Chacun rentre dans son bien,
Et je reprends mon ancien.

CHŒUR GÉNÉRAL.
LES DOMESTIQUES.
Quel plaisir, etc.
EDMOND, MADAME DE ROSTANGE, CÉCILE.
Qu'ai-je vu? etc.

EDMOND. Qu'est-ce que cela signifie?
M. DE SAINT-PIERRE. Que je vous ai promis des preuves, et que je vous les apporte. J'ai rendu la liberté à mes anciens serviteurs, à présent mes égaux. (*A madame de Rostange.*) C'est vous dire assez, Madame, que je ne peux tenir ma promesse : non pas que mon billet ne soit excellent; mais je ne suis pas assez heureux pour que vous me forciez à l'acquitter.

MADAME DE ROSTANGE. Il serait possible !.. un valet !
M. DE SAINT-PIERRE. Trouvez-en un qui vous serve mieux. (*A Edmond.*) Grâce à moi, vous n'avez plus rien à craindre d'un rival redoutable. Grâce à moi, vous avez une place. (*A madame de Rostange.*) Grâce à moi, votre fille épouse un jeune homme charmant et cinquante mille livres de rente, car il les a.
EDMOND. Ah! mon ami, comment m'acquitter envers vous? comment reconnaître tant de bienfaits?
M. DE SAINT-PIERRE. En me donnant chez vous une place de valet de chambre.
EDMOND. Ah! tu seras toujours mon ami.
M. DE SAINT-PIERRE. Soit, un ami en livrée, à la condition encore que vous prendrez aussi ma femme au service de la vôtre. N'est-il pas vrai, Cécile?
CÉCILE. Ah! que je suis contente!
M. DE SAINT-PIERRE, *aux domestiques.* Quant à vous, mes amis, je vous ai payé vos gages, vos gratifications : nous sommes quittes, et vous êtes maintenant vos maîtres.
JASMIN. Ah! monsieur Lapierre, nous n'en trouverons pas comme celui que nous avions.
M. DE SAINT-PIERRE. Peut-être. Il y en a encore quelques-uns. En tout cas, (*Montrant Edmond.*) ils ne vaudront pas celui-ci, j'en suis certain. Mais il faut suivre mon exemple, et pour avoir une bonne condition, il faut la faire soi-même.

VAUDEVILLE.

AIR du vaudeville *du Colonel.*

EDMOND.
Le dernier jour, en toute affaire,
Nous offre un pas difficile à franchir;
Heureux, lorsque dans sa carrière,
On peut le voir arriver sans pâlir.
Plus heureux encore, il me semble,
Quand, touché d'un égal amour,
On a passé sa vie ensemble,
Et qu'on arrive ensemble au dernier jour.
MADAME DE ROSTANGE.
Jeunes beautés qu'au printemps l'on adore,
A votre char vous traînez mille amants;
Mais l'âge vient, et vous pouvez encore
Plaire et charmer dans l'hiver de vos ans.
Oui, les succès que le cœur nous procure
Bravent le temps, et nous restent toujours.
Dans la bonté cherchons notre parure,
Quand nos attraits sont à leurs derniers jours.
M. DE SAINT-PIERRE.
Dans des places comme les nôtres,
Quoiqu'un peu d'orgueil soit permis,
Je n'ai jamais, comme tant d'autres,
Dans le bonheur oublié mes amis.
Oui, lorsque la grandeur commence,
La mémoire fuit sans retour,
Et l'aurore de la puissance
De l'amitié devient le dernier jour.
CÉCILE, *au public.*
Par une disgrâce commune,
Aux grands, hélas! comme aux petits,
On dit qu'en perdant sa fortune,
On perd souvent tous ses amis.
(*A M. de Saint-Pierre.*)
Ah! puisse-t-il n'avoir pas cette chance,
De cet ouvrage assurez le retour;
Et puisse, hélas! le jour de sa naissance
Ne pas être son dernier jour!

FIN DE UN DERNIER JOUR DE FORTUNE.

VIALAT ET Cᴵᴱ, IMPRIMEURS ET ÉDITEURS.

ZOÉ. A quoi pensez-vous donc comme ça. — Scène 4.

ZOÉ
ou
L'AMANT PRÊTÉ
COMÉDIE-VAUDEVILLE EN UN ACTE
Représentée, pour la première fois, à Paris, sur le théâtre du Gymnase dramatique, le 16 mars 1830.
EN SOCIÉTÉ AVEC M. MÉLESVILLE.

Personnages.

ERNESTINE DE ROUVRAY.
ALPHONSE D'AUBERIVE, son futur.
ZOÉ, fille de l'ancien jardinier du château.
DUMONT, régisseur.
PIERRE ROUSSELET, fermier.

ANDRÉ, garçon jardinier.
PLUSIEURS AMIS D'ALPHONSE.
PLUSIEURS DAMES AMIES D'ERNESTINE.
VALETS.
JARDINIERS.

La scène se passe au château de Rouvray.

Le théâtre représente un jardin à l'anglaise, près du château. A droite de l'acteur, un pavillon ouvert du côté des spectateurs, et entouré de massifs; à gauche, un bosquet et quelques chaises.

SCÈNE PREMIÈRE.
DUMONT, ANDRÉ.

DUMONT, *à André.* Faites ce qu'on vous dit, et pas de réflexions ! Vous savez bien que Mademoiselle est la maîtresse.

ANDRÉ. Mais, monsieur Dumont, sortir nos caisses par les gelées blanches d'automne! ça a-t-il du bon sens ?

DUMONT. Que t'importe?
ANDRÉ. Pour danser!
DUMONT. Qu'est-ce que cela te fait? M. le baron de Rouvray, notre maître, n'a d'autre enfant que mademoiselle Ernestine; par conséquent il ne suit que ses volontés. Faites-en autant, et puisque Mademoiselle le veut, transformez l'orangerie en salle de bal, et dépêchez-vous.
ANDRÉ. Mais pensez donc...

AIR : *Je loge au quatrième étage.*

Si vous les sortez de la serre,
Ces pauvr's orangers vont mourir.
DUMONT.
Eh bien! qu'ils meur'nt, c'est leur affaire;
La nôtre, à nous, c'est d'obéir.
ANDRÉ.
Mais songez qu' l'hiver va venir.
DUMONT.
Que fait l'hiver à not' maîtresse?
Elle ne pense qu'aux beaux jours,
Et croit, parc' qu'elle a d' la jeunesse,
Que l' printemps doit durer toujours.

Allez... (*André sort.*)
DUMONT, *le regardant sortir.* Cet imbécile, qui se croit obligé de prendre les intérêts de la maison! ça n'a pas la moindre idée du service... (*Apercevant Pierre, qui arrive par le fond à droite.*) Eh! c'est Pierre Rousselet, le fermier de Monsieur.

SCÈNE II.

DUMONT, PIERRE.

PIERRE. Bonjour, monsieur le régisseur.
DUMONT. Te voilà donc revenu de Caudebec? As-tu fait de bonnes affaires?
PIERRE. Mais oui. J'ai acheté quelques bestiaux, des bêtes superbes, et qui se portent... (*Lui prenant la main.*) A propos de ça, et la santé, monsieur Dumont?
DUMONT. Pas mal, mon garçon, et toi?
PIERRE. Dame! vous voyez. Il y en a de plus chétifs.
DUMONT. Je crois bien. Je ne connais pas de coquin plus heureux que toi. Jeune, bien bâti, riche : car tu étais fils unique; et ton père en mourant, a dû te laisser un joli magot.
PIERRE. Je ne dis pas... le magot qu'il a laissé est agréable.
DUMONT. Eh bien! est-ce que tu ne songes pas à te marier maintenant? Toutes les filles de Rouvray doivent courir après toi.
PIERRE, *souriant.* Ah! ah! c'est vrai : elles me font des mines... mais je ne m'y fie pas, parce que ces paysannes, quand on leur fait la cour, il arrive quelquefois des inconvénients. C'est si vétilleux, ces vertus de campagne!

AIR du *premier Prix.*

Malgré vous, ell's vous ensorcèlent.
On n' voulait qu' rire et s'amuser;
Puis v'là les famill's qui s'en mêlent,
Et l'on est forcé d'épouser...
Aussi, près de ces demoiselles,
Je ne veux pas changer d'emploi;
J' suis leur amant, et quand d'elles,
J' s'rais leur mari qu'ell's s' moqu'raient d' moi.

Moi, d'abord, je n'aime personne; j'ai le bonheur de n'aimer personne. Mais je n'empêche pas les autres : je me laisse aimer. Alors, je peux choisir.
DUMONT. Ça me paraît juste.

PIERRE. Comme me disait hier encore la petite Zoé, « Tu n'aimes personne, Rousselet. Alors, tu peux « choisir. »
DUMONT. Zoé! la fille de l'ancien jardinier, cette petite sotte que monsieur le baron a gardée ici par bonté. C'est elle qui est ton conseil?
PIERRE. Oh! c'est-à-dire, je cause avec c'te enfant, quand j' la rencontre, parce que c'était la filleule de ma tante Véronique. Elle nous est attachée, et puis elle a quelquefois des idées, et moi, c'est la seule chose qui me manque. Je ne l'ai vue hier qu'un instant, et elle m'a donné une idée.
DUMONT. Pour ton mariage?
PIERRE. Non, pour ma fortune. C'est ce qui me fait venir de si bonne heure. Dites moi, monsieur Dumont, vous avez grand monde au château?
DUMONT. Parbleu! Tous les propriétaires des terres voisines; tous les prétendants à la main de Mademoiselle, qui se succèdent depuis trois mois, avec leurs sœurs, leurs cousines... C'est un tapage!..
PIERRE. Et mam'selle Ernestine ne s'est pas encore décidée?

AIR : *De sommeiller encor, ma chère.*

Elle, si jolie et si fraîche,
Qui voit tant d'amants accourir,
De prendre un époux, qui l'empêche?
DUMONT.
Ell' te ressemble, ell' veut choisir.
Avant qu' sous l'hymen on se range,
A deux fois faut y regarder...
Car pour les amants, on les change;
Mais les maris, faut les garder.

C'est aujourd'hui cependant qu'elle doit se prononcer. Mais malgré les instances de son père, qui, vu sa goutte et ses soixante-huit ans, est pressé de l'établir, Mademoiselle passe sa vie à désoler ses amoureux par ses caprices, sa bizarrerie. Je n'en ai jamais vu d'aussi fantasque.
PIERRE. C'est drôle! on dit pourtant que, parmi ces jeunes gens, il y a un plus aimable que les autres.
DUMONT. M. Alphonse d'Auberive, le fils d'un ancien ami de monsieur le baron : c'est vrai; un jeune homme charmant, de l'esprit, de bonnes manières.
PIERRE. Et une ferme magnifique, qui est vacante, à ce que m'a dit Zoé.
DUMONT. C'est possible; mais je doute qu'il obtienne la préférence.
PIERRE. Pourquoi donc?
DUMONT. Parce que c'est encore un autre genre d'original. Il a, comme dit Mam'selle, de vieilles idées. Il veut que les femmes soient soumises à leurs maris.
PIERRE. Bah!
DUMONT. Et par suite, il ne se prête pas assez aux fantaisies de Mam'selle. Quelquefois même, il lui lance des coups de patte.
PIERRE. En vérité!
DUMONT. L'autre jour, il revenait de la chasse : on était rassemblé sur la terrasse, et Mam'selle venait d'avoir deux ou trois caprices; je ne sais pas trop à quel propos...
PIERRE. Elle ne le savait peut-être pas elle-même.
DUMONT. C'est probable. Enfin son père n'osait rien dire; mais on voyait qu'il souffrait. «Parbleu, dit M. Alphonse entre ses dents, si c'était ma fille, je saurais bien me faire obéir. — Et comment? dit le papa. — Il y a mille moyens. — Mais enfin!.. — Cela ne me regarde pas. » Dans ce moment, il aperçoit son

chien piétinant une plate-bande. Il l'appelle, la pauvre bête hésite... Paf! il lui décoche un coup de fusil!

PIERRE. Et le tue?

DUMONT. Non; seulement quelques grains de plomb! Tout le monde jette un cri. «Pardon, Mesdames, dit-il; c'est seulement pour lui apprendre à avoir des caprices.» Mam'selle rougit, monsieur le baron se mord les lèvres, et lui, les saluant d'un air gracieux, s'en va tranquillement faire un tour de parc.

PIERRE. Oh! là! là!

AIR de *Voltaire chez Ninon.*

Après c' trait-là, je l' pense bon,
Mam'selle devait êtr' furieuse.
DUMONT.
Pas trop... mais elle ne dit rien,
Et tout le soir ell' fut rêveuse.
PIERRE.
Y a d' quoi... c'est déjà bien gentil;
Car s'il veut après l' mariage
S' faire obéir à coups d' fusil,
Y aura du bruit dans le ménage.

Eh bien! je serais désolé que ce ne fût pas lui qui épousât...

DUMONT. Tu le protéges?

PIERRE. Pour qu'il me le rende. Je viens lui demander sa belle ferme des Viviers, qui est tout près d'ici. Alors, vous concevez, étant déjà le fermier de Monsieur, je serais plus riche du double, et je pourrais choisir parmi les plus huppées.

DUMONT. Est-il ambitieux!

PIERRE. Dites donc, monsieur Dumont, aidez-moi, il y aura un bon pot-de-vin. Hein? ça va-t-il?

DUMONT. Tais-toi, tais-toi, ne parle donc pas si haut; ce n'est pas à cause de cela... mais au fait, c'est un brave garçon, et...

ZOÉ, *du dehors.* Monsieur Dumont, monsieur Dumont.

DUMONT. Chut! c'est la petite Zoé.

SCÈNE III.

LES PRÉCÉDENTS, ZOÉ, *accourant avec une corbeille de fleurs.*

ZOÉ. Monsieur Dumont, monsieur Dumont.
DUMONT. Qu'est-ce qu'il y a?
ZOÉ. Venez vite. V'là une heure que je vous cherche pour vous dire... (*Apercevant Pierre.*) Ah! c'est Pierre Rousselet!
PIERRE. Bonjour, bonjour, petite.
DUMONT. Pour me dire...
ZOÉ, *regardant Pierre.* Eh bien! oui, pour vous dire... (*A Pierre.*) Vous vous portez bien, monsieur Pierre?
DUMONT, *impatienté.* Pour me dire... quoi?
ZOÉ, *regardant toujours Pierre.* Dame! je l'ai oublié; je suis venue si vite... Qu'il a bonne mine ce matin, Pierre Rousselet!
DUMONT. Au diable la petite niaise, avec son Pierre Rousselet! elle ne sait pas même faire une commission. C'est sans doute pour le déjeuner?
ZOÉ. C'est ça. Ils déjeunent, et il manque quelque chose.
DUMONT. Du vin. J'ai les clés de la cave, j'y cours... (*Bas, à Pierre.*) Dès qu'ils seront sortis de table, je te ferai parler à M. d'Auberive.

PIERRE ET ZOÉ.

AIR : *De nos plaideurs, désormais,* etc. (du chœur final de *Louise.*)

Mais partez donc promptement,
Allez vite, ils sont à table;
Ils font tous un bruit du diable,
Pour boire on vous attend.
DUMONT.
J' sais mon affaire,
Et pour leur plaire,
J' vais leur donner du meilleur.
ZOÉ.
Alors, Monsieur, donnez-leur
D' celui qu' vous buvez d'ordinaire.

DUMONT, *parlant.* Tiens... C'te petite bête!

ENSEMBLE.
DUMONT.
Oui, je reviens dans l'instant,
Etc., etc., etc.
PIERRE ET ZOÉ.
Mais partez donc promptement,
Etc., etc., etc.

(*Dumont sort par la gauche; Pierre va s'asseoir auprès d'un arbre dans le bosquet. Zoé pose son panier de fleurs sur une des chaises du bosquet.*)

SCÈNE IV.

ZOÉ, PIERRE, *assis.*

ZOÉ, *à part.* C'te petite bête! Ce vilain régisseur! Voilà pourtant comme ils me traitent tous. (*Regardant Pierre.*) Excepté Pierre; lui, au moins ne me dit pas de choses désagréables. Il est vrai qu'il ne me parle jamais. (*Le regardant avec plus d'attention.*) Je vous demande, dans ce moment-ci, par exemple, à quoi il peut penser? si toutefois il pense. Si c'était... (*Haut et s'approchant un peu.*) Monsieur Pierre...

PIERRE, *d'un air indifférent.* Ah! vous êtes encore là, Zoé?

ZOÉ, *à part.* Comme c'est aimable! (*Haut.*) Oui. Vous avez l'air tout drôle... (*S'approchant de lui tout à fait.*) A quoi que vous pensez donc comme ça?

PIERRE. Ah dame! je pensais au cabaret de la mère Michaud, où j'ai déjeuné à c' matin.

ZOÉ, *soupirant.* Joli sujet de réflexions.

PIERRE. Figurez-vous qu'ils étaient là une douzaine à me corner aux oreilles : «Pourquoi que tu ne te maries pas, grand imbécile? Au lieu de vivre seul, comme un *grigou.* Que diable! tu as des écus; tu es ton maître. Tu pourrais faire le bonheur d'une honnête fille.»

ZOÉ. Ah! ça, il y a longtemps que je vous le conseille.

PIERRE, *se levant, et s'approchant de Zoé.* C'est bien aussi mon intention; et dès que j'aurai la ferme des Viviers, je prendrai une femme; je signerai les deux baux en même temps.

ZOÉ. Vous n'avez pas besoin d'attendre.

PIERRE. Si fait; afin de pouvoir dire à ma prétendue : «Voilà, vingt-cinq ans, un bon enfant, quarante setiers de terre, première qualité, physique *idem*, et quelques sacs de côté, pour acheter des dentelles et des croix d'or à madame Rousselet.» C'est à prendre ou à laisser. D'ailleurs c'est vous qui m'avez fait songer à c'te ferme.

ZOÉ. C'est vrai; mais ça ne doit pas vous empêcher de faire un choix, parce que, pendant que vous vous consultez, les jeunes filles se marient, et si vous tardez comme ça!..

Air de *l'Artiste*

Vous n' pourrez placer, j' gage,
Vot' cœur ni votre argent;
Car dans notre village,
Tout's les fill's, on les prend...
Il n'en rest'ra pas une,
Et je plains vot' destin...
Chez vous s'ra la fortune,
Et l' bonheur chez l' voisin.

PIERRE. C' qu'elle dit là est assez juste. Il n'y a déjà pas tant d' filles dans le pays. Il y a disette.

ZOÉ, *se rajustant*. Oh! on en trouve encore, en cherchant bien.

PIERRE, *d'un air de doute*. Hum! voyons, Zoé... Vous qui me connaissez d'enfance, qui est-ce qui pourrait me convenir?

ZOÉ, *timidement*. Dame! faut voir. Il vous faut quelqu'un d'aimable, de gentil...

PIERRE. Oui, qui me fasse honneur.

ZOÉ. Quelqu'un qui ne vous taquine jamais; parce que vous êtes vif, sans que ça paraisse.

PIERRE, *d'un air tranquille*. Très-vif.

ZOÉ. Une bonne petite femme qui vous aime bien.

PIERRE. Et qui ne m'attrape pas.

ZOÉ. Bien mieux : qui vous empêche d'être attrapé; car vous êtes un peu simple.

PIERRE. Oh! j'ai l'air comme ça; mais j' suis futé, sans qu' ça paraisse... (*Cherchant*.) Ah! dites donc, la grande Marianne?

ZOÉ, *faisant la moue*. Oh! non. Est-ce que vous la trouvez jolie, la grande Marianne?

PIERRE. Mais...

ZOÉ. Je ne trouve pas, moi. Elle est maigre et sèche...

PIERRE. C'est vrai qu'elle n'est pas si bien que Catherine Bazu.

ZOÉ, *d'un air approbatif*. Ah! voilà une jolie fille.

PIERRE. N'est-ce pas?

ZOÉ. Mais elle est coquette.

PIERRE. Catherine Bazu?

ZOÉ. Ah! elle est coquette... Il n'y a qu'à la voir les dimanches, elle se pavane, elle fait la belle, sans compter qu'elle change de danseur à chaque instant.

PIERRE. Ah! si elle change de danseur, il n'y aurait pas ce danger-là avec Babet Leroux?

ZOÉ. Ah! oui, la pauvre enfant! elle est si douce! et puis elle boite, elle ne peut pas danser.

PIERRE. C'est vrai, elle boite; cependant, quand elle est assise, ça ne paraît pas... Nous avons la grosse Gothon?

ZOÉ. Une mauvaise langue.

PIERRE. Claudine?

ZOÉ. Plus vieille que vous.

PIERRE. Fanchette?

ZOÉ. Elle épouse Jean-Louis.

PIERRE, *se grattant l'oreille*. Diable! voilà tout le village. Je n'en vois plus d'autres.

ZOÉ, *à part*. Ah! mon Dieu! il est donc aveugle!

PIERRE. A moins de prendre dans les mamans. (*Comme frappé d'une idée*.) Ah! que je suis bête! Je n'y pensais pas.

ZOÉ, *avec joie*. L'y voilà enfin.

PIERRE. Il n'y en a plus ici...

Air de *l'Ecu de six francs*.

Mais c'est demain, v'là mon affaire,
Jour de marché.

ZOÉ.
Qu'est-c' que ça f'ra?

PIERRE.
De tous les environs, j'espère,
Il en viendra... je serai là.
Etant l' premier sur leur passage,
Je serai bien sûr de saisir
Leur cœur...

ZOÉ.
A moins qu'avant d' partir
Ell's n' l'aient laissé dans leur village;
A moins pourtant qu'avant d' partir,
Ell's n' l'aient laissé dans leur village.

PIERRE. C'est encore possible. Il y a des amoureux comme ici, peut-être plus... (*Regardant vers la gauche*.) Mais v'là la compagnie qui sort de table, car je la vois dans les jardins. J' vas vite trouver le régisseur, pour qu'il me fasse parler à M. d'Auberive. Sans adieu, ma petite Zoé... (*En s'en allant*.) Si je trouve ce qu'il me faut, il y aura un cadeau de noce pour vous. (*Il disparaît dans le bosquet*.)

—

SCÈNE V.

ZOÉ, *seule, le suivant des yeux*. Est-ce impatientant! Dire qu'il songe à tout le monde, excepté à moi. (*S'essuyant les yeux*.) Et il me demande conseil encore! Moi qui l'aime depuis si longtemps, et de si bon cœur! Mais voilà ce que c'est, personne ne fait attention à Zoé, la petite jardinière, personne ne lui fait la cour! et ces vilains hommes ne désirent jamais que ce que les autres veulent avoir.

AIR : *Si ça t'arrive encore* (de LA MARRAINE).

Je n' suis pourtant pas mal, je crois;
Mais c'est comm' ça, quand on commence :
Et vous toutes, vous que je vois
Me traiter avec arrogance,
J'aurais bientôt, soit dit sans me louer,
Vingt amoureux comme les vôtres...
Si quelqu'un voulait s' dévouer
Pour encourager les autres.
(*Elle regarde vers la gauche*.)

Ah! mon Dieu! v'là toute la société qui vient par ici, et mes fleurs qui ne sont pas prêtes. Tant pis, je n'ai plus de cœur à rien. (*Elle prend son panier, et entre dans le pavillon*.)

—

SCÈNE VI.

ERNESTINE, ALPHONSE, *sortant des jardins à gauche*, PLUSIEURS JEUNES GENS DES DEUX SEXES; ZOÉ, *dans le pavillon*.

CHŒUR.

AIR : *Sous ce riant feuillage* (LA FIANCÉE).

Des derniers jours d'automne
Hâtons-nous de jouir;
Déjà le vent résonne
Et l'hiver va venir...
Ainsi dans le jeune âge,
Profitons des instants;
Le plaisir est volage,
Et dure peu de temps.
Des derniers jours d'automne, etc., etc.

(*Après le chœur, les jeunes gens invitent les dames à s'asseoir sur les chaises qui se trouvent dans le bosquet*.)

ERNESTINE. Eh bien! mes bonnes amies, que faisons-nous ce matin?

ALPHONSE. Faut-il aller chercher les châles, les ombrelles?

UNE JEUNE PERSONNE, *à la droite d'Ernestine.* On avait parlé d'une promenade à cheval. Qu'en dis-tu, Ernestine?

ERNESTINE. Oh! non. Je ne connais rien de plus maussade...

ALPHONSE, *souriant.* C'est pourtant vous qui l'aviez proposée.

ERNESTINE, *sèchement.* C'est possible, Monsieur. Mais mon père souffre un peu de sa goutte... Il ne quittera pas le salon, et je ne puis m'éloigner.

TOUS. C'est juste.

UNE JEUNE PERSONNE. Eh bien! allons à la chaumière.

ERNESTINE. Il fait bien chaud.

UNE AUTRE. Dans la prairie.

TOUS. Oh! oui, dans la prairie.

ERNESTINE. C'est bien humide. Du reste, mes bonnes amies, tout ce qui pourra vous amuser.

ALPHONSE, *avec ironie.* A quoi bon se promener à la campagne?

ERNESTINE. Oh! dès qu'on désire faire quelque chose, on est sûr que M. Alphonse s'y opposera.

ALPHONSE. Moi, Mademoiselle?

ERNESTINE. Je ne connais pas d'esprit plus contrariant. Tout à l'heure encore, lorsque mon père a reçu le billet de faire part de mon cousin de Villeblanche, qui épouse une petite fille de rien, une espèce de grisette, j'ai eu le malheur de m'élever contre un mariage aussi ridicule... Monsieur, pour me contredire, n'a pas manqué de prendre la défense de mon cousin, de soutenir qu'on n'était pas le maître de ses affections et qu'après tout, si la jeune personne était aimable...

ALPHONSE. Permettez..

TOUT LE MONDE. Oh! vous l'avez dit, vous l'avez dit. (*Zoé sort du pavillon et reste dans le fond à droite.*)

ALPHONSE. Un moment. J'ai dit qu'entre deux personnes qui s'aimaient il n'y avait pas de mésalliance, que tout était égal, et que je concevais parfaitement qu'un homme bien épris ne voulût pas sacrifier son bonheur à un sot préjugé. Mais, si vous m'aviez laissé finir...

ERNESTINE, *avec impatience.* Taisez-vous, Monsieur; vous êtes insupportable! il n'y a pas moyen de discuter avec vous. Venez, Mesdemoiselles... (*En faisant quelques pas, elle aperçoit Zoé pleurant dans son coin.*) Eh! mais que vois-je?

LES JEUNES PERSONNES. Oh! la jolie enfant!

ERNESTINE. C'est notre petite jardinière.

LES JEUNES GENS. Charmante!

ERNESTINE. Qu'as-tu donc, Zoé?

ZOÉ, *s'essuyant les yeux.* Ne faites pas attention, Mam'selle, c'est que je pleure.

ERNESTINE. Et pourquoi?

ALPHONSE, *souriant.* Ce n'est pas difficile à deviner, quand une jeune fille pleure...

ERNESTINE. C'est toujours la faute de ces messieurs. (*A Zoé.*) C'est ton amoureux qui t'a fait du chagrin?

ZOÉ, *pleurant plus fort.* Plût au ciel! Mais ça n'est pas possible.

ERNESTINE. Comment?

ZOÉ. Puisque je n'en ai pas.

ERNESTINE. Tu n'as pas d'amoureux?

ZOÉ. Non, Mam'selle.

ERNESTINE. Et c'est pour cela que tu pleures?

ZOÉ. Il n'y a peut-être pas de quoi?

TOUS. Est-il possible!

ERNESTINE. A ton âge!

ZOÉ. Si ce n'est pas une horreur! Je suis peut-être la seule dans tout le pays, et c'est là ce qui est humiliant. Encore s'il y avait de ma faute...

AIR : *Un soir, dans la forêt voisine* (d'Amédée Beauplan).

Mais j' n'ai pas un r'proche à me faire,
Chacun peut s'en apercevoir.
Pour tâcher d'êtr' gentille et d' plaire,
J'emploie, hélas! tout mon savoir,
Et j' me r'gard' sans cesse au miroir.
J' suis dès l' matin en coll'rett' blanche,
En p'tits souliers, en jupons courts :
En fait de rubans et d'atours,
C'est pour moi tous les jours dimanche...
 Eh bien! eh bien!
 Tout cela n'y fait rien. } *bis.*
 Rien.

ALPHONSE, *souriant.*
Quoi! rien?

ZOÉ.
Non... tout cela n'y fait rien.

DEUXIÈME COUPLET.

Je n' manque pas un' danse, un' fête :
Faut voir, avec tous les jeun's gens,
Comme je suis polie, honnête;
Et lorsque deux danseurs galants
Vienn'nt m'inviter en même temps,
Avec une obligeance extrême,
Et pour ne fâcher aucun d'eux,
Je les accepte tous les deux,
Et quelquefois même un troisième.
 Eh bien! eh bien!
 Tout cela n'y fait rien. } *bis.*
 Rien.

ALPHONSE.
Quoi! rien?

ZOÉ.
Non... tout cela n'y fait rien.

LES JEUNES GENS. Elle est délicieuse! (*Zoé passe à la droite.*)

ERNESTINE, *riant.* Pas un amoureux!

ALPHONSE ET LES JEUNES GENS. C'est une indignité!

ZOÉ. C'est une injustice. Il y en a tant qui en ont deux!

ALPHONSE, *souriant.* Vraiment! même au village?

ZOÉ. Au village et ailleurs. V'là Mam'selle, par exemple, qui en a cinq ou six autour d'elle. Ça fait tort aux autres; ça n'est pas généreux.

ALPHONSE, *d'un air de reproche.* Elle a raison.

ERNESTINE. Vous trouvez? eh bien! je veux faire quelque chose pour elle.

ZOÉ, *vivement.* Est-ce que vous m'en donneriez un?

ALPHONSE. Eh bien! par exemple...

ZOÉ. Dame! c'est les riches qui doivent donner aux pauvres.

ERNESTINE, *à Zoé.* Écoute, Zoé; je n'puis pas te donner un amoureux en toute propriété. (*Regardant les jeunes gens d'un air aimable.*) Je suis pour cela trop intéressée; mais je puis t'en prêter un.

TOUS. Comment! en prêter un?

ALPHONSE. Quelque nouveau caprice.

ZOÉ, *sautant de joie.* Quel bonheur! Eh bien Mam'selle, c'est tout ce que je vous demande, parce que je gagerais que, dès qu'il y en aura un, ça fera venir les autres. Il n'y a que le premier qui coûte; et puis je vous le rendrai exactement, je vous le jure. Je suis une honnête fille.

ERNESTINE. Je n'en doute pas... Eh bien! regarde, tous ces messieurs me font la cour, choisis celui qui te plaira le plus.

AIR : *Oui, je suis grisette* (de Plantade).
 Que le seul mérite
 Décide ton choix.
 ZOÉ, *passant au milieu.*
 V'là pourquoi j'hésite,
 C'est trop à la fois.

CHŒUR.
Vraiment elle hésite
Et tremble, je crois;
Que le seul mérite
Décide son choix.
ZOÉ.
C'est trop de richesse;
Pourtant je sens là
Qu' si j'étais maîtresse,
J' prendrais celui-là.
(*Elle désigne Alphonse.*)
TOUS.
Vraiment la petite
S'y connaît, je crois;
Et le seul mérite
A dicté son choix.
ZOÉ, *faisant des excuses aux autres.*
J' voudrais, dans mon zèle,
N'en fâcher aucun;
Mais Mademoiselle
Ne m'en prête qu'un.

CHŒUR.
Vraiment la petite
S'y connaît, je crois,
Et le seul mérite
A dicté son choix.
(*Zoé passe à gauche du théâtre.*)

ERNESTINE, *à part.* Excellente occasion de me venger de lui. (*A Alphonse.*) Eh bien! Monsieur, je vous ordonne, pendant trois heures de faire la cour à Mademoiselle.
ALPHONSE. A mademoiselle Zoé?
ZOÉ, *joignant les mains.* Enfin, en voilà donc un!
ERNESTINE. Cela ne peut vous déplaire, c'est tout à fait dans votre système : pourvu que la personne soit aimable.
ALPHONSE, *passant auprès d'Ernestine.* Mais vous n'y pensez pas, une pareille plaisanterie...
ERNESTINE. Je ne plaisante pas. Vous êtes le chevalier de Zoé pour trois heures : ce n'est pas long. Allons, Monsieur, soyez galant, attentif, bien soumis surtout : de ce côté-là, vous avez beaucoup à apprendre, et je serai ravie qu'une autre achève votre éducation.
ALPHONSE, *sur le devant du théâtre.* Voilà bien l'idée la plus extravagante. Je ne m'y soumettrai pas.
ERNESTINE, *à mi-voix.* Prenez garde, c'est aujourd'hui que je choisis mon époux; je veux voir jusqu'où peut aller son obéissance, et si vous hésitez, je vous exclus.
ALPHONSE. Ciel !

ENSEMBLE.
ERNESTINE ET LE CHŒUR.
Air de contredanse.

Quel plaisir! comme il enrage!
Oui, grâce à ce badinage,
Il m'obéira, } je gage,
Il obéira,
Et je le rendrai } plus sage.
Et vous le rendrez
Quel plaisir! comme il enrage!
Désormais, soumis et sage,
Il m'obéira, } je gage,
Il obéira,
Et nous ferons } bon ménage;
Et vous ferez
Car, je le vois, il enrage;
Quel plaisir! comme il enrage!
ALPHONSE.
Quel tourment! comme j'enrage!
Mon supplice est son ouvrage;
Mais d'un pareil badinage
Je me vengerai, je gage...
Quel tourment! comme j'enrage!
Pour être heureux en ménage,
D'un si cruel esclavage
Il faut que je me dégage...
Quel tourment! comme j'enrage!
Quel tourment! comme j'enrage!
ZOÉ.
Quel bonheur est mon partage!
Un tel amant, je le gage,
Va surprendre tout le village,
Et m' vaudra plus d'un hommage:
Quel bonheur est mon partage!
Quoiqu' ce soit un badinage,
Cet amant-là, je le gage,
Hâtera mon mariage.
Quel bonheur est mon partage!
TOUS LES JEUNES GENS, *à Alphonse.*
Tu n'es pas trop à plaindre.
(*Montrant Zoé.*)
Elle est fort bien... console-toi.
ALPHONSE, *à part.*
Comme il faut se contraindre!
(*A Ernestine.*)
Mais, Ernestine, écoutez-moi.
ERNESTINE.
Non, Monsieur...
ALPHONSE.
C'est affreux.
Ce supplice est trop rigoureux.
ERNESTINE, *bas.*
Il suffit... je le veux.
ALPHONSE.
J'obéis...
ERNESTINE, *bas, à ses compagnes.*
Il est furieux.

REPRISE DE L'ENSEMBLE.

ERNESTINE ET LE CHŒUR.
Quel plaisir! comme il enrage! etc.
ALPHONSE.
Quel tourment! comme j'enrage! etc.
ZOÉ.
Quel bonheur est mon partage! etc.
(*Tout le monde sort, excepté Alphonse et Zoé.*)

SCÈNE VII.

ALPHONSE, ZOÉ.

ALPHONSE, *d'un côté et à part.* Celui-ci vaut tous les autres. Impossible de la corriger. Ah! si je ne l'aimais pas comme un fou...
ZOÉ, *de l'autre côté, et le regardant.* C'est qu'il est bien, mon amoureux!
ALPHONSE, *de même.* Et pendant qu'elle m'impose cette ridicule condition, elle court au salon où les autres vont lui parler de leur amour. Ce M. Gustave surtout, un fat que je ne puis souffrir.
ZOÉ. Je suis curieuse de voir comment ils font la cour aux belles dames; ils doivent leur dire de jolies choses.
ALPHONSE, *de même.* Ma foi, j'ai envie de laisser là cette petite, et de retourner. Oh! elle ne me le pardonnerait jamais.
ZOÉ, *à part.* Ah çà ! qu'est-ce qu'il a donc? il ne fait pas plus d'attention à moi... (*Haut.*) Dites donc, Monsieur...
ALPHONSE, *sans la regarder.* C'est bien, c'est bien, ma petite.
ZOÉ, *piquée.* Mais du tout; c'est que c'est très-mal, D'abord, Monsieur, si vous êtes distrait comme ça, j'irai me plaindre à Mam'selle.

ALPHONSE. Celui-là est un peu fort.

ZOÉ. Certainement que je me plaindrai. Faut convenir que j'ai bien du malheur ; même ceux qui y sont obligés y renoncent.

Air du *Piége*.

Sans me r'garder, il reste là ;
Voyez un peu l' bel avantage !
Des amoureux comme cela,
On n'en manque pas au village.
Et pour tomber sur un amant
Qui n' dit rien, et reste immobile...
C' n'était pas la peine, vraiment,
De l' faire venir de la ville.

ALPHONSE, *souriant malgré lui*. Elle a raison. J'aurai plus tôt fait de la mettre dans mes intérêts... (*Se rapprochant*.) Eh bien ! mon enfant ?

ZOÉ. A la bonne heure. On vous a dit d'être aimable et galant. Venez là, près de moi.

ALPHONSE, *la regardant*. Au fait, je ne l'avais pas remarquée ; elle n'est pas mal, cette petite... (*Haut, et s'approchant d'elle*.) Voyons, mademoiselle Zoé ; puisque je suis votre amoureux provisoire, nous devons avoir l'un pour l'autre une confiance sans bornes. (*Avec douceur*.) Comment ! vous n'en avez pas d'autre que moi... bien vrai ?

ZOÉ. Ah ! dame !

ALPHONSE, *le doigt sur la bouche*. Ne mentez pas ; c'est dans votre intérêt. Je ne serai pas toujours votre amoureux, et je puis toujours être votre ami.

ZOÉ. Quelle drôle de question ! Mais, après tout, vous avez l'air si bon, que ce serait bien mal de vous tromper.

ALPHONSE. A merveille. Nous avons donc un amant ?

ZOÉ, *baissant les yeux*. C'est selon. Qu'est-ce que vous entendez par là ? C'est-y quelqu'un que nous aimons, ou quelqu'un qui nous aime ?

ALPHONSE. Quelqu'un qui nous aime.

ZOÉ, *soupirant*. Alors, comme je vous le disais, je n'en ai pas. Il n'y a que moi qui pense à lui, et lui ne pense pas à moi.

ALPHONSE. Est-il possible !

ZOÉ. Que voulez-vous ?..

AIR de *la Promise du Poitou* (DE MADAME DUCHAMBGE).

Je n'ai guère d'attraits,
Et n'ai point de richesse :
C'est pour ça qu'il m' délaisse.
Ah ! comm' je m' vengerais !..
Si j'avais d' la fortune,
Et qu'il n'en eût aucune,
C'est lui que je prendrais.

ALPHONSE. Et dites-moi, cet amoureux-là, l'aimez-vous autant que moi, qui suis en titre ?

ZOÉ, *embarrassée*. Mais...

DEUXIÈME COUPLET.

On le trouve un peu niais,
Et vous êt's bon aimable ;
Il n'est guère agréable,
Et vous êt's des mieux faits.
Pourtant si, d'un air tendre,
Il m' disait : « Veux-tu m' prendre ? »
C'est lui que je prendrais.

ALPHONSE, *à part*. Pauvre petite ! Ah ! si Ernestine pensait comme elle !

ZOÉ. Est-ce que ça vous fâche, Monsieur ?

ALPHONSE, *badinant*. Mais certainement. Il est fort désagréable de penser que tu t'occupes d'un autre.

ZOÉ. Oh ! oui, ça fait mal ; n'est-ce pas ? Vous en savez quelque chose, vous qui aimez tant mademoiselle Ernestine, et qui êtes loin d'elle. Aussi, j'ai presque regret de vous avoir choisi, car je n'aime pas à faire de la peine, et si vous voulez, je vous rends votre parole. Allez, Monsieur, allez la retrouver.

ALPHONSE, *vivement*. Non, non vraiment, tu mérites que l'on s'intéresse à toi ; et puisque tu m'as donné la préférence, c'est à moi de te protéger, d'assurer ton bonheur.

ZOÉ. C'est difficile.

ALPHONSE, *la cajolant*. Pas tant que tu crois. On peut ramener ton amant ; et puis, si ce n'est pas lui, il y en a tant d'autres... C'est qu'elle est charmante, d'honneur !

AIR : *Pour lui c'te faveur nouvelle* (*Épisode de* 1812).

Aimable, douce et gentille,
Chacun voudra sécher tes pleurs ;
Et jamais une jeune fille
N'a manqué de consolateurs.

ZOÉ.
Vous croyez ?

ALPHONSE.
Moi-même, d'avance
Je m'offre, me voilà.

ZOÉ.
Grand merci de votre obligeance.
(*Il veut l'embrasser*.)
Mais, Monsieur, que faites-vous là ?

ALPHONSE, *souriant*.
Je remplis en conscience,
L'emploi que l'on me donna.

ZOÉ.
J' vois qu'il a de la conscience,
Car il n'est là... que pour ça.

ENSEMBLE.

ZOÉ.
Mais de tant d'obligeance,
Monsieur, je vous dispense :
Sur ma reconnaissance
Comptez, malgré cela ;
Car ce service-là
Jamais ne s'oubliera.

ALPHONSE.
Quelle aimable innocence !
De ta reconnaissance
Ici je te dispense ;
Car j'y prends goût déjà :
Et de ce baiser-là
Mon cœur se souviendra.
(*Il l'embrasse et aperçoit Pierre*.)

ALPHONSE. Hein ! qui vient là ?

SCÈNE VIII.

LES PRÉCÉDENTS, DUMONT, PIERRE.

PIERRE, *s'arrêtant, étonné*. Pardon, Monsieur.

ZOÉ, *à part*. C'est Pierre.

ALPHONSE. Qu'est-ce qu'il y a ?

PIERRE, *déconcerté*. Je vous dérange peut-être ?

DUMONT, *à Alphonse*. C'est Pierre Rousselet, le fermier de monsieur le baron, qui désire parler à Monsieur de sa ferme des Viviers ; il voudrait avoir le bail.

ALPHONSE. Pierre Rousselet ?

DUMONT. C'est un très-brave garçon, que j'ose recommander à Monsieur.

ZOÉ, *faisant une profonde révérence à Alphonse*. Oh ! oui, c'est un très-brave garçon, que j'ose recommander à Monsieur.

ALPHONSE, *la regardant*. C'est bien. Du moment que tu t'y intéresses, nous nous entendrons.

PIERRE, *qui est resté en arrière avec Dumont.* J'aurai la ferme.

ALPHONSE. Mais avant tout, monsieur le régisseur, je voudrais envoyer sur-le-champ deux mots au notaire du village.

DUMONT, *bas, à Pierre.* C'est pour le bail... (*Haut, à Alphonse.*) Il y a tout ce qu'il faut pour écrire dans ce pavillon.

ALPHONSE. Le notaire sera-t-il chez lui?

PIERRE. Certainement. Tous les jeunes gens du pays y sont rassemblés ce matin : une asssurance mutuelle qu'ils font pour s'exempter de la guerre.

ALPHONSE. Tous les jeunes gens ; à merveille.

AIR du vaudeville du *Billet au porteur.*
Quand ma foi sera dégagée.
C'est, je crois, le meilleur moyen
De marier ma protégée.
C'est généreux!.. car je sens bien
Qu'il est cruel de quitter un tel bien.
Mais plus heureux que ne le sont peut-être
Bien des maris et bien des gens d'honneur,
J'aurai du moins le bonheur de connaître
Et de choisir mon successeur.

(*Il entre dans le pavillon avec Dumont.*)

PIERRE, *regardant Zoé.* C'est singulier! comme elle a du crédit sur lui, et comme il la regardait! (*Haut.*) Qu'est-ce qu'il te disait donc là, Zoé, quand je suis arrivé?

ZOÉ, *d'un air indifférent.* Qui ?

PIERRE. M. d'Auberive.

ZOÉ. Ah! lui? il me faisait la cour.

PIERRE, *riant.* Bah! il te faisait la cour! à toi?

ZOÉ. Oui ; il disait qu'il me trouvait gentille, que je lui plaisais.

PIERRE, *riant.* Ah! ah! par exemple ; laisse donc, un grand seigneur...

ZOÉ, *le regardant en dessous.* Dame! c'est que les grands seigneurs s'y connaissent mieux que les autres.

PIERRE. C'est vrai ; mais eux qui ont tant de belles dames!

ZOÉ. Justement, ça les change.

PIERRE. C'est égal, il ne serait jamais venu à l'idée qu'il fit attention à une petite fille comme ça ; il a là un drôle de goût.

ZOÉ, *à part.* Est-il malhonnête!

PIERRE. Quant à moi, qui ai la main heureuse... Dis donc, Zoé... (*A demi-voix.*) J'ai suivi ton conseil. C'est Catherine Bazu que j'épouse.

ZOÉ, *à part.* Ah! mon Dieu!.. (*Haut et troublée.*) Comment, vous vous êtes décidé?

PIERRE. Oui, tu m'as tant répété qu'il n'y en avait plus ; et puis j'ai rencontré la mère Bazu, qui m'a dit que plusieurs prétendants avaient des idées sur sa fille, et ça m'en a fait venir, parce que, moi, dès que quelqu'un a une idée, je dis : V'là mon affaire. Alors, je n'ai pas perdu la tête, je l'ai demandée tout de suite, et la mère Bazu m'a promis que si j'avais la ferme des Viviers, sa fille était à moi.

ZOÉ, *à part.* O ciel!

PIERRE. Et comme il vient presque de me l'accorder, je suis tranquille... (*Remarquant le trouble de Zoé.*) Eh bien! qu'avez-vous donc?

ZOÉ. Rien, monsieur Pierre. Je vous souhaite bien du bonheur.

PIERRE. Chut! le voilà qui revient.

ZOÉ, *à part.* C'est fini, il va l'épouser. (*Alphonse et Dumont sortent, en causant, du pavillon ; André paraît dans le fond.*)

DUMONT, *à Alphonse.* Je dis, Monsieur, que vous, qui blâmez les caprices de mademoiselle Ernestine vous avez bien aussi les vôtres. Donner dix mille francs de dot à cette petite!

ALPHONSE, *à demi-voix.* Tais-toi.

DUMONT. Elle ne manquera pas de partis.

ALPHONSE. C'est ce que je veux. (*Apercevant André qui ratisse près de l'allée.*) André, ce billet à l'instant chez le notaire.

ANDRÉ. Oui, Monsieur.

ALPHONSE, *à Pierre.* Et maintenant, monsieur Pierre Rousselet, je suis à vous. (*Il va pour sortir.*)

ZOÉ, *l'arrêtant.* Comment, mon amoureux, vous me quittez encore!

ALPHONSE. Pour un instant.

ZOÉ, *à mi-voix.* Ah! écoutez donc : je n'ai que trois heures ; si vous prenez comme ça des congés...

ALPHONSE, *souriant.* Je vais revenir.

ZOÉ. A la bonne heure. Mais je voudrais vous dire un mot.

ALPHONSE, *revenant.* C'est trop juste ; je suis à tes ordres.

PIERRE, *à part.* Comme elle le fait marcher !

ALPHONSE, *à Zoé.* Qu'est-ce que c'est?

ZOÉ. C'est... (*A Pierre et à Dumont, qui se sont approchés pour écouter.*) Laissez-nous donc, vous autres. (*Pierre et Dumont s'éloignent et se retirent auprès du pavillon.*)

ALPHONSE. Eh bien?

ZOÉ, *bas.* C'est que... vous êtes mon amoureux, n'est-ce pas?

ALPHONSE, *bas.* Sans doute.

ZOÉ, *bas.* Et un amoureux, ça doit obéir.

ALPHONSE. Aveuglément.

ZOÉ, *de même.* Alors, cette ferme que Pierre Rousselet vous a demandée, il faut...

ALPHONSE. Sois tranquille, tu me l'as recommandé ; il l'aura.

ZOÉ, *bas.* Non, au contraire, il faut la lui refuser.

ALPHONSE, *surpris.* Ah!

ZOÉ. Oui ; je le veux.

ALPHONSE. C'est différent. (*Regardant Pierre, qui salue en signe de remercîment.*) Pauvre garçon! moi qui croyais que c'était lui. (*A Zoé.*) Alors, je la garderai pour l'autre.

ZOÉ. C'est ça, pour l'autre.

ALPHONSE, *à voix basse.* Mais à une condition. C'est que lorsque l'horloge du château sonnera deux heures, tu m'attendras au bout de ce bosquet, près de la pièce d'eau. (*A part.*) Je veux être le premier à lui annoncer ce que je fais pour elle.

ZOÉ. Près de la pièce d'eau! pourquoi donc?

ALPHONSE. J'ai à te parler ; tu sais bien, pour l'autre.

ZOÉ. Ah! oui.

ALPHONSE. Ainsi, tu viendras ; ne l'oublie pas, à deux heures.

ZOÉ. C'est convenu, à deux heures. (*Haut et regardant Pierre en dessous.*) Adieu, Monsieur, ne me faites pas attendre, au moins.

ALPHONSE, *à Pierre.* Venez, monsieur Pierre.

PIERRE. Voilà, Monsieur. (*A part.*) Cette petite Zoé m'a donné un fier coup de main, là. (*Alphonse est entré dans le pavillon, Pierre y entre après lui.*)

ZOÉ. Si maintenant Catherine Bazu l'épouse, ce ne sera pas du moins pour la ferme.

PIERRE, *voyant André.* Ah ! voilà un autre profil. — Scène 10.

SCÈNE IX.
DUMONT, ZOÉ.

DUMONT. A-t-on jamais vu ! dix mille francs de dot à mademoiselle Zoé ! et il charge le notaire d'en prévenir les jeunes gens du village. Certainement je ne suis pas un jeune homme ; mais dix mille francs, ça m'irait aussi bien qu'à un autre, c'est de tous les âges. Elle ne sait rien, je serai le premier en date. Ma foi, brusquons l'aventure. Zoé, Zoé... (*Il s'approche d'elle.*)

ZOÉ, *à part.* Ah ! mon Dieu ! c' méchant régisseur ; il va encore me gronder.

DUMONT. Viens ici, Zoé, j'ai à te parler. Tu sais que je m'intéresse à toi ; je t'ai vue naître, et je t'ai toujours aimée...

ZOÉ. Ah ! bien, vous cachiez joliment votre jeu. Vous étiez toujours à crier : *Ah ! le vilain enfant ! qu'il est maussade !*

DUMONT. Parce qu'on te gâtait. (*Lui prenant la main.*) Et moi, qui t'aimais véritablement... Mais viens de ce côté. (*Il la mène du côté opposé au pavillon.*) Il n'est pas nécessaire qu'on nous entende de ce pavillon. (*Il lui parle bas à l'oreille.*)

ZOÉ. Vraiment ! (*Dumont lui parle encore bas.*) Est-ce que par hasard ?.. (*Dumont lui parle encore bas, avec plus de chaleur.*) Ah mon Dieu ! m'épouser !

DUMONT. N'aie donc pas peur, et surtout ne crie pas ainsi.

ZOÉ. Moi ! madame Dumont ! moi qui n'ai rien.

DUMONT. Tu es plus riche que tu ne crois. (*Etonnement de Zoé.*) Cette grâce, cette gentillesse... (*A part.*) Car, au fait, je ne sais pas pourquoi on n'y faisait pas attention, à cette enfant, elle est très-bien.

ZOÉ, *à part.* Encore un qui s'en aperçoit.

DUMONT. Eh bien ?

ZOÉ. Ecoutez ; je ne dis pas non, je ne dis pas oui.

DUMONT. C'est bien vague.

ZOÉ. Il faut que je voie si votre amour est sincère.

DUMONT, *à ses pieds.* Ah ! je te jure, sur mon honneur...

ZOÉ, *l'imitant.* C'est bien vague.
DUMONT. Espiègle !

ZOÉ, *à part.*
AIR : *La ville est bien, l'air est très-pur* (du COLONEL).
    Ah ! grand Dieu ! si Pierre était là !
                DUMONT.
    L'affaire est-elle terminée ?
                ZOÉ.
    Je n' peux rien dire... l'on verra.
        (*A part.*)
    En v'là deux dans la matinée.
                DUMONT.
    Tu parais troublée.
                ZOÉ.
              Oui beaucoup.
    Un amant dans cette attitude !..
    Ça vous surprend un peu ; surtout
    Quand on n'en a pas l'habitude.

PIERRE, *sortant du pavillon.* Eh ben ! en voilà un autre.

ZOÉ, *jetant un cri.* Ah !..

DUMONT, *se relevant.* Au diable l'imbécile ! (*Il s'esquive.*)

SCÈNE X.
PIERRE, ZOÉ.

ZOÉ, *à part.* C'est bien fait. Tiens, c'est encore vous, monsieur Pierre !

PIERRE, *avec humeur.* Pardi, faut bien que je passe quelque part, Mam'selle ; je ne pouvais pas me douter que vous étiez en affaires.

ZOÉ. Eh ! mais, on dirait que vous avez de l'humeur ?

PIERRE. Ce n'est pas sans raison. Tous les malheurs à la fois. M. d'Auberive qui, pendant une heure, ne me parle que de vous... « Ah ! qu'elle est gentille ! qu'elle est agréable ! »

ZOÉ. Ça vous fait de la peine ?

PIERRE. Non ; mais ce n'est pas de ça qu'il s'agissait, c'était de la ferme, et il me la refuse.

ZOÉ, *avec joie.* Il vous la refuse ? (*Avec compassion.*) Pauvre garçon ! (*A part.*) que mon autre amoureux est aimable !

PIERRE. Et au moment où je viens vous raconter ça, à vous qui me donnez des conseils, à là que je trouve ici ce régisseur, qui était à vous cajoler.

ZOÉ, *d'un air étonné.* Ah ! il vous refuse la ferme ! et pourquoi donc ?

PIERRE. Est-ce que je sais ? il n'a pas voulu me donner de raisons ! et puis je ne l'écoutais pas ; je pensais à d'autres idées qui me venaient... Ah çà ! qu'est-ce qu'il faisait donc là, ce régisseur ?

ZOÉ, *légèrement.* Le régisseur... oh ! il me parlait de quelque chose... Est-ce que M. d'Auberive a promis le bail à quelqu'un ?

PIERRE. Je ne crois pas, parce qu'il m'a dit : « Je verrai plus tard ; ça dépendra... » Et qu'est-ce qu'il vous disait donc, ce régisseur ?

ZOÉ. Bon ! il faisait le galant.

PIERRE. Ah ! il faisait le galant, lui aussi !

ZOÉ. C'est-à-dire il veut m'épouser.

PIERRE, *frappé.* Vous épouser ! rien que ça !

ZOÉ, *à part.* Eh ! mais, comme il paraît troublé !

PIERRE. L'épouser ! je ne l'aurais jamais cru. Mais vous ne l'écoutiez pas ?

ZOÉ. Ah dame ! une demoiselle écoute toujours.

PIERRE. Eh ! eh bien ! Mam'selle, vous qui dites que les autres changent souvent de danseur, il me semble que vous ne vous refusez pas non plus ce petit plaisir-là.

ZOÉ. Moi !

PIERRE. Vous en aviez déjà un, M. Alphonse.

ZOÉ. Eh bien ! je n'ai pas changé pour ça.

PIERRE. Comment ! ça vous en fait deux.

ZOÉ. Sans doute, un mari et un amoureux.

PIERRE, *à part.* Dieu ! a-t-elle de l'esprit ! (*La regardant d'un air ravi.*) Et est-elle jolie comme ça de profil ! je ne l'avais pas encore vue de profil.

ZOÉ, *le regardant en dessous.* Je crois que ça commence. (*Au moment où Pierre se rapproche pour parler à Zoé, André se trouve entre elle et lui.*)

PIERRE, *voyant André.* Ah ! voilà un autre profil.

SCÈNE XI.
PIERRE, ANDRÉ, ZOÉ.

PIERRE, *à André qui tient des lettres à la main.* Qu'est-ce que tu veux ? qu'est-ce que tu demandes ?

ANDRÉ. Ce n'est pas vous, c'est mam'selle Zoé, un paquet de lettres que je rapporte pour elle de chez le notaire. (*Il donne les lettres à Zoé.*)

PIERRE. C'est bon ; va-t'en. (*André s'en va.*) Des lettres, un notaire ; qu'est-ce que cela veut dire ?

ZOÉ. Je n'y comprends rien ; on ne m'écrit jamais, et pour bonnes raisons... Mais vous, monsieur Pierre, qui savez lire ?.. (*Elle lui donne les lettres.*)

PIERRE, *les prenant.* Avec plaisir ; c'est mon fort, la lecture : le reste, je ne le dis pas. (*Il lit comme un écolier.*) « Mam'selle, depuis que je vous adore, excusez si « je ne vous en ai rien dit... »

ZOÉ. Comment ! c'est une lettre d'amour ?

PIERRE, *haussant les épaules.* Comme c'est écrit !

ZOÉ. Mais pas mal... « Je vous adore. » Continuez.

PIERRE, *continuant.* « C'est que mon respect était « égal à mon silence. Mais si l'offre de main et de ma « fortune... » (*S'interrompant.*) Que c'est bête ! ma main et ma fortune ; ils n'ont que ça à dire ; ça doit être beau ! Quel est donc l'animal qui écrit de pareilles sottises ? (*Il regarde la signature.*) Jean L'huillier.

ZOÉ. Jean L'huillier, le menuisier ; un joli garçon !

PIERRE. Oui, un grand échalas.

ZOÉ. Et les autres ?

PIERRE, *parcourant les lettres.* Toutes de même.

ZOÉ. Ils veulent tous m'épouser. !

PIERRE, *lisant les signatures.* Jérôme Dufour, André Leloup, Christophe l'Ahuri ; en v'là-t-il ! en v'là-t-il !

    AIR : *J'en guette un petit de mon âge.*
    J' crois qu'il en sort de dessous terre.
                ZOÉ, *à part.*
    V'là qu'ils arriv'nt !... Est-ce étonnant !
                PIERRE.
    C'est pire qu'une folle enchère,
    Et tout l' monde en veut maintenant.
        (*Regardant les lettres.*)
    La provision est assez ample,
    Car tout l' village après elle s'est lancé,
    D'puis que l' seigneur a commencé.
                ZOÉ.
    Ce que c'est que le bon exemple !
    (*A part et regardant Pierre.*)
    Et ça ne lui fait rien ; il se tait ; cependant il souffre !
    Peut-on être dur comme ça à soi-même !

PIERRE, *hésitant.* Et de tous ceux-là, lequel que vous choisiriez ?

ZOÉ, *le regardant en dessous.* On ne sait pas; il peut s'en présenter d'autres.

PIERRE, *à part.* Au fait, elle a raison. Si je tarde encore... Jusqu'à présent il n'y en a que deux qui en valent la peine, le seigneur et le régisseur. On serait le troisième, et le numéro 3 n'est pas trop mauvais. Si j'osais; j'ai envie d'oser... (*A Zoé.*) Mam'selle.

ZOÉ, *se rapprochant.* Qu'est-ce que c'est?

PIERRE. Eh bien!.. (*A part.*) Ah! mon Dieu! et Catherine Bazu qui a ma parole. Si j'allais me trouver deux femmes sur les bras. Faut que je me dégage. (*On entend sonner deux heures.*)

ZOÉ. Ah! mon Dieu! et mon amoureux qui m'attend!

PIERRE. Vot' amoureux!

ZOÉ. J'ai promis d'aller le rejoindre à deux heures.

PIERRE. Pourquoi donc?

ZOÉ. Je ne sais pas.

PIERRE. Et où ça?

ZOÉ. Au bout de cette allée.

PIERRE. Et vous irez?

ZOÉ. Certainement. Moi, d'abord, je n'ai que ma parole. (*Regardant du côté du bosquet.*) Justement je l'aperçois. (*Elle y court.*)

PIERRE, *voulant l'arrêter.* Eh bien! attendez donc, Mam'selle; moi aussi j'ai à vous parler.

ZOÉ, *en s'en allant.* Ce sera pour une autre fois; ça lui apprendra à se décider. (*Elle disparaît dans le bosquet.*)

—

SCÈNE XII.

PIERRE, *seul, puis* ERNESTINE.

PIERRE. Mam'selle, écoutez-moi donc. Elle y va, c'est qu'elle y va : a-t-on jamais vu! cette petite; son amoureux! un amoureux comme ça à une fille de village, qu'est-ce qui nous restera à nous autres? (*Regardant dans le bosquet.*) Oui vraiment! il n'était pas loin, le voilà! il lui donne le bras... Ah! mon Dieu! ils disparaissent derrière les bosquets. Si encore je m'étais déclaré, si elle était ma femme, j'aurais droit de me fâcher; c'est un agrément; mais je n'ai rien à dire, et je suis obligé de rester là, les bras croisés, comme un pur et simple jobard.

ERNESTINE, *entrant par le fond à droite.* Ah! te voilà, Pierre, qu'est-ce que tu fais donc là?

PIERRE. Rien, Mam'selle.

ERNESTINE. As-tu vu passer M. Alphonse?

PIERRE. Si je l'ai vu? Certainement; et ce qui me fait le plus enrager, (*Regardant du côté du bosquet.*) c'est que je ne le vois plus.

ERNESTINE. Comment?

PIERRE. Il était ici avec mam'selle Zoé; et ce que vous ne croiriez jamais, il lui faisait la cour.

ERNESTINE. Je le sais; c'était pour rire.

PIERRE. Ah! vous appelez cela pour rire! Primo, d'abord et d'une... ce matin, quand je suis arrivé, il l'embrassait.

ERNESTINE, *troublée.* En es-tu sûr?

PIERRE. Pour commencer, il m'en a parlé à moi, personnellement, comme de quelqu'un qu'il aimait, qu'il adorait.

ERNESTINE. Depuis ce matin?

PIERRE. Ce n'est pas d'aujourd'hui qu'il en a l'idée, faut du temps pour s'enhardir à ce point-là, et je gagerais qu'il l'aime depuis longtemps.

ERNESTINE. Il serait vrai!

PIERRE. Oui, Mam'selle, oui, il fera quelque folie pour elle.

ERNESTINE. Que dis-tu? au moment où je venais d'avouer à mon père que c'était lui que je préférais!

PIERRE. Combien lui en faut-il donc? car si vous l'aviez vu tantôt, auprès d'elle, avec des yeux animés.. et elle donc, tout à l'heure : « Il m'attend à deux heures. — Pourquoi faire? » que j'ai dit. — « Ça ne te regarde pas, » qu'elle a répondu; et elle s'en est allée en riant; et ils ont disparu dans les bosquets.

ERNESTINE. O ciel!

PIERRE. C'est comme je vous le dis, de vrais bosquets; ils sont là pour le dire; et tenez, tenez, Mam'selle... (*Lui montrant le bosquet.*)

Air du vaudeville de *l'Homme vert.*

Le v'là qui vient par cette allée.
ERNESTINE.
Le dépit fait battre mon cœur.
PIERRE.
Dieu! si ma vu' n'est pas troublée,
Il me paraît sombre et rêveur.
Sa tristess' n'est pas naturelle,
On dirait qu'il n'ose approcher..
Ça m' fait trembler... il faut, Mam'selle,
Qu'il ait quelqu' chose à se r'procher.

—

SCÈNE XIII.

ALPHONSE, ERNESTINE, PIERRE.

ALPHONSE, *à part.* Allons, son père le veut, son consentement est à ce prix, il faut bien m'y résoudre.

ERNESTINE, *bas, à Pierre.* Comme je vais le traiter!

PIERRE. C'est ça, parlez-lui ferme, et qu'il n'y revienne plus.

ERNESTINE, *avec émotion.* Ah! vous voilà, Monsieur. Vous avez vu mon père, sans doute?

ALPHONSE, *froidement.* Non, Mademoiselle.

ERNESTINE, *à part.* Tant mieux, je mourrais de honte s'il savait ce que je lui ai dit. (*Haut.*) Vous avez l'air de chercher quelqu'un ; peut-être mademoiselle Zoé.

ALPHONSE, *d'un air préoccupé.* Non, je la quitte à l'instant.

PIERRE, *bas, à Ernestine.* Là, je ne lui fais pas dire.

ERNESTINE, *s'efforçant de sourire.* J'admire votre docilité, Monsieur, et comme vous vous résignez à une plaisanterie qui a dû vous coûter beaucoup.

ALPHONSE. Mais non, pas tant que vous croyez.

PIERRE, *bas.* Il y prend goût.

ALPHONSE. Je vous dois même des remercîments ; car cette épreuve bizarre a décidé du sort de toute ma vie.

ERNESTINE. Comment, Monsieur?

ALPHONSE. Oui, Mademoiselle, que voulez-vous? chacun a ses caprices ; j'ai vu que je ne parviendrais jamais à vous plaire?

ERNESTINE. Monsieur.

ALPHONSE. Oh! je ne vous en veux pas ; on n'est pas maître de son amour; c'est ce que je pensais en regardant cette petite, qui est charmante.

PIERRE, *avec un soupir.* C'est vrai.

ALPHONSE. Où pourrais-je trouver mieux? Une jeune fille douce, naïve...

PIERRE, *soupirant plus fort.* C'est vrai.

ALPHONSE. Remplie de grâces, de bonnes qualités...

PIERRE, *de même.* C'est que c'est vrai.

ALPHONSE. Qui ne se fera pas un jeu de désoler son amant, qui l'aimera de bonne foi.

ERNESTINE, *avec impatience.* C'est assez, Monsieur.

PIERRE, *en larmes.* Non, ce n'est pas assez; il ne peut pas trop en dire; c'est qu'il n'y en a pas une comme elle à dix lieues à la ronde.

ERNESTINE, *à Alphonse.* Enfin, Monsieur, vous l'aimez?

ALPHONSE. Je ne me crois pas obligé de vous rendre compte de mes sentiments.

ERNESTINE. Et moi, je les devine, et je ne souffrirai pas un semblable scandale dans la maison de mon père. Peu m'importe qui vous aimiez, qui vous adoriez, cela m'est parfaitement indifférent. Mais nous devons veiller sur le sort d'une jeune fille qui nous est confiée. J'entrevois vos projets.

ALPHONSE. Mes projets! vous vous trompez; et, comme vous le disiez vous-même ce matin, je n'ai pas de préjugés; aussi mon intention est de l'épouser.

PIERRE, *à Ernestine.* L'épouser?

ERNESTINE. Qu'entends-je?

PIERRE. Quand je vous disais qu'il ferait des folies!

ERNESTINE. Comment, Monsieur...

SCENE XIV.

LES PRÉCÉDENTS, ZOÉ, *en habit de mariée.*

ZOÉ, *entrant.* Me v'là.

ERNESTINE. Que vois-je?

PIERRE. Quelle toilette!

ZOÉ. Vous m'avez dit de me mettre en mariée; il ne me manque rien... que le mari.

PIERRE. V'là l' coup de grâce!

ERNESTINE. Plus de doute.

ENSEMBLE.

AIR : *De crainte et de douleur* (de LA BATELIÈRE).

ALPHONSE ET ERNESTINE.
De trouble et de douleur
Je sens battre mon cœur;
Évitons sa présence...
Car mes regards, d'avance,
Trahiraient ma douleur.
De dépit, de fureur,
Je sens battre mon cœur.

PIERRE.
De trouble et de frayeur
Je sens battre mon cœur.
Pour moi la belle avance,
S'il faut qu'en ma présence
Elle épous' Monseigneur!..
De trouble et de frayeur
Je sens battre mon cœur.

ZOÉ.
Mais qu'ont-ils donc tous trois?
Et qu'est-ce que je vois?
Ils sont fâchés, je pense...
On dirait qu' ma présence
Les troubl' tous à la fois...
D'où vient l' trouble où j' les vois,
Et qu'ont-ils donc tous trois?

(*Alphonse et Ernestine sortent. Pierre va s'asseoir sur une chaise auprès du bosquet.*)

SCÈNE XV.

ZOÉ, PIERRE.

ZOÉ, *les regardant sortir.* A qui en ont-ils donc? dites-le-moi. Eh bien! il pleure. Qu'est-ce que vous avez donc, monsieur Pierre? et qu'est-ce qui vous fait du chagrin?

PIERRE. Vous me le demandez! c'est vous qui en êtes cause, vous, (*Otant son chapeau et pleurant.*) madame la comtesse. (*Il se lève.*)

ZOÉ. Madame la comtesse!... A qui en a-t-il?

PIERRE. Puisque M. Alphonse vous aime, puisqu'il vous prend pour femme.

ZOÉ, *avec joie.* Moi, sa femme! il serait vrai! Qu'est-ce que tu me dis là?

PIERRE. Vous ne le saviez peut-être pas?

ZOÉ. Du tout.

PIERRE, *avec dépit.* Et c'est moi qui le lui apprends! Qu'est-ce qu'il vous avait donc dit tout à l'heure?

ZOÉ.

AIR : *Amis, voici la riante semaine.*
Il m'a bien dit qu' j'allais êtr' mariée,
Mais j'ignorais qu'il dût êtr' mon époux.
Au bal ce soir pourtant il m'a priée,
En me disant de choisir des bijoux,
De beaux atours, des boucl's d'oreille, un' chaîne,
Et qu' pour l'hymen où j'allais m'engager
Il se charg'rait du reste.

PIERRE, *se désolant.*
Je l' crois sans peine,
C'est justement c' dont j' voulais me charger.

A qui la faute? à toi, Pierre Rousselet, à toi, imbécile, qui n'ose pas parler; car, c'est vrai, je n'en connais pas de plus bête que moi!

ZOÉ. Eh bien! eh bien! console-toi; si je suis grande dame, je n'oublierai pas mes amis, et te voilà sûr d'avoir la ferme d'Auberive, que tu désirais tant.

PIERRE. Je m'en moque bien. Je donnerais toutes les fermes du monde pour rompre ce maudit mariage.

ZOÉ. Pourquoi donc?

PIERRE. Parce que je ne veux pas que tu sois grande dame.

ZOÉ. Vous êtes gentil.

PIERRE. Parce que... ma foi, en arrivera ce qui pourra... parce que je t'aime trop pour cela.

ZOÉ, *avec joie.* Vous m'aimez?

PIERRE, *hors de lui.* Comme un fou, comme un imbécile. Je ne m'en étais pas aperçu; mais depuis qu'il a expliqué pourquoi il te préférait, je vois que tu es celle qui me convient le plus, c'est-à-dire que tu es peut-être la seule qui me convienne.

ZOÉ. Il fallait donc le dire!

PIERRE. Est-ce que je m'en doutais? Mais dès que les autres s'y sont mis, ça m'a pris comme un coup de foudre.

ZOÉ. V'là le grand mot lâché! et tu parles quand il n'est plus temps.

PIERRE. Il n'est plus temps?

ZOÉ. Ecoute donc, Rousselet, tu es un brave garçon; mais tu ne peux pas exiger que je refuse mon bonheur, puisqu'il m'aime, cet homme-là, puisqu'il me veut.

PIERRE. Et moi aussi, je te voulais; et prenez-y garde, Zoé, je ferai un malheur, je vous en avertis.

ZOÉ. Comment, Monsieur?

PIERRE. Je ne m'y mets pas souvent; mais si je m'abandonne à mon naturel fougueux, je suis capable de me détruire.

ZOÉ.
AIR du vaudeville de *l'Ours et le Pacha.*
O ciel! former un tel projet!

PIERRE.
Oui, Mam'selle, et si la rivière
N'était pas si loin... on verrait.

ZOÉ, *l'arrêtant.*
Ah! grand Dieu! que voulez-vous faire?
Ce serait me désespérer.
PIERRE.
Ce mot m'décide, et quoiqu'j'enrage,
De me périr j'aurai l'courage...
Exprès pour vous faire pleurer
Le jour de votre mariage.

ZOÉ, *le retenant.* Monsieur, Monsieur, je vous prie de m'écouter.

SCÈNE XVI.

ERNESTINE, ZOÉ, PIERRE, *puis* ALPHONSE ET DUMONT.

ERNESTINE. Je ne puis rester en place... jusqu'à mon père lui-même qui me répète que c'est ma faute. (*Apercevant Zoé.*) Ah! vous voilà, Mademoiselle, vous devez être bien glorieuse du trouble que vous causez.

ZOÉ, *d'un air confus.* Mon Dieu, Mam'selle, je vois que vous êtes fâchée; je vous assure pourtant qu'il n'y a pas de ma faute.

ERNESTINE. Votre conduite est indigne; non pas que je regrette M. d'Auberive. Sa légèreté et le choix qu'il a fait prouvent qu'il ne le mérite nullement; mais cela ne justifie pas votre impertinence.

ZOÉ. Je sais bien que j'ai tort; car, enfin, vous me l'aviez prêté.

PIERRE. Quelle imprudence! Est-ce qu'on prête jamais ces choses-là? ça s'égare si facilement!

ZOÉ. Et je devrais vous le rendre, parce que, avant tout, faut de la conscience. Mais comment faire maintenant qu'il ne veut plus?

ERNESTINE, *piquée.* Il ne veut plus? C'est inouï, c'est inconcevable; cette petite dont nous nous moquions ce matin... (*Changeant de ton.*) Ecoute, Zoé, je n'ai aucune prétention sur M. Alphonse; au contraire, je l'abhorre, je le déteste.

PIERRE. Moi aussi.

ERNESTINE. Mais je ne puis supporter l'idée qu'il nous brave à ce point.

PIERRE. Ce serait honteux.

ERNESTINE. Je tiens à le désespérer à mon tour, et je me charge de ta fortune, de ton sort; je te marierai à qui tu voudras, si tu consens à déclarer devant mon père, devant tout le monde, que tu ne veux pas l'épouser, que tu ne l'aimes pas.

PIERRE. C'est ça.

ERNESTINE. Que tu en aimes un autre.

PIERRE. Oui.

ERNESTINE. N'importe qui.

PIERRE. Moi, par exemple, je suis tout porté.

ZOÉ. Ah! Mademoiselle, que me demandez-vous là?

PIERRE. Elle y tient. (*Alphonse paraît dans le fond à droite.*)

ZOÉ. Certainement, s'il faut vous dire la vérité, je crois bien que je ne l'aime pas... peut-être même que j'en aime un autre.

ERNESTINE. Eh bien?

ZOÉ. Mais le désoler! lui qui est si honnête homme!.. Et puis, qu'est-ce que ça peut vous faire, puisque vous le détestez, qu'il épouse celle-ci, qu'il préfère celle-là? Ah! si vous l'aimiez, ça serait bien différent.

ERNESTINE, *vivement.* Cela te déciderait?

ZOÉ. Mais...

ERNESTINE, *à demi-voix.* Eh bien, oui... oui, je crois que je l'aime encore.

ALPHONSE, *qui a fait signe à ses amis d'approcher, et se jetant aux pieds d'Ernestine.* Ah! que je suis heureux!

ERNESTINE. Quoi! Monsieur, vous étiez là?

CHŒUR.

AIR : *Allons, amis, le soleil va paraître.*

Au choix heureux que son cœur vient de faire
Chacun de nous s'empresse d'accourir;
Plus de rivaux... celui qu'elle préfère
Est le plus digne, et devait l'obtenir.

ERNESTINE, *à Alphonse, qui lui a parlé bas pendant le chœur.* Comment, Monsieur, mon père était du complot? Oh! comme je vais le gronder, et l'embrasser surtout!

DUMONT, *montrant Alphonse.* Décidément, Mademoiselle, c'est bien Monsieur?

ERNESTINE, *souriant.* Ah! oui... je n'aurai plus de caprices. (*Regardant Zoé.*) Eh bien! ma pauvre Zoé, te voilà tout interdite?

ZOÉ. Oh! non, Mam'selle, j'ai de la marge. (*A Alphonse.*) Mais vous, Monsieur, vous me trompiez donc?

ALPHONSE. Du tout; j'ai joué mon rôle jusqu'au bout. (*Tirant sa montre.*) Tiens, regarde.

ZOÉ. C'est juste, les trois heures sont sonnées. Je vous le rends, Mam'selle, et avec plaisir, car ce pauvre Pierre me faisait trop de chagrin.

PIERRE, *s'essuyant le front.* J'en ai encore la sueur froide.

ZOÉ. Et si toutefois il me trouve assez riche...

PIERRE. Certainement.

ALPHONSE. D'ailleurs, je me charge de ta dot.

ERNESTINE. Et moi de la corbeille.

ALPHONSE. Et quant à la ferme, tu sais que c'est toujours toi qui en disposes.

ZOÉ, *tendant la main à Pierre.* Je te disais bien que je te la donnerais.

CHŒUR.

Vraiment la petite
S'y connaît, je crois
Et le seul mérite
A dicté son choix.

ZOÉ, *au public.*

AIR : *Paris et le village.*

Si vous voulez y consentir,
J'allons nous marier au plus vite :
A ma noc' daign'rez vous venir?
C'est la marié qui vous invite.
Gardez-vous d'y manquer, au moins;
Et, quand j'compte entrer en ménage,
N'allez pas, faute de témoins,
Faire manquer mon mariage.

TOUS.

N'allez pas, faute de témoins,
Faire manquer son mariage.

FIN DE ZOÉ.

LE BUDGET D'UN JEUNE MÉNAGE

COMÉDIE-VAUDEVILLE EN UN ACTE

Représentée, pour la première fois, à Paris, sur le théâtre du Gymnase dramatique, le 4 mars 1831.

EN SOCIÉTÉ AVEC M. DUVARD.

Personnages.

LUDOVIC.
STÉPHANIE, son épouse.
VICTOR D'HERNETAL, négociant, frère de Stéphanie.
M. AMABLE DE ROQUEBRUNE, propriétaire de l'hôtel.
LOUIS, domestique de Ludovic.
ANNETTE, femme de chambre de Stéphanie.

La scène se passe à Paris, dans l'appartement de Ludovic.

Le théâtre représente un salon; porte au fond, portes de cabinet à droite et à gauche. Près de la porte, à droite de l'acteur, une table et un guéridon.

SCÈNE PREMIÈRE.

LUDOVIC, STÉPHANIE. *Tous deux en costume de bal; ils paraissent harassés. Stéphanie se jette sur un fauteuil auprès de la table. Ludovic va poser son chapeau sur un fauteuil à gauche, et puis vient se placer à la droite de Stéphanie.*

STÉPHANIE. Ah! je n'en puis plus!
LUDOVIC. Dieu! que c'est fatigant les soirées et les bals à la mode!
STÉPHANIE. Je ne trouve pas, quand on s'amuse... Ah! Ludovic, envoie donc la voiture chez le sellier... il vient du vent par la portière.
LUDOVIC. Ah! mon Dieu! ma petite Stéphanie, est-ce que tu aurais pris froid?
STÉPHANIE. Non, et toi?
LUDOVIC. Bon! un homme!.. et puis c'est nous qui portons les cravates, les habits de drap, les gilets bien chauds, tandis que vous autres femmes, dont la santé est si frêle, si délicate, au sortir d'un bal... Oh! quand j'étais garçon, ça me paraissait charmant; je ne voyais là que de jolis bras, de jolies épaules; mais à présent que tout cela est à moi, j'y vois des rhumes, des fluxions de poitrine; avec ça que tu as dansé...
STÉPHANIE. Comme une folle! tandis que toi, tu étais dans le petit salon, sans doute à faire de la gravité; c'est l'usage à présent.

AIR de *Jadis et Aujourd'hui.*

Au bal on s'observe, on s'ennuie :
On croirait dans chaque salon
Que la jeunesse et la folie
Ont donné leur démission.
Avec vos airs de patriarche
Réformant de nombreux abus,
J'ignore si le siècle marche;
Mais, pour sûr, il ne danse plus.

LUDOVIC. De la gravité, moi! après deux tours de galop, je m'étais mis à la bouillotte, qui reprend faveur.
STÉPHANIE. Tu as joué? *(Ils se lèvent.)*
LUDOVIC. Oui, pour m'asseoir, il n'y avait que ce moyen-là. Mais c'est égal, je levais souvent la tête pour te regarder et t'admirer; tu danses si bien, d'un si bon cœur! Je me trouvais dans un groupe où tout le monde était de mon avis. J'entendais dire autour de moi : « Voyez donc cette jeune dame, qui est là, « en face, en chaperon de plumes : que de grâce « quelle taille charmante! » Et moi, souriant, je me disais tout bas : C'est ma femme!
STÉPHANIE. Mauvais sujet!
LUDOVIC. Mais c'est surtout lorsque tu as chanté, c'était une admiration générale. Tiens, à ton point d'orgue.
STÉPHANIE. Ou à ma grande roulade, ah! ah! ah!..
LUDOVIC. C'était délicieux! tu as enlevé tous les suffrages. De toutes parts on criait : « Brava! bravissima! « mieux que madame Malibran. »
STÉPHANIE. Ah! laisse donc, flatteur.

AIR : *Restez, restez, troupe jolie.*

Eh! oui, c'est la phrase ordinaire,
Et tous ces messieurs, en dansant,
Jusqu'à notre propriétaire,
M'ont fait le même compliment.
LUDOVIC.
Mais je le conçois aisément.
Près de toi, dans un trouble extrême,
Je croirais, dans ces moments-là,
Devenir amoureux moi-même.

STÉPHANIE, *parlant.* Comment, Monsieur!

LUDOVIC, *finissant l'air.*
Si je ne l'étais pas déjà.

LOUIS, *entrant.* Pardon, Monsieur!
LUDOVIC. Eh bien! qu'est-ce?
LOUIS. Ce sont vos journaux que je vous apporte, si vous voulez les lire.
LUDOVIC. Par exemple, moi qui viens de passer la nuit.
LOUIS. Et puis une carte.
STÉPHANIE, *prenant la carte.* Donne. Ah! mon Dieu! Ludovic, vois donc...
LUDOVIC, *regardant la carte.* Ton frère! il est à Paris?
LOUIS. C'est un monsieur qui arrivait de Rouen, et qui est venu hier soir, pendant votre absence, et il aime à causer, celui-là! Dieu! m'a-t-il fait des questions!
LUDOVIC. Des questions! sur quoi?
LOUIS. Dame! sur vous, sur votre train de maison, sur vos plaisirs.
LUDOVIC. C'est singulier!
STÉPHANIE. C'est l'intérêt qu'il prend à nous; il nous aime tant.
LUDOVIC. C'est lui qui nous a mariés.
STÉPHANIE. Il m'a dotée.

SCÈNE II.

Les précédents, AMABLE, *en habit de bal, costume du jour un peu outré.*

amable, *à la cantonade.* C'est bien, c'est bien, s'ils ne sont pas couchés...
ludovic. Notre propriétaire.
stéphanie. Monsieur Amable de Roquebrune !
amable. Eh ! bonjour, mes amis ; savez-vous que c'est bien mal à vous d'avoir quitté le bal comme ça, moi qui voulais revenir avec vous !
ludovic. Bah ! vous étiez à la bouillotte.
amable. Justement, vous êtes cause que j'ai perdu jusqu'à mon dernier Philippe. Je ne sais pas comment ça se fait ; c'est toujours de même. Je ne suis heureux en rien.
ludovic. Laissez donc ! à votre âge, répandu dans le grand monde, et riche comme vous l'êtes...
amable, *avec mélancolie.* Ah ! la fortune ne fait pas le bonheur !
stéphanie. Vous avez bien raison.
amable. Et lorsque la sensibilité dont on est doué, et qui ne demanderait qu'à s'épancher, se trouve par la force des circonstances, en quelque sorte concentrée, et comme forcée de retomber sur elle-même, on a bien du vague dans l'âme, mon voisin, on est seul dans la foule.
ludovic. Il me semble cependant qu'avec madame de Roquebrune...
amable. Ma femme ! oh ! certainement, elle tient de la place dans ma vie ! ne fût-ce que par son embonpoint. Pauvre Amanda ! je ne lui fais pas de reproches, ce n'est pas sa faute, si elle est ma femme ; je n'en accuse que moi, et ma délicatesse.
stéphanie. Et comment cela ?
amable. Je l'avais aimée autrefois... Elle toujours ! et l'année dernière, quand elle devint veuve, elle avait cinquante mille livres de rente et autant d'années ; moi je ne possédais que ce que vous voyez... un physique assez agréable, de la jeunesse, un beau nom, c'est peu de chose ; c'était trop encore, puisqu'elle voulut absolument m'épouser ; moi, je ne voulais pas ; mais elle me menaça d'être malade, de mourir à mes yeux, de mourir de consomption.
stéphanie et ludovic. O ciel !
amable. Et pour sauver ses jours, victime d'une délicatesse exagérée !.. vous savez le reste. Amanda se porte à merveille, et continue d'exister, heureuse et fière de son choix, tandis que moi, attaché à une chaîne dorée, qui, par cela même, n'en est que plus pesante ! prisonnier dans ce bel hôtel qui m'appartient et dont je vous ai loué le premier étage à raison de cinq mille francs par an, je tâche de m'étourdir de mon mieux ; je vais aux Italiens ; je sème l'or à pleines mains ; j'ai des chevaux, des équipages ; je vois tout le monde, je ne vois jamais ma femme ; mais, comme je vous le disais, le plaisir n'est pas le bonheur, et votre malheureux voisin est bien à plaindre.
stéphanie. Pauvre jeune homme ! il faut venir souvent nous voir, nous vous consolerons.
amable. Vous êtes trop bonne ! et, pour commencer, je viendrai vous demander à dîner aujourd'hui.
ludovic. A la bonne heure.
amable. Ma femme dîne en ville, j'ai congé, je suis garçon. (*A Stéphanie.*) Et puis j'avais à parler à votre mari.

stéphanie. Je vous laisse, je vais ôter ma robe de bal, il ne s'agit que de réveiller ma femme de chambre.
ludovic. Et pourquoi donc ? cette pauvre Annette, qui s'est couchée si tard.., (*Il passe auprès de Stéphanie.*)

Air des *Carabiniers* (de Fra-Diavolo).

A ses domestiques, je pense,
On doit quelques égards... Mais moi,
Ne puis-je pas, en son absence,
La remplacer auprès de toi ?
amable.
Charmant !
ludovic, *à Amable.*
Vous permettez, j'espère...
amable.
Ne vous gênez pas entre nous.
Quoique je sois propriétaire,
Faites toujours comme chez vous.

ensemble.

ludovic.
Il faut un peu de complaisance
Pour ses domestiques... et moi,
Je vais, ma chère, en son absence,
La remplacer auprès de toi.
stéphanie.
Il faut un peu de complaisance
Pour ses domestiques... et toi,
Tu vas, mon cher, en son absence,
La remplacer auprès de moi.
amable.
C'est avoir trop de complaisance
Pour ses domestiques... Pourquoi
Un tel service, en leur absence,
Ne peut-il être fait par moi ?

(*Ludovic et Stéphanie entrent dans la chambre à droite.*)

SCÈNE III.

AMABLE, *seul, les regardant sortir.* C'est ça, ils me laissent seul, comme c'est agréable ! Il est vrai que, pendant qu'il est près de sa femme, je peux penser à la mienne, et à la dispute qui m'attend au logis, chaque fois que je rentre ; aussi je ne rentre que le moins possible. Sept heures du matin... la nuit sera moins longue ; car, hélas !

Air de *la Vieille.*

Ma tendre et respectable épouse
Joint à tous les charmes qu'elle a
Une âme revêche, jalouse,
Acariâtre, *et cœtera*... } bis.
O chère, trop chère Armanda !
Depuis qu'à moi vous fûtes mariée,
Votre fortune, ah ! je l'ai bien payée... } bis.
Bien payée !.. trop payée !
Et j'eusse été trop heureux, bien souvent,
De la céder au prix coûtant.

Heureusement que nous avons le chapitre des consolations ; et si cette petite Stéphanie n'aimait pas si ridiculement son Ludovic... elle, si jolie ! et puis chez moi, dans ma maison, ce serait si commode. Vrai, ce n'est pas une plaisanterie, j'en suis réellement amoureux, et depuis longtemps, aujourd'hui surtout, ce bal, ce punch, ces parures, tout cela m'a monté la tête. Je voudrais me déclarer ; je venais pour cela : eh bien ! non, pas moyen ! un si bon ménage ! Parlez-moi de ces maisons où il y a du désordre, on s'y glisse entre deux disputes ! mais ici il n'y en a jamais ; je crois bien, de l'aisance, de la fortune : c'est la première fois que les écus de ma femme ne me sont bons à rien.

STÉPHANIE. Ah! je n'en puis plus! — Scène 1.

SCÈNE IV.
LUDOVIC, en costume de ville, AMABLE.

LUDOVIC. Me voilà, mon cher voisin, et maintenant tout à vous.

AMABLE. Je venais vous proposer une affaire. J'ai ici, au premier, un appartement de garçon, qui touche au vôtre, deux petites pièces charmantes donnant sur le boulevard; et comme l'autre jour votre femme se plaignait de n'avoir point de boudoir...

LUDOVIC. Vous avez raison, cette chère Stéphanie!..

AMABLE. J'ai pensé qu'il nous serait agréable, à vous de prévenir ses vœux, et à moi de louer un appartement vacant.

LUDOVIC. Certainement.

AMABLE. D'autant que c'est pour rien, mille à douze cents francs.

LUDOVIC. Oh! certainement, mais c'est qu'ayant déjà cinq mille francs de loyer, cela fera...

AMABLE. Deux mille écus, un compte rond; qui est-ce qui n'a pas deux mille écus de loyer? il est impossible de se loger à moins, quand on a un certain rang, une certaine fortune.

LUDOVIC. Vous avez raison, d'autant plus que j'attends aujourd'hui ma nomination à une place importante.

AMABLE. Vraiment!

LUDOVIC. C'est sûr, on me l'a promise, le ministre est mon ancien camarade de collége, et s'il est vrai que Stéphanie vous ait parlé de ce boudoir...

AMABLE. Je vous l'atteste.

LUDOVIC. Cette pauvre petite femme! dès que cela lui fait plaisir... Par exemple, je vous demanderai un service. Il se peut qu'aujourd'hui, à dîner, vous vous trouviez avec le frère de ma femme, Victor d'Hernetal, qui vient d'arriver à Paris.

AMABLE. D'Hernetal! n'est-ce pas un manufacturier de Rouen?

LUDOVIC. Oui. Ne lui parlez pas de cette augmentation de dépense, non plus que du loyer de six mille francs.

LE BUDGET D'UN JEUNE MÉNAGE.

M. Amable.

AMABLE. Est-ce qu'on parle jamais de cela? est-ce que vous me prenez pour une quittance?

LUDOVIC. Non pas que ce ne soit notre ami, notre meilleur ami; mais cette année, j'ai été un peu vite, et ces négociants de province sont des gens en arrière, qui croient tout perdu dès qu'on est en avance; mais dès que j'aurai ma place...

AMABLE. En attendant, vous avez des amis; car je vous prie, dans l'occasion, de regarder ma bourse comme la vôtre, c'est comme je vous le dis; et je me fâcherais si vous ne vous adressiez pas à moi.

LUDOVIC. Vous êtes trop bon, comment reconnaître?..

AMABLE. Soyez tranquille, je me paierai moi-même; je veux dire, je suis trop payé par le bonheur de vous être utile. Voilà donc qui est dit, à tantôt, à dîner; surtout pas de façons.

LUDOVIC. Soyez tranquille.

AMABLE. Il se peut que je vous amène deux de nos amis.

LUDOVIC. Avec vous, ils seront les bien reçus...

AMABLE. Edmond, qui a de si beaux chevaux, et Dageville, qui a une si jolie femme.

LUDOVIC. A laquelle vous pensez, à ce qu'on dit.

AMABLE. C'est possible, (*En confidence.*) et à bien d'autres encore.

LUDOVIC. Vous?.. un homme marié!

AMABLE. Raison de plus, c'est loyal, parce qu'au moins il y a une revanche à prendre, et moi, je n'empêche pas... Adieu donc, à ce soir; est-ce qu'après dîner vous n'irez pas à l'Opéra?

LUDOVIC. Non, je resterai ici avec ma femme, qui sera fatiguée, et se couchera de bonne heure.

AMABLE. C'est juste; alors je resterai avec vous. Et ce matin, est-ce que vous ne sortirez pas?

LUDOVIC. Non, j'ai à causer avec ma femme.

AMABLE, *à part.* C'est ça, toujours ensemble! impossible de la trouver seule un moment; ma foi, j'écrirai, c'est plus commode, et à la première occasion...

LUDOVIC.
Air du *Piége.*
Il est grand jour.

AMABLE.
Bonne nuit, je suis sage,

Et je m'en vais me livrer au sommeil.
Ma femme et moi nous sommes en ménage
  Comme la lune et le soleil,
Astres rivaux dont la course s'achève
Sans se heurter et sans se rapprocher...
Adieu... Voilà ma femme qui se lève,
  Je m'en vais me coucher.
(*Il sort.*)

SCÈNE V.

LUDOVIC, puis STÉPHANIE, *en robe de ville*.

LUDOVIC. Voilà un pauvre diable de millionnaire qui est bien à plaindre. (*Stéphanie entre.*) Ah! c'est toi, mon amie! est-ce que nous ne déjeunons pas?

STÉPHANIE. Si, vraiment; mais voici une lettre qui arrive pour toi, une lettre importante, car il y a un grand cachet rouge; elle a été apportée par un garde municipal à cheval.

LUDOVIC. Donne donc vite. (*Regardant le cachet.*) Cabinet du ministre, je respire; c'est ma place qui arrive.

STÉPHANIE. Une place!

LUDOVIC. Oui, et bien à propos; car je ne te l'avais pas dit, mais notre budget me donnait de graves inquiétudes.

STÉPHANIE, *souriant*. Vraiment!

LUDOVIC, *qui a décacheté et qui lit*. Heureusement que maintenant. (*Lisant tout haut.*) « Mon cher camarade. » Un ministre qui vous écrit ainsi; c'est très-bien, ce ne peut être qu'un homme de mérite... « Personne « n'apprécie mieux que moi ton caractère et tes ta- « lents. » Il y a si longtemps que nous nous connaissons! « La place que tu demandes était sollicitée par de « nombreux concurrents. » Voyez-vous, les gaillards! « Entre autres par notre ancien camarade Dervière, « dont tu connais aussi la capacité, et qui, père d'une « nombreuse famille, n'a pas, comme toi, vingt mille « livres de rente. A mérite égal, je lui devais donc la « préférence, et tu ne m'en voudras pas, je l'espère, « etc., etc. » Quelle injustice!

STÉPHANIE. Quelle indignité!

LUDOVIC. Me préférer Dervière!

STÉPHANIE.

AIR : *J'avais mis mon petit chapeau* (de L'AUBERGE DE BAGNÈRES).

Du courage! fais comme moi,
Console-toi de ta disgrâce;
Qu'avons-nous besoin d'un emploi?
Nous pouvons nous passer de place.
(*Lui prenant la main et la mettant sur son cœur.*)
N'en avez-vous pas une là,
Comme aucun ministre n'en donne?
Et je te réponds que personne
Jamais ne t'y remplacera.

LUDOVIC. Bien vrai?

STÉPHANIE. Et, comme dit le ministre, puisque nous avons vingt mille livres de rente.

LUDOVIC. Oui, le ministre le dit; ce n'est pas une raison : nous les avions l'année dernière, en nous mariant... Mais peut-être que maintenant...

STÉPHANIE. Est-ce que par hasard?..

LUDOVIC. Je n'en sais rien, je n'ai jamais compté.

STÉPHANIE. Ni moi non plus, je ne pensais à rien qu'à t'aimer.

LUDOVIC. Et moi donc! c'était ma seule occupation. Aussi, tout ce que je sais de notre budget, c'est que l'exercice de 1831 y a passé, et que, devançant l'avenir, nous marchons en plein sur 1832.

STÉPHANIE. Deux années de revenu mangées d'avance!

LUDOVIC. Que veux-tu? je comptais sur cette place pour tout réparer, et, en attendant, il me semblait si doux de prévenir tous tes désirs, chevaux, voiture, maison de campagne...

STÉPHANIE. C'est vrai, c'est joliment cher!..

LUDOVIC. Et puis, à Paris, les bals, les toilettes, les spectacles, un riche appartement auquel ce matin encore je viens d'ajouter un boudoir.

STÉPHANIE. Et pourquoi donc? (*Annette entre et apprête le déjeuner sur le guéridon.*)

LUDOVIC. Tu en avais besoin, tu le désirais, et quand on a une femme jeune et jolie, une femme qu'on aime, il serait si pénible de lui dire : « Cela ne se peut pas!»

STÉPHANIE. Eh bien! Monsieur, il fallait le dire, je m'y serais habituée. Vous me croyez donc bien déraisonnable; vous croyez donc que je vous aime bien peu!

LUDOVIC. Oh! je sais que tu es la bonté même.

STÉPHANIE. Eh bien! tout peut se réparer; il ne s'agit que de se tracer un plan de conduite, de diminuer ses dépenses, et avec de l'ordre et de l'économie...

LUDOVIC, *gaîment*. Tu as raison, faisons des économies.

STÉPHANIE. N'est-ce pas? ce sera charmant.

LUDOVIC. Ce sera du nouveau.

STÉPHANIE. Cela nous amusera, et nous allons nous en occuper en déjeunant. (*Ils vont s'asseoir auprès du guéridon.*)

LUDOVIC. A merveille, car jamais nous ne parlons d'affaires. Voyons un peu ce que nous allons retrancher.

STÉPHANIE. Toutes les dépenses inutiles.

LUDOVIC. C'est très-bien, plus de superflu, et d'abord, la toilette, les tailleurs, les marchandes de modes.

STÉPHANIE. Oh! non, non, il ne faut pas toucher aux objets de première nécessité.

LUDOVIC. C'est juste; je ne vois pas alors ce qu'on pourrait supprimer.

STÉPHANIE. Les dépenses de ménage, de table, les grands dîners.

LUDOVIC. Les dîners, tu as raison... Ah! j'oubliais de te dire que nous avons aujourd'hui une douzaine de personnes à dîner, ton frère, notre propriétaire, etc... il faudra que ce soit bien.

STÉPHANIE. Certainement, sois tranquille.

LUDOVIC. Les dîners, c'est de rigueur. On reçoit, il faut bien rendre, c'est de la délicatesse.

STÉPHANIE. Tu as raison, ce n'est pas là-dessus qu'on pourrait retrancher.

LUDOVIC. Mais j'y pense, mon domestique.

STÉPHANIE. Non, tu ne peux pas t'en passer, mais plutôt ma femme de chambre.

LUDOVIC. Oh! une femme de chambre, pour toi c'est indispensable. Qui est-ce qui t'habillerait? ce ne peut pas toujours être moi.

STÉPHANIE. Tiens, un objet de luxe, notre voiture.

LUDOVIC.

AIR de M. AMÉDÉE DE BEAUPLAN.

Ce coupé si fort à la mode
STÉPHANIE.
C'est inutile et c'est coûteux.
LUDOVIC.
Pour les bals c'était bien commode.
STÉPHANIE.
Quand nous en revenions tous deux.
LUDOVIC.
Et puis l'hiver est rigoureux.
Exposer au froid, à la pluie,
Ces jolis bras, ce joli cou...
Pour t'enrhumer!..

STÉPHANIE.
Oh! pas du tout!

(*Parlé.*) Pour autre chose je ne dis pas; mais...

ENSEMBLE.
Là-dessus, point d'économie,
Car la santé doit passer avant tout.

LUDOVIC. Notre maison de campagne.
STÉPHANIE. Ah! Ludovic!.. c'est là que nous nous sommes mariés.

LUDOVIC.
Même air.
Je l'aime par reconnaissance.
STÉPHANIE.
J'y reçus tes premiers soupirs.
LUDOVIC.
O jours d'amour et d'innocence!
STÉPHANIE.
C'est la terre des souvenirs.
LUDOVIC.
A chaque pas, nouveaux plaisirs.
STÉPHANIE.
Un si bon air... et puis, j'oublie
La chasse, qui te plaît beaucoup.
LUDOVIC.
Ton bonheur, ton bonheur, surtout.

STÉPHANIE, *parlant.* Pour autre chose je ne dis pas; mais...

ENSEMBLE.
Là-dessus, point d'économie,
Car le bonheur doit passer avant tout.

LUDOVIC. Oui, oui; j'oubliais toutes ces bonnes raisons-là... et bien décidément je ne la vendrai pas.
STÉPHANIE. Ah! que je te remercie! que je suis contente!.. (*Ils se lèvent.*)
LUDOVIC. Ainsi, nous gardons la campagne.
STÉPHANIE. La voiture.
LUDOVIC. La femme de chambre.
STÉPHANIE. Le domestique.
LUDOVIC. Nous donnerons des dîners.
STÉPHANIE. Nous ne changerons rien à la toilette.
LUDOVIC. Mais sur tout le reste, ma chère amie, la plus grande économie; ce n'est que comme ça qu'on peut s'en retirer à deux.
STÉPHANIE, *souriant.* Et surtout à trois.
LUDOVIC. Hein! qu'est-ce que tu veux dire?
STÉPHANIE. Tu ne comprends pas? ce que nous espérions : ton camarade Derrière, qui a obtenu une place à cause de sa famille, te voilà bientôt comme lui, tu auras des titres.
LUDOVIC. Il serait possible! quel bonheur! Ma chère Stéphanie, ce sera un fils, n'est-ce pas?
STÉPHANIE. Je l'espère bien; un fils qui sera si joli... de bonnes grosses joues, des cheveux blonds, et des yeux noirs, longs comme ça... c'est moi qui le soignerai, qui le porterai dans mes bras, mon fils! Je lui ferai de petits bonnets, de petites pèlerines; ça l'enveloppera comme ça, vois-tu?
LUDOVIC. Ah! qu'il est joli!
STÉPHANIE. Il est charmant! il lui faudra une nourrice.
LUDOVIC. Ici, près de nous.
STÉPHANIE. Et puis, j'y songe maintenant; ce boudoir que tu as loué ce matin, et qui me serait inutile, nous en ferons la chambre de mon fils.
LUDOVIC. A merveille.
STÉPHANIE. Voilà une économie.

LUDOVIC. En voilà une, enfin.

STÉPHANIE.
AIR de *Thémire* (de CATEL).
En suivant le plan de conduite
Qu'ici nous venons d'approuver...
(*Annette rentre, et range la table.*)
LUDOVIC.
Nous devons, sans peine et bien vite,
Finir par nous y retrouver.
Oui, de réparer nos folies
C'est, je crois, le meilleur moyen.
STÉPHANIE.
Ah! qu'il est doux, ah! qu'il est bien
De faire des économies,
Quand on ne se prive de rien!

ANNETTE, *enlevant le déjeuner, et à demi-voix.* Madame, votre marchande de modes est là qui vous attend.
STÉPHANIE, *avec embarras.* Ma marchande de modes... ah! oui, je sais; tantôt, qu'elle revienne, je la paierai. (*Annette sort.*)
LUDOVIC. Pourquoi pas tout de suite?
STÉPHANIE, *hésitant.* Ah! c'est qu'il s'agit d'une somme assez...
LUDOVIC. Mais encore...
STÉPHANIE. Eh bien... mille écus.
LUDOVIC. Hein!.. qu'est-ce que tu dis?
STÉPHANIE. Ne me fais pas répéter, je t'en prie; je ne t'en parle que parce que je lui ai signé un bon qui échoit ce matin, et il faut que je fasse honneur à ma signature.
LUDOVIC. Y penses-tu? un billet!
STÉPHANIE. Que veux-tu? ma marchande de modes m'a dit que toutes les jeunes dames faisaient de petits billets, payables par leur mari... en général... et si j'ai eu tort, cela ne m'arrivera plus.
LUDOVIC. Il est bien temps!
STÉPHANIE. Tu me grondes? tu m'en veux?
LUDOVIC. Je t'en veux... je t'en veux... parce que moi aussi, de mon côté, je dois une vingtaine de mille francs.
STÉPHANIE, *avec reproche.* Comment! Monsieur, des dettes!
LUDOVIC. Tu vois bien, toi qui réclamais mon indulgence.
STÉPHANIE. C'est qu'il y a une fameuse différence; vingt mille francs!
LUDOVIC. Ecoute donc; moi je suis le mari, il faut de la proportion. Le mois de janvier est le mois des mémoires, et j'ai reçu ce matin, pour étrennes, tous ceux de l'année dernière. Il faut payer; avec quoi? ce ne peut être avec nos économies.
STÉPHANIE. Deux années de revenu dépensées d'avance, et vingt mille francs de dettes!
LUDOVIC, *la regardant.* Vingt-trois.
STÉPHANIE. C'est juste; et à des ouvriers, des fournisseurs, qui en ont besoin.
LUDOVIC. Qui peuvent l'exiger dès demain.
STÉPHANIE. Dès aujourd'hui; témoin cette marchande de modes qui reviendra tantôt. Quel parti prendre?
LUDOVIC. Il n'y en a qu'un, il est terrible, il peut amener une révolution.
STÉPHANIE. Ah! tu me fais peur.
LUDOVIC. C'est d'avoir recours aux états généraux, à nos grands parents, de nous adresser à eux pour un emprunt.
STÉPHANIE. Tu as raison.
LUDOVIC. La comtesse d'Obernay, ma tante, est si

riche, et n'a pas d'enfants; elle doit justement venir ce matin, pour me parler d'affaires; si nous lui disions la vérité?

STÉPHANIE. A madame d'Obernay! oh! non, j'aime mieux m'en passer; elle est si fière! elle ne te pardonnera jamais ton alliance avec une famille de commerçants. Il vaudrait bien mieux nous adresser à mon frère, à Victor.

LUDOVIC. Tu crois?

STÉPHANIE. Il est si bon; et puis c'est le ciel qui nous l'envoie, on dirait qu'il arrive de Rouen tout exprès pour venir à notre aide.

LUDOVIC. Oui; mais je t'avouerai qu'avec lui, qui me prêchait toujours l'économie, il sera bien pénible de lui faire un pareil aveu; car, pour éviter ses sermons, je lui écrivais tous les mois que cela allait bien, que nous étions en avance, que nous mettions de côté.

STÉPHANIE. Comment! Monsieur...

LUDOVIC. C'était possible, je n'en savais rien, et dorénavant ce sera ainsi. (*Le domestique entre.*)

STÉPHANIE. Oh! certainement; c'est bien convenu.

LUDOVIC. Mais, en attendant...

SCÈNE VI.

LES PRÉCÉDENTS, LOUIS.

LOUIS. Madame, voici ce monsieur d'hier au soir.

STÉPHANIE. Mon frère! qu'il monte, nous l'attendons.

LOUIS. Et puis, madame la comtesse d'Obernay qui vient d'entrer au salon.

LUDOVIC, *passant à droite.* Ah! mon Dieu! j'y vais! (*Il s'arrête.*)

STÉPHANIE. Va donc, va donc.

LUDOVIC. C'est étonnant! Il me semble maintenant que j'aimerais mieux m'adresser à ton frère; car, ma tante, je n'oserai jamais...

STÉPHANIE. Ecoute, veux-tu que j'y aille pour toi?

LUDOVIC. Ah! que tu es bonne! je n'osais pas te le demander. Allons, du courage.

STÉPHANIE. Il en faut. Embrasse-moi, cela m'en donnera. (*Ils s'embrassent.*)

SCÈNE VII.

LES PRÉCÉDENTS, VICTOR.

VICTOR, *les voyant s'embrasser.* Bravo! je les retrouve comme je les ai laissés.

STÉPHANIE ET LUDOVIC, *courant à lui.* Mon frère!

VICTOR. Et après un an de mariage! c'est beau, c'est exemplaire! je croyais qu'il n'y avait que chez nous, en province...

STÉPHANIE. Que je suis contente de te voir! toujours, d'abord, mais dans ce moment surtout. Tu nous restes à dîner?

VICTOR. Certainement.

LUDOVIC. Allons, Stéphanie, va recevoir madame d'Obernay.

VICTOR. Je l'ai aperçue qui entrait dans le salon.

STÉPHANIE. Tu as raison; adieu, mon frère. (*Passant auprès de Ludovic et lui serrant la main.*) Adieu, mon ami, je vais m'adresser à la famille adresse-toi à la mienne. (*Elle sort par la droite.*)

SCÈNE VIII.

LUDOVIC, VICTOR.

VICTOR, *la regardant sortir.* Un joli cadeau que je t'ai fait là, j'espère.

LUDOVIC. Et, chaque jour, je t'en remercie.

VICTOR. Tant mieux; car, je te l'avouerai, je craignais dans les commencements que cela ne tournât mal.

LUDOVIC. Et pourquoi cela?

VICTOR. Je ne te parlerai pas de ta famille qui dédaignait la nôtre, et qui ne voulait pas nous voir; de madame d'Obernay, qui faisait toujours de bonnes plaisanteries sur l'aristocratie du commerce, et sur les notables de Rouen. Permis à elle! Mon Dieu! la noblesse des écus est aussi ridicule que celle des parchemins; et il y a des sots dans le département de la Seine-Inférieure, comme dans celui de la Seine; plus, peut-être, vu la richesse de la population. Aussi, ce n'est pas cela qui m'inquiétait, c'était votre jeunesse, votre inexpérience; avec une vingtaine de mille francs de revenu, je te voyais des goûts et des idées de dépenses, qui demandaient cent mille livres de rente.

LUDOVIC. Vraiment!

VICTOR. Je me disais : Il va monter sa maison sur un train qu'il ne pourra pas soutenir, ou qu'il n'aura pas le courage de diminuer, parce que ce qu'il y a de plus terrible à Paris, comme partout ailleurs, c'est de déchoir aux yeux de ceux qui vous ont vu briller; ce n'est jamais pour soi qu'on se ruine, c'est pour ses voisins, et ceux qui vous regardent.

LUDOVIC, *avec embarras.* Ah! c'est vrai.

VICTOR. N'est-ce pas? voilà ce que je pensais, je te l'avoue, et ce que je te répétais souvent, au risque de t'ennuyer; mais tu m'as bien vite rassuré : j'ai vu, par tes lettres, que tu avais de l'ordre, de l'économie, que tu comptais avec toi-même.

LUDOVIC. Certainement; car tout à l'heure, avec ma femme, nous arrêtions le compte de l'année.

VICTOR. Bonne habitude, et le résultat doit en être satisfaisant; car, dans ta dernière lettre, celle de la semaine dernière, tu me parlais de l'argent que tu avais en caisse.

LUDOVIC, *à part.* Ah! mon Dieu!

VICTOR. Tu devais même me consulter sur le placement.

LUDOVIC, *à part.* Quelle humiliation! et comment lui avouer...

VICTOR. Eh bien! mon ami, je t'ai trouvé un excellent placement; je suis gêné.

LUDOVIC. Que dis-tu?

VICTOR. Je ne m'en cache pas; cela peut arriver à tout le monde; dans ce moment surtout, les derniers événements, si propices à la liberté, ont compromis quelques intérêts, et, par suite, entravé le commerce; cela reviendra, j'en suis sûr, et cela ne m'inquiète pas; mais en attendant, pour faire vivre mes ouvriers, pour les garder tous, pour ne point fermer mes manufactures, ce qui, je crois, eût été d'un mauvais citoyen, j'ai été obligé à de nombreux sacrifices; les échéances se pressent, les rentrées ne se font pas, et j'ai aujourd'hui même, ici, à Paris, trente mille francs à payer.

LUDOVIC. Oh! mon Dieu!

VICTOR. Je n'ai que la moitié de la somme, mais je me suis dit : J'ai là mon beau-frère, qui est à son aise, qui a de l'argent de côté, et m'adresser à d'autres qu'à lui, ce serait l'offenser; n'est-ce pas?

LUDOVIC. Oui, mon ami, oui... mon sang, ma vie... tout est à toi.

VICTOR. Je n'en doute pas; mais je ne t'en demande pas tant, c'est quinze mille francs qu'il me faut; c'est, je crois, la somme que tu as en caisse, du moins tu me l'as écrit.

LUDOVIC, *avec embarras*. Oui... je le crois.

VICTOR. Eh bien! qu'est-ce que tu as donc?

LUDOVIC. Rien... mais je voulais te dire...

VICTOR. Est-ce que par hasard tu me refuserais?

LUDOVIC. Non, mon ami... mais... c'est que...

VICTOR. Est-ce que tu serais de ces gens qui sont toujours riches quand on n'a pas besoin d'eux, et qui sont gênés, qui n'ont plus rien, dès qu'on leur demande un service?

LUDOVIC. Moi!.. quelle idée! (*A part.*) Il pourrait croire!.. (*Haut.*) Tu auras ton argent, tu l'auras ce matin même, le temps d'envoyer à la Banque. (*A part, en montrant le salon.*) Ma tante est là, et ce que ma femme lui a demandé pour nous servira pour son frère. (*Haut.*) Mon ami, tu peux y compter.

VICTOR. A la bonne heure, je te reconnais. Ah çà, je ne viens pas à Paris pour m'amuser. J'ai des affaires dont je vais m'occuper; je serai jusqu'à midi chez Grandville, mon banquier : tu peux y envoyer.

AIR : *Oui, tout est prêt pour ce doux hyménée* (de LA MAITRESSE AU LOGIS).

Mais à dîner nous nous verrons, j'espère.
Adieu... tu sais ce que j'attends de toi.
    LUDOVIC.
Oui, tu l'auras ce soir... adieu, beau-frère.
Va, ne crains rien, tu peux compter sur moi.
    VICTOR.
Vois donc combien c'est utile en ménage
D'être économe et rangé comme ici;
Pour soi d'abord... et puis quel avantage!
On peut encore obliger un ami.

ENSEMBLE.
    VICTOR.
Mais à dîner nous nous verrons, j'espère.
Adieu... tu sais ce que j'attends de toi.
Je reviendrai ce soir... adieu, beau-frère;
Je ne crains rien... tu vas penser à moi.
    LUDOVIC.
Mais à dîner nous nous verrons, j'espère.
Pour ton argent, tu peux compter sur moi ;
Oui, tu l'auras ce soir... adieu, beau-frère;
Va, ne crains rien... je vais penser à toi.

SCÈNE IX.

LUDOVIC, *seul*. Par exemple, qui s'y serait attendu? Lui, venir me demander de l'argent, au moment où j'allais lui en emprunter! (*Montrant la porte du salon.*) Heureusement ma tante est là.

SCÈNE X.
LUDOVIC, STÉPHANIE.

LUDOVIC. Eh bien! chère amie, est-ce une affaire terminée?

STÉPHANIE, *avec émotion*. Oh! certainement; tout à fait terminée.

LUDOVIC. Comme tu as l'air ému!

STÉPHANIE. On le serait à moins : si tu savais quelle fierté, quels grands airs il m'a fallu endurer!

LUDOVIC. Ah, dame! elle n'est pas chanoinesse pour rien.

STÉPHANIE. Elle était d'une humeur...

LUDOVIC. Peut-être de te voir si jolie.

STÉPHANIE. Tu crois? ah! que je le voudrais! pour toi, mon ami, et puis pour la faire enrager.

LUDOVIC. Ah! que tu es bonne!

STÉPHANIE. Elle ne l'est guère; car, lorsque je lui ai parlé de l'embarras où nous étions, et de la somme que tu la priais de te prêter, si tu avais vu quel air de triomphe brillait dans ses yeux! elle m'a rappelé ce mariage fait sans son consentement; elle m'a dit que j'étais cause de tout, que je te ruinais, que je te rendais malheureux! et, ce qu'il y a de pis encore, que je ne t'aimais pas.

LUDOVIC. Toi!

STÉPHANIE. A ce mot-là, je n'ai pas été maîtresse de moi; j'étais furieuse à mon tour, et je lui ai dit tout ce qu'on peut dire (*Avec colère.*) quand on aime bien, que nous n'avions pas besoin d'elle, que nous nous passerions de ses bienfaits.

    LUDOVIC.
AIR : *Du partage de la richesse.*

Quelle imprudence!
    STÉPHANIE.
    Et que m'importe?
Pourquoi subir d'humiliants refus?
« Puisqu'on me parle de la sorte,
A-t-elle dit, vous ne me verrez plus. »
Puis, me jurant que jamais de sa vie
On n'obtiendrait rien d'elle...
    LUDOVIC.
      Que dis-tu?
    STÉPHANIE.
Elle est sortie.
    LUDOVIC.
    O ciel! elle est partie!
    STÉPHANIE.
C'est toujours cela d'obtenu.

LUDOVIC. Qu'est-ce que tu as fait là?

STÉPHANIE. J'ai bien fait; ne vas-tu pas prendre sa défense? il nous reste mon frère, et cela suffit.

LUDOVIC. Ton frère!

STÉPHANIE. Oui, sans doute; est-ce que tu ne lui as pas avoué?..

LUDOVIC. Pas encore.

STÉPHANIE. Et tu as eu tort; ce n'est pas lui qui chercherait à nous humilier : il nous tendra une main secourable, il nous aidera d'abord, et nous grondera ensuite.

LUDOVIC, *embarrassé*. Je n'en doute pas, mais c'est que les affaires d'argent, c'est si délicat!.. je l'ai sondé là-dessus.

STÉPHANIE. O ciel! est-ce qu'il serait comme ta tante? est-ce qu'il ne voudrait pas en entendre parler?

LUDOVIC. Au contraire, il m'en a demandé.

STÉPHANIE. Lui!

LUDOVIC. Oui, il est gêné, il a besoin pour aujourd'hui de quinze mille francs, et ce qu'il y a de plus terrible, c'est que je les lui ai promis.

STÉPHANIE. Toi qui ne les as pas!

LUDOVIC. Je comptais sur ma famille, sur ma grand'-tante, et maintenant que tu l'as congédiée, que tu l'as mise à la porte...

STÉPHANIE. Ah! pardon, mon ami, je vois que j'ai eu tort, j'aurais dû supporter pour toi ses humiliations, ses mépris.

LUDOVIC. Non, non; si j'avais été là, je ne l'aurais pas souffert. Que faire cependant?
STÉPHANIE. S'adresser à tes autres parents.
LUDOVIC. Qui nous accueilleraient peut-être plus mal encore.
STÉPHANIE. Ah! mon ami! je ne m'en serais jamais douté! quelle bonne chose que l'argent, puisqu'il permet de se passer de ces gens-là!
LUDOVIC. Nous nous en passerons sans cela : et plutôt que d'avoir recours à eux, nous quitterons Paris; je n'y tiens pas.
STÉPHANIE. Ni moi non plus.
LUDOVIC. Nous nous retirerons dans notre maison de campagne.
STÉPHANIE. Oh! oui, à la campagne on vit pour rien.
LUDOVIC. Elle n'est que d'agrément, je la ferai valoir : j'abattrai les arbres, j'aurai un fermier, je mettrai le parc en luzerne et les jardins en prairie; tout sera en plein rapport; il n'y aura rien pour le plaisir.
STÉPHANIE, *pleurant*. Tu as raison, nous serons heureux.

LUDOVIC.
Air du *Petit Corsaire*.
Oui, nous le serons tous les deux.
STÉPHANIE.
Et notre fils... ou notre fille.
LUDOVIC.
Oui, tous les trois... cela vaut mieux;
Nous serons heureux en famille
STÉPHANIE.
Nos enfants seront, mon ami,
Notre richesse...
LUDOVIC.
C'en est une;
Et puis on est toujours ainsi
Maître d'augmenter sa fortune.

Rien ne nous manquera... Viens, partons...

SCÈNE XI.

LES PRÉCÉDENTS, LOUIS.

LOUIS. Monsieur, on demande Madame.
LUDOVIC. Et qui donc?
LOUIS. La marchande de modes.
STÉPHANIE, *à demi-voix*. C'est mon billet de mille écus.
LOUIS. Et puis le sellier de Monsieur, qui n'est pas pressé pour son mémoire, mais il dit que si Monsieur voulait seulement lui donner un à-compte.
LUDOVIC, *bas, à sa femme*. Ah! mon Dieu! avant de partir il faut payer ses dettes. (*Haut, à Louis.*) C'est bien. Fais-les passer dans mon cabinet. Tout à l'heure je suis à eux. (*Louis sort.*)
STÉPHANIE. Que veux-tu faire?
LUDOVIC, *de même*. Est-ce que je sais? quand c'est la première fois qu'on se trouve dans ce cas-là.
STÉPHANIE. Si nous demandions du temps! (*Louis rentre.*)
LUDOVIC. Il le faudra bien. Mais ils ne sont pas les seuls, et rendre tout ce monde-là confident de notre gêne, de notre embarras, du désordre de nos affaires! Rougir à leurs yeux...
STÉPHANIE. Tais-toi, tais-toi, de grâce.
LUDOVIC. Et pourquoi?
STÉPHANIE. Ce domestique qui nous regarde...
LUDOVIC. C'est vrai! (*A Louis.*) Que fais-tu là? que veux-tu?

LOUIS. C'est qu'il y a M. de Roquebrune, le propriétaire, qui ne veut pas déranger Monsieur, et qui m'a demandé si Madame était chez elle toute seule.
STÉPHANIE. Ah! bien oui! je suis bien en train de le recevoir!
LUDOVIC, *vivement*. Au contraire, qu'il entre. (*Louis sort.*) Ce matin, de lui-même, il m'offrait de l'argent.
STÉPHANIE. Il serait possible! quel bonheur!

SCÈNE XII.

LES PRÉCÉDENTS; AMABLE, *en costume de ville*.

AMABLE, *tenant une lettre à la main*. Son valet de chambre dit qu'elle veut bien me recevoir; je crois que c'est le moment. (*Il descend le théâtre vers la droite, et apercevant Ludovic et Stéphanie qui causent ensemble à gauche, il cache sa lettre en disant.*) Dieu! le mari est avec elle! Cet imbécile de Louis qui ne m'avait pas dit cela. C'est bien la peine de lui donner ses étrennes au jour de l'an.
LUDOVIC, *allant à lui*. Bonjour, mon cher voisin; soyez le bienvenu.
STÉPHANIE. Nous sommes enchantés de vous voir.
AMABLE, *passant entre Ludovic et Stéphanie*. Il serait vrai!.. (*A part, après avoir regardé Stéphanie*.) Il est de fait qu'il y a dans ses yeux une expression de plaisir... que je n'avais jamais remarquée. (*Haut, avec un peu d'embarras.*) Je venais, mon cher voisin...
LUDOVIC. Pour parler à ma femme, je le sais.
AMABLE. Quoi! vous savez?..
STÉPHANIE. C'est bien aimable à vous... Qu'avez-vous à me dire?
AMABLE, *à part*. Ah! si le mari n'était pas là... (*Haut.*) C'était au sujet des deux nouvelles pièces à ajouter à votre appartement... de ce boudoir, pour lequel nous étions convenus avec Ludovic, et je venais m'entendre avec vous pour les changements.
STÉPHANIE. C'est inutile, je suis décidée à m'en passer.
AMABLE, *étonné*. Vraiment!
STÉPHANIE. A moins que cela ne vous gêne.
LUDOVIC, *vivement*. Auquel cas vous avez ma parole.
AMABLE. Nullement, je n'en suis pas embarrassé... lord Hutchinson, le jeune fashionable que je vous ai présenté hier, au moment de son arrivée; il cherche un appartement, et il était ravi du vôtre. S'il n'avait tenu qu'à lui, il l'aurait pris tout arrangé, tout meublé : l'argent ne lui coûte rien, il est si riche!
LUDOVIC, *avec un soupir*. Il est bien heureux.
AMABLE. Je crois bien. Il est garçon! Ah! si j'étais à sa place, avec sa fortune...
LUDOVIC. De ce côté-là, vous n'avez rien à lui envier.
AMABLE. C'est vrai, tout à l'heure encore j'étais avec un de mes fermiers.
STÉPHANIE, *avec joie*. Vraiment!
AMABLE. Et comme il n'y a que ces jours-là de bons dans le ménage, les jours de recettes, j'ai reçu...
LUDOVIC. Beaucoup?
AMABLE. Mais oui, une somme assez agréable.
STÉPHANIE. Qui, peut-être, vous est nécessaire?
AMABLE. Du tout, je ne suis pas à cela près. Mais pourquoi me demandez-vous cela?
LUDOVIC. C'est que ce matin, mon cher voisin, de vous-même, et fort généreusement, vous m'avez fait des offres de services, que j'ai refusées parce que je n'en avais pas besoin, mais en ce moment...
AMABLE. Vous acceptez?.

LUDOVIC, *vivement.* Pour peu de temps, je l'espère...
AMABLE. Qu'importe ? tout le temps que vous voudrez, je ne demande pas mieux. (*Regardant Stéphanie.*) Je suis si heureux de trouver une occasion...
STÉPHANIE. En vérité!
AMABLE. Il est si doux d'obliger... (*A part.*) Dieu! qu'elle est jolie! (*Haut.*) Et combien vous faut-il?
LUDOVIC, *allant à la table, et prenant un papier.* Je vais vous le dire au juste.
STÉPHANIE. Beaucoup d'argent.
AMABLE. Dites toujours, une bagatelle, j'en suis sûr.
STÉPHANIE. Mais, vingt-trois mille francs.
AMABLE, *à part.* Ah! diable! cela prend de la consistance.
LUDOVIC, *quittant la table.* Et ton frère, ton frère que tu oublies.
STÉPHANIE. Oui, Monsieur, un frère pour qui nous nous sommes engagés, un frère à qui nous devons notre bonheur, et qui, comme vous, est notre véritable ami.
AMABLE. Comme moi, certainement. (*A part.*) Oh! d'abord, si elle prend sa petite voix... (*Haut.*) Mais encore, à ce frère, combien faudrait-il?
LUDOVIC. Quinze mille francs pour aujourd'hui.
AMABLE. Permettez...
LUDOVIC. Quinze et vingt-trois, trente-huit, mettons quarante, pour lesquels je vous offre ma signature, la sienne; hypothèque sur ma maison de campagne, que vous connaissez, et dont on m'offre cent vingt mille francs.
AMABLE. Laissez donc, est-ce qu'entre amis on a besoin de sûretés, de garanties ? et du moment que vous me donnez votre parole... Il n'y a pas d'hypothèques sur votre maison?
LUDOVIC. Ce sera la première.
AMABLE. Eh bien! ce soir nous terminerons. (*Tirant son portefeuille.*) Voici déjà une dizaine de mille francs; c'est tout ce que j'ai reçu de mon fermier. Je vais demander le reste à mon notaire, à qui je dirai de préparer l'obligation. (*Allant au fond, et parlant au domestique qui est dans l'antichambre.*) Louis, qu'on mette mon cheval au cabriolet.
LUDOVIC, *allant à Stéphanie.* Moi, je vais écrire à ton frère, à ce cher Victor, que j'ai tenu ma promesse, et que son argent est à sa disposition.
AMABLE. D'ici à une heure.
LUDOVIC. A merveille. Quant à la marchande de modes et au sellier qui sont là, dans mon cabinet, je vais commencer par eux, et solder leurs mémoires. Ah! quel bonheur! je me sens là un poids de moins! encore quelques heures, et je ne devrai plus rien qu'à l'amitié... (*A Amable.*) et ces dettes-là ne pèsent pas... (*A Stéphanie.*) Adieu, ma femme, adieu ; je te laisse avec notre ami. (*Il entre dans le cabinet à gauche.*)

SCÈNE XIII.
STÉPHANIE, AMABLE.

AMABLE, *suivant des yeux Ludovic.* Me voilà donc l'ami de la maison. (*Regardant Stéphanie.*)
STÉPHANIE. Eh bien! Monsieur, vous me regardez, vous jouissez de vos bienfaits.
AMABLE, *à part.* Il y a émotion, c'est, je crois, le moment de commencer l'attaque. (*A Stéphanie.*) Votre amitié sera du moins une diversion aux chagrins que j'éprouve.
STÉPHANIE, *avec intérêt.* Vous, des chagrins! je comprends, ceux dont vous nous parliez ce matin, votre femme...
AMABLE. C'en est un, il est vrai, de tous les instants; mais celui-là, du moins, c'est connu, tout le monde le sait! il en est d'autres... d'autres tourments, d'autant plus cruels qu'ils sont secrets.
STÉPHANIE. Et vous ne nous les confiez pas?
AMABLE. A vous, hélas! moins qu'à tout autre.
STÉPHANIE, *lui prenant la main.* Et pourquoi donc ? ne sommes-nous pas vos amis ? n'avons-nous pas droit à vos peines ? ce n'est qu'ainsi que nous pouvons nous acquitter envers vous. Parlez, parlez, de grâce...
AMABLE. Ah! si j'étais sûr de votre discrétion.
STÉPHANIE. Soyez tranquille, mon mari et moi nous ne disons jamais rien; cela restera toujours entre nous deux, entre nous trois.
AMABLE. Ah! diable! c'est déjà trop.
STÉPHANIE. Comment cela?
AMABLE. Est-ce que vous dites à Ludovic tout ce que l'on vous confie ?
STÉPHANIE. Toujours.
AMABLE, *avec trouble, et regardant si l'on ne vient pas.* Cependant si c'était un secret qui ne regardât que moi, et une autre personne, un secret qu'on ne peut confier qu'à une femme, à une amie! si j'aimais, en un mot?
STÉPHANIE. Vous, une passion coupable!
AMABLE. Coupable! non pas, mais du moins fort aimable, et si vous seule pouviez me servir auprès d'elle, intercéder en ma faveur...
STÉPHANIE. Je la connais?..
AMABLE. Intimement, Stéphanie, intimement.
STÉPHANIE. Ah! nommez-la-moi.
AMABLE. Vous voulez que je déchire le voile ?
STÉPHANIE. Mais certainement.
AMABLE. Eh bien! puisqu'il le faut, puisque vous l'exigez...

SCÈNE XIV.
LES PRÉCÉDENTS, LOUIS.

LOUIS, *annonçant.* Le cabriolet est prêt, et quand Monsieur voudra...
AMABLE, *à part.* L'imbécile! qui vient se jeter à la traverse avec son cabriolet, au moment où j'allais déchirer le voile.
STÉPHANIE. Eh bien! Monsieur?
AMABLE, *à demi-voix, et avec chaleur.* Eh bien!.. je ne puis achever en ce moment; mais ce matin, dans le désordre de mon âme, j'avais jeté sur ce papier quelques pensées également désordonnées, qui vous associeront, peut-être, au choc tumultueux de mes sentiments... Lisez, Stéphanie, lisez, de grâce. Prudence, discrétion! je vous recommande mes intérêts, et je vais m'occuper des vôtres. (*Il remonte le théâtre.*) Le cabriolet m'attend, partons. (*A part, sur le devant de la scène, à droite.*) Il me semble que ce n'est pas mal, et que le coup de fouet s'y trouve... (*Il fait un salut à Stéphanie, et sort avec Louis.*)

SCÈNE XV.

STÉPHANIE, *seule.* Qu'est-ce que cela veut dire? et quel air singulier! Est-il original, notre voisin! (*Ouvrant la lettre.*) En tout cas, voyons, ce doit être curieux.

SCÈNE XVI.

LUDOVIC, STÉPHANIE.

LUDOVIC, *entrant gaiement.* A merveille, en voilà déjà deux d'acquittés; quant aux autres que j'ai avertis, et qui vont venir, nous aurons, pour les payer, l'argent de notre cher voisin.

STÉPHANIE, *qui vient de lire.* Quelle horreur!

LUDOVIC. Qu'as-tu donc? Qu'y a-t-il?

STÉPHANIE, *courant à lui.* Ah! mon ami! ah! qu'ai-je fait pour m'exposer à une pareille injure? Tiens, lis.

LUDOVIC. C'est de M. Amable, notre propriétaire. O ciel! une déclaration! il t'aimait, et depuis longtemps, et ne cherchait qu'une occasion de te l'apprendre! le misérable!

STÉPHANIE. Où vas-tu?

LUDOVIC. Lui porter ta réponse et la mienne.

STÉPHANIE. Non, non, c'est par le mépris qu'il faut lui répondre.

LUDOVIC, *entre ses dents.* Oui, le mépris et autre chose.

STÉPHANIE. Mais, avant tout, il faut rejeter ses services : nous n'en voulons plus, renvoie-lui sur-le-champ les dix mille francs qu'il t'a remis.

LUDOVIC. Oh! mon Dieu! je ne les ai plus, le sellier et la marchande de modes viennent de les emporter.

STÉPHANIE. Qu'as-tu fait!

LUDOVIC. Je croyais m'acquitter, et je reste sous le poids d'une telle obligation! Devoir à un homme que je méprise!

STÉPHANIE, *avec impatience.* Pourquoi te hâter ainsi?

LUDOVIC. Est-ce que je pouvais attendre? Est-ce que ce billet n'était pas échu? Est-ce qu'il n'était pas payable aujourd'hui même? Aussi, c'est ta faute. A-t-on jamais vu signer des billets à une marchande de modes?

STÉPHANIE. Ma faute! c'est plutôt la tienne; sept mille francs à un carrossier! tu n'aurais pas eu besoin d'emprunter, si tu n'avais pas tout dissipé.

LUDOVIC. Parbleu! je le crois bien, tu as tous les jours de nouveaux caprices.

STÉPHANIE. C'est toi, plutôt, qui ne fais que des folies.

LUDOVIC. Et toi des imprudences : car c'est ton étourderie, ta légèreté seule qui a pu enhardir ce fat à une telle audace.

STÉPHANIE. Moi!

LUDOVIC. Oui, je le parierais, j'en suis sûr.

STÉPHANIE. Oser concevoir une pareille idée! c'est affreux à vous, c'est indigne, et je me fâcherai, à la fin.

LUDOVIC. Eh bien! fâche-toi. (*Ils vont s'asseoir aux deux extrémités du théâtre, Ludovic à droite, Stéphanie à gauche.*)

STÉPHANIE.

AIR : *Ah! c'est désolant* (des ROSIÈRES).

Ah! ah! comment! il ose
Me parler ainsi!
Plus d'amour, vous en serez cause...
Ah! ah! tout est fini!
Oui, oui, tout est fini!

LUDOVIC, *allant à Stéphanie.*
Eh quoi! tu pleures, Stéphanie?

STÉPHANIE.
Oui, oui, Monsieur, c'est une infamie.

LUDOVIC.
Une querelle, je crois.

STÉPHANIE.
Et c'est pour la première fois.
Mais, je le vois,
Nos voisins sont toujours en guerre,
Toujours en dispute chez eux.

LUDOVIC.
Calme-toi, ma chère.

STÉPHANIE.
Leur exemple est contagieux,
Et nous allons faire comme eux.

ENSEMBLE.

STÉPHANIE.
Ah! ah! comment! il ose
Me parler ainsi!
Plus d'amour, vous en serez cause.
Ah! ah! tout est fini!
Oui, oui, tout est fini!

LUDOVIC.
Allons, allons, pardonne ici
Tout le chagrin que je te cause.
Pardon, pourquoi pleurer ainsi?

LUDOVIC. Dieu! ton frère.

SCÈNE XVII.

LUDOVIC, VICTOR, STÉPHANIE.

VICTOR. Eh bien! eh bien! ce n'est plus comme ce matin, on ne s'embrasse plus, on se dispute.

STÉPHANIE. Du tout. (*Se rapprochant vivement de Ludovic et lui serrant la main.*) La paix est faite.

VICTOR, *d'un air triste.* Tant mieux; il nous arrive toujours assez de chagrins sans s'en créer soi-même de nouveaux. Je venais, mon cher ami...

LUDOVIC, *bas, à Stéphanie.* O ciel! pour ce que je lui ai promis... (*Haut.*) Je t'ai écrit, il y a une heure, que les quinze mille francs étaient à ta disposition, et que tu les trouverais ici.

VICTOR. C'est vrai.

LUDOVIC, *avec embarras.* Ils n'y sont pas encore; mais sois tranquille.

VICTOR. Tu ne les avais donc pas, comme tu me le disais, dans ta caisse, ou à la Banque, ce qui est la même chose?

LUDOVIC. Si vraiment; mais un paiement imprévu, des mémoires qu'il a fallu acquitter, ce qui ne m'empêchera pas de te procurer ta somme : je l'attends.

VICTOR. Comment donc as-tu fait?.. et d'où vient ton trouble? Ces regards d'intelligence avec ta femme... je comprends, mes amis... vous vous êtes gênés pour moi.

STÉPHANIE. Du tout.

VICTOR. Vous avez emprunté.

LUDOVIC, *regardant sa femme.* Jamais... jamais, grâce au ciel, cela ne nous arrivera.

VICTOR, *lui prenant la main.* C'est bien, et je devine tout; vous n'avez point voulu compter sur les autres, et c'est de vous, de vous seuls que vous avez attendu des secours, des sacrifices.

LUDOVIC. Que veux-tu dire?

VICTOR. Pourquoi me le cacher? N'est-ce pas? j'ai raison : ce riche mobilier, ces chevaux, ces voitures...

LUDOVIC, *comme frappé d'une idée.* O ciel!

VICTOR. Peut-être même cette campagne à laquelle vous teniez tant?.. Enfin, cela ou autre chose; il est, à coup sûr, quelques superfluités, quelques jouissances de luxe auxquelles vous avez renoncé pour m'obliger, pour me sortir d'embarras; je vous en remercie, mes amis, et j'en suis bien reconnaissant. (*D'un air sombre.*) Mais je n'en ai plus besoin; cela me devient inutile.

LE BUDGET D'UN JEUNE MÉNAGE.

AMABLE. Prudence, discrétion. — Scène 14.

LUDOVIC ET STÉPHANIE. Et comment cela?
VICTOR. Ce matin j'ignorais ma position, et je la connais maintenant; une faillite imprévue m'enlève une somme énorme sur laquelle je comptais pour faire honneur à mes engagements, et moi-même, si je n'ai pas ce soir deux cent mille francs comptant, je suis obligé demain de déclarer mon déshonneur.
LUDOVIC ET STÉPHANIE. Mon frère!
VICTOR. Je n'y survivrai pas, mes amis; car jusqu'ici notre nom a été sans tache, et il ne me reste plus qu'à me brûler la cervelle.
STÉPHANIE, *lui mettant la main sur la bouche, et l'empêchant d'achever la phrase.* O ciel!
LUDOVIC. Qu'entends-je! te livrer ainsi au désespoir! je ne te reconnais plus; toi! un homme de tête, que j'ai toujours vu supérieur aux événements.
VICTOR. Que faire contre ceux-ci? Y a-t-il quelque remède, quelque secours?
LUDOVIC. Peut-être.

Air de *Turenne.*
Promets-nous seulement d'attendre;
Jusqu'à ce soir reste en ces lieux.
VICTOR.
Et pourquoi donc?
STÉPHANIE.
Quel parti veux-tu prendre?
LUDOVIC, *passant au milieu.*
Je serai digne de vous deux.
Oui, tous les deux vous avez sur mon âme
Des droits égaux... car mon bonheur, à moi,
C'est à ma femme ici que je le dois,
C'est à toi que je dois ma femme.

VICTOR. A la bonne heure; mais je voudrais écrire à la mienne, à mes enfants.
LUDOVIC. Là, dans mon cabinet. Adieu, frère; adieu, bon courage, nous sommes là. (*Victor entre dans le cabinet à droite.*)

—

SCÈNE XVIII.

STÉPHANIE, LUDOVIC.

LUDOVIC. Oui, je le sauverai, je le jure.

STÉPHANIE. Et comment? Nous qui n'avons pas même le moyen de nous tirer d'affaire.

LUDOVIC. Il n'est plus question de nous : il s'agit de ton frère, notre ami, notre seul ami; il s'agit de sa vie, de son honneur, qui est le nôtre! et il n'est qu'un moyen de le sauver. Tu n'as pas saisi, comme moi, cette idée qui lui est échappée, là, par hasard; je l'approuve, je m'en empare.

STÉPHANIE. Toi!

LUDOVIC. Je vendrai tout ce qui nous est inutile.

STÉPHANIE. Nos chevaux, notre voiture.

LUDOVIC. Tu y tenais ce matin.

STÉPHANIE. Du tout : je mettrai des socques, tout le monde en met; tu me donneras le bras, le bonheur va à pied aussi bien qu'en voiture.

LUDOVIC. C'est dit, plus d'équipage.

STÉPHANIE. Plus de campagne : elle nous ruinerait une seconde fois, si c'était possible.

LUDOVIC. Ce n'est que là, disais-tu, que nous pouvions nous aimer.

STÉPHANIE. On s'aime partout.

LUDOVIC. A merveille; ce qu'on m'en offre, je l'accepte, je termine à l'instant, et cet appartement dont lord Hutchinson avait tant d'envie, je passe chez lui, je lui cède le bail, le mobilier; ce ne sera pas long, et nous prendrons un joli petit quatrième.

STÉPHANIE. Mieux encore, un cinquième. On est en bon air.

LUDOVIC. On se porte mieux.

STÉPHANIE. Tu as raison; que de choses dont on peut se passer!

AIR de *Manette* (de M. THÉNARD).

PREMIER COUPLET.
Bijoux et dentelles,
Parures nouvelles,
A quoi servent-elles?
Prends, elles sont là.
Ce luxe éphémère
M'était nécessaire,
Pourquoi?.. pour te plaire?
Je te plais sans ça!
Qu'importe le reste?
Oui, je te l'atteste,
Si, simple et modeste,
Tu me trouves bien;
Ta seule tendresse
Fera ma richesse;
Ta seule tendresse
Fera tout mon bien.

ENSEMBLE.
Je suis riche, et beaucoup;
Car l'amour, oui, l'amour tient lieu de tout.

DEUXIÈME COUPLET.
LUDOVIC.
Serviteurs à gage,
Dans un bon ménage,
Sont un esclavage,
Je m'en passerai.
STÉPHANIE.
Plus de soin futile;
Pour me rendre utile,
A tes lois docile,
Je te servirai.
Servir que l'on aime,
C'est le bien suprême.
LUDOVIC.
Et des gages même,
Je veux t'en donner.
Les voilà, ma chère.
(*Il l'embrasse.*)
STÉPHANIE.
A ce prix, j'espère,

Tu ne risques guère
De te ruiner.

ENSEMBLE.
Je suis riche, et beaucoup;
Car l'amour, oui, l'amour tient lieu de tout.

LUDOVIC. C'est ton frère : reste avec lui, et tâche surtout qu'il ne se doute de rien. (*Il sort.*)

SCÈNE XIX.

VICTOR, *tenant à la main des lettres qu'il jette sur la table*; STÉPHANIE.

VICTOR. Mon courrier est terminé et partira ce soir; mais, en apprenant à ma femme la fâcheuse position où je me trouve, une seule idée me consolait : c'est que, grâce au ciel, vous êtes plus heureux, et je suis bien sûr que c'est à toi que ton mari en est redevable; car, de lui-même, il a toujours eu des idées de luxe et de dépense.

STÉPHANIE, *soupirant*. C'est vrai, vous le connaissez bien.

VICTOR. Aussi, tu as bien fait de le retenir, de compter avec lui et avec toi-même, de te mettre à la tête de ta maison, d'y faire régner l'ordre et l'économie.

STÉPHANIE, *avec embarras*. Mon frère!

VICTOR. Je ne t'en fais pas compliment, c'est tout naturel : c'est toi que cela regardait.

AIR : *Le choix que fait tout le village.*

Oui, tu le sais, c'est la règle commune
Qu'en ménage on doit observer;
C'est le mari qui gagne la fortune,
La femme doit la conserver.
Pour tous les siens son active tendresse
Dans tous les temps doit savoir amasser;
Car le bonheur est une autre richesse
Qu'elle n'a pas le droit de dépenser.

STÉPHANIE, *à part*. Ah! mon Dieu! s'il savait...

SCÈNE XX.

VICTOR, STÉPHANIE, AMABLE.

STÉPHANIE, *à part, voyant entrer Amable*. Dieu! M. Amable!

AMABLE, *tenant un papier*. Fidèle à ma parole, voici, ma belle voisine, ce que je vous avais promis; l'acte est en bonne forme. (*Stéphanie prend le papier.*)

VICTOR. Quel est ce papier?

AMABLE. Tout ce qu'il y a de plus innocent, un acte par-devant notaire; un service que je rends à ce jeune ménage, qui avait besoin d'argent.

VICTOR. Que dites-vous?

AMABLE. Pour eux, d'abord, et pour un frère qui est fort mal dans ses affaires.

VICTOR, *avec colère*. Comment!..

STÉPHANIE, *vivement*. Ne le croyez pas, ce n'est pas vrai! nous n'avons pas besoin de ses offres, nous les rejetons, et la preuve... (*Elle déchire l'acte.*)

AMABLE. Un acte notarié! Madame, un pareil procédé...

STÉPHANIE. Est le seul que vous méritiez, après la déclaration que vous avez osé m'adresser.

VICTOR. Je comprends. (*A Amable.*) Il suffit, Monsieur, sortez.

AMABLE, *étonné*. Sortez! Qu'est-ce que c'est qu'une

telle expression, à un propriétaire... et de quel droit?..

VICTOR, *passant auprès d'Amable.* Je vous répète, Monsieur...

STÉPHANIE, *l'arrêtant.* Mon frère!..

AMABLE. Son frère! c'est différent; mais enfin, on est débiteur ou on ne l'est pas, et après ce que j'ai fait pour son mari...

STÉPHANIE, *à part.* Ah! quelle honte!.. et que devenir!..

VICTOR. On vous doit donc?

AMABLE. Apparemment.

VICTOR. Combien, Monsieur?

AMABLE. Je ne suis pas obligé de vous le dire.

VICTOR. Et moi, j'ai le droit de vous demander... Combien?

AMABLE. Monsieur, c'est mon secret.

VICTOR. Combien?

AMABLE. Dix mille francs.

VICTOR, *après un moment de silence, regardant Stéphanie, prend son portefeuille et remet la somme à Amable.* Les voilà.

STÉPHANIE ET AMABLE. Qu'est-ce que cela signifie?

SCÈNE XXI.

LES PRÉCÉDENTS, LUDOVIC.

LUDOVIC, *accourant.* Mon ami, mon frère, rassure-toi. J'ai vu Hutchinson et mon notaire; ils se chargent de la vente, de la liquidation, ils se chargent de tout, et tu auras dès ce soir deux cent mille francs, qu'ils veulent bien avancer.

VICTOR, *avec joie.* Il se pourrait! ah!.. mon ami!..

AMABLE. Et vous acceptez!

VICTOR. Oui, Monsieur, et de grand cœur.

LUDOVIC, *à Amable.* Vous ici, Monsieur! j'ai un autre compte à régler avec vous, et, pour commencer, voici dix mille francs que je vous dois.

AMABLE. Non, Monsieur.

LUDOVIC. Vous accepterez.

AMABLE. Non, Monsieur... A l'autre, maintenant; qu'est-ce qu'ils ont donc tous?

LUDOVIC. Vous accepterez, ou sinon...

AMABLE. Je suis payé.

LUDOVIC. Et par qui?

AMABLE. Par le beau-frère.

STÉPHANIE. Oui, mon ami.

AMABLE. Et tout ce que je puis faire, c'est de lui en donner un reçu. (*Il va s'asseoir auprès de la table, et écrit.*)

LUDOVIC. Qu'est-ce que cela veut dire?

VICTOR, *prenant Ludovic par la main.* Avez-vous pu croire que votre frère, votre ami, cesserait un instant de veiller sur vous? Je connaissais vos folies, vos dissipations; j'aurais voulu qu'il ne tînt qu'à moi de venir à votre aide, de combler le déficit; mais, une fois habitués à de pareilles dépenses, rien ne vous eût empêchés de continuer; dans un an, dans deux ans, vous étiez ruinés sans espoir, sans ressources : aujourd'hui il y en avait encore; mais, pour s'arrêter, pour trancher dans ce vif, il faut un grand courage, jamais vous ne l'auriez eu pour vous, vous l'avez eu pour moi, j'en étais sûr; dès que vous m'avez vu en danger, vous avez tout sacrifié pour me sauver.

STÉPHANIE ET LUDOVIC. Mon ami!

VICTOR. Ce sacrifice, je l'accepte, et je vous en rendrai bon compte. Ces deux cent mille francs échappés au naufrage, je les ferai valoir dans ma manufacture, à condition que tu t'en mêleras, que tu travailleras.

LUDOVIC. C'était mon projet, mon espoir... dès demain j'entrais chez un banquier.

VICTOR. C'est bien, je t'emmène, et tu seras chez toi, ce qui vaut mieux que d'être chez les autres... nous vivrons tous ensemble, en amis, en famille... ta femme avec la mienne, tes enfants avec les miens... (*Amable se lève et se place à la droite de Stéphanie.*) Ils apprendront avec nous que l'ordre et l'économie, qui font la fortune des États, font aussi celle des jeunes ménages, et, quand vous aurez fait fortune en province, vous reviendrez, si vous le voulez, dans la capitale.

AMABLE. Je vous garderai votre appartement.

LUDOVIC. Vous êtes bien bon.

AMABLE. Un logement d'ami, presque pour rien.

STÉPHANIE, *faisant la révérence.* Cela revient trop cher.

AU PUBLIC.

Air : *Mes yeux disaient tout le contraire.*

Nous voilà donc bien avertis,
Et de ce frère que j'honore
Nous suivrons les sages avis...
Mais par vous, et ce soir encore,
Que de ses préceptes nouveaux
La règle ne soit pas suivie;
Et, s'il se peut, dans vos *bravo*
Ne mettez pas d'économie.

FIN DE LE BUDGET D'UN JEUNE MÉNAGE.

L'INTÉRIEUR D'UN BUREAU

OU

LA CHANSON

COMÉDIE-VAUDEVILLE EN UN ACTE

Représentée, pour la première fois, à Paris, sur le théâtre du Gymnase dramatique, le 25 février 1823.

EN SOCIÉTÉ AVEC MM. YMBERT ET VARNER.

Personnages.

M. DE VALCOUR, chef de division.
EUGÉNIE, sa fille.
M. DUMONT, chef de bureau.

VICTOR, jeune employé.
BELLE-MAIN, vieil expéditionnaire.
DEUX GARÇONS DE BUREAU.

La scène se passe dans un ministère.

Le théâtre représente l'intérieur d'un bureau, dont le fond est occupé par une grande tablette contenant des cartons et des dossiers. A la droite du spectateur, dans le fond, la porte d'entrée qui est toujours ouverte, et qui laisse voir sur le mur extérieur, le mot *escalier*, écrit en gros caractères. A gauche une croisée. Sur un plan plus avancé à droite, une porte au-dessus de laquelle on lit : *Première division, 3e bureau*, M. DUMONT, *chef*. Sur le même plan à gauche, une autre porte au-dessus de laquelle on lit : *Première division. Le cabinet du chef de division est à droite.*
Une grande table au fond. A gauche une table. A droite une autre table garnie de tout ce qui est nécessaire à un employé de bureau, cartons, papiers, encrier, plumes, canifs, grattoir. Un vieux fauteuil, près de cette table, etc. A côté, une petite manne d'osier pour mettre les vieux papiers.

SCÈNE PREMIÈRE.

VICTOR, *devant la table à gauche, et écrivant.* Personne encore au ministère! il est à peine huit heures, et me voilà déjà à mon poste. Depuis trois jours mes créanciers s'établissent de si bon matin à ma porte que je suis forcé d'arriver au bureau au point du jour. Cela a bien son bon côté; et si tous les employés étaient aussi exacts que moi... il faudra que je soumette cette idée-là à son excellence. (*Écrivant.*) Recette pour faire arriver les commis de bonne heure : Vous prenez deux, trois créanciers, ou même plus, vous ne les payez pas, ce qui est toujours d'une exécution facile... ma foi, ce plan me sourit, et il faut que je l'écrive, cela me fera toujours passer le temps; c'est plus amusant que la romance que j'avais commencée. D'ailleurs, moi je ne connais que cela, quand on est au bureau, il faut s'occuper.

AIR de *la Robe et les Bottes.*

Est-il des maux, divine poésie,
Que tes bienfaits ne fassent oublier?
Sans fortune dans cette vie,
Je suis par toi riche sur le papier.
O perspective aimable et séduisante!
Je suis seigneur de ce riant coteau,
Et, s'il le faut, la rime complaisante,
Va, d'un seul vers, me donner un château.

SCÈNE II.

VICTOR, M. BELLE-MAIN, *le parapluie et une liasse de papiers sous le bras, culotte de nankin, bas chinés.*

VICTOR. Eh! c'est monsieur Belle-Main, notre expéditionnaire!
BELLE-MAIN, *en entrant, accroche son chapeau à un portant.* Est-ce que je serais en retard? (*Regardant sa montre.*) Non, c'est vous qui êtes en avance. Ah çà! monsieur Victor, vous avez donc été diminué?
VICTOR. Pourquoi?

BELLE-MAIN. C'est que, comme d'ordinaire l'exactitude est en raison inverse des appointements, j'ai cru que depuis quelques jours les vôtres avaient essuyé une forte réduction.
VICTOR. Ce cher Belle-Main! et vous en étiez fâché?
BELLE-MAIN. Certainement, parce que vous êtes un brave garçon. Mais, d'un autre côté, je me disais : « C'est peut-être là-dessus que M. le chef de division doit prendre les fonds de cette gratification que « l'on me promet depuis cinq ans, » et cela m'aidait à prendre votre chagrin en patience.
VICTOR. Je comprends; mais comment, vous, monsieur Belle-Main, qui avez une écriture superbe, qui êtes le plus ancien expéditionnaire de l'administration, ne demandez-vous pas quelque chose de mieux qu'une gratification? Une place de sous-chef, par exemple : cela vous est bien dû.
BELLE-MAIN. M'en préserve le ciel! Tenez, jeune homme, vous voyez ce bureau et ce fauteuil : il y a aujourd'hui vingt ans que je m'y installai avec armes et bagages, je veux dire, mon canif, mes plumes et mon parapluie; il est là pour le dire, c'est toujours le même. Depuis ce temps, employés, sous-chefs, chefs et ministres, combien j'en ai vu entrer et sortir; combien cette main a copié de lettres de diminutions, suppressions et réformes définitives; tout a été changé ou renversé, tout, excepté mon fauteuil, qui, malgré ses oscillations continuelles, est encore sur ses pieds, comme moi sur les miens. Il est toujours là, scellé dans le parquet, stationnaire, immobile, et je fais comme lui : je n'avance pas, mais je reste en place, c'est toujours ça.
VICTOR. Et jamais, malgré votre talent, vous n'avez été inquiété?
BELLE-MAIN. Jamais.

AIR de *Marianne.*

Loin d'imiter maint camarade,
Qui voudrait être protégé,
Je tremble de monter en grade,
Voilà toute la peur que j'ai.
Commis hier,

L'un est tout fier
Du nouveau bref
Qui le nomme sous-chef.
Le lendemain,
Revers soudain
Qu'il eût bravé
Sans ce poste élevé.
Aussi je me dis, et pour cause,
Lorsque je vois les temps si durs,
Ne soyons rien... pour être sûrs
De rester quelque chose.

Par bonheur, il y a tant de gens qui pensent à eux qu'on ne pense jamais à moi.

VICTOR. Et vous trouvez qu'une gratification n'offre pas les mêmes inconvénients?

BELLE-MAIN. Sans doute, ce n'est pas un fixe, c'est accidentel, c'est de la main à la main, et puis je n'en abuse pas; voilà cinq ans que l'on me remet toujours au prochain conseil d'administration; le conseil s'assemble, la bonne volonté s'arrête, le rapport reste en chemin, la gratification languit, et cette pauvre mademoiselle Charlotte, ma future, fait comme la gratification.

VICTOR. Comment! Belle-Main, il serait possible! vous êtes amoureux!

BELLE-MAIN. Oui, Monsieur, quand je ne suis pas au bureau s'entend, c'est-à-dire, depuis quatre heures du soir, jusqu'à... et les dimanches et fêtes. Vous saurez que j'ai cinquante-deux ans, et mademoiselle Charlotte trente-six; mais quand on se marie, il y a toujours des frais extraordinaires, des frais d'installation, et si on prenait cela sur les appointements de l'année, on ne s'y retrouverait plus. Aussi voilà cinq ans que nous attendons cette gratification.

VICTOR. Comment! mon cher Belle-Main, vous n'avez pas autre chose à offrir à mademoiselle Charlotte?

BELLE-MAIN. Que voulez-vous? en ma qualité d'expéditionnaire, je lui offre ma main, c'est tout ce que j'ai de mieux.

VICTOR. Eh bien! mon cher, priez le ciel que je réussisse, que j'épouse celle que j'aime, et vous verrez comme je vous pousserai.

BELLE-MAIN, vivement. Non pas.

VICTOR, montrant son fauteuil. Sur place, une gratification tous les ans, je marie mademoiselle Charlotte, et je suis le parrain du premier enfant.

BELLE-MAIN. Un instant, un instant; comme vous y allez!

VICTOR. Vous avez raison, car je ne suis guère plus avancé que vous; ce n'est pas avec cent louis de traitement, (*A part.*) et mille écus de dettes, (*Haut.*) qu'on peut demander en mariage une jeune personne charmante, la fille d'un homme en place, vingt mille livres de rente.

BELLE-MAIN. Peut-être.

AIR de *Préville et Taconnet.*
Monsieur le chef vous trouve du mérite;
Il vous salue, et d'un air amical,
A ses concerts souvent il vous invite,
Et chez lui vous allez au bal;
Pour avancer c'est là le principal.
Trop heureux les commis ingambes!
Ah! dans la place où je me vois,
J'aurais déjà fait mon chemin, je crois,
Si le destin avait mis dans mes jambes
L'agilité qu'il plaça dans mes doigts.

Cela me fait penser que j'ai là à vous un tas de minutes à expédier; ces papiers que vous m'avez donnés hier...

VICTOR. C'est bien, c'est bien, je ne vous parle plus. (*Belle-Main va à son bureau, met à chacun de ses bras de petites manches de toile, prend ses plumes et se dispose à écrire.*) Au fait, ce cher Belle-Main a raison, je ne vois pas pourquoi je n'aspirerais pas à la main d'Eugénie. Son père est notre chef de division, mais il me reçoit avec plaisir; je lui ai même lu quelquefois des vers auxquels il n'entend rien, mais qu'il me fait l'honneur de corriger, parce que, comme tant d'autres, il est connaisseur. Par exemple, je ne lui ai pas montré ma dernière chanson, et je ne la montrerai à personne; c'est pour moi. (*Il fouille dans sa poche.*) Où l'ai-je donc mise? (*Il cherche encore.*) Il me semble que le dernier couplet est un peu fort; car, après tout, le ministre peut avoir été trompé comme un autre. (*Il cherche dans ses poches.*) Il me semble que je l'avais sur moi; non, je me rappelle très-bien maintenant que j'ai laissé ma chanson dans une feuille de papier à la *Tellière*. Ce sera comme l'autre jour; cet état de mes dettes que j'avais fourré dans une situation de la caisse. (*Feuilletant plusieurs papiers.*) Ah! (*Avec joie.*) ce sont les rapports que j'ai portés tout à l'heure au secrétariat...

AIR : *Vers le temple de l'hymen.*
C'est là que sont mes couplets,
Ou du moins je le soupçonne;
Il n'a dû venir personne :
Courons et reprenons-les.
Sans cela, mauvaise affaire;
Et le ministre en colère
Pourrait bien, d'un ton sévère,
Me dire, en me supprimant :
« Monsieur, ne vous en déplaise,
« Vous chantiez, j'en suis fort aise;
« Eh bien, sautez maintenant. »
(*Il sort en courant.*)

SCÈNE III.

BELLE-MAIN, *seul.* Eh bien! eh bien! où va-t-il donc? il laisse là son travail; ces jeunes gens ont une tête! Hein! j'entends un équipage. (*Il se lève et va regarder par la fenêtre.*) C'est sans doute celui du chef de division; oui, et en même temps le cabriolet du chef de bureau. C'est singulier, dans cette administration, (*Montrant son parapluie.*) nous avons presque tous voiture; aussi, comme cela marche! (*Regardant par la porte qui est en face de la croisée.*) Eh mais! c'est M. de Valcour et sa fille. La fille du chef de division ici! dans les bureaux! Il faut qu'il y ait aujourd'hui de l'extraordinaire. (*Il retourne à son bureau.*)

SCÈNE IV.

BELLE-MAIN, *à son bureau;* M. DE VALCOUR *suivi d'un garçon de bureau qui tient son portefeuille et des papiers,* EUGÉNIE.

M. DE VALCOUR. Oui, ma chère Eugénie, la femme de son excellence désire te voir ce matin, et il est convenable que je t'y conduise moi-même. Elle a été ravie du goût exquis avec lequel tu as chanté cette romance, au concert où elle t'a rencontrée. Le fait est que tu l'as phrasée comme un ange.

EUGÉNIE. Le sujet servait un peu mes efforts.

M. DE VALCOUR. C'est clair; tu es la jeune personne malheureuse, M. Victor le troubadour adoré, et moi le père barbare qui contrarie ton inclination.

EUGÉNIE. Est-ce juste, aussi! Vous le recevez, vous lui faites accueil ; il conçoit des espérances, et maintenant...

M. DE VALCOUR.
AIR du vaudeville du *Jaloux malade.*

Tiens, Victor a trop de jeunesse.
EUGÉNIE.
Tant mieux, il pourra parvenir.
M. DE VALCOUR.
Il n'a pas l'ombre de richesse.
EUGÉNIE.
Tant mieux, il pourra s'enrichir.
M. DE VALCOUR.
Il est léger, plein d'imprudence;
Lorsqu'il travaille, c'est, je croi,
A toute autre chose qu'il pense.
EUGÉNIE.
Ah! tant mieux ; c'est qu'il pense à moi.

Enfin tout le monde convient que Victor est d'une excellente famille, qu'il a de l'esprit ; et vous, à qui l'on en accorde beaucoup...

M. DE VALCOUR, *la caressant.* Tu crois que j'ai beaucoup d'esprit?

EUGÉNIE. Je l'entends dire à toutes les personnes qui viennent dîner chez nous.

M. DE VALCOUR. Du goût, un peu de littérature, le tort d'avoir fait quelques vers qui ne sont pas mal tournés, voilà ce qui m'a valu cette réputation; mais il ne faut pas parler ainsi, ma chère enfant, cela peut nuire à un chef de division.

EUGÉNIE. Je ne vois pas que ce puisse jamais être un tort que d'être spirituel.

M. DE VALCOUR. Si vraiment, c'en est un en administration. Ainsi, une fois pour toutes, en petit comité, je veux bien convenir que j'ai de l'esprit, mais ici, je n'avoue que du talent. Au surplus, je prendrai sur la conduite de Victor des informations certaines; car on prétend qu'il est très-léger, très-étourdi, et peu assidu. (*Apercevant Belle-Main.*) Et tiens, nous ne pourrions pas mieux nous adresser; c'est un ancien expéditionnaire de ce bureau, sans haine, sans envie, M. Belle-Main. (*Allant à lui.*) Bonjour, mon cher Belle-Main, voici des lettres à expédier pour aujourd'hui.

BELLE-MAIN, *quittant son fauteuil et allant recevoir les lettres des mains de M. de Valcour.* Ce sera fait, Monsieur, si on ne vient pas me bousculer comme à l'ordinaire.

M. DE VALCOUR. Un moment ; je voulais vous demander quelques détails sur le compte de M. Victor; je vois qu'il n'est pas encore venu.

BELLE-MAIN. Si vraiment, il l'était avant moi; vous voyez son chapeau.

AIR de *Préville.*

Depuis trois jours son ardeur est extrême,
C'est le modèle des commis ;
Il est encor plus exact que moi-même,
Et vous savez pourtant si je le suis :
De la plus humble des demeures,
Fort ponctuel à m'exiler,
Vers mon bureau quand on me voit aller,
Chaque bourgeois se dit : voilà neuf heures,
Et prend sa montre afin de la régler.

M. DE VALCOUR. Et Victor est de même.

BELLE-MAIN. Pire encore ; je crois qu'il passe les nuits au bureau.

EUGÉNIE, *à M. de Valcour.* Vous l'entendez. (*A Belle-Main.*) Ah! mon Dieu, Monsieur, que vous avez l'air d'un bien bon commis, et que mon père avait raison de dire que vous étiez un honnête homme!

BELLE-MAIN. Comment! M. le chef de division a daigné vous dire officiellement?

EUGÉNIE, *à Belle-Main, avec timidité.* Monsieur, nous donnons ce soir un bal dont je fais les honneurs; si j'osais vous prier...

M. DE VALCOUR, *bas, à sa fille.* Aujourd'hui ; y pensez-vous?

BELLE-MAIN. Me prier, Mademoiselle, de quoi?

EUGÉNIE. De venir demain passer la soirée.

M. DE VALCOUR. Oui, sans façon, nous n'aurons personne ; j'ai, d'ailleurs, plusieurs lettres d'invitation que je vous prierai de m'écrire comme les dernières, vous savez?

BELLE-MAIN. Je vous demande pardon, mais je ne me rappelle pas.

M. DE VALCOUR. Cependant vous les avez copiées?

BELLE-MAIN. Oui, Monsieur; mais je ne les ai pas lues.

M. DE VALCOUR. Adieu, mon cher Belle-Main ; si vous voyez M. Dumont, le chef de bureau, priez-le de m'attendre ici, je lui parlerai en sortant du cabinet du ministre. (*A sa fille.*) Viens, ma chère Eugénie. (*Il entre dans l'appartement à gauche.*)

EUGÉNIE, *à Belle-Main.* Adieu, Monsieur, à demain.

BELLE-MAIN. Certainement, Mademoiselle. (*A part.*) Si je pouvais lui glisser quelques phrases de galanterie administrative. (*Haut, et saluant Eugénie.*) Mademoiselle, agréez l'assurance des sentiments respectueux (*En ce moment, Eugénie, qui est près de la porte de l'appartement où son père est entré, entre aussi avant que Belle-main ait fini sa phrase.*) avec lesquels j'ai l'honneur d'être votre très-humble et très-obéissant... (*Levant les yeux et s'apercevant qu'Eugénie est entrée.*) et cætera; elle n'a pas entendu la fin, mais c'est égal.

SCÈNE V.

BELLE-MAIN, *seul.* Quel bonheur ! aller passer demain la soirée chez le chef de division; depuis vingt ans, je n'ai jamais été aussi fort en faveur; et voilà une belle occasion pour toucher deux mots de ma gratification ; je crois maintenant que je l'aurai, et quand je pense à cela... Attaquons toujours cette pyramide de paperasses... (*Il prend une plume qu'il taille, et qu'il apprête tout en parlant.*) Un avantage de mon état, c'est que tout en écrivant, on peut faire de petits châteaux en Espagne ; je rêve, la plume va toujours ; je m'amuse à dépenser la gratification que j'espère ; je me promets la redingote de Louviers, le pantalon pareil : et je marchande déjà pour mademoiselle Charlotte la robe de mérinos.

AIR de *Lantara.*

Sans aspirer à la corbeille,
Vers le schall j'ose me lancer ;
J'achète la boucle d'oreille,
Et quand je viens de tout dépenser,
Quatre heures sonnent .. je m'éveille ;
Mais plus heureux qu'on ne peut le penser,
Malgré le luxe de la veille,
Le lendemain je peux recommencer.
(*Il va s'asseoir au bureau.*)

Il est vrai que par ce moyen je ne retiens jamais un mot de ce que je copie; mais c'est un mérite de plus, et cela m'a donné dans l'administration une réputation *d'homme discret*, qui a son côté utile, (*Montrant les papiers qui sont sur son bureau.*) parce que tout le monde s'adresse à moi ; il n'y a que M. Dumont, mon chef de bureau, que je ne puis jamais contenter : avec lui, il faut toujours mettre les points sur les I ; et s'il m'arrive de faire un pâté, de mettre un S pour un T, et réciproquement, il ne manque pas de me relever... (*Il écrit, et lisant ce qu'il écrit, il continue.*)

« Et pour éviter mainte erreur
« Dont la raison parfois s'indigne,
« Nous proposons à Monseigneur...

(*Interrompant son ouvrage.*) Nous proposons, nous proposons... tous leurs rapports finissent comme cela. (*Il continue d'écrire.*)

« Dont la raison parfois s'indigne,
« Nous proposons à Monseigneur
« De lire les lettres qu'il signe. »

(*Il écrit toujours en parlant.*) Ce n'est pas que M. Dumont ne soit un très-brave homme, intègre, délicat, mais il n'est pas insensible à certaines politesses que je ne peux pas lui faire ; j'ai remarqué, entre autres, qu'une invitation ne lui déplaisait pas, et qu'il s'en souvenait en temps et lieu. Ah! mon Dieu, voilà une tache d'encre, quand j'en étais au dernier mot !

SCÈNE VI.

BELLE-MAIN, *travaillant*, DUMONT.

DUMONT, *encore sur l'escalier.* C'est bon, c'est bon, dites que je n'y suis pas.
BELLE-MAIN. J'entends, je crois, notre chef de bureau.
DUMONT, *entrant, et toujours à la cantonade.* Cependant vous recevrez ce grand monsieur... (*A part.*) j'ai dîné hier chez lui, (*A la cantonade.*) et ce petit qui vient quelquefois... (*A part.*) diable ! je dois dîner chez lui demain, (*A la cantonade.*) du reste je n'y suis pour personne. Si on ne savait pas choisir son monde et se débarrasser des importuns, on ne s'en tirerait jamais ; tout mon temps est véritablement gaspillé par les invitations et les dîners en ville ; pour faire un métier comme celui-là, il faut avoir un cœur de bronze, et un estomac de fer ; voilà pourtant où en sont les gens en évidence.
BELLE-MAIN. Monsieur...
DUMONT. Qu'est-ce que c'est ?
BELLE-MAIN. M. le chef de division doit vous parler en sortant du travail, et vous prie de l'attendre.
DUMONT. C'est bien ; tenez, voilà un rapport qu'il faut expédier d'urgence.
BELLE-MAIN. Allons, il avait déjà peur que le tas ne diminuât. J'ai l'honneur de vous faire observer que tout ce que j'ai là est déjà urgent.
DUMONT. Parce que vous n'avancez à rien, et que vous êtes d'une lenteur... vous n'aurez donc jamais d'activité ?
BELLE-MAIN. Ma foi, Monsieur, j'en ai pour douze cents francs; mais j'ose dire, en revanche, que la correction et le fini du dessin, (*Prenant un papier sur le tas.*) je vous prie seulement de regarder cette majuscule, comme c'est détaché. Que diable ! pour m'apprécier il ne faut que des yeux ; (*A part.*) mais, je tombe justement sur un chef qui a la vue basse.
DUMONT, *regardant.* Oui, pas mal ; c'est assez net ; mais quel est ce travail que vous venez de terminer?
BELLE-MAIN. Celui-là ? oh ! je ne veux pas que vous le voyiez, parce que vous, qui n'aimez pas les pâtés...

DUMONT, *prenant le papier et lisant.* Qu'est-ce que cela ?
BELLE-MAIN. Je savais bien que vous ne seriez pas content ; ce n'est pas l'embarras, le plein est peut-être plus hardi, mais le délié n'est pas aussi subtil.
DUMONT, *à part.* Est-il possible ! une chanson contre le ministre ! quelle indignité !

Air de *Turenne.*
Qui le croirait, malgré son air modeste,
C'est donc ainsi qu'il employait son temps.
(*A Belle-main.*)
Je n'aurais jamais, je l'atteste,
Soupçonné de pareils talents.
BELLE-MAIN.
Pourquoi pas ? Lorsque je calcule,
J'en ai plus d'un, en vérité.
DUMONT, *à part.*
Lui ! de l'esprit ! qui s'en serait douté ?
Depuis vingt ans qu'il dissimule.

J'en rendrai compte ; mais, en attendant votre réforme définitive, je vous suspens de vos fonctions ; vous pouvez vous retirer.
BELLE-MAIN. Comment ! me suspendre ! Qu'est-ce qu'il dit donc là ? il faut absolument qu'il se trompe, et qu'il me prenne pour quelqu'un qui en vaille la peine. (*A Dumont.*) Je vous ferai observer, Monsieur, que c'est moi, Belle-Main, expéditionnaire : douze cents francs de traitement, ça ne se supprime jamais.
DUMONT. Il y a commencement à tout, Monsieur; vous connaissez très-bien le motif.
BELLE-MAIN. Moi, Monsieur ?
DUMONT. Il suffit, Monsieur, on vous le fera alors connaître sous peu ; et, je vous le répète, vous pouvez vous retirer.
BELLE-MAIN. Vous me permettrez bien, Monsieur, de prendre mes effets, canifs, règles et grattoirs, et de faire un paquet de la totalité. J'ai, d'ailleurs, ici à côté, des papiers à mettre en règle, et ce n'est pas après vingt ans d'exactitude, que l'on veut sortir comme un brouillon. J'ai bien l'honneur de vous saluer. (*Il sort par la porte de l'escalier.*)

SCÈNE VII.

DUMONT, *seul, lisant la chanson.* Je ne reviens pas de ma surprise. Qui jamais se serait douté qu'un expéditionnaire !.. où diable l'esprit va-t-il se nicher ! Si cela gagne une fois les bureaux, nous voilà perdus! et l'on ne peut pas réprimer trop sévèrement... (*Riant.*) Ah, ah ! c'est qu'elle est fort drôle, une âpreté, un mordant... Pour quelqu'un qui le connaît, c'est d'une vérité... il y aurait de quoi faire proverbe, s'il n'était plus en place ! je voudrais, pour je ne sais quoi... Ah ! c'est M. le chef de division. (*Il cache sa chanson.*)

SCÈNE VIII.

DUMONT, M. DE VALCOUR.

M. DE VALCOUR. Ah ! c'est vous, mon cher Dumont, je vous cherchais partout.
DUMONT. Comme vous voilà en grande tenue !
M. DE VALCOUR. Je viens de l'appartement du ministre, et vous savez combien, même le matin, il est sévère sur l'étiquette. Ignorez-vous la nouvelle ?
DUMONT. Qu'avez-vous appris ?
M. DE VALCOUR, *mystérieusement.* De grands évé-

M. Bellemain, expéditionnaire.

nements. Le ministre a envoyé ce matin sa démission au roi.

DUMONT, *étonné.* Est-il possible!

M. DE VALCOUR. Je le tiens de sa femme, et l'on désigne, pour son successeur, M. de Saint-Phar, notre ancien camarade; rien n'est plus sûr.

DUMONT, *d'un air de doute.* Sûr! mais sûr!

M. DE VALCOUR. Je viens d'envoyer ma carte chez Saint-Phar.

DUMONT, *d'un air de conviction.* Je vous crois.

M. DE VALCOUR. Et en même temps, une invitation pour lui et sa femme.

DUMONT, *à part.* Plus de doute. (*Haut.*) C'est fort heureux pour nous, qui connaissons M. de Saint-Phar.

M. DE VALCOUR. On ne pouvait faire un meilleur choix : de grande vues, une tête vaste. Il a été deux fois directeur général et deux fois destitué, voilà des titres, et puis il est essentiellement administrateur.

DUMONT. Certainement. Et, si vous voulez que je vous dise hardiment ma façon de penser, (*En confidence.*) je ne suis pas fâché de cette démission.

M. DE VALCOUR, *de même.* Ni moi non plus.

DUMONT. Exigeant pour le travail.

M. DE VALCOUR. Voulant tout voir par ses yeux.

DUMONT. Défiant.

M. DE VALCOUR. Ombrageux.

DUMONT. Puisque nous en sommes sur ce chapitre, (*Prenant la chanson qu'il avait mise dans sa poche.*) on peut vous divertir.

M. DE VALCOUR. Comment?

DUMONT. Vous qui entendez la bonne plaisanterie, et qui êtes homme de goût et d'esprit.

M. DE VALCOUR. Qu'est-ce que cela?

DUMONT, *souriant, à l'oreille.* Une chanson.

M. DE VALCOUR, *la prenant.* Une chanson, sur notre ex-ministre.

DUMONT, *se frottant les mains.* Sur notre ex-excellence?

M. DE VALCOUR, *la parcourant.* Parfait, c'est une pièce délicieuse... oh! mais, c'est lui : quel est cet air-là?

DE VALCOURT, *lisant*. « La vérité n'entre jamais, sans doute à cause du costume. » — Scène 10.

DUMONT. Je l'essayais tout à l'heure sur celui de *Femmes, voulez-vous éprouver*.
M. DE VALCOUR. Du tout, quelque chose de plus neuf, tra, la, la, la. (*Chantant*.)

« Pour prévenir plus d'une erreur
« Dont la raison parfois s'indigne,
« Nous proposons à Monseigneur
« De lire les lettres qu'il signe.

(*Riant*.) C'est que c'est vrai, l'autre jour encore...
DUMONT. Mais surtout, le suivant.
M. DE VALCOUR. Oui, j'y suis.

« Pour être admis auprès de lui,
« Il faut être en grande tenue.

C'est ce que je vous disais tout à l'heure, vous voyez, l'habit à la française.

« Aussi dit-on qu'en son palais,
« Se conformant à la coutume,
« La vérité n'entre jamais,
« Sans doute à cause du costume. »

Celui-là est très-fin ! vous comprenez, la vérité qui est nue, et qui n'entre pas à cause du costume. Allons, allons, je sais à quoi m'en tenir. (*Le regardant*.) Mais, j'y pense, cette chanson-là, c'est vous qui l'avez faite ?
DUMONT. Moi !
M. DE VALCOUR. Vous-même.
DUMONT. Allons donc.
M. DE VALCOUR. Pourquoi feindre ? hier cela pouvait avoir des conséquences, aujourd'hui le successeur en rira comme un fou.
DUMONT. Vous croyez ?
M. DE VALCOUR, *riant*. Et je suis tenté d'en donner l'exemple. (*Ils rient tous deux*.) Allons, convenez-en, que diable ! avec moi...
DUMONT. Mais je vous avoue que ces choses-là, on doit y attacher si peu d'importance.
M. DE VALCOUR. Comment donc ! Saint-Phar aime beaucoup les chansons ! ce sont des titres...

AIR du *Piége*.
Il les tourne fort joliment ;

Rappelez-vous que sa muse facile
Fit autrefois en déjeunant
Une moitié de vaudeville.

DUMONT.
Mais vous savez que malgré les efforts
Et des loges, et du parterre,
La pièce est tombée... et qu'alors
Elle fut de son secrétaire.

M. DE VALCOUR. C'est vrai ; mais c'est égal, je trouve votre chanson délicieuse, et j'en veux prendre une copie. (*Il tire son carnet, son crayon, et se met à écrire au bureau qui est à gauche.*)

DUMONT. Comment ! vous daignez...

M. DE VALCOUR. Laissez donc, des couplets inédits, c'est une bonne fortune.

SCÈNE IX.

M. DE VALCOUR, *au bureau, écrivant*, DUMONT, BELLE-MAIN, *avec sa canne, son chapeau, son parapluie, un rouleau de papier, plusieurs paquets de plumes, et une grande règle.*

BELLE-MAIN. Me voilà, après vingt années de service, je sors de mon administration comme j'y suis entré, les mains nettes, la conscience légère, et la bourse idem.

DUMONT, *l'apercevant.* Eh bien ! qu'est-ce donc que cet attirail ?

BELLE-MAIN. Celui d'un employé, d'un expéditionnaire en disgrâce ; vous m'avez dit de m'en aller, et je m'en vas. Par exemple, c'est la première fois, depuis quinze ans, que je sors du bureau avant quatre heures.

DUMONT, *le regardant avec bonté.* Ce pauvre Belle-Main !

BELLE-MAIN. Certainement, je réclamerai, on me rendra justice, et peut-être ma place.

DUMONT, *lui frappant sur l'épaule.* Comment ! vraiment vous avez pris au sérieux ? allons, allons, n'en parlons plus. Un mouvement d'impatience et d'humeur, cela peut arriver à tout le monde.

BELLE-MAIN. Que dites-vous ?

DUMONT. Avez-vous pu penser, mon cher Belle-Main, que vous, un ancien employé...

BELLE-MAIN. C'est ce que je me disais, Monsieur ; le doyen des expéditionnaires ne se renvoie pas comme cela.

DUMONT, *lui montrant ses effets.* Croyez-moi, remettez tout cela en place, et qu'il n'en soit plus question.

BELLE-MAIN. Il n'y a donc plus d'orage ? décidément le temps est revenu au beau, et on peut déposer le parapluie. Mais expliquez-moi au moins...

DUMONT. Je ne le peux pas dans ce moment, je suis occupé là, avec monsieur le chef de division ; un travail...

M. DE VALCOUR, *écrivant toujours.* Tenez, mon cher Dumont, voilà un vers que je me permets de changer.

DUMONT. Oh ! je m'en rapporte à vous. (*A Belle-Main.*) Je parie, mon cher Belle-Main, que vous n'avez pas déjeuné ?

BELLE-MAIN, *montrant sa flûte, qu'il se dispose à manger.* Non, Monsieur, et j'allais...

DUMONT. Vous pouvez aujourd'hui descendre au café, et faire un meilleur repas. Nous penserons à la gratification.

BELLE-MAIN. Vrai ?

DUMONT. Je vous le promets.

BELLE-MAIN. Je l'attends de votre équité. Allons porter cette bonne nouvelle à mademoiselle Charlotte. (*Il sort.*)

SCÈNE X.

M. DE VALCOUR, DUMONT.

M. DE VALCOUR, *achevant d'écrire.* Voilà qui est fini. Je vous atteste, mon cher Dumont, moi qui m'y connais un peu, qu'avec les deux ou trois changements que j'ai faits, votre chanson est un vrai chef-d'œuvre ; et puis, il n'y a rien à dire, vous ne faites grâce à personne, pas même à vous.

DUMONT, *surpris.* Je ne comprends pas.

M. DE VALCOUR. Ce vers charmant sur les dîners en ville... Allons, c'est très-bien, vous ne vous épargnez pas.

DUMONT, *riant à contre-cœur.* Oui, oui. Moi, d'abord, j'y mets de la franchise. Il est inutile de vous recommander le secret ?

M. DE VALCOUR. Cela va sans dire. Ces chansons-là, personne ne les a jamais faites ; et loin de vous compromettre, je la prendrais plutôt sur mon compte.

DUMONT. Vous êtes trop bon ; mais je vous prie de croire qu'alors j'ignorais la disgrâce de son excellence ; sans cela...

M. DE VALCOUR. Bien, mon ami ; de l'esprit, cela ne gâte rien ; mais de la délicatesse avant tout, et ces sentiments-là vous font honneur.

DUMONT.
Air du *Ménage de garçon.*
Ah ! Monsieur, quel plaisir j'éprouve ;
Pour moi, c'est bien un grand succès !
De voir qu'un si bon juge approuve
Et ma conduite et mes couplets.
Je vais, puisqu'ils ont votre estime,
Les lancer, mais avec pudeur,
Toujours en gardant l'anonyme,
Car je respecte le malheur.

(*Il entre dans son bureau à droite.*)

SCÈNE XI.

M. DE VALCOUR, *seul.* L'idée de cette chanson n'est vraiment pas mal ; mais c'était écrit avec négligence... Cela avait grand besoin d'être retouché d'autant que dans ces sortes d'ouvrages les pensées ne sont rien, c'est la manière de les présenter qui fait tout ; il faut là un point d'admiration, c'est de rigueur.

« Aussi dit-on qu'en son palais,
« Se conformant à la coutume.

Ce n'est pas cela, c'est...

« Ne connaissant pas la coutume,
« La vérité n'entre jamais.

Il n'y a pas de comparaison ; comme cela, ils sont bien, et j'en suis assez content, cela fera les délices de ma soirée. (*Il a l'air de corriger encore quelques mots.*)

SCÈNE XII.

M. DE VALCOUR, *écrivant toujours*; VICTOR, *dans le fond*.

VICTOR. Allons, c'est comme un fait exprès, j'ai bouleversé tous les cartons, impossible de retrouver ces maudits couplets; et s'ils parviennent jusqu'au ministre, quel sera son ressentiment? quel sera surtout celui de M. de Valcour? c'est pour le coup qu'il n'y aura plus de protection, plus de mariage à espérer.

M. DE VALCOUR, *l'apercevant*. Eh! c'est monsieur Victor, notre jeune poëte. Vous savez, mon cher, que nous donnons ce soir un bal, un petit concert; nous vous y verrons, je l'espère!

VICTOR, *s'inclinant*. Certainement, Monsieur.

M. DE VALCOUR. Vous nous chanterez quelque chose, n'est-il pas vrai? D'abord, nous chanterons tous, et moi-même j'ai là quelques couplets sur lesquels je ne serais pas fâché d'avoir votre avis.

VICTOR. C'est trop d'honneur. (*Prenant le carnet; à part.*) Ciel! ma chanson! je suis perdu.

M. DE VALCOUR. Eh bien! qu'en dites-vous!

VICTOR, *balbutiant*. Elle est écrite de votre main.

M. DE VALCOUR. Oui, assez mal, vous ne pouvez peut-être pas lire; mais quand on compose.

VICTOR. Quoi! vous seriez?

M. DE VALCOUR. Voilà précisément ce que je ne voulais pas vous dire avant d'avoir votre avis.

VICTOR. Comment, Monsieur, les couplets sont de vous?

M. DE VALCOUR. J'y ai travaillé, du moins; ainsi donc, votre avis?

VICTOR, *à part*. Je ne vois pas pourquoi je ferais aussi le modeste. (*Haut.*) Ma foi, Monsieur, je les trouve charmants.

M. DE VALCOUR, *gaiement*. Vrai?

VICTOR. Ce n'est pas parce qu'ils sont de vous, mais je vous donne ma parole d'honneur que je les crois très-bons, voilà mon avis; je me permettrai seulement une observation; ces couplets sont très-piquants, mais en même temps très-hardis; et ne craignez-vous pas?

M. DE VALCOUR. Pourquoi donc craindre? On doit aux gens en place la vérité tout entière. Et de qui l'apprendraient-ils si ce n'est de ceux qui les approchent tous les jours? Allons, vous nous les chanterez ce soir. Eugénie vous accompagnera.

VICTOR. Monsieur, je n'oserai jamais.

M. DE VALCOUR. Est-ce que vous auriez moins de courage que moi?

VICTOR. Ma foi, je n'y conçois rien, et je ne le reconnais plus.

SCÈNE XIII.

LES PRÉCÉDENTS, EUGÉNIE.

EUGÉNIE. En vérité, mon papa, vous n'êtes guère aimable. Depuis deux heures je suis dans le salon du ministre à tenir compagnie à sa femme, et j'attendais toujours que vous vinssiez me chercher, comme vous me l'aviez promis.

M. DE VALCOUR. C'est vrai, mais des affaires importantes...

VICTOR, *gravement*. Oui, des affaires d'administration...

M. DE VALCOUR. Et puis je n'osais trop rentrer dans le salon; il doit y avoir bien du changement dans ce moment, n'est-il pas vrai?

EUGÉNIE. Sans doute; quand je suis arrivée, la figure de l'huissier était aussi lugubre que son habit, le précepteur était assis dans un coin du salon, qui donnait leçon aux enfants; jamais je ne l'ai vu si sévère; je crois presque qu'il les a grondés. Quant à Madame elle-même, elle était distraite, préoccupée, et tout en causant avec moi de sa campagne, et du bonheur d'y vivre tranquillement, elle regardait toujours par la croisée de la cour, comme si elle attendait quelque message.

M. DE VALCOUR. Cette femme-là n'a pas l'ombre de philosophie; elle se croit toujours destinée à être la moitié d'une excellence!

EUGÉNIE. Tout à coup les deux battants de la porte s'ouvrent avec fracas, et la scène change. On a refusé la démission.

M. DE VALCOUR. Il serait possible!

EUGÉNIE. Il est plus en pied que jamais, on a même augmenté ses pouvoirs.

M. DE VALCOUR, *reprenant vivement le carnet des mains de Victor*. Rendez-moi ces couplets.

VICTOR. Eh! mon Dieu, qu'avez-vous donc?

M. DE VALCOUR, *très-ému*. Rien, rien; je vous expliquerai tout à l'heure... (*A Eugénie.*) eh bien! après?

EUGÉNIE.

AIR: *A soixante ans*.

Cette nouvelle a chassé la tristesse,
Le précepteur caresse les enfants;
Soudain les cœurs s'ouvrent à l'allégresse,
Et l'antichambre aux courtisans;
Même l'huissier que l'influence gagne
D'un ton plus fier les annonce déjà;
Madame enfin, depuis ce moment-là,
N'a plus de goût pour la campagne,
Et va ce soir au bal de l'Opéra.

VICTOR, *à part*. Je devine à présent.

M. DE VALCOUR. Mon cher Victor, vous comprenez, comme moi, de quelle importance est le secret que je vous ai confié; vous seul en êtes instruit; mais à peine avez-vous parcouru ces couplets et déjà sans doute, vous les avez oubliés?

VICTOR. Du tout; il est des vers que l'on retient si aisément.

M. DE VALCOUR. Quoi! vous pourriez abuser...

VICTOR. Jamais, Monsieur; le père d'Eugénie peut être sûr de ma discrétion, et sans me vanter, j'y ai plus de mérite qu'un autre; car je savais déjà les couplets par cœur; je pourrais vous les réciter sans me tromper d'une syllabe.

M. DE VALCOUR. Du tout, du tout, mon ami; (*A part.*) ah! maudite mémoire! (*Haut.*) Victor, ce sacrifice-là ne sera pas perdu, et je saurai reconnaître... Mais il n'y a pas de temps à perdre, il faut que je me présente chez son excellence. (*A Eugénie.*) Tu vas m'attendre dans mon cabinet. (*Eugénie entre dans le cabinet.*) Ah! mon Dieu! cette carte que j'ai mise chez Saint-Phar, cette invitation surtout, quelle imprudence! si on allait mal interpréter... mais le désinviter serait pire encore; allons, une mesure générale. (*A Victor.*) Mon cher Victor, courez chez moi à l'instant même. Que l'on prévienne toutes les personnes invitées que ma soirée ne peut avoir lieu, qu'elle est remise. On dira que ma fille est malade; croyez, mon cher Victor, que je reconnaîtrai un jour votre zèle, et surtout votre silence; il est certaines espérances dont je me suis aperçu, et que je ne desapprouve pas entièrement.

VICTOR. Ah! Monsieur, j'avais idée que cette chanson-là me porterait bonheur. (*Il sort.*)

SCÈNE XIV.

M. DE VALCOUR, *seul, se promenant à grands pas avec beaucoup d'agitation.* C'est une chose affreuse, cette maudite chanson... Je n'y suis pour rien; mais jamais on ne soupçonnera cet épais Dumont; moi, c'est différent, je suis connu. J'ai le malheur d'avoir de l'esprit et de la verve satirique; il n'y a qu'un moyen, c'est d'agir franchement, de prendre l'initiative, et de porter moi-même cette chanson à son excellence!

SCÈNE XV.

M. DE VALCOUR, DUMONT, *sortant de son bureau et tenant à la main quelques copies de la chanson.*

DUMONT. J'ai fait tirer quelques copies de nos couplets, et s'il vous était agréable d'en avoir.

M. DE VALCOUR, *d'un air froid et sévère.* Comment, Monsieur, des copies?

DUMONT. Oui, pour les répandre.

M. DE VALCOUR. Y pensez-vous, Monsieur? est-ce là ce dont nous sommes convenus? répandre des couplets que l'on peut tout au plus confier à la discrétion d'un ami, ou à l'oreille indulgente d'un chef?

DUMONT. Mais, Monsieur, vous disiez tout à l'heure...

M. DE VALCOUR. Oui, entre nous, entre particuliers, j'ai pu approuver, littérairement parlant, des vers que je blâme comme homme public; et la preuve, c'est que je vous en avais demandé le secret.

DUMONT. Non, Monsieur, c'était moi.

M. DE VALCOUR. Vous, moi, qu'importe? il n'en est pas moins vrai que vous avez senti comme moi l'inconvenance d'un pareil procédé. Vous pouviez être sûr, pour ma part, que je n'en aurais jamais parlé, que j'aurais même fait semblant de ne pas les connaître; mais maintenant que, grâce à vous, cette chanson court le monde, qu'elle est connue, qu'elle est presque publique, je ne puis me taire, et j'ignore ce qui en arrivera. (*Il entre dans son cabinet à gauche.*)

SCÈNE XVI.

DUMONT, *seul.* Eh mais! Dieu me pardonne, je crois qu'il va faire un rapport contre moi, lui qui tout à l'heure était enchanté de ces couplets. (*Il regarde par la croisée.*) Ah! mon Dieu, ces équipages dans la cour! et M. le chef de division qui, dans un pareil moment, va faire sa cour! J'y suis, la démission n'est pas acceptée, le ministre garde sa place, et dans ce moment-ci je ne suis pas trop sûr de conserver la mienne : aussi, je vous le demande... quelle idée m'a pris... à cinquante ans, et pour la première fois de ma vie... m'aviser d'aller faire de l'esprit... est-on bête comme cela? Heureusement on a des protecteurs, des amis que l'on peut faire agir. (*Il va s'asseoir auprès de la table, prend du papier et une plume, comme pour se disposer à écrire, puis se levant tout à coup, il continue.*) Mais il y a une justice et je réclamerai; parce qu'après tout, je suis chef de bureau et je ne suis pas auteur; je n'ai pas fait cette chanson, je ne la connais pas, et la destitution, s'il y a lieu, doit tomber sur le vrai coupable... Ah! voici M. Belle-Main.

SCÈNE XVII.

DUMONT, BELLE-MAIN.

BELLE-MAIN, *en entrant sans voir Dumont.* Cette pauvre Charlotte, quelle a été sa joie! notre mariage est maintenant assuré. (*Apercevant Dumont.*) Mais voici notre bon et respectable chef.

DUMONT. Monsieur, je vous attendais; tout à l'heure je suis à vous. (*Il s'assied auprès de la table et écrit quelques lettres, sans faire attention à ce que dit Belle-Main.*)

BELLE-MAIN. Je vous demande pardon, c'est qu'en venant je suis entré dans la boutique de M. Guillaume, le marchand de draps; j'ai fait mesurer et couper devant moi trois aunes de Louviers, seconde qualité, pour redingote et pantalon pareils.

AIR : *Le choix que fait tout le village.*

Pour profiter de ma bonne fortune,
J'ai fait porter le drap chez le tailleur;
Pourquoi faut-il qu'une idée importune
Me trouble encore au sein de mon bonheur?
(*Touchant son habit râpé, et le regardant avec attendrissement.*)
Ce vieil habit couvert de cicatrices,
Vient malgré moi réveiller ma pitié;
Il est cruel, après tant de services,
De réformer un ancien employé.

Pour chasser ces idées-là, je suis entré au café où j'ai fait un petit *extrà*... quarante-cinq sous pour mon déjeuner; le carafon de beaune, et le bifteck de la gratification. Dieu, m'en suis-je donné!

DUMONT, *sans se lever.* Vous avez peut-être eu tort de vous presser...

BELLE-MAIN, *stupéfait.* Pourquoi donc cela?

DUMONT, *se levant, et allant à lui en pliant le papier qu'il vient d'écrire.* Parce que l'usage n'est point de donner des gratifications à ceux qui ne font plus partie des bureaux, et que dès ce moment vous êtes dans ce cas-là...

BELLE-MAIN. Hein! qu'est-ce que vous me dites donc?

DUMONT. Il me semble que c'est assez clair; je vous répète que vous n'êtes plus de l'administration. Mais quand on fait des vers comme ceux-là!

BELLE-MAIN. Moi, des vers!

DUMONT. Oui, vous connaissez peut-être cette chanson?

BELLE-MAIN. Des vers, des chansons!... Que je sois supprimé radicalement sans espoir de pension de retraite, si je sais seulement ce que cela veut dire!

DUMONT. Oh! sans doute vous allez nier que vous en soyez l'auteur; on ne convient jamais de ces choses-là, au risque de compromettre ses collègues ou ses chefs; mais par bonheur nous avons des preuves, et dans peu vous recevrez votre suppression définitive.

BELLE-MAIN. Moi, ma suppression! au moment même où j'avais la certitude...Ah çà! Monsieur, est-ce que vous croyez qu'on peut vivre comme cela? je suis d'un tempérament calme et pacifique, et par mon état je suis habitué à rester en place; mais si une fois je me révolutionne... Qu'est-ce que c'est donc que cela? à chaque instant, des hauts, des bas, me pousser de ma place, m'y remettre, m'en ôter encore; et à moins qu'on ne m'ait choisi pour une expérience du mouvement perpétuel...

DUMONT. Qu'est-ce que c'est, Monsieur?

BELLE-MAIN, *tout à fait hors de lui.* Oui, Monsieur, je ne connais plus rien! mon mariage est arrêté avec mademoiselle Charlotte, j'ai commandé mon habit de noces, et pris un déjeuner à compte sur la gratification; j'ai monté mes dépenses sur un pied de luxe inusité jusqu'à présent, et c'est dans ce moment que vous venez m'annoncer ma suppression définitive... Non, Monsieur, non, elle n'aura pas lieu.(*S'asseyant.*) Je m'établis sur ce fauteuil, à cette table, où depuis vingt ans mes doigts assidus se sont noircis pour le service de l'administration, et nous verrons si l'on vient m'en arracher... Appelez vos garçons de bureau, appelez-les.

DUMONT. Je ne prendrai point cette peine. Mais voici M. le chef de division.

BELLE-MAIN. Je lui demanderai justice.

DUMONT. Il va vous confirmer lui-même votre renvoi définitif.

BELLE-MAIN. Et lui aussi! il n'y a plus d'espoir. (*Prenant son parapluie.*) O Charlotte!..

SCÈNE XVIII.
LES PRÉCÉDENTS, M. DE VALCOUR.

M. DE VALCOUR, *entrant sur la scène d'un air rêveur.* Je viens de voir le ministre, et je ne sais comment interpréter l'air froid avec lequel il m'a reçu... N'importe, j'ai fait mon devoir; en arrivera maintenant ce qu'il pourra. Antoine! (*Un garçon paraît.*) Prévenez ma fille qui m'attend là, dans mon cabinet. (*A Victor qui entre.*) Eh bien! mon cher Victor?

SCÈNE XIX.
LES PRÉCÉDENTS, VICTOR, *ensuite* EUGÉNIE.

VICTOR. Monsieur, vos ordres ont été exécutés.

M. DE VALCOUR. C'est bien. (*A Eugénie, qui sort du cabinet.*) Allons, ma fille, partons. (*Il se dispose à sortir avec Eugénie, Belle-Main s'avance pour le saluer.*) Eh bien, mon cher Belle-Main, que me voulez-vous?

VICTOR. En effet, quel air triste et malheureux! et d'où vient cet équipage?

BELLE-MAIN. Vous me voyez avec le parapluie du départ; on me donne mon congé définitif, et pourquoi? pour des vers. Je vous demande à quoi cela rime?

VICTOR. Des vers à ce pauvre Belle-Main!

M. DE VALCOUR, *le regardant.* Allons donc, ce n'est pas possible.

DUMONT. Si, Monsieur. Cette chanson inconvenante et déplacée, qui a excité, ce matin, votre colère et la mienne, apprenez qu'elle est véritablement de lui.

BELLE-MAIN. De moi?

DUMONT, *tirant un papier de sa poche.* Je l'ai là, écrite de sa main.

VICTOR. Comment! c'est pour cela qu'on le renvoie? Un instant, je ne le souffrirai pas; j'en connais l'auteur, et ce n'est pas lui.

M. DE VALCOUR, *bas, à Victor.* Victor, de grâce, songez à votre promesse, (*Montrant Eugénie.*) et à la mienne.

VICTOR. Je sais, Monsieur, à quoi je m'expose en parlant; mais n'importe, je n'en dois pas moins hommage à la vérité, et je la dirai tout entière.

M. DE VALCOUR. Vous ne la direz pas.

VICTOR. Je la dirai.

M. DE VALCOUR. Vous ne la direz pas.

VICTOR, *avec feu.* Je la dirai, et je le puis, sans compromettre personne, car je suis le seul coupable. C'est moi qui l'ai faite.

TOUS. Vous!

M. DE VALCOUR, *à part.* Je respire. (*Bas, à Victor.*) Bien, bien, jeune homme; je reconnaîtrai une pareille générosité.

VICTOR. Non, Monsieur, vous ne devez m'en savoir aucun gré, je vous le répète, cette chanson est véritablement de moi.

BELLE-MAIN. Quoi! monsieur Victor, vous en êtes l'auteur?

VICTOR. Pourquoi pas? tout comme un autre, puisqu'ici tout le monde l'a faite; seulement, j'en suis l'auteur responsable.

DUMONT. Tant pis pour vous, tant pis, jeune homme; cela peut avoir des suites graves; car, enfin, voilà Monsieur qui a été obligé d'en rendre compte.

VICTOR, *surpris, regardant M. de Valcour, qui baisse les yeux.* Quoi! Monsieur, c'est vous?

M. DE VALCOUR, *déconcerté.* Que voulez-vous? ma position particulière... Le ministre l'aurait toujours appris : moi, j'ai présenté les choses du bon côté; et puis, je n'ai nommé personne.

VICTOR. Je le crois sans peine.

SCÈNE XX.
LES PRÉCÉDENTS, UN GARÇON *de bureau.*

LE GARÇON, *à M. de Valcour, lui remettant une lettre.* De la part de son excellence.

M. DE VALCOUR, *prenant la lettre.* C'est la réponse à mon rapport... Maintenant je n'ose l'ouvrir.

VICTOR. Allez toujours.

M. DE VALCOUR, *lisant.* « Monsieur, je viens de lire
« la chanson que vous m'avez adressée; et j'ai vu avec
« plaisir que j'étais seul attaqué. Je trouve les cou-
« plets charmants, quoiqu'un peu durs; mais quel-
« que forme que prenne la vérité pour se présen-
« ter, elle doit toujours être accueillie *avec ou sans
« costume.* »

DUMONT. Je reconnais bien là Monseigneur. Cet homme-là a un esprit!

M. DE VALCOUR. Oui, ce dernier trait-là est charmant. (*Continuant la lecture de la lettre.*) « Je vous
« charge de découvrir l'auteur de cette chanson : il
« m'a rendu service en me signalant des abus; et quel
« qu'il soit, il mérite une récompense. Je vous prie
« donc de m'en proposer une pour lui, etc., etc. »

VICTOR. Est-il possible!

BELLE-MAIN. Est-il heureux! le voilà sûr de sa gratification.

VICTOR, *lui donnant une poignée de main.* Mon cher Belle-Main, vous savez ce que je vous ai dit; je ne vous oublierai pas.

DUMONT. Du tout, c'est moi que cela regarde; et je lui ai déjà promis, avec l'autorisation de M. le chef de division, une gratification de trois cents francs, le quart de ses appointements.

M. DE VALCOUR. Ce n'est pas assez, mon cher; on l'a injustement soupçonné, on lui doit une réparation. Je propose au directeur six cents francs de gratification.

BELLE-MAIN, *élevant au ciel ses mains qui tiennent encore le parapluie.* O mademoiselle Charlotte!

M. DE VALCOUR, à *Victor*. Quant à vous, jeune homme, il s'agit à présent de justifier les bontés de son excellence; je ne vous perdrai pas de vue, et c'est à vous de mériter par votre assiduité et votre travail (*Montrant Eugénie.*) la récompense que je vous ai promise.

VICTOR. Avec un tel espoir, je frémis de la quantité de rapports et de circulaires que je vais abattre.

BELLE-MAIN, *faisant le geste d'écrire.* Dieu! m'en voilà-t-il en perspective! je ne risque rien de tailler mes plumes.

VICTOR. Et quant à ma chanson, puisque je lui dois mon bonheur... combien je me félicite maintenant de l'avoir faite!

DUMONT. Et moi, jeune homme, de l'avoir fait connaître!

M. DE VALCOUR. Moi, de l'avoir corrigée!
BELLE-MAIN. Et moi, de l'avoir copiée!

VAUDEVILLE.

AIR : *T'en souviens-tu?*

BELLE-MAIN, *au public.*
Ainsi que moi, Charlotte vous supplie
De confirmer l'hymen qui nous attend;
Car le bonheur dont on nous gratifie
De vous encor dépend en cet instant.
Sans vous, hélas! il est une disgrâce,
Chefs et commis, qui nous supprime tous;
Daignez, Messieurs, pour que je reste en place,
Venir souvent en prendre une chez nous.

FIN DE L'INTÉRIEUR D'UN BUREAU.

LA PENSION BOURGEOISE
COMÉDIE-VAUDEVILLE EN UN ACTE

Représentée, pour la première fois, à Paris, sur le théâtre du Gymnase dramatique, le 27 mai 1823.

EN SOCIÉTÉ AVEC MM. DUPIN ET DUMERSAN.

Personnages.

M. GUILLAUME, marchand de draps.
MADAME GUILLAUME, sa femme.
JOSÉPHINE, leur fille.
MARIE, leur cuisinière.

OSCAR, jeune commis marchand.
ALEXANDRE FLOQUET, son ami.
MADAME JOCARD, voisine.

La scène se passe rue Saint-Denis, dans la maison de M. Guillaume.

Le théâtre représente un salon bourgeois, porte au fond, cheminée à droite, et croisée à gauche.

SCÈNE PREMIÈRE.

M. GUILLAUME, *debout, tenant un livre de dépense;* MADAME GUILLAUME, *assise à une table, et écrivant; à gauche,* JOSÉPHINE, *assise, et tenant une guitare.*

M. GUILLAUME. Comment, madame Guillaume, la dépense du mois dernier se monte à trois cents francs.

MADAME GUILLAUME. Oui, monsieur Guillaume. Or, vous ne m'aviez donné que deux cent dix francs cinquante; c'est donc quatre-vingt-neuf francs cinquante que vous me redevez.

M. GUILLAUME. C'est exorbitant, un ménage tel que le nôtre, dépenser trois cents francs pour la table seulement; moi, monsieur Guillaume, un simple marchand de draps; il faut de l'économie, Madame, il en faut.

JOSÉPHINE, *raclant de la guitare.*
Prêt à partir pour la rive africaine.

MADAME GUILLAUME. Des économies, vous n'en avez peut-être pas fait assez; voilà notre fille Joséphine, qui avait une vocation décidée pour le clavecin, vous lui avez fait apprendre la guitare, parce que cet instrument est moins cher à acheter qu'un piano d'Érard. Comme c'est calculé, un piano qui vous aurait coûté quatorze cents francs, et qui vous aurait peut-être économisé une dot; car enfin, une demoiselle qui est musicienne, qui est artiste, cela se marie tout seul, tout le monde vous le dira.

JOSÉPHINE. Oh! mon Dieu! oui, ce ne serait pas difficile; et si mon papa voulait...

MADAME GUILLAUME. C'est bien, c'est bien : une enfant, surtout, qui annonce des dispositions.

JOSÉPHINE, *raclant toujours de la guitare, et chantant.*
Prêt à partir pour la rive africaine.

M. GUILLAUME. Dites-lui donc de finir, elle est là qui m'écorche les oreilles et qui me trouble dans mes calculs.

AIR : *Femmes, voulez-vous éprouver.*
Faut-il qu'un bourgeois de Paris
Vous chante l'opéra-comique!
Depuis six mois qu'a-t-elle appris
Avec son maître de musique?
Pour mon argent, qu'il a touché,
Elle chante faux, sans mesure,
Nous aurions au meilleur marché
A laisser faire la nature.

JOSÉPHINE, *chantant.*
Prêt à partir pour la rive africaine.

M. GUILLAUME. Voyons, Joséphine, assez de beaux-arts comme cela; va dans ta chambre, et tricote-moi les bas que tu m'as commencés l'hiver dernier; c'est plus utile, et ça fait moins de bruit.

JOSÉPHINE, *à part.* Comme c'est amusant, des bas pour mon papa; heureusement qu'en travaillant on peut penser à qui l'on veut. (*Elle sort.*)

SCÈNE II.

M. ET MADAME GUILLAUME.

M. GUILLAUME. Comment! aucun moyen de diminuer la dépense intérieure? Dis donc, ma femme, si je retranchais sur la pension que je te fais pour ta toilette?

MADAME GUILLAUME. Du tout, Monsieur, et je compte, au contraire, vous prier de l'augmenter; quand on fait des réformes, il ne faut pas que ce soit sur des choses utiles.

M. GUILLAUME. Eh bien! si on renvoyait Germon, le garçon de magasin, qui les dimanches nous sert de domestique; nous ne garderions que Marie, la cuisinière.

MADAME GUILLAUME. Non, ce n'est pas déjà trop, et la preuve, c'est qu'il nous faudra, de plus, une femme de chambre pour ma fille et pour moi.

M. GUILLAUME. Ecoutez donc, madame Guillaume, si c'est ainsi que vous entendez les réformes et les réductions, d'après votre système, il faudrait trouver un moyen de faire des économies en augmentant la dépense.

MADAME GUILLAUME. Sans contredit, c'est justement ce que je cherche... Eh mais! attendez donc,.. voilà une idée qui me vient; si nous faisions comme madame Jocard, notre voisine du second; si nous prenions chez nous quelques pensionnaires...

M. GUILLAUME. C'est ma foi vrai; madame Jocard a l'air de s'en trouver à merveille.

MADAME GUILLAUME. Je le crois bien, c'est le système le plus économique : nous recevrons chez nous, à notre table, un ou deux pensionnaires, qui nous paieront chacun cent ou deux cents francs par mois, et nous n'avons presque pas besoin d'ajouter à notre dîner. Quand il y a pour trois, il y a pour cinq.

M. GUILLAUME. C'est juste. Quelle spéculation! notre maison ne nous coûte plus rien.

MADAME GUILLAUME. Vous voyez donc bien, Monsieur; jamais une pareille idée ne vous serait venue!

M. GUILLAUME. Mais aussi, comme je l'ai adoptée, comme je l'ai saisie!.. Je vais écrire sur-le-champ dans les *Petites-Affiches*, et annoncer que M. Guillaume, marchand de draps, rue Saint-Denis, désire trouver un ménage honnête.

MADAME GUILLAUME. Du tout, du tout; point de femme, c'est trop difficile, trop exigeant; il vaut mieux mettre un jeune homme ou un homme seul, on sait ce que cela veut dire. C'est pour vous bien plus avantageux; vous avez quelqu'un pour jouer aux dames ou aux dominos, et si ma fille et moi voulons sortir...

AIR du vaudeville de *la Somnambule*.

Songez, Monsieur, que le pensionnaire
Doit à Madame offrir toujours son bras;
Son intérêt est de chercher à plaire
Par des égards, par des soins délicats.
Oui, du mari remplaçant respectable,
De ses devoirs il veut bien se charger;
Et me paraît d'autant plus agréable,
Que du moins on peut en changer.

Dans ce moment, surtout, un cavalier nous sera fort utile; car, depuis quelque temps, j'ai remarqué un jeune homme qui nous suivait toujours à la promenade.

M. GUILLAUME. Un jeune homme! serait-ce encore ce M. Joseph?

MADAME GUILLAUME. Non, non, ce n'est pas lui; c'est un autre. Je ne vous en avais pas parlé d'abord, parce que je croyais que c'était pour moi; mais je suis sûre maintenant que c'est pour ma fille. Le jeune homme est fort bien, et je crains qu'elle ne l'ait remarqué.

M. GUILLAUME. Diable! il faut redoubler de soins, de précautions; prendre garde qu'il ne s'établisse la moindre intelligence.

MADAME GUILLAUME. Sans doute; mais je tremblais toujours dans nos promenades, parce que deux femmes seules, cela n'impose point. Mais maintenant que nous allons avoir un protecteur, un cavalier...

M. GUILLAUME. C'est juste.

AIR du vaudeville du *Gilles en deuil*.

Je cours aux Petites-Affiches,
C'est un journal sans ennemis,
Petits et grands, pauvres et riches,
Pour leur argent y sont admis.
Si sa vogue jamais ne passe,
C'est qu'en tout temps il fut, hélas!
Non le journal des gens en place,
Mais de tous ceux qui n'en ont pas.

ENSEMBLE.

M. GUILLAUME.
Je cours aux Petites-Affiches, etc.

MADAME GUILLAUME.
Courez aux Petites-Affiches, etc.

(*M. Guillaume sort.*)

SCÈNE III.

MADAME GUILLAUME, *puis* MARIE.

MADAME GUILLAUME. Si je n'étais pas là pour mettre de l'ordre dans la maison... voyons d'abord l'essentiel. Mémoire de la marchande de modes, deux cent vingt francs. Ah! ah! il me manquera une cinquantaine de francs... c'est égal, je peux les prendre sur la dépense : avec de l'économie, on s'y retrouvera... Ah! voilà Marie.

MARIE. Oui, Madame, je viens vous demander mon livre et de l'argent. Avez-vous fait vos comptes?

MADAME GUILLAUME. Oui, et Monsieur trouve que cela monte bien haut.

MARIE. Eh bien! par exemple... faut donc que j'y mette du mien... la maison est déjà assez dure... vrai comme j'existe je ne gagne que mes gages.

AIR du vaudeville du *Comédien d'Étampes*.

J' pass' pour un' bonne cuisinière,
Et j'ai du talent, Dieu merci;
Mais toujours le même ordinaire,
On ne se forme pas ainsi.
Jadis j'avais de la science,
(*A part.*)
L'ans' du panier allait son train,
(*Haut.*)
Chez vous je vais, en conscience,
Finir par me gâter la main.

MADAME GUILLAUME. Il va bientôt peut-être t'arriver de bons profits. Tiens, voilà pour la dépense du mois; je te recommande tous ces jours-ci de faire un peu d'extraordinaire, et de monter la maison sur un meilleur pied pendant quelques jours seulement; entends-tu?

MARIE. Est-ce que vous attendez du monde?

MADAME GUILLAUME. Peut-être bien!

MARIE. Alors, vous m'y faites penser; il y a en bas un jeune homme qui voudrait vous parler.

MADAME GUILLAUME. Un jeune homme. Est-ce que ce

serait déjà?.. mais non, cela n'est pas possible. Dis-lui que mon mari est sorti.

MARIE. Ça n'y fera rien, il veut parler à vous ou à Monsieur, et il ne s'en ira pas qu'il ne vous ait vue.

MADAME GUILLAUME. C'est donc pour une affaire bien importante! Mais un jeune homme, et à cette heure-ci... on ne peut pas le recevoir dans un pareil négligé. Fais-le attendre, Marie, je reviens dans l'instant. (*Elle sort.*)

—

SCÈNE IV.

MARIE, *seule*. Dame, ne tardez pas trop, moi j'ai mon ménage à faire et mon pot-au-feu à surveiller. Quand on est à la fois cuisinière et femme de chambre, on n'a pas le temps de s'amuser.

AIR : *Un homme pour faire un tableau.*

Il me faut être en même temps
A l'antichambre, à la cuisine,
Utile aux gourmands, aux amants,
C'est par moi qu'on aime ou qu'on dîne.
De mon repas quand je fais les apprêts,
Un billet doux tomb' dans ma poche ;
D'un' main je reçois les poulets,
De l'autr' je les mets à la broche.

Ce jeune homme est à se promener dans la rue, en face le magasin. (*Allant à la fenêtre.*) Monsieur, vous pouvez monter. Tiens, il était à causer avec un autre jeune homme, qui s'est éloigné comme s'il avait peur d'être vu. Qu'est-ce que cela veut dire?

—

SCÈNE V.

MARIE, OSCAR.

OSCAR. Eh bien! je croyais trouver le maître ou la maîtresse de la maison.

MARIE. On va venir dans l'instant, Monsieur, et l'on vous prie d'attendre.

OSCAR. (*Tout ce rôle doit toujours être débité avec la plus grande volubilité.*) Ce ne sera pas pénible si tu me tiens compagnie. Voilà comme il me faudrait une gouvernante, fraîche et jolie, l'air pudibond et surtout sauvage; n'est-ce pas, petite mère?

MARIE. Laissez donc, Monsieur.

OSCAR. A la bonne heure.. non, je t'en prie, résiste-moi; si tu ne résistes pas, je n'attaque plus; voilà comme je suis.

MARIE. Eh bien! a-t-il l'air mauvais sujet!

OSCAR. L'on me l'a dit quelquefois; je m'en flatte, et j'ose dire que, dans mon quartier, je jouis de quelque réputation. Le jeune Oscar, commis-marchand, rue Vivienne; connais-tu cela?

MARIE. Non, Monsieur.

OSCAR. Je crois bien, dans votre rue Saint-Denis on ne connaît rien; et puis les marchands de draps, c'est lourd, c'est pesant, c'est la grosse cavalerie du commerce; nous autres, nous en sommes les troupes légères. Je fais la nouveauté dans tous les genres, ma chère; et dès que j'en vois un échantillon...

MARIE. Ah çà! Monsieur, je n'ai pas le temps de vous écouter; j'ai mon ouvrage à faire.

OSCAR. Ne te gêne pas, chacun le sien; j'ai cru que tu avais du temps à perdre; moi, j'en ai toujours.

MARIE. C'est ce que je vois; gardez cela pour vos belles madames.

OSCAR. Combien tu es dans l'erreur!

AIR du vaudeville du *Colonel*.

Loin du comptoir, quand j'ai brisé ma chaîne,
Soudain je rêve aux plaisirs, aux amours,
Et l'humble bure ou la simple indienne,
Me charme plus que les riches atours!
Ce bavolet m'enchante et me stimule,
Je suis heureux... mais quand ma main
Rencontre, hélas! le satin ou le tulle,
Fi !... je me crois encore au magasin.

MARIE. Ah çà! vous connaissez donc madame Guillaume?

OSCAR. Tiens, si je la connais; voilà une question... Est-ce que je ne connais pas tout le monde?

MARIE. Mais finissez donc, on vient de ce côté.

OSCAR. Est-elle bourgeoise! elle craint le scandale... Ah! diable! il paraît que c'est la maîtresse de la maison, tenue circonspecte.

—

SCÈNE VI.

LES PRÉCÉDENTS, MADAME JOCARD.

OSCAR. Je suis charmé, Madame, de l'occasion qui se présente de vous exprimer... Votre cuisinière, c'est-à-dire votre soubrette, m'avait dit...

MARIE. Eh bien! qu'est-ce qu'il fait donc? Ce n'est pas là Madame!.. c'est la voisine d'ici dessus. Vous disiez que vous connaissiez ma maîtresse?

OSCAR. Eh! sans doute; je croyais que toutes les tournures de la rue Saint-Denis devaient se ressembler. (*La lorgnant.*) Dieux! que c'est commun... Je vous demande pardon, Madame, de la galanterie anticipée que le hasard vous a fait intercepter au passage. Madame habite le second?

MADAME JOCARD. Monsieur est bien bon, le second au-dessus de l'entresol, comme qui dirait un troisième; et M. Guillaume, qui est le propriétaire, me fait payer aussi cher qu'un premier; mais à Paris, maintenant,

AIR du vaudeville de *l'Écu de six francs*.

C'est au prix de l'or qu'on se loge,
De l'entresol jusqu'au grenier ;
Et qu'un locataire interroge
Les quittances de son loyer,
A voir le total qu'il renferme
On pourrait croire avec raison
Avoir acquis une maison,
Et l'on n'a payé que son terme.

OSCAR. C'est une locataire, cela ne me regarde pas. (*Touchant de la guitare.*)

Quand on attend quelqu'un,
Que l'attente est cruelle.
(*Il parcourt le papier de musique.*)

MARIE. Plaignez-vous donc, vous êtes plus riche que nous, car vous ne dépensez rien, et l'année dernière encore, n'avez-vous pas fait une succession de soixante mille francs?

MADAME JOCARD. D'accord, mais qui sait s'il ne se présentera pas des héritiers pour partager. On me parlait d'un petit cousin qui avait des droits égaux aux miens; heureusement que voilà déjà un an, et qu'on n'en a point entendu parler. Vous comprenez que, s'il existe, c'est à lui à le dire; moi, je ne suis pas obligée de le faire tambouriner... Ah çà! je m'amuse à jaser, et j'ai affaire avec M. ou madame Guillaume; c'est aujourd'hui le quinze, et comme j'ai été chez mes pensionnaires, qui m'ont donné de l'argent...

MARIE, *accourant*. Il vient de renverser la friture, et v'là la cheminée en feu ! — Scène 16.

MARIE. Tiens, c'est vrai ; vous venez pour le loyer, il faudra que vous attendiez.
MADAME JOCARD. Cela m'est impossible, je dois être avant cinq minutes à la place du Châtelet.
MARIE. Écoutez donc : Monsieur est sorti et Madame s'habille ; ils ne peuvent pas, à présent, vous faire votre quittance ; par ainsi, vous ne risquez rien de remporter votre argent.
MADAME JOCARD. Ma cuisinière a emporté ma clé, je ne peux pas rentrer chez moi, et d'ailleurs, je vous l'ai dit, j'ai des courses à faire.
MARIE. Alors, laissez là vos écus ; je les remettrai à Monsieur, si toutefois vous avez confiance en moi.
MADAME JOCARD. Certainement, mam'selle Marie, je sais que vous êtes une honnête fille ; (*Montrant Oscar.*) d'ailleurs, il y a des témoins. (*Posant un sac sur la cheminée.*) Voilà deux cents francs ; je reviendrai dans une heure prendre le reçu. Monsieur, j'ai bien l'honneur de vous saluer.
MARIE. Ah ! dites donc, dites donc, je savais bien que j'oubliais quelque chose : rendez-moi donc mon four de campagne que je vous ai prêté ; j'en ai besoin pour mon dîner d'aujourd'hui.
MADAME JOCARD. Qu'est-ce que vous me demandez ? Madeleine vous l'a remis hier.
MARIE. Du tout ! à telles enseignes que pour colorer mon macaroni, j'ai été obligé de prendre le couvercle de ma casserole.
MADAME JOCARD. Alors, c'est qu'on l'aura donné au portier pour vous le remettre. (*Elle sort.*)
MARIE. C'est ce que nous allons voir ; et je descends avec elle, car je ne me soucie pas de le payer sur mes gages. (*Elle sort.*)

SCÈNE VII.

OSCAR, *seul*. Sont-elles bavardes ! Eh bien ! elles s'en vont ; elles me laissent ; voilà ce qui s'appelle de la confiance ; il est vrai qu'il y a des physionomies privilégiées. Ah çà ! Oscar, mon Benjamin, il ne s'agit pas de cela ; voyons un peu de quoi il retourne, car dès qu'il est question de rendre service, moi, me voilà. J'ai un ami qui est malheureux, langoureux et peureux, trois mots qui peuvent se réduire à un seul. Il est amoureux, mais c'est une passion anonyme et inconnue pour le père de l'objet, pour la mère de l'objet ; bien plus, pour l'objet lui-même ! Il fallait donc se déclarer, s'introduire dans la maison. Comment faire ? Je laisse l'amitié à la porte, c'est-à-dire se promener en long et en large dans la rue, et moi je me présente. Qu'est-ce que je dirai ? je n'en sais rien ; qu'est-ce que je ferai ? je l'ignore ; qu'est-ce que je répondrai ? le ciel en a probablement connaissance ; pour moi, je ne m'en doute pas. Mais voilà comme je suis ; dans les expéditions périlleuses, je me lance, et mon étoile fait le reste.

Air de : *Les maris ont tort.*

Par les destins trop favorables,
Tous mes désirs sont devancés !
Fortune à la fin tu m'accables !
Arrête-toi, c'en est assez.
Ou du moins daigne me promettre,
Dans les semaines de faveur,
Un dimanche pour me remettre
De la fatigue du bonheur.

Au fait, c'est peut-être à cette nonchalance de principes que je dois mes succès en tous genres. N'ayant pas de plans, je ne risque jamais de les voir déconcertés ; et, dans cette occasion, le seul sujet auquel je m'arrête, c'est de saluer, et de dire tout bonnement : Monsieur... Là ! justement c'est une dame, ce que c'est que de préparer d'avance ses discours !

SCÈNE VIII.

OSCAR, MADAME GUILLAUME, *habillée*.

MADAME GUILLAUME. C'est là le jeune homme qui veut me parler ? Je suis désolée, Monsieur ; vous vous êtes ennuyé là à m'attendre.

OSCAR. Du tout, Madame ; je n'avais aucune raison de me plaindre, je ne vous connaissais pas. Mais je vous avoue que maintenant je serais moins patient.

MADAME GUILLAUME. C'est un jeune homme de la plus haute société !.. Et puis-je savoir ce qui me procure l'honneur de votre visite ?

OSCAR. Madame, c'est une affaire très-pressée, ou du moins qui me paraissait telle, mais j'avoue qu'à présent je ne tiens pas à la terminer, du moins instantanément. Je ne sais pas si je me fais comprendre ; mais, voyez-vous, une femme aimable et un jeune homme comme il faut qui parlent affaires, commerce, vrai, c'est gauche, ça n'est pas naturel, je ne sais pas, du moins, si cela vous fait cet effet-là.

Air : *De sommeiller encor, ma chère.*

Mais moi, je n'ai pu, de ma vie,
Parler raison à deux beaux yeux ;
Et rien qu'en vous voyant, j'oublie,
Ce qui m'amène dans ces lieux.
Plus tard du moins j'aime à le croire,
Le souvenir m'en reviendra,
Je retrouverai la mémoire
Quand votre mari sera là.

MADAME GUILLAUME. Mais c'est qu'il est sorti.

OSCAR. Il n'y a pas de mal ; j'attendrai son retour, je ne suis pas pressé ; et si je ne vous importune pas, je vous tiendrai compagnie.

MADAME GUILLAUME, *s'inclinant*. Comment donc !

OSCAR. Il y a des choses bien étonnantes. Croiriez-vous, Madame, qu'avant de vous avoir vue j'avais des préventions contre la rue Saint-Denis ? Non, vrai, on est injuste dans notre quartier ; car certainement, pour la tenue et la tournure, nous n'avons rien de mieux dans nos comptoirs.

MADAME GUILLAUME. Monsieur est dans le commerce.

OSCAR. Oui, Madame ; le matin, c'est-à-dire jusqu'à deux heures, je suis l'homme des cachemires, et le soir je suis l'homme du monde ; je vais dîner chez le traiteur, de là au spectacle. Quand on a une certaine aisance.

MADAME GUILLAUME. Comment ! Monsieur, vous mangez chez le traiteur ?

OSCAR. Que voulez-vous ? un garçon ne tient pas ménage.

Air du vaudeville du *Petit Courrier.*

Un jeune homme de mon humeur
Sait préférer, quand il est sage,
Au despotisme du ménage,
L'indépendance du traiteur.
Il y règne un désordre aimable ;
On a comme un certain repas,
Le plaisir d'avoir à sa table
Trente amis qu'on ne connaît pas.

MADAME GUILLAUME. Puisque vous avez à parler affaires avec mon mari, et si j'osais aujourd'hui vous inviter à partager notre dîner, vous le trouverez peut-être indigne de vous, mais c'est notre ordinaire, et nous n'y changeons rien.

OSCAR, *à part.* Quand je disais que tout me réussit ; au bout d'un quart d'heure de conversation me voilà invité.

MADAME GUILLAUME. A moins, cependant que vous ne soyez engagé ailleurs.

OSCAR. Du tout, Madame, je suis à vous pour aujourd'hui, demain, après-demain, pour tous les jours.

MADAME GUILLAUME. Eh mais ! cela n'est pas impossible, et si vous le voulez, Monsieur, cela ne tient qu'à vous !

OSCAR. Comment ! il se pourrait ? une invitation perpétuelle, un bail dînatoire, c'est charmant !

MADAME GUILLAUME. Notre intention, à mon mari et à moi, était de prendre quelques pensionnaires ; et je crois que nous ne pourrions faire un meilleur choix, si toutefois la maison convient...

OSCAR. Elle me conviendra, Madame : un local délicieux, une maîtresse de maison charmante, excellente... tenue bourgeoise, cuisine idem... Vous avez un mari, des enfants... Je vous demande pardon d'entrer dans ces détails.

MADAME GUILLAUME. C'est trop juste, Monsieur. Je n'ai qu'une fille.

OSCAR. Et avez-vous intention de la marier ? Je vous parle de cela, parce que souvent les pensionnaires ne s'entendent pas avec les gendres.

MADAME GUILLAUME. Du tout, Monsieur, il n'en est pas question.

OSCAR. C'est charmant ! et dès aujourd'hui je suis votre convive. Je connais beaucoup de jeunes gens, toute la soierie, et je vous amènerai des amis au mois ou au cachet, comme vous voudrez.

MADAME GUILLAUME. Certainement nous ne refusons pas, surtout présentés par vous. Mais je ne sais si le prix vous conviendra ; notre intention était de demander...

OSCAR. Tout ce que vous voudrez, Madame ; je ne marchande jamais : c'est mauvais genre.

MADAME GUILLAUME. Eh bien ! croyez-vous que cinquante écus par moi...

OSCAR. Comment ! cinquante écus ? fi donc ! ce n'est pas assez. (*A part*.) Ça m'est égal, j'ai tout le mois pour payer.

MADAME GUILLAUME. Comment ! Monsieur, vous voudriez...

OSCAR. Nous n'aurons point de difficulté là-dessus... Mais ne parlons donc point de cela, je vous prie, je ne vous ai pas caché mon système : je ne peux pas traiter d'affaires d'intérêt avec une jolie femme.

MADAME GUILLAUME. Il est d'une galanterie et d'une délicatesse... Justement, j'entends mon mari...

SCÈNE IX.
LES PRÉCÉDENTS, M. GUILLAUME.

M. GUILLAUME. Je viens des *Petites-Affiches*, et notre insertion est faite. Ce qui m'effraie un peu, c'est que j'ai compté au moins quarante annonces du même genre ; et si la moitié de Paris va se mettre en pension chez l'autre, nous aurons de la peine...

MADAME GUILLAUME. Du tout ; car voici Monsieur qui se présente de lui-même ; un jeune homme du meilleur ton, qui est aussi dans le commerce, monsieur Oscar, un des élégants de la rue Vivienne.

M. GUILLAUME. Monsieur, soyez le bienvenu ; ma femme vous a expliqué ; vous ne trouverez point ici une table somptueuse, mais une cuisine bourgeoise et patriarcale.

OSCAR. Eh ! sans doute, les dîners de l'âge d'or, la soupe et le bouilli.

M. GUILLAUME. Oui, Monsieur.

OSCAR. Deux entrées, le rôti et le plat de légumes ; car pour les entremets et le dessert, j'en prendrai parce qu'il y en a ; car je n'y tiens pas du tout.

M. GUILLAUME. Mais, Monsieur...

OSCAR. Ah ! je vois que vous y tenez, il n'y a pas de mal. On m'avait bien dit que la rue Saint-Denis était le refuge et l'asile des bons principes, en tout genre, même en cuisine.

M. GUILLAUME. Mais, Monsieur...

OSCAR. Concevez-vous la position d'un jeune homme lancé dans le tourbillon des plaisirs, mais isolé au milieu de la capitale ; sans parents, sans amis, les séductions le circonviennent, l'oisiveté le dérange, les mauvaises connaissances le perdent. Mais lorsqu'il a le bonheur d'entrer dans une maison comme la vôtre, il y trouve des plaisirs doux qui l'attachent, des égards qui le retiennent, des conseils qui le dirigent ; il a une société, une famille, je dirais presque un ménage, et réunit ainsi aux plaisirs casaniers de l'homme marié l'indépendance du célibataire.

M. GUILLAUME, *à madame Guillaume*. Il n'y a pas moyen de placer un mot... Dis-moi, ma femme, lui as-tu parlé de la partie financière ?

MADAME GUILLAUME. Oui, il trouve que cinquante écus par mois ne sont pas assez.

M. GUILLAUME. Je crois bien, du train dont il va ; surtout s'il mange comme il parle... Ah çà ! il serait convenable qu'il payât d'avance.

MADAME GUILLAUME. Y pensez-vous ? cela ne se fait jamais.

M. GUILLAUME. C'est un tort que l'on a, parce qu'enfin ; c'est beaucoup plus prudent.

MADAME GUILLAUME. Oui, mais cela n'est pas convenable ; et, pour ma part, je n'oserai jamais...

M. GUILLAUME. Qu'à cela ne tienne, je m'en charge.

MADAME GUILLAUME. Y pensez-vous !

M. GUILLAUME. Sois donc tranquille ; j'amènerai cela adroitement, et sans avoir l'air d'en parler.

OSCAR. Qu'ont-ils donc là à chuchoter ?

M. GUILLAUME. Je causais avec ma femme des affaires de notre maison. Savez-vous, mon cher hôte, que l'argent devient extrêmement rare ?

OSCAR, *à part*. Il croit me l'apprendre... (*A M. Guillaume.*) C'est connu ; nous autres marchands, nous disons toujours cela.

M. GUILLAUME. C'est ce qui fait que je disais ce matin à ma femme : Dieux ! mignonne, s'il nous arrivait aujourd'hui de l'argent, comme cela ferait bien !..

OSCAR. Vrai ? Eh bien ! êtes-vous heureux ! (*Montrant la cheminée.*) il y en a là pour vous.

M. GUILLAUME, *allant prendre le sac*. Il serait possible ! voyons au moins ce qu'il compte nous donner.

MADAME GUILLAUME. Vous voyez bien, Monsieur, avec vos soupçons et votre défiance.

OSCAR, *pendant que M. Guillaume compte l'argent sur la table*. Je voudrais bien qu'il m'en arrivât autant. Si je pouvais maintenant prévenir mon ami Alexandre, ce pauvre Pylade qui est en bas dans la rue ; il doit me croire perdu dans... (*Regardant par la fenêtre.*) Le voilà ; il a établi son quartier général de l'autre côté de la rue, et il lit les affiches pour se donner une contenance. (*Il essaie de se faire voir à travers les carreaux.*)

M. GUILLAUME, *qui a compté*. Deux cents francs, sais-tu que c'est fort beau. Tu peux risquer le rôti ; un petit rôti, pas cher. (*Allant à Oscar, qu'il salue.*) Monsieur, je suis aussi satisfait que possible de vos manières, et je regarde votre installation comme terminée.

MADAME GUILLAUME. Puisque vous voilà d'accord, venons maintenant à l'affaire qui vous amenait. Vous vouliez, disiez-vous, en causer avec mon mari.

OSCAR. A quoi bon, nous aurons le temps d'en parler, puisque nous allons dîner tous les jours ensemble.

M. GUILLAUME. C'est juste. Ah çà ! je vous préviens nous dînons à trois heures précises.

OSCAR. Non pas ; moi, je dîne à cinq ; c'est bien meilleur genre ; et puis, au moins, on a le temps d'avoir faim. C'est donc convenu, à cinq heures à table ; par exemple on a le quart d'heure de grâce, de rigueur ; mais jamais plus tard que cinq heures et demie. Ainsi, à compter d'aujourd'hui, je vous promets un appétit toujours exact et toujours renaissant.

M. GUILLAUME, *à sa femme*. Ce n'est pas rassurant, dis donc, ma femme.

MADAME GUILLAUME. N'allez-vous pas faire attention à cela ? (*Haut.*) Il faut alors retarder le dîner.

M. GUILLAUME. C'est que mon estomac qui n'était pas averti du contre-ordre...

OSCAR. Vous en dînerez mieux... Qu'est-ce que nous avons ?

MADAME GUILLAUME.
AIR : *Vers le temple de l'Hymen.*
Si l'on avait su plus tôt...
OSCAR.
Moi, de tout je m'accommode.
M. GUILLAUME.
D'abord, le bœuf à la mode,
De plus, je crois, le gigot.
OSCAR.
Non, du tout, je le déteste,
C'est trop bourgeois ; mais du reste,
Un dîner simple et modeste,
Gibier, volaille et poisson.
(*A M. Guillaume.*)
Ce que vous voudrez vous-même ;
Avant tout, moi, ce que j'aime,
C'est un dîner sans façon.

Et surtout, par exemple, je vous recommande que le café soit bien chaud.

M. GUILLAUME. Jusqu'au café! c'est trop fort. (*Haut.*) Permettez, Monsieur, permettez; le café, je n'en prends jamais.

OSCAR. Vrai?

M. GUILLAUME. Oui, Monsieur.

OSCAR. Ah! c'est fâcheux. Eh bien! alors, rien qu'une tasse.

M. GUILLAUME. Ah çà! s'il compte ainsi mettre ma maison au pillage, les deux cents francs y passeront bien vite et au delà.

MADAME GUILLAUME. Mais taisez-vous donc, Monsieur; taisez-vous, de grâce. Vous vous effrayez d'un rien, et vous ne savez pas vivre.

M. GUILLAUME. Parbleu! je ne lui ferai pas ce reproche-là.

—

SCÈNE X.

LES PRÉCÉDENTS, ALEXANDRE.

ALEXANDRE. Arrivera ce qui pourra; je ne sais pas ce qu'il est devenu, et je me lasse d'attendre.

OSCAR, *se retournant.* Que vois-je? mon ami Alexandre; mon bon ami, qui me rend visite. Qui diable t'a dit que j'étais ici?

ALEXANDRE, *étonné.* Moi?.. personne... c'est que j'étais là... (*A M. Guillaume.*) Monsieur... j'ai bien l'honneur... j'étais dans la rue, et j'avais cru voir...

OSCAR. Il m'aura vu à travers les carreaux; est-ce étonnant? Eh bien! ne te gêne pas, mets là ton chapeau. Voulez-vous me permettre, monsieur et madame Guillaume, de vous présenter mon meilleur ami?

ALEXANDRE, *à part.* Je n'en reviens pas; il a un aplomb. (*A M. et à madame Guillaume.*) Monsieur et Madame, c'est moi qui suis...

MADAME GUILLAUME, *le regardant.* Ah! mon Dieu! (*A part, à M. Guillaume.*) Je n'en saurais douter; c'est lui; c'est ce jeune homme, dont je vous parlais, qui nous suivait dans toutes les promenades, et qui faisait les yeux doux à ma fille.

M. GUILLAUME. Il se pourrait!..

MADAME GUILLAUME. Mais prenez garde à ce que vous allez faire; c'est l'ami intime du pensionnaire, et nous sommes obligés à des égards: heureusement qu'il va s'en aller.

OSCAR. Ah çà! mon ami, tu n'as pas d'engagements? tu nous feras le plaisir de dîner avec nous, là, sans façon; le repas de famille. J'espère qu'il me sera permis, une fois par hasard, d'amener un ami, ça ne se refuse jamais.

MADAME GUILLAUME. Mais, Monsieur...

OSCAR. Parlez: si vous aimez mieux que je paye un cachet; moi je le préfère, parce que je serai plus libre.

M. GUILLAUME. Monsieur, certainement, je ne prétends pas vous priver d'aucune liberté; et vous pouvez, si vous voulez...

OSCAR. A la bonne heure, voilà qui est parler. Ainsi, un couvert de plus pour Monsieur, et, bien entendu, un petit extraordinaire; il faut donner à votre cuisinière une occasion d'exercer ses talents; je suis sûr que cette nouvelle va l'animer d'un noble feu... A propos de feu, du café pour deux, et surtout qu'il soit bien chaud.

M. GUILLAUME, *hors de lui.* Du café pour deux, Madame!

MADAME GUILLAUME. De grâce, modérez-vous.

M. GUILLAUME, *plus fort.* Du café pour deux... (*D'un ton plus doux.*) Tâche qu'il y en ait pour moi.

OSCAR. Mais vous n'en preniez pas.

M. GUILLAUME. Oui, mais à cause de l'occasion, comme dit ma femme: quand il y a pour deux, il y a pour trois. (*Bas, à sa femme.*) Ce sera toujours cela de rattrapé.

MADAME GUILLAUME. Sans doute, et pour que ces messieurs en soient contents, je vais le préparer moi-même.

OSCAR. Vous êtes charmante, et comme je vous le disais tantôt... (*Il continue à parler bas.*)

M. GUILLAUME. Mais où est donc mon journal?

OSCAR, *qui le tient à la main.* Ne le cherchez pas, je l'ai là; je vous l'enverrai dès que je l'aurai lu.

M. GUILLAUME. Voilà qui est commode; il n'y a rien d'agréable comme un pensionnaire; il reçoit chez moi, il commande mon dîner, il lit mon journal... (*Regardant Oscar, qui cause bas.*) Je crois même qu'il en conte à ma femme... (*Haut.*) Madame Guillaume, madame Guillaume! viendrez-vous?..

MADAME GUILLAUME. C'est que Monsieur me proposait de nous conduire ce soir, moi et ma fille, à l'Ambigu-Comique... au *Remords*...

M. GUILLAUME. Au *Remords*!.. eh bien! par exemple!.. finir la soirée par une loge au spectacle; il ne manquait plus que cela! (*A Oscar.*)

Air du vaudeville des *Blouses*.

Pardon, Monsieur, si j'emmène ma femme.
MADAME GUILLAUME, *à Oscar et à Alexandre.*
Pardon, Messieurs, si je vous laisse ainsi.
M. GUILLAUME.
J'ai quelques mots à vous dire, Madame.
OSCAR.
Allez, allez, vous êtes maître ici.
M. GUILLAUME.
A son aspect le courroux me transporte;
De ses façons je suis tout effrayé;
Je le mettrais de bon cœur à la porte...
C'est bien heureux pour lui qu'il ait payé.

ENSEMBLE.

OSCAR, ALEXANDRE, M. GUILLAUME, MADAME GUILLAUME.
OSCAR.
Je suis, tu vois, fort bien avec la femme,
Et pas trop mal avec le cher mari.
Oui, c'est de moi qu'il faut qu'on se réclame;
Je suis enfin presque le maître ici.
ALEXANDRE.
Il est ma foi, fort bien avec la femme,
Et pas trop mal avec le cher mari.
Oui, c'est de lui qu'il faut qu'on se réclame;
Je vois qu'il est plus que le maître ici.
M. GUILLAUME.
Je sens déjà le courroux qui m'enflamme,
Quel rôle fais-je, enfin pour un mari?
Sans différer, ah! suivez-moi, Madame,
Car, après tout, je suis le maître ici.
MADAME GUILLAUME.
Eh mais! vraiment, quel courroux vous enflamme?
Ignorez-vous qu'il faut être poli?
Soyez-le donc; songez que votre femme
A dû compter un peu sur son mari.

—

SCÈNE XI.

OSCAR, ALEXANDRE.

ALEXANDRE. Ah çà! mon ami, explique-moi ce que cela veut dire. Comment! cette maison, où, il y a une heure, nous ne savions comment faire pour nous y introduire, tu en es maintenant seigneur et maître, tu ordonnes et disposes à ton gré, et de quel droit?

OSCAR. De quel droit?

Du droit qu'un esprit ferme et vaste en ses desseins, ou, si tu l'aimes mieux, par droit de conquête, ce qui revient au même. J'avoue que d'abord je voulais te servir, les intentions étaient pures. Mais maintenant je ne vois pas pourquoi je ne continuerais pas pour mon compte. La maison est bonne; je trouve madame Guillaume charmante, et son mari est déjà de mes amis, autant s'établir ici qu'ailleurs.

ALEXANDRE. Et si dans un instant on te renvoie?

OSCAR. Est-ce que c'est possible? est-ce que tu ne comprends pas que je fais partie intégrante du logis? Je suis presque du mobilier. En un mot, je remplis en ces lieux des fonctions qui consistent à venir dîner tous les jours, à découper à table, à raconter des histoires, à être l'ami de Monsieur, le chevalier de Madame; c'est ce qu'on appelle en Italie le sigisbé, dans la haute société, l'ami de la maison, et dans la bonne bourgeoisie, le pensionnaire.

ALEXANDRE. Comment! tu t'es mis en pension chez madame Guillaume! c'est un coup de maître... Mais comment paieras-tu?

OSCAR. Eh bien! n'es-tu pas là? Nous partageons cela en amis, en frères; je suis pour les démarches et toi pour l'argent, j'ai fait les avances et tu feras les frais.

ALEXANDRE. Certainement, je ne demande pas mieux, mais c'est que je n'ai pas d'argent.

OSCAR. Je le sais bien; mais tu es héritier, et à Paris on prête sur tout, même sur une succession.

ALEXANDRE. Une succession comme celle-là! qu'on ne sait où trouver... Voilà un mois seulement que j'ai appris, à Gisors, que M. Floquet, mon grand-oncle, était mort depuis un an, ce qui est très-négligent à lui, et puis ensuite que tout son héritage consistait en un portefeuille de soixante mille francs, dont s'est emparée une unique héritière qui est venue s'établir à Paris; où veux-tu que je la trouve pour réclamer ma moitié? Paris est si grand, et ma succession est si petite!

OSCAR. Il est vrai qu'il s'en perd tous les jours de plus considérables que la tienne; mais il faut toujours se mettre en règle.

ALEXANDRE. Oh! j'ai tous mes papiers, tous mes titres, ils ne me quittent pas! et que je trouve seulement notre héritière, le procès ne sera pas long.

OSCAR. Peut-être.

ALEXANDRE. Mais j'ai parlé à un avoué.

OSCAR. C'est ce que je te disais, raison de plus; et puisque l'héritage est incertain, il faut tâcher que le mariage ne le soit pas. Mademoiselle Joséphine est fille unique, et on n'a pour elle aucun projet de mariage, j'ai découvert cela; ainsi il faut te présenter.

ALEXANDRE. Oui, mon ami, je me présenterai.

OSCAR. Nous séduisons ensuite le père et la mère.

ALEXANDRE. Oui, mon ami, oui, je séduis... Mais si nous commencions par la fille...

OSCAR. Je ne m'y oppose pas.

ALEXANDRE. Tu parleras pour moi. O ciel! la voici... Mon ami, ne m'abandonne pas; aide-moi un peu, seulement, pour commencer, c'est tout ce que je te demande.

SCÈNE XII.

LES PRÉCÉDENTS, JOSÉPHINE.

JOSÉPHINE. Marie m'a dit qu'il y avait un pensionnaire d'arrivé, et qu'on avait recommandé à tout le monde de lui obéir comme au maître de la maison; cela va être bien amusant.

ALEXANDRE. Mademoiselle...

JOSÉPHINE. Ah! mon Dieu, qu'est-ce que je vois là? Comment, Monsieur, c'est vous qui êtes le pensionnaire pour qui on a recommandé tant d'égards?

OSCAR, *qui lit le journal.* Oui, Mademoiselle, monsieur Alexandre, mon ami, mon camarade, qui n'est point étranger à vos climats; car il a habité aussi la rue Saint-Denis.

ALEXANDRE. Laisse-moi dire maintenant. (*Haut.*) Oui, Mademoiselle, j'ai été quelque temps dans une maison de rubannier, aux Trois-Colombes, ici près; et j'avais moi-même l'intention de m'établir dans cette partie-là....

JOSÉPHINE. Et qui vous en a empêché?

ALEXANDRE. Mais c'est que... (*Se retournant vers Oscar,*) Dis donc, mon ami...

OSCAR, *à Joséphine.* Une passion invincible, insurmontable... Il voyait souvent passer, devant sa boutique, une jeune personne charmante. Il ne pouvait s'empêcher de la regarder, de l'admirer!..

ALEXANDRE. Laisse-moi dire maintenant. (*Oscar se rassied.*) Oui, Mademoiselle de l'admirer; je la suivais aux Tuileries, au spectacle; mais jamais je n'ai pu lui parler, jamais je n'ai osé demander si mon assiduité ne lui déplaisait pas. Je vous le demande, à vous-même, qu'est-ce que cette jeune personne a dû penser?

JOSÉPHINE. Mais je crois qu'avant tout elle aurait voulu savoir dans quelles intentions...

ALEXANDRE. Dans quelles intentions, hein, mon ami?

OSCAR, *à Joséphine.* Dans quelles intentions? les intentions les plus respectables, les plus légitimes, sans cela serais-je son ami? Oui, Mademoiselle, jeune et dans l'âge de plaire, avec une fortune encore équivoque, mais des espérances certaines, il veut se choisir une compagne, une amie, qui embellisse son ménage, qui préside à son magasin.

ALEXANDRE. C'est cela! je tiens la fin. Oui, Mademoiselle, c'est là mon vœu, mon seul espoir, je n'en eus jamais d'autre; je vous offre une main actuelle et une fortune à venir. Pensez-vous que la personne dont je vous parlais tout à l'heure voulût bien accepter l'une et l'autre?

JOSÉPHINE. Mais, Monsieur, pour répondre pour elle il faudrait d'abord la connaître.

ALEXANDRE, *embarrassé.* La connaître? dis donc, Oscar...

OSCAR. La connaître? Eh! Mademoiselle, se connaît-on soi-même?

ALEXANDRE. J'y suis...

OSCAR. Oui, Mademoiselle, c'est vous!

ALEXANDRE, *à Oscar, l'interrompant.* Je te dis que j'y suis. (*A Joséphine.*) C'est vous-même!

OSCAR, *se rasseyant.* Ah! l'y voilà!.. Je savais bien qu'à nous deux nous en viendrions à bout.

ALEXANDRE, *à Joséphine.* C'est vous que j'ai toujours aimée! Et, maintenant que vous savez mon secret, je ne sais pas de quoi je serais capable, si je n'obtenais de vous une réponse favorable. (*Il se jette à ses genoux.*)

OSCAR, *toujours les yeux sur le journal.* C'est bien!.. maintenant que le voilà lancé...

SCÈNE XIII.

JOSÉPHINE; ALEXANDRE, *à ses pieds*; OSCAR, *dans le fauteuil*, M. GUILLAUME, *paraissant dans le fond.*

M. GUILLAUME. Que vois-je! ce jeune homme aux pieds de ma fille!.. Et vous, Mademoiselle, que faites-vous là?

JOSÉPHINE. J'écoutais... On m'a recommandé d'avoir des égards pour le pensionnaire.

M. GUILLAUME. Le pensionnaire! le pensionnaire, le voilà. Et quand même ce serait... Allons, rentrez, Mademoiselle. (*Joséphine rentre dans sa chambre.*) Parbleu! Monsieur, je vous admire, vous êtes là, tranquillement...

OSCAR. Je me dépêchais d'achever le journal afin de vous l'envoyer

M. GUILLAUME, *hors de lui.*

AIR : *Qu'il est flatteur d'épouser celle.*

On croit peut-être que j'ignore...
OSCAR, *lui présentant le journal.*
Tenez, l'article est très-bien fait.
M. GUILLAUME.
Quoi! Monsieur, vous osez encore...
OSCAR.
Par malheur il n'est pas complet.
M. GUILLAUME
Un pareil commerce m'irrite.
OSCAR, *montrant le journal.*
On l'interrompt juste au plus beau.
M. GUILLAUME.
Mais j'en empêcherai la suite.
OSCAR.
La suite au prochain numéro.

M. GUILLAUME, *à part.* Je ne sais ce qui me retient. (*Bas, à Oscar.*) Vous sentez comme moi que monsieur votre ami ne peut pas rester.

OSCAR. Un instant. Je l'ai invité à dîner, et il dînera. Je n'irai pas payer un cachet pour rien!

M. GUILLAUME. Quoi! vous prétendez que je garde dans ma maison?..

OSCAR. Je n'ai pas dit cela! Après dîner, il faudra bien qu'il s'en aille; je l'exige même; entendez-vous, jeune homme? mais il faut qu'il dîne, pour la règle et les principes!

M. GUILLAUME. Mais je vous ferai observer que d'ici au dîner il y a encore une heure et demie.

OSCAR. C'est ma foi vrai! je n'y pensais pas! (*Montrant Alexandre.*) Il a peut-être besoin de prendre quelque chose... Dis donc, mon ami, ne te gêne pas, tu n'as qu'à parler.

AIR : *Mon cœur à l'espoir s'abandonne.*

Du madère ou du malvoisie,
(*A M. Guillaume.*)
Choisis. Nous en avons, je crois.
(*A Alexandre.*)
Surtout, point de cérémonie,
Tu peux agir comme chez toi.
ALEXANDRE.
Mais, mon ami, je te supplie...
OSCAR.
Voyez-vous, il fait des façons.
Allons, je ferai ta partie,
Et tous les deux nous trinquerons,
Et tous les trois nous trinquerons.

ENSEMBLE.

OSCAR, ALEXANDRE, M. GUILLAUME.
OSCAR.
Du madère ou du malvoisie,
Choisis. Nous en avons, je crois.
Surtout, point de cérémonie,
Tu peux agir comme chez toi.
ALEXANDRE.
Du madère ou du malvoisie,
J'aime assez tous les deux, je crois.
Je bannis la cérémonie,
Et fais ici comme chez moi.
M. GUILLAUME.
Du madère ou du malvoisie,
C'en est fait de nous, je le vois;
Ils vont, et sans cérémonie,
Tout mettre au pillage chez moi.
(*Oscar et Alexandre sortent par le fond.*)

SCÈNE XIV.

M. GUILLAUME, *seul.* C'est cela! ils vont mettre ma cave à contribution, même avant le dîner; par exemple, il faudra savoir si, dans l'intervalle des repas, je suis obligé de subvenir à la consommation intermédiaire du pensionnaire. Je consulterai là-dessus, parce qu'il me semble, à moi, qu'on n'a pas le droit d'exiger; eh! parbleu, je suis bien bon! s'il ne l'a pas, il le prendra; il prend tout ici.

AIR du *Ménage de garçon.*

Il est plus maître que moi-même;
Dans ma maison je ne suis rien;
Pour partager le rang suprême,
J'avais un excellent moyen.
Si ma femme veut le permettre,
D'après ce que je vois ici,
En pension je vais me mettre,
Afin de commander aussi.
(*On entend du bruit dans l'intérieur de la maison.*)

Eh mais! il me semble qu'on parle bien haut dans le magasin; est-ce que ce serait encore quelque événement de sa façon?

SCÈNE XV.

M. ET MADAME GUILLAUME.

M. GUILLAUME. Eh bien! qu'est-ce, madame Guillaume? et quelle est la cause de cette rumeur soudaine?
MADAME GUILLAUME. Dites donc encore du mal du pensionnaire!.. s'il ne s'en était pas mêlé!..
M. GUILLAUME. C'est justement là-dessus que je veux vous parler. Je trouve, Madame, que le pensionnaire se mêle ici de tout, et je n'entends pas. .
MADAME GUILLAUME. A merveille! pour quelques mots qu'il m'a adressés, je vois déjà que vous êtes jaloux.
M. GUILLAUME. Non, Madame, mais je suis maître de maison; je suis père, je suis époux...
MADAME GUILLAUME. Allons, encore des idées que vous vous faites.
M. GUILLAUME. Que je me fais?
MADAME GUILLAUME. Oui, Monsieur; mais nous discuterons cela plus tard; apprenez que vous avez oublié de vous rendre chez le commissaire.
M. GUILLAUME. Moi! chez le commissaire.
MADAME GUILLAUME. C'est une formalité indispensable; quand on a des pensionnaires, il faut faire sa déclaration pour attester la moralité des personnes qu'on reçoit.
M. GUILLAUME. Eh bien! on n'a qu'à m'attendre!
MADAME GUILLAUME. Oui, mais c'est qu'il y a une forte amende, et que vous l'avez déjà encourue.
M. GUILLAUME. Là! encore une dépense qu'il m'aura occasionnée!
MADAME GUILLAUME. Rassurez-vous; M. Joseph, le clerc du commissaire, est venu tout à l'heure pour cela au magasin.
M. GUILLAUME. M. Joseph, celui qui vous faisait une cour si assidue?
MADAME GUILLAUME. Oui; mais comme il est aussi de la connaissance de M. Oscar (car, c'est charmant, il connaît tout le monde), il l'a invité à dîner, et tout va s'arranger.
M. GUILLAUME. M. Joseph! M. Joseph dîne ici? eh bien, par exemple! Vous ne savez pas que, l'autre semaine, je lui ai écrit de ne plus mettre les pieds chez moi; et il a répondu au commissionnaire que la première fois qu'il me rencontrerait... Ce n'est pas que je le craigne; mais enfin, c'est un homme que je ne peux pas voir; et puisqu'il dîne ici, je n'ai plus qu'un parti à prendre, c'est d'aller dîner chez le restaurateur. Voyez un peu, Madame, la belle économie!

AIR : *Cœur infidèle, cœur volage* (de BLAISE ET BABET).

ENSEMBLE.

M. GUILLAUME, MADAME GUILLAUME.

M. GUILLAUME.

Vous le voyez, c'est votre faute;
Accueillir chez nous un tel hôte!
Qu'il craigne à la fin ma colère,
Car je sors de mon caractère.

MADAME GUILLAUME.

Monsieur, c'est plutôt votre faute.
Accueillir chez nous un tel hôte!
Craignez à la fin ma colère;
Car je sors de mon caractère.

SCÈNE XVI.

LES PRÉCÉDENTS, MARIE.

MARIE, *accourant*.

(*Suite du morceau.*)

Monsieur Oscar! quelle aventure!
(Il s' mêle de tout en ce lieu.)
Il vient d' renverser la friture,
Et v'là la cheminée en feu!

M. GUILLAUME. Et la maison qui n'est pas assurée!
(*Ils reprennent ensemble.*)

Oui, Madame,
Oui, Monsieur, } c'est votre faute;
Accueillir chez nous un tel hôte!
Voyez la belle économie.
Allons éteindre l'incendie.

SCÈNE XVII.

LES PRÉCÉDENTS, OSCAR, *une serviette autour du corps, et tenant à la main un plat où est une volaille;* ALEXANDRE, JOSÉPHINE.

OSCAR. Rassurez-vous, rassurez-vous; j'ai sauvé le rôti!
M. ET MADAME GUILLAUME. Et le feu!
OSCAR. C'est déjà fini; ces braves pompiers vous l'ont éteint en un clin d'œil;

AIR de *Turenne*.

Au beau milieu du feu qui les menace,
Ils étaient là comme en leur élément;
Enchanté de leur noble audace,
J'ai fait monter dix flacons de vin blanc.

M. GUILLAUME.

A des pompiers donner tout mon vin blanc!
Ne pouvaient-ils, c'était tout bénéfice,
Boire de l'eau, puisqu'ils en ont exprès?

OSCAR.

Sachez, Monsieur, qu'ils n'en boivent jamais,
De crainte de nuire au service.

Mais on ne peut pas boire sans manger, et je les ai invités à dîner au magasin.
M. GUILLAUME, *dans le dernier désespoir*. Six pompiers à dîner! (*Il prend le sac d'argent qui est sur la table, et le donnant à Oscar.*) Tenez, Monsieur, tout calculé, j'aime mieux vous le rendre.
OSCAR, *étonné*. Qu'est-ce que c'est que cela?
M. GUILLAUME. Deux cents francs que je vous donne pour aller dîner où bon vous semblera, pourvu que ce ne soit pas chez moi.
OSCAR, *toujours étonné*. Qu'est-ce que cela veut dire?

SCÈNE XVIII.

Les précédents, MADAME JOCARD.

MADAME JOCARD. Eh! mon Dieu, que de monde! On m'avait bien dit, mon voisin, que vous alliez prendre des pensionnaires, exprès pour m'ôter des clients, et pour me ruiner; du reste, chacun est maître chez soi, et ce n'est pas de cela qu'il s'agit, je viens vous demander mon reçu.

M. GUILLAUME. Comment! votre reçu?

MADAME JOCARD. Oui, le reçu de mon terme : j'ai ce matin apporté l'argent à Marie, qui a dû vous le remettre.

MARIE. Eh! oui, Monsieur, madame Jocard est déjà venue.

ALEXANDRE. O ciel! madame Jocard! Vous êtes madame Jocard elle-même?

MADAME JOCARD. Oui, Monsieur.

ALEXANDRE. Qui avez hérité d'un grand-oncle, demeurant à Gisors, le respectable M. Floquet?

MADAME JOCARD. Oui, Monsieur.

ALEXANDRE. Dieux! quelle rencontre!.. (*A Oscar.*) Mon ami! c'est elle!

OSCAR. Notre héritière! (*Jetant à M. Guillaume la bourse qu'il tient toujours.*) Ah! Madame! enchanté de faire votre connaissance! Voici mon ami, le jeune Floquet, votre parent, votre cohéritier; liens touchants de la nature et du sang, que vous avez de pouvoir!.. son acte naissance; (*Passant à madame Jocard le papier que lui donne Alexandre.*) le contrat de mariage de son père surtout... lorsque brisés depuis longtemps, un hasard sympathique vous renoue à l'improviste!.. (*De même.*) l'acte de liquidation, celui de partage, tout est en règle. Mais nous avons des égards, des sentiments, quoique héritier; nous savons ce qu'on se doit entre parents, et nous vous donnons, pour payer nos trente mille francs, tout le temps convenable.

MADAME JOCARD. Plus de doute, c'est lui.

M. GUILLAUME, *à Alexandre.* Quoi! vous héritez de trente mille francs?

OSCAR. Qu'il vient mettre aux pieds de votre fille; le repas d'aujourd'hui devient le repas de noce. Tout le monde y est invité, amis ou non, n'est-il pas vrai?

JOSÉPHINE. Mon père!..

MADAME GUILLAUME. Mon ami!.

ALEXANDRE. Dois-je dire mon père?

M. GUILLAUME. Eh! oui, sans doute, le moyen de faire autrement!..

OSCAR. A merveille! rien ne sera changé dans la maison; vos enfants et moi, nous nous mettons en pension chez vous.

M. GUILLAUME. Du tout, j'en ai assez comme cela; qu'ils prennent leur ménage.

OSCAR. A la bonne heure!.. (*A Alexandre.*) Mon ami, c'est chez toi que je me mettrai en pension.

AIR : *Allons, partons* (d'AZÉMA).

Allons, allons nous mettre à table.
Que chacun aujourd'hui,
Convive aimable,
Soit comme chez lui.

OSCAR, *à M. Guillaume.*

AIR : *L'amour qu'Edmond a su me taire.*

Dans mes façons expéditives,
Je suis loin d'avoir votre goût;
Vous craignez les nombreux convives,
Et moi je les aime beaucoup.
(*Bas, au public.*)
Aussi comme c'est moi qui prie,
(*Désignant M. Guillaume.*)
Pour qu'il enrage, venez tous
Chaque soir, sans cérémonie,
Vous mettre en pension chez nous
(*On reprend le chœur.*)
Allons, allons nous mettre à table, etc.

FIN
de
La Pension bourgeoise.

Saint-Yves.

LA FAMILLE DU BARON

VAUDEVILLE ÉPISODIQUE EN UN ACTE

Représentée, pour la première fois, à Paris, sur le théâtre du Gymnase dramatique, le 31 août 1829.

EN SOCIÉTÉ AVEC M. MÉLESVILLE.

Personnages.

SAINT-YVES, jeune artiste.
LE BARON DE VARINVILLE, ami de Saint-Yves.
LE VICOMTE DESTAILLIS.
MADEMOISELLE JUDITH, sa sœur.

OSCAR, neveu de Destaillis.
CORINNE DE BRÉVANNES, sa nièce.
NATHALIE, son autre nièce.
DUMONT, domestique.

La scène se passe dans le château du vicomte Destaillis.

Le théâtre représente un salon du château de M. Destaillis : porte au fond. A droite de l'acteur, porte conduisant au dehors ; à gauche, celle d'un boudoir.

SCÈNE PREMIÈRE.

OSCAR, CORINNE, DESTAILLIS, *assis*; NATHALIE, MADEMOISELLE JUDITH, *assise*.

CORINNE, *regardant une corbeille.* Oui, certainement, cela vient de Paris; car ce n'est pas à Vendôme qu'on ferait des broderies pareilles! Ne trouvez-vous pas, Oscar, que cette corbeille a quelque chose d'élégant, de poétique, qui donne à rêver.

OSCAR. Oh! vous, ma belle cousine, qui êtes la Sapho du département, vous voyez de la poésie partout; mais moi, qui suis pour la prose, pour le solide... pour cet écrin, par exemple, parlez-moi de celui-là; il y en a là au moins pour trente mille francs, n'est-ce pas, mon oncle?

DESTAILLIS. Eh! qu'importe? voilà ce qui me plaît, voilà ce que j'aime! (*Montrant le dessus de l'écrin.*) Des armes gravées et dorées. Savez-vous que ce cher Varinville a de brillantes armoiries!

MADEMOISELLE JUDITH. Il est d'assez bonne famille pour cela. Il y a eu un Varinville tué à la Terre-Sainte; car il y a toujours eu dans cette maison-là de bons sentiments et de bons exemples.

OSCAR. De bons exemples que notre futur cousin a bien fait de ne pas suivre.

CORINNE. C'est un baron qui a de l'esprit.

DESTAILLIS. Ils en ont tous, ma chère.

MADEMOISELLE JUDITH. Et celui-là encore plus que les autres.

OSCAR. Si c'est possible.

MADEMOISELLE JUDITH. M. Oscar rit toujours.

OSCAR. Et ma tante Judith ne rit jamais; elle est presque aussi grave et aussi sérieuse que Nathalie, une fiancée qui a l'air d'une veuve.

NATHALIE. Moi, mon cousin?

CORINNE. Eh! oui; l'on ne se douterait pas que tu es la mariée; je n'étais pas comme cela quand j'ai épousé M. de Brévannes, votre frère, qui alors était chambellan. Voyons, comment trouves-tu la corbeille?

NATHALIE. Cela ne me regarde pas, ma cousine. Dès que ma famille la trouve bien...

CORINNE. Et le prétendu?

NATHALIE. Dès que ma famille l'a choisi...

DESTAILLIS. A merveille, ma nièce, à merveille! voilà comme parlaient les demoiselles d'autrefois.

MADEMOISELLE JUDITH. La famille avant tout.

DESTAILLIS. On ne faisait rien sans l'avis et le consentement de ses ascendants.

OSCAR. Laissez donc; quand on voulait mener son époux, on demandait...

DESTAILLIS. L'avis des parents.

CORINNE. Et quand il était maussade, ou jaloux, et qu'on voulait le punir, il fallait peut-être...

MADEMOISELLE JUDITH. L'avis des parents.

DESTAILLIS. Qui ne le refusaient jamais.

AIR de *Marianne.*

Oui, pour l'honneur de la morale,
En famille tout se passait;
Et l'on arrêtait le scandale
Avec des lettres de cachet.
   C'était parfait :
   On enfermait
   Un fils joueur,
   Un neveu séducteur;
   La femme aussi;
   Puis, Dieu merci,
Ses créanciers y mettaient le mari...
Si bien que, sous la même grille,

Femme, enfants, époux et neveux,
Disaient : *Où peut-on être mieux
Qu'au sein de sa famille!*

SCÈNE II.

LES PRÉCÉDENTS, DUMONT.

DESTAILLIS. Qu'est-ce que c'est?

DUMONT. M. le baron de Varinville qui demande à présenter ses hommages.

DESTAILLIS. Qu'il entre.

DUMONT. Oui, Monsieur... (*Revenant.*) Ah! on vient d'apporter la perruque et l'habit neuf de monsieur le vicomte.

DESTAILLIS. C'est bien! je m'habillerai pour la signature du contrat.

DUMONT. Quand Monsieur voudra, tout est prêt, là, à côté. (*Il sort.*)

SCÈNE III.

LES PRÉCÉDENTS, VARINVILLE.

DESTAILLIS. Eh! le voici, ce cher neveu.

VARINVILLE. Oui, mon respectable oncle... (*A Judith.*) Ma belle tante... (*A Corinne.*) Ma jolie cousine... il me manque quelqu'un; il paraît que votre mari, notre aimable chambellan, est encore à la chasse.

CORINNE. Oui, Monsieur.

VARINVILLE, *à Oscar.* Heureusement qu'il nous reste notre jeune cousin.

MADEMOISELLE JUDITH. Et vos chers parents que nous attendons depuis un mois, à quelle heure arrivent-ils? en avez-vous des nouvelles?

VARINVILLE. D'assez tristes; le comte de Varinville mon père est indisposé, et ma mère est restée près de son époux afin de le soigner.

DESTAILLIS. C'est trop juste; mais vos autres parents, votre oncle de Bordeaux?

VARINVILLE. Il est à Paris.

MADEMOISELLE JUDITH. La vicomtesse et son fils?

VARINVILLE. Ils sont à Toulouse.

DESTAILLIS. Je les croyais en route pour venir assister à votre mariage; vous nous l'avez dit.

VARINVILLE. Oui, sans doute; mais Dieu sait quand ils arriveront; et dans l'impatience où je suis, je crois que nous pouvons toujours procéder, dès ce soir, à la signature du contrat, demain à la célébration, et ainsi de suite.

DESTAILLIS. Y pensez-vous, mon cher ami? nous faire une proposition pareille? je ne voudrais pas l'accepter pour tout l'or du monde.

VARINVILLE. Et pourquoi donc?

DESTAILLIS. C'est faire un affront à votre famille de ne pas l'attendre.

OSCAR. Et puis, je n'y pensais pas. Ce proverbe que j'ai composé pour elle, je ne peux pas le jouer pour vous seul. Et ma cousine, la muse de la famille, qui vous préparait aussi quelque chose.

CORINNE. Oui, je comptais vous donner une improvisation. J'ai entre autres, sur la bénédiction paternelle, une tirade à effet.

VARINVILLE. Mon père n'y sera pas.

CORINNE. Raison de plus pour réclamer la présence de votre oncle; c'est de rigueur.

« Second père d'un fils dont le père est absent,
« De la nature en deuil auguste remplaçant... »

Comme cela, je pourrai m'en tirer; mais vous voyez qu'il me faut un oncle, ou au moins une tante. N'est-ce pas, Nathalie?

NATHALIE. Si ma famille l'exige...

DESTAILLIS. Sans doute.

Air de *Voltaire chez Ninon*.

Ils auraient droit d'être surpris,
Et de nous faire des reproches;
Je veux ici voir réunis
Tous vos parents et tous vos proches.
Pour moi, tant qu'ils seront absents,
Au mariage je m'oppose.

NATHALIE, *à part*.
Mon oncle a raison... les parents
Servent toujours à quelque chose.

VARINVILLE. Mais...

DESTAILLIS. Nous vous laissons à vos affaires. Moi qui n'en ai pas, je vais m'installer dans la petite tourelle, celle qui donne sur la grande route de Paris, et à chaque voiture... Comment voyage votre oncle?

VARINVILLE. En landau; un landau jaune.

DESTAILLIS. C'est bien.

Air de *la walse de Robin des bois*.

Par bonheur le temps est superbe,
Je vais m'établir au donjon.

CORINNE, *à Oscar*.
Allez composer un proverbe.

OSCAR, *à Corinne*.
Allez invoquer Apollon.

VARINVILLE, *à Nathalie*.
Vous, à l'amant tendre et fidèle,
Que vient de frapper cet arrêt,
Penserez-vous, Mademoiselle?

NATHALIE, *baissant les yeux*.
Si la famille le permet.

ENSEMBLE.
Par bonheur le temps est superbe, etc.

DESTAILLIS.
Je cours m'établir au donjon.
Toi, va répéter ton proverbe;
Toi, cours invoquer Apollon.

OSCAR ET CORINNE.
Allez observer au donjon,
Vous, répéter votre proverbe;
Vous, invoquer votre Apollon.

(*Ils sortent.*)

SCÈNE IV.

VARINVILLE, *seul*. Au diable les égards et les convenances! Voilà de braves gens qui, avec leur considération et leurs devoirs de famille, m'embarrassent autant que possible. Comment faire? et comment me tirer de là?

SCENE V.

VARINVILLE, SAINT-YVES, *portant sur son dos un équipage de peintre en voyage, et entrant par le fond*.

SAINT-YVES. Beau point de vue! Ces ruines font admirablement, et je veux demander au propriétaire la permission de les croquer d'ici.

VARINVILLE. Qui vient là?

SAINT-YVES. Sans doute le maître de la maison... Eh! ce cher Varinville.

VARINVILLE. Mon camarade Saint-Yves! que j'ai à peine revu depuis le collége, depuis ton prix de rhétorique.

SAINT-YVES. Tu t'en souviens encore?

VARINVILLE. Ainsi que de la belle pièce de vers que tu nous récitas ce jour-là.

SAINT-YVES. Les ruines de Rome. J'y pensais, en regardant ces tourelles.

(*Déclamant.*)
« Où donc est la cité, métropole du monde!
« En vertus si fertile, en héros si féconde?
« Montrez-moi ses palais, ses temples, ses remparts...
« Où sont-ils?.. »

(*Riant.*) Et cœtera... J'ai, grâce au ciel, oublié le reste. Ah çà! est-ce que tu serais ici chez toi?

VARINVILLE. À peu près.

SAINT-YVES. Je te fais mon compliment. Tu as là le plus beau château ruiné que j'aie vu.

VARINVILLE. C'est une ancienne demeure féodale, appartenant à une des premières familles du Vendômois, au vicomte Destaillis, riche propriétaire et gentilhomme arriéré, qui, dans ses idées, aime mieux de vieilles tourelles qu'une maison neuve.

SAINT-YVES. Il a raison; il n'y a pas de comparaison pour l'effet.

VARINVILLE. Tu ne songes qu'à ta peinture. Tu es donc toujours artiste?

SAINT-YVES. Oui, mon ami; et toi?

VARINVILLE, *avec satisfaction*. Au contraire; je suis millionnaire.

SAINT-YVES. Cela ne m'étonne pas. En sortant du collége, tu avais déjà des dispositions; tu me prêtais toujours de l'argent.

VARINVILLE. Je suis encore à ton service : tu n'as qu'à parler.

SAINT-YVES. Merci, mon cher camarade; je n'ai plus besoin de rien, je suis riche aussi.

VARINVILLE. Tu as fait comme moi; tu as joué à la Bourse.

SAINT-YVES. Pas si bête.

Air de *Préville*.

Sur cette route, où l'ardeur vous emporte,
   Trop de gens se sont égarés ;
Mais un beau jour la fortune, à ma porte,
Vint frapper... moi je lui dis : « *Entrez.* »
Elle frappa ; moi je lui dis : « *Entrez.* »
Je te vois rire, ô grand capitaliste :
Oui, c'était bien pour moi qu'elle venait ;
Mais, comme toi, j'en doutais en effet ;
Car la voyant entrer chez un artiste,
   J'avais cru qu'elle se trompait.

VARINVILLE. C'est un bonheur unique.

SAINT-YVES. Que je partage avec soixante ou cent mille individus. Tu sais que j'étais d'une bonne famille ; mais, ruiné à la révolution, je me suis lancé dans l'atelier de Gérard, de Girodet, et comme tant d'autres, j'ai dit à mon pinceau : « *Fais-moi vivre.* » C'est tout au plus s'il m'obéissait ; mais j'étais jeune, j'étais amoureux ; avec cela tout est beau.

VARINVILLE. Amoureux !

SAINT-YVES. Oui, mon ami; un amour de haut étage, au faubourg Saint-Germain, une inclination mutuelle, une jeune personne charmante, que son père emmena de Paris un beau matin, sans me donner son adresse. Il y a de cela deux ans, et j'y pense toujours; l'image de ma belle est toujours là, dans mon carton et dans mon cœur. Mes regrets sont d'autant plus vifs, que, quelques mois après son départ, je reçus une invitation.

VARINVILLE. A dîner en ville.

SAINT-YVES. A peu près. Je t'ai dit que j'avais eu l'avantage de perdre à la révolution tout le bien de ma famille. Eh bien! mon ami, on daignait m'admettre, moi, et de nombreux convives, au splendide festin de l'indemnité, où, pour ma part, j'ai été fort bien traité.

VARINVILLE. Vraiment!

SAINT-YVES. Vingt à vingt-cinq mille livres de rente; c'est fort honnête. Mais fidèle aux pinceaux qui m'avaient secouru dans la détresse, je ne les ai point abandonnés dans la fortune. Je suis resté artiste pour mon bon plaisir, mon bonheur. Je voyage à pied, *incognito*, courant les aventures, poursuivant ma belle fugitive, que j'adore toujours; et en cherchant une maîtresse, je rencontre un ami. Tu vois que c'est encore une indemnité.

VARINVILLE. Ah! que tu es heureux! Un nom, de la naissance et de la fortune.

SAINT-YVES. Cela te va bien; toi, qui es quatre ou cinq fois plus riche que moi.

VARINVILLE. Cela ne suffit pas.

SAINT-YVES. Laisse donc, est-ce que l'argent ne donne pas tout?

VARINVILLE. Cela ne donne pas... de parents.

SAINT-YVES. Des parents? A quoi bon? il en faut pour venir au monde; mais t'y voilà, et une fois qu'on a le nécessaire...

VARINVILLE, *avec embarras*. Oui, quand on l'a.

SAINT-YVES. Est-ce que tu n'as pas, comme tout le monde, un père et une mère?

VARINVILLE. Tout au plus.

SAINT-YVES. Qu'est-ce que cela signifie? explique-toi.

VARINVILLE. C'est que justement le difficile est de l'expliquer. Ne connais tu pas des ouvrages, d'ailleurs fort estimables, mais qui ne portent point de noms d'auteurs?

SAINT-YVES. Oui, qu'on appelle des productions anonymes.

VARINVILLE. Eh bien! voilà ma situation, je suis un ouvrage de ce genre.

SAINT-YVES. Et c'est ce qui t'afflige?

AIR du vaudeville de *Partie et Revanche*.

Vraiment, je te croyais plus sage;
Quand la fortune a comblé tous tes vœux,
De ses dons fais un bon usage,
Amuse-toi, fais du bien... tu le peux,
Et tends parfois la main aux malheureux.
En toi, que chacun trouve un frère;
Une famille est bien douce à ce prix.
On ne peut pas se faire un père,
On peut toujours se faire des amis.

D'ailleurs, il y a tant de grands hommes qui ont commencé comme toi; et M. de La Harpe, et M. d'Alembert, et le beau Dunois!

VARINVILLE. Le beau Dunois ne voulait pas se marier.

SAINT-YVES. Tu veux donc te marier?

VARINVILLE. Eh! oui, mon cher; je veux m'allier à la famille la plus noble de la province; parce que, quand on est riche, il faut un rang, un nom, de la considération.

SAINT-YVES. Je croyais avoir entendu dire que tu étais baron.

VARINVILLE. Baron de Varinville, c'est un titre que je me suis donné. J'ai acheté, sur vieux parchemins, une généalogie toute neuve, où je descends d'un Varinville tué à la croisade.

SAINT-YVES. Ces croisades ont été bien utiles pour les familles.

VARINVILLE. Mais ça ne suffit pas, les Destaillis veulent en outre des parents vivants.

SAINT-YVES. Vraiment!

VARINVILLE. Il leur en faut.

SAINT-YVES. Et combien?

VARINVILLE. Pas beaucoup; mais enfin ce qu'il faut pour composer une famille raisonnable.

SAINT-YVES. J'entends : d'abord un père et une mère; c'est de première nécessité.

VARINVILLE. Non, je les ai faits malades; et l'on peut s'en passer.

SAINT-YVES. C'est une économie. Il ne te faudrait alors qu'un ou deux oncles, une tante et quelques cousins.

VARINVILLE. Oui, mon ami.

SAINT-YVES. C'est facile; et... (*Écoutant.*) Chut.

AIR : *Povera signora.*

Mais tais-toi;
Car vers moi
Quelqu'un s'avance :
Et j'entends
Des accents
Doux et touchants.
Du silence,
Écoutons bien,
Ne disons rien.

TOUS DEUX.
Du silence,
Écoutons bien,
Ne disons rien.

VARINVILLE, *regardant*.
C'est le cousin, répétant ses proverbes;
Puis une sœur qui fait des vers superbes.

SAINT-YVES.
Une sœur.
Ah! quel honneur
Pour la maison!
Apollon
Portant jupon.

VARINVILLE, *les voyant entrer*.
Mais tais-toi donc.

———

SCÈNE VI.

LES PRÉCÉDENTS; OSCAR, *un cahier à la main;* CORINNE, *marchant lentement et composant. Oscar et Corinne s'avancent; et, pendant qu'ils descendent sur le devant de la scène, Saint-Yves et Varinville montent et se trouvent derrière eux.*

CORINNE, *sans les voir*.
« Second père d'un fils dont le père est absent,
« De la nature en deuil auguste remplaçant...
« Sur le front d'un neveu que ta main protectrice,
« Pleine de vœux s'abaisse; et...

SAINT-YVES, *achevant le vers*.
Que Dieu le bénisse. »

CORINNE ET OSCAR. Qu'entends-je?

SAINT-YVES, *gaiement*. Pardon, belle dame, de me présenter aussi cavalièrement; mais, en ma qualité de frère du baron de Varinville.

CORINNE ET OSCAR. Son frère!

VARINVILLE, *étonné*. Mon frère! (*Bas, à Saint-Yves.*) Qu'est-ce que tu dis donc?

SAINT-YVES, *bas*. Tais-toi... C'est toujours un à-compte.

OSCAR. Son frère!.. Eh bien! je l'aurais reconnu.

CORINNE. C'est singulier. Monsieur ne nous avait pas parlé...

SAINT-YVES. D'Anatole Varinville, son jeune frère... L'ingrat! Je conçois. Il ne devait pas compter sur moi. Depuis trois ans, je parcours l'Italie. L'amour des arts me tenait lieu de tout. Apollon et les Muses sont une famille.

CORINNE. Monsieur est poëte?

SAINT-YVES. Oui, Madame; je fais la poésie ténébreuse et mélancolique, les spectres, les tombeaux, les suppliciés, les condamnés, et généralement tout ce qui est épouvantable, tout ce qui est horrible.

CORINNE. Monsieur est de la nouvelle secte?

SAINT-YVES, *s'inclinant*. J'ai cette horreur-là. Poésie nouvelle, comme vous savez, qui vit de ruines, de lézards, de chauves-souris, de lierre, de crapauds. Nous ne sortons pas de là; car nous aimons les corps verts, les corps blancs, les corps bleus, le jaune aussi; nous l'employons beaucoup, c'est bon teint. Enfin une littérature de toutes les couleurs qui n'en a aucune.

AIR du vaudeville de l'*Écu de six francs*.

Employés aux pompes funèbres,
Nos auteurs, amis du trépas,
Ne brillent que dans les ténèbres,
Et quoique toujours gros et gras,
Et faisant leurs quatre repas,
En tout temps leur muse éplorée
Est en deuil...

VARINVILLE.
En deuil !.. de qui donc?

SAINT-YVES, *bas, à Varinville*.
Probablement de la raison
Que ces messieurs ont enterrée.
Ils sont en deuil de la raison
Que ces messieurs ont enterrée...

(*Haut.*) Et j'ose dire que, dans ce genre littéraire et funéraire, j'ai obtenu quelques succès.

OSCAR. Des succès. Ce doit être difficile !

SAINT-YVES. Mais non. *Je me prône, tu te prônes, il se prône, nous nous prônons*. Dès qu'on sait conjuguer ce verbe-là, il n'en faut pas davantage pour obtenir un succès à notre manière, et se faire, entre amis, une immortalité à huis clos, qui dure au moins sept à huit jours, et qu'on recommence la semaine suivante.

CORINNE. Ce doit être bien fatigant...

SAINT-YVES. Pour le public; car, pour nous autres, nous y sommes faits. (*A Corinne.*) Et quand nous nous connaîtrons mieux, j'espère bien que nous jetterons ensemble les bases de nouveaux triomphes; car on m'a cité de vous des choses charmantes; des improvisations. C'est mon genre; j'y excelle. Et puis l'on m'a parlé aussi...

CORINNE. De mes Épîtres? de mes Occidentales!

SAINT-YVES. Oui, vraiment.

CORINNE. J'en avais fait une avant mon mariage : *Épître à celui qui m'aura*; et deux depuis : *Épître à celui qui m'a*, et *à celui qui m'a eue*.

SAINT-YVES. Délicieux! Heureux les mortels privilégiés à qui vous daignerez en adresser encore !

CORINNE, *à Varinville*. Il est fort bien, votre frère Anatole.

VARINVILLE. Oui, pas mal.

CORINNE, *à Saint-Yves*. Si je ne craignais d'être indiscrète, je vous demanderais une petite improvisation.

OSCAR. Ah! vous ne pouvez nous refuser.

CORINNE. Pour la première grâce que je réclame de vous.

SAINT-YVES. Certainement.

VARINVILLE, *à part*. Où diable a-t-il été se fourrer?

SAINT-YVES. Si la compagnie veut m'indiquer un sujet... (*A part et regardant Varinville*.) J'espère qu'il va me demander les Ruines de Rome.

VARINVILLE, *à part*. Qu'est-ce qu'il a donc à me regarder?

OSCAR. Je demanderai à Monsieur un parallèle entre la tragédie et la comédie.

SAINT-YVES, *à part*. Que le diable l'emporte ! (*Haut.*) Ce serait un sujet bien pénible, vu que, dans ce moment, les pauvres chères dames sont défuntes toutes deux.

OSCAR. Vraiment !

SAINT-YVES, *déclamant*.
« Seigneur, Laïus est mort : Laissons en paix sa cendre. »

CORINNE. Il a raison; j'aimerais mieux un sujet noble.

SAINT-YVES, *regardant Varinville*. Oui; quelque chose de romain, quelque chose d'antique.

CORINNE. Puisque Monsieur vient de Paris, qu'il nous dise des vers sur les dernières nouveautés.

SAINT-YVES. C'est bien vieux !

OSCAR. Sur les derniers événements.

SAINT-YVES. C'est bien petit! Et je préférerais quelque chose de romain, de grandiose.

OSCAR. La Baleine ou l'Éléphant.

CORINNE. Ah! oui, la Fontaine de l'Éléphant.

SAINT-YVES. Ça n'en finirait pas.

CORINNE. Eh bien! sur les nouveaux embellissements de Paris. A votre choix.

OSCAR. Ah ! oui, les embellissements de Paris ; c'est à ce sujet que nous nous arrêtons.

VARINVILLE. Autant cela qu'autre chose.

SAINT-YVES, *à part et regardant Varinville*. L'imbécile! (*Haut.*) Il paraît que la demande générale est pour les embellissements de Paris. (*A part.*) Nous voilà bien loin des Ruines de Rome. (*Haut.*) Volontiers. Nous avons à Paris le Diorama, le Néorama...

OSCAR. Représentant la basilique de Saint-Pierre.

SAINT-YVES, *regardant Varinville avec intention*. De Saint-Pierre de Rome?

VARINVILLE. Certainement.

SAINT-YVES. Qu'est-ce que tu dis là ?

VARINVILLE. Moi? rien.

SAINT-YVES. Il me semblait que tu avais parlé des Ruines de Rome; je croyais du moins avoir entendu ce mot.

VARINVILLE, *à part*. Je comprends. (*Haut et vivement.*) Oui, oui, c'est vrai, c'est ce sujet-là que je préfère.

SAINT-YVES. Il fallait donc le dire, tous les sujets me sont égaux; peu m'importe, et si cela te plaît, si cela plaît à l'honorable compagnie...

TOUS. Sans contredit.

SAINT-YVES. J'aurais préféré un autre sujet ; mais enfin puisque vous voulez absolument les Ruines de Rome...

TOUS. Oui, oui.

SAINT-YVES. Je commence. (*A part.*) Pourvu que je me le rappelle à présent. (*Brusquement et comme inspiré.*) J'y suis; je commence. (*Passant ses doigts dans ses cheveux.*)

« Où donc est la cité, métropole du monde,
« En héros si fertile, en vertus si féconde?
« Montrez-moi ses palais, ses temples, ses remparts...
« Où sont-ils?.. quels débris s'offrent à mes regards!..
« O temps dévastateur! à tes coups rien n'échappe!
« Où veillait un sénat dort un soldat du pape ! »

TOUS. Très-beau !

SAINT-YVES, *commençant à s'embrouiller, regardant Varinville et passant auprès de lui.*
« Forum, que Cicéron n'a jamais trouvé sourd!
(*Aux autres.*) Pardon, quand on improvise... (*Bas, à Varinville.*) Souffle-moi donc.

« Forum, où Cicéron n'est jamais resté court...
« Il était bien heureux! que n'ai-je son langage?
« Que n'ai-je son talent? j'en dirais davantage.?
(*S'adressant à Corinne qui le regarde en riant.*)
« Mais où trouver la rime?.. alors qu'un œil fripon
« Vous fait perdre à la fois l'esprit et la raison? »

OSCAR ET VARINVILLE. Bravo!
CORINNE. Délicieux... (*A Varinville.*) Quel dommage que la famille n'ait pas été témoin...
OSCAR. Nous allons le présenter.
CORINNE. A M. Destaillis.
OSCAR. A M. de Brévannes, un connaisseur.
VARINVILLE, *bas*. Un oncle, qui a été chambellan, et qui, maintenant, fait de l'opposition.
SAINT-YVES, *à part*. C'est bon à savoir.
CORINNE. Venez, venez.
SAINT-YVES. Dans cet équipage, ce ne serait pas convenable; je vais d'abord me faire conduire à l'appartement de mon frère, pour prendre un habit plus décent.
OSCAR ET CORINNE, *allant au-devant de Destaillis.* Eh mais! j'entends mon oncle. (*Ils sortent par le fond.*)
SAINT-YVES, *bas*. Ah! mon Dieu! et où serrer mon attirail de peinture?
VARINVILLE, *lui montrant le cabinet à gauche.* Dans ce cabinet.
SAINT-YVES, *ouvrant la porte.* A merveille!.. qu'est-ce que je vois là? c'est mon affaire.
VARINVILLE. Qu'as-tu donc?
SAINT-YVES. Rien; sois tranquille. (*Il s'élance dans le cabinet. Oscar, Corinne et Destaillis entrent aussitôt.*)

SCÈNE VII.

VARINVILLE, CORINNE, DESTAILLIS, OSCAR.

VARINVILLE, *à part.* Allons, me voilà un frère qui m'est venu bien à propos.
OSCAR, *à Destaillis.* Oui, vous dis-je; un jeune homme charmant.
CORINNE. Le frère de M. de Varinville.
DESTAILLIS. Son frère. Eh bien! je vous apporte aussi de bonnes nouvelles, car voilà son oncle.
TOUS. Son oncle!
VARINVILLE, *étonné*. Celui-là est un peu fort.
DESTAILLIS. Oui, mon cher ami, j'ai aperçu un landau jaune.
VARINVILLE. Vraiment! (*A part.*) Il n'en manque pas sur la grande route.
DESTAILLIS. Et ce doit être le marquis, parce qu'un landau annonce toujours une fortune respectable et légitime.
VARINVILLE, *à part*. Oui, légitime, comme moi.
DESTAILLIS. Il y en avait même deux qui se croisaient.

Air du vaudeville de *Partie carrée.*
Je voudrais bien savoir qui ce peut être.
VARINVILLE.
Quelque seigneur, quelque acteur en congé.
DESTAILLIS.
L'un cependant, si je puis m'y connaître,
Marche à pas lents, tant il paraît chargé...
L'autre n'a rien, et son allure est vive.
VARINVILLE.
Ce doit être, d'après cela,
Deux receveurs, dont l'un arrive,
Et dont l'autre s'en va.

DESTAILLIS. Du tout; il y en a au moins un qui est votre oncle.
VARINVILLE. On entendrait déjà la voiture.
DESTAILLIS. Non pas : elle a dû rester au bas de la montagne qui domine la ville; c'est un avantage de mon château... il est tellement bien situé, que rien ne peut y arriver, pas même les voitures; c'est une position militaire bien agréable.
VARINVILLE, *à part*. En temps de paix!
DESTAILLIS. Vous entendez bien que je m'y connais, un ancien mousquetaire.
OSCAR. Il faut aller au-devant de lui.
CORINNE. Lui offrir le bras.
VARINVILLE. Je vous répète que vous vous êtes trompé, et qu'il est impossible...
DESTAILLIS. Comment? impossible! vous pouvez d'ici apercevoir au bas de la montagne... (*Regardant.*) C'est singulier, je ne vois plus sa voiture, ni aucune autre.
CORINNE. Les oncles ont toujours la vue basse; vous surtout.
DESTAILLIS. Oui; mais j'ai là une longue-vue, une longue-vue anglaise.
CORINNE. Qui pourrait bien vous tromper; elles sont sujettes à caution.
DESTAILLIS. Du tout, du tout, attendez seulement que je sois à mon point; m'y voici.
CORINNE. Cela me rappelle mon mari, qui, depuis qu'il n'était plus chambellan, se mettait tous les matins à sa fenêtre pour voir arriver une préfecture.
DESTAILLIS. Je ne vois rien.
CORINNE. C'est justement ce qu'il me disait... Attendez, attendez que j'aille à votre aide.

VARINVILLE.
AIR : *Le briquet frappe la pierre.*
D'après un usage antique,
Toujours dans les dénoûments,
Il nous tombait des parents
Du ciel ou de l'Amérique...
Que n'en vient-il aujourd'hui?
DESTAILLIS.
J'en crois voir un, Dieu merci;
Mais si loin, si loin d'ici...
OSCAR.
Il tarde bien à paraître.
VARINVILLE.
N'en soyez pas étonnés;
(*A part.*)
Ceux que le ciel m'a donnés,
Quand j'y pense, doivent être
Des parents bien éloignés.

DESTAILLIS. Il approche, il approche, et ce doit être lui, quoique cette fois-ci ce ne soit point un landau.
CORINNE. Qu'est-ce donc?
DESTAILLIS. Voyez vous-même. (*Pendant qu'ils sont tous à regarder à la fenêtre, Saint-Yves, qui a pris un costume d'oncle, sort furtivement du cabinet et se glisse en dehors par la porte du fond.*)
CORINNE. Oui, c'est une *briska*, ou plutôt une berline... Ah! mon Dieu! je vois les maîtres sur le siége, et des chiens dans la voiture.
DESTAILLIS. Ce sont des Anglais.

LA FAMILLE DU BARON.   231

CORINNE. C'est juste; ils n'en font jamais d'autres! trois bouledogues la tête à la portière.
SAINT-YVES, *en dehors.* Hum! hum!

SCÈNE VIII.

LES PRÉCÉDENTS; SAINT-YVES, *arrivant par le fond et en costume d'oncle.*

VARINVILLE, *l'apercevant.* C'est lui; et où diable a-t-il pris cela? (*Haut.*) Mon cher oncle!
DESTAILLIS, *étonné.* Votre oncle de Bordeaux?
VARINVILLE. Oui, mon oncle de Bordeaux.
SAINT-YVES, *vivement; et avec l'accent gascon.* Moi-même, qui arrive comme le vent, pour assister à ton bonheur.
VARINVILLE. Voici une partie de nos nouveaux parents.
SAINT-YVES, *saluant.* Belle dame, voulez-vous permettre. (*Il lui baise les mains.*)
VARINVILLE, *montrant Destaillis.* Et je vous présente mon oncle futur.
SAINT-YVES, *à part.* L'oncle chambellan, qui fait de l'opposition. (*Haut.*) Par malheur, je n'ai que peu d'instants à donner à cette aimable famille.
TOUS. Que voulez-vous dire?
SAINT-YVES. Je me rends dans le sol natal, où tout un peuple d'électeurs m'attend avec impatience pour me proclamer.
DESTAILLIS. Je fais d'avance mon compliment à l'honorable député.
SAINT-YVES. Vous sentez bien que je suis au-dessus de cela. Si j'accepte, c'est uniquement pour servir les bons principes, pour protéger mes amis, ou placer mes parents, quels qu'ils soient.
CORINNE. Oh! quelle bonne occasion pour mon mari, qui voudrait être replacé.
SAINT-YVES. Tout ce qui pourra vous être agréable, je le demanderai pour vous à la France.
DESTAILLIS. Je n'ai adressé dans ma vie qu'une seule pétition à la Chambre; c'était au sujet des chiens de chasse, et de l'impôt qu'on voulait établir sur eux.
SAINT-YVES. Pétition admirable dans ses principes, et bien digne de vous, mon cher. Je me rappelle parfaitement; j'étais à la séance, et la Chambre a eu l'honneur...
DESTAILLIS. De passer à l'ordre du jour.
SAINT-YVES. Qu'importe? ce qui se défait une année, se refait la suivante. Je reproduis la pétition, je monte à la tribune, et je leur dis : Messieurs, s'il est un oubli de la législation actuelle, s'il est un reste déplorable de l'ancienne féodalité, c'est dans les immunités et avantages dont jouit encore une caste privilégiée, c'est dans l'exemption d'impôt dont on favorise les chiens, les chiens dits de chasse.
DESTAILLIS ET VARINVILLE, *à part.* Qu'est-ce qu'il dit donc là?
SAINT-YVES. Chez les Anglais, nos voisins, les chiens... (tirade sur l'Angleterre, et je rentre dans la question), chez les Danois eux-mêmes qui pourraient y paraître les plus intéressés, (tirade sur les cours du Nord; je traverse la Russie, je touche à la Turquie, et je rentre dans la question), partout, Messieurs, le luxe est imposé dans l'intérêt des contribuables eux-mêmes; car cette admirable fable de l'ancienne Grèce, cette fable d'Actéon mis en pièces par sa meute en furie, est l'emblème de ces riches propriétaires dont les chiens de chasse dévorent la fortune...

VARINVILLE, *bas.* Qu'est-ce que tu dis donc? Ce n'est pas l'oncle chambellan; au contraire c'est M. Destaillis, l'ancien mousquetaire!
SAINT-YVES, *de même.* Il fallait donc le dire; et moi qui ai donné à gauche. (*Haut, à Destaillis, qui depuis le commencement du discours s'est assis avec impatience et finit par lui tourner le dos tout à fait.*) Voilà ce que diront nos antagonistes, se croyant sûrs de la victoire, et voici ce que nous leur répondrons, M. Destaillis et moi, si toutefois l'honorable assemblée veut bien nous prêter un instant d'attention.
DESTAILLIS, *étonné, se levant.* Comment, Monsieur, ce que je viens d'entendre?...
SAINT-YVES. Est le discours de nos adversaires.
DESTAILLIS. Aussi je me disais : c'est tout le contraire de ma pétition; car je demandais, moi, dans le cas où l'impôt aurait lieu, que les chiens de chasse seulement en fussent exemptés, à cause de l'excellence de leur race.
SAINT-YVES. Je le sais bien : nous pensons tous deux de même; et maintenant que nous connaissons les moyens de ceux qui ont parlé contre, je vais parler pour et les pulvériser.
DESTAILLIS, *se tournant vers lui avec complaisance.* A la bonne heure, au moins... (*Corinne et Destaillis s'asseyent.*)
SAINT-YVES. Messieurs...
VARINVILLE, *à part.* Il va dire encore quelque bêtise. (*Haut.*) Messieurs!
SAINT-YVES, *se tournant vers lui.* Point d'interruption; j'ai écouté en silence... je réclame la même faveur.
TOUS. C'est trop juste.
VARINVILLE. Je voulais le prévenir seulement...
DESTAILLIS, *se levant.* Laissez parler l'orateur, et écoutez.
TOUS. Oui, écoutez...
SAINT-YVES. Messieurs, l'honorable membre auquel je succède, et dont je me plais à reconnaître les talents et l'éloquence, veut proscrire le luxe et l'anéantir. Je lui répondrai par un axiome d'un publiciste, qu'à coup sûr il ne récusera pas : Le superflu, chose très-nécessaire, fait la fortune des États, et l'agrément des particuliers.
DESTAILLIS. Très-bien, très-bien.
SAINT-YVES. D'ailleurs, Messieurs, laissons de côté les phrases déclamatoires; qui veut la fin, veut les moyens. Vous aimez tous les perdreaux, et moi aussi je les aime; j'en fais l'aveu à cette tribune; et notre adversaire lui-même n'est peut-être pas fâché de les voir apparaître aux jours de fête sur sa table libérale et splendide. Eh bien! Messieurs, qui les y amènera, sinon ces habiles pourvoyeurs, ces intelligents quadrupèdes, que dans votre ingratitude vous voulez proscrire? Les proscrire! eux le plus touchant emblème de la fidélité (ici une tirade sur la fidélité), eux, les ennemis du despotisme (ici une tirade sur le despotisme); car vous savez, comme moi, quels sont ceux qui, jadis, ont fait justice de l'infâme Jézabel, cette usurpatrice, dont ils n'ont fait qu'un déjeuner; et pour flétrir leur noble caractère, on vous a parlé d'Actéon, qui fut déchiré par sa meute rebelle. Mais, Messieurs, on a oublié de vous dire que dans ce fatal événement, leur fidélité avait été ébranlée par des agents soudoyés, par les artifices de Diane, par les principes révolutionnaires qui les avaient égarés; ces principes révolutionnaires (tirade sur la révolution), sans compter que les ornements mis au front de leur maître avaient

dû le rendre méconnaissable, tant il est vrai qu'on doit prendre garde à ce qu'on met à la tête des gouvernements (tirade sur les ministres), et je conclus, Messieurs, en votant contre l'impôt!
DESTAILLIS, *se levant.* Sublime, admirable!
OSCAR. Une vigueur de raisonnement...
VARINVILLE. Et un choix d'expressions...
CORINNE, *se levant.* C'est-à-dire qu'on n'a jamais rien entendu de pareil.

AIR : *Ah! c'est affreux, ah! c'est abominable* (de JONAS).

 Quels jours heureux nous passerons ensemble,
 Si ses parents sont tous ainsi que lui.
   SAINT-YVES.
 Vous jugez combien je leur ressemble;
 Dans un moment vous les verrez ici.
   OSCAR.
 Dieux! je me sauve.
   CORINNE.
    Eh! vite, à ma toilette.
   DESTAILLIS.
 Je vais chercher, moi, pour leur faire honneur,
 Et ma perruque et mon habit noisette.
 SAINT-YVES, *à part, et regardant son habit.*
 Oui... s'il le trouve, il aura du bonheur.
   TOUS.
 Quels jours heureux nous passerons ensemble!
 De vos parents vous nous voyez ravis.
 Si chacun d'eux à celui-ci ressemble,
 Cette alliance aura bien plus de prix.

(*Destaillis, Oscar et Corinne sortent. Saint-Yves donne la main à Corinne, et la reconduit jusqu'à la porte du fond.*)

SCÈNE IX.

VARINVILLE, SAINT-YVES.

SAINT-YVES. Victoire! te voilà avec un frère et un oncle reconnus; c'est déjà fort gentil.
VARINVILLE. Oui; mais ces autres parents que j'ai eu l'imprudence de leur promettre
SAINT-YVES. Ils vont arriver.
VARINVILLE. Ensemble?
SAINT-YVES. Peut-être bien.
VARINVILLE. Et comment?
SAINT-YVES. Ne suis-je pas là? A présent que me voilà lancé.

   VARINVILLE.
  AIR du *Pot de fleurs.*
 Y penses-tu?
   SAINT-YVES.
  J'y suffirai, j'espère;
 Sans hésiter, mon cher, je les ferai.
   VARINVILLE.
 Un ou deux, bien... mais la famille entière!
   SAINT-YVES.
 Pour te servir, je me multiplierai.
 Sur moi que ton espoir se fonde.
   VARINVILLE.
 Quoi! vingt parents, à toi seul?
   SAINT-YVES.
    Vraiment oui,
 Depuis longtemps on a dit qu'un ami
 Valait tous les parents du monde.

VARINVILLE. Tais-toi. Je crois entendre ma tante Judith, la prude.
SAINT-YVES. Ta tante Judith! la prude!
VARINVILLE. Oui, celle qui fait de la morale, qui tient aux bienséances, et qui ne joue point de proverbes.
SAINT-YVES. Elle joue peut-être autre chose.
VARINVILLE. Je te préviens que celle-là ne se paiera point de tes improvisations. (*Saint-Yves retourne sa perruque, boutonne son habit, et prend un air modeste et compassé.*)
VARINVILLE, *qui pendant ce temps a regardé venir Judith.* La voilà, Saint-Yves... (*Étonné, et regardant autour de lui.*) Eh bien! où est-il donc?
SAINT-YVES, *d'un ton doux.* Près de vous, mon frère.

SCÈNE X.

LES PRÉCÉDENTS, MADEMOISELLE JUDITH, *en grande tenue.*

MADEMOISELLE JUDITH. Qu'ai-je appris? M. le marquis de Varinville serait arrivé?
VARINVILLE. Il est déjà reparti, Madame... Mais voici son neveu, mon cousin, qui demande l'honneur de vous offrir ses respects.
MADEMOISELLE JUDITH. Que ne se présentait-il?
SAINT-YVES. Vous étiez à votre toilette... et je n'aurais pas voulu, pour tout au monde... m'exposer... Je vous demanderai la permission de n'en pas dire davantage.... à cause de la bienséance.
MADEMOISELLE JUDITH. Voilà un jeune homme qui a de fort bonnes manières. (*A Varinville.*) Quelle carrière a-t-il suivie?
SAINT-YVES. Aucune, Madame. Il y a foule partout. Dans ma famille, me suis-je dit, les uns auront de la fortune, les autres des dignités; celui-ci des places!.. moi, j'aurai des mœurs : c'est un état comme un autre... Célibataire avec des mœurs, voilà ma profession.
MADEMOISELLE JUDITH. C'est exactement la mienne.
SAINT-YVES. C'est à mademoiselle Judith que j'ai l'honneur de parler, cette respectable dame, dont le cœur est le réceptacle de tous les bons principes?
MADEMOISELLE JUDITH. Moi-même.
SAINT-YVES. Et qui, dans son extrême rigueur, fuyant le mariage et ses chaînes, a juré jusqu'à présent de rester... Je vous demanderai la permission de n'en pas dire davantage, à cause de la bienséance.
MADEMOISELLE JUDITH, *à Varinville.* Votre cousin a une mesure et un ton parfaits.
SAINT-YVES, *hésitant.* Madame...
MADEMOISELLE JUDITH. Qu'est-ce que c'est?
SAINT-YVES, *à mademoiselle Judith.* Oserai-je réclamer de vous une audience particulière?
VARINVILLE. Je comprends; je vous laisse. (*Il passe à la gauche de Saint-Yves. A part.*) Que diable va-t-il lui dire? (*Bas, à Saint-Yves.*) Comment, tu risques le tête-à-tête?
SAINT-YVES, *bas, et gaiement.* Je t'ai dit que je me dévouais; et quand on y est une fois.... (*Se retournant gravement vers mademoiselle Judith.*) Madame, je suis à vos ordres. (*Varinville sort.*)

SCÈNE XI.

MADEMOISELLE JUDITH SAINT-YVES.

MADEMOISELLE JUDITH. Daignez vous asseoir. (*Saint-Yves offre un fauteuil à mademoiselle Judith, et va ensuite en prendre un pour lui. Mademoiselle Judith s'assied. Voyant Saint-Yves qui, en s'asseyant fait un geste de douleur:*) Qu'avez-vous donc?

SAINT-YVES. Rien ; mais quand on vient de faire quarante-cinq lieues en poste, malgré la bénignité des coussins, cela endommage toujours plus ou moins... Je vous demanderai la permission de n'en pas dire davantage, à cause de la bienséance.

MADEMOISELLE JUDITH. A merveille ; je vous écoute, Monsieur.

SAINT-YVES. Vous sentez, Madame, que, prêt à faire alliance avec une famille, on désire la connaître intimement ; c'est pour cela que mon oncle m'a prié de vous demander à ce sujet des admonitions et renseignements.

MADEMOISELLE JUDITH. Inutiles à tous égards : la famille Destaillis est la famille la plus irréprochable et la plus respectable...

SAINT-YVES. J'en vois en ce moment de grandes preuves et témoignages. Ainsi donc, M. Destaillis votre frère...

MADEMOISELLE JUDITH. D'excellents principes, mais peu de tête, et de l'importance comme un marguillier.

SAINT-YVES. Quelle vanité !

MADEMOISELLE JUDITH. Comme ces dames qui ne songent qu'à leur parure, et quelle parure encore ! car la toilette d'à présent...

SAINT-YVES. C'est comme chez nous ; j'ai des tantes et des cousines qui souvent me forcent à baisser les yeux ; elles ont surtout... comment appelez-vous cela ?

MADEMOISELLE JUDITH. Des corsets ?

SAINT-YVES, *lui montrant la manche de sa robe.* Non ; ce que vous avez là ?

MADEMOISELLE JUDITH. Des gigots.

SAINT-YVES. Elles ont des gigots scandaleux, tant ils sont clairs et transparents ; au point que la mousseline immodeste laisse apercevoir continuellement... Je vous demanderai la permission de n'en pas dire davantage. Quelle différence avec les vôtres ! Voilà des gigots vertueux et opaques, qui ne permettent point à l'imagination de s'égarer sous leurs tissus diaphanes et tentateurs, et comme le reste de la toilette y répond bien !

MADEMOISELLE JUDITH. Vous trouvez.

SAINT-YVES. Quelle convenance ! quelle recherche gracieuse dans ces ajustements ! et quelle élégante simplicité dans le choix même de cette étoffe !

MADEMOISELLE JUDITH. Que fait là votre main ?

SAINT-YVES. L'étoffe me paraissait si moelleuse que je craignais d'abord que ce ne fût de la soie.

MADEMOISELLE JUDITH, *avec fierté, et éloignant sa chaise.* Soie et coton, Monsieur.

SAINT-YVES. C'est bien différent ; car nous avons maintenant un si grand luxe...

MADEMOISELLE JUDITH. Même chez les jeunes gens.

SAINT-YVES. Ne m'en parlez pas, et la plupart ont si mauvais ton. J'en ai vu dans les salons qui, au lieu de se tenir respectueusement éloignés des dames, s'en approchaient ainsi... (*Rapprochant son fauteuil.*)

MADEMOISELLE JUDITH. Vraiment !

SAINT-YVES. C'est comme je vous le dis ; ils ne craignent pas de les regarder d'un air passionné... Voyez-vous, de ces yeux qui semblent dire : « O dieux, si j'osais ! » Et ils étaient plus hardis que leurs yeux.

MADEMOISELLE JUDITH. Il serait possible !

SAINT-YVES. J'en ai vu même qui prennent la main d'une femme, non pas comme la vôtre, avec un gant, mais telle que la voilà, (*Il ôte le gant de Judith, et lui baise la main.*) et qui avec ardeur osaient la porter à leurs lèvres, exactement comme cela.. N'est-ce pas une horreur !

MADEMOISELLE JUDITH. Je n'en reviens pas.

SAINT-YVES. On ne peut pas s'imaginer leur oubli des bienséances. Bien mieux encore : l'autre semaine, à Paris, j'allais dans un bel hôtel, chez une grande dame, pour une souscription. J'entre brusquement dans son boudoir, car elle en a un ; et qu'est-ce que je vois !.. je n'ose y penser sans que le feu de l'indignation... Je suis rouge, n'est-ce pas ?

MADEMOISELLE JUDITH. Dites toujours.

SAINT-YVES. Je vois un officier, un beau brun, un brun superbe, qui était à genoux, exactement comme cela.

MADEMOISELLE JUDITH. Que faites-vous ?

SAINT-YVES. C'est pour vous montrer ; et puis je suis mieux là qu'assis, à cause de ce que je vous disais tout à l'heure.

MADEMOISELLE JUDITH. Eh bien ! Monsieur, achevez.

SAINT-YVES. Eh bien ! Madame...

SCÈNE XII.

LES PRÉCÉDENTS, VARINVILLE.

VARINVILLE. Oui, je vais lui dire...

MADEMOISELLE JUDITH, *s'enfuyant.* Ah ! mon Dieu ! votre cousin ! s'il allait penser...

SAINT-YVES, *à mademoiselle Judith, qui s'enfuit.* Ne craignez rien, Madame, quand les intentions sont pures...

Air des *Amazones.*

Pourquoi viens-tu troubler nos conférences ?
  VARINVILLE.
J'arrive à temps... que diable faisiez-vous ?
  SAINT-YVES.
  C'est à propos des convenances
Qu'en ce moment j'étais à ses genoux...
Nous ne parlions tous deux, à cette place,
Que bienséance ..
  VARINVILLE.
    Et pourvu, je le vois,
Que l'on en parle, aisément on s'en passe.
  SAINT-YVES.
On ne peut pas faire tout à la fois.

Du reste, tu vois que je n'ai pas gâté tes affaires, et que je suis assez bien avec mademoiselle Judith.

VARINVILLE. Dès la première entrevue, déjà à ses pieds.

SAINT-YVES. Mon ambition en restera là ! Je ne tiens plus à m'élever. Mais toi, qu'as-tu fait ?

VARINVILLE. J'ai annoncé à tout le monde que mon oncle, qui avait à se faire nommer député, venait de partir en poste, mais que son neveu...

SAINT-YVES. En allait faire autant. Je vais lui donner ma voix, à ce cher oncle.

VARINVILLE. Et que me restera-t-il donc de toute ma famille ?

SAINT-YVES. Ta chère tante que l'on attend. Allons, vite à ma toilette.

VARINVILLE. Et où veux-tu que je trouve un costume de tante ?

SAINT-YVES. Dans une maison où on joue des proverbes...

VARINVILLE. Tu as raison ; je vais prendre ce qu'il y a de mieux au magasin. Ah ! j'oubliais... un incident qui a failli tout perdre... quelqu'un arrivé du Cheval-Rouge...

SAINT-YVES. De mon auberge.

VARINVILLE. Un domestique en livrée jaune.

SAINT-YVES. C'est le mien ! je lui avais dit que j'allais au château.

VARINVILLE. Il apportait une lettre que j'ai prise, et je l'ai bien vite renvoyé.
SAINT-YVES. C'est prudent.
VARINVILLE, *lui donnant la lettre.* Tiens, la voilà.
SAINT-YVES. C'est bien; mais avant tout songe à ta tante.
VARINVILLE. Je vais la chercher. (*Il sort.*)

SCÈNE XIII.

SAINT-YVES, *seul, décachetant la lettre.* C'est de mon camarade de Verneuil, qui m'écrit de Paris. (*Il lit.*) « Mon cher ami, j'ai enfin des renseignements « positifs sur ta belle fugitive... Mademoiselle Gran- « son. » (*S'interrompant.*) Dieu soit loué! Voyez ce que c'est de servir un ami, cela vous porte bonheur. (*Continuant la lecture de la lettre.*) « Je sais, à n'en « pouvoir douter, que depuis plus de dix-huit mois « elle a perdu son père, et qu'elle vit retirée auprès « de sa famille, qui habite une terre qu'on ne m'a « pas désignée au juste, mais qui est située entre Or- « léans, Vendôme et Beaugency. » Que le diable l'emporte avec ses renseignements positifs... Comment faire?

AIR de *Turenne*.

Jadis un chevalier fidèle,
Pour découvrir l'astre de ses amours,
Allait, disant de tourelle en tourelle :
« Où donc est-elle?.. » Au temps des troubadours
C'était fort beau; mais de nos jours,
S'il faut courir, pour retrouver son astre,
De terre en terre et d'arpent en arpent,
On a l'air, non pas d'un amant,
Mais d'un employé du cadastre.

SCÈNE XIV.

NATHALIE, SAINT-YVES.

SAINT-YVES. Que vois-je?
NATHALIE, *levant les yeux.* Monsieur de Saint-Yves en ces lieux!
SAINT-YVES. Nathalie!.. Qu'on dise encore que les romans sont invraisemblables! Si je l'avais lu, je ne le croirais pas. Mais je vous vois; je vous retrouve. Depuis deux ans que je vous cherche, où étiez-vous donc?
NATHALIE. Ici, dans ma famille.
SAINT-YVES. Vraiment!
NATHALIE. Et vous, qu'y venez-vous faire?
SAINT-YVES. Rendre service à un ami, M. de Varinville.
NATHALIE. Que dites-vous?
SAINT-YVES. Et assister à sa noce.
NATHALIE. A la mienne!
SAINT-YVES. O ciel! c'est vous qu'il épouse!
NATHALIE. Moi-même. On n'attend plus pour cela que sa famille.
SAINT-YVES. Malédiction!
NATHALIE. Et voilà déjà un frère, un oncle et un cousin qui, dit-on, viennent d'arriver.
SAINT-YVES. Ah! si cette aventure se répand, comme on se moquera de moi!
NATHALIE. Qu'avez-vous donc?
SAINT-YVES. Rien. Soyez tranquille; il ne vous épousera pas, ou j'y perdrai mon nom, et lui aussi, ce qui lui coûtera moins qu'à moi.
NATHALIE. Qu'est-ce que cela veut dire?

SAINT-YVES. Que je ne sais comment faire; mais c'est égal. Rappelez-vous seulement que je vous aime; que vous serez à moi; que rien ne peut nous séparer. On vient... partez vite. (*Nathalie sort.*)

SCÈNE XV.

SAINT-YVES, VARINVILLE.

VARINVILLE, *apportant un carton et un paquet de robes.* Voilà, voilà ce que j'ai trouvé de plus nouveau, non pas au magasin, mais chez ma tante Judith. Un habillement charmant qu'elle s'était fait faire pour la noce. Et nous allons les battre avec leurs propres armes. Eh bien! qu'as-tu donc?
SAINT-YVES. L'événement le plus fâcheux!
VARINVILLE. Ah! mon Dieu! est-ce que cette lettre que je t'ai remise?..
SAINT-YVES. Précisément; c'est une lettre qui arrive de Paris, et qui m'annonce...
VARINVILLE. Une perte? une faillite? je suis là pour tout réparer.
SAINT-YVES. Je te remercie; on m'apprend, au contraire, que ma belle inconnue est retrouvée.
VARINVILLE. Et tu n'es pas enchanté?
SAINT-YVES. Non vraiment, car elle est sur le point d'en épouser un autre.
VARINVILLE. Est-il temps encore?
SAINT-YVES. Oui, sans doute.
VARINVILLE. Demain je retourne à Paris, et nous ferons si bien que nous l'enlèverons à ton rival.
SAINT-YVES. Oui, mais c'est que ce rival est un ancien camarade.
VARINVILLE. Qu'importe!
SAINT-YVES. Un ami.
VARINVILLE. Raison de plus. Dans ce cas-là il n'y a pas d'amis.
SAINT-YVES. Tu crois?
VARINVILLE. Oui, sans doute; c'est de bonne guerre. Il n'y a que les imbéciles qui se fâchent. Quitte à lui, quand tu seras marié, de prendre sa revanche.
SAINT-YVES. A la bonne heure; je n'ai plus de scrupule, et je commence.
VARINVILLE. Un instant, tu commenceras par moi.
SAINT-YVES. C'est trop juste; mais cette fois tu m'aideras, et ne va pas me laisser, comme ce matin, au milieu des Ruines de Rome.
VARINVILLE. Volontiers. Que faut-il faire?
SAINT-YVES. Je te le dirai; mais ma toilette. On vient; je n'aurai pas le temps. Je me retire dans mon boudoir; empêche qu'aucun indiscret ne puisse y pénétrer.
VARINVILLE. Et mon rôle que tu oublies.
SAINT-YVES. Je vais te l'écrire en deux mots; je te le glisserai dans la main, et je te dirai quand il faudra commencer.
VARINVILLE. A la bonne heure : va-t'en. (*Saint-Yves entre dans le cabinet à gauche.*)

SCÈNE XVI.

OSCAR, NATHALIE, CORINNE, DESTAILLIS, MADEMOISELLE JUDITH, VARINVILLE.

CHŒUR.

AIR : *Ah! quel outrage* (du COIFFEUR).

Quelle famille!

En elle brille
Tout ce qu'aime notre famille;
Quelle alliance!
L'or, la naissance,
Oui, chez lui
Tout est réuni.
    CORINNE, *à Varinville*.
De votre frère on aime l'élégance.
    MADEMOISELLE JUDITH.
Moi, du cousin, j'aime l'air ingénu.
    DESTAILLIS.
Moi, j'aime l'oncle et sa mâle éloquence.
    NATHALIE, *regardant autour d'elle*
Moi, ce que j'aime, hélas! a disparu.
    TOUS.
Quelle famille! etc.

DESTAILLIS. L'oncle le député est charmant; c'est un cavalier accompli, un gentilhomme de l'ancienne roche.

CORINNE. Et le frère donc, un ami des arts qui improvise comme les Italiens.

MADEMOISELLE JUDITH. Et son neveu; ah! vous n'avez pas vu son neveu! un jeune homme si intéressant, et qui a de si bonnes manières.

VARINVILLE, *riant*. Un ami des bienséances, des convenances.

MADEMOISELLE JUDITH. Oui, Monsieur. Ce n'est pas lui qui s'aviserait d'entrer dans un appartement sans se faire annoncer. Et puis il a toujours de si bonnes intentions, que ce qui scandaliserait dans un autre devient chez lui tout à fait exemplaire.

CORINNE. Ah! Monsieur, que vous êtes heureux d'avoir une pareille famille!

DESTAILLIS. Que nous sommes heureux, puisque cette famille est la nôtre.

VARINVILLE. Vous êtes bien bon, mais vous n'avez rien vu encore, et j'espère vous présenter bientôt ma tante la vicomtesse de Varinville.

NATHALIE, *à part*. Ah! mon Dieu!

DESTAILLIS. Qu'avez-vous donc?

NATHALIE. Rien, mon oncle. (*A part.*) Plus d'espoir, la tante va arriver.

MADEMOISELLE JUDITH, *à Varinville*. Vous l'attendez donc?

VARINVILLE. Mieux que cela.

CORINNE. Que voulez-vous dire?

VARINVILLE. Elle est ici.

TOUS. Il serait possible! et vous ne nous le disiez pas.

DESTAILLIS. Où est-elle? où est-elle?

VARINVILLE, *désignant le cabinet à gauche*. Là, dans ce boudoir.

DESTAILLIS. Mon chapeau, mes gants, que j'aille lui offrir la main.

VARINVILLE. Vous ne la lui offrirez pas.

DESTAILLIS. Je lui offrirai.

VARINVILLE. Vous ne lui offrirez pas.

DESTAILLIS. Et pourquoi donc?

VARINVILLE. Parce que, dans ce moment, elle est à sa toilette.

MADEMOISELLE JUDITH. C'est juste, mon frère, c'est juste, les bienséances avant la politesse. Mais les femmes du moins peuvent entrer?

CORINNE. Sans doute, ne fût-ce que pour offrir nos soins.

MADEMOISELLE JUDITH. Et j'y vais la première. (*A Nathalie.*) Venez donc, Mademoiselle, venez donc avec nous.

VARINVILLE. Ah! mon Dieu! que va-t-il arriver? (*Les deux dames s'élancent vers la porte à gauche, qu'on re-*

ferme vivement, et on entend une voix de femme crier en dehors : On n'entre pas.

VARINVILLE. Cela ne m'étonne pas, ma tante la vicomtesse est d'une pudeur antique, la pudeur la plus chatouilleuse.

MADEMOISELLE JUDITH. C'est comme moi.

VARINVILLE. Je dirais même, si ce n'est pas le respect que je lui dois, qu'elle est un tant soit peu bégueule; mais elle rachète ce léger défaut par une grâce, une finesse, un esprit...

MADEMOISELLE JUDITH. Ce que nous appelons femme de qualité, femme de cour.

VARINVILLE. Mieux que cela; car j'ose dire qu'à la cour il n'y en a pas comme elle.

CORINNE. Je ne serai pas fâchée de voir cette merveille. Comment est-elle sous le rapport des dons extérieurs?

VARINVILLE, *à part*. Ah! diable, je ne sais pas quelle figure il va se faire. (*Haut.*) Je ne vous dirai pas au juste; il y a très-longtemps que je n'ai vu ma tante, et je serais même capable de ne pas la reconnaître, sans la voix du sang, et puis si je ne savais pas que c'est elle.

DESTAILLIS. Silence, la porte s'ouvre.

OSCAR, *la lorgnant*. Il est de fait que de loin elle n'est pas mal pour son âge.

AIR de la contredanse de *la Somnambule*
    TOUS.
Silence, (*bis.*)
Vers nous elle s'avance;
Silence, (*bis.*)
D'ici n'entends-je pas
Ses pas?
    DESTAILLIS.
C'est elle,
Modèle
Des vertus
Qu'on aime le plus.
Sa mise
Exquise
Prouve sa décence, et surtout
Son goût.
    TOUS.
Silence, (*bis.*)
Vers nous elle s'avance;
Silence, (*bis.*)
Elle a bien plus d'attraits
De près.

SCÈNE XVII.

LES PRÉCÉDENTS; SAINT-YVES, *habillé en femme*.

SAINT-YVES, *voix de femme*.
AIR de trio du *Concert à la cour*.

Pour moi que ce jour a de charmes;
Mais daignez calmer mes alarmes.
Tant de beautés m'intimident un peu.
En faveur de mon cher neveu,
Mesdames, que je vous embrasse.
    (*Il embrasse Judith et Corinne.*)
MADEMOISELLE JUDITH, *d'un air aimable*.
J'allais demander cette grâce.
SAINT-YVES, *à Nathalie*.
Et cette aimable enfant.
    (*Bas, avec sa voix naturelle.*)
C'est moi.
    NATHALIE.
O ciel!
    DESTAILLIS.
Pourquoi donc cet effroi?

MADEMOISELLE JUDITH, *la poussant.*
Allons, ma chère, imitez moi.
SAINT-YVES, *l'embrassant.*
Vraiment, elle est toute tremblante.
OSCAR, *lui baisant la main.*
Près de vous peut-on avoir peur?
SAINT-YVES, *faisant des mines.*
Cet accueil me touche et m'enchante.
(*A Varinville qui est à la porte du boudoir.*)
Et vous, avec votre air boudeur,
Venez donc près de votre tante.
(*Lui tendant sa main à baiser.*)
Je vous permets aussi, profitez-en, Monsieur.
DESTAILLIS.
Moi, je réclame une telle faveur.
VARINVILLE, *à part.*
Au diable, au diable, une telle faveur!
SAINT-YVES.
O ciel! l'aimable caractère!
Oui, mon cœur, à ses doux regards,
Le reconnaît! comme ancien mousquetaire,
Pour le sexe il a des égards.
ENSEMBLE.
SAINT-YVES, *bas, à Varinville, voix naturelle.*
Allons, calme-toi, plus d'alarmes,
Vois ce regard, ce sourire vainqueur...
Il faut qu'on nous rende les armes,
Tout cède à ce sexe enchanteur.
LES HOMMES.
O ciel! que d'attraits, que de charmes!
Quel doux regard, quel sourire enchanteur!
Oui, de lui rendre encor les armes,
On se ferait un vrai bonheur.
LES FEMMES.
Voyez que de grâce et de charmes!
Malgré son âge elle a de la fraîcheur;
Et l'on rendrait encor les armes
A ce regard plein de douceur.
(*A la fin du morceau, entrent deux domestiques qui donnent des sièges aux dames et aux messieurs. Tout le monde s'assied.*)

DESTAILLIS. Ah! qu'on est heureux de se trouver en famille!

SAINT-YVES. Ah! oui, en famille, je crois bien y être. Sans cela, je n'oserais me présenter dans un pareil négligé.

DESTAILLIS. Vous êtes superbe.

SAINT-YVES. Taisez-vous, flatteur.

MADEMOISELLE JUDITH. C'est-à-dire que c'est étonnant, et je me félicite maintenant de mon goût, car j'ai un ajustement tout à fait semblable.

SAINT-YVES. Vraiment! c'est la dernière mode.

MADEMOISELLE JUDITH. La dernière.

SAINT-YVES. Oui, celle que l'on vient de quitter.

MADEMOISELLE JUDITH, *fâchée.* Eh bien! par exemple... Mais ce qui m'étonne encore plus... (*A Varinville.*) C'est la ressemblance de Madame avec le jeune cousin.

SAINT-YVES. On se ressemble de plus loin; c'est mon fils.

DESTAILLIS. Le fils du vicomte de Varinville?

SAINT-YVES. Non, d'un autre mariage.

MADEMOISELLE JUDITH. Ah! il est de votre premier mari!

SAINT-YVES. Non, Madame, de mon second.

OSCAR. Le vicomte est donc le troisième?

SAINT-YVES, *le regardant tendrement.* Oui, Monsieur, il est à l'extrémité dans ce moment, ce qui l'a empêché de venir.

TOUS. Ah! mon Dieu!

VARINVILLE, *à part.* Pourquoi diable va-t-il leur dire tout cela?

MADEMOISELLE JUDITH. Je ne conçois pas qu'on puisse se marier trois fois.

SAINT-YVES. C'est ce que je disais la première. Aussi il n'y a que celle-là qui ait eu lieu avec mon agrément; les deux autres, cela n'a été que malgré moi, et par respect humain.

DESTAILLIS. Et comment cela?

SAINT-YVES. Lors de la guerre, voyageant en poste avec ma femme de chambre, nous tombâmes dans un avant-poste ennemi, un pulk de Cosaques.

TOUTES LES FEMMES. Ah! mon Dieu!

SAINT-YVES. Ils étaient affreux, mes chères : des moustaches à la Souvarow, moustaches parfaitement cirées, et des barbes à la Saint-Antoine, comme les jeunes gens à la mode en portent à présent; c'était horrible! Comme j'ai eu l'honneur de vous le dire, ils étaient là en reconnaissance, et par suite de cette reconnaissance, je me vis obligée d'épouser un des chefs, un Tartare nogais, le comte de Tapcoquin, de qui j'ai eu un petit Emmanuel Nicolaïof, que vous avez vu ce matin.

MADEMOISELLE JUDITH. Quoi! ce jeune homme de si bonnes mœurs?

SAINT-YVES. C'est un jeune Cosaque... Cosaque civilisé... Mais le naturel primitif commence à se déclarer. Vous avez dû vous en apercevoir à ses galantes entreprises.

DESTAILLIS. Comment, ma sœur?

MADEMOISELLE JUDITH. Qu'est-ce que cela signifie?

SAINT-YVES. Il m'a tout dit; il m'a parlé d'un baiser... d'une déclaration faite à vos genoux.

MADEMOISELLE JUDITH. Quelle horreur! une femme comme moi.

SAINT-YVES. Est-ce que cela vous fâche? Est-elle drôle! c'est une plaisanterie; son père en faisait bien d'autres. Pauvre cher Tartare!.. Grâce au ciel, je l'ai perdu en France, à la bataille de Montmirail. (*Tirant son mouchoir.*) Encore dans une reconnaissance, et j'en ai gardé une éternelle au boulet de canon tutélaire qui m'a rendue à la liberté, à ma patrie et à la société, dont j'étais, à ce qu'on m'a dit quelquefois, le plus bel ornement.

DESTAILLIS. Voilà de singulières aventures!

MADEMOISELLE JUDITH, *à part.* Et une femme que je ne puis souffrir, pas plus que son benêt de fils.

VARINVILLE. Qu'est-ce que cela signifie? (*Haut.*) Il faut dire aussi qu'après cette vie agitée, madame la vicomtesse n'a plus coulé que des jours calmes et tranquilles, au sein des arts et de l'amitié.

SAINT-YVES. Ah! oui, les arts que j'aime d'instinct et de passion, et que j'ai cultivés dans mon printemps, j'ose dire avec un certain succès, et qui m'ont fait faire la conquête de M. de Varinville, mon dernier mari, que je crois voir encore avec son lorgnon et ses ailes de pigeon; un dilettante qui adorait ma voix; car je chantais autrefois comme madame Malibran.

AIR du *Concert à la cour.*

Dans un air de *Ma tante Aurore,*
Une cadence le charma;
Le lendemain, plus tendre encore,
Une roulade l'enflamma.
Il vint chez moi... car près des belles
L'amour voltige sans façon,
Lorsque l'Amour, outre ses ailes,
Porte des ailes de pigeon.

Enfin il m'enleva, et voilà comme je fus séduite pour la seconde fois.

MADEMOISELLE JUDITH. Pour la seconde fois?

VARINVILLE. Ma tante se trompe; elle confond dans ses souvenirs.

SAINT-YVES. C'est possible ; j'avais si peu d'expérience, j'étais si jeune quand j'ai quitté le toit paternel..: Mon père, pâtissier du roi... (*Mouvement de tout le monde.*) une charge qui donnait la noblesse, toujours en bas de soie, l'épée au côté, brutal de caractère, nous donnait plus de soufflets que de tarte aux pommes, plus de coups de pied que de croquignoles. Un jour, à la suite d'une vivacité paternelle, plus vive que de coutume, je pris mes jambes à mon cou, et mes chers parents n'entendirent plus parler de moi.

(*Chantant.*)
Non, non, non, j'ai trop de fierté
Pour me soumettre à l'esclavage.

DESTAILLIS ET LA FAMILLE, *se regardant.* Voilà qui est inconcevable.

SAINT-YVES, *continuant de chanter.*
Dans les liens du mariage
Mon cœur ne peut...
(*S'interrompant.*)

Pardon ; je ne suis pas en voix aujourd'hui, et puis cet appartement est un peu sourd.

VARINVILLE, *à part, avec humeur.* Il est bien heureux.

SAINT-YVES. Si vous m'aviez entendue chanter cet air dans la salle de Toulouse.

OSCAR. Madame a brillé à Toulouse ?

SAINT-YVES. Oui, Monsieur, j'y ai joué un certain rôle... Qu'est-ce que je dis? j'en ai joué plus d'un : j'ai tenu pendant trois ans, en chef, et sans partage, l'emploi des *Dugazon-corsets*.

DESTAILLIS. Qu'est-ce que j'entends là ? Vous avez joué la comédie à Toulouse.

SAINT-YVES. Quelle ville, Monsieur ! ancienne ville de parlement; public sévère, mais connaisseur. J'étais son bijou, son enfant gâté ; on me passait tout. J'ai fait manquer plus de vingt spectacles pour des parties de plaisir. Je ne craignais rien, j'avais le maire dans la manche ; il était amoureux de moi.

TOUS. C'est une horreur !

SAINT-YVES. Vous l'auriez été comme lui, si vous m'aviez vue danser la cosaque. (*Il fait quelques pas en chantant la russe : Tra, la, la, la.*)

TOUS LES HOMMES. C'est une indignité !

CORINNE. Cette femme-là n'est pas de nos jours.

OSCAR. Au contraire, cela me fait l'effet d'une contemporaine.

SAINT-YVES. Hein? qui m'a appelée contemporaine?

OSCAR. C'est moi.

SAINT-YVES. Monsieur, vous m'insultez !

AIR du *Maçon.*
Ah! grand Dieu ! quel affront!
Mais de l'injure qu'ils me font
Tous mes parents me vengeront.
Allons, défendez-moi,
Allons, c'est votre emploi,
Mon cher neveu, défendez-moi.

VARINVILLE, *s'approchant de Saint-Yves, à demi-voix.*
D'un pareil tour j'aurai vengeance.

SAINT-YVES, *de même.*
Maintenant ton rôle commence.
(*Lui glissant un billet dans la main.*)
Il est ici,
Tiens, le voici.

TOUT LE MONDE.
Tout est rompu, tout est fini,
Non, plus d'hymen, tout est fini.

SAINT-YVES.
Oui, plus d'hymen, tout est fini,
Je dois me retirer d'ici.

(*Il sort.*)

SCÈNE XVIII.

LES PRÉCÉDENTS, *hors* SAINT-YVES.

DESTAILLIS. A la bonne heure ! qu'elle s'éloigne ! Plus de mariage, plus d'alliance avec une telle famille !

VARINVILLE. Arrêtez, Monsieur : il y a ici quelque imposture, quelque trahison que je ne puis m'expliquer; mais je renie la parenté, et cette personne-là n'est point ma tante.

DESTAILLIS. Elle n'est point votre tante ?

CORINNE. C'est peut-être son oncle !

TOUS. Et qui donc est-elle?

VARINVILLE. Je n'en sais rien; je ne comprends rien à sa conduite. Mais cette lettre qu'on vient de me glisser dans la main... cette lettre nous fera connaître...

TOUS. Lisez vite.

VARINVILLE, *jetant les yeux dessus.* Ah ! mon Dieu ! (*Aux autres.*) Permettez. (*Pendant que Varinville lit sa lettre sur le devant de la scène à gauche, Destaillis et les autres sont restés au fond à droite. Lisant bas:*)
« Tu m'as conseillé d'enlever la maîtresse d'un ami ;
« Cette maîtresse est Nathalie, et cet ami, c'est toi.
« je viens de l'apprendre... Mais tu me pardonneras,
« car tu sais qu'en pareil cas il n'y a que les imbé-
« ciles qui se fâchent... » (*Il fait un mouvement.*)

TOUS. Qu'avez-vous?

VARINVILLE. Rien, je suis à vous. (*Continuant la lecture de sa lettre.*) « J'ai suivi tes avis; suis les miens :
« fais le généreux, c'est un beau rôle que je te laisse.
« Sinon, je suis là, à côté, je dirai tout ; je parlerai du
« beau Dunois. » (*S'arrêtant.*) Il suffit.

DESTAILLIS, *se levant.* Qu'est-ce donc ?

VARINVILLE. Une aventure inconcevable. Je disais bien que ce n'était pas ma tante. Il y avait si longtemps que je ne l'avais vue, qu'il était facile de s'y méprendre; et prévenu de son arrivée, un ami, un rival s'est présenté à sa place.

DESTAILLIS. Un rival !

MADEMOISELLE JUDITH. Qu'est-ce que j'apprends là ?

VARINVILLE. Ne vous fâchez, cela me regarde. (*Avec emphase.*) et je les punirai, les ingrats, en m'immolant pour eux, en faisant leur bonheur; car il aime Nathalie, il en est aimé.

DESTAILLIS. Sans l'aveu des parents.

VARINVILLE. Ni celui du futur. Et cet amant préféré, ce rival, cet ami, le voici.

—

SCÈNE XIX.

LES PRÉCÉDENTS ; SAINT-YVES, *en costume de jeune homme.*

NATHALIE. M. de Saint-Yves!

TOUS. Que vois-je?

VARINVILLE. Oui, mes ex-parents, je vous présente M. de Saint-Yves, jeune homme d'une excellente famille, d'une naissance non équivoque, vingt-cinq mille livres de rente, et je renonce en sa faveur à des droits que vous ne refuserez point de lui transmettre. (*Bas, à Saint-Yves.*) Ma famille est-elle contente?

SAINT-YVES, *bas.* De toi, mon cher, je n'attendais pas moins. (*Haut.*) Et si M. Destaillis, si ces aimables dames veulent me permettre de réparer ce que ma présentation a eu d'inconvenant, j'espère, quand ils me connaîtront mieux...

DESTAILLIS. C'était donc une comédie?
SAINT-YVES. Vous êtes trop bon de donner ce nom à un petit proverbe sans conséquence.
OSCAR. Un proverbe?
VARINVILLE, *à Oscar.* Dans le genre des vôtres.
OSCAR. J'entends... un proverbe de famille.

VAUDEVILLE.

AIR de *Démocrite* (de ROMAGNESIE).

MADEMOISELLE JUDITH.
On dit, et depuis bien longtemps,
Que les hommes sont tous parents.
A voir leurs débats et leurs guerres,
On ne croirait pas qu'ils sont frères.
Mais un seul point le prouverait :
Dès que parle leur intérêt,
Noble ou vilain, que l'on mendie ou brille,
C'est toujours, toujours de la même famille;
Ils sont tous de la même famille.

DESTAILLIS.
On ne boit jamais à son gré,
Tant l'homme est toujours altéré :
Sans vin l'ouvrier ne peut vivre;
D'or et d'honneurs le grand s'enivre;
Versez du vin, versez de l'or,
Tous les deux vous diront : « Encor. »
Depuis le Louvre, et jusqu'à la Courtille,
C'est toujours, toujours de la même famille;
Ils sont tous de la même famille.

VARINVILLE.
Puissions-nous voir, un beau matin,
Les peuples, se donnant la main,
Ne former qu'une chaîne immense
De Saint-Pétersbourg à Byzance...
Et par un accord général,
Qui gagne même en Portugal,
Et du Portugal jusque dans la Castille,
Ne plus faire tous qu'une même famille,
Ne former qu'une seule famille.

SAINT-YVES.
Dans tous pays, de tous côtés,
Que de liens de parenté !
Les guérillas et les corsaires,
Les Cosaques, les gens d'affaires,
Les budgets et les percepteurs,
Les conquérants, les fournisseurs.
Que l'un dise : « Prends! » que l'autre dise : « Pille..
C'est toujours, toujours de la même famille;
Ils sont tous de la même famille.

NATHALIE.
L'auteur, dans ce moment fatal,
Attend l'arrêt du tribunal.
Rappelez-vous, juges sévères,
Que tous les hommes sont des frères;
Ou du moins, Messieurs, que vos mains
Prouvent ici qu'ils sont cousins,
Entre parents que l'indulgence brille,
Que ce soir, Messieurs, tout se passe en famille,
Que ce soir tout se passe en famille.

FIN
de
la Famille du baron.

LE QUAKER ET LA DANSEUSE

COMÉDIE-VAUDEVILLE EN UN ACTE

Représentée, pour la première fois, à Paris, sur le théâtre du Gymnase dramatique, le 28 mars 1834

EN SOCIÉTÉ AVEC M. PAUL DUPORT.

Personnages.

JAMES MORTON, quaker.
MISS GEORGINA BARLOW, danseuse.
ARTHUR DARSIE, marquis de Clifford, pair d'Angleterre.
MURRAY, ami de Darsie.

TOBY.
UN DOMESTIQUE.
DEUX LORDS, amis de Darsie.
DOMESTIQUES.

La scène se passe à Londres, dans l'hôtel de miss Georgina.

Le théâtre représente un boudoir très-élégant. Porte au fond; deux portes latérales : à la droite de l'acteur, la porte de l'appartement de Georgina. Du même côté, et sur le devant de la scène, un canapé. De l'autre côté, une table sur laquelle on voit une guitare, des papiers de musique, une écritoire et quelques gravures. Deux grandes croisées aux deux côtés de la porte du fond.

SCÈNE PREMIÈRE.

GEORGINA, LORD DARSIE, *plusieurs jeunes lords à table, et déjeunant : Georgina occupe le milieu de la table; Darsie à l'extrémité à gauche;* MURRAY *à l'extrémité à droite.*

ENSEMBLE.

AIR : *La belle nuit, la belle fête* (des DEUX NUITS).

Que la gaîté, notre compagne,
  Tienne sa cour
  Dans ce séjour;
L'amour s'accroît, grâce au champagne :
Honneur, honneur au champagne, à l'amour!

LORD DARSIE. C'est décidé, il n'y a que l'Angleterre où l'on boive de bon vin de Champagne.
MURRAY. Il est bien meilleur qu'en France.
DARSIE. D'abord il coûte plus cher.
GEORGINA. C'est une raison, surtout pour moi.
MURRAY. Le vôtre est délicieux.
GEORGINA. Faites-en compliment à Milord, il vient de lui.
DARSIE. C'est une galanterie, galanterie tout à fait inutile : car vous, miss Georgina, vous la merveille de l'Opéra, et la *Taglioni* de Londres, vous avez, comme disait Talma dans une comédie française, je ne sais plus laquelle, vous avez, pour nous enivrer, des moyens bien plus sûrs.
GEORGINA. Il paraît que tout votre esprit est exporté de France.
DARSIE. Comme le champagne, et je les fais venir tous les deux en bouteilles.
TOUS. Charmant, charmant!..
DARSIE. N'est-ce pas? je ne me suis jamais senti plus en verve qu'aujourd'hui, et puisque le dessert est le moment des indiscrétions, il faut que je fasse part à mes amis de mon bonheur.
GEORGINA. Je vous le défends.
DARSIE. Ça m'est égal. Il y a un opéra français qui dit : *Le bonheur est de le répandre*. Moi, je soutiens que le bonheur c'est de le dire, de le dire à tout le monde; sans cela, autant s'en passer.
GEORGINA. Milord, je vous prie de vous taire.
DARSIE, *se levant*. Impossible, me voilà à la tribune, et je parlerai; je vous apprendrai, mes chers amis, que moi, Arthur Darsie, marquis de Clifford et pair d'Angleterre, j'épouse secrètement, la semaine prochaine, la cruelle, l'indomptable miss Georgina, la Lucrèce de nos théâtres, et je vous invite tous à la noce.

TOUS, *se levant*. Il serait possible!.. (*Murray, Georgina, Darsie, sur le devant de la scène; un des lords s'assied sur le canapé, un autre va à la table à gauche et s'amuse à regarder des gravures. Les domestiques enlèvent la table.*)

DARSIE. Hein! quel bruit! quel éclat dans le grand monde! Mais il est si difficile maintenant de faire parler de soi, qu'on est trop heureux de trouver une pareille occasion... Si lord Byron y avait pensé, il n'aurait pas manqué celle-là, parce que, vrai, il n'y a rien de bon caractère comme une mésalliance.
GEORGINA, *fièrement*. Une mésalliance! vous allez me donner de l'amour-propre; je ne croyais pas déchoir en vous épousant. (*Les lords rient.*)
DARSIE, *les regardant*. Qu'est-ce qu'elle dit?
GEORGINA. Je vous ai promis de descendre jusqu'à vous, de renoncer à être artiste pour devenir marquise; mais c'était à des conditions.
DARSIE. Que je n'ai point oubliées. Si pendant un an, vous ne trouvez personne qui vous ait plu, vous devez me donner la préférence.
GEORGINA. L'année n'est pas encore révolue.
DARSIE. Il s'en faut de quatre ou cinq jours... c'est tout comme... (*Le lord qui était assis sur le canapé se lève, et va causer tout bas avec celui qui est auprès de la table.*)

AIR : *Du partage de la richesse.*

Vous ne serez pas rigoureuse,
Et je me fie à vos serments;
Car on doit, quand on est danseuse,
Tenir à ses engagements.
GEORGINA.
Les danseuses sont si frivoles!
Prenez-y bien garde.
DARSIE.
Il est clair
Qu'on ne doit pas compter sur leurs paroles
(*Aux deux lords qui sont à gauche.*)
Ce sont des paroles en l'air.

GEORGINA. Je n'ai qu'à aimer quelqu'un, et, Dieu m'en est témoin, je le voudrais.

James Morton.

DARSIE. Vous! aimer quelqu'un! Vous en êtes incapable.

GEORGINA. Alors, pourquoi tenir à m'épouser?

DARSIE. Parce que, comme toute la belle jeunesse de Londres, je vous aime, j'en perds la tête, et j'ai juré, mieux que cela, j'ai parié que vous seriez à moi d'une manière ou d'une autre, et comme, d'une autre, il n'y a pas moyen...

GEORGINA, *avec fierté.* Milord!

DARSIE. Allons! vos grands airs! on sait bien que vous n'êtes pas une danseuse comme une autre. Vous menez de front, les pirouettes et la vertu, ce qui est abusif, parce que, si cela gagne une fois, où en serons-nous?

TOUS. Il a raison.

GEORGINA, *souriant.* Que voulez-vous, Milord! ce n'est pas ma faute.

DARSIE. C'est peut-être la nôtre!

GEORGINA. C'est possible. Contre qui ai-je eu à me défendre? Voilà deux ans que je traîne à ma suite des milliers d'adorateurs, depuis les coulisses jusqu'au foyer, depuis mon antichambre jusqu'à mon boudoir, et, dans cette foule bigarrée, dont la fatuité est l'uniforme, j'ai cherché des yeux qui je pourrais aimer; je suis encore à le trouver.

DARSIE. Preuve que je suis le seul, et comme je vous le disais...

GEORGINA. Quel est ce bruit?

DARSIE. Ma voiture qui vient nous chercher; car nous allons à Hyde-Park. Je compte sur vous pour la noce.

TOUS. Approuvé.

CHOEUR.

AIR : *En bons militaires* (FRA-DIAVOLO).

Du doux mariage
Qui bientôt { m'engage
{ l'engage
{ Je vous préviens tous.
{ Il nous prévient tous.
{ Je compte sur vous.
{ Il compte sur nous.
Comptez sur mon zèle.

GEORGINA, *s'asseyant sur le canapé et regardant Morton.* Belle tête d'étude. — Scène 7.

Le plaisir m'appelle;
J'y serai fidèle.
Le plaisir m'appelle.
Le plaisir nous appelle.

GEORGINA, *près de la fenêtre à gauche.* Mais écoutez donc, j'entends du bruit, des cris, un rassemblement.
DARSIE. Quelque divertissement populaire, un ministre dont on casse les fenêtres.

SCÈNE II.
LES PRÉCÉDENTS, MORTON.

MORTON, *entrant par le fond.* Eh bien! eh bien! des cris de joie, des chants d'allégresse, quand un de vos frères vient d'être blessé!
DARSIE. Mon frère le baronnet?
MORTON. Non : maître Patrick, un brave mercier de la Cité, a été renversé par une voiture qui entrait dans cet hôtel.
DARSIE. C'est la mienne.
GEORGINA, *à ses domestiques qui sont au fond, et qui vont et viennent.* Courez vite, que l'on s'empresse! (*Elle sort avec eux; quelques-uns des lords sortent avec elle.*)
DARSIE. Pourquoi se trouvait-il là? Mes chevaux ne peuvent pas aller au pas, ils n'y sont pas habitués.
MORTON. Un cocher ne peut peut-être pas aller doucement?
DARSIE. Si le mien s'en avisait, je le renverrais sur-le-champ.
MORTON. Et moi, frère, si j'étais de lui, j'aurais déjà renvoyé un maître tel que toi.
DARSIE. Oser me tutoyer, moi, lord Darsie!..
MURRAY. Ne vois-tu pas à son langage et à son costume que c'est un quaker?
DARSIE. Un quaker! ah! oui!
MURRAY. Qui est sans doute l'ami de maître Patrick.
MORTON. Tous les hommes sont mes amis, et notre premier devoir est surtout de secourir tous ceux qui souffrent, quels qu'ils soient.
DARSIE, *riant.* Quels qu'ils soient?

MORTON. Ce sont là du moins les principes de l'immortel Ben-Johnson, notre maître. Si ton noble coursier était blessé, je le soignerais, je te soignerais toi-même.

DARSIE. Eh bien! par exemple, une telle comparaison...

MORTON. Ce n'est pas toi qu'elle devrait fâcher, ami Darsie; le cheval est un noble animal; c'est un être utile.

DARSIE.
Air du vaudeville de *la Partie carrée.*

Il est divin de costume et de style;
J'adore son raisonnement.
Autant que vous ne suis-je pas utile?
MORTON.
Peut-être ici c'est possible.
DARSIE.
 Comment?
MORTON.
Dans ce séjour que le luxe décore
D'objets rares et superflus,
Dans ce boudoir je t'admire et t'honore...
Comme un meuble de plus.

DARSIE, *avec hauteur.* C'est trop fort; qu'est-ce à dire, s'il vous plaît?

SCÈNE III.

LES PRÉCÉDENTS; GEORGINA, *rentrant.*

GEORGINA. Ce ne sera rien, je l'espère : je l'ai fait transporter dans une pièce de mon appartement, et le médecin va venir.

MORTON. Femme, c'est bien... (*La regardant.*) Ah! que tu es belle!

GEORGINA. Vrai!

MORTON. Un quaker dit toujours vrai.

GEORGINA. Ce n'est donc pas comme ces messieurs, et je t'en remercie.

MORTON. Puisque tu es la maîtresse de cette maison, envoie sur-le-champ dans le Strand, seconde boutique à gauche, chez Patrick, le mercier, avertir sa fille... Non, ça l'effraierait! préviens seulement Toby, son premier garçon, de ce qui vient d'arriver, et qu'il se rende ici, près de son maître, et près de moi.

GEORGINA, *à un domestique.* Vous avez entendu?

MORTON, *au domestique.* Va, mon ami; je t'en remercie d'avance, et je te rendrai cela dans l'occasion. (*Le domestique sort.*)

DARSIE. A merveille; il commande ici comme chez lui.

GEORGINA. Il fait bien. C'est amusant un quaker, je n'en avais jamais vu de près, et je suis enchantée de faire sa connaissance. Il nous divertira.

MORTON, *la regardant.* J'avais cru d'abord... je me suis trompé... futile comme les autres!

GEORGINA. Futile!.. ce n'est pas galant: mais je vois que c'est une bonne spéculation d'être quaker: on acquiert le privilège de dire à chacun son fait, sans risque, sans péril, et de plus c'est une manière comme une autre de produire de l'effet.

MORTON. Si c'est ta pensée, tant pis; j'avais meilleure opinion de toi.

GEORGINA. Pourquoi donc? chacun ici-bas joue un rôle, tu as choisi celui-là.

MORTON, *avec indignation.* Moi, jouer un rôle!.. j'ai étudié les principes de Ben-Johnson; je tâche de les mettre en pratique, et d'être honnête homme, voilà tout.

GEORGINA. Honnête homme, c'est ce que je disais, un rôle original; et vous, Milord, qui aimez tant le bizarre et l'extravagant, si vous vous faisiez quaker?

DARSIE. Moi!

GEORGINA. Cela vous changerait de folie.

MORTON. De folie!.. qu'est-ce à dire?

GEORGINA. Ah! ah! philosophe! voilà que tu te fâches, et tu as tort.

MORTON. J'ai tort!

GEORGINA. De ne pas m'avoir laissée achever ma phrase.

Air d'*Yelva.*

A Milord, qui pour moi soupire,
J'allais faire part de mon goût;
Et, par là, je voulais lui dire
Qu'un quaker me plairait beaucoup.
Si d'être un sage
Il avait l'avantage,
Je l'aimerais...
MORTON.
Vœux superflus.
Car, à son tour, s'il devenait un sage,
C'est lui, je crois, qui ne t'aimerait plus.
Oui, je le crois, s'il devenait un sage,
Sans doute alors il ne t'aimerait plus.

GEORGINA. Milord quaker, vous êtes ici chez moi.

MORTON. Femme, c'est toi qui te fâches à ton tour.

GEORGINA. Tu as raison, je te pardonne; je ne vois pas pourquoi tu m'aurais épargnée plus que ces messieurs, moi qui ne vaux pas mieux qu'eux.

TOUS. Ah! Milady!

GEORGINA. Et pour te prouver que j'ai un bon caractère, je t'invite ce soir à souper ici, avec nous. Acceptes-tu?

MORTON. Non.

GEORGINA. C'est honnête, et pourquoi?

MORTON. J'ai dit non.

GEORGINA. Je l'ai entendu, et ce mot m'a d'autant plus frappée, que j'y suis peu habituée; mais daigne au moins nous expliquer, si toutefois Ben-Johnson et tes principes te le permettent... Qu'est-ce?..

SCÈNE IV.

LES PRÉCÉDENTS, LE DOMESTIQUE.

LE DOMESTIQUE. Voilà le commis de M. Patrick qui est là, près de son maître; il vient d'arriver, et demande à vous parler en particulier.

MORTON. J'y vais.

GEORGINA. Non pas, nous vous laissons, et jusqu'à ce que ce pauvre homme puisse être transporté chez lui, dis-lui bien que ma maison est la sienne, à lui et à ses amis.

DARSIE. Le traiter ainsi!.. lui qui tout à l'heure vous a résisté.

GEORGINA, *souriant.* Je ne suis pas fâchée qu'on me résiste.

Air : *Mes yeux disaient tout le contraire.*

Demeure auprès de ton ami,
Je le laisse à tes soins fidèles;
Et, grâce à toi, j'espère ici
Avoir bientôt de ses nouvelles.
Le promets-tu?
MORTON.
Ne jurer rien,
C'est là notre règle première.
Je ne promets pas, mais je tiens.
GEORGINA.
Et moi, je fais tout le contraire.

MORTON. Oser faire un tel aveu!
GEORGINA. Te voilà prévenu. (*Lui tendant la main.*) Sans rancune ; adieu, quaker.
MORTON, *lui donnant la main.* Adieu. (*La regardant.*) C'est dommage, il y avait du bon.
GEORGINA. Vraiment!.. c'est toujours cela. (*Bas, à Darsie.*) Darsie, sachez donc quel est cet original...
DARSIE. Vous avez raison, il faut nous en amuser, et je cours aux informations.
GEORGINA. A merveille. (*Faisant la révérence à Morton.*) Monsieur, j'ai bien l'honneur... (*Voyant qu'il ne la lui rend pas.*) Il paraît que saluer n'est pas dans tes principes?
MORTON. Non.
GEORGINA. Allons, il y a encore bien à faire pour le former, mais on en viendra à bout. (*Georgina rentre dans son appartement ; Darsie et Murray, qui l'ont accompagnée jusqu'à la porte, sortent par le fond.*)

—

SCÈNE V.
MORTON, LE DOMESTIQUE.

MORTON. Préviens ce jeune homme qui m'attend qu'il peut entrer.
LE DOMESTIQUE. Oui, votre honneur.
MORTON. Attends, attends : tu m'as rendu service, tiens, prends.
LE DOMESTIQUE. Deux guinées!.. pour un quaker...
MORTON. Va vite.
LE DOMESTIQUE. Tout ce que voudra votre honneur, je lui suis tout dévoué.
MORTON. C'est bon, mais écoute, ami, ne dis plus *votre honneur :* car l'honneur du monde n'est qu'un rêve d'insensé ; et autant vaudrait m'appeler *votre folie*, ce qui ne serait pas honnête. Mais voilà celui que j'attends, laisse-nous.
LE DOMESTIQUE. Oui, votre honn... je veux dire... monsieur le quaker. (*Il sort.*)

—

SCÈNE VI.
MORTON ; TOBY, *entrant par la porte à gauche de l'acteur.*

TOBY. Ah! monsieur Morton, quel événement!
MORTON. Est-ce que Patrick va plus mal?
TOBY. Non vraiment, je viens de le voir, de l'embrasser. Il n'a rien eu, grâce au ciel, que quelques contusions ; mais vous sentez bien que, pour un vieillard, la peur, le saisissement... Aussi le médecin qui vient de le saigner n'a rien ordonné, que de le laisser tranquille.
MORTON. Alors tu peux aller prévenir sa fille, cette pauvre Betty qui t'aime tant.
TOBY. Ah! oui, c'est vous qui vous en êtes aperçu ; moi, je ne m'en serais jamais douté, et jugez de ma surprise, quand hier le père Patrick, qui est si riche et un bon avare, quoique brave homme au fond, me dit : « Toby, tu n'es que mon premier garçon, tu n'as « pas un schelling de revenu, ni de capital ; de plus « tu n'es pas très-beau. »
MORTON, *froidement.* Tout cela est vrai...
TOBY. « D'un autre côté, voilà ma Betty, la plus jolie « fille de la Cité, et que tous les riches marchands de « Londres me demandent en mariage... eh bien! je te

« la donne, parce que le quaker Morton t'aime, t'es-« time, et répond de toi. »
MORTON. C'est vrai : j'en réponds ; pauvre et misérable, tu as toujours été honnête homme. Obligé par moi, j'ai cru que, comme les autres, tu serais ingrat.
TOBY. Ah! pour ça, jamais.
MORTON. Tu l'aurais été, ami, que ça ne m'aurait ni surpris ni empêché de te rendre service.
TOBY. Et pourquoi donc?

MORTON.
AIR : d'*Aristippe.*
Si l'on comptait sur la reconnaissance,
Trop rarement on serait généreux.
Il vaut mieux faire, je le pense,
Des ingrats que des malheureux.
Et de peur qu'on ne s'en afflige,
Du bien qu'on fait sans se glorifier,
Il faut agir comme ceux qu'on oblige,
Et se hâter de l'oublier.

TOBY. Ah! monsieur Morton!.. ah! mon bienfaiteur!
MORTON. Dis : « Mon ami, » et pense-le, ce mot-là renferme tout. A quand la noce?
TOBY. C'est justement là-dessus que je voulais vous consulter. C'était après-demain le jour fixé.
MORTON. Après-demain!
TOBY. Voilà, et cela me met dans un embarras dont je n'ai osé parler à personne, parce qu'après ce que vous avez fait pour mon bonheur, je vous demande bien pardon d'être malheureux, je me le reproche, c'est d'un mauvais cœur. Mais si je ne vous disais pas la vérité, je ne serais plus digne de vous ni de M. Patrick, ni surtout de cette pauvre Betty, pour qui je donnerais ma vie ; car elle m'aime bien, et je l'aime de tout mon cœur.
MORTON. Eh bien! alors, qui t'afflige?
TOBY. C'est qu'il y en a, je crois, une autre que j'aime encore plus qu'elle.
MORTON. Qu'est-ce que cela signifie?.. et quelle est cette autre?
TOBY. Je l'ignore.
MORTON. Où est-elle?
TOBY. Je n'en sais rien.
MORTON. Ami Toby, tu es fou.
TOBY. J'en ai peur. C'est une sorcière, une lutine, mon mauvais génie, en un mot ; car, chaque fois qu'elle m'apparaît, il m'arrive un malheur.
MORTON. Et quels rapports peuvent exister entre vous? où l'as-tu connue?
TOBY. Il y a trois ans, dans le village où j'avais un petit emploi de collecteur des accises. J'ai tout quitté pour venir ici, à Londres, avec elle, avec Catherine ; c'est Catherine qu'on l'appelait. Et elle était jolie!.. jolie, voyez-vous !.. il n'est pas permis de l'être comme ça ; parce que ça fait qu'on en perd la tête, qu'on rougit de n'être rien ; qu'on veut faire fortune, qu'on s'embarque, et puis qu'on revient pauvre, souffrant, misérable! prêt à mourir de faim ou de désespoir. Voilà comme vous m'avez trouvé sur le pavé de Londres, vous savez...
MORTON. Poursuis, ami : je t'ai dit de ne jamais me parler de ça.
TOBY. Enfin, monsieur Morton, vous avez tout fait pour moi ; rappelé à la vie, à la santé, placé par vous chez un brave négociant, j'oubliais presque mon chagrin, je m'efforçais d'être heureux, ne fût-ce que par reconnaissance ; et puis Betty était si bonne! nous aurions fait un si bon ménage!.. oh! oui, j'en suis sûr, j'aurais été un honnête homme, un bon mari, je l'au-

rais juré ; lorsqu'il y a trois jours, au détour d'une rue, dans un équipage magnifique, j'aperçois une femme couverte de plumes et de diamants : c'était Catherine! Catherine, qui avait disparu, que je n'avais plus revue ; je veux crier, et je reste muet!.. je veux courir, mes jambes fléchissent ; je tombe sans connaissance, on me rapporte au magasin ; et quand je revins à moi, c'était Betty qui me soignait. Pauvre chère enfant! elle me frottait les tempes avec de l'eau de Cologne : et le lendemain, me voyant encore tout triste, elle me dit : « Monsieur Toby, il faut vous dis- « traire, aller au spectacle. » J'allai au plus beau, au plus cher ; et je ne sais pas comment ça se fit, je m'endormis... Voilà qu'un bruit d'applaudissements me réveille, je regarde : des nuages descendaient de tous les côtés, il y en a un qui s'ouvre, une femme en sort, c'était Catherine.

MORTON. Catherine !

TOBY. Oui, monsieur Morton ; et elle s'est mise à danser devant tout le monde : elle qui était si timide, elle qui autrefois n'osait danser avec personne, de peur des mauvaises langues.

MORTON. Pauvre garçon! une tête dérangée... l'illusion seule...

TOBY. Oui, n'est-ce pas ?.. c'est ce que je me suis dit pour me consoler. Ma tête est dérangée, mais c'est égal, je ne peux pas, quand mademoiselle Betty me donne tout son amour, ne lui donner que la moitié du mien : ce ne serait pas juste, ce ne serait pas honnête ; et au lieu de l'épouser, je veux m'enrôler.

MORTON. Y penses-tu?

TOBY. Depuis longtemps, tout ce que je regrettais, c'était de me faire tuer sans avoir pu vous en faire mes excuses ; mais je vous ai vu, je vous ai tout avoué, je n'ai plus rien sur la conscience, vous me pardonnez de souffrir, pas vrai?.. il n'y a pas de ma faute. Adieu, monsieur Morton, consolez Betty ; je vais me faire soldat.

MORTON. Toi, soldat!

TOBY. Oui : j'irai me battre contre les Français.

MORTON, *lui prenant la main, après un instant de silence*. Contre les Français! Tu leur en veux donc?

TOBY. Moi? du tout ; à la guerre on est là : on se tire un coup de fusil, on ne s'en veut pas pour ça ; au contraire.

MORTON. Mais ce Français que tu auras en face de toi, contre qui tu tireras, peut-être a-t-il une amie qui le regrettera, comme tu regrettes la tienne.

TOBY, *ému*. Vous croyez qu'il a une amie, ce Français?

MORTON. Et pourquoi n'aimerait-il pas comme toi? ou par quelle fatalité faut-il qu'il meure, parce que tu as perdu ta maîtresse?

TOBY. C'est pourtant vrai ; je n'avais pas réfléchi à ça. C'est égal, laissez-moi aller à la guerre ; je vous promets de ne tuer personne ; je ferai seulement mon possible pour être tué.

MORTON. Ami, tu n'as pas de courage. Tu ne sais donc pas que l'homme doit subir toutes les peines, toutes les épreuves, sans cesser d'être calme? Suis mon exemple ; les passions ne peuvent plus rien sur moi, parce que je suis quaker.

TOBY. Cela empêche donc d'être amoureux?

MORTON. Toujours... C'est par là que j'ai appris à me vaincre, à modérer ce caractère impétueux qui m'aurait porté à tous les excès. Je me rappellerai sans cesse ce pauvre Seymour, un ami d'enfance... et une dispute, un défi, ce qu'ils appelaient l'honneur offensé!.. enfin je l'ai vu tomber sous mes coups ; et depuis ce jour, le monde et ses lois, et ses préjugés, j'ai tout pris en horreur, je n'ai plus admiré et professé d'autres principes que ceux de Ben-Johnson, qui nous enseignent à triompher de nous-mêmes et de nos passions.

TOBY. Si je l'avais su plus tôt... Mais il n'est plus temps : le mal est fait.

MORTON. Il est toujours temps de revenir à la raison... Va chercher Betty, et amène-la près de son père ; c'est moi qui leur parlerai à tous les deux. Nous retarderons le mariage de quelques mois, et d'ici là, je me charge de te guérir. Je te lirai tous les jours Ben-Johnson et ses principes.

TOBY, *baissant la tête*. Comme vous voudrez ; je me résigne à tout.

MORTON. C'est bien... Mais tu me promets de vivre, je le veux.

TOBY. Je n'ai rien à vous refuser ; mais c'est bien pour vous faire plaisir.

MORTON. Je t'en remercie.

TOBY. Il n'y a pas de quoi. (*En s'en allant.*) Adieu, monsieur Morton. Ah! le digne homme! (*Il sort.*)

SCÈNE VII.

MORTON, puis GEORGINA.

MORTON. L'insensé! abandonner son cœur à un tel délire!.. Il faut le plaindre ; ce n'est pas sa faute. O Ben-Johnson, il ne te connaissait pas! (*Il s'assied près de la table, ouvre le livre et lit.*)

GEORGINA, *sortant de son appartement, et voyant Morton assis*. Encore ici! Ah! il est seul, et tellement occupé de sa lecture, qu'il ne fait pas seulement attention à moi. (*S'asseyant sur le canapé et regardant Morton.*) Belle tête d'étude!.. tête de philosophe! et dire que, si on voulait, celle-là ne serait pas plus difficile à bouleverser qu'une autre! (*Souriant.*) Au fait, ce serait amusant de la faire fléchir, lui et ses principes. Si j'essayais. (*Elle tousse légèrement, puis fait un petit bruit avec le tabouret qui est sous ses pieds ; enfin, voyant qu'il ne fait pas attention à elle, elle lui adresse la parole.*) Monsieur...

MORTON. C'est toi! je ne te voyais pas.

GEORGINA. C'est ce dont je me plains. (*D'un air de bonté.*) Comment va notre malade, le respectable monsieur Patrick?

MORTON. Il va mieux ; on vient de le saigner, et il repose, et je te dois, en son nom et en celui de sa famille...

GEORGINA. Ah! je n'entends pas de si loin, surtout quand il faut toujours lever la tête ; si tu veux que je t'écoute, avance un fauteuil, et mets-toi là, près de moi.

MORTON, *avançant le fauteuil près du canapé, et s'asseyant*. Me voilà, j'y suis.

GEORGINA. Pardon! avec toi, qui es la franchise même, on ne doit pas se gêner. J'ai les nerfs si cruellement agités! une migraine affreuse! tu permets, n'est-ce pas?.. (*Elle appuie sa tête sur un coussin du canapé.*) Eh bien! tu disais...

MORTON. Je te disais... (*Il regarde le boudoir.*)

GEORGINA. Ah! tu regardes mon boudoir? comment le trouves-tu?

MORTON, *après avoir regardé avec flegme*. Très-bien, pour ce que tu en fais.

GEORGINA, *relevant la tête avec vivacité*. Comment? que voulez-vous dire?.. et qu'est-ce que j'en fais donc?

MORTON. Tu veux le savoir? mais je suis quaker, et mes principes m'ordonnent d'être sincère.
GEORGINA. Eh bien?
MORTON. Eh bien! tu fais de ce boudoir un séjour de vanité, un lieu où tu viens t'admirer toi-même; où tu as rassemblé les plus belles choses, afin de t'écrier dans l'orgueil de ton cœur: « Je suis encore plus belle. »

GEORGINA, *remettant sa tête sur l'oreiller.*
AIR : *Ainsi que vous, je veux, Mademoiselle.*
Oui, j'en conviens, oui, telle est ma faiblesse.
MORTON.
Et quand je vois en ce moment
Tant de beauté, d'esprit et de jeunesse...
GEORGINA.
Eh quoi! vraiment, un compliment!
MORTON.
Oui, tous ces dons que ton orgueil admire,
Et que sur toi le ciel a répandus,
Me font, hélas! soupirer...
GEORGINA, *à part.*
Il soupire!
MORTON.
Et je me dis : « Que de trésors perdus! »
Oui, je me dis : « Que de trésors perdus! »

GEORGINA. Si c'est une leçon de morale, continue, tu me feras plaisir; je n'en entends pas souvent.
MORTON. Volontiers; tu es noble, tu es riche; et une femme de ton rang et de ta naissance...
GEORGINA. Et pour qui me prends-tu?
MORTON. Pour quelque grande dame, quelque duchesse, que sais-je?..
GEORGINA. Du tout, entendons-nous bien, il faut de la loyauté; car si un jour tu te trouvais là, à mes pieds...
MORTON, *reculant son fauteuil.* Moi! ô Ben-Johnson!
GEORGINA. Ben-Johnson lui-même, c'est possible! tout peut arriver, et je ne veux pas que ce soit par surprise... Dès demain peut-être, il ne tient qu'à moi d'être duchesse, ou pairesse d'Angleterre; mais je ne veux pas déroger, et je suis mieux que cela.
MORTON, *froidement.* Princesse, peut-être?
GEORGINA. Un degré de plus; déesse... à l'Opéra.
MORTON, *se levant.* Où suis-je?.. et qu'est-ce que j'apprends là?
GEORGINA. Prends garde, ou je vais croire que la philosophie n'est chez toi qu'un vain mot, que tu n'es pas d'accord avec toi-même, et que tu es un prétendu sage, esclave, comme tant d'autres, des préjugés.
MORTON. Je n'en ai aucun, je n'en ai plus.
GEORGINA. Pourquoi alors t'éloigner de moi? une duchesse à tes yeux est-elle plus qu'une danseuse?.. respecteras-tu en elle le hasard qui lui a donné le rang ou la naissance?
MORTON. Non, sans doute.
GEORGINA. Eh bien, alors... approche... pour l'honneur de tes principes, ou je n'y croirai plus.
MORTON, *se rapprochant.* Elle a raison. (*Il se rassied.*)
GEORGINA. Plus près encore, et écoute-moi. Malgré tes idées, il se peut qu'une danseuse soit insensible : je le suis, je te le jure... sinon, je le dirais de même; et si, entourée d'hommages, d'éloges, de séductions de toute espèce, elle résiste et reste honnête femme, crois-tu qu'elle n'a pas plus de mérite que celles qui n'ont pas même eu l'occasion de se défendre?
MORTON. Si vraiment.
GEORGINA. Crois-tu que sa sagesse ne soit pas plus difficile et plus glorieuse que la tienne? toi chez qui l'indifférence tient lieu de vertu; toi qui, renfermé dans les hautes régions de la philosophie, n'as jamais laissé pénétrer jusqu'à toi des passions que tu ignores!.. soldat, qui te proclames vainqueur sans avoir eu d'ennemis à combattre! Ah! si ton cœur avait connu les charmes ou les tourments de l'amour; si, aux prises avec une passion délirante, tu avais su en triompher et te vaincre toi-même... alors tu pourrais parler de ton courage ou de ta sagesse; mais jusque-là, reconnais notre supériorité. Etudie, renferme-toi dans tes livres, et ne te vante de rien.
MORTON. Femme, tu as une fausse idée de la sagesse; fuir les dangers, ou s'en abstenir, est déjà un mérite.
GEORGINA. Oui, celui d'une statue; et lorsque, ainsi que toi, on ne sent rien, on n'éprouve rien...
MORTON. Tu te trompes! et nous aussi, nous avons un cœur, nous avons des yeux.
GEORGINA. Vraiment! je ne m'en serais pas doutée. Eh bien! que te disent les tiens?.. comment me trouves-tu?
MORTON, *se levant.* Femme! tu es coquette.
GEORGINA. Je ne te dis pas non; c'est notre sauvegarde à nous.
MORTON, *à part, la regardant.* Et j'oubliais le malade qui est là, et qui m'attend! je m'en vais.
GEORGINA, *souriant.* Non, tu ne t'en iras pas.
MORTON. Et pourquoi?
GEORGINA, *de même.* J'ai encore à te parler, reste. (*Le regardant.*) Il hésite! c'est bien, il ne s'en ira pas, j'en suis sûre. (*Morton reste un instant immobile; il fait un pas vers elle, et puis il prend sa résolution, et rentre dans la chambre de Patrick, à gauche de l'acteur.*)

SCÈNE VIII.

GEORGINA, *seule, sur le canapé.* Eh bien... du tout.. il part... il est parti!.. et il ne revient pas! il ose ne pas revenir!.. (*On entend un tour de clé que Morton donne en dedans.*) S'enfermer! (*Elle se lève.*) Ah! me voilà piquée au vif! et ce n'est plus pour lui; c'est pour moi que je tiens à l'humilier! mais pour l'attaquer et le vaincre, encore faut-il le connaître, et savoir à quel ennemi l'on a affaire.

SCÈNE IX.

DARSIE, GEORGINA.

GEORGINA. C'est vous, Milord?
DARSIE. Oui, mon adorable miss; je vous apporte les articles de notre contrat, que je voulais vous soumettre.
GEORGINA. C'est bien; mais ces informations que je vous avais chargé de prendre sur ce quaker?..
DARSIE. J'en ai d'excellentes et d'authentiques, car je les tiens de M. Franck, mon notaire, qui est aussi le sien. Lisez d'abord; vous verrez que je vous assure toutes mes propriétés du Devonshire.
GEORGINA. Nous lirons plus tard; mais ce quaker...
DARSIE. Comme vous disiez, un original s'il en fut jamais.
GEORGINA. Et son nom?
DARSIE. James Morton, le fils du fameux William Morton, ce négociant si immensément riche, que lui-même, dès son vivant, n'a jamais su au juste quelle était sa fortune. Pour son fils, c'est différent, il commence à y voir clair.

GEORGINA. Comment! ce serait un fou, un dissipateur?
DARSIE. Pas dans le grand genre; pas dans le nôtre. Imaginez-vous que, libre et maître, à vingt-cinq ans, des trésors paternels, au lieu de les dépenser raisonnablement, d'avoir des maîtresses, des chevaux, des équipages, des meutes, enfin, ce qui s'appelle vivre, car la vie est là, il s'est plongé dans les livres et dans l'étude : de sorte qu'il y aurait en lui de quoi faire un professeur; qu'est-ce que je dis! trois professeurs à l'université de Cambridge.
GEORGINA. C'est là son unique occupation?
DARSIE. Il en a encore une autre plus originale; il sort toujours seul, à pied, de l'or dans ses poches; et il se promène dans les rues de Londres, le jour et la nuit, comme un watchman.

Air du vaudeville de *Turenne*.

Rencontre-t-il artisan sans ouvrage;
Joueur à sec, courant faire un plongeon
Dans la rivière... il l'arrête au passage
Avec sa bourse, et de plus un sermon
Qu'il faut subir, qu'on y consente ou non.
C'est un abus; c'est, il faut qu'on le dise,
A l'un de nos droits attenter.

GEORGINA.
Comment cela?

DARSIE.
C'est nous ôter
La liberté de la Tamise.

GEORGINA. En vérité?
DARSIE. Et dernièrement on l'a trouvé à Newgate, au milieu des escrocs et des voleurs, monté sur une table, et leur faisant une dissertation sur la probité, et au milieu du premier point, il s'aperçoit que sa tabatière d'or avait disparu.
GEORGINA. Admirable!
DARSIE. Mais sans se déconcerter: «Amis, leur dit-il, « je vois que l'un de vous avait besoin de tabac, et « que ça l'a empêché de prêter à mon discours l'at-« tention qu'il méritait; je vous prie de vouloir bien, « pour que dorénavant cela n'arrive plus, accepter « chacun une guinée, que voici. » Il le fit comme il l'avait dit; et ce qu'il y a de plus étonnant, c'est que l'auditoire était nombreux, deux cents au moins; et jamais prédicateur, à Westminster, ne fut écouté avec plus de respect et de recueillement.
GEORGINA. Un sermon qui lui coûta cher.
DARSIE. Je le crois bien, deux cents guinées!.. Mais aussi, il est adoré de tous les coquins, et il en ferait tout ce qu'il voudrait, même des honnêtes gens, ce qui est déjà arrivé à plusieurs, qu'il a fait sortir de prison, sous caution. Que dites-vous de sa duperie?
GEORGINA. Duperie ou non, il y a là-dedans quelque chose de touchant.
DARSIE. Ah! cela vous touche! moi, cela me fait rire. Comme les jeunes filles dont il prend soin, ces petites mendiantes irlandaises qu'on rencontre dans les rues de Londres, et qui se disent toutes malheureuses, innocentes...
GEORGINA. Leur donne-t-il aussi des leçons?
DARSIE. Non, il leur donne des dots et des maris, au lieu de lancer cela dans les chœurs de l'Opéra.
GEORGINA. Milord!..
DARSIE. Pardon, je ne parle que des figurantes, parce que vous sentez bien que les premiers sujets... Mais revenons à notre contrat.
GEORGINA. Nous avons le temps, (*Parcourant le contrat.*) « Par-devant maître Franck... lord Darsie, « marquis de Clifford... et... » (*A Darsie.*) Et on ne lui connaît aucune inclination?
DARSIE. A qui donc?
GEORGINA. A ce quaker?
DARSIE. Aucune; il n'a jamais aimé personne, que le genre humain ; et cependant avec son âge, il a trente-trois ans; avec sa figure qui n'est pas mal, pour une figure de quaker, surtout avec son immense fortune, vous vous doutez bien que toutes les grandes familles de Londres, et les demoiselles à marier, ont fait près de lui assaut de coquetterie : frais perdus! avances inutiles!... C'est une conquête reconnue impossible.
GEORGINA. Impossible! c'est ce que nous verrons.
DARSIE. Comment, vous auriez l'idée?..
GEORGINA. Mieux que cela, j'ai déjà commencé.
DARSIE. Charmant, délicieux; allons-nous rire à ses dépens! Le projet est digne de vous, et je suis du complot.
GEORGINA. Cela va sans dire.

Air de *Partie et Revanche*

Tous nos efforts sont prospères

DARSIE.
Quoi! déjà vous l'avez charmé?

GEORGINA.
Oui, dans ses principes austères,
Pour me fuir il s'est enfermé.
Dans cette chambre il est là, renfermé.

DARSIE.
Tant pis.

GEORGINA.
Tant mieux, il va se rendre :
Les principes, tout calculé,
Résistent mal, lorsque, pour les défendre,
On est forcé de les mettre sous clé.

Le difficile, c'est de le faire sortir de ses retranchements. Comment le forcer adroitement à paraître?
DARSIE. Si je l'appelais?
GEORGINA. Fi donc!.. il faut qu'il vienne sans qu'on lui dise : Venez.
DARSIE. C'est juste.
GEORGINA. Attendez, ce moyen suffira peut-être. (*Elle prend une guitare qui est sur la table, s'assied sur un fauteuil près du canapé. Darsie prend une feuille de musique, et debout auprès de Georgina, il chante, elle l'accompagne.*)

DARSIE.

Air de *Carlini* (de LA BELLE AU BOIS DORMANT).

Sur une tourelle
De loin j'aperçois
Femme jeune et belle,
M'implorant, je crois.
Dirigeons vers elle
Mon fier destrier!
Femme en vain n'appelle
Aucun chevalier.

GEORGINA, *parlant à voix basse.* Vient-il?
DARSIE, *de même.* Non.
GEORGINA. Il est sourd maintenant; toutes les qualités.
DARSIE. Je n'entends rien, continuons. (*Reprenant l'air.*)

De sa voix plaintive
J'entends
Les accents.
Près d'elle j'arrive :
« Suis-moi
« Sans effroi.
« Et si de mon zèle
« Tu veux me payer,

« Prends-moi, Damoiselle,
« Pour ton chevalier. »

Le voilà!.. O pouvoir de l'harmonie!

SCÈNE X.
GEORGINA, DARSIE, MORTON.

MORTON, *entr'ouvrant la porte avec précaution, et s'avançant en parlant à demi-voix.* Taisez-vous donc, taisez-vous donc!

GEORGINA ET DARSIE, *étonnés.* Comment!

MORTON. Vous faites là un bruit qui va réveiller ce pauvre Patrick, car il dort, et je viens vous dire de finir.

GEORGINA, *avec ironie et dépit.* Quoi! c'est pour cela que Monsieur a pris la peine de venir?

MORTON. Sans doute, cela m'impatientait.

DARSIE, *à part.* Si jamais celui-là fait un dilettante!

MORTON, *à Georgina.* Te voilà prévenue, adieu.

GEORGINA, *bas, à Darsie.* Trouvez moyen de le retenir, ou il nous échappe encore.

DARSIE. Soyez tranquille. (*Arrêtant Morton au moment où il va rentrer dans la chambre.*) Monsieur Morton...

MORTON. Comment, tu sais mon nom?

DARSIE. Qui ne le connaît pas?.. Chacun sait que vous êtes l'homme d'Angleterre le plus obligeant, et nous avons un service à vous demander.

MORTON. Un service! Me voilà, frère, dispose de moi; je ne t'aimais pas, tu me déplaisais; mais tu as besoin de moi, nous sommes amis. Que veux-tu?

DARSIE. Je vais épouser miss Georgina.

MORTON. Est-il possible!

GEORGINA. Oui, vraiment. Oh! ce n'est pas un quaker, il n'a pas de préjugés. Est-ce que cela te fâche?

MORTON, *froidement, à Darsie.* Je t'en fais compliment.

GEORGINA, *l'observant avec curiosité.* Du fond du cœur?

MORTON, *regardant Georgina avec regret.* Oui... à lui.

GEORGINA, *gaiement.* Et moi aussi! je te plairai... je ne serai plus danseuse, je serai une grande dame; tu aimes les grandes dames.

MORTON. Moi!..

GEORGINA. Oh! tu les aimes; et comme je vais être marquise, j'ai de l'espoir.

MORTON. Marquise ou non, tu seras toujours...

GEORGINA. Hein!..

MORTON. Toujours la même.

GEORGINA, *d'un air doucereux.* Et que suis-je donc?

MORTON. Je ne veux pas le dire, car j'ignore pourquoi, mais il y a dans le son de ta voix, dans tes regards, quelque chose qui m'irrite, qui me mettrait en colère, ce qui ne m'arrive jamais. (*A Darsie.*) Parle, toi, que me veux-tu?

DARSIE. J'ai des témoins pour le contrat et la cérémonie, mais miss Georgina n'en a pas.

GEORGINA. Et si tu voulais m'en servir...

MORTON. Moi, ton témoin!

GEORGINA. Pourquoi pas?

MORTON. Tu me connais d'aujourd'hui seulement.

GEORGINA. C'est assez pour t'estimer, t'apprécier, et te demander un service.

MORTON. D'ordinaire, cela regarde les parents.

GEORGINA. Si je n'en ai pas... si je suis orpheline.

DARSIE. Vraiment!

GEORGINA. Je n'ai jamais eu d'autre famille que mistriss Mowbray, une maîtresse de pension, chez qui j'ai été élevée.

MORTON, *cherchant à se rappeler.* Mistriss Mowbray... J'en ai connu une à Cantorbéry.

GEORGINA. C'est celle-là; un célèbre pensionnat, très-distingué, très-cher, où je m'ennuyais à périr.

MORTON, *rêvant.* Cela se trouve à merveille; service pour service, j'en ai aussi un à te demander. Puisque tu as été élevée dans cette maison, y as-tu connu, il y a sept ou huit ans, une jeune fille que l'on nommait *miss Barlowe*?

GEORGINA, *troublée, et avec émotion.* Miss Barlowe!.. Je l'ai connue beaucoup... Quel intérêt y prends-tu? dis-le-moi... Je le veux... Je t'en prie... Mais voyons donc...

MORTON, *froidement.* Un défaut de plus, tu es curieuse!.. Malheureusement pour ta curiosité, l'histoire que j'ai à te dire n'a rien d'extraordinaire ni d'intéressant. Il y a huit ans, à peu près, et c'était lors de mon premier voyage sur le continent, j'arrivai au milieu du jour à Cantorbéry; et, selon l'usage, pendant qu'on changeait nos chevaux, une foule de mendiants entouraient ma voiture... Je leur jetai une poignée de monnaie, sur laquelle ils se précipitèrent tous ardemment, excepté un enfant, une petite fille de neuf ou dix ans, qui, couverte de haillons, se tenait à l'écart en pleurant; je descendis, j'allai à elle, et lui offris une pièce d'or... «Gardez-la, me dit-
« elle en me montrant les autres pauvres; ils me la
« prendraient. — Et pourquoi? — Je suis seule au
« monde; j'ai faim, j'ai froid, et je n'ai plus de père.
« — Tu en as un, lui dis-je, viens!» Et je l'emmenai.

DARSIE. Sans autre information, sans aucun titre?

MORTON, *froidement.* Elle avait froid, et elle avait faim.

GEORGINA, *avec attendrissement.* Ah!.. continue, je t'en prie.

MORTON. Ma première idée fut de la faire monter dans ma voiture; mais que faire d'un enfant, pendant un voyage de long cours?.. Comment la soigner, l'élever?.. moi, garçon, qui marche toujours seul!... J'étais donc au milieu de la rue, la tenant par la main, et fort embarrassé d'elle et de moi, lorsqu'en levant les yeux, je vois écrit au-dessus d'une grande porte cochère : *Pensionnat de jeunes ladies; Mistress Mowbray, institutrice,* etc., etc. J'entre, je demande la maîtresse de la maison; je lui confie ma jeune protégée, que je la prie d'élever comme une princesse, sous le nom de *miss Barlowe*, une parente que j'avais perdue; je paye quatre années d'avance, le temps pendant lequel je devais être absent; et, enchanté de ma rencontre, je remonte en voiture; et le soir j'étais à Douvres, de là en France, en Prusse, en Allemagne, *et cetera*... mon tour d'Europe.

DARSIE. Et vous n'avez pas eu de ses nouvelles?

MORTON. Une fois, au bout de quatre ans, lors de mon retour; je voulais voir par moi-même...

DARSIE. Si elle avait fait des progrès...

MORTON, *froidement.* De très-grands; elle avait disparu depuis un an, avec son maître de danse qui l'avait enlevée.

DARSIE. Admirable. (*Passant à la droite de Georgina.*) Je ne m'attendais pas au dénoûment.

MORTON. Ni moi non plus.
GEORGINA. Et vous cherchez à savoir ce qu'elle est devenue pour vous venger?
DARSIE. Pour la punir?
MORTON. Non, ami, pour lui offrir mes secours et mes conseils... car maintenant, plus que jamais, elle doit en avoir besoin.
GEORGINA. Ah! quel excès de bonté!
DARSIE. Qu'avez-vous donc?
GEORGINA, *à demi-voix*. Moi! rien... Laissez-nous, de grâce.
DARSIE. Vous voilà tout émue.
GEORGINA, *s'efforçant de sourire*. Pouvez-vous le penser?
DARSIE, *vivement, à demi-voix*. C'est donc exprès?.. C'est bien, très-bien... Une émotion de commande. Puisque cela va commencer, je vous laisse. Je reviendrai dans l'instant savoir où nous en sommes. (*Il entre dans l'appartement de Georgina.*)

SCÈNE XI.

GEORGINA, MORTON.

GEORGINA, *regardant sortir Darsie*. Grâce au ciel, il s'éloigne. (*S'approchant de Morton.*) Ah! Monsieur, comment vous dire ce que m'a fait éprouver votre récit? Il m'intéressait plus que vous ne pouviez le penser : car cette infortunée, cette orpheline qui doit tout à votre généreuse protection, elle est près de vous, c'est moi.
MORTON, *vivement et avec émotion*. Comment!.. (*Il s'arrête et reprend froidement.*) Ah! c'est toi?
GEORGINA. Vous n'en êtes pas plus étonné?
MORTON. Non; à la manière dont tu as commencé, tu devais finir ainsi, et tu n'as plus besoin de moi.
GEORGINA. Plus que jamais. Daignez m'écouter; je dois à vous et à moi-même quelques explications qui, peut-être, vous prouveront que vous me jugez trop sévèrement.
MORTON. Je le désire, parle.
GEORGINA. Si vous vous rappelez comment je fus présentée par vous à mistress Mowbray, les vêtements que je portais lorsque j'entrai chez elle, vous concevrez aisément les mauvais traitements et les dédains auxquels je fus en butte de la part de mes compagnes, jeunes personnes presque toutes riches et de haute naissance, qui auraient rougi de s'exposer à mon amitié ou à ma reconnaissance. Aussi, on me fuyait, on m'évitait, on ne m'appelait que l'enfant trouvé, la mendiante!.. Que d'humiliations! que de honte!.. J'y étais d'autant plus sensible, que l'éducation même que, grâce à vous, je recevais, élevait mon âme, développait ma pensée, et me donnait déjà, pour les gens du grand monde, ce mépris qu'ils appellent maintenant de l'indifférence, de la fierté!.. Ah! c'est de la vengeance... Enfin, que vous dirai-je? je fus si malheureuse pendant trois ans, que je regrettai la position dont vous m'aviez tirée; la liberté, même avec la misère, me semblait le premier des biens. Mais, ne sachant où vous écrire, à vous, mon seul protecteur sur la terre, ne pouvant me plaindre à vous de ma honte et de mon esclavage; je ne cherchais que les moyens de m'y soustraire; un seul se présenta. J'avais alors treize ans, et j'annonçais quelques talents pour la danse; sir Hugh, qui était mon maître, et qui seul semblait me porter quelque intérêt, me proposa de m'emmener avec lui, de me faire débuter, de me donner un état libre, indépendant. Je n'entendis que ce dernier mot, j'acceptai, je partis; mais non comme on vous l'a dit, avec un séducteur : celui-là avait soixante ans, et de plus, il avait des vues plus étendues, que je ne tardai pas à connaître.
MORTON. Comment cela?
GEORGINA. Dans une campagne, à quinze lieues de Londres, où il me conduisit, et où je restai deux ans à me perfectionner dans ce qu'il appelait son art, venait souvent un des premiers lords d'Angleterre, un duc, qui seul était admis chez nous; il était vieux et immensément riche.
MORTON. Quelle horreur!
GEORGINA. Vous comprenez maintenant le sort qui m'était réservé, et je ne pouvais m'y méprendre, car mon digne professeur, laissant de côté toute dissimulation, m'avait déjà félicitée sur ma fortune future, dont il se vantait, se recommandant d'avance à ma reconnaissance et à ma protection; et c'était le lendemain qu'on attendait le duc. Je ne pris conseil que de moi-même, je partis dans la nuit.
MORTON. Pauvre enfant! Et comment?
GEORGINA. Un jeune homme, notre voisin, à qui je m'étais confiée, m'avait aidée et protégée dans ma fuite; et, s'il faut vous l'avouer, je m'étais adressée à lui, parce que, depuis longtemps, ses yeux m'avaient dit qu'il m'aimait, qu'il m'adorait; du moins, il tremblait devant moi; cela m'avait donné du courage. C'était la première fois que j'essayais le pouvoir de mes charmes, et jamais esclave ne fut plus respectueux et plus soumis. Il m'aimait tant!
MORTON. Et toi?
GEORGINA. Moi!.. pas du tout.
MORTON. Une pareille conduite!.. c'est mal.
GEORGINA. Je n'ai pas dit que tout fût bien; mais il s'agissait de mon honneur, et la coquetterie était alors de la vertu.
MORTON. Après; continue.
GEORGINA. Arrivée à Londres, je débutai; et je ne puis vous dire avec quel succès, quel enthousiasme!.. Dès ce jour, je n'eus plus besoin de protection; humble et pauvre le matin, le soir j'étais une puissance que les lords et les directeurs du théâtre adoraient à genoux. Ah! que je leur ai fait expier cher les humiliations de ma jeunesse!.. que mes caprices m'ont bien vengée de ceux du sort!.. Mon bonheur était d'éclipser mes anciennes compagnes, de voir à mes pieds leurs amants, leurs époux, que mes dédains leur renvoyaient!... Nobles conquêtes pour elles, et pas assez pour moi. Indifférente sur le présent, qui ne disait rien à mon cœur, je ne songeais qu'au passé, au seul être qui se fût jamais intéressé à mon sort; j'aurais donné tout au monde pour le retrouver, pour lui faire hommage de mes triomphes, pour lui prouver ma reconnaissance.
MORTON. Est-il possible!
GEORGINA. Pouvez-vous en douter? Regardez autour de moi, et voyez quelle est ma vie.

Air de *Joseph*.

Tout pour l'éclat, tout pour le monde,
Rien pour moi, rien pour le bonheur.
Ces vœux qu'on m'adresse à la ronde
N'arrivent point jusqu'à mon cœur.
Et, pour moi, chaque jour s'écoule
Dans les plaisirs et dans l'ennui.

M. MORTON. « J'allai à elle, et lui offris une pièce d'or. — Scène 10.

J'ai des adorateurs en foule,
Et je n'ai pas un seul ami.

MORTON. Tu te trompes; il en est un qui ne t'abandonnera pas.
GEORGINA, *avec joie.* Vous!
MORTON. Je suis le plus ancien, du moins, et je le serai toujours. Oui, depuis que tu as parlé, je crois en toi; tu as de la fierté dans l'âme, de la franchise dans le cœur, et, malgré tes torts et tes défauts, ou peut-être même à cause d'eux, je t'estime.
GEORGINA, *timidement.* Des défauts!.. vous trouvez donc que j'en ai beaucoup?
MORTON. Mais oui, beaucoup!.. c'est le mot.
GEORGINA. Heureusement vous voilà, et maintenant que nous sommes amis, vous me les direz tous.
MORTON. Tu peux y compter.
GEORGINA. C'est bien, à charge de revanche.
MORTON. Ah! j'en ai donc aussi?
GEORGINA, *baissant les yeux.* Mais...
MORTON. Beaucoup?

GEORGINA. Non, quelques-uns. Il est vrai que je ne vous connais que d'aujourd'hui.
MORTON. Lesquels?.. Dis-les, pour que je me corrige.
GEORGINA. Vous êtes l'honneur, la probité même, vous avez toutes les vertus...
MORTON. Femme!.. je te croyais mon amie, et tu me flattes.
GEORGINA. Attendez; mais ces vertus, vous ne les pratiquez pas pour vous seul, ou pour la vertu elle-même; vous êtes un peu comme moi, quand je suis sur le théâtre; vous pensez aux spectateurs, à la galerie, et vous regardez... si on vous regarde.
MORTON, *étonné.* Comment! ce serait vrai?
GEORGINA. Oui, l'originalité de vos manières, de votre costume, attire sur vous l'attention, et il me semble qu'un sage tel que vous devrait plutôt la fuir.
MORTON, *réfléchissant.* Personne encore ne m'avait dit cela, et tu as peut-être raison. (*Réfléchissant.*) C'est étonnant.

GEORGINA, *souriant*. Etonnant que j'aie raison!.. qu'une femme puisse avoir quelque idée juste!.. Voilà encore un défaut qui prend naissance dans la bonne opinion que vous avez de vous. Cela, mon cher maître, c'est de la vanité, de l'orgueil.

MORTON. Oui, tu dis vrai, tu as vu ce que je ne m'expliquais pas à moi-même!.. Georgina, je t'avais mal jugée, tu n'es pas une femme ordinaire.

GEORGINA. Moi!.. Mais jusqu'ici je n'étais entourée que de gens futiles, de fats, d'étourdis, et l'étourderie et la futilité, cela se gagne. D'aujourd'hui seulement, j'ai vu un homme de mérite, et je commence... (*D'un ton caressant.*) Pour que cela continue, pour que je devienne tout à fait digne de vous, il faut, mon cher bienfaiteur, que vous me promettiez de me voir.

MORTON, *après l'avoir regardée*. Je viendrai.

GEORGINA, *de même*. Souvent?

MORTON, *de même*. Tous les jours, quand tu seras visible, quand tu seras seule.

GEORGINA, *vivement*. Je renverrai tout le monde, et pour commencer, cette invitation pour ce soir, que ce matin vous avez refusée,..

MORTON. Je l'accepte maintenant.

GEORGINA. Vous me le jurez!

MORTON. A quoi bon? Je n'ai pas deux paroles, quand il n'y a qu'une vérité.

GEORGINA. Ah! que je suis heureuse!

Air de *Madame Duchambge*.

Quoi! vous viendrez? je vous verrai sans cesse?
MORTON.
C'est mon bonheur, et mon plus cher espoir.
Je te l'ai dit.
GEORGINA.
Ah! pour moi quelle ivresse!
Vous qui tantôt redoutiez de me voir!
De sa frayeur votre âme revient-elle?
MORTON.
Peut-on rien craindre auprès de l'amitié!
GEORGINA.
Tantôt pourtant vos yeux me trouvaient belle.
MORTON.
En t'écoutant je l'avais oublié.

GEORGINA. Vraiment!
MORTON. Et si tu savais, Georgina...
GEORGINA. Quoi donc? (*En ce moment est entré Darsie, un journal à la main. Il s'est arrêté à la porte de l'appartement de Georgina, et part d'un éclat de rire en voyant Morton auprès d'elle.*)
DARSIE. Pardon, cet article du journal...
MORTON. On vient : plus tard nous achèverons cet entretien.
GEORGINA. Pourquoi pas sur-le-champ?
MORTON. Plus tard. Adieu, amie, adieu. (*Il lui serre la main, et entre dans l'appartement à gauche.*)

SCÈNE XII.

DARSIE, GEORGINA.

DARSIE, *riant*. A merveille : contez-moi tout cela, je suis impatient de savoir les détails.

GEORGINA. Dans un autre moment: j'ai besoin de me rappeler, de me recueillir, j'ai besoin d'être seule.

DARSIE. Pour méditer de nouveaux complots; je suis là, prêt à vous seconder, comme je l'ai déjà fait.

GEORGINA, *à part*. Ah! quel ennui!

DARSIE. Faut-il inventer quelque ruse pour le retenir, pour le forcer à rester?

GEORGINA, *vivement*. C'est inutile, il ne s'en va pas; il reste, il soupe avec nous, il me l'a promis.

DARSIE. Victoire!.. et comment?..

GEORGINA, *en s'en allant*. Vous le saurez, je vous le dirai. Adieu, adieu; cela me regarde, ne vous mêlez de rien. (*Elle rentre dans son appartement.*)

SCÈNE XIII.

DARSIE, *seul*. Ne pas m'en mêler! si vraiment; il ne sera pas dit que je n'y ai pas mis du mien; et puisqu'il soupe ici ce soir, puisque nous en sommes déjà là, je me charge du reste. (*Se mettant à table et écrivant.*)

Air de *Thémire* (de CATEL).

J'ai bien voulu la laisser faire,
Mais le succès sera flatteur.
Faute de mieux dans cette affaire,
Ayons, du moins, part à l'honneur.
Combien d'autres, sans plus de peine,
Ont trouvé l'art de s'illustrer!
Dès que la victoire est certaine,
C'est le moment de se montrer.

Une circulaire à tous nos amis. Grand souper; orgie complète. Du vin de Champagne dans les carafes, et nous grisons le quaker, qui tombe chancelant aux pieds de Georgina... Tableau admirable!.. Holà, quelqu'un.. (*Il sonne.*)

SCÈNE XIV.

DARSIE; TOBY, *qui est entré quelques instants auparavant.*

TOBY. Ce pauvre Patrick, qui, malgré son indisposition, voudrait toujours nous voir mariés, et dès aujourd'hui... (*Apercevant Darsie.*) Ah! un monsieur qui écrit.

DARSIE, *le regardant*. En voilà un que je ne connaissais pas; tu arrives donc d'aujourd'hui?

TOBY. Oui, Monsieur, à l'instant.

DARSIE. Sais-tu écrire?

TOBY. Tiens, cette question! Sans doute, et à votre service, et à celui de tous les gens de cette maison, qui sont si bons et si obligeants, et où l'on nous traite si bien. Dites-moi seulement ce qu'il faut faire.

DARSIE. Transcrire cette lettre, ces quatre lignes, et en faire une douzaine de copies, que tu m'apporteras, là, au salon. (*Il se lève.*) Et puis je te dicterai les adresses qu'il faudra y mettre.

TOBY, *se mettant à la table*. Oui, Monsieur, ce ne sera pas long... Faut-il que ce soit en ronde ou en coulée?

DARSIE, *s'en allant*. Comme tu voudras, pourvu que tu te dépêches. Il a un air bon enfant... et, après mon mariage, je le garderai pour secrétaire. Une bonne place, je n'écris jamais. (*Il entre chez Georgina.*)

SCÈNE XV.

TOBY, *puis* MORTON.

TOBY, *à la table*. Allons, faut être serviable; c'est bien le moins... Voyons ce que cela chante... (*Cherchant à lire.*) « Mon... mon cher ami. »

MORTON, *sortant de la chambre à gauche.* Dans aucun de ses livres, Ben-Johnson n'a défini le sentiment que j'éprouve en ce moment ; il me semble que j'ai une nouvelle existence ; il me semble que tout est bien, et que j'aime tout le monde.

TOBY. Qu'est-ce que je vois là ! et quelle indignité?.. Moi, écrire une lettre pareille !

MORTON. Qu'as-tu donc, ami Toby?

TOBY. Ce que j'ai, monsieur Morton?.... Je ne m'y connais guère,.. mais j'ai idée qu'on veut ici se moquer de vous.

MORTON, *froidement.* De moi? cela m'est égal.

TOBY. Ce ne me l'est pas, à moi... et j'apprendrai à ce monsieur, qu'il soit milord ou non, à signer des injures contre vous, contre mon bienfaiteur.

MORTON. Calme-toi.

TOBY. Et venir encore me prier de les copier !

MORTON, *tranquillement.* Ah ! il t'en a prié... eh bien, ami, il faut le faire; il faut, autant que possible, être utile à tout le monde.

TOBY. Mais vous ne savez donc pas !..

AIR : *Amis, voici la riante semaine.*
C'est un complot contre vot' caractère,
Dont un marquis, lord Darsie, est l'auteur.
Vous n'dites rien... Dieu ! qu'ça m' met en colère
D' vous voir toujours souffrir tout sans humeur !
Et ce complot est m'né par un' certaine..
Miss... Georgina...

MORTON.
Ciel !

TOBY, *à part.*
Il pousse un soupir !

(*Avec joie.*)
Je crois qu'enfin ça lui fait de la peine.
A la bonne heure, au moins ça fait plaisir.
(*Donnant la lettre à Morton.*)
Lisez, lisez plutôt.

MORTON. Tu te trompes. (*Lisant.*)

« Mon cher ami,
« Nous préparons à James Morton une mystification
« admirable, qui ne peut avoir lieu sans vous... Je vous
« invite donc en mon nom, et en celui de miss Geor-
« gina, qui est à la tête du complot, à venir ce soir
« souper chez elle, et à assister à la première repré-
« sentation du QUAKER AMOUREUX, parade philoso-
« phique en un acte.
                    « LORD DARSIE. »
Qu'ai-je lu !.. (*Il tombe dans un fauteuil.*)

TOBY. Ah ! mon Dieu ! monsieur Morton, qu'est-ce que vous avez donc?.. Voulez-vous que j'appelle?

MORTON, *l'arrêtant avec le bras sans le regarder.* Tais-toi... (*Après une pause.*) Laisse-moi seul.

TOBY, *à part.* Comme le voilà troublé, malgré ses principes !.. (*Haut.*) Monsieur Morton, je crains... si vous vouliez...

MORTON. Ce n'est rien, rien du tout... (*Il se lève.*) Mais nous ne pouvons rester ici ; va chercher une voiture pour emmener Patrick... Je t'attends.

TOBY. J'y vole .. Ah ! mon Dieu !.. c'est pourtant moi !.. Mon pauvre bienfaiteur, que je vous demande pardon de vous avoir appris que tout le monde se moquait de vous ! Vous ne vous en seriez peut-être pas aperçu.

MORTON, *brusquement.* Va donc... (*Avec douceur.*) Va, Toby, (*Toby sort.*) Quant à moi, je n'attendrai pas son retour. L'ingrate ! je ne la reverrai plus jamais... jamais. (*Il s'arrête.*) Qu'elle soit heureuse, au moins ; c'est mon dernier vœu, et ma seule vengeance. Partons... Que vois-je !.. c'est elle.

SCÈNE XVI.
MORTON, GEORGINA.

GEORGINA. Eh ! mais, où alliez-vous donc?

MORTON. Je quittais ces lieux.

GEORGINA. Ce n'est pas possible, vous m'avez promis de rester jusqu'à ce soir, et vous qui savez ce que c'est que la foi jurée, vous ne voudriez pas y manquer.

MORTON. C'est vrai, on doit tenir parole, même à ses ennemis... C'est pour cela que je te prie de me ren lre la mienne.

GEORGINA. Parlez-vous sérieusement ?

MORTON. Oui.

GEORGINA. Alors, je me garderai bien de vous obéir, avant de savoir d'où vient cet air sombre et menaçant... Que se passe-t-il en votre cœur?

MORTON. Ne cherche pas à le connaître ; car moi, qui ne sais ni tromper, ni feindre, je te dirai la vérité.

GEORGINA. Je la demande.

MORTON. Et tu me laisseras sortir?

GEORGINA. Oui.

MORTON. Eh bien, femme, je te méprise !.. adieu.

GEORGINA, *le retenant.* Morton, Morton... ne me quittez pas ainsi... Vous ne voulez pas me réduire au désespoir... Restez, restez, de grâce !

MORTON. Me retenir encore, après ce que je t'ai dit.

GEORGINA. Vous m'avez donné le coup de la mort... mais n'importe, restez ; j'aime mieux votre mépris que votre absence.

MORTON. Ah ! qui ne la croirait avec cette voix si douce et ce regard suppliant ! Qui que tu sois, tu ne me tromperas plus. La ruse est ton instinct ; c'est ta vie, c'est ton être ! Le mien, c'est la franchise... Avant de te quitter pour jamais, je te dirai tout... Ce triomphe que ta vanité désirait, tu l'as obtenu, tu as réussi à troubler mes sens, à égarer ma raison... je t'aimais !

GEORGINA. Vous ! grand Dieu !

MORTON. Oui, perfide... oui, ingrate !

GEORGINA, *avec joie.* Parlez... parlez... je puis tout entendre maintenant.

MORTON, *furieux.* Elle se rit encore de mes maux !.. elle ignore ce que je souffre ; elle ne sait pas que ce cœur qui ne s'était jamais donné, lui était dévoué... lui aurait tout sacrifié, aurait tout bravé pour elle.

GEORGINA, *enchantée.* Ah ! que c'est bien !.. continuez.

MORTON, *avec colère.* Non, je ne continuerai pas, la raison m'est revenue, et tu n'es plus à craindre : car je te vois telle que tu es, toi et cet lord Darsie.

GEORGINA. Tu serais jaloux !.. rassure-toi ; je lui avais promis de l'épouser, c'est vrai, mais si je n'aimais personne... et ce serment-là, je crois que j'en suis dégagée.

MORTON. Tu espères en vain m'abuser, me donner le change ; je connais ta perfidie ; tiens, en voici la preuve. (*Il lui donne la lettre de Darsie.*)

GEORGINA, *après avoir lue.* Quoi ! c'est là ce qui te fâche? n'est-ce que cela?

MORTON, *avec colère.* Et que peux-tu y répondre?

GEORGINA, *froidement.* Que ce matin, c'était vrai peut-être, et que maintenant...

MORTON. Eh bien?

GEORGINA. Mais vous ne me croiriez pas, vous auriez raison : ce n'est plus à mes discours, c'est à ma conduite à vous prouver si je vous aime. Tout à l'heure, je l'espère, vous n'en douterez plus ; et après cela, toi, mon protecteur, mon ami, mon maître, tu décideras de mon sort. (*Elle va à son appartement, et au moment de rentrer, elle jette un regard sur Morton, un regard affectueux. En ce moment entre Toby, qui aperçoit Georgina prête à sortir, et regardant encore Morton.*)

SCÈNE XVII.
MORTON, TOBY.

TOBY. Ah! mon Dieu!..
MORTON. Eh bien! qu'as-tu donc?
TOBY, *hors de lui.* C'est tout ce que je craignais... voilà mes visions qui me reprennent... c'est elle, encore elle. Monsieur Morton, la voiture est en bas... partons, partons bien vite.
MORTON. Et pourquoi?
TOBY. Parce que ma tête n'y résisterait pas... elle me poursuit partout, elle ou son image.
MORTON. Et qui donc?
TOBY. Celle que j'ai rencontrée dans cette si riche voiture... Et puis après... le soir, resplendissante de lumières, dans un nuage... elle était là... je l'ai vue... elle vient de sortir...
MORTON, *d'une voix altérée.* Georgina?
TOBY. Non, c'est Catherine.
MORTON. Catherine?
TOBY. Je l'ai bien reconnue, cet air si doux et si tendre... ces yeux fixés sur les vôtres... c'est comme cela qu'elle me regardait, quand je croyais à ses serments.
MORTON. Ses serments! tu en as reçu d'elle...
TOBY. Sans doute.
MORTON. Et elle allait en épouser un autre!
TOBY. En épouser un autre!.. cela ne se peut pas, monsieur Morton; cela ne se peut pas, j'ai sa parole... j'irai trouver celui qu'elle épouse... nous irons ensemble... vous lui raconterez tout; vous lui direz que, s'il a de l'honneur, de la probité, s'il n'est pas un méchant, il ne doit pas être complice d'un tel parjure.
MORTON. Il suffit; tes droits sont sacrés, et qui que tu sois, mes principes m'ont appris que manquer à un serment, ou aider à le trahir, est d'un malhonnête homme. (*A part.*) Et cela ne m'arrivera jamais, dût mon bonheur en dépendre!
TOBY. Voilà ce qu'il faut lui dire.
MORTON. C'est bien, je lui dirai...
TOBY. Ah! que vous êtes bon!

SCÈNE XVIII.
LES PRÉCÉDENTS; DARSIE, *entrant par le fond; il tient une boîte à pistolets qu'il dépose sur la table.*

DARSIE. Quaker... j'ai à te parler.
MORTON, *à Toby.* Laisse-nous.
TOBY, *en s'en allant.* Je vais tâcher de la revoir, si c'est possible... (*Il entre chez Georgina.*)
MORTON, *à Darsie.* Que me veux-tu?
DARSIE. Je reçois à l'instant une lettre de miss Georgina.
MORTON. Que m'importe?
DARSIE, *avec chaleur.* Cela m'importe à moi, car elle renonce à ma main; elle refuse d'épouser un lord, un marquis, un pair d'Angleterre. Pourquoi? parce qu'elle prétend qu'elle vous aime, qu'elle vous adore; que l'estime, la reconnaissance, l'amour... les phrases d'usage...

MORTON, *avec joie.* Il serait vrai... tu en es bien sûr?
DARSIE. Vous ne l'étiez pas?
MORTON. Non vraiment.
DARSIE, *à part.* Et c'est moi qui le lui apprends!.. il ne manquait plus que cela.
MORTON, *à part.* Ah! qu'il en coûte pour être d'accord avec soi-même!
DARSIE, *s'approchant de lui.* Vous comprenez alors ce que je viens vous demander... Je crois me connaître en mystifications, et c'en est une... Je la trouverais excellente, si c'était moi qui l'eusse faite; mais il ne me plaît pas d'en être l'objet... ce sera l'affaire d'une minute, le temps de nous couper la gorge, ou de nous brûler la cervelle, à votre choix.
MORTON. Fi! ami.
DARSIE. Comment, fi! qu'est-ce qu'on peut trouver de mieux dans ce genre-là? il me semble que c'est très-confortable. J'ai là mes pistolets tout chargés... rien n'y manque, marchons!
MORTON, *avec un mouvement qu'il réprime à l'instant.* Ami, je ne peux me battre.
DARSIE. Qu'est-ce à dire? vous ne pouvez vous battre?
MORTON. Non, ami, un quaker ne se bat jamais.
DARSIE, *allant prendre ses pistolets.* Alors un quaker ne doit pas plaire à la femme que j'aime... je ne connais que ça, moi... Vous vous battrez.
MORTON. Je ne me battrai pas.
DARSIE. Vous vous battrez... ou je vous proclamerai le plus grand poltron de la terre.
MORTON, *à part.* Ah! Seymour!.. Seymour!.. (*Il prend la main de Darsie qu'il secoue violemment. Darsie fait une grimace de douleur.*) Ami, crois-moi, il faut plus de courage pour supporter que pour se venger... Tiens, je donnerais tout ce que je possède pour avoir d'autres principes, seulement pendant dix minutes, et pouvoir te châtier à mon aise... mais vrai, je ne le puis...
DARSIE. Monsieur...
MORTON, *prenant un des pistolets que tient Darsie. Et afin que tu m'en saches quelque gré... viens.* (*L'entraînant près de la porte à droite.*) Vois-tu là-bas, dans la cour, à trente pas d'ici, ce frêle arbuste, dans une caisse? (*Il tire par la fenêtre, et jette le pistolet.*) Regarde-le maintenant.
DARSIE, *près de la fenêtre, et regardant.* O ciel! il est brisé!

SCÈNE XIX.
LES PRÉCÉDENTS, GEORGINA, TOBY.

GEORGINA, *entrant avec effroi.* Qu'ai-je entendu? quel est ce bruit?
MORTON. Rien, un raisonnement que je faisais à Milord, et dont, je l'espère, il doit reconnaître la justesse.
DARSIE. Parfaitement!
GEORGINA. Je respire... cela m'avait fait une peur... une frayeur...
MORTON. Et maintenant que je t'ai prouvé que je ne manquais ni de force ni d'adresse, il m'est permis de te faire un aveu; c'est que je l'aime, je l'adore, et que je ne puis l'épouser.
DARSIE ET GEORGINA. Que dites-vous?
DARSIE. Et pourquoi?

MORTON, *montrant Toby qui s'est avancé.* Tiens, voilà ma réponse.

DARSIE. C'est mon secrétaire de ce matin.

MORTON, *à Georgina.* Que sa vue te rappelle tes promesses... Juge tes devoirs; je connais les miens... et ce n'est pas moi qui serai jamais cause d'un manque de foi.

TOBY, *tristement.* Vous êtes bien bon, monsieur Morton... ce n'est plus possible!

TOUS. Et comment cela?

TOBY. En vous quittant, je n'ai pu y tenir, j'ai été chez elle, chez Catherine... (*A Georgina.*) Pardon, Mademoiselle, de vous appeler encore ainsi; c'est la dernière fois. (*A Morton.*) Elle m'a tout dit, elle m'a avoué qu'elle aimait quelqu'un; et, quand elle me l'a eu nommé, il m'a été impossible de lui faire un reproche... En ce moment est entrée Betty qui venait chercher Madame... J'ai couru à elle, je lui ai proposé de l'épouser demain... aujourd'hui... quand elle voudrait... Pauvre Betty! elle est si heureuse, que je le suis aussi... et je viens vous faire part que la bénédiction nuptiale aura lieu ce soir, entre huit et neuf, église Sainte-Marguerite, paroisse de Westminster.

GEORGINA. Bon Toby!

MORTON. Et qui t'obligeait à un pareil sacrifice? tu n'es pas quaker, toi!

TOBY. C'est égal, je suis honnête homme.

DARSIE. Est-il stupide, celui-là...

MORTON. O Ben-Johnson! celui-là était plus digne que moi de professer tes principes!

TOBY, *passant à la droite de Morton.* Monsieur Morton, d'être quaker, est-ce que cela guérit du chagrin?

MORTON. Cela instruit à le supporter.

TOBY. Eh bien! écoutez... je me marie ce soir; mais demain matin, vous me ferez quaker.

MORTON. Va, tu n'en as pas besoin, mais tu seras mon frère, celui de Georgina... et lorsque ton amour se sera calmé avec le temps, tu viendras nous rejoindre avec ta femme, vivre avec nous, augmenter notre bonheur, en y mêlant le tien... je t'enseignerai mes principes... et j'apprendrai de toi à les pratiquer.

CHŒUR.

AIR : *Qu'à jamais elle reste dans l'éternel séjour* (du DIEU ET LA BAYADÈRE).

On croyait être sage,
Le sort rit de nos vœux.
En vain la raison nous engage;
Parfois le hasard nous sert encor mieux.
Et souvent le plus sage
N'est que le plus heureux.

FIN
de
le Quaker et la Danseuse.

LA SECONDE ANNÉE

ou

À QUI LA FAUTE

COMÉDIE-VAUDEVILLE EN UN ACTE

Représentée, pour la première fois, à Paris, sur le théâtre du Gymnase dramatique, le 12 Janvier 1830.

EN SOCIÉTÉ AVEC M. MÉLESVILLE.

Personnages.

DENNEVILLE, banquier.
CAROLINE, sa femme.
EDMOND, comte DE SAINT-ELME, ami de Denneville.
GERVAULT, caissier de Denneville.

La scène se passe à Paris, dans la maison de Denneville.

Le théâtre représente un appartement richement décoré. Le fond est occupé par une cheminée, aux deux côtés de laquelle sont deux portes; la porte à droite de l'acteur est celle du dehors. Deux portes latérales; la porte à gauche de l'acteur est celle de l'appartement de Caroline; l'autre, celle d'un cabinet; auprès de celle-ci, une table en forme de bureau, chargée de papiers; auprès de la porte à gauche, une psyché.

SCÈNE PREMIÈRE.

DENNEVILLE, *en habit du matin, devant son bureau; puis* GERVAULT, *qui entre un instant après.*

DENNEVILLE. Voilà mon courrier terminé, je puis maintenant m'amuser jusqu'à ce soir. Il est si difficile de mener de front les affaires et les plaisirs! Les unes prennent tant de place, que j'ai toujours peur qu'il n'en reste plus pour les autres. (*Voyant Gervault qui entre un carnet à la main.*) Ah! c'est toi, Gervault. Voilà notre courrier, j'ai tout signé.
GERVAULT. On vous propose du papier sur Vienne.
DENNEVILLE. Je le prendrai.
GERVAULT, *tenant les liasses d'effets.* On vous propose des espagnols.
DENNEVILLE. Je n'en veux pas. Dis qu'on me tienne au courant du nouvel emprunt. Les agents de change sont-ils venus ce matin?
GERVAULT. Il y en a quatre qui vous attendent, ceux d'hier.
DENNEVILLE. Je n'ai pas le temps de les voir, je suis pressé. Dis-leur que je vendrai aujourd'hui. Il nous faut une baisse pour après-demain. Edmond est-il venu?
GERVAULT. M. le comte de Saint-Elme, ce jeune homme si élégant? il n'a pas encore paru. Mais Madame vous a fait demander deux fois.
DENNEVILLE. Ah! ma femme!
GERVAULT. Et elle a été obligée de déjeuner sans vous.
DENNEVILLE. C'est sa faute.

AIR de *Partie et Revanche.*
A m'attendre elle est obstinée.
GERVAULT.
Elle a cru bien faire.
DENNEVILLE.
Pourquoi?
J'ai dit cent fois que dans la matinée
Je voulais demeurer chez moi.
Oui, le matin, dans son ménage,
Être seul est parfois très-bon;
Et c'est, depuis mon mariage,
Le seul instant où je me crois garçon.
(*Il se lève.*)

Mais j'avais écrit à Edmond. Pourquoi ne vient-il pas?
GERVAULT. Monsieur ne peut s'en passer.
DENNEVILLE. C'est vrai, quand je ne le vois pas le matin, je ne sais comment employer ma journée.
GERVAULT. Est-ce que vous n'irez pas à la Bourse.
DENNEVILLE. Non, tu iras, toi; n'es-tu pas mon meilleur et mon plus ancien commis? Garçon de caisse sous mon père, tu as toute ma confiance. Ton mérite seul t'a fait monter en grade, et quand tu es là, je suis tranquille.
GERVAULT. Et moi, je ne le suis pas.
DENNEVILLE. Pourquoi donc?
GERVAULT. Ah! mon cher patron, mon cher patron, cela va mal.
DENNEVILLE. Ce n'est pas l'avis de mes livres de compte, et il me semble que ma fortune...
GERVAULT. Ce n'est pas cela dont je veux parler. Jeune encore, vous êtes un des premiers banquiers de Paris; et, grâce à moi, je puis le dire, une bonne et sage administration règne encore dans vos bureaux; mais rien ne vaut l'œil du maître, et tôt ou tard la dissipation et le désordre intérieur amènent celui des affaires.
DENNEVILLE. Comment!..
GERVAULT. Ah! dame, Monsieur, je ne connais ni les compliments ni la flatterie; je ne connais que mes livres; je suis exact et sévère comme mes chiffres, et tout ce que je dis est vrai, comme deux et deux font quatre.
DENNEVILLE. Eh bien, voyons, qu'est-ce que tu dis?
GERVAULT. Beaucoup de choses, beaucoup de trop. Voilà deux ans que vous êtes marié.
DENNEVILLE. C'est-à-dire deux ans... Il y a plus que cela.
GERVAULT. Non, Monsieur, car c'est aujourd'hui même, cinq février, l'anniversaire de votre mariage.
DENNEVILLE. C'est ma foi vrai; je ne l'aurais jamais cru.

GERVAULT. J'ai eu l'honneur de dire à Monsieur que, pour ce qui était des chiffres, je ne me trompais jamais. Nous voici donc à la fin de la seconde année : une femme charmante, que vous avez épousée par inclination; car vous l'adoriez, on vous la refusait, et vous vouliez l'enlever; ce que j'appelais alors une folie, parce que je n'aime pas les soustractions de ce genre-là. Enfin votre amour était au plus haut degré. Cela s'est maintenu pendant le premier semestre; cela a un peu baissé pendant le second. N'importe, la fin de l'année était bonne, c'était un cours très-raisonnable; cours moyen auquel il fallait se tenir pour être heureux. Mais la seconde année, ce n'était plus ça : les bals, les soirées, les spectacles...

DENNEVILLE. Pouvais-je refuser à ma femme les plaisirs de son âge.

GERVAULT. Laissez donc! c'était autant pour vous que pour elle; car vous la laissiez sortir avec sa tante, tandis que vous alliez de votre côté; et mainte fois, depuis, j'ai cru voir...

DENNEVILLE. Qu'est-ce que c'est?

GERVAULT.
Air des *Frères de lait*.

Pardon, Monsieur, de l'excès de mon zèle.
Ce que j'en dis était pour votre bien;
Quoi qu'ait pu voir un serviteur fidèle,
Il pense en lui, mais ne dit jamais rien,
De ce qu'il pense il ne dit jamais rien.
Je suis muet quand ça vous intéresse;
Et vous pouvez en croire mon honneur,
Votre or n'est pas mieux gardé dans ma caisse,
Que vos secrets ne le sont dans mon cœur.

DENNEVILLE. Je te crois, mon cher Gervault, et j'ai en toi une confiance aveugle. Mais rassure-toi, tu te trompes. (*Il va à son bureau.*)

GERVAULT. Je le désire, Monsieur. En attendant, voici cette parure en diamants que vous m'avez dit d'acheter chez Franchet, rue Vivienne. (*Il lui montre un écrin.*)

DENNEVILLE. C'est bien. (*Il prend l'écrin.*)

GERVAULT. Elle coûte dix mille francs, Monsieur, dix mille francs, écus.

DENNEVILLE. Ce n'est rien.

GERVAULT. Ce n'est rien à recevoir, mais quand il faut payer, ça fait bien de l'argent.

DENNEVILLE. Je réparerai cela avec quelques économies. (*Il sert l'écrin dans le tiroir de son bureau.*) J'ai deux chevaux anglais que je veux vendre. (*Venant auprès de Gervault.*) Surtout, du silence!

GERVAULT. Vous pouvez être tranquille. Mais voilà ce qui me désole, Monsieur; quand il y a dans un ménage le chapitre des dépenses secrètes, quand elles ne sont point tenues ostensiblement, et à parties doubles, cela va toujours mal.

DENNEVILLE. Quelle idée!

GERVAULT. Tenez, Monsieur, voilà quarante ans que j'ai épousé madame Gervault. Elle n'était pas aimable tous les jours, vous le savez, mais c'est égal, je lui ai toujours été fidèle, sinon pour elle, du moins pour moi. Quand Monsieur trompe Madame, Madame trompe Monsieur. L'un va de son côté, l'autre va du sien. Il n'y a plus d'accord, plus d'ordre et de bonheur. A qui la faute? A celui des deux qui a commencé; car, dans un ménage, dès qu'un et un font trois, on ne peut plus se retrouver.

DENNEVILLE. Tu as peut-être raison.

GERVAULT, *avec chaleur*. Oui, sans doute, et si vous voulez m'en croire... (*Edmond entre en ce moment.*)

SCÈNE II.
EDMOND, DENNEVILLE, GERVAULT.

DENNEVILLE, *apercevant Edmond*. Eh! le voilà, ce cher ami!

GERVAULT. C'est fini, tous mes calculs sont renversés.

DENNEVILLE. Je t'attendais avec impatience!

EDMOND. Ce n'est pas ma faute; je rentre à l'instant et reçois ta lettre.

DENNEVILLE. J'ai tant de choses à te confier? (*A Gervault.*) Mon cher Gervault!

Air : *Ces Postillons sont d'une maladresse*.

N'oubliez pas le courrier, cela presse :
  Dans un instant il faut qu'il soit parti.
(*Il va auprès de la cheminée avec Edmond; ils causent bas.*)

GERVAULT.
J'entends, Monsieur, j'entends, et je vous laisse
  Avec votre meilleur ami,
L'ami du cœur, l'unique favori.
  (*A part.*)
Dès qu'il est là, je dois quitter la place :
  Car mes sermons ne sont plus écoutés.
  (*Prenant une liasse d'effets.*)
Et ma morale est mise dans la classe
  Des effets protestés.
  (*Il sort.*)

SCÈNE III.
EDMOND, DENNEVILLE.

DENNEVILLE. Comment étais-tu donc sorti de si bonne heure? car nous nous étions couchés hier au milieu de la nuit.

EDMOND. J'avais, ce matin, des emplettes à faire.

DENNEVILLE. Je tenais à te parler avant de voir ma femme; car j'ai besoin de toi, et il faut que nous convenions de nos faits.

EDMOND. Me voilà! trop heureux d'obliger un ami.

DENNEVILLE. A charge de revanche; parce que nous autres garçons... Quand je dis *garçons*, c'est tout comme, je le suis par caractère... Eh bien! mon ami, cette beauté si sévère, cette vertu invincible s'est enfin humanisée.

EDMOND. Je t'en fais compliment.

DENNEVILLE. Ce n'est pas sans peine. Il y avait des rivaux : lord *Albemarle*, et le comte de *Scherédof*. Ces Russes, maintenant, on les trouve partout, depuis Andrinople jusqu'aux coulisses de l'Opéra.

EDMOND, *riant*. Que veux-tu? l'esprit de conquête!

DENNEVILLE. Elle a un jeune parent à Vienne, pour qui elle désirerait des lettres de recommandation. Je lui en ai proposé à condition qu'elle viendrait aujourd'hui me les demander elle-même.

EDMOND, *avec joie*. Et elle viendra.

DENNEVILLE, *à demi-voix*. C'est convenu, à trois heures, et moi qui connais les usages et la politesse...

Air d'*Aristippe*.
Fidèle à l'amour qui m'invite,
J'irai, solliciteur discret,
J'irai lui rendre sa visite,
Dès ce soir, après le ballet.

EDMOND.
Quoi! vraiment, après le ballet?

DENNEVILLE.
C'est l'instant où chaque déesse
Des mortels écoute la voix.

DENNEVILLE, jouant. Je suis de son avis; c'est très-gracieux. — Scène 4.

L'heure a sonné, la divinité cesse,
L'humanité reprend ses droits.

ÉDMOND. Je n'en reviens pas.
DENNEVILLE. Bien plus, nous devons souper ensemble.
EDMOND, *tirant de la poche de son gilet une lettre, qu'il y remet aussitôt.* C'est donc cela dont tu me parlais dans ta lettre: ce souper avec une jolie femme, je n'y concevais rien.
DENNEVILLE. Oui, mon ami; et vu qu'en tout il faut de l'ordre et de l'économie, si, comme je te l'ai écrit, tu as toujours envie du Prince de Galles, mon cheval anglais, qui m'est inutile, et dont je veux me défaire, je te donne la préférence.
EDMOND. Volontiers, je te remercie.
DENNEVILLE, *vivement.* Nous en parlerons plus tard. Ce n'est pas de cela qu'il s'agit; il faudrait, pour bien faire, que tantôt, à trois heures, je fusse seul ici, et pour cela je n'espère qu'en toi.
EDMOND. Et comment?
DENNEVILLE. Si, tout à l'heure, négligemment, et sans faire semblant de rien, tu me proposais à moi, et à ma femme, une promenade au bois, au milieu de la journée, nous accepterions.
EDMOND. La belle avance!
DENNEVILLE. Attends donc. Au moment de partir, il me surviendrait une affaire imprévue, un banquier en a toujours à volonté. Me voilà obligé de rester, ce qui est très-contrariant; mais les chevaux sont mis, je ne peux pas empêcher ma femme de sortir, et c'est toi qui l'accompagneras dans ma calèche.
EDMOND. Mais, mon ami...
DENNEVILLE. A moins que tu n'aimes mieux monter le Prince de Galles, et escorter ma femme en écuyer cavalcadour.
EDMOND. Mais permets donc...

AIR: *De sommeiller encor, ma chère.*
La bienséance, la morale...
DENNEVILLE.
C'est pour elle que j'en fais.
Par ce moyen pas de scandale,
Rien ne trahira mes projets.

CAROLINE, *entrant vivement.* Comment, Monsieur, etc. — Scène 16.

Par l'intention la plus pure
Je suis guidé, sois-le par l'amitié.
Je te rendrai ça, je le jure,
Dès que tu seras marié.

EDMOND. Si tu le veux absolument...
DENNEVILLE. Je veux plus encore; j'attends de toi un bien autre service. Ne vas-tu pas ce soir au bal chez madame de Merteuil, la tante de ma femme?
EDMOND. J'y suis invité.
DENNEVILLE. Tu sais que, de cette année, je suis brouillé avec elle.
EDMOND. C'est ce qui m'étonne : une femme si aimable, et d'un si grand mérite !
DENNEVILLE. C'est vrai. Des principes sûrs, excellents, une très-bonne maison pour une jeune femme. Mais il fallait y aller deux fois par semaine, c'était gênant; tandis que, me brouillant avec elle, je n'empêche pas ma femme de voir sa tante, sa seconde mère; je suis trop juste pour cela. J'exige même qu'elle s'y rende exactement tous les lundis et vendredis jours d'Opéra; et au lieu de deux soirées d'ennui, j'y gagne deux soirées de liberté.
EDMOND. C'est assez bien calculé.
DENNEVILLE. N'est-il pas vrai? Par exemple, je vais toujours le soir la chercher ; mais aujourd'hui, ce sera bien gênant, tu comprends?
EDMOND. Parfaitement.
DENNEVILLE. Et si tu voulais lui servir de chevalier, la ramener...
EDMOND. Permets donc : tu disposes ainsi de moi; j'avais peut-être des projets.
DENNEVILLE. C'est un service d'ami, c'est le moyen que ma femme ne se doute de rien; car cette pauvre Caroline, je serais désolé de lui causer la moindre peine, de troubler son repos! et si je savais que cette aventure dût jamais venir à sa connaissance, j'aimerais mieux y renoncer.
EDMOND, *vivement.* Y penses-tu?
DENNEVILLE. Oui, mon ami, ma femme avant tout ! (*Souriant.*) Ce serait dommage, cependant, parce que cette petite Zilia est si piquante, si jolie, moins que

ma femme, j'en conviens; mais c'est un caprice, une idée.

EDMOND. Comme tu en as souvent.

DENNEVILLE. C'est la dernière, je te le jure; et puis cela n'empêche pas d'aimer sa femme, au contraire.

Air de *Turenne*.

C'est un trésor qu'un mari peu fidèle;
La femme y gagne cent pour cent :
De soins, d'égards, on redouble pour elle.
Car à la fois volage et repentant,
On lui revient plus tendre et plus galant.
On la chérit au fond de l'âme,
En raison des torts que l'on a ;
Et c'est peut-être pour cela
Que j'adore toujours ma femme.

Toi, garçon, tu ne comprends pas cela.

EDMOND. Si, vraiment; mais il me répugne d'être ton complice.

DENNEVILLE. En revanche, je te servirai dans l'occasion, auprès de tes comtesses et de tes duchesses, car tu es étonnant dans tes amours : tu ne tiens pas à t'amuser; il te faut trois cents ans de noblesse, et voilà tout.

EDMOND. Quelle idée! Tu n'as que cela à me répéter; hier encore, devant ta femme.

DENNEVILLE. C'est que cela est vrai, c'est par grâce que tu descends jusqu'à la Chaussée-d'Antin. Moi, je préférerais de la beauté, de la gentillesse, toi, des titres et des armoiries. Je prends mes maîtresses dans les chœurs de l'Opéra, et toi, dans l'*Almanach Royal*; chacun son goût. Je ne te blâme pas, moi, je blâme ta discrétion; je ne te cache rien, je te dis tout; et toi, tu fais le mystérieux avec moi, ton meilleur ami et ton banquier.

EDMOND. Tu te trompes.

DENNEVILLE. Non pas, je m'y connais, et pendant longtemps je t'ai vu triste, malheureux; tu ne prenais plus plaisir à rien, tu refusais toutes nos parties, tu ne dépensais plus d'argent; enfin, mon ami, tu te dérangeais.

EDMOND. C'est vrai, j'étais amoureux, et sans espoir.

DENNEVILLE. Dans l'*Almanach Royal*?

EDMOND, *hésitant*. Oui, oui, mon ami, une femme charmante, jeune, aimable, vertueuse, d'autant plus difficile à vaincre, qu'elle n'était ni prude, ni dévote, ni coquette, mais sincèrement attachée à ses devoirs.

DENNEVILLE. C'est là le diable. Cependant cela va mieux; car, depuis deux ou trois jours, je te vois une physionomie à succès.

EDMOND. Oui, les circonstances sont venues à mon aide. Je crois qu'on me voit d'un œil plus favorable, on commence à se plaire avec moi. Hier, enfin, hier soir, enhardi par un regard qui était presque tendre, j'ai hasardé une déclaration.

DENNEVILLE. De vive voix?

EDMOND. Non, non, je n'aurais pas osé; mais j'ai glissé un billet.

DENNEVILLE. Qu'elle a accepté?

EDMOND. Oui, vraiment.

DENNEVILLE. Bravo! c'est très-bien, il faut continuer.

EDMOND. C'est ce que je veux faire.

DENNEVILLE. A la bonne heure, profite de tes avantages. (*On entend sonner à deux reprises dans l'appartement de Caroline.*) C'est dans la chambre de ma femme. Autrefois, quand j'étais garçon, j'avais fait des études sur les sonnettes des dames; j'aurais distingué, à la seule audition, le sentiment qui animait les personnes : c'est une musique comme une autre.

Air du vaudeville du *Premier prix*.

Presto, presto, quand une belle
Veut sa toilette ou ses bijoux;
Dolce, dolce, quand elle appelle
Peur que l'on porte un billet doux;
Forte, c'est lorsque la sagesse
Se fâche et ne peut pardonner.
Piano, c'est lorsque la tendresse
Retient la main qui va sonner.

(*On sonne une seconde fois plus fort et plus précipitamment.*)

Tiens, dans ce moment, ma femme s'impatiente; il faut que ce soit un événement de la plus haute importance.

SCÈNE IV.

EDMOND, DENNEVILLE, CAROLINE, *sortant de son appartement*.

CAROLINE, *à la cantonade*. Eh bien! Mademoiselle, cherchez-le, il ne peut pas être perdu. Je l'avais hier soir dans ma chambre à coucher, et je n'en suis pas encore sortie.

DENNEVILLE. Eh bien! mon Dieu, qu'est-ce donc?

CAROLINE. Ah! c'est vous, mon ami! (*Apercevant Edmond, qu'elle salue froidement.*) Monsieur le comte de Saint-Elmo.

DENNEVILLE. Que vous est-il donc arrivé?

CAROLINE. Rien, rien, je vous jure : une maladresse de ma femme de chambre.

DENNEVILLE. Mais encore?

CAROLINE. Un mouchoir qu'hier soir en rentrant j'avais placé sur un meuble, et qui, ce matin, ne se retrouve plus.

DENNEVILLE. (*Edmond passe à la gauche de Caroline.*) C'était donc bien précieux?

CAROLINE. Nullement, un mouchoir brodé, garni en valenciennes. Mais cela m'inquiète, cela me fâche; je n'aime pas que les choses se perdent.

DENNEVILLE. Voilà de l'ordre, voilà une vraie femme de ménage.

CAROLINE. Oui; faites-moi des compliments. Hier soir, j'étais fâchée contre vous; j'étais d'un dépit, d'une humeur? Je ne sais pas ce que j'aurais fait.

DENNEVILLE, *riant*. Vraiment?

CAROLINE. Heureusement que votre attention de ce matin m'a désarmée.

DENNEVILLE, *étonné*. Mon attention!

CAROLINE. Oui, cette corbeille de fleurs que j'ai trouvée à mon réveil.

DENNEVILLE, *de même*. Une corbeille!

CAROLINE. Ne vous en défendez pas, vous vous êtes rappelé que c'était demain mon jour de naissance.

DENNEVILLE, *à part*. Ah! mon Dieu!

CAROLINE. Et je vous remercie d'y avoir pensé. Ce souvenir efface tout; et c'est moi qui suis seule coupable.

DENNEVILLE. Certainement, chère amie, je pense toujours à vous; et aujourd'hui surtout, c'était bien mon intention d'y penser tantôt, dans la journée; mais ce n'est pas moi qui ce matin...

CAROLINE. Qui donc vous a prévenu?
EDMOND, *s'inclinant*. C'est moi, Madame, qui me suis permis cette surprise.

Air du vaudeville du *Piége*.

Pouvais-je mieux qu'avec ces fleurs
Fêter votre jour de naissance?
Fraîches écloses, leurs couleurs.
Semblent du moins de circonstance.
Le même jour vous vit naître.

DENNEVILLE, *souriant*.
Charmant.

EDMOND.
Du même éclat votre jeunesse brille;
Et j'ai voulu qu'en vous éveillant
Vous puissiez vous croire en famille.

DENNEVILLE. Ah! le joli petit madrigal! Ma foi, de mon temps, j'en ai entendu au Vaudeville qui ne valaient pas celui-là; c'est très-bien. (*A Caroline.*) Mais cela ne m'étonne pas. Edmond est la galanterie même : il est rempli de petits soins, de prévenances; il faut être né comme cela : moi, je ne pourrais pas.

CAROLINE. Autrefois, cependant...

DENNEVILLE. Il est certain que, quand je vous faisais la cour... mais entre mari et femme ce n'est plus cela; c'est mieux encore, n'est-il pas vrai? Voyons, chère amie, qu'est-ce que nous faisons aujourd'hui? avez-vous quelque idée?

CAROLINE. J'attends les vôtres; et si vous avez des projets...

DENNEVILLE. Aucun. (*Faisant un signe à Edmond.*) Voici le moment.

EDMOND. La journée est superbe, et si ce matin nous allions tous les trois au bois de Boulogne?

DENNEVILLE. C'est une bonne idée; cela délasse des travaux du matin; qu'en pensez-vous?

CAROLINE. J'aimerais autant rester à Paris.

DENNEVILLE. Pourquoi donc? Nous reviendrons dîner, vous irez ce soir au bal.

CAROLINE. Comment? est-ce que vous ne m'accompagnerez pas?

DENNEVILLE. Je le voudrais, ma chère amie; mais aux termes où j'en suis avec votre tante, cela paraîtrait fort singulier; et puis j'ai ce soir un rendez-vous d'affaire; tu sais, Edmond, cette affaire dont je t'ai parlé.

EDMOND, *gravement*. Oui, Madame, une affaire commerciale qu'il ne faut pas négliger, à cause de la concurrence.

CAROLINE. Comme vous voudrez, vous êtes le maître.

DENNEVILLE. Cela vous fâche?

CAROLINE. Nullement, j'y suis habituée. Autrefois j'étais assez bonne pour m'en affliger, et quand Monsieur refusait de m'accompagner, je restais seule ici à pleurer.

DENNEVILLE. Quel enfantillage!

CAROLINE. C'est ce que je me suis dit. J'ai eu un peu de peine à prendre mon parti; mais on prétend que les larmes et les chagrins enlaidissent. Je le croirais assez : c'est si affreux d'avoir les yeux rouges!

AIR : *J'en guette un petit de mon âge*.

De mon miroir les conseils salutaires
Furent par moi trop longtemps méconnus;
Je les écoute, et changeant de manières,
Je me résigne, et je ne pleure plus!..
Pour bien heureux, tout doit en mariage
Se partager... et quand Monsieur galment
Va s'amuser, hélas! j'en fais autant!
Afin de faire bon ménage.

EDMOND. Le sourire vous va si bien; et si vous saviez comme la gaieté vous embellit, combien vous êtes séduisante dans un bal!

DENNEVILLE. C'est ce que tout le monde dit.

CAROLINE. Il paraît que Monsieur ne voit pas par lui-même.

EDMOND. Heureusement que d'autres ont des yeux pour lui. Et moi qui n'ai point d'affaires commerciales, moi qui compte bien aller à ce bal, si j'osais réclamer la première contredanse...

CAROLINE, *montrant Denneville*. Si Monsieur le permet.

DENNEVILLE. Certainement, je l'autorise même à danser la *galope*.

CAROLINE. C'est bien heureux. J'en entends parler de tous les côtés, et je ne l'ai pas encore dansée de l'hiver.

EDMOND. Il serait possible!

CAROLINE. Oui, vraiment. Les bals finissent par là; et nous nous en allons toujours à onze heures; Monsieur a envie de dormir.

DENNEVILLE. C'est naturel; moi je n'aime pas la danse, surtout celle-là.

EDMOND. Ah! n'en dis pas de mal; c'est bien autrement amusant que vos insipides *pastourelles*, vos éternels *étés*. La *galope*, une danse si vive, si animée! une danse vraiment nationale.

DENNEVILLE. Oui, je conçois, ces passes continuelles, ces dames que l'on prend, que l'on quitte, c'est amusant pour vous autres jeunes gens; mais pour les gens respectables qui ne dansent plus, pour les mamans et les maris, c'est différent. (*A Caroline.*) Aussi je n'autorise qu'avec lui.

CAROLINE. Et pourquoi pas avec d'autres?

DENNEVILLE. Pourquoi? parce que cela ne peut se danser qu'entre amis intimes, et qu'il faut être sûr des personnes. (*Il va s'asseoir près de la table.*)

EDMOND, *vivement*. Il a raison, il faut être sûr de son danseur. Y a-t-il de plus déplorable qu'un cavalier inhabile qui brouille toutes les figures, et qui fait manquer l'effet général.

CAROLINE. S'il en est ainsi, Monsieur, c'est moi qui craindrais de ne pas être digne de vous; car je ne suis encore qu'une écolière.

EDMOND. Pour les dames, rien de plus facile; il n'y a qu'à se laisser conduire; et je suis certain qu'avec une seule leçon...

CAROLINE. Vous êtes trop bon.

EDMOND. Du tout : c'est l'usage. Quand on doit danser le soir, on répète le matin. (*A Denneville, qui est assis auprès de la table.*) N'est-il pas vrai?

DENNEVILLE. Certainement; et dès qu'Edmond veut bien prendre cette peine-là, que diable! chère amie, profites-en : car il n'a pas de temps à perdre.

CAROLINE. Quoi? vous voulez!..

EDMOND, *vivement*. Eh! oui, sans doute. Je suppose d'abord que vous savez les premiers éléments?

CAROLINE. Moi, je ne sais rien.

EDMOND, *au fond à gauche, avec Caroline*. C'est charmant. Vous tenez toujours en avant le pied opposé à celui du danseur, et, dès qu'il change, vous changez aussi.

CAROLINE. Vous croyez?

EDMOND. C'est de rigueur.

DENNEVILLE, *à la table, et tenant un journal*. Eh! oui, puisqu'il le dit.

CAROLINE. Je me le rappellerai, Monsieur.

EDMOND. Maintenant, la taille plus inclinée, plus cambrée, et ne craignez rien. C'est à votre cavalier à vous aider, à vous soutenir; c'est son devoir. (*A demi-voix.*) Et il est si doux!

CAROLINE. Monsieur...

EDMOND, *lui présentant la main.* Votre main dans la mienne.

CAROLINE. Je verrai bien sans cela.

EDMOND. C'est impossible.

DENNEVILLE, *toujours à la table, et sans tourner la tête.* Fais donc ce qu'on te dit!

EDMOND, *commençant à danser.* Tra, la, la, la, la. Ici nous changeons de main. Tra, la, la, la, la. (*Arrivant jusqu'à la chaise de Denneville.*) Prends donc garde, tu nous gênes.

DENNEVILLE, *reculant sa chaise.* Il fallait donc le dire!

EDMOND, *s'arrêtant.* Et puis ça essoufle de chanter en dansant.

DENNEVILLE. N'est-ce que cela? je ferai l'orchestre; que je serve au moins à quelque chose. (*Il prend un violon qui est dans une boîte sur une chaise, et joue, pendant qu'Edmond et Caroline dansent quelques mesures de la galope.*)

EDMOND, *à Caroline tout en dansant.* Très-bien, Madame, à merveille; des dispositions admirables.

CAROLINE, *dansant toujours.* Vous trouvez?

DENNEVILLE, *jouant toujours.* Je suis de son avis; c'est très-gracieux.

CAROLINE, *dansant toujours.* Au fait, c'est très-amusant.

EDMOND. N'est-il pas vrai? (*A Denneville.*) Va toujours, mon ami, ne te fatigue pas.

DENNEVILLE, à part.

Air de *la Galope.*

Dieux! mon rendez-vous!
L'heure s'avance,
Et par prudence,
D'un moment si doux
Écartons les regards jaloux.

EDMOND, *s'arrêtant.*
Pourquoi t'arrêter?

DENNEVILLE, *lui faisant signe.*
Il faut nous apprêter,
Je pense.
Puisqu'au bois
Tous trois
On nous attend.

EDMOND, *le regardant.*
Ah! je conçois.
(*A Caroline.*)
Il a raison,
Laissons là la leçon;
Notre toilette à faire;
Mais à ce soir :
J'ai l'espoir
De vous voir
Surpasser mon savoir.

ENSEMBLE.

CAROLINE.
A ce soir donc
Ma seconde leçon;
J'y prends goût, et j'espère
Que dès ce soir
Je puis peut-être avoir
Sa grâce et son savoir.

EDMOND.
Il a raison,
Je m'éloigne : adieu donc,
Ma gentille écolière;
Mais à ce soir :
J'ai l'espoir
De vous voir
Surpasser mon savoir.

DENNEVILLE.
A ce soir donc
La seconde leçon.
Ta gentille écolière,

J'en ai l'espoir,
Pourra bien, dès ce soir,
Surpasser ton savoir.

(*Edmond sort par la porte du fond; Caroline rentre dans son appartement.*)

—

SCÈNE V.

DENNEVILLE, seul. A merveille! ma femme ne se doute de rien. Ils partiront sans moi. Zilia viendra à trois heures, et puis ce soir, pendant le bal... C'est charmant! grâce à ce cher Edmond, me voilà libre pour toute la journée. Il faut convenir que j'ai en lui un ami véritable! et il y a pourtant des gens qui prétendent que, fier de sa naissance et de son titre de comte, il dédaigne des financiers tels que nous. (*Il s'assied sur le devant du théâtre.*) Lui, le meilleur enfant du monde, qui est mon camarade, qui ne peut vivre sans moi, qui fait danser ma femme. Il est vrai que je faisais l'orchestre; et c'est fatigant, quand on n'en a pas l'habitude. (*Tirant son mouchoir de poche.*) J'ai chaud. (*Regardant le mouchoir avec lequel il vient de s'essuyer.*) Ah! mon Dieu! quel luxe! un mouchoir brodé, garni en dentelles! (*Riant.*) J'y suis, c'est celui que ma femme avait perdu dans sa chambre à coucher. Ce matin, en me levant, je l'aurai pris par mégarde, et la pauvre femme de chambre qu'on a grondée pour moi! Ne laissons pas soupçonner l'innocence, (*Déployant le mouchoir.*) et n'allons pas, à propos de rien, comme un autre Othello..... Eh mais! à propos d'Othello, qu'est-ce que j'aperçois là (*Il se lève.*) dans le coin de son mouchoir? (*Il défait le nœud et prend un billet qu'il ouvre.*) Un papier plié. O ciel! l'écriture d'Edmond! (*Il lit.*) « Grâce, Madame, grâce pour un « malheureux qui se meurt d'amour et de désespoir! » — A qui diable s'adresse-t-il ainsi? « N'aurez-vous pas « pitié de mes tourments, Caroline? » — Caroline! C'est à ma femme!.. et j'étais sa dupe! j'étais joué, trahi par lui! Voilà cette amitié dont je m'honorais! Elle vous coûtera cher, monsieur le comte! et dès ce matin, ma vie ou la vôtre. (*S'arrêtant.*) Que dis-je? et qu'allais-je faire? un éclat qui va perdre ma femme! c'est publier ma honte, c'est l'attester moi-même, c'est me déshonorer aux yeux de tout Paris! Ces bons Parisiens sont toujours si enchantés des accidents qui arrivent aux gens de finance! il semble que cela les console. Ne leur donnons point ce plaisir-là. (*Il se rassied.*) Il vaut mieux, sans explication, cesser de le voir, le bannir de chez moi. Mais s'il aime, s'il est aimé, ils se retrouveront toujours; les obstacles ne feront qu'augmenter leur mutuelle passion. Non, non, je me trompe. Caroline ne l'aime pas encore : ce billet même me le prouve. Il se plaint de ses rigueurs, de sa cruauté! Oui, mais c'est toujours ainsi que cela commence; et ce qu'il racontait ce matin... (*Il se lève.*) ces regards plus doux, plus tendres... et cette lettre qu'hier au soir elle a reçue... car enfin elle l'a reçue... Il est vrai que c'était dans un mouvement d'humeur contre moi; je me le rappelle maintenant : je venais d'exciter son dépit, sa jalousie! mais enfin ce matin elle ne m'en a point parlé, elle a gardé le silence sur cette déclaration, et si elle ne l'aime pas, elle en est peut-être bien près. (*Après avoir rêvé un instant.*) A qui la faute? Comment donc en suis-je arrivé là! car enfin j'aime ma femme! c'est ma première et ma seule passion. Il me semble que je ne pourrais être heureux sans elle, ni survivre à sa perte; et cependant je me conduis comme si je ne l'aimais pas; je lui préfère des femmes qui sont si loin de la valoir. Gervault avait raison ce matin; je négligeais mes affaires, je me faisais du tort dans l'estime publique. Allons, il faut tout rompre. Agissons en homme, en honnête homme. Ne nous occupons plus que de mon état, de ma fortune, de ma femme; et ma femme ne s'occupera plus que de moi. Que diable! autrefois elle m'aimait. J'ai su lui plaire, j'ai su l'emporter sur tous mes rivaux! Oui, mais c'est qu'alors j'étais tendre, passionné, galant, toujours de bonne humeur, toujours de son avis; je faisais, en un mot, ce que fait Edmond, je lui faisais la cour; ce qui est difficile après deux ans de mariage. N'importe! il n'y a que ce moyen de la ramener, et puisqu'un rival se présente, sans me plaindre, sans me fâcher, ce qui me ferait passer pour un jaloux, luttons avec lui de soins, de galanteries, de complaisances, et voyons qui l'emportera de l'amant ou du mari.

AIR Je n'ai point vu ces bosquets, etc.
Je sais fort bien, d'après ce que j'ai vu.
Qu'il faut combattre un rival redoutable;
Matin et soir, courtisan assidu,
Sa seule affaire est de paraître aimable.
Il a pour lui ses triomphes premiers,
Et ses conquêtes et sa gloire;
Mais j'ai pour moi les dieux hospitaliers :
A qui combat pour ses foyers
Le ciel doit toujours la victoire.

Après cela ce diable d'Edmond pense à tout; moi, je ne pensais à rien. Ces fleurs qu'il lui a offertes ce matin, c'était bien. Cet air nouveau qu'elle m'avait demandé deux ou trois fois, et qu'il lui a apporté hier; c'était adroit. Ah! elle aime la musique nouvelle! eh bien! je lui donnerai des romances, je lui en dédierai, j'en ferai, s'il le faut. Autrefois j'en composais pour elle, et je peux bien encore... Justement, c'est aujourd'hui l'anniversaire de notre mariage; cela tombe bien. Elle n'y avait pas pensé, ni moi non plus; c'est égal, c'est une occasion... (*Cherchant des vers.*)

O jour heureux! jour dont la souvenance ..

(*S'interrompant.*) Et ma toilette, à laquelle je ne pense pas! Cet Edmond va arriver, j'en suis sûr, avec la mise la plus soignée, les modes les plus nouvelles; tandis que nous autres, maris, nous nous négligeons. C'est un tort; et puisque tous les jours on nous attaque, il faut être tous les jours sous les armes. (*Il appelle.*) Holà, quelqu'un! Félix! (*Cherchant toujours.*)

O jour heureux! jour dont la souvenance...

(*Appelant plus fort.*) Eh bien! viendra-t-on quand j'appelle?

SCÈNE VI.

DENNEVILLE, GERVAULT.

GERVAULT, *entrant par la porte à gauche de la cheminée.* Qu'y a-t-il donc, Monsieur?
DENNEVILLE. Ce qu'il y a, morbleu! voilà une heure que j'attends Félix, mon valet de chambre; où est-il?
GERVAULT. Je l'ai vu sortir tout à l'heure.
DENNEVILLE. Sorti! quand je veux m'habiller. Et où allait-il?
GERVAULT. Je l'ignore. Il donnait le bras à Rosine, la petite ouvrière de Madame.
DENNEVILLE. Sortir avec une grisette, lui, un homme marié!

GERVAULT. Que voulez-vous, Monsieur?.. le mauvais exemple.
DENNEVILLE. Je le chasserai.
GERVAULT. Cela n'en vaut pas la peine, et j'aime mieux vous donner moi-même ce qui vous est nécessaire.
DENNEVILLE. Je ne le souffrirai pas.
GERVAULT. Si, si, Monsieur. (*Il va dans le cabinet prendre l'habit de Denneville.*) Voici votre habit.

DENNEVILLE, *passe l'habit, en répétant plusieurs fois :*
O jour heureux! jour dont la souvenance...

(*Il se regarde à la psyché.*) Ah! quel habit! une coupe qui a plus de six mois! quand il me faudrait ce qu'il y a de plus nouveau.
GERVAULT. Comme vous êtes difficile! vous qui d'ordinaire n'y regardez pas.
DENNEVILLE. C'est qu'aujourd'hui, mon ami, aujourd'hui il s'agit de plaire à ma femme.
GERVAULT. Il serait possible.
DENNEVILLE. Et je te demande pardon si je ne suis pas à la conversation, c'est que dans ce moment je fais des vers pour elle.
GERVAULT. Des vers! je n'y puis croire encore.
DENNEVILLE. Ce n'est pas sans peine. Que le diable les emporte! (*Il continue et cherche des vers.*)

O jour heureux! jour dont la souvenance...
(*Il va s'asseoir devant la table, et écrit à mesure qu'il compose.*)
D'un doux émoi...

Dieu! quel ennui!

D'un doux émoi fait palpiter mon cœur...

Oui, mon cœur! joliment. (*Cherchant.*)
Jour dont la souvenance...

(*A Gervault.*) Voyons, donne-moi une rime en *ance*.
GERVAULT. Echéance.
DENNEVILLE. Allons donc! Ah! m'y voici.

Toi dont l'amour... dont la tendre constance..

GERVAULT. A merveille.

DENNEVILLE.
Dont la tendre constance...

La coquette! qui ce matin encore... c'est égal...

Dont la tendre constance...
Ont d'un époux assuré le bonheur.

Voilà toujours quatre vers de faits; mais j'ai sué sang et eau.
GERVAULT, *regardant ses mouvements agités.* Je ne sais pas comment font les autres poëtes; mais je puis dire que pour ce qui est des vers, vous les faites d'une furieuse manière.
DENNEVILLE. J'entends ma femme, laisse-nous.
GERVAULT. Tâchez de ne lui parler qu'en prose, car vous lui feriez peur.
DENNEVILLE, *à part.* Allons, tenons-nous sur nos gardes.

SCÈNE VII.

DENNEVILLE, *à la table*, CAROLINE.

CAROLINE, *en grande parure; elle sort de son appartement; et, en entrant, se regarde à la psyché.* Me voilà prête, et je ne me suis pas pressée; car pour monsieur mon mari, sa louable habitude est de me faire attendre une heure.

DENNEVILLE, *à part, écrivant à la table, et lui tournant le dos.* Toujours pour nous des préventions favorables. Voilà comme on nous juge, et cependant je suis prêt avant... (*Cherchant l'expression.*) avant l'autre.

CAROLINE, *qui, pendant ce temps, s'est regardée à la psyché.* Il me semble que ma robe est jolie. Tant mieux pour moi et puis pour M. Edmond, qui est un élégant; car pour mon mari, cela lui est bien égal. (*Denneville fait un geste d'impatience, Caroline se retourne.*) Eh! c'est lui, le voilà. (*A haute voix.*) Monsieur... (*S'arrêtant.*) Eh bien! il ne m'entend pas; comme il a l'air occupé! (*Le voyant déclamer.*) Ah! mon Dieu! est-ce qu'il compose? est-ce qu'il fait des vers? lui! un banquier! Je voudrais bien les voir; et si je pouvais sans bruit, par-dessus son épaule... (*Elle s'avance doucement, tandis que Denneville la regarde du coin de l'œil en continuant à écrire.*)

DENNEVILLE, *à part.* Elle y vient.

CAROLINE, *près de lui, et regardant par-dessus son épaule.* Si je pouvais seulement lire le titre. (*Lisant.*) « A ma femme. »

DENNEVILLE, *se levant et serrant son papier.* Quoi! Madame, vous étiez là?

CAROLINE. Ma vue vous surprend?

DENNEVILLE. Non, vraiment; car j'étais là avec vous.

CAROLINE. Comment! Monsieur, il serait vrai? c'étaient des vers pour moi?

DENNEVILLE. Vous avez donc lu? quelle indiscrétion!

CAROLINE. Aucune, puisqu'ils sont à mon adresse.

DENNEVILLE. Sans doute; mais encore faut-il qu'ils soient dignes de vous. Sans cela ils auront le sort des autres, que je déchire à l'instant.

CAROLINE. Comment! ce ne sont pas les premiers?

DENNEVILLE. Non vraiment. Presque tous les jours, après la Bourse... J'en aurais des volumes.

CAROLINE. Et je ne les connaissais pas?

DENNEVILLE. Vous ne les connaîtrez jamais; j'ai trop d'amour-propre pour cela. Vous comprenez: des épîtres à sa femme, des poésies conjugales; tant de gens trouveraient cela si romantique, je veux dire si ridicule!

CAROLINE. Pas moi, du moins; et je réclame celle-ci.

DENNEVILLE. A la bonne heure; dès que j'aurai terminé, car, avec vous, il n'y a pas moyen de vous faire des surprises.

CAROLINE. Si vraiment; c'en est une déjà de voir que vous pensez à moi.

DENNEVILLE, *soupirant.* Eh! mon Dieu, oui; c'est malheureusement un tort que j'ai.

CAROLINE. Comment! Monsieur, un tort?

DENNEVILLE. Que je tâche de cacher à tous les yeux. Vous êtes pour moi si indifférente!

CAROLINE. J'allais vous faire le même reproche.

DENNEVILLE. Il eût été bien injuste; car si je suis ainsi, c'est pour vous plaire, pour être comme vous, pour ne point vous tourmenter de mes empressements; j'ai fait plus, je vous l'avouerai, j'ai tâché de m'étourdir, de me distraire; j'aurais voulu vous oublier, en aimer une autre.

CAROLINE. Comment! Monsieur!

DENNEVILLE. C'est au point, te le dirai-je? que ces jours passés, je m'étais presque laissé entraîner; une conquête assez flatteuse.

CAROLINE. Il serait possible!

DENNEVILLE. Ma franchise, du moins, te prouvera que j'ai résisté, que j'ai renoncé à toutes ces idées-là pour toi, pour toi avant tout, et puis pour ce pauvre Edmond, qui, je crois, en est épris.

CAROLINE, *émue.* M. Edmond!

DENNEVILLE. Moi, d'abord, j'ai toujours respecté les droits de l'amitié. Il serait si mal d'abuser de l'affection, de la confiance d'un ami!

CAROLINE. Et M. Edmond aimait cette dame?

DENNEVILLE, *à part.* Je ne suis pas obligé de le servir. (*Haut.*) Lui! il les aime toutes, pas longtemps, par exemple; mais jeune, aimable, répandu dans le monde, il a raison d'en agir ainsi; il ne pourrait pas y suffire. J'en faisais autant quand j'étais garçon.

CAROLINE. Quoi! Monsieur!..

DENNEVILLE. Nous étions camarades, partageant les mêmes folies, et je me rappelle, entre autres, que, pour aller plus vite, nous avions composé des déclarations modèles, des circulaires qui servaient dans toutes les occasions, et qu'au besoin on aurait pu lithographier.

CAROLINE. C'était indigne.

DENNEVILLE. Abominable, et j'en rougis encore quand j'y pense! mais c'était une grande économie de temps; on n'avait pas besoin de chercher ses phrases; et je me les rappelle encore, tant nous les avons employées de fois: « Grâce, grâce, Madame! » ou Mademoiselle, selon la circonstance. « Grâce pour un malheureux qui « meurt d'amour et de désespoir! »

CAROLINE, *à part.* O ciel!

DENNEVILLE. « N'aurez-vous pas pitié de mes tour-« ments, Hortense? » ou Gabrielle, ou Agathe, ou Athénaïs, selon la dénomination. « Ame de ma vie...»

CAROLINE. Assez, Monsieur, assez; c'est une horreur, et je ne conçois pas qu'une femme puisse s'y laisser prendre.

DENNEVILLE. Il y en a cependant. (*Voyant Edmond qui entre.*) C'est Edmond! à merveille, les voilà brouillés; et je lui permets maintenant de faire l'aimable!

SCÈNE VIII.
DENNEVILLE, EDMOND, CAROLINE.

EDMOND, *à Caroline.* Me voilà à vos ordres, et le temps nous seconde: un soleil superbe. Aussi j'ai déjà donné rendez-vous à une vingtaine de nos amis qui nous attendent dans l'allée de Longchamps pour nous servir d'escorte; une cavalcade magnifique.

CAROLINE. Je vous remercie, Monsieur, de cet excès d'attention; mais j'ai changé d'idée, je ne sortirai pas.

EDMOND. Que dites-vous?

DENNEVILLE. Comment! chère amie?

CAROLINE. Je resterai chez moi.

EDMOND, *bas, à Denneville.* Y comprends-tu rien?

DENNEVILLE. Un caprice. (*A part.*) Il faut bien que les amants en supportent aussi, puisqu'ils veulent tout partager avec nous.

EDMOND. Quoi! vous auriez le courage de perdre une si jolie toilette!

CAROLINE, *froidement.* Elle ne sera pas perdue. (*Regardant Denneville d'un air aimable.*) Elle sera pour mon mari.

DENNEVILLE, *à part.* Quel air gracieux! c'est le contre-coup qui m'arrive.

EDMOND. Certainement c'est un bonheur que tout le monde lui enviera. Mais cette brillante société, ces jeunes gens qui nous attendent...

CAROLINE. Envoyez-leur une circulaire pour les prévenir.

EDMOND, *étonné.* Une circulaire?

CAROLINE, *toujours froidement.* Ou peut-être serait-il plus honnête et plus convenable de les rejoindre, et je ne vous en empêche pas.

DENNEVILLE, *à part.* A merveille, il a son congé!

EDMOND, *interdit.* Qu'est-ce que cela veut dire? (*Bas, à Denneville.*) Et qu'a donc ta femme? Il me semble, mon ami, qu'elle me renvoie?

DENNEVILLE. Cela m'en a l'air. Je vois que cela te fâche.

EDMOND, *d'un air d'assurance.* Du tout.

DENNEVILLE, *avec inquiétude.* Comment cela?

EDMOND. C'est qu'un changement aussi subit tient à des causes que nous ignorons, et qui, une fois éclaircies, tourneront à mon avantage.

DENNEVILLE, *à part.* Ah! mon Dieu!

EDMOND. Sois tranquille, j'aurai bientôt rarrangé tout cela; à la première occasion.

DENNEVILLE, *à part, avec colère.* Il sera bien habile s'il la trouve; car je ne les quitte plus et j'empêcherai bien qu'ils aient désormais la moindre explication. (*Il passe à la gauche du théâtre.*)

SCÈNE IX.
EDMOND, GERVAULT, DENNEVILLE, CAROLINE.

GERVAULT, *entrant par le fond, à droite, à Denneville, d'un air embarrassé.* Monsieur, quelqu'un vous demande dans votre cabinet.

DENNEVILLE. Je n'y suis pas.

GERVAULT. C'est ce que j'ai dit; mais la personne... (*A demi-voix.*) c'est une dame... (*Haut.*) prétend que vous comptez sur sa visite, et elle attendra.

DENNEVILLE, *à part.* Dieu! c'est Zilia; si ma femme savait!

EDMOND, *à voix basse.* Ne crains rien. (*Haut.*) Eh bien! mon ami, les affaires avant tout; va voir ce que c'est, je tiendrai compagnie à ta femme.

DENNEVILLE. Du tout.

EDMOND. Et pourquoi donc te gêner? vas-tu faire des façons avec moi? Si nous devions aller au Bois, à la bonne heure; mais puisque Madame veut rester, cela se trouve à merveille.

DENNEVILLE. Non, vraiment, je ne puis, je ne veux pas...

EDMOND, *près de lui, à voix basse.* Mais prends donc garde, te voilà tout déconcerté.

DENNEVILLE, *à part.* Que faire?

CAROLINE. Eh! mon Dieu! ce qui est bien plus simple, priez cette personne de monter ici, au salon. (*Gervault va pour sortir.*)

DENNEVILLE, *vivement.* Non pas, non pas, ce ne serait point convenable. Si ce sont des affaires que moi seul dois connaître... (*Gervault sort.*)

CAROLINE. Eh bien! alors, allez-y!

EDMOND. C'est ce que je lui dis.

DENNEVILLE, *hors de lui, et les regardant alternativement.* Oui, oui, je crois que j'aurai plus tôt fait de la renvoyer. Ce ne sera pas long. Quelle leçon! pour un instant d'oubli! s'exposer...

EDMOND. Mais va donc, mon ami, va donc.

DENNEVILLE. J'y cours, pour revenir plus vite. (*Il sort par le fond à gauche.*)

SCÈNE X.
CAROLINE, EDMOND.

EDMOND, *à part.* Il s'éloigne, les moments sont précieux! (*Haut, à Caroline.*) Daignez, Madame, m'écouter un instant.

CAROLINE. Je ne le peux.

EDMOND. Il le faut. Je ne vous parlerai point ici d'un amour qui vous déplaît, qui vous est odieux, mais je tiens à votre estime, à votre amitié : je tiens à me justifier...

CAROLINE. Vous n'en avez pas besoin.

EDMOND. Si, Madame; votre accueil me l'a prouvé. Qu'ai-je fait? quel est mon crime?

CAROLINE. Vous me le demandez? je n'ai pas voulu hier soir, devant mon mari, devant tout le monde, vous rendre ce billet, que vous aviez eu l'audace...

EDMOND. Madame...

CAROLINE. Mais je vous dois une réponse, et la ferai en peu de mots. Vous êtes fort aimable, mais c'est à mes yeux un mérite perdu, et je n'augmenterai point le nombre de vos conquêtes.

EDMOND. De mes conquêtes! qui a pu vous dire?..

CAROLINE. Des gens qui vous connaissent très-bien, des amis intimes.

EDMOND. Votre mari peut-être!

CAROLINE. Je ne nomme personne, mais quand il serait vrai?.. C'est en lui, Monsieur, que j'ai toute confiance; et je ne pourrais mieux faire, je crois, que de le prendre pour guide, et de suivre ses avis.

EDMOND. Certainement, il y a tant de gens très-forts sur les conseils, et qui seraient peut-être fort embarrassés pour les mettre en pratique.

CAROLINE. Que voulez-vous dire?

EDMOND. Rien, Madame. Mais il me semble qu'entre amis, on devrait avoir plus d'indulgence. Il me semble du moins qu'il faut être soi-même bien irréprochable pour accuser les autres.

CAROLINE. Ce qui signifie que la personne dont vous parlez ne l'a pas toujours été?

EDMOND. Je ne dis pas cela.

CAROLINE. Et moi, je le sais, car mon mari m'a tout confié, tout avoué.

EDMOND. O ciel!

CAROLINE. Et loin de lui en vouloir, depuis ce moment-là, je l'aime plus que jamais.

EDMOND, *à part.* C'est fini! plus d'espoir! (*Haut.*) Quoi! Madame, il vous a tout raconté?

CAROLINE. Oui, Monsieur.

EDMOND. Son rendez-vous? son souper d'aujourd'hui?

CAROLINE. Un souper! un rendez-vous!

EDMOND, *vivement.* Dieu! vous ne saviez pas?..

CAROLINE. Non, Monsieur.

EDMOND, *vivement.* Ne me croyez point, je ne sais rien.

CAROLINE. N'espérez pas me donner le change; vous achèverez cette confidence, ou je penserai, Monsieur, que vous avez voulu perdre Denneville, le calomnier à mes yeux.

EDMOND. Vous pourriez supposer?..

CAROLINE. Je crois tout, et ne vous revois de ma vie, si vous ne parlez à l'instant.

EDMOND. O mon Dieu! que faire?

CAROLINE. Ecoutez, monsieur Edmond, j'aimais mon mari, je l'aime plus que tout au monde; mais s'il est vrai qu'il m'ait trahie, si vous pouvez m'en donner la preuve évidente...

EDMOND. Vous ne me bannirez plus de votre présence, vous me permettrez de vous revoir?

CAROLINE, *avec impatience.* Cette preuve...

EDMOND. Elle est entre mes mains, je l'ai là; mais c'est si mal à moi!

CAROLINE. Cette preuve!

EDMOND. Vous me promettez que ce soir, à ce bal, moi seul serai votre cavalier?

CAROLINE. Cela dépend de vous.

EDMOND. Ah! je suis trop heureux! mais vous me jurez que le plus grand secret?..

CAROLINE, *n'y tenant plus.* Cette lettre, Monsieur, cette lettre!

EDMOND, *la lui donnant.* La voici, Madame, la voici; elle m'était adressée, et vous saurez d'abord...

CAROLINE. C'est bon, c'est bon! je verrai bien. (*Lisant d'une voix émue.*) « Mon cher Edmond... » C'est daté de ce matin. « Si tu veux mon cheval anglais « pour quatre mille francs, il est à toi; car j'ai au- « jourd'hui besoin d'argent. J'ai à payer des diamants « destinés à une jolie femme, qui veut bien ce soir « me donner à souper... » Ah! je me sens mourir!

EDMOND, *qui est allé près de la porte.* C'est lui.

CAROLINE. Silence! (*Elle reste auprès de la table, Edmond est au milieu du théâtre.*)

SCÈNE XI.

CAROLINE, EDMOND, DENNEVILLE, *entrant vivement et descendant à gauche, tandis que Caroline reste à droite.*

DENNEVILLE, *à part, avec joie.* Je l'ai congédiée, non sans peine; et tout est rompu, je respire.

CAROLINE, *qui est restée plongée dans ses réflexions; levant les yeux sur Denneville.* Eh bien! Monsieur, cette importante visite?..

DENNEVILLE. L'était moins que je ne croyais; c'était un correspondant, un étranger, que j'ai congédié.

CAROLINE. Déjà!

DENNEVILLE *fait un geste d'étonnement, et se remet sur-le-champ.* Voilà un mot peu flatteur pour moi, qui me hâtais de revenir auprès de vous.

CAROLINE, *avec ironie.* Vous êtes bien bon de songer à mes plaisirs; mais vos moments sont si précieux que je me reprocherais de vous les faire perdre.

DENNEVILLE. Il me semble que je ne puis pas mieux les employer.

CAROLINE, *dédaigneusement.* C'est joli, mais c'est fade, et vous savez que je ne tiens pas aux compliments.

DENNEVILLE. Aussi n'en est-ce pas un. (*Bas, à Edmond.*) Qu'a-t-elle donc?

EDMOND. Un caprice, sans doute. (*A part.*) Chacun son tour.

DENNEVILLE. J'avais demandé aujourd'hui le dîner de bonne heure, pour que nous fussions libres plus tôt.

CAROLINE. Vous aviez peur que la soirée ne fût pas assez longue?

DENNEVILLE. Que dites-vous?

CAROLINE. Moi? rien. (*A Edmond, d'un air aimable.*) Monsieur nous fait-il le plaisir de dîner avec nous?

EDMOND. Impossible, Madame, j'avais une invitation.

DENNEVILLE. Tant mieux, il va s'en aller plus tôt. (*Passant entre Edmond et Caroline.*) Si vous voulez alors, chère amie, que nous passions dans la salle à manger?

CAROLINE. C'est trop tôt, je n'ai pas faim.

DENNEVILLE, *avec impatience.* Comment!... (*Se reprenant, et avec douceur.*) Comme vous voudrez, nous attendrons.

CAROLINE. C'est inutile, je ne me mettrai pas à table. Mais que cela ne vous empêche pas... Je vais rentrer dans mon appartement jusqu'à l'heure du bal.

DENNEVILLE. Y pensez-vous, déjà?

CAROLINE. J'en aurai plus de temps pour ma toilette. (*Regardant Edmond.*) Car je veux être très-belle.

DENNEVILLE. Vous comptez donc aller à ce bal?

CAROLINE. Le moyen de s'en dispenser? ma tante m'y attend, et vous m'avez ordonné d'y aller.

DENNEVILLE. Ordonné? je croyais vous avoir priée...

CAROLINE. C'est ce que je voulais dire; une prière de mari, c'est un ordre.

DENNEVILLE. Et si je vous... priais, maintenant, de n'y plus aller?

CAROLINE. Il serait trop tard; ma toilette est prête, ma parure est commandée.

DENNEVILLE, *à part.* Ah! quelle patience!..

CAROLINE. Et à ce sujet, monsieur Edmond, il faut que je vous consulte. Que me conseillez-vous? de mon collier en opales, ou en saphirs? c'est à votre goût.

EDMOND. Moi, Madame?

CAROLINE. Sans doute, cela vous regarde! puisque c'est vous qui devez me donner la main.

DENNEVILLE, *à part.* C'est trop fort. (*Haut, avec chaleur.*) Et moi, Madame, je ne veux pas.

CAROLINE. Qu'est-ce donc?

DENNEVILLE, *d'un ton plus doux.* Je ne veux pas vous contraindre, et vous êtes la maîtresse; mais si je vous y accompagnais... (*Regardant Edmond.*) Edmond a tressailli.

CAROLINE. Vous, Monsieur, qui ne venez jamais chez ma tante, qui êtes brouillé avec elle?

DENNEVILLE, *à part.* Cela la contrarie.

CAROLINE. Comme vous le disiez ce matin, cela paraîtrait fort singulier. D'ailleurs, vous avez, sans doute, pour votre soirée, d'autres occupations, plus agréables, qui vous retiendront.

DENNEVILLE, *à part, les regardant.* Ils sont d'accord. (*Haut, à Caroline.*) De quelles occupations voulez-vous parler?

CAROLINE. Que sais-je? de celles que les maris ont toujours, et que les femmes ne peuvent connaître.

DENNEVILLE, *à part.* Quelle idée! soupçonnerait-elle?..

CAROLINE. Je vous laisse, Monsieur..(*Passant entre Denneville et Edmond. A Edmond.*) A tantôt, monsieur Edmond.

EDMOND.

AIR : *Travaillons, Mesdemoiselles.*
Adieu donc, adieu, Madame.
Ah! n'allez pas oublier
L'honneur qu'ici je réclame;
Je suis votre chevalier.
CAROLINE, *d'un air gracieux.*
A ce soir.
EDMOND.
De la prudence.
DENNEVILLE, *les suivant des yeux.*
Oui, son trouble le trahit,
Ce regard d'intelligence...
Plus de doute; il a tout dit.

CAROLINE, *regardant pardessus l'épaule de Denneville, Si je pouvais seulement lire le titre.* — Scène 7.

ENSEMBLE.
EDMOND.
Adieu donc, adieu, Madame.
Ah! n'allez pas oublier
L'honneur qu'ici je réclame ;
Je suis votre chevalier.
CAROLINE.
Adieu donc : qu'une autre dame
Ne fasse pas oublier
L'honneur qu'ici je réclame ;
Vous êtes mon chevalier.
DENNEVILLE.
De courroux mon cœur s'enflamme ;
Mais n'allons pas m'oublier :
Nous verrons si de ma femme
Il sera le chevalier.
(*Caroline sort, Edmond la reconduit jusqu'à la porte de son appartement.*)

SCÈNE XII.
DENNEVILLE, EDMOND.

DENNEVILLE, *à part, pendant qu'Edmond reconduit sa femme.* Tout s'explique, il lui a parlé de Zilia ; mais comme tout est rompu, que je ne la reverrai plus, qu'il n'existe aucune preuve... Dieu ! et ma lettre de ce matin ! s'il l'a montrée, c'est fait de moi ! Mais comment le savoir ?

EDMOND, *après avoir reconduit madame Denneville, reprend sur un fauteuil son chapeau et ses gants qu'il met, et va pour sortir.* Adieu, mon ami.

DENNEVILLE, *se retournant et l'apercevant près de la porte.* Eh bien ! tu t'en vas !

EDMOND. Oui. Tu sais que je dîne en ville, et je n'ai que le temps de passer chez moi.

DENNEVILLE. Ah ! tu passes chez toi ? eh bien ! envoie-moi de l'argent, les cinq mille francs de mon cheval.

EDMOND, *revenant.* Qu'est-ce que tu dis donc ? cinq mille francs ! tu me l'as vendu quatre.

DENNEVILLE, *tranquillement.* Je te l'ai vendu cinq.

EDMOND. Tu es dans l'erreur.

DENNEVILLE. Je t'assure que non !

EDMOND. Tu m'as écrit ce matin, et de ta main, quatre mille francs en toutes lettres ; et je puis te prouver .. (*Il va pour fouiller dans sa poche et s'arrête.*)

DENNEVILLE, *souriant*. En tout cas, voyons, relisons.

EDMOND, *troublé*. Non, non, c'est inutile, puisque tu tiens aux cinq mille francs...

DENNEVILLE. Du tout; si je l'ai écrit, c'est autre chose, et je ne reviens pas sur ma parole ; ce qui est écrit est écrit. Voyons mon billet.

EDMOND, *embarrassé*. Ton billet ?

DENNEVILLE. Tu l'as mis ce matin là, dans ton gilet ; et comme tu n'en as pas changé..

EDMOND. Tu crois ? c'est possible, je ne sais.

DENNEVILLE, *à part*. Il ne l'a plus, il est entre les mains de Caroline.

EDMOND. Mais du reste, à quoi bon? je te répète que je m'en rapporte à toi ; et dès que tu dis cinq mille francs, ça suffit, et je vais te les envoyer. (*Il va vers la porte.*)

DENNEVILLE. Non, apporte-les toi-même ici, ce soir, en venant prendre ma femme, parce que j'ai à te parler.

EDMOND, *revenant*. Et sur quoi ?

DENNEVILLE. Tu le sauras ; toi qui es l'ami de la maison, il faut bien que tu saches tout.

EDMOND. Ah ! mon Dieu ! de quel air me dis-tu cela ? et qu'as-tu donc ?

DENNEVILLE. Moi ! rien. A ce soir, mon bon ami.

EDMOND. A ce soir ? (*Il sort.*)

—

SCÈNE XIII.

DENNEVILLE, *seul*. J'ai manqué me trahir, et j'allais tout gâter. Il sera toujours temps d'en venir là, si je ne réussis pas. Jusqu'ici la guerre était franche et loyale, comme on la fait dans tous les ménages civilisés ; mais vouloir réussir par la trahison, livrer les secrets du mari, manquer au droit des gens ! c'est là ce qui doit lui porter malheur, et ce qui me donne bon espoir. Ma cause est si juste !

Air *de la Sentinelle*.

C'est un mari qui lui-même défend
Et son honneur et ses droits qu'il réclame ;
C'est un mari redevenant amant
Pour mériter et conquérir sa femme.
Veillez sur moi, sexe enchanteur !
O vous à qui mes vœux se recommandent ;
Soyez mon dieu, mon protecteur,
Faites aujourd'hui mon bonheur,
Et que vos maris vous le rendent.

SCÈNE XIV.

DENNEVILLE, GERVAULT. UN DOMESTIQUE *apporte un candélabre qu'il place sur le bureau de Denneville.*

DENNEVILLE. C'est toi, Gervault ; que me veux-tu ?

GERVAULT. Le dîner qui depuis deux heures nous attend.

DENNEVILLE. Je n'ai pas le temps, je ne dînerai pas.

GERVAULT. Est-ce que vous faites encore des vers ?

DENNEVILLE. Pourquoi cela ?

GERVAULT. On dit que les poëtes ne mangent pas.

DENNEVILLE. Oui, autrefois, mais maintenant !.. Hé bien ! où est ma femme ?

GERVAULT. Dans son appartement avec deux femmes de chambre.

DENNEVILLE. Déjà à sa toilette ?

GERVAULT. Une toilette magnifique.

DENNEVILLE, *à part*. Et penser que c'est pour un autre ! comme c'est agréable !

GERVAULT. J'étais entré pour la prévenir, et elle a répondu juste comme vous. Il paraît qu'on ne mange plus dans la maison. C'est une économie !

DENNEVILLE. Toi qui les aimes !

GERVAULT. Pas celles-là.

DENNEVILLE. Le plaisir du bal lui fait tout oublier, et sans doute elle était bien gaie.

GERVAULT. Pas trop ! Il me semble au contraire que son air jurait avec sa toilette Elle tenait à la main et relisait de temps en temps un petit billet.

DENNEVILLE. O ciel !

GERVAULT. Où j'ai cru reconnaître votre écriture ; c'étaient vos vers sans doute ?

DENNEVILLE. Oui ! (*A part.*) C'est ma lettre de ce matin. Cette maudite lettre, dont je ne sais comment paralyser l'effet !

GERVAULT. Elle était de mauvaise humeur contre tout le monde, contre ses femmes de chambre, contre sa robe de gaze, contre un colier d'opales qui n'allait pas, et qui lui semblait affreux.

DENNEVILLE. Il serait vrai ! attends, attends. (*Il va à son bureau, ouvre un tiroir, et en tire l'écrin, qu'il donne à Gervault.*) Tiens, porte-lui cet écrin.

GERVAULT. Les diamants de ce matin, c'était pour elle ?

DENNEVILLE. Eh ! oui sans doute, une surprise.

GERVAULT. Ah ! Monsieur, Monsieur, mille fois pardon de ce que je vous ai dit tantôt ! je croyais que ces diamants-là devaient s'en aller... en pirouettes.

DENNEVILLE. Qu'est-ce que c'est ?

GERVAULT. Si j'avais su... c'est très-bien, très-bien, Monsieur. Donnez toujours des diamants à Madame ; ça vous fait honneur, ça lui fait plaisir, et ça ne sort pas de la maison. (*Il sort.*)

—

SCÈNE XV.

DENNEVILLE, *seul*. Que dira-t-elle en les recevant ? Allons ; voici le moment ; si la colère, si le dépit l'animaient seuls contre moi, je peux par mes soins et par ma tendresse lui faire oublier mes torts, peut-être lui prouver mon innocence. Si elle m'aime encore, je la persuaderai sans peine, elle m'y aidera : l'amour véritable ne demande qu'à s'abuser lui-même ; mais si elle ne m'aime plus, si je ne puis lui faire sacrifier ce bal, si elle veut y aller avec Edmond, alors et malgré moi, il faudra bien... C'est elle ; ah ! qu'elle est jolie ainsi !

—

SCÈNE XVI.

DENNEVILLE ; CAROLINE, *en toilette de bal et ses diamants à la main.*

CAROLINE, *entrant vivement*. Comment ! Monsieur, dois-je en croire Gervault ? et cet écrin qu'il m'a apporté vient-il réellement ?..

DENNEVILLE, *d'un air de reproche*. De ma part ? une simple galanterie, une attention de moi vous semble-t-elle donc une chose impossible ?

CAROLINE, *embarrassée*. Non, vraiment ! mais dans la circonstance où nous sommes...

DENNEVILLE. Circonstance très-favorable. N'allez-vous pas au bal ce soir?
CAROLINE. Oui, Monsieur, et je ne sais comment vous remercier...
DENNEVILLE. En les acceptant.
CAROLINE, *hésitant*. Moi?
DENNEVILLE. Je vous en prie.
CAROLINE, *à part, et tout en regardant les diamants*. Au fait, il est possible qu'il ait eu des remords, qu'il se soit repenti. Il faut de l'indulgence, et si ce n'était le souper de ce soir...
DENNEVILLE. Hé bien, Madame?
CAROLINE. Puisque vous l'exigez... (*Elle se place devant la psyché.*)
DENNEVILLE. Dans mon intérêt.
CAROLINE. Comment cela?
DENNEVILLE. A ce bal, où vous allez sans moi...

AIR : *Pour le trouver j'arrive en Allemagne* (d'YELVA.)

En vous voyant arriver sous les armes,
J'entends déjà les compliments galants ;
La plupart seront pour vos charmes,
Quelques-uns pour vos diamants.
Astre brillant, vous allez apparaître !
Et chaque fois que, plein d'un doux émoi,
On s'écrira : *Qu'elle est belle !* peut-être
Sans le vouloir vous penserez à moi.
Quand on dira : *Qu'elle est belle !* peut-être
Sans le vouloir vous penserez à moi.

(*Pendant le couplet, Caroline a placé ses diamants, mis le collier, attaché les boucles d'oreille.*)

CAROLINE. Je n'ai pas besoin de cela! (*Soupirant.*) Et souvent, au contraire, on désirerait oublier.
DENNEVILLE. Que dites-vous?
CAROLINE, *se regardant devant la glace*. Rien. Comment me trouvez-vous?
DENNEVILLE. Ah! vous n'êtes que trop jolie.
CAROLINE. Trop! pourquoi?
DENNEVILLE. Parce qu'à ce bal, comme je vous le disais tout à l'heure, vous allez être entourée par tous les fats et élégants de Paris.
CAROLINE, *s'asseyant*. Je l'espère bien.
DENNEVILLE. Je les vois d'ici s'appuyer sur le dos de votre chaise. (*Il s'appuie sur la chaise.*)
CAROLINE. Prenez garde, Monsieur, de me chiffonner.
DENNEVILLE. Ne craignez rien. Je les vois se pencher vers vous. (*Il se penche vers Caroline.*)
CAROLINE. A peu près comme vous voilà.
DENNEVILLE. C'est vrai! Et nous pouvons supposer que nous y sommes.
CAROLINE. C'est facile.
DENNEVILLE, *s'appuyant négligemment sur sa chaise*. Ils vous diront que jamais vous n'avez été plus jolie, qu'ils n'ont jamais rien vu de plus piquant et de plus attrayant.
CAROLINE. Diront-ils vrai?
DENNEVILLE. Oui, si j'en juge d'après moi. Ils ajouteront qu'il règne dans votre toilette, dans cette légère parure, un bon goût, une grâce que l'on sent, que l'on devine, et que par bonheur on ne peut rendre; car son plus grand charme est d'être indéfinissable.
CAROLINE. Vous croyez qu'ils diront cela?
DENNEVILLE. Je n'en doute point.
CAROLINE. Et moi, je doute qu'ils le disent aussi bien.

AIR : *Monseigneur l'a défendu* (de MADAME P. DUCHAMBGE).

PREMIER COUPLET.

Savez-vous, c'est incroyable,
Que, quand vous le voulez bien,
Vous êtes vraiment aimable?
DENNEVILLE.
Mais cela ne coûte rien
Près d'une femme jolie.
CAROLINE.
Prenez garde, c'est fort mal ;
Vous! de la galanterie!
DENNEVILLE.
Puisque nous sommes au bal.

DEUXIÈME COUPLET.

CAROLINE.
En voyant cet air si tendre,
A d'autres temps je pensais,
Oui, l'on s'y laisserait prendre,
Et je crois que j'écoutais ;
J'en étais presque attendrie.
DENNEVILLE.
Prenez garde, c'est fort mal ;
Vous! de la coquetterie!
CAROLINE.
Puisque nous sommes au bal.

DENNEVILLE. Vous voyez alors le danger d'y aller, pour une femme!
CAROLINE. Vous voyez alors, quand on est mari, le danger de n'y pas aller !
DENNEVILLE. Quand on ne le peut pas, quand on a des motifs pour rester chez soi.
CAROLINE, *vivement et se levant*. Vous, Monsieur, vous, des motifs! vous osez en convenir!
DENNEVILLE. Sans doute, et peut-être, si vous les connaissiez...
CAROLINE, *d'un ton de reproche*. Ah! vous vous garderiez bien de me les apprendre.
DENNEVILLE, *froidement*. Nullement, et si vous y tenez, ce que je ne crois pas, je puis tout vous avouer.
CAROLINE. Si j'y tiens! Ah! parlez, Monsieur, parlez; mais n'espérez pas me tromper. Il me faut une entière franchise, et peut-être alors je verrai. Eh bien! Monsieur?
DENNEVILLE. Écoutez ! je crois entendre une voiture, on vient vous chercher.
CAROLINE. Ah! mon Dieu!
DENNEVILLE. Non, non, la voiture passe.
CAROLINE. Heureusement.
DENNEVILLE. Savez-vous que votre chevalier vous fait attendre? c'est fort mal, il fait le mari.
CAROLINE. C'est possible.
DENNEVILLE. Il me semble alors que je puis faire l'amant.
CAROLINE. Vous, Monsieur ! c'est un rôle que vous avez oublié.
DENNEVILLE. Que voulez-vous! ce ne sont point de ces rôles qu'on puisse jouer seul. Il faut être secondé, il faut quelqu'un qui vous entende, et je n'ai point ce bonheur! Dans ce moment, par exemple, plein des plus doux souvenirs, je crois vous voir, il y a deux ans, à pareil jour, parée comme aujourd'hui, aussi brillante, aussi jolie, ah! mille fois plus encore, car alors vous m'aimiez, vous juriez de m'aimer sans cesse.
CAROLINE. O ciel!
DENNEVILLE. Que sont devenus vos serments, vous qui ne vous rappelez même plus le jour où ils furent prononcés?

CAROLINE. Quoi! c'est l'anniversaire de notre mariage!

DENNEVILLE. Oui, Caroline; oui, c'est aujourd'hui le 5 février, et seul j'y avais pensé; c'était pour le célébrer, qu'en secret, et sans en parler à personne, je vous avais préparé cette surprise, ces diamants.

CAROLINE. Il se pourrait!

DENNEVILLE. J'espérais mieux encore; j'avais fait un projet, un rêve; je voulais, en mémoire de ce jour, souper ici en tête-à-tête avec vous.

CAROLINE. Qu'entends-je?

DENNEVILLE. Le bonheur n'a pas besoin de témoins, et je me faisais une si douce idée d'une soirée passée auprès d'une femme charmante, auprès de la mienne... mais elle va au bal, elle a d'autres projets, et tous mes efforts n'ont pu l'y faire renoncer.

CAROLINE. O mon ami! mon ami! que j'étais coupable! Je m'en punirai, tu sauras tout.

DENNEVILLE. Quoi donc?

CAROLINE. Je ne veux plus rien avoir de caché pour toi, cela rend trop malheureuse. Apprends donc qu'on m'entourait d'hommages, qu'on me faisait la cour.

DENNEVILLE. Je ne veux rien savoir.

CAROLINE. Ah! ce n'est pas pour toi, c'est pour moi-même! ton ami Edmond, tout le premier, il m'aimait, ce n'est pas ma faute.

DENNEVILLE, *secouant la tête.* C'est peut-être la mienne?

CAROLINE. C'est possible, c'est toi qui le voulais. Quoique insensible à leurs hommages, j'en étais flattée, et peut-être qu'un jour...

DENNEVILLE. O ciel!

CAROLINE. On ne sait pas ce qui peut arriver. La preuve, c'est qu'hier il a osé me faire une déclaration écrite.

DENNEVILLE. Vraiment!

CAROLINE. Oui, une vraie déclaration. Je ne sais ce que j'en ai fait, je l'ai perdue; sans cela je te la montrerais. Et vois jusqu'où la colère peut nous mener: moi, qui jusqu'à présent l'avais dédaigné, maltraité, j'étais si fâchée contre toi, que je ne sais vraiment...

DENNEVILLE, *à part.* Dieu! il était temps.

CAROLINE. Et le plus indigne, c'est que je t'accusais à tort.

AIR de *Téniers.*

Moi t'accuser! est-ce possible?
Pardonne-moi, je souffrais tant!
Car je songeais à cette lettre horrible,
Qui ne m'a pas quittée un seul instant.
Je l'emportais à ce bal qui s'apprête.
Comme un tourment, elle est là sur mon sein.
(*La lui donnant.*)
Tiens. Tu le vois, sous les habits de fête,
Il est souvent bien du chagrin.

DENNEVILLE, *la prenant.* Ma lettre à Edmond.

CAROLINE. Oui, voilà ce qui m'avait abusée. Ces diamants, ce tête-à-tête avec une jolie femme... je ne pouvais pas penser à moi, et je te soupçonnais, quand je suis seule coupable.

DENNEVILLE, *essuyant une larme.* Pauvre femme! (*Avec chaleur.*) Non, Caroline, non: tu sauras tout: c'est moi...

CAROLINE. Eh bien! nous le sommes tous deux, pardonnons-nous mutuellement. Je n'ai pas besoin de te dire que je ne vais plus à ce bal.

DENNEVILLE. Vraiment!

CAROLINE. Je reste ici près de toi. Je viens te demander à souper. Me refuseras-tu? aussi bien je meurs de faim: car, par caprice, je n'ai point dîné.

DENNEVILLE. Moi non plus.

CAROLINE. Tu vois bien que nous nous entendions!

DENNEVILLE. Et ta belle toilette?

CAROLINE. Elle aura été pour toi seul, et maintenant elle me pèse, elle me fatigue, il me tarde de m'en délivrer. Sonne ma femme de chambre. (*Denneville va pour tirer le cordon de la sonnette. Caroline l'arrête.*) Ah! j'oubliais que je lui ai donné congé pour la soirée, mais je m'en passerai bien. (*Elle va près de la glace.*) Mon ami, voulez-vous m'ôter mon agrafe.

DENNEVILLE, *vivement.* Bien volontiers. (*S'arrêtant.*) Non, non, on vient.

SCÈNE XVII.

LES PRÉCÉDENTS; GERVAULT, puis EDMOND.

GERVAULT, *entrant par le fond à droite.* Voici monsieur Edmond, qui demande si Madame est visible.

DENNEVILLE. Oui, sans doute.

EDMOND, *entrant en grande toilette de bal.*

AIR: *Ah! le beau bal* (de LA FIANCÉE).

Ah! le beau bal! ah! la belle soirée!
On nous attend, et de ce bal joyeux
J'entends déjà les sons harmonieux.
Eh! mais, que vois-je? à peine êtes-vous préparée?
Ma voiture est en bas, hâtons-nous de partir;
Chaque instant de retard nous dérobe au plaisir.

ENSEMBLE.

EDMOND.
Ah! le beau bal! la belle soirée!
Hâtons-nous de partir.
DENNEVILLE ET CAROLINE.
Ah! quel moment! quelle belle soirée!
Pour tous deux quel plaisir!

CAROLINE. J'en suis fâchée, Monsieur, mais je suis revenue du bal, ou plutôt je n'y vais pas.

EDMOND, *à part.* O ciel! (*Haut.*) Je comprends: votre mari a exigé...

CAROLINE. Non, c'est moi qui veux rester.

DENNEVILLE. Oui, nous passons la soirée en famille. Mon cher Gervault, voulez-vous avoir la bonté de dire qu'on nous serve à souper?

GERVAULT. Dans la salle à manger?

DENNEVILLE. Non, dans la chambre de ma femme, près du feu.

EDMOND, *étonné.* A souper?

DENNEVILLE. Je ne t'invite pas, mon ami, parce que c'est trop bourgeois; mais j'ai avant tout des excuses à te faire.

EDMOND. A moi!

DENNEVILLE. Oui, tu avais raison tantôt, c'est bien quatre mille francs que je t'avais vendu mon cheval.

EDMOND. Comment?

DENNEVILLE, *lui montrant la lettre.* Vois plutôt, c'était, parbleu, écrit en toutes lettres.

EDMOND, *à part.* Il sait tout.

DENNEVILLE, *avec bonhomie.* C'est étonnant comme on peut se tromper! mais dans ce monde (*Regardant Caroline.*) il ne s'agit que de s'entendre.

EDMOND. Je comprends, et je m'en vais.

DENNEVILLE, *à part*. Et, comme tu es attendu au bal, je ne veux pas te retenir. Gervault, faites éclairer monsieur le comte.

GERVAULT, *prenant le candélabre qui est sur le bureau de Denneville*. Avec plaisir. (*A part, montrant Edmond.*) Les amants s'en vont, (*Montrant Denneville et sa femme.*) le bonheur reste; voilà la morale des ménages. Je vais retrouver madame Gervault.

DENNEVILLE, *à Edmond, qui est près de la porte du fond à droite*. Bonsoir, mon ami.

EDMOND, *soupirant*. Bonsoir. (*Edmond est près de la porte du fond, éclairé par Gervault, qui tient un flambeau. Denneville, tenant le bras de sa femme, va pour entrer avec elle dans la chambre à gauche.* La toile tombe.

FIN
de
la Seconde Année.

LE SAVANT

COMÉDIE-VAUDEVILLE EN DEUX ACTES

Représentée, pour la première fois, à Paris, sur le théâtre du Gymnase dramatique, le 22 février 1832.

EN SOCIÉTÉ AVEC M. MONVEL.

Personnages.

M. DE WURTZBOURG, conseiller aulique.
MADAME DE WURTZBOURG.
HÉLÈNE, leur nièce.
REYNOLDS.

LE DOCTEUR SCHULTZ.
FRÉDÉRIC STOP, sous-lieutenant au régiment de l'archiduc Charles.
HANTZ, serviteur de Reynolds.

La scène se passe en Allemagne : au premier acte, dans la chambre de Reynolds ; au deuxième acte, à la maison de campagne de M. de Wurtzbourg.

ACTE PREMIER.

Le théâtre représente le cabinet de Reynolds : la bibliothèque occupe le fond et les parties latérales ; plusieurs objets d'histoire naturelle, bustes, coquillages, armures antiques au-dessus, des livres. A droite de l'acteur, et un peu sur le devant, une grande table chargée de livres de toute espèce, papiers, globes, cartes de géographie, etc. Du même côté, et au fond, la porte de la chambre à coucher. Porte d'entrée au fond.

SCÈNE PREMIÈRE.
HÉLÈNE, HANTZ.

HÉLÈNE, *ent'rouvrant la porte.* Il n'est pas là ?
HANTZ. Non, Mademoiselle.
HÉLÈNE, *à l'antichambre.* Restez, Catherine, et attendez-moi. *(A Hantz.)* Comment va-t-il ce matin ?
HANTZ. Mieux, grâce à vous ; car, sans vos bontés, c'en était fait de mon cher et honoré maître.
HÉLÈNE. Ne parlons pas de cela.
HANTZ. Vous qui, tous les jours, du premier étage où vous demeurez, ne craignez pas de monter ici au quatrième, pour apporter des soins et des consolations à un pauvre malade.
HÉLÈNE, *souriant.* Qui, grâce au ciel, ne l'est plus, car je vois qu'il est sorti ; et il a même oublié que c'était le jour de ma leçon. Vous lui direz que ce n'est pas bien.
HANTZ, *la retenant.* Ah ! restez, Mademoiselle, restez ; il va rentrer : il serait fâché donc pas vous avoir vue.

HÉLÈNE.
AIR du vaudeville de *l'Écu de six francs.*

Allons, parfois donc il se fâche ?
    HANTZ.
Lui !.. jamais... je le connais bien.
Travaillant toujours sans relâche,
Il ne dit rien, ne s' mêl' de rien ;
Tout ce qu'on fait est toujours bien.
Mes caprices, quels qu'ils puiss'nt être,
En tout temps par lui sont soufferts ;
Et d'puis six ans que je le sers,
C'est toujours moi qui suis le maître.

HÉLÈNE. Et comment l'avez-vous connu ?
HANTZ. Je ne le connaissais pas, ni lui non plus : j'ai été pendant quarante ans bedeau et suisse à la cathédrale de Cologne, je dis bedeau et suisse, car je remplissais alternativement les deux emplois quand le suisse était malade, c'est moi qui tenais sa place, et sans vouloir dire de mal de mes anciens seigneurs... devenu vieux, ils m'ont mis à la porte, sans un florin dans ma poche ; moi ! un invalide ; presque un ancien militaire... car, lorsque, pendant quarante ans, on a porté la hallebarde...
HÉLÈNE. C'est juste.
HANTZ. J'étais donc sur le pavé, et prêt à mourir de faim ; car, je vous le demande, à quoi peut servir un bedeau destitué ?.. lorsqu'en passant dans la rue, je heurte violemment, et sans l'apercevoir, un homme qui lisait en marchant, et qui était si peu sur ses gardes, qu'il fut renversé du coup ; c'était le professeur Reynolds.
HÉLÈNE. Et voilà comment vous vous êtes rencontrés la première fois ?
HANTZ. Oui, Mademoiselle ; et quoiqu'il eût une large bosse au front, il me remerciait de son air qui était tombé, et que je lui rendais en l'essuyant de mon mieux ; de là il vint à m'interroger, et quand il apprit

AIR du vaudeville du *Charlatanisme.*

Qu' j'étais vieux, infirme, et sans bien,
Et, quelque état que je choisisse,
Que je n'étais plus bon à rien...
Lors, il me prit à son service.
Près de lui, depuis ce moment,
Je jouis de tous les avantages,
Car il me paie exactement
Pour ne rien faire, et franchement,
Je ne lui vole pas ses gages.

HÉLÈNE. Plus je regarde son cabinet, sa bibliothèque, plus je le trouve heureux ici !.. c'est un vrai paradis !
HANTZ. Hum ! hum !.. un paradis !.. pas tout à fait ; le paradis, si je m'en souviens, c'est un beau jardin en plein air ; tandis qu'ici...
HÉLÈNE. Mon Dieu ! le paradis est partout où l'on est heureux. *(Regardant les livres de la bibliothèque.)* Et je ne vois pas là ses ouvrages à lui, ceux qu'il a composés ; ils sont dans toutes les bibliothèques, excepté dans la sienne... car tu ne sais pas que ton maître, le docte Reynolds, est un homme d'un grand talent, d'un immense savoir, qui sera un jour un des plus beaux génies de l'Allemagne.
HANTZ. Vous croyez ?.. tant pis.
HÉLÈNE. Et pourquoi donc ?
HANTZ. Voyez où cela le mène : à être malade, à se

tuer! Et comment en serait-il autrement?.. il ne fait pas autre chose que lire et écrire depuis le matin jusqu'au soir, et quelquefois même toute la nuit; pas d'air, pas d'exercice... ça lui épaissit le sang, et il mourra quelque jour d'apoplexie.

HÉLÈNE, *effrayée.* Ah! mon Dieu!

HANTZ. Et à son âge! car il est jeune encore, il a à peine trente-quatre ans.

HÉLÈNE. Vraiment!

HANTZ. C'est l'étude qui le vieillit; et puis, faut-il s'étonner qu'il soit si triste, si mélancolique?.. toujours courbé sur ce qu'il appelle des *classiques*, de gros livres grecs et latins qui lui donnent un tas d'idées diaboliques et païennes; car voyez-vous, Mam'selle, un nouveau classique, c'est ni plus ni moins qu'un païen; et vrai, là, sans médisance, je crois que mon maître en tient un peu.

HÉLÈNE. Y pensez-vous?

HANTZ. Hélas! oui; quand par hasard la procession passe sous nos fenêtres, et qu'on entend ces belles voix de chantres, et cette douce musique des serpents, il n'y tient plus, il jette sa plume, il se démène comme si on l'exorcisait; est ce étonnant!

HÉLÈNE. Sans doute; car M. Reynolds est si honnête homme, si bon!..

HANTZ. Lui! il aime tout le monde; quand je dis tout le monde, faut pourtant en excepter les chaudronniers, les armuriers, les serruriers, les maréchaux!.. et les tambours donc!.. oh! les tambours le mettent aux champs; et quand il y a une revue, ou une parade, il n'y est plus.

SCÈNE II.

LES PRÉCÉDENTS, REYNOLDS.

REYNOLDS, *son chapeau sur la tête, et un livre à la main.* Belle édition, ma foi!.. édition de 1560; les anciens sont nos maîtres en tout, (*Regardant avec tendresse le livre qu'il tient.*) excepté en imprimerie.

HANTZ, *voulant l'interrompre.* Monsieur...

REYNOLDS, *regardant son livre.* Ils ne connaissent pas les Elzevirs, les Didot, les Crapelet!.. Les belles pages! comme elles sont noires, et moisies par le temps!.. je défierais toute l'université d'en déchiffrer une lettre!

HANTZ, *à Hélène.* En voilà encore pour quinze jours sans boire ni manger; parlez-lui, Mademoiselle, car moi, il ne m'entendra jamais.

HÉLÈNE, *s'approchant de Reynolds qui est plongé dans la lecture.* Monsieur Reynolds!.. point de réponse... (*Le tirant par son habit.*) Mon cher maître!

REYNOLDS. Ah! c'est vous, Hélène! vous, ma bienfaitrice! (*A Hantz, qui est passé à sa gauche.*) Pourquoi n'es-tu pas venu m'avertir?.. Pourquoi ne m'as-tu pas dit?..

HANTZ. Voilà une heure que je vous le crie.

REYNOLDS. Vraiment!.. c'est singulier! (*Lui donnant son livre.*) Tiens, prends ce livre, porte-le dans ma chambre, sur ma cheminée; là, tout ouvert; ne le ferme pas, car pour retrouver ce passage-là, il faudrait encore feuilleter tout le volume.

HANTZ, *emportant le livre tout ouvert.* Oui, Monsieur!.. (*A part, en s'en allant.*) Quels caractères diaboliques!.. se peut-il qu'un chrétien vive de cela!.. (*Il entre dans la chambre de Reynolds.*)

SCÈNE III.

HÉLÈNE, REYNOLDS.

REYNOLDS. Ma tête est si lourde, si fatiguée...

HÉLÈNE. Que si vous n'y prenez garde, vous perdrez la mémoire.

REYNOLDS. Jamais, jamais je n'oublierai ce que je vous dois; je souffrais tant, je ne savais plus où j'étais; mes livres, mon grand ouvrage, mon ouvrage commencé, j'avais tout oublié, je ne pensais plus, j'allais mourir.

AIR : *Muse des bois.*

Un froid mortel, une langueur étrange,
Glaçaient mes sens'.. et quand j'ouvris les yeux,
A mes côtés apercevant un ange,
Je me suis cru transporté dans les cieux.
HÉLÈNE, *souriant.*
Pour un savant que j'estime et j'honore,
L'erreur est grande.
REYNOLDS.
A présent, je le vois,
Oui, dans le ciel je n'étais pas encore,
(*La regardant.*)
C'était le ciel qui descendait vers moi.

HÉLÈNE. Lui, et puis le docteur que j'ai envoyé chercher; et sans son secours...

REYNOLDS. Oui, ce bon Schultz, mon ancien ami, l'ami de ma famille; j'avais oublié de l'avertir, et c'était mal à moi de mourir sans lui; il me l'a bien reproché, et rien ne pourra m'acquitter jamais envers vous deux.

HÉLÈNE. N'est-ce pas moi qui vous suis redevable? vouloir bien me donner des leçons d'italien et de français, vous, monsieur Reynolds, un si grand savant, c'est bien de l'honneur.

REYNOLDS. Non; mais c'est commode pour vous, dans la même maison, quelques escaliers seulement à monter, et tous les deux jours, quand je vous vois arriver avec la vieille Catherine, votre gouvernante...

HÉLÈNE. Nous interrompons vos travaux.

REYNOLDS. Non, cela me repose, cela me délasse, comme de la belle poésie de Goethe ou de Klopstock; et il me semble que ce jour-là, je me porte mieux.

HÉLÈNE, *vivement.* Oh! je viendrai tous les jours.

REYNOLDS. Je n'osais pas vous le proposer.

HÉLÈNE. Par malheur, ce ne sera que dans bien longtemps; car je vais partir pour trois mois, monsieur Reynolds.

REYNOLDS Partir! et pourquoi donc?.. négliger vos leçons, vos études!..

HÉLÈNE. Il le faut; c'est un voyage que je vais faire tous les ans, chez un oncle dont je suis l'unique héritière, et qui est très-riche.

REYNOLDS. Qu'importe la richesse, auprès de la science?

HÉLÈNE. Sans doute; mais ma mère, qui tient peu à la science et beaucoup à la fortune, n'a d'autre bien que cette petite maison où nous demeurons; et pour ne pas se brouiller avec mon oncle, elle m'envoie passer trois mois à la campagne : je pars ce matin, et je viens vous faire mes adieux.

REYNOLDS. Trois mois! c'est bien long; vous oublierez ce que vous savez, vous m'oublierez peut-être aussi.

HÉLÈNE. Oh! non, ne le croyez pas, car cette année-ci ce voyage me fait une peine, et surtout une frayeur...

REYNOLDS. Et pourquoi donc?

Madame de Wurtzbourg.

HÉLÈNE. C'est que mon oncle et ma tante veulent me marier.

REYNOLDS. Vous marier! c'est étonnant! comment peut-on se marier? cela ne me serait jamais venu à l'idée.

HÉLÈNE. Ni à moi non plus; mais je vous le dis à vous, en qui j'ai confiance, pour que vous me disiez ce que vous en pensez.

REYNOLDS. Ce que je pense du mariage?

HÉLÈNE. Oui.

REYNOLDS. Je ne sais.

HÉLÈNE. Vous qui êtes si savant!

REYNOLDS. C'est pour cela. Dans nos auteurs anciens et modernes, il y a autant de raisons pour la négative que pour l'affirmative; et je me rappelle, il y a quelque temps, avoir jeté à ce sujet quelques idées sur le papier.

HÉLÈNE. Et ce papier, où est-il?

REYNOLDS. Je l'ignore, j'en ai tant! (*Montrant la table.*) là, peut-être, avec mille autres; et si je le retrouve, je vous l'enverrai.

HÉLÈNE. Vous me le promettez?

REYNOLDS. Certainement.

HÉLÈNE. Et moi, quels que soient vos conseils, je vous promets de les suivre. Adieu, monsieur Reynolds.

REYNOLDS. Adieu... (*Il baisse la tête, rêve quelque temps, puis se remet à travailler à la table.*).

HÉLÈNE, *revenant timidement.* J'aurais bien encore quelque chose à vous dire, mais c'est que je n'ose pas. (*Voyant Reynolds qui ne l'écoute plus.*) Mon cher maître...

REYNOLDS, *vivement.* Ah! vous voilà de retour?.. tant mieux.

HÉLÈNE. Non, je n'étais pas partie; et je vois que déjà vous vous êtes remis à l'ouvrage.

REYNOLDS, *se levant.* Toujours, quand j'ai du chagrin; avec le travail on oublie tout.

HÉLÈNE. Même ses amis.

REYNOLDS. Non, mais leur absence. Que vouliez-vous me dire?

HÉLÈNE. C'est là le difficile; j'étais venu pour cela,

Hélène.

et je m'en irais, je crois, sans vous en parler... Vous n'êtes pas riche, vous ne vouliez rien pour vos leçons, et j'ai demandé pour vous, à mon oncle, cette place de recteur.

REYNOLDS. Pour moi! oh! je vous remercie, gardez-la.

HÉLÈNE. Vous me refusez?

REYNOLDS. Elle peut être nécessaire à d'autres, et moi je n'en ai pas besoin; mes manuscrits, mes travaux, voilà mon être, mon existence; et tout ce qui pourrait m'en distraire, même pour me rendre heureux me paraîtrait le plus grand des malheurs; je mourrai ici, la plume à la main, et au milieu de mes livres, comme le guerrier sur le champ de bataille! mort moins glorieuse, mais aussi utile, peut-être! J'ai là... (*Portant la main à son front.*) là, un ouvrage qui m'usera avant le temps, mais qu'importe!

AIR : *Un jeune Grec.*

A-t-il vécu, celui qui, plein de jours,
Ne laisse rien qu'un souvenir stérile?
Mais de sa vie en abrégeant le cours,
A tous les siens s'il sait se rendre utile.
Si ses écrits brûlant d'un feu nouveau,
Ont éclairé son pays qu'il honore,
Que de ses jours s'éteigne le flambeau,
Il ne meurt pas, en bravant le tombeau,
Par ses bienfaits il vit encore.

HÉLÈNE. Ah! monsieur Reynolds, ne parlez pas ainsi.

REYNOLDS. Cet ouvrage-là, Hélène, vous le lirez après moi; je n'en ai encore écrit que deux volumes, et il y en aura six... c'est bien long, c'est égal, vous le lirez... vous me le promettez; c'est de ses amis qu'on doit attendre du dévouement... vous vous direz peut-être : « C'est l'ouvrage d'un bavard, d'un rêveur... « mais d'un rêveur honnête homme, et cet homme-« là était mon ami. »

HÉLÈNE. Oh! il le sera toujours.

REYNOLDS. Il y a surtout un chapitre où j'ai pensé à vous; je croyais l'avoir écrit avec quelque éloquence, quelque chaleur... et il me semble maintenant qu'il pourrait être mieux... Oui, oui, dans son *de Amicitiâ*,

Cicéron n'a rien de pareil... il n'a pas parlé de l'amitié des femmes... « *Quâ à Diis immortalibus nihil melius habemus, nihil dulcius...* » est-ce *dulcius* ou *jucundius* qu'il y a dans le texte?

HÉLÈNE. Je n'en sais rien...

REYNOLDS. C'est juste; je m'en vais le voir... Où est mon Cicéron? où cet étourdi de Hantz l'aura-t-il fourré?.. Ah! je le lisais hier soir, en me déshabillant... et je l'ai serré, là, dans ma chambre à coucher. (*Il entre dans sa chambre.*)

SCÈNE IV.

HÉLÈNE, *seule*. Oui, dans sa chambre, à ce qu'il croit; car il est si distrait et si original! et si je pouvais lui épargner la peine de le chercher... C'est *Cicéron* qu'il a dit, et si je le trouvais là sur cette table... (*Elle cherche parmi les livres.*) Ah! un papier de sa main. (*Elle lit.*) Sur le mariage... C'est celui dont il me parlait ce matin; lisons : « *Des inconvénients du Mariage.* » (*Elle lit tout bas; et s'arrête effrayée.*) Ah! mon Dieu! ah! mon Dieu!.. je n'aurais jamais cru qu'il y en eût tant... Mais c'est que c'est vrai, rien n'est plus vrai; et rien que d'y penser, j'en suis toute tremblante... Qui vient là?.. le docteur... (*Elle plie le papier, et le cache dans la poche de son tablier.*)

SCÈNE V.

HÉLÈNE, SCHULTZ.

SCHULTZ, *saluant*. Mademoiselle Miller!.. j'étais sûr de la trouver ici.

HÉLÈNE. Et pourquoi donc, monsieur le docteur?

SCHULTZ. Je venais de voir dans l'antichambre la vieille Catherine, votre gouvernante, qui attend que la leçon soit finie, leçon qui doit bien vous ennuyer.

HÉLÈNE. Pouvez-vous dire cela, vous qui connaissez M. Reynolds!.. Quand un instant il oublie ses livres, et souvent il veut bien les oublier pour moi, il est impossible d'avoir une conversation plus aimable, plus attachante... Je l'écouterais parler la journée entière.

SCHULTZ. Je crois bien; je l'ai vu autrefois prévenant, attentif, galant même...

HÉLÈNE. C'est vrai; il l'est beaucoup, et sans s'en douter.

SCHULTZ. Mais dès qu'un manuscrit, un bouquin ou une médaille ont frappé ses yeux, ce n'est plus le même homme, il est dans un autre siècle. Mais où est-il donc en ce moment?

HÉLÈNE. Il est là, à chercher un Cicéron.

SCHULTZ. Vraiment!.. comme c'est aimable!.. oublier, pour l'amour de l'antiquité, une jeune et jolie personne qui est chez lui.

HÉLÈNE. Tenez, tenez, le voilà, monsieur le docteur. Adieu, je vous laisse.

AIR : *Je ne veux pas qu'on me prenne.*
Pourquoi donc? plus que toute autre
Votre présence lui plaît.
HÉLÈNE.
Il préférera la vôtre.
SCHULTZ, *souriant*.
Je ne crois pas.
HÉLÈNE.
Oh! si fait.

SCHULTZ.
Vous, son élève... il vous aime.
HÉLÈNE.
Moins que vous... je m'en souviens,
Vous me disiez vous-même :
Il aime mieux les anciens.

Adieu, monsieur le docteur. (*Elle sort.*)

SCÈNE VI.

REYNOLDS, *qui est entré en lisant*, SCHULTZ.

REYNOLDS, *lisant Cicéron*. « *Solem è mundo tollere videntur qui amicitiam è vitâ tollunt.* » Retrancher l'amitié de la vie, c'est enlever le soleil au monde. Quelle belle latinité! quelle pureté! que c'est beau! (*Schultz, sans rien lui dire, prend la main droite dont il tient le livre; Reynolds, sans le regarder, prend le livre de la main gauche, et continue à lire pendant que Schultz lui tâte le pouls.*)

SCHULTZ, *avec humeur et à voix haute, en lui tâtant le pouls*. Mauvais, très-mauvais.

REYNOLDS, *se retournant avec indignation*. Mauvais! Cicéron?..

SCHULTZ. Eh! non, votre pouls.

REYNOLDS. Ah! c'est vous, docteur?

SCHULTZ. Oui, moi, et la fièvre.

REYNOLDS. Que vous m'apportez.

SCHULTZ. Ce n'est pas la peine; car elle ne vous quitte pas; et si vous croyez entrer ainsi en convalescence... vous mourrez, et cela me fera du tort.

REYNOLDS. A vous?

SCHULTZ. Oui, on croira que c'est moi qui vous ai tué, et ce sera l'étude, ce sera votre obstination à ne pas suivre mes ordonnances. Mais aujourd'hui, que vous le vouliez ou non, il faudra bien m'obéir; d'abord il vous faut de l'air, du mouvement, de la dissipation... Vous quitterez cet appartement... j'ai fait mettre écriteau.

REYNOLDS. Docteur!

SCHULTZ. Et puis, si vous le voulez bien, nous allons, une fois pour toutes, parler raison; car je suis un vieil ami à vous, et à tous les vôtres, je les ai tous vus naître, je les ai tous élevés, soignés et enterrés; car de la famille, vous êtes le seul à présent.

REYNOLDS. C'est vrai.

SCHULTZ. Et c'est à ce sujet qu'il faut s'entendre : quand vous étiez le cadet d'une noble et illustre maison, quand les honneurs, la fortune, la tendresse paternelle étaient exclusivement réservés à vos aînés, et qu'on ne vous offrait pour tout avenir qu'une place obscure dans le fond d'un cloître, je conçois que, froissé d'une injuste préférence, vous ayez abandonné patrie et parents pour vous livrer à l'étude, pour vous réfugier ici, à un quatrième étage, et ne rien devoir qu'à vous-même et à votre travail : c'était bien, c'était noble; je vous ai toujours approuvé et défendu. Mais maintenant que la mort de votre dernier frère vous laisse un beau titre et un immense héritage, votre nouvelle fortune vous impose de nouveaux devoirs, et le comte de Frankenstein ne peut plus vivre comme le faisait le professeur Reynolds.

REYNOLDS. C'est-à-dire, docteur, que pour vous faire plaisir, il faut que je renonce à mes goûts, à mes habitudes, à mon bonheur.

SCHULTZ. Non pas y renoncer; mais l'arranger autrement... Vous ne voudrez point passer pour un avare.

REYNOLDS. Non, sans doute... J'achèterai des livres,

de belles éditions, des manuscrits.. Je fonderai des prix dans les universités, des chaires pour les savants, des pensions pour les vieux professeurs, et je dirai à chacun d'eux en lui tendant la main :

Air : *Le choix que fait tout le village.*

Sans rien avoir, comme vous, cher confrère,
Je voyageais, leste et gai pèlerin,
Lorsque voilà, pauvre millionnaire,
Un lourd fardeau qui m'accable en chemin!
O vous que rien n'arrête en votre route,
Venez m'aider ; un peu d'aide fait tout...
Seul... sous le poids je fléchirais sans doute,
Mais à nous tous, nous en viendrons à bout.

schultz. A la bonne heure! c'est bien, cela commence.

reynolds. Et puisque nous en sommes sur ce chapitre, avez-vous envoyé au vieux Daniel Stop ?..

schultz. Ces vingt mille florins?

reynolds. Oui, ce pauvre vieux Stop, c'est mon premier maître de latin, celui qui m'a appris à décliner *musa*, la muse ; il a dû être bien surpris...

schultz. Il était mort, laissant un fils sans fortune.

reynolds. C'est à lui qu'il fallait envoyer...

schultz. C'est ce que j'ai fait.

reynolds. C'est bien. (*Il va à la table, prend quelques papiers sur lesquels il jette les yeux.*)

schultz. Oui, c'est bien pour votre cœur, pour votre satisfaction personnelle. Mais pour votre santé, cela ne suffit pas; ces études assidues, cette vie sédentaire, claustrale, que vous vous obstinez à mener ; cet emprisonnement volontaire auquel vous vous condamnez, ne conviennent nullement à votre âme naturellement ardente. Vous devez sentir vous-même que vous abrégez vos jours.

reynolds, *toujours occupé de ses papiers.* Je ne dis pas non ; mais qu'y faire?

schultz. Tout le contraire de ce que vous faites. Recherchez les amusements, les distractions qu'autorise votre nouvelle position dans le monde. Achetez un bel hôtel, recevez de la société, allez à la chasse, dans vos bois, livrez-vous au plaisir de la table, donnez des bals.

reynolds. Moi, des bals!

schultz. Pourquoi pas? Vous dansiez autrefois.

reynolds, *avec indignation.* Danser, danser!.. J'espère bien, Monsieur, que vous n'avez pas voulu m'offenser?

schultz. Eh! non, morbleu! et il me semble que mon ordonnance n'est pas si difficile à suivre, et que bien des gens s'en accommoderaient.

reynolds, *revenant auprès de Schultz.* Oui, bien des gens ; mais non pas moi, car tout ce que vous me proposez là, docteur, futilités, temps perdu... (*Mouvement de Schultz.*) Temps perdu, vous dis-je, et il faut être avare du temps ; il faut le ménager ; car la vie en est faite, et songez donc que, pendant tous ces amusements-là, mon grand ouvrage n'avancerait pas... je n'en ai encore écrit que deux volumes.

schultz, *froidement.* Combien vous en reste-t-il à écrire?

reynolds. Quatre, grand in-octavo.

schultz. Et quel temps estimez-vous qu'il vous faille pour tout achever?

reynolds. Au moins huit ans. Deux années par volume.

schultz. Alors, ne vous inquiétez pas, il ne sera jamais fini.

reynolds, *avec effroi.* Jamais fini!

schultz. L'ouvrage en restera au troisième volume.

reynolds. Est-il possible!

schultz. Car, en continuant ainsi, vous n'avez pas deux ans à vivre.

reynolds. Et mes souscripteurs, que diront-ils?

schultz. Vous leur manquerez de parole.

reynolds. Et ma réputation d'honnête homme! et ma gloire de professeur, et toutes mes espérances détruites! Docteur, docteur, je veux achever mon grand ouvrage... donnez-m'en les moyens; et quoi qu'il doive m'en coûter...

schultz. Vous me promettez de suivre mon ordonnance?

reynolds. Je le jure.

schultz. Quelle qu'elle soit?

reynolds. Quelle qu'elle soit.

schultz. Eh bien! je vous l'atteste par Galien et par Hippocrate, il n'est pour vous, dans ce moment, qu'un seul moyen de salut... un seul... c'est de vous marier.

reynolds, *avec effroi.* Me marier!.. docteur, vous ne me parlez pas sérieusement.

schultz. Si vraiment.

reynolds. Me marier!.. mon état est donc bien désespéré?..

schultz. Oui ; croyez-en votre ami, votre second père. Pour secouer cette préoccupation du cerveau, ce marasme qui vous obsède, il faut d'autres soins qui, chaque jour, viennent vous distraire ; il faut une agitation continuelle, une sorte de tracasserie de tous les moments... en un mot, il vous faut malgré vous du tourment et du bonheur... et pour cela il n'y a qu'une femme.

reynolds, *rêvant.* Une femme!

schultz.

Air : *Ses yeux disaient tout le contraire.*

Oui, j'en suis sûr, contre vos maux,
Cette recette est souveraine ;
Une femme, et puis des marmots.
    reynolds, *effrayé.*
Quoi! des enfants!..
    schultz.
        Une douzaine.
On nous accuse en vingt endroits
De vouloir dépeupler la terre ;
Mon ordonnance, cette fois,
Aura du moins fait le contraire.

reynolds. Une femme!

schultz. Oui, sans cela, j'en réponds, vous devenez fou, et votre mort aux Petites-Maisons discrédite à jamais les lettres et l'étude.

reynolds. Vous croyez?

schultz. Les mères de famille empêcheraient leurs enfants d'apprendre à lire.

reynolds. Est-il possible! il serait très-fâcheux, en effet, que la science reçût un pareil échec pour un mari de plus ou de moins. Mais c'est que, voyez-vous, j'ai, depuis si longtemps, contre le mariage...

schultz. Tant de préventions...

reynolds. Non, non, d'excellents arguments que je ne me rappelle plus maintenant, mais que je retrouverai peut-être... (*Cherchant sur la table.*) J'avais écrit sur une feuille de papier volante, toutes les raisons en faveur du mariage. Sur une autre j'avais écrit toutes les raisons contre... et j'aurais voulu faire la balance. (*Prenant une feuille.*) Et tenez, tenez, docteur, je crois que c'est cela, voyez plutôt, et lisez... (*Il passe à la gauche de Schultz.*)

schultz. Volontiers... (*Lisant.*) « Veux-tu ne plus

« être seul sur la terre?.. veux-tu alléger tes peines, « et doubler ton bonheur? marie-toi. »
REYNOLDS, *étonné*. Comment!..
SCHULTZ, *lisant toujours.* « Artiste, homme de lettres, « savant; pour aimer ton humble logis, pour y rester, « pour t'y complaire, marie-toi. »
REYNOLDS, *de même.* Est-il possible!
SCHULTZ. « Pour te délasser de tes travaux, pour y « trouver un nouveau prix; pour que des yeux bril- « lants de bonheur et de joie partagent tes succès, et « te fassent chérir la gloire, homme, marie-toi. »
REYNOLDS. J'ai écrit cela! c'est singulier.
SCHULTZ. « Pour que d'avides collatéraux ne se dis- « putent point le fruit de ton travail, et ne viennent « pas d'un œil cupide compter tes richesses et tes « jours, pour que les soins et l'amour environnent ta « vieillesse, pour que des bras jeunes et vigoureux « soutiennent tes pas chancelants, pour que tu trans- « mettes à d'autres toi-même, tes biens, ta gloire et « l'honneur de ton nom, aie des enfants, aie une « femme... marie-toi. »
REYNOLDS, *avec chaleur.* Oui, oui, j'avais raison, quand je pensais cela.
SCHULTZ. Certainement; et comme c'est écrit!
REYNOLDS. Mais je voudrais bien voir les objections que je me faisais alors, et je ne les trouve pas là.
SCHULTZ. Il n'y en a pas... il ne peut pas y en avoir; il n'y a rien à dire, qu'à se marier, pour être d'accord avec vous-même.
REYNOLDS. Puisqu'il le faut, je ne dis pas non; mais c'est à une condition, c'est que vous vous char- gerez, docteur, de me trouver une femme... quel- conque...
SCHULTZ. Cela me regarde.
REYNOLDS. Car les demandes, les démarches, les pré- sentations...
SCHULTZ. Cela me regarde.
REYNOLDS. La cour à faire à la famille, ou à la future...
SCHULTZ. Cela me regarde.
REYNOLDS. A la bonne heure. J'entends rester ici, chez moi, ne me mêler de rien... C'est déjà bien assez d'épouser...
SCHULTZ. C'est juste, et dès aujourd'hui même, je trouverai ce qui vous convient, ce ne sera pas long.
REYNOLDS. Vous avez donc une ennemie à qui vous en voulez, car, franchement, qui voudra jamais de moi?
SCHULTZ. Une femme bonne, aimable, charmante.
REYNOLDS. Pauvre femme! que je la plains! et si elle est bonne, et que je la rende malheureuse, cela me fera de la peine. Ecoutez donc, docteur, je l'ai- merais presque autant méchante... je n'aurais rien à me reprocher.
SCHULTZ. Ne m'avez-vous pas dit que cela me regar- dait?
REYNOLDS. C'est juste... c'est juste... vous avez ma procuration.

AIR des *Comédiens.*
Adieu, docteur, le jour fuit, le temps passe,
Et je n'ai fait encor rien d'aujourd'hui.
(*Il s'assied à la table.*)
SCHULTZ.
Et moi, je vais pour vous, à votre place,
Voir la famille... et dans une heure, ici.
REYNOLDS, *prenant sa plume.*
Dépêchons-nous! partez... moi, je demeure
Pour travailler.
SCHULTZ.
Ce matin, à quoi bon?

REYNOLDS.
Dépêchons-nous... je n'ai donc plus qu'une heure
Pour m'en donner et faire le garçon.
ENSEMBLE.
REYNOLDS.
Adieu, docteur, le jour fuit, le temps passe,
Et je n'ai fait encor rien d'aujourd'hui;
Employons bien ce dernier jour de grâce
Que le docteur me laisse encore ici.
SCHULTZ.
Dépêchons-nous, le jour fuit, le temps passe,
Je vais pour vous m'employer aujourd'hui;
Et de ce pas, je vais à votre place
Voir la famille, et dans une heure, ici.
(*Il sort.*)

SCÈNE VII.

REYNOLDS, *seul.* Une heure, a-t-il dit... marié dans une heure, ou c'est tout comme... Quel dom- mage! C'est si agréable d'être seul, chez soi, dans sa bibliothèque, au milieu de tous ses auteurs! Quelle bonne compagnie!.. Quelle société peut être compa- rée à celle de deux ou trois cents hommes d'esprit, qui, symétriquement rangés sur des rayons, ne parlent que quand on les interroge, et se taisent quand on veut... O mes amis! mes vieux amis! est-ce qu'il faudra vous abandonner?.. non, non, jamais une main étrangère ne sèmera parmi vous le désordre, et ne vous fera perdre vos places habituelles, ces places que vous occupez depuis si longtemps; je vous le promets... Hein! qui vient déjà nous déran- ger?..

SCÈNE VIII.

REYNOLDS, HANTZ, *puis* FRÉDÉRIC.

REYNOLDS. Qu'est-ce que c'est? qu'est-ce que tu veux?
HANTZ. C'est un jeune homme, un militaire, qui demande à vous parler.
REYNOLDS, *avec humeur.* Un militaire! je ne peux pas, je n'y suis pas; je travaille.
HANTZ. Mais, Monsieur... il est là, le voici. (*Frédéric entre.*)
REYNOLDS. Qui donc?
HANTZ. Ce jeune homme.
FRÉDÉRIC, *à Reynolds.* Monsieur, j'ai bien l'honneur de vous saluer.
REYNOLDS, *sans se déranger.* Monsieur, je voudrais l'avoir pareillement, mais dans ce moment je suis oc- cupé; je commence un chapitre, si vous voulez at- tendre qu'il soit fini...
FRÉDÉRIC. Ce n'est pas la peine, ne vous gênez pas, je ne tiens pas à vous parler.
HANTZ, *lui offrant une chaise.* Alors, et si vous ne venez que pour le regarder, c'est plus facile.
FRÉDÉRIC. Qu'est-ce qu'il dit celui-là?
HANTZ. Dame! Monsieur est assez curieux pour cela, et si vous le connaissez...
FRÉDÉRIC. Du tout.
HANTZ. Vous venez donc pour faire sa connaissance?
FRÉDÉRIC. En aucune façon; je ne viens pas pour lui, mais pour son appartement, qui est à louer pour quinze florins par mois, car j'ai vu écriteau.
HANTZ. A louer! notre appartement est à louer! est- il possible, Monsieur?

REYNOLDS, *toujours à travailler.* Hein! qu'est-ce que c'est?

HANTZ, *lui criant aux oreilles.* Monsieur dit que notre appartement est à louer.

REYNOLDS. Est-ce que je sais? qu'il s'informe au docteur, c'est lui que cela regarde; tout ce que je demande à Monsieur, c'est de me laisser finir mon chapitre.

FRÉDÉRIC, *parlant à Reynolds, qui écrit toujours.* Volontiers, Monsieur; car je vous avouerai franchement que je n'ai jamais rien compris à la science, quoique j'eusse un père qui en vendait; c'est pour cela que je me suis fait militaire, carrière dans laquelle j'ose dire que j'ai eu quelque succès, non pas à la guerre, nous n'en avons pas eu depuis 1814, mais dans toutes les garnisons où a séjourné le régiment de l'archiduc Charles, cité pour la précision de la manœuvre et la rapidité des conquêtes. Il faut vous dire aussi que j'ai adopté un nouveau système, qui change toute la tactique... autrefois on faisait la cour aux jeunes personnes!.. moi je m'adresse aux tantes, aux mères, aux aïeules, et autres ascendants maternels.

AIR : *L'amour qu'Edmond a su me taire.*

Aux grand'mamans, par un trait de génie,
Je fais d'abord ma déclaration ;
Cela, chez nous, se nomme en stratégie,
L'art de tourner une position...
Car pour réduire une place, je pense
Qu'un des moyens les plus sensés,
C'est d'attaquer les endroits sans défense,
Qui dès longtemps ne sont plus menacés.

Ce qui, jusqu'ici, m'a parfaitement réussi; je suis à la veille d'épouser une riche héritière, grâce à la tante qui me protège, et comme il y a encore de grands parents à elle qui habitent cette maison, j'ai vu avec plaisir un appartement vacant, (*Plus près de Reynolds, et parlant plus haut.*) parce que le voisinage... le rapprochement... vous comprenez?

REYNOLDS. Ah! que diable, Monsieur, je n'ai pas encore fini mon chapitre, et vous êtes là à me déranger.

FRÉDÉRIC. En aucune façon; on est seulement bien aise, quand on veut sous-louer, de dire qui on est.

HANTZ. Eh bien! vous pouvez recommencer, car il n'a pas entendu un mot.

REYNOLDS. Laisse donc, nous nous entendons à merveille. (*A Reynolds.*) Et si, au lieu de quinze florins par mois, Monsieur veut me laisser l'appartement pour dix... (*Appuyant.*) dix florins.

REYNOLDS, *à Hantz, qui est auprès de lui, à sa gauche.* Qu'est-ce qu'il dit?

HANTZ ET FRÉDÉRIC, *criant ensemble.* Dix florins.

REYNOLDS, *fouillant dans sa poche.* Eh! si ce n'est que cela... tenez, Monsieur, en voilà vingt-cinq, et faites-moi le plaisir de me laisser tranquille.

FRÉDÉRIC, *s'appuyant sur la table, et jetant par terre un gros volume.* Qu'est-ce que c'est?

REYNOLDS, *se levant avec vivacité.* Ah! mon Dieu! mon Tacite qui est par terre!.. mon Tacite, et toutes mes annotations! (*Il ramasse les papiers qui étaient dans le livre.*)

FRÉDÉRIC, *étonné.*

AIR de *Turenne.*

Quoi! lui que rien n'étonnait?.. il s'irrite,
Parce que j'ai renversé ses bouquins!..

REYNOLDS.

Qu'osez-vous dire? un bouquin! mon Tacite!
Tous mes héros... mes empereurs romains!

FRÉDÉRIC, *riant.*
Ils sont à bas!

REYNOLDS, *avec colère.*
Sous les coups des Germains.
O barbarie! ô Vandale! ô délire!

HANTZ, *cherchant à l'apaiser.*
Quoi! dans la chut' de cet *in-octavo!*

REYNOLDS.
Il me semblait assister de nouveau
A la chute du bas-empire.

SCÈNE IX.

LES PRÉCÉDENTS; SCHULTZ.

SCHULTZ. Ah! mon cher ami, que je vous embrasse!

REYNOLDS. Et vous aussi, docteur? tout le monde après moi!

SCHULTZ. Je vous disais bien que ce ne serait pas long; réjouissez-vous, tout va bien.

REYNOLDS. Tout va mal; voilà mes notes sur Tacite qui sont dérangées, et Dieu sait ce qu'il me faudra de temps pour remettre tout en ordre.

SCHULTZ. Vous avez le temps d'y songer, après votre mariage, qui est en bon train.

HANTZ, *à Reynolds.* Votre mariage!.. est-il possible!.. vous vous mariez?

REYNOLDS. Eh! oui, par ordonnance du médecin.

SCHULTZ. J'ai fait la demande, non pas à la mère, ce n'est pas elle qui a le plus de pouvoir; je me suis adressé à l'oncle et à la tante, de qui cela dépend; bonne famille, du crédit, de la considération; on m'a fort bien accueilli. (*Le secouant pour le faire écouter.*) Vous entendez?

REYNOLDS. A la bonne heure!

SCHULTZ. Mais maintenant on demande à vous voir.

REYNOLDS. Dès que j'aurai remis en ordre mon Tacite.

SCHULTZ, *avec impatience.* Eh! il faudra au moins huit jours pour cela.

REYNOLDS. Huit jours!.. il en faudra au moins quinze, et c'est Monsieur qui en est cause.

SCHULTZ. Il ne s'agit pas de Monsieur, mais de la famille de votre prétendue, qui vous attend aujourd'hui à dîner, à sa maison de campagne, à six lieues de la ville.

REYNOLDS. Moi, dîner en ville!

SCHULTZ. Chez M. de Wurtzbourg, conseiller aulique; rien que cela. (*Pendant ce temps Reynolds a pris une plume et écrit debout.*)

FRÉDÉRIC, *vivement, à Schultz.* Comment! monsieur le conseiller de Wurtzbourg?

SCHULTZ. Lui-même.

FRÉDÉRIC. C'est une de ses nièces que Monsieur va épouser?

SCHULTZ. Sa propre nièce, et il n'en a qu'une.

FRÉDÉRIC. C'est ce que nous verrons.

SCHULTZ, *à Reynolds.* Et quand vous connaîtrez la personne... c'est une surprise que je vous ménage. L'important maintenant est de partir; car, pour aller dîner à la campagne, à six lieues d'ici, nous n'avons pas de temps à perdre, et il faut vous habiller, entendez-vous?

REYNOLDS, *qui écrit toujours.* M'habiller, et pourquoi?

SCHULTZ, *à Hantz.* Ce serait trop long à lui expliquer. Préparons ses affaires, une toilette de prétendu; linge blanc, bas de soie, habit neuf, s'il y en a, car avec les philosophes et les penseurs, il faut penser à tout. (*Il entre avec Hantz dans la chambre de Reynolds.*)

SCÈNE X.
REYNOLDS, FRÉDÉRIC.

FRÉDÉRIC. Il me tardait, Monsieur, que nous fussions seuls.
REYNOLDS. Et moi aussi, plus je suis seul, et plus cela me convient.
FRÉDÉRIC, *sèchement*. Je ne vous tiendrai pas longtemps, cinq minutes seulement. (*Reynolds tire sa montre.*) Vous allez vous marier?
REYNOLDS. Oui, Monsieur, mon docteur le veut.
FRÉDÉRIC. Vous épousez la nièce de M. de Wurtzbourg?
REYNOLDS. C'est le docteur qui s'est mêlé de cela.
FRÉDÉRIC. Et moi, Monsieur, je vous conseille de ne point passer outre.
REYNOLDS. Je vous remercie bien de vos conseils. Mais vous me parlez là de mon mariage, je croyais que vous aviez à me parler de mon loyer.
FRÉDÉRIC, *avec impatience*. Ah! Monsieur...
REYNOLDS, *regardant toujours à sa montre*. Après cela, vous m'avez demandé cinq minutes, et que nous les employions à parler de cela ou d'autres choses, cela revient au même.
FRÉDÉRIC. Non, Monsieur, c'est bien différent; car vous saurez que j'aime celle qu'on vous destine, que j'ai même l'agrément de sa tante, qui me distingue particulièrement.
REYNOLDS. C'est possible!.. voyez le docteur; moi, cela ne me regarde pas.
FRÉDÉRIC. C'est selon; car, s'il faut vous le dire, j'ai quelques raisons de croire que je ne suis pas indifférent à la jeune personne.
REYNOLDS. Monsieur, ce sont là des détails de ménage; voyez le docteur, moi, je n'ai pas le temps, et je n'ose pas vous dire que les cinq minutes...
FRÉDÉRIC. Et bien! Monsieur, puisqu'il en est ainsi, je n'ai plus qu'un mot à vous dire. (*Lui serrant la main.*) Nous nous reverrons.
REYNOLDS, *avec candeur*. Je ne demande pas mieux, quoique vous ayez eu tort de jeter par terre mon Tacite.
FRÉDÉRIC. Je viendrai ici, demain, avec un ami.
REYNOLDS. Ici, avec un ami? je vous avouerai que cela me gênera un peu.
FRÉDÉRIC. Préférez-vous que nous vous attendions?
REYNOLDS. Cela me convient mieux.
FRÉDÉRIC, *le saluant*. A vos ordres; voici mon adresse. (*Il sort.*)
REYNOLDS, *le saluant*. Vous êtes trop bon. (*Hantz portant les affaires de Reynolds qui se promène, pendant que Hantz le suit et lui présente ses vêtements.*) Et certainement, dès que je le pourrai... et si j'y pense, j'irai voir ce jeune homme.
HANTZ, *le suivant*. Monsieur... voilà...
REYNOLDS, *de même*. Il est mieux que je ne croyais; et si ce n'est qu'il a les mouvements trop brusques... (*Il retourne prendre sa plume.*)
HANTZ, *le suivant toujours*. Mais, Monsieur...

SCÈNE XI.
LES PRÉCÉDENTS, SCHULTZ.

SCHULTZ. Eh bien! partons-nous? sommes-nous prêts? Comment! sa toilette même n'est pas commencée?..
HANTZ. Vous voyez; j'attends que Monsieur veuille s'y prêter un peu.
SCHULTZ. Eh! parbleu! si tu le consultes, nous n'en finirons jamais. (*Tirant Reynolds par le bras.*) Allons, mon cher ami, allons, il faut nous hâter. (*Hantz lui ôte sa redingote, puis Schultz le fait asseoir dans le fauteuil. Reynolds, tenant toujours sa plume et un papier, se prête à leurs soins. Il s'assied : pendant ce temps, Hantz lui ôte ses souliers, et lui met ses bas de soie, qu'il attache à sa culotte courte.*)
SCHULTZ, *qui s'est assis auprès de la table, causant avec lui*. Vous avez terminé avec ce jeune homme?
REYNOLDS, *écrivant toujours sur son genou ou sur le dos de Hantz, qui arrange sa chaussure*. Ah! oui, il faudra que vous lui parliez... je n'ai pas trop compris; aussi, je lui ai dit de s'entendre avec vous... Son adresse est là sur cette table.
SCHULTZ, *lisant*. « Frédéric Stop, sous-lieutenant au « régiment de l'archiduc Charles. » Est-il possible!.. C'est le fils de votre ancien professeur.
REYNOLDS. Du vieux père Daniel Stop, qui m'a appris *musa*, la muse?
SCHULTZ. Et c'est à lui qu'ont été remis sans doute les vingt mille florins; car on m'a assuré que le fils du professeur était militaire, et justement dans ce régiment-là.
REYNOLDS. Son fils! je ne m'en serais jamais douté... Dieu veille sur son bonheur! car il avait un honnête homme de père, un savant latiniste; et je me souviens qu'autrefois, en troisième... (*On entend au dehors un bruit de tambour dans le lointain.*) Encore ce maudit tambour. (*Il se lève vivement.*) Il a juré de me poursuivre.
SCHULTZ. Vous avez raison; il n'y a pas moyen de rester à la ville. Dépêchons-nous, car nous avons six lieues à faire, et il est midi. (*Le tambour, qui était loin, s'approche de plus en plus, et Reynolds redouble ses crispations nerveuses; il jette sa plume et se promène avec colère. Hantz et le docteur l'aident à passer son habit.*)

FINAL.
ENSEMBLE.

AIR : *Rataplan, rataplan* (de madame MALIBRAN).

Ce tambour me met en fuite,
Rataplan, rataplan!
Il est toujours, rataplan,
A ma poursuite,
Rataplan, plan, plan, plan...
Il me déchire le tympan
Avec son maudit roulement,
Son roulement,
R r r r r rataplan, plan, plan, plan.
SCHULTZ et HANTZ.
Rataplan, ce bruit l'irrite,
Rataplan, rataplan...
Et va soudain, rataplan...
Hâter sa fuite,
Rataplan, plan, plan, plan...
Dépêchons, partons à l'instant,
Dépêchons, on nous attend,
On nous attend, on nous attend,
R r r r r rataplan, plan, plan, plan.

SCHULTZ.
A partir que l'on s'apprête.
REYNOLDS.
Ne faudrait-il pas avant
M'occuper de ma toilette?
SCHULTZ.
Elle est faite.
REYNOLDS, *se regardant.*
Est-ce étonnant !
HANTZ.
Mon pauvre maître, quel présage !
Ainsi, je m'en doute bien,
Tout se f'ra dans son ménage,
Et sans qu'il y soit pour rien.

REPRISE DE L'ENSEMBLE.
REYNOLDS.
Ce tambour me met en fuite
Rataplan, etc., etc., etc.
SCHULTZ ET HANTZ.
Rataplan, ce bruit l'irrite,
Rataplan, etc., etc., etc.

(*Ils sortent tous trois.*)

ACTE DEUXIÈME.

Le théâtre représente un riche salon dans la maison de campagne de M. de Wurtzbourg. Au fond, deux corps de bibliothèque en acajou. Porte à droite et à gauche, et au fond, porte donnant sur le jardin. A gauche de l'acteur, et sur le devant, une table sur laquelle sont plusieurs livres de toute espèce de format. A droite, et près de la porte, un petit guéridon.

SCÈNE PREMIÈRE.

MADAME DE WURTZBOURG, M. DE WURTZBOURG;
ils entrent par le fond.

M. DE WURTZBOURG, *froidement.* Et moi, madame de Wurtzbourg, je ne le veux pas.

MADAME DE WURTZBOURG, *vivement.* Vous ne connaissez que ce mot-là.

M. DE WURTZBOURG, *froidement.* C'est le seul pour gouverner.

MADAME DE WURTZBOURG. Et avec cela, en ménage comme ailleurs, rien ne se fait.

M. DE WURTZBOURG. C'est possible ; mais on gouverne. Et, je vous le répète, je ne veux point pour mari de ma nièce de votre M. Frédéric Stop.

MADAME DE WURTZBOURG. Et qu'avez-vous à dire contre lui?.. Un jeune officier charmant.

M. DE WURTZBOURG. Un fat qui veut se donner des manières françaises !.. et vous le protégez parce qu'il vous fait la cour, parce que dans tous les bals il vous fait danser.

MADAME DE WURTZBOURG. Non, Monsieur ; mais parce qu'il est aimable spirituel, léger...

M. DE WURTZBOURG. Laissez-moi donc tranquille : la légèreté allemande m'assomme ; et je sais ce qu'elle pèse... car l'autre soir, en dansant avec vous, M. Stop m'a marché sur le pied.

MADAME DE WURTZBOURG. Je vous demande aussi ce que vous veniez faire là, quand nous dansions le galop de Vienne.

M. DE WURTZBOURG. Madame, Madame, ne parlons pas de cela ; quoique conseiller aulique, je sais ce que je dis, j'y vois clair, trop clair peut-être. Je ne veux pas que M. Stop épouse ma nièce, c'est déjà bien assez de...

MADAME DE WURTZBOURG. Qu'est-ce que c'est?

M. DE WURTZBOURG. De danser le galop de Vienne avec ma femme : cela jette de la déconsidération sur un conseiller aulique ; M. de Metternich n'aime pas cela.

AIR des *deux Précepteurs.*

Je crains que près de lui déjà
Cela ne me mette en disgrâce.
MADAME DE WURTZBOURG.
Si l'on destituait pour ça,
Que de maris seraient sans place !
Au contraire nous en voyons,
Que leurs femmes ont fait connaître,
Et qui ne seraient rien peut-être,
S'ils étaient demeurés garçons.

M. DE WURTZBOURG. Qu'est-ce que c'est que ça, Madame, et que voulez-vous dire par là?

MADAME DE WURTZBOURG. Je dis... je dis que j'ai donné ma parole à M. Stop, que je lui ai donné des espérances.

M. DE WURTZBOURG. Des espérances !..

MADAME DE WURTZBOURG. Que ma nièce devait réaliser ! Et maintenant que lui répondrai-je?

M. DE WURTZBOURG. Vous répondrez que je ne veux pas, pour ma nièce, un militaire sans fortune.

MADAME DE WURTZBOURG. Il en a, il a vingt mille florins.

M. WURTZBOURG. Et d'où cela lui vient-il?

MADAME DE WURTZBOURG. Je l'ignore; mais il les a : son notaire vous l'attestera.

M. DE WURTZBOURG. Eh bien ! alors, vous lui direz toujours que je ne veux pas.

MADAME DE WURTZBOURG. Et pourquoi?

M. DE WURTZBOURG. Parce que j'ai un autre parti qu'on m'a proposé, et que j'ai accepté, le seul et dernier héritier de la famille de Frankeinsten, et qui est, dit-on, si riche, que celui-là, j'espère, ne sera pas exigeant sur la dot.

MADAME DE WURTZBOURG. C'est donc là le motif?

M. DE WURTZBOURG. Non, Madame; je veux le bonheur de ma nièce; mais un bonheur qui ne me coûtera rien m'est doublement précieux ; et puis s'allier à un Frankeinsten, à un comte du saint-empire, cela fait bien, cela donne du relief à un conseiller aulique ; M. de Metternich aime cela.

MADAME DE WURTZBOURG. Toujours M. de Metternich; vous n'avez que lui en tête.

M. DE WURTZBOURG, *la regardant.* Plût au ciel, Madame, que je n'eusse pas autre chose en tête !

MADAME DE WURTZBOURG, *avec impatience.* Eh! Monsieur !..

M. DE WURTZBOURG. Et puis enfin, Madame, une dernière considération qui l'emporte sur toutes les autres : on assure que monsieur le comte est un savant très-distingué; et moi qui suis membre de la Société bibliographique de Vienne et de Berlin, correspondant de l'Institut de Paris, je ne suis pas fâché d'ajouter à la masse des lumières que possède déjà la famille.

MADAME DE WURTZBOURG. Et voilà pourquoi vous sacrifiez votre nièce?

M. DE WURTZBOURG. La sacrifier !

MADAME DE WURTZBOURG. Oui, Monsieur, car elle aime le jeune Frédéric, et vous contrariez son inclination, vous la forcez à épouser un vieillard.

M. DE WURTZBOURG. Il a trente-trois ans.

MADAME DE WURTZBOURG. Un homme ridicule.

M. DE WURTZBOURG. Il a deux cent mille florins de rente.

MADAME DE WURTZBOURG. Un Crésus, en un mot,

qu'elle ne peut aimer, qu'elle n'aimera pas; et, malgré vous et M. de Metternich, vous verrez ce qui arrivera.

M. DE WURTZBOURG. Taisez-vous, Madame, taisez-vous; car voici votre nièce.

MADAME DE WURZGBOURG. C'est à elle que je m'en rapporte, Monsieur, et si vous voulez la consulter...

M. DE WURTZBOURG. Je ne demande pas mieux.

MADAME DE WURTZBOURG. Au fait, c'est elle que cela regarde.

—

SCÈNE II.

LES PRÉCÉDENTS; HÉLÈNE, *entrant par le fond.*

M. DE WURTZBOURG. Approchez, ma chère Hélène, approchez; d'où venez-vous?

HÉLÈNE. Du jardin, où je me promène depuis une heure... depuis mon arrivée.

M. DE WURTZBOURG. Il me semble qu'elle a les yeux rouges.

HÉLÈNE. Non, mon oncle.

MADAME DE WURTZBOURG. Vous avez pleuré.

HÉLÈNE. Un peu, mais sans raisons, sans motifs.

MADAME DE WURTZBOURG. Pauvre enfant! un pressentiment. Ecoutez-moi, ma chère amie; au dernier bal, où nous avons été ensemble à la ville, vous avez remarqué un jeune homme qui ne vous a pas quittée?

HÉLÈNE. Lequel, ma tante?

M. DE WURTZBOURG. C'est-à-dire qu'il y avait foule.

MADAME DE WURTZBOURG, *à Hélène.* Un jeune officier de dragons, M. Frédéric Stop.

HÉLÈNE. Ah! oui, ma tante.

MADAME DE WURTZBOURG, *à son mari.* Vous voyez. (*A Hélène.*) Vous avez dansé ensemble... Qu'en pensez-vous?

HÉLÈNE. Je ne sais, je ne l'ai pas regardé.

M. DE WURTZBOURG, *à sa femme.* Vous l'entendez.

MADAME DE WURTZBOURG. Nous disons toutes comme cela. (*A Hélène.*) Mais il faut, Hélène, ici parler franchement; s'il se présentait pour mari?

HÉLÈNE, *à part.* Ah! mon Dieu!

MADAME DE WURTZBOURG. Et qu'il ne dépendît que de vous d'accepter, qu'est-ce que vous feriez?

HÉLÈNE. Je refuserais.

MADAME DE WURTZBOURG, *avec colère.* Petite sotte!

M. DE WURTZBOURG, *avec joie.* Ma chère nièce, voilà qui fait honneur à ton goût; et tu as bien fait de parler avec franchise, parce que ce n'est pas nous qui voudrions jamais contraindre ton inclination. Et si au lieu de M. Stop, un jeune officier qui n'a rien que la cape et l'épée, il se présentait un homme de mérite, un homme riche et titré... M. le comte de Frankeinsten, par exemple, qui t'offrit sa main et sa fortune... qu'est-ce que tu dirais?

HÉLÈNE, *lui prenant la main avec tendresse.* Oh! mon bon oncle, je refuserais.

M. DE WURTZBOURG. Qu'est-ce à dire?

MADAME DE WURTZBOURG. Cette chère enfant, elle a raison; elle aimerait encore mieux M. Stop.

HÉLÈNE. Du tout.

M. DE WURTZBOURG. Elle préfère le comte.

HÉLÈNE. En aucune manière, ni l'un ni l'autre.

MADAME DE WURTZBOURG. Et qu'est-ce qu'il vous faut donc?

M. DE WURTZBOURG. Qu'est-ce que vous voulez?

HÉLÈNE. Rester comme je suis.. Je ne veux pas me marier.

MADAME DE WURTZBOURG. Et pourquoi, s'il vous plaît?

HÉLÈNE. Ah! c'est que j'ai lu un livre... non, un cahier, sur lequel sont décrits avec tant de vérité tous les inconvénients du mariage, que, depuis ce temps, je ne veux plus en entendre parler.

M. DE WURTZBOURG. Eh bien! par exemple!

HÉLÈNE. Tenez, mon oncle, lisez plutôt; (*Elle lui donne le cahier.*) et vous verrez vous-même les inconvénients du mariage.

M. DE WURTZBOURG, *saisissant avec colère le papier qu'il jette sur la table, à gauche.* Qu'est-ce que c'est que de pareilles niaiseries? Croyez-vous que cela m'apprendra quelque chose?.. et que je ne sache pas depuis longtemps à quoi m'en tenir?

HÉLÈNE. Alors vous devez voir qu'il a raison. Et celui qui a écrit cela a tant de talent et de savoir, que j'ai toute confiance en lui.

AIR : *J'en guette un petit de mon âge.*

D'après ce que je viens de lire,
On aura beau me supplier,
J'aimerais mieux, s'il faut le dire,
Mourir que de me marier.
Oui, oui, ma tante, il dit dans son ouvrage
Que de chagrin l'on meurt en s'épousant;
Alors, autant vaut mourir sur-le-champ,
On a de moins le mariage.

M. DE WURTZBOURG. A-t-on jamais vu raisonnement pareil! c'est votre tante qui vous suggère ces idées-là. Mais arrangez-vous; j'ai donné ma parole au comte de Frankeinsten; il doit venir aujourd'hui même, ici, à cette campagne, avec un ami qui fait ce mariage. J'entends qu'on le reçoive d'abord avec un air gracieux, heureux et joyeux. Après cela, nous verrons.

HÉLÈNE. Mais, mon oncle...

M. DE WURTZBOURG. Et s'il ne vous convient pas, si je suis obligé de retirer ma parole, je ne me mêle plus de votre avenir, et je vous renvoie à la ville chez votre mère.

HÉLÈNE, *timidement et faisant la révérence en baissant les yeux.* Oui, mon oncle.

MADAME DE WURTZBOURG. Pauvres femmes! nous sommes toujours victimes de notre douceur et de notre soumission. (*Bas, à Hélène en l'emmenant.*) Venez, mon enfant : du courage, résistez, et je vous soutiendrai. (*Elles sortent par la porte latérale à droite.*)

—

SCÈNE III.

M. DE WURTZBOURG, *seul.* En vérité, il me faut, pour gouverner ma femme et ma nièce, plus de peine que M. de Metternich lui-même n'en a à mener tout le conseil. Il est vrai que, dès qu'il faut donner un avis, ma femme est là qui parle, qui parle, tandis que nous autres conseillers, avec le ministre, quelle différence!..

AIR du *Piége.*

Nous n'opinons que du bonnet,
Et qu'il recule ou qu'il avance,
Depuis trente ans, sénat muet,
Nous gardons toujours le silence.
Et quelque esprit qu'on voit en lui briller,
A ce grand homme il faudrait, sur mon âme,
Autant de mal pour nous faire parler,
Que pour faire taire ma femme.

—

REYNOLDS. Je lisais très-loin du bord, et tout à coup je me suis trouvé... — Scène 15.

SCÈNE IV.
M. DE WURTZBOURG, SCHULTZ, REYNOLDS.

M. DE WURTZBOURG, *à Schultz.* Que c'est aimable à vous d'arriver de si bonne heure !

SCHULTZ, *tenant Reynolds par la main, et s'apprêtant à le présenter à M. de Wurtzbourg.* Monsieur, nous nous sommes empressés, mon ami et moi... (*Reynolds se dégage de la main de Schultz, et s'en va dans la galerie.*)

M. DE WURTZBOURG. Eh bien ! où est donc monsieur le comte ?

SCHULTZ. J'ai l'honneur de vous le présenter. (*Se retournant.*) Eh bien ?.. (*Retournant vers la porte.*) Il est là dans cette galerie, en contemplation devant des armures antiques, et devant une vieille gravure. (*Il sort et ramène un instant après Reynolds qu'il tient par la main, et lui dit :*) C'est M. de Wurtzbourg, le conseiller aulique, votre oncle futur, que vous aviez tant d'impatience de voir.

REYNOLDS, *vivement, allant à Wurtzbourg.* Ah ! Monsieur !.. que je vous fasse mes compliments... je suis enchanté, ravi...

SCHULTZ. A la bonne heure, au moins : je ne l'ai jamais vu si expansif.

M. DE WURTZBOURG, *s'inclinant.* Monsieur le comte ; c'est moi qui suis trop heureux de faire votre connaissance, et vous pouvez être assuré que moi et ma femme...

REYNOLDS. Elle a deux cents ans, n'est-ce pas, pour le moins ?

M. DE WURTZBOURG. Deux cents ans, ma femme ?..

REYNOLDS. Non, la gravure que je viens de voir là, dans votre premier salon.

M. DE WURTZBOURG. C'est possible.

REYNOLDS. J'en suis sûr, c'est une des secondes qui aient été faites en bois ; la première de toutes, qui est de Laurent Coster ou de Mentel, date de 1440.

M. DE WURTZBOURG. Vous croyez ?

REYNOLDS. Si j'y crois ! comme en Dieu... La vôtre, qui représente la bataille de Lépante, par Christophe Chrieger, doit être du seizième siècle.

M. DE WURTZBOURG. C'est vrai.

REYNOLDS. D'après cela, je vois que Monsieur est un amateur, et je l'en estime davantage.

M. DE WURTZBOURG. Certainement, votre estime m'est bien précieuse; surtout d'après les projets d'alliance dont m'a parlé notre ami commun, le docteur Schultz.

SCHULTZ. Projet que monsieur le comte a accueilli avec ardeur, et il n'attend que le moment de pouvoir faire sa cour à ces dames, à madame de Wurtzbourg, et à votre aimable nièce.

M. DE WURTZBOURG. Ces dames sont occupées à donner quelques ordres, et je suis désolé de ce qu'elles font attendre monsieur le comte.

REYNOLDS, *qui pendant ce temps a regardé la bibliothèque*. Vous avez là une bibliothèque superbe.

M. DE WURTZBOURG. Vous ne voyez rien; je suis peu fort sur la gravure, mais pour ce qui est des livres, c'est différent, je suis membre de la Société bibliographique de Berlin.

REYNOLDS, *avec joie*. Il serait possible! cette société qui a rendu de si grands services !

M. DE WURTZBOURG, *avec complaisance*. « Quorum pars magna fui. »

REYNOLDS. Du Virgile! Touchez là. Dès qu'on parle la langue du pays... du pays latin, on est compatriote.

M. DE WURTZBOURG, *lui rendant la poignée de main*. Mon cher compatriote... mon cher neveu.

REYNOLDS, *allant à la table, et regardant les livres qui s'y trouvent*. Vous avez là de belles éditions.

M. DE WURTZBOURG. Et de plus une jolie nièce, je m'en vante; vous la verrez.

REYNOLDS. On peut donc voir?

M. DE WURTZBOURG. Certainement.

REYNOLDS, *examinant les livres*. Un beau Térence... un Plaute... un Pétrone magnifique. (*Prenant le livre et le montrant à M. de Wurtzbourg*.)

AIR : *Un homme pour faire un tableau*.

Avec tous les fragments nouveaux...
Grand Dieu ! quelle joie est la mienne !
Que ces caractères sont beaux !
M. DE WURTZBOURG.
Imprimés par Robert Estienne.
REYNOLDS.
Et c'est la bonne édition...
Voici, page soixante-seize,
Ces deux fautes d'impression
Qui ne sont pas dans la mauvaise.

M. DE WURTZBOURG. C'est juste... et nous pouvons vérifier... je l'ai là.

REYNOLDS, *retournant à la table*. En vérité ! c'est un aimable homme que M. le conseiller ! toutes les éditions...

M. DE WURTZBOURG. J'ai mieux que cela encore.

REYNOLDS, *vivement*. Vraiment !

M. DE WURTZBOURG. Une nièce dont les qualités et les attraits, unis à la modestie...

REYNOLDS, *poussant un cri*. C'est magnifique ! admirable ! Tout ce que je désirais depuis longtemps... une Bible primitive !

SCHULTZ. La belle trouvaille !

REYNOLDS. Barbare que vous êtes!.. c'est de Gutenberg... Gutenberg lui-même, l'inventeur de l'imprimerie... (*A M. de Wurtzbourg*.) Peut-on toucher ?

M. DE WURTZBOURG. Certainement.

REYNOLDS, *prenant la bible, et passant entre Schultz et M. de Wurtzbourg*. O chef-d'œuvre de l'esprit humain ! première pierre du monument éternel élevé par le génie à la civilisation du monde... (*A Schultz*.) Comment ! vous n'êtes pas ému, attendri ! Moi, mon cœur bat avec violence... en contemplant ces lettres presque usées, qui, semblables à des caractères magiques, ont chassé la barbarie, fait jaillir la lumière, propagé les bienfaits de la science, et rendu impérissables les produits du génie! (*A M. de Wurtzbourg*.) Que vous êtes heureux, Monsieur, de posséder un tel trésor !.. Moi, je donnerais tout au monde...

SCHULTZ. Y pensez-vous ?

REYNOLDS. Oui, oui, docteur; vous le disiez ce matin ; c'est une belle chose que la fortune; j'en sens maintenant tout le prix... et si je puis jamais acquérir une bible pareille...

M. DE WURTZBOURG. Celle-là est à vous.

REYNOLDS. Dites-vous vrai ?

M. DE WURTZBOURG. C'est le présent de noce.

REYNOLDS, *lui sautant au cou*. Ah ! mon oncle ! mon cher oncle !.. Eh bien! docteur, je sens que vous aviez raison, et que je m'habituerai au mariage.

SCHULTZ. Vraiment !

REYNOLDS. Tout ce que j'en vois jusqu'ici me semble si doux, si agréable! Des gravures, des livres! je crois encore être chez moi; et puis un oncle charmant, un homme instruit, qui a de si belles éditions !

SCHULTZ, *passant entre Reynolds et Wurtzbourg*. A merveille... c'est donc une affaire arrangée et conclue. Vous vous convenez tous les deux.

M. DE WURTZBOURG ET REYNOLDS. Certainement.

M. DE WURTZBOURG. Sauf le consentement de ma nièce...

REYNOLDS. Pour cela, je ne m'en inquiète pas; c'est l'affaire du docteur.

SCHULTZ. Je réponds de tout.

M. DE WURTZBOURG. Est-il possible ?

SCHULTZ. Allez seulement prévenir ces dames; quant à moi, et puisque maintenant les paroles sont données, j'ai une visite à faire dans les environs. Vous me donnez bien jusqu'au dîner, n'est-il pas vrai ? (*Reynolds est allé à la bibliothèque*.)

M. DE WURTZBOURG. A merveille, je vais dans ce salon. Mais je crains de laisser seul monsieur le comte.

SCHULTZ. Lui... il ne pense plus à nous... il est avec ses livres.

AIR de la valse de *Robin des bois*.

Il est capable, en lisant ce grimoire,
D'oublier tout, jusqu'au dîner... mais moi,
De l'estomac j'ai toujours la mémoire,
Et reviendrai, j'en donne ici ma foi.
A ses anciens il rend une visite,
Il croit les voir...
M. DE WURTZBOURG.
Mais ce sont, en effet,
D'illustres morts que sa main ressuscite.
SCHULTZ.
Il devrait bien me donner son secret.

ENSEMBLE.

M. DE WURTZBOURG.
A mon bonheur encor je ne puis croire;
Un tel savant était digne de moi;
Et pour ma nièce aujourd'hui quelle gloire!
Il faudra bien qu'elle accepte sa foi.
SCHULTZ.
Il est capable, en lisant ce grimoire,
D'oublier tout, jusqu'au dîner... mais moi,
De l'estomac j'ai toujours la mémoire,
Et reviendrai, j'en donne ici ma foi.

(*Wurtzbourg et Schultz sortent*.)

SCÈNE V.

REYNOLDS, *seul.* Que je l'admire encore, et tout à mon aise; mettons-nous là, sur cette table. (*Il s'assied devant la table, et pose la Bible qu'il ouvre avec précaution.*) C'est agréable d'avoir un bibliophile dans sa famille; c'est un avantage de plus que le docteur et moi n'avions pas compté dans tous ceux qu'offre le mariage. (*Jetant les yeux sur le cahier que M. de Wurtzbourg a jeté à la seconde scène sur la table.*) Tiens! qu'est-ce que je vois là! un cahier de mon écriture! un écrit de moi ici! Prodigieux! (*Lisant.*) « Des inconvénients du mariage. » (*Il lit tout bas, et s'interrompt.*) Est-il possible!.. (*Il lit encore.*) Voilà une foule d'arguments que j'avais totalement oubliés, et qui me semblent d'une force... (*Lisant.*) « Si ce qu'il « y a de plus difficile au monde est de trouver le bon- « heur pour soi, à plus forte raison quand il faut le « chercher pour deux, pour trois, pour quatre... et « indéfiniment... car, qui sait le nombre d'enfants « dont on est menacé en mariage?.. Qui peut le pré- « voir?.. » Ce n'est pas moi assurément; il n'y a rien à répondre à cela. (*Lisant.*) « Artiste, homme de lettres, « savant, ta vie t'appartenait : elle ne t'appartiendra « plus; en perdant ton indépendance, tu perdras ton « talent; il sera absorbé, étouffé, anéanti par les dé- « tails et les tracas du ménage... et comment écouter « l'inspiration du génie, quand la voix d'une femme « en colère, quand les cris de vos enfants au berceau « vous poursuivent jusque dans le silence du cabi- « net. » C'est, ma foi, vrai, et je n'y avais jamais pensé. (*Il se lève avec agitation.*) Des enfants!.. cela doit crier, depuis leur naissance, depuis le berceau; et quand ils sont malades, quand ils font des dents... *Se promenant vivement.*) Effroyable! effroyable à imaginer! et cette idée-là seule me donne mal à la tête. (*Parcourant le cahier.*) « La coquetterie, les as- « semblées, les bals. Tu mèneras ta femme au bal, ou « tu passeras pour un mauvais mari. » C'est vrai. « Et si tu l'y conduis, tu ne dormiras pas. » C'est vrai. « Et si tu la fais conduire par d'autres, tu dormiras « encore moins, la jalousie troublera ton sommeil...» C'est vrai, très-vrai. Le mariage est donc une insomnie, un cauchemar perpétuel!.. et moi qui ne me marie que pour finir mon grand ouvrage! Travaillez donc quand on n'a pas dormi! (*Il jette le cahier sur le guéridon à droite.*) Quel bonheur qu'il soit encore temps! Car enfin, si je n'avais retrouvé ce papier-là que le lendemain de mes noces, jugez de ce qui serait arrivé...

SCÈNE VI.

HANTZ, REYNOLDS.

HANTZ, *entrant mystérieusement.* Ah! mon maître! mon cher maître! vous voilà. Je voudrais bien vous parler.

REYNOLDS. C'est facile.

HANTZ. Je le sais bien, mais le difficile, c'est que vous m'écoutiez... et cependant il y va de votre bonheur.

REYNOLDS. Qu'est-ce que c'est?

HANTZ. Vous m'avez appris ce matin votre mariage, et je n'ai rien dit, parce qu'avec vous, il n'y a pas moyen... mais cette nouvelle-là m'a donné pour vous le frisson, depuis les pieds jusqu'à la tête.

REYNOLDS. Et pourquoi?

HANTZ. Je me disais : Monsieur, qui ne pense à rien, ne pensera jamais qu'il est marié.

REYNOLDS. Je ne pense à rien!..

HANTZ. Non, Monsieur, car ce matin encore, au moment où nous descendions l'escalier, vous êtes remonté pour prendre votre Tacite.

REYNOLDS. Oui; je l'ai, dans ma poche.

HANTZ. Non, Monsieur, il est là dans la mienne. Mais vous, c'est votre pantoufle que vous avez ramassée à la place, et emportée par mégarde.

REYNOLDS, *la regardant avec étonnement.* C'est singulier!

HANTZ. Et je vous prie même de me la rendre, parce que ça me dépareille...

REYNOLDS. Tiens, mon garçon, voilà tout ce que j'ai de pantoufles sur moi.

HANTZ. Jugez d'après cela seul si vingt fois par jour vous n'oublierez pas votre femme, et elle de son côté, n'aurait pas non plus grand'peine à vous oublier... d'après surtout ce que je viens d'entendre.

REYNOLDS. Et qu'as-tu entendu?

HANTZ. J'étais dans le jardin, caché par une treille, lorsque deux personnes sont venues s'asseoir de l'autre côté, et j'ai reconnu la voix de ce jeune homme qui voulait ce matin louer votre appartement.

REYNOLDS. M. Frédéric Stop, le fils du professeur?

HANTZ. Il causait avec la maîtresse de la maison, madame de Wurtzbourg, et il était question de vous. Il paraît que cette femme-là vous en veut, et ne peut pas vous souffrir.

REYNOLDS. Après...

HANTZ. Et l'officier disait en vous apostrophant :

AIR : *Ces postillons sont d'une maladresse.*

« Puisque tu tiens à former cette chaîne,
« Maudit savant, par moi tu trouveras,
« Auprès de ta nouvelle Hélène,
« Le sort heureux d'un nouveau... Ménélas. »
Qu'est qu' ça veut dir'! je ne le comprends pas.

REYNOLDS.
Moi, je comprends.

HANTZ.
  Tremblez; car, je le gage,
On vous prépare encor quelques échecs :
C'est du nouveau.

REYNOLDS.
  Du tout; ancien usage
Renouvelé des Grecs.

Et tu dis donc qu'il a l'air bien amoureux?

HANTZ. Oui, Monsieur.

REYNOLDS. Pauvre jeune homme! et tu dis que la tante ne veut pas de moi pour son neveu, et qu'elle me déteste?

HANTZ. Oui, Monsieur.

REYNOLDS. Pauvre femme!

HANTZ. Et qu'est-ce que vous dites à cela?

REYNOLDS, *froidement.* Rien. (*Il va s'asseoir devant la table et écrit.*)

HANTZ. Comment! est-ce que vous allez vous remettre à travailler, après ce que je viens de vous apprendre?

REYNOLDS. Non, j'écris à la tante que je ne veux pas faire leur malheur à tous, et que je renonce au mariage.

HANTZ. Ah! que c'est bien à vous!.. (*Voyant que Reynolds écrit une autre feuille.*) Et qu'est-ce que vous écrivez encore là?.. Excusez, c'est que j'ai toujours peur de quelque distraction.

REYNOLDS. Au jeune officier... A M. Stop... pour lui

dire que je renonce en sa faveur à tous mes droits.

HANTZ. Quelle générosité !

REYNOLDS, *écrivant toujours.* Je n'y ai pas de mérite; car c'est maintenant dans mon intérêt et dans mes principes. Hantz, as-tu été marié ?

HANTZ. Oui, Monsieur, il y a bien longtemps ; du temps que j'étais bedeau et suisse à Cologne, et j'étais bien malheureux.

REYNOLDS, *écrivant toujours.* Ta femme avait donc un amant ?

HANTZ. Non, Monsieur... elle en avait deux.

REYNOLDS, *laissant tomber sa plume.* C'est étonnant ! (*Cherchant son cahier et se rappelant qu'il l'a jeté sur le guéridon ; il le montre à Hantz, en lui disant.*) Donne-moi ce cahier. (*Hantz le lui apporte.*) C'est un nouvel argument que je te devrai, et que je veux y inscrire. Mais auparavant porte cette lettre à madame de Wurtzbourg, et l'autre à M. Frédéric Stop.

HANTZ. Soyez tranquille, je n'y manquerai pas, et ils l'auront dans un instant.. (*Il fait quelques pas vers la porte.*)

REYNOLDS, *qui est prêt à écrire sur son cahier.* Tu as dit deux ?

HANTZ, *s'arrêtant, et revenant auprès de Reynolds.* Oui, Monsieur, le loueur de chaises et le sonneur de cloches.

REYNOLDS. Le sonneur...

HANTZ. Tout le monde vous le dira ; cela a fait assez de bruit dans la ville. Je vais porter vos deux lettres. (*Il sort.*)

SCÈNE VII.

HÉLÈNE, REYNOLDS à la table.

HÉLÈNE, *entrant avec crainte par la porte à gauche.*
AIR de *la Galope* (de MADAME MALIBRAN).

Que mon cœur est ému !
Pour voir ce prétendu,
L'on me cherche, on m'appelle,
Et j'ai fui
Jusqu'ici ;
Car d'avance pour lui
Je ressens une haine mortelle.

REYNOLDS.
Maintenant, il le faut,
Quittons-les au plus tôt..

HÉLÈNE.
Pour calmer ma frayeur et ma peine,
Je n'ai pas un ami,
Pas un seul aujourd'hui.

REYNOLDS, *se levant et voyant Hélène.*
Ah ! grands dieux ! qu'ai-je vu ? c'est Hélène !

ENSEMBLE.

HÉLÈNE.
Quoi ! c'est vous que je vois près de moi, dans ces lieux ?
Quel bonheur, mon cher maître !
C'est vous que j'appelais et qu'imploraient mes vœux,
Et soudain je vous vois apparaître.

REYNOLDS.
O hasard étonnant ! c'est elle, dans ces lieux,
Que je vois apparaître !
Et du trouble soudain que j'éprouve à ses yeux,
Je ne puis encore être le maître.

HÉLÈNE. Qui se serait attendu à vous trouver ici, dans cette campagne ?.. et que vous faites bien d'arriver pour me défendre, me protéger ! Imaginez-vous qu'on veut me faire épouser un homme très-ric'.e, que je déteste ! que j'abhorre !

REYNOLDS, *avec intérêt.* Et qui donc ?

HÉLÈNE. Le comte de Frankeinsten.

REYNOLDS, *stupéfait.* Est-il possible !.. est-ce que c'est vous, Hélène, qui êtes la nièce de M. de Wurtzbourg ?

HÉLÈNE. Hélas ! oui.

REYNOLDS, *la regardant avec émotion.* Je n'en puis revenir encore. (*Tristement.*) Et vous détestez ce pauvre comte, sans le connaître ?

HÉLÈNE. Certainement.

REYNOLDS. Et quand vous le connaîtrez ?

HÉLÈNE. Ce sera bien pire encore.

REYNOLDS. Et pourquoi ?

HÉLÈNE. Parce que je ne veux ni de son titre ni de sa fortune. Je ne veux pas me marier, car je me suis promis de suivre vos conseils, de n'avoir pas d'autre opinion que la vôtre ; et comme je la connais maintenant, comme je l'ai lue dans ce cachier... (*Montrant le cahier qui est sur la table.*)

REYNOLDS. Ah ! vous avez lu ?..

HÉLÈNE. Oui, Monsieur ; et puisque vous êtes opposé au mariage...

REYNOLDS. Certainement, je le suis ; mais il se peut que des gens de mérite soient d'un avis contraire, car sur ce chapitre-là, voyez-vous, on peut dire oui et non.

HÉLÈNE. Vous avez dit : non ; c'est écrit, et j'aurais bien mauvaise idée de vous, si vous changiez du soir au matin.

REYNOLDS. Le ciel m'en préserve ! mais pour faire ma confidence, je vous avouerai, Hélène, que je suis moi-même dans un grand embarras... car on veut aussi me marier.

HÉLÈNE. Ah ! par exemple, j'espère que vous refuserez aussi.

REYNOLDS. Il n'y a qu'un instant, j'y étais décidé.

HÉLÈNE. A la bonne heure... c'est bien... il faut du caractère.

REYNOLDS. Et maintenant que la réflexion me vient, il me semble qu'il en est du mariage comme de toutes les choses d'ici-bas, qui ont toutes leur bon et leur mauvais côté ; de sorte que celui qui en dit du mal n'a pas tort, et celui qui en dit du bien a raison.

HÉLÈNE, *avec dépit.* Et vous, Monsieur, qu'est-ce que vous dites ?

REYNOLDS. Je dis que ce peut être la source de tous les biens, comme de tous les maux ; et qu'alors il s'agit seulement de bien choisir.

HÉLÈNE. Et comment ?

REYNOLDS. En cherchant quelqu'un dont le caractère convienne à nos bonnes qualités, et surtout à nos défauts ; car nos défauts sont une partie essentielle de nous-mêmes, dont nous ne voulons pas nous séparer même en ménage, et vous qui connaissez les miens, voyons, Hélène, qu'est-ce que vous me conseillez ?

HÉLÈNE. De rester comme vous êtes.

REYNOLDS, *soupirant.* Je m'en doutais.

HÉLÈNE. Oui, Monsieur, vous êtes trop difficile à marier ; il vous faudrait une femme exprès.

REYNOLDS, *soupirant.* C'est ce que je me disais.

HÉLÈNE. Une femme douce et bonne, et pas très-jolie, cela ne servirait à rien.

AIR : *Vos maris en Palestine.*

Pas d'esprit, c'est inutile :
Car vous en avez pour deux ;
Mais pourtant assez habile
Pour éloigner de vos yeux
Du ménage les soins fâcheux.
D'une femme ayant la tendresse,
Et d'un homme l'amitié,

Que tout son temps soit employé
A vous faire oublier sans cesse
Que vous êtes marié.

REYNOLDS. C'est vrai ; voilà justement ce qu'il me faut.

HÉLÈNE. Il faut encore que, sans vous suivre dans les hautes régions de la science, elle puisse cependant s'intéresser à vos études ; prendre part à vos succès, s'enorgueillir de votre gloire... (*Se rapprochant de lui.*) Et puis, parler avec vous de votre grand ouvrage.

REYNOLDS. C'est cela, c'est bien cela.

HÉLÈNE. Une femme enfin qui, connaissant la bonté de votre cœur, ne s'offensât point des singularités de vos manières, et consentît à être, après l'étude, ce que vous aimeriez le mieux.

REYNOLDS, *vivement.* Non, non ; elle avant tout, avant tout au monde. Oui, voilà la femme qu'il me faudrait ; et vous croyez, Hélène, que je ne pourrai jamais en rencontrer une pareille ?

HÉLÈNE. Je ne sais.

REYNOLDS. Vous n'en connaissez pas ?

HÉLÈNE, *baissant les yeux.* Une peut-être... (*Vivement.*) Mais c'est impossible, il ne faut pas y penser.

REYNOLDS. Et pourquoi donc ?

HÉLÈNE. Parce qu'on la destine à ce comte de Frankeinsten que je ne puis souffrir.

REYNOLDS, *transporté.* Est-il possible ! ah ! je suis trop heureux ! et après un tel aveu, apprenez, ma chère Hélène... (*Dans ce moment, Frédéric, entrant brusquement, se jette dans les bras de Reynolds et l'embrasse.*)

—

SCÈNE VIII.

HÉLÈNE, FRÉDÉRIC, REYNOLDS.

FRÉDÉRIC. Ah ! Monsieur, que de bontés, et comment vous remercier...

REYNOLDS, *à part, avec embarras.* Dieu !.. celui-là auquel je ne pensais plus.

FRÉDÉRIC. Après la lettre que je viens de recevoir de vous, cette lettre si généreuse...

REYNOLDS, *lui faisant signe.* Il suffit, Monsieur, il suffit, nous allons parler de cela. (*Passant au milieu, à Hélène.*) Vous, ma chère Hélène, allez trouver votre oncle ; il vous dira, il vous expliquera... moi, je ne peux pas, j'ai à causer avec Monsieur ; mais en attendant, qu'il passe chez le notaire, et fasse dresser le contrat à l'instant même.

HÉLÈNE. Mais qu'est-ce qu'ils ont donc ?

AIR : *Dieu tout-puissant, par qui le comestible.*

Que veut-il dire !. un contrat ! pour quoi faire !
FRÉDÉRIC.
Oui, grâce à lui, nous voilà tous d'accord...
Mais se mêler de tout, jusqu'au notaire,
Que de bontés !.. ah ! vraiment c'est trop fort.
HÉLÈNE.
D'où vient ce trouble ?.. est-ce de la folie ?
J'en perds la tête et je n'y comprends rien.
REYNOLDS.
Ni moi non plus ; mais quand on se marie,
C'est ce qu'il faut pour que tout aille bien.
ENSEMBLE.
REYNOLDS.
Que le cher oncle aille chez le notaire,
Et point de dot... Il peut garder son or !
Elle est à moi ! quel trésor sur la terre
Pourrait payer un semblable trésor ?

HÉLÈNE.
Comme il s'empresse ! un contrat... un notaire...
De résister plus longtemps j'aurais tort !
Pareille ardeur de sa part doit me plaire,
Et sans regret je lui livre mon sort.
FRÉDÉRIC.
Ah ! le beau trait ! et songer au notaire !
Quel homme aimable, et combien j'avais tort ;
Moi qui voulais le traiter en corsaire,
C'est de ses mains que j'obtiens ce trésor.

(*Hélène sort.*)

—

SCÈNE IX.

REYNOLDS, FRÉDÉRIC.

REYNOLDS, *avec embarras.* En vérité, mon cher monsieur Stop, vous me voyez confus.

FRÉDÉRIC. C'est moi qui le suis !.. me céder tous vos droits ! vous engager solennellement à renoncer à la main d'Hélène, et vous occuper même du notaire et du contrat !

REYNOLDS, *avec embarras.* C'est-à-dire, Monsieur, il faut que vous sachiez...

FRÉDÉRIC. Je n'y pouvais croire ; mais c'est bien écrit, c'est signé de votre main, et je vais vous devoir mon bonheur.

REYNOLDS, *avec embarras.* Certainement, mon cher ami, je voudrais qu'il en fût ainsi ; mais ça n'est plus possible.

FRÉDÉRIC. Qu'est-ce à dire ?.. quand j'ai votre promesse.

REYNOLDS. Je ne dis pas non ; c'est moi qui ai tort... j'ai agi comme un fou... comme un étourdi... mais quand j'ai renoncé à ma femme, je ne l'avais pas vue encore, je croyais que c'était une autre.

FRÉDÉRIC. Cela n'y fait rien.

REYNOLDS. Cela fait beaucoup ; il y avait erreur en la personne, *error in personâ*... et tous les jurisconsultes du monde vous diront que cela annule une promesse... *pactum annihilat*...

FRÉDÉRIC. Peu m'importe ; quand on s'engage, il faut tout prévoir...

REYNOLDS. Je ne pouvais pas prévoir que je plairais, qu'on m'aimerait ; vous conviendrez vous-même que c'était impossible.

FRÉDÉRIC, *avec dépit.* Ah ! l'on vous aime, vous !

REYNOLDS. Oui, mon cher ami ; ce n'est pas ma faute, et j'en appelle ici à votre générosité, à votre conscience... vous êtes jeune, joli garçon, un beau militaire, vous ne manquerez jamais de femmes qui se prendront de belle passion pour vous, tandis que moi, c'est bien différent.

AIR du vaudeville du *Baiser au porteur*.

Peut-être au monde il n'en est qu'une
Qui veuille me donner son cœur ;
Laissez-moi mon humble fortune,
Cela vous portera bonheur.
L'amour de vingt autres maîtresses
Paira cet effort généreux..
Le ciel, dit-on, augmente nos richesses,
Quand nous donnons aux malheureux.

Ainsi, vous me rendez ma promesse.

FRÉDÉRIC. Non, Monsieur.

REYNOLDS. Je ne ferai plus valoir qu'une seule considération ; je me marie par ordonnance du médecin : il y va de mon existence, de ma raison.

FRÉDÉRIC. Cela ne me regarde pas, j'ai votre promesse.

REYNOLDS. Eh bien! Monsieur, je n'aurais jamais osé le dire; mais puisque vous m'y forcez... il faut donc vous avouer que je suis amoureux... oui, moi, amoureux!.. j'aime Hélène, et je ne la céderai ni à vous ni à personne.

FRÉDÉRIC. C'est ce qui vous trompe; car vous allez renoncer à sa main, ou vous vous battrez.

REYNOLDS. Ni l'un ni l'autre; je ne renoncerai pas à Hélène, parce que c'est contraire à mon bonheur; et je ne me battrai pas, parce que c'est contraire à mes principes et à mes habitudes.

FRÉDÉRIC. Ah! vous ne vous battrez pas!.. eh bien! attendez-vous à me trouver partout sur vos pas, vous flétrissant du nom de lâche, d'infâme... déclarant que tous vos savants ne sont qu'un tas de poltrons.

REYNOLDS, *furieux à son tour*. Les savants! qu'est-ce que vous dites des savants? M'insulter, passe, je n'y prendrais pas garde... mais s'attaquer à la Faculté, à la science!.. voilà un outrage qui passe les bornes, et dont moi-même je vous demanderai raison.

FRÉDÉRIC. Soit, je suis tout prêt; votre arme?

REYNOLDS. Ce que vous voudrez.

FRÉDÉRIC. Le pistolet.

REYNOLDS. Je l'aime autant, il n'y a qu'une gâchette à tirer.

FRÉDÉRIC. A cinq heures, dans l'allée au bord de l'eau.

REYNOLDS. J'y serai.

FRÉDÉRIC. Votre témoin?

REYNOLDS. Mon médecin.

FRÉDÉRIC. C'est plus prudent.

REYNOLDS. Au revoir.

FRÉDÉRIC. Au revoir. (*Il sort.*)

SCÈNE X.

REYNOLDS, *seul*. S'attaquer à l'Université!.. il croit donc que parce qu'on est savant, parce qu'on sait le grec et le latin, on n'a ni âme ni courage!.. à cette idée seule, le sang m'est remonté vers le cœur, et me bout dans les veines, comme à dix-huit ans... jamais je n'ai eu plus de force, plus d'existence... Le docteur a raison; j'avais besoin de distractions... un mariage... un duel... cela m'était nécessaire; et puis me battre pour elle, comme un jeune homme, c'est bien... ça fait plaisir..... je combattrai *pro aris et focis*, pour mes foyers, pour ma femme, pour mes enfants. (*S'arrêtant et réfléchissant.*) Ah! diable!.... mes enfants, je n'en ai pas encore... et ma femme, cette chère Hélène!..... si j'étais tué, je ne pourrais pas l'épouser!.... et mes travaux commencés, et mon grand ouvrage, il ne sera donc pas terminé... Ah! je sens toute ma résolution qui m'abandonne... et ce pauvre docteur qui m'avait ordonné tout cela pour ma santé!.. Allons, allons, chassons ces idées-là... et comme il faut tout prévoir, ne sortons pas de ce monde comme un étourdi, et sans mettre un peu d'ordre dans mes affaires. (*Il va s'asseoir à la table et écrit.*)

SCENE XI.

HANTZ, REYNOLDS, *qui écrit*.

HANTZ. Monsieur, j'ai remis vos deux lettres; celle du jeune officier, je la lui ai donnée à lui-même.

REYNOLDS, *écrivant toujours*. Je le sais.

HANTZ. Pour madame de Wurtzbourg, elle venait de sortir; mais on a mis le billet sur sa cheminée, et elle va le trouver en rentrant... Vous m'entendez?

REYNOLDS. Oui.

HANTZ. C'est que quand vous êtes à écrire... J'ai aussi à vous dire de ne pas oublier qu'on dîne à cinq heures et demie.

REYNOLDS. C'est bon; j'irai auparavant me promener au bord de la rivière.

HANTZ. Cela fera bien, cela vous donnera de l'appétit... Voilà ce que vous devriez faire plus souvent.

REYNOLDS. Va me chercher des pistolets.

HANTZ. Pour vous promener?

REYNOLDS. Oui.

HANTZ. Et où voulez-vous que j'en trouve?

REYNOLDS. Dans la galerie de M. le conseiller... j'en ai vu.

HANTZ. Ah! oui, des armures antiques... C'est comme objet d'art... Je comprends, quelque dissertation qu'il veut faire. (*Il sort.*)

REYNOLDS, *écrivant toujours*. Comme cela ils ne m'oublieront pas... Cachetons ce papier, et laissons-le sur cette table, à l'adresse du conseiller, et s'il m'arrive quelque malheur, ce qui est probable, car ce jeune homme doit être plus habile que moi pour... (*Il fait le geste de tirer le pistolet.*) Ah! s'il m'avait défié... (*Il fait le geste d'écrire.*) en grec ou en latin...

HANTZ, *rentrant avec deux énormes pistolets*. Voilà... ils sont fameux.

REYNOLDS *se lève et prend les pistolets*. C'est bien. (*Les regardant.*) Millésime de 1638... Cela a servi peut-être au siége de Vienne, ou à la bataille de Nuremberg. (*Il les met dans sa poche.*)

HANTZ, *à part*. Dans ce cas-là, ils n'ont pas été nettoyés depuis. (*Haut, à Reynolds.*) Eh bien! vous les mettez dans votre poche?

REYNOLDS. Oui : dès que le docteur rentrera, tu lui diras que j'ai besoin de lui, et que je l'attends à cinq heures, dans l'allée au bord de l'eau, où je vais de ce pas.

HANTZ. Oui, Monsieur; mais vous aurez le temps de l'attendre; car il n'est encore que quatre heures.

REYNOLDS. Tu as raison; qu'est-ce que je ferai d'ici là, à me promener en long et en large?.. Ah! je travaillerai à mon grand ouvrage; il ne faut jamais perdre de temps. Donne-moi ces livres que j'ai sur la table... Les trois premiers sont les campagnes de Gustave-Adolphe; et j'aurai besoin de les consulter. (*Hantz les lui apporte, et il les met dans sa poche.*) J'ai vu aussi là-bas les guerres des Hussites et des Anabaptistes, donne-les-moi; cela me sera nécessaire. (*Hantz les lui apporte, il en met dans les poches de son habit, et il en tient un de chaque main.*) Et puis j'oubliais ces deux *in-folio*, le procès de Jean Hus, devant le concile de Constance; cela m'est indispensable.

HANTZ. Et votre Tacite que j'avais là.

REYNOLDS. Donne toujours, ça ne peut jamais nuire.

AIR : *Amis, voici la riante semaine...*

Jusqu'à la fin il faut qu'on étudie...
Pour moi, la fin peut-être n'est pas loin.
(*Réfléchissant.*)
Livre chéri, compagnon de ma vie,
Dans ce combat tu seras mon témoin!
J'ai, près de toi, l'habitude de vivre,
Et si le sort vient à trahir mon bras,
Jusqu'au tombeau c'est à toi de me suivre :
Mon vieil ami, ne nous séparons pas.

(*Il sort, tenant des in-folio sous chaque bras, des livres dans les mains et plein les poches.*)

SCÈNE XII.

HANTZ, HÉLÈNE ET M. DE WURTZBOURG, *qui entrent par la droite.*

HÉLÈNE, *en entrant.* Moi! sa femme!.. moi comtesse! est-il possible!

M. DE WURTZBOURG, *à Hantz.* Mon ami, où donc est votre maître?

HANTZ. Il sort à l'instant.

M. DE WURTZBOURG, *allant à la porte et le voyant partir.* Monsieur le comte... monsieur le comte... Il ne m'entend pas... Où va-t-il donc?

HANTZ. Il va se promener.

M. DE WURTZBOURG. Ainsi chargé?

HÉLÈNE, *regardant aussi par la porte.* On dirait d'une bibliothèque ambulante.

M. DE WURTZBOURG. C'est que je lui apportais, selon son désir, cet acte tout dressé, et qu'il voulait avoir, disait-il, et vite, et vite...

HANTZ. Si Monsieur veut, je le lui porterai, car je sais où il va... au bord de la rivière, où il attend le docteur.

AIR : *Plus on est de fous, plus on rit.*

Pour des recherch's scientifiques
Il est parti; car sous son bras
Il a des pistolets antiques,
Et des livres du haut en bas.
Il en a deux ou trois douzaines,
Et Dieu sait comme il s' divertit!
Car de savants il a ses poches pleines;
Plus on est de fous, plus on rit.

(*Il sort.*)

M. DE WURTZBOURG. A-t-on jamais vu une pareille originalité?

HÉLÈNE. C'est son caractère... Aussi, mon oncle, il faut le laisser faire, et ne jamais le contrarier. Mais rassurez-vous, il n'est pas toujours ainsi, il ne lit pas toujours, il parle quelquefois... le tout est de le faire parler... et si vous aviez vu tout à l'heure...

M. DE WURTZBOURG. Oh! je ne doute pas que près de toi il ne s'anime. Mais à propos de paroles, voilà ma femme, et je ne serai pas fâché de jouir de son dépit, en voyant le contrat signé.

SCÈNE XIII.

LES PRÉCÉDENTS, MADAME DE WURTZBOURG, SCHULTZ, FRÉDÉRIC.

MADAME DE WURTZBOURG, *entrant en causant avec Schultz.* Oui, docteur, voici un billet qu'il vient de m'envoyer, et par lequel il renonce de lui-même à la main de ma nièce.

HÉLÈNE. Lui!

M. DE WURTZBOURG. Je ne puis le croire.

FRÉDÉRIC, *bas, à madame de Wurtzbourg.* Et moi, je m'en doutais; mes menaces ont fait de l'effet... le savant a eu peur.

SCHULTZ. Un refus... une rupture! après le mal que je me suis donné!.. Comment! le mariage était conclu, convenu et arrangé : je le quitte pour une heure seulement... à mon retour, tout est brouillé, tout est rompu... C'est ce que nous verrons.

HÉLÈNE. Tout est fini!.. il n'y a plus d'espoir.

SCHULTZ. Pour nous autres médecins, il y en a toujours... Mais qu'est devenu le malade?.. qu'on le voie, qu'on s'explique... Où est-il?

M. DE WURTZBOURG. Au bord de la rivière, avec des livres.

HÉLÈNE. Et des pistolets.

FRÉDÉRIC. Ah! mon Dieu! est-ce qu'il m'attendrait?.. j'y cours.

SCHULTZ. Et pourquoi faire?

FRÉDÉRIC. Pour nous battre... Il m'a donné rendez-vous. Et si, comme je l'espérais, il ne renonce pas à la main de Mademoiselle, nous allons voir...

SCHULTZ. Nous allons voir...

FRÉDÉRIC, *passant entre madame de Wurtzbourg et Schultz.* Oui, docteur, car c'est vous qu'il a choisi pour son témoin.

SCHULTZ. Moi son témoin, et vous son meurtrier!.. Vous le fils de son ancien ami! vous qu'il a comblé de ses bienfaits!

FRÉDÉRIC. Moi, Monsieur! je vous assure que j'ignore...

SCHULTZ. Oh! sans doute; il ne fait pas de bruit de ses bonnes actions, il les cache à tous ceux qui en sont l'objet... Mais moi je les sais, je sais les vingt mille florins déposés chez un notaire pour le fils de son vieux professeur.

FRÉDÉRIC ET TOUT LE MONDE. Que dites-vous?

SCHULTZ. Que c'est moi qui les ai portés, que c'est moi qu'il en avait chargé; car ce jour-là aussi, j'étais son témoin.

FRÉDÉRIC. Ah! Monsieur!.. comment reconnaître?..

SCHULTZ. En venant avec moi lui demander pardon... Venez, courons!

SCÈNE XIV.

LES PRÉCÉDENTS; HANTZ, *paraissant au fond du théâtre, pâle et défait; il porte le chapeau de son maître, ses pistolets, et les deux volumes des Anabaptistes.*

HANTZ. Il est trop tard, monsieur le docteur, il n'est plus temps; mon pauvre maître!..

SCHULTZ. Qu'est-ce que cela signifie?

HANTZ. Un moment de désespoir, il s'est jeté à l'eau.

HÉLÈNE. Grand Dieu!

SCHULTZ. Calmez-vous, ce n'est pas possible; c'est cet imbécile-là qui ne sait pas ce qu'il dit.

HANTZ. Imbécile... je voudrais bien l'être... Mais tout à l'heure, en arrivant à la promenade, au bord de la rivière, plusieurs groupes s'entretenaient d'un homme qui venait de s'y jeter... J'approche, et qu'est-ce que je vois au bord?.. le chapeau de mon maître, que j'ai brossé assez de fois pour le reconnaître, puis deux volumes des Anabaptistes.

M. DE WURTZBOURG. Une édition à moi. (*Il prend les deux volumes et les porte sur la table.*)

HANTZ. Et ces pistolets, qu'il avait emportés pour se promener. Mais lui, où est il?.. où le trouver?.. Disparu... englouti!

SCHULTZ. Quelle idée!

HANTZ. Oui, Monsieur; ce sont vos idées de mariage qui lui ont troublé le cerveau, et il se sera tué pour ne pas se marier.

SCHULTZ. Lui qui a fait un traité sur le suicide!.. Je vous répète que ce n'est pas possible, et que je vais savoir la vérité.

M. DE WURTZBOURG, *regardant sur la table.* Ah! mon Dieu! une lettre à mon adresse.

HÉLÈNE. C'est son écriture; donnez, mon oncle, donnez vite. (*Lisant.*) « Ceci est mon testament. » Ah! mon Dieu! (*Elle s'arrête accablée, pleurant, et la tête appuyée sur la poitrine de son oncle; elle a laissé tomber le papier, et reste dans sa position, tournant à peu près le dos au public. Schultz ramasse le papier et lit.*)

HANTZ. Plus de doute, il s'est détruit.

SCHULTZ, *lisant.* « Je laisse à ma bien-aimée Hélène
« toute ma fortune, en lui demandant pardon de l'é-
« vénement qui fait manquer notre mariage. »

M. DE WURTZBOURG ET LES AUTRES. Quel malheur affreux!

SCHULTZ, *continue à lire, et s'émeut peu à peu.* « Et
« comme je ne veux pas que ce jeune homme reste
« sans épouse, et s'éteigne comme moi, sans rien
« laisser après lui, je lui donne quatre-vingt mille
« francs, pour choisir une femme à son gré, et donner
« de beaux enfants à la patrie... ce que je regrette
« bien sincèrement de n'avoir pas fait moi-même. »

TOUS. Ah! quel homme! quel excellent homme!
(*Hélène lève la tête, voit Reynolds, pousse un cri tout le monde en fait autant.*)

SCÈNE XV.

LES PRÉCÉDENTS; REYNOLDS, *sortant de la porte à droite, en robe de chambre, un livre à la main, et continuant à lire; tout le monde se précipite vers lui.*

ENSEMBLE.

SCHULTZ *lui sautant au cou.* Mon ami!
HÉLÈNE. Monsieur Reynolds!
M. DE WURTZBOURG. Mon neveu!
HANTZ. Mon maître!
FRÉDÉRIC. Mon bienfaiteur!
REYNOLDS, *froidement.* Qu'est-ce que vous avez donc?.. Est-ce qu'il y a quelque événement?
HÉLÈNE. Mais vous?
REYNOLDS. Ah! ma promenade... je vous remercie... fort agréable!.. Seulement, je l'avais commencée sur terre, et je l'ai finie...
SCHULTZ. Dans l'eau.
REYNOLDS. Oui; c'est prodigieux!.. je lisais très-loin du bord... et tout à coup, je me suis trouvé... Heureusement mon manuscrit n'a pas été mouillé; je l'ai sauvé à la nage, comme le Camoens.. et on m'a ramené par la petite porte du parc, dans votre chambre à coucher, où je me suis permis de prendre les pantoufles et la robe de chambre de l'amitié. (*A M. de Wurtzbourg.*) Vous ne m'en voulez pas, mon cher oncle?

M. DE WURTZBOURG, *avec joie.* Vous êtes donc toujours mon neveu?

REYNOLDS, *prenant la main d'Hélène.* Certainement, toute la vie.. (*Apercevant Frédéric.*) C'est-à-dire... je n'y pensais plus... Je suis à vous... Monsieur. (*Fouillant dans ses poches.*) Où diable ai-je mis mes pistolets?

FRÉDÉRIC. Vous n'en avez plus besoin, Monsieur; je suis déjà trop coupable envers vous, envers mon bienfaiteur.

REYNOLDS. Comment! vous savez?..

FRÉDÉRIC. Je sais que je ne puis vous demander trop d'excuses.

REYNOLDS. Aucune, aucune; votre main, cela suffit. (*Il lui donne une poignée de main.*) Seulement, par égard pour votre père, qui m'a montré le latin, ne dites plus de mal des savants; et ne les empêchez pas de se marier, car ils ont déjà assez de peines sans cela; n'est-ce pas, docteur?

SCHULTZ. J'ai cru que nous n'en viendrions jamais à bout... Mais enfin mon malade est sauvé.

REYNOLDS, *prenant la main d'Hélène.* Grâce à l'ordonnance.

ENSEMBLE.

AIR de *la Galope.*

REYNOLDS.
Fidèle à l'ordonnance,
Et soumis au docteur,
Je borne ma science
A goûter le bonheur.

TOUS.
Fidèle à l'ordonnance
Et soumis au docteur,
Bornez votre science
A goûter le bonheur.

REYNOLDS, *au public.*

AIR de *Léonce.*

Je ne suis qu'un pauvre savant;
J'ignore, en fait de mariage,
L'étiquette et le moindre usage.t.
Et je ne sais pas trop comment
Vous inviter en ce moment.
Lors, sans façon je vous engage,
Venez tous, j'en serai ravi;
Et quoique ennemi du tapage,
Quoique je suis ennemi du tapage...
Je voudrais bien, ce soir, entendre ainsi
(*Faisant le geste d'applaudir.*)
Un peu de bruit dans mon ménage.

FIN
de
LE SAVANT.

VIALAT ET Cⁱᵉ, IMPRIMEURS ET ÉDITEURS.

BEAUVOISIS. Qu'est-ce que c'est que ça? Scène 12.

PHILIPPE

COMÉDIE-VAUDEVILLE EN UN ACTE.

Représentée, pour la première fois, à Paris, sur le théâtre du Gymnase dramatique, le 19 avril 1830.

EN SOCIÉTÉ AVEC MM. MÉLESVILLE ET BAYARD.

Personnages.

MADEMOISELLE D'HARVILLE.
MATHILDE, sa nièce.
M. DE BEAUVOISIS.
PHILIPPE, intendant de mademoiselle d'Harville.

FRÉDÉRIC.
JOSEPH, domestique de mademoiselle d'Harville.
PLUSIEURS VALETS.

La scène se passe dans l'hôtel de mademoiselle d'Harville.

Le théâtre représente un bel appartement; porte au fond, et deux portes latérales. La porte à droite de l'acteur est celle de l'appartement de Mathilde ; celle qui est à gauche est la porte de la chambre de Frédéric. A droite, sur le devant, une grande table couverte d'un riche tapis, et sur laquelle se trouvent une cassette, un encrier, etc. A gauche, un guéridon.

SCÈNE PREMIÈRE.

MADEMOISELLE D'HARVILLE, MATHILDE. *Elles sont assises; mademoiselle d'Harville travaille à de la tapisserie. Mathilde lui fait la lecture.*

MADEMOISELLE D'HARVILLE. Eh bien! Mathilde, vous ne lisez plus?

MATHILDE. C'est que je réfléchis, ma tante.

MADEMOISELLE D'HARVILLE. Et à quoi, s'il vous plaît?

MATHILDE. Mais à ce roman. C'est singulier! ce Tom Jones, que M. Alworthy et sa sœur élèvent avec tant de bonté, c'est absolument comme M. Frédéric, que vous avez recueilli dès son enfance, dont vous avez pris soin, et qui n'a jamais connu ses parents.

MADEMOISELLE D'HARVILLE. Ah! c'est possible, il y a quelque rapport.

MATHILDE. Voulez-vous que je continue, ma tante?
MADEMOISELLE D'HARVILLE, *prenant le livre.* Non, mon enfant; cela vous fatigue, et puis voici bientôt l'heure du déjeuner.
MATHILDE. C'est dommage, j'aurais été curieuse de savoir ce que devient Tom Jones; il est si bon, si aimable... comme M. Frédéric.
MADEMOISELLE D'HARVILLE. Vous êtes bien jeune, Mathilde; écoutez-moi, et parlons raison, si c'est possible. Vous prenez beaucoup d'intérêt à Frédéric, et il le mérite, sans doute, à quelques égards; mais une jeune personne comme vous doit s'observer davantage.
MATHILDE. Ma tante!
MADEMOISELLE D'HARVILLE. Je voulais vous parler de cela, il y a quelques jours. Nous étions allées, la veille, à l'Opéra, j'avais reçu Frédéric dans ma loge; je lui avais fait cet honneur; nous avions avec nous M. le vicomte de Beauvoisis, mon neveu. Le vicomte, malgré quelques petits travers qui tiennent à la jeunesse, réunit les plus brillantes qualités; je vous dis cela entre nous, Mathilde, pour que vous le reteniez. J'ai des projets dont nous parlerons plus tard. Pour en revenir à l'Opéra, vous ne fîtes que rire et causer avec Frédéric. On ne rit point à l'Opéra, ma nièce. Et en sortant, c'est encore le bras de Frédéric qui fut accepté par vous, sans égard pour le vicomte, qui vous offrait le sien. (*Elle se lève.*)

AIR : Vaudeville de *la Somnambule.*

Ce n'est pas bien, ce n'est pas convenable ;
A votre rang, Mathilde, il faut songer.
MATHILDE.
J'ai cru pouvoir, suis-je donc si blâmable !
Le consoler, sans déroger.
Il est si bon !
MADEMOISELLE D'HARVILLE.
Soit, mais, je le répète,
En fait d'amour, d'amitié, de bonheur,
Il faut encor consulter l'étiquette.
MATHILDE.
Moi, je n'aurais consulté que mon cœur.

Frédéric est si reconnaissant de vos bontés, il vous aime tant.
MADEMOISELLE D'HARVILLE. Je le crois, Mathilde, j'ai besoin de le croire; et cependant, sans parler ici de mon rang, je ne trouve pas en lui ces égards, ces attentions que j'ai le droit d'attendre, peut-être, d'un jeune homme qui me doit tout. Logé dans mon hôtel, mon salon lui est ouvert; il peut venir s'y former au ton et aux manières de la bonne compagnie. Eh bien, non ; à peine s'il paraît le soir chez moi...
MATHILDE. Ecoutez donc, ma tante, il faut être juste, votre salon, c'est bien beau, mais ce n'est guère amusant.
MADEMOISELLE D'HARVILLE. Comment, Mademoiselle?
MATHILDE. Pour un jeune homme, je veux dire; n'entendre parler que de l'ancienneté de notre race, des hauts faits de d'Harville... moi-même, qui suis de la famille, je vous assure que quelquefois...
MADEMOISELLE D'HARVILLE. Ma nièce...
MATHILDE. A plus forte raison ce pauvre Frédéric, qui est jeune, impatient, étourdi; car sa tête est légère, j'en conviens; mais son cœur est si bon ! Elevés ensemble, ici, sous vos yeux, je connais ses sentiments pour vous; je sais à quel point il vous chérit.
MADEMOISELLE D'HARVILLE. En êtes-vous sûre, Mathilde?
MATHILDE. Eh! tenez; ce jour où vos chevaux s'emportèrent, mon cousin de Beauvoisis appelait du secours, mais Frédéric se jeta au-devant des chevaux, au risque d'être renversé, il les retint, il vous sauva peut-être! et pour ne pas vous alarmer, par la vue de ses habits déchirés, de ses mains meurtries, il s'échappa en me recommandant le silence.
MADEMOISELLE D'HARVILLE. Et vous avez eu tort, Mademoiselle. Comment! je n'en ai rien su! Frédéric...
MATHILDE. Entre nous, je crois que votre rang l'intimide un peu. « Ah ! » me dit-il souvent, parce qu'il cause avec moi...
MADEMOISELLE D'HARVILLE. Ah !
MATHILDE. Oui, il paraît qu'il ne me trouve pas l'air si imposant qu'à vous. « Ah! disait-il, que n'ai-je l'oc« casion de prouver ma reconnaissance à ma bien« faitrice ! je donnerais mon sang, je donnerais ma « vie pour elle! si du moins elle était mariée, je me « serais dévoué au service de son époux, je l'aurais « suivi à l'armée, je me serais fait tuer pour lui. »
MADEMOISELLE D'HARVILLE. Il disait cela?
MATHILDE. Oui, ma tante, et cela m'a fait faire une réflexion qui ne m'était pas encore venue. Pourquoi donc ne vous êtes-vous jamais mariée?
MADEMOISELLE D'HARVILLE, *un peu surprise.* Ah ! pourquoi? voilà bien la question d'un enfant.
MATHILDE. Il me semble cependant que, lorsqu'on a un beau nom!..
MADEMOISELLE D'HARVILLE. Lorsqu'on a un beau nom, ma nièce, ce qu'on peut faire de mieux, c'est de le garder. Je reconnais bien là les idées de ma sœur, de votre mère, qui, au lieu de suivre mon exemple, a choisi dans une classe inférieure un mari qui était riche, mais pas autre chose.
MATHILDE. C'est vrai, on dit que mon père était millionnaire et roturier; mais il aimait tant ma mère, il l'a rendue si heureuse !
MADEMOISELLE D'HARVILLE. Ce n'est pas une excuse, Mademoiselle; le bonheur ne justifie pas une faute.
MATHILDE, *d'un ton caressant.* Sans cette faute, cependant, vous n'auriez pas auprès de vous une nièce qui vous chérit.
MADEMOISELLE D'HARVILLE, *l'embrassant.* C'est vrai, mon enfant. Ah! l'on vient; sans doute M. Frédéric, que j'ai fait demander, et qui tarde bien. Non, c'est Philippe.

—

SCENE II.

LES PRÉCÉDENTS ; PHILIPPE, *tenant à la main des papiers et des journaux.*

MADEMOISELLE D'HARVILLE. Qu'est-ce que c'est ?
PHILIPPE, *à mademoiselle d'Harville.* Les lettres et les journaux de Mademoiselle, et les comptes du mois; car c'est aujourd'hui le 1er. (*Il lui présente les papiers.*)
MADEMOISELLE D'HARVILLE. C'est bien, je n'ai pas besoin de lire.
MATHILDE. On peut s'en rapporter à Philippe, ce n'est pas un intendant comme un autre.
MADEMOISELLE D'HARVILLE. Oui, c'est un honnête homme, et de plus, un habile et dévoué serviteur. Grâce à lui, on me croit deux fois plus riche que je ne le suis ; je fais des dépenses énormes, je n'ai jamais de dettes, et toujours de l'argent comptant.
PHILIPPE. Je n'y ai pas grand mérite : pourvu qu'on se souvienne seulement que deux et deux ne font jamais que quatre, ce n'est pas malin d'être inten-

dant; je sais bien qu'anciennement ce n'était pas comme cela.

Air du *Piége.*

Tous ces fripons d'intendants d'autrefois
Vous ruinaient d'une ardeur peu commune.
MADEMOISELLE D'HARVILLE.
On n'en a plus, et cependant je vois
Qu'on dissipe bien sa fortune.
PHILIPPE.
D'accord, je sais qu'on la mange souvent
Avec une vitesse extrême ;
Mais du moins on a maintenant
L'esprit de la manger soi-même.

(*Il présente un registre à mademoiselle d'Harville.*)

MADEMOISELLE D'HARVILLE. C'est inutile, Philippe.
PHILIPPE. Mademoiselle veut toujours signer sans lire ; ce sont les usages d'autrefois. Lisez, lisez, il le faut : qu'est-ce que c'est donc que ça? (*Mademoiselle d'Harville passe auprès de la table, et s'assied pour examiner les papiers que Philippe lui a présentés.*)
MATHILDE. C'est drôle, il n'y a que lui qui gronde ma tante, et elle ne se fâche pas. Ces vieux serviteurs ont des priviléges.
PHILIPPE, *passant auprès de Mathilde.* J'ai tort, sans doute ; mais, voyez-vous, Mademoiselle, un ancien militaire ne peut pas parler comme un gentilhomme de la chambre.
MADEMOISELLE D'HARVILLE. Qu'est-ce que je vois là! (*Lisant.*) « Secours donnés par Mademoiselle, six mille francs. » (*A Philippe.*) C'est plus du double des mois ordinaires.
PHILIPPE. Mademoiselle est si bonne, et l'hiver est si rigoureux!

Air : *Dans un castel dame de haut lignage.*

A vos désirs j'obéissais d'avance.
Dans vos salons, de tous ces grands seigneurs
Quand votre nom attire l'affluence,
Pour ses bienfaits on le bénit ailleurs.
Si votre hôtel est connu d' la noblesse,
Par l'indigence il l'est aussi ;
Et si quelqu'un ignorait votre adresse,
Le premier pauvr' lui dirait : « C'est ici. »

MADEMOISELLE D'HARVILLE *se lève et continue de lire.* Des ouvriers, d'anciens militaires...
PHILIPPE. Des camarades à moi qui servaient dans l'armée de Rhin et Moselle. Il faut faire quelque chose pour ceux qui y étaient, Mademoiselle : car c'est sous leurs tentes que bien des gens, qui valaient mieux que moi, ont trouvé asile et protection.
MADEMOISELLE D'HARVILLE, *passant entre Philippe et Mathilde.* C'est vrai, c'est Philippe qui, dans ce temps-là, nous a aidées à passer la frontière.
MATHILDE. Je comprends alors votre reconnaissance, votre affection pour lui.
MADEMOISELLE D'HARVILLE. Achevons. (*Lisant.*) « Pour la pension de Frédéric, cinq cents francs. » (*A Philippe.*) C'est beaucoup pour un mois.
PHILIPPE. C'est bien peu, Mademoiselle ; puisque vous l'avez élevé et protégé, il faut achever votre ouvrage, il faut qu'il s'instruise, qu'il ait des maîtres ; il a besoin d'avoir du mérite, lui qui n'a pas de fortune...
MADEMOISELLE D'HARVILLE. C'est ce qu'il faudrait souvent lui répéter. Je vous ai placé près de lui, Philippe, comme un guide, comme un ami ; et j'ai à me plaindre de lui, de vous, peut-être : vous le gâtez,

vous n'avez pas pour lui toute la sévérité nécessaire ; souvent il rentre bien tard.
PHILIPPE, *embarrassé.* Mademoiselle...
MADEMOISELLE D'HARVILLE. Je ne l'ai pas vu hier soir.
PHILIPPE. Ah! mon Dieu!
MADEMOISELLE D'HARVILLE. Ce matin, je lui ai fait dire de descendre, et il n'a pas encore paru.
PHILIPPE. Il était sorti de très-bonne heure, pour son droit, pour une conférence... je ne sais pas au juste... il travaille tant, que souvent il passe la nuit.
MATHILDE. Voyez-vous, ma tante, il finira par se rendre malade.
MADEMOISELLE D'HARVILLE, *vivement.* Voilà ce que je n'entends pas ; je ne veux pas qu'il travaille tant, je le lui défendrai.
PHILIPPE, *à part.* Ce n'est pas la peine.
MADEMOISELLE D'HARVILLE, *allant à la table, et prenant dans la cassette une bourse qu'elle remet à Philippe.* Tenez, Philippe, voilà son trimestre ; vous le lui donnerez de ma part, en lui recommandant l'ordre, l'économie et la bonne conduite.
PHILIPPE. Oui, Mademoiselle ; mais vous, en revanche, ayez un peu d'indulgence.

Air : *Amis, voici la riante semaine.*

Il est léger, mais plein d'honneur et d'âme :
Je m'y connais, et je vous en réponds.
Pour des misèr's quand je vois qu'on le blâme,
Moi, je l'excuse, et j'ai bien mes raisons.
Oui, maintenant, quoi qu'il dise ou qu'il fasse,
Pour un jeune homm' j' suis toujours indulgent,
Car je soupire, et je m' dis : A sa place,
Le diabl' m'emport' si j' n'eu f'rais pas autant!
Pardon, Mam'sell', mais j'en f'rais tout autant.

BEAUVOISIS, *en dehors.* On n'a pas encore déjeuné, c'est bien.
MADEMOISELLE D'HARVILLE. Ah! c'est mon neveu que j'entends.

SCENE III.

LES PRÉCÉDENTS, BEAUVOISIS, *en négligé très-élégant.*

UN DOMESTIQUE, *annonçant.* Monsieur le vicomte d'Harville de Beauvoisis. (*Philippe est auprès de la table, occupé à ranger les papiers.*)
BEAUVOISIS, *baisant la main à mademoiselle d'Harville.* Bonjour, chère tante ; bonjour, ma jolie cousine. Je suis bien matinal, n'est-ce pas? Je n'en reviens point de me trouver debout à peu près comme tout le monde.
MADEMOISELLE D'HARVILLE. Comment avez-vous donc fait?
BEAUVOISIS. Je m'y suis pris d'avance, je ne me suis pas couché.
PHILIPPE, *à part.* On ne lui demandera pas de l'ordre à celui-là.
MATHILDE. Voilà une belle conduite, monsieur de Beauvoisis.
BEAUVOISIS. Vous avez raison ; mais il y a tant de bals cet hiver... les nuits sont trop courtes, et la vie aussi.
MADEMOISELLE D'HARVILLE, *à Beauvoisis.* Vous déjeunez avec nous, n'est-ce pas? (*A Mathilde.*) Mathilde, voyez, donnez des ordres, qu'on se dépêche de nous servir. (*Elle s'assied auprès de la table.*)
MATHILDE. Oui, ma tante ; j'y vais. (*Saluant Beau-*

voisis.) Mon cousin... (*Bas, à Philippe.*) Adieu, Philippe. (*Elle sort.*)

SCÈNE IV.

PHILIPPE, MADEMOISELLE D'HARVILLE, BEAUVOISIS. *Mademoiselle d'Harville est assise auprès de la table, Philippe est à sa droite; elle signe de loin en loin des papiers que Philippe dépose sur la table.*

BEAUVOISIS. Je suis venu vous demander à déjeuner en famille; d'abord, mon aimable tante, pour vous présenter mes hommages, et puis pour vous remercier. Vous avez vu Aaron?

MADEMOISELLE D'HARVILLE. Je le vois beaucoup trop souvent.

BEAUVOISIS. Ce n'est pas ma faute, les chevaux anglais sont hors de prix. Moi, les chevaux et l'Opéra, voilà ce qui me ruine.

PHILIPPE. Monsieur change si souvent!

BEAUVOISIS. C'est vrai, c'est ce que je me dis tous les jours; je dépense un argent fou, à moi et à ma tante; mais que voulez-vous?

AIR : *Du fleuve de la vie.*

L'argent n'est rien, il faut qu'on brille,
Que dans Paris on soit cité;
Pour faire honneur à ma famille,
Je dépense avec dignité.
Sous des titres comme les nôtres,
Il est noble, il est de bon goût
De ne jamais compter...

PHILIPPE.
Surtout
Quand c'est l'argent des autres.

BEAUVOISIS. C'est le seul moyen de se faire remarquer. Si nous avions une bonne guerre, ce serait bien plus économique. Je ferais parler de moi, ou je me ferais tuer; et cela ne vous coûterait pas si cher.

MADEMOISELLE D'HARVILLE. Exposer vos jours! vous, le dernier des d'Harville! Non, mon neveu, et puisque nous en sommes sur ce chapitre, je vous dirai que vous vous devez à vous-même et à votre famille plus de tenue, plus de modération. Qu'est-ce que cette aventure dont on parlait hier dans les salons?

BEAUVOISIS. Quoi! vous sauriez?.. Cela vous a inquiétée?

MADEMOISELLE D'HARVILLE. Beaucoup.

BEAUVOISIS. Vous connaissez cependant mon adresse, et puis, cette fois, je n'avais pas tort. J'avais remarqué à l'Opéra... car je suis un fidèle... Nous sommes toujours là, moi, ou ma lorgnette, en gants blancs, balcon des premières, à droite, c'est mon côté, vous savez. J'avais remarqué une jeune élève de Terpsichore, oh! une taille! un regard céleste, un coude-pied ravissant.

MADEMOISELLE D'HARVILLE. Mon neveu!..

BEAUVOISIS. N'ayez donc pas peur, j'ai du tact, je sais gazer. Autrefois, nous dansions sans déroger; par conséquent les danseuses, ça nous revient; ce n'est pas noble, mais c'est gentil; par malheur, c'est léger, et on voulait me persuader que j'avais un rival.

PHILIPPE. Pas possible.

BEAUVOISIS. Je fus comme Philippe, je ne voulus pas le croire; mais de ce temps-ci, il y a tant d'invraisemblance... Je cours chez ma divinité, qui était, dit-on, dans son boudoir. Je veux tourner le bouton,

votre serviteur ; la porte était fermée en dedans, et j'entends une voix de basse-taille qui me crie : « Qui est là ? »

MADEMOISELLE D'HARVILLE. Ah! mon Dieu!

BEAUVOISIS. Il n'y avait plus moyen d'en douter; un autre aurait fait du bruit, de l'éclat; moi, pas du tout, et, ne pouvant remettre ma carte à ce monsieur, je me suis contenté d'écrire au crayon sur la porte : « L'amant de ma maîtresse est un fat; je l'attends au bois...
« *Signé* D'HARVILLE DE BEAUVOISIS. »

MADEMOISELLE D'HARVILLE. Et il est venu?

BEAUVOISIS. Mieux que ça, il en est venu trois. Il paraît qu'ils avaient tous pris connaissance de mon épître, qui, par le fait, est devenue une circulaire.

MADEMOISELLE D'HARVILLE, *se levant.* Et vous vous êtes battu?

BEAUVOISIS. Sur-le-champ, avec mes trois partners. J'ai blessé l'un, désarmé l'autre, et j'ai déjeuné avec le troisième, un aimable jeune homme, le fils d'un pair de France, qui n'a pas voulu me quitter : car les duels, c'est charmant; on se fait des amis à la vie et à la mort. Celui-ci m'a conduit le soir dans une société délicieuse, un rout, un cercle, comme on voudra, où, par parenthèse, j'ai trouvé votre ami Frédéric.

PHILIPPE. Frédéric?

MADEMOISELLE D'HARVILLE. Qu'est-ce que vous dites là?

PHILIPPE. Monsieur le vicomte se trompe, ça ne se peut pas.

BEAUVOISIS. Je me trompe si peu que je lui ai parlé, parce que j'ai été fort étonné de le trouver là ; et quand je suis sorti, à six heures du matin, il y était encore.

PHILIPPE, *à part.* Que le ciel le confonde!

MADEMOISELLE D'HARVILLE, *regardant Philippe.* Ah! il était sorti, ce matin, pour travailler, pour... (*Mouvement de Philippe.*) C'est bien. (*A Beauvoisis.*) Et cette maison est-elle convenable?

BEAUVOISIS. Hum! hum! tout au plus.

PHILIPPE. M. le vicomte y était.

BEAUVOISIS. Oh! moi, mon cher, c'est différent, nous allons partout; mais un pauvre diable qui n'a pas un sou à lui, ça peut devenir très-inquiétant : voilà tout ce que je dirai, je ne veux pas lui faire du tort.

PHILIPPE. Eh! mon Dieu! parlez et n'en laissez point croire plus qu'il n'y en a. Quand il serait allé dans cette maison pour son plaisir, pour une danseuse, (*Mouvement de Beauvoisis.*) que sais-je?.. eh! pourquoi pas? ma foi, à son âge...

MADEMOISELLE D'HARVILLE. Philippe, monsieur le vicomte ne vous a point adressé la parole.

BEAUVOISIS. C'est vrai, mais M. Philippe la prend assez volontiers. Il a de l'éloquence, ce qui est du luxe dans un intendant; cela doit vous coûter bien plus cher.

PHILIPPE. Morbleu!..

MADEMOISELLE D'HARVILLE. Philippe, taisez-vous, vous vous oubliez. (*A Beauvoisis.*) Venez, mon neveu ; et surtout, devant Mathilde, pas de récit, pas d'aventure; au moment de lui faire part de nos projets, vos folies...

BEAUVOISIS. Bah! qu'est-ce que cela lui fait, tant que je suis garçon? une fois marié...

MADEMOISELLE D'HARVILLE. Vous serez plus sage, j'espère.

BEAUVOISIS. Certainement, je ne les dirai plus.

MADEMOISELLE D'HARVILLE, *bas, à Philippe.* Je suis mécontente. (*A Beauvoisis.*) Mon neveu, votre bras. (*En s'en allant, à Philippe.*) Très-mécontente. (*Elle sort avec Beauvoisis par le fond.*)

SCENE V.

PHILIPPE, *seul.* Très-mécontente, voilà le grand mot : après ça, il n'y a plus rien à dire; ce bavard, avec ses histoires, et son air de mépris..... mépriser Frédéric! il a des torts, c'est possible; mais ça regarde Mademoiselle, ça me regarde. (*Pesant la bourse qu'il tient.*) Pauvre garçon! son trimestre, ce n'est pas lourd; et cette fois-ci, pas de supplément à espérer, c'est le cas de venir à son secours sans qu'il s'en doute. (*Il regarde autour de lui, et fouille dans sa poche.*) J'ai justement là quelques petites épargnes que j'allais placer; je ne suis pas un richard, mais enfin, avec un peu d'ordre, on a toujours quelques cartouches au service de ses amis. (*Il prend un rouleau de napoléons.*) Il la trouvera la paie un peu allongée; mais il croira que c'est Mademoiselle. (*Il met quelques pièces d'or dans la bourse.*) Où diable peut-il avoir passé la nuit? ne pas rentrer, nous donner de l'inquiétude, c'est très-mal ; je suis d'une colère... (*Versant tout le rouleau dans la bourse.*) Bah! il faut tout mettre, c'est plus tôt fait. (*Il va vers la gauche.*)

SCENE VI.

FRÉDÉRIC, JOSEPH, PHILIPPE.

FRÉDÉRIC, *à Joseph, dans le fond.* Oui, va, que personne ne te voie! ce billet sur son panier à ouvrage, ou dans son carton; tiens, voilà ma dernière pièce d'or. (*Joseph entre dans l'appartement de Mathilde.*)
PHILIPPE. C'est lui.
FRÉDÉRIC, *posant son chapeau et sa cravache sur la table à droite.* Elle saura tout, mais quand je serai loin. (*Il traverse le théâtre, et va se jeter dans un fauteuil près du guéridon.*)
PHILIPPE, *qui est au fond à droite, l'observant et se rapprochant.* Comme le voilà défait, abattu! on dirait qu'il vient de faire cent lieues de marche forcée; pauvre enfant!
FRÉDÉRIC. Elle me plaindra peut-être. (*Apercevant Philippe.*) Ah! Philippe !.
PHILIPPE, *changeant de ton.* Vous voilà donc enfin ! morbleu! n'avez-vous pas de honte?..
FRÉDÉRIC. Ah! je t'en prie, fais-moi grâce de tes remontrances, je ne suis pas en humeur de les entendre.
PHILIPPE. Et vous les entendrez pourtant. Qu'est-ce que ça signifie une vie comme celle-là? Nous donner de l'inquiétude à tous! à moi surtout, et à Mademoiselle.
FRÉDÉRIC, *se levant vivement.* Mademoiselle! dis-tu? Eh! quoi, Philippe, elle saurait?..
PHILIPPE. Elle sait tout; j'ai eu beau mentir pour vous excuser, ce qui ne me serait pas arrivé pour moi-même, elle n'a rien voulu entendre; elle est furieuse contre vous.
FRÉDÉRIC. Allons, il ne manquait plus que cela! j'aurais tout bravé, je prenais mon parti; mais sa colère... Ah! jamais... moi qui donnerais ma vie pour lui épargner un regret, un chagrin...

PHILIPPE. A la bonne heure; mais est-ce que vous ne craignez pas aussi de me faire de la peine, à moi, votre soutien, qui, absent ou présent, suis toujours là pour vous surveiller, pour vous défendre? Vous n'avez donc pas d'amitié pour moi?
FRÉDÉRIC. Si fait, Philippe; pardonne-moi, je suis un fou, un ingrat; mais non, tiens, je suis malheureux, voilà tout.
PHILIPPE. Vous êtes malheureux! (*S'arrêtant plus froidement*) Je comprends, vous avez fait quelques sottises?..
FRÉDÉRIC. Une seule d'abord qui m'en a fait commettre vingt autres.
PHILIPPE. C'est beaucoup pour commencer, mais allons par ordre.
FRÉDÉRIC. Je suis amoureux.
PHILIPPE. Amoureux? Eh bien, il n'y a pas de mal; il faut l'être quelquefois, pourvu que chaque fois ça ne dure pas longtemps.
FRÉDÉRIC. Mais c'est d'une personne si fort au-dessus de moi!..
PHILIPPE. Bah! quand on est jeune, et assez bien, il n'y a plus de distance; et cette personne?..
FRÉDÉRIC. Ah! si tu savais... mais non, je voudrais me le cacher à moi-même. Ah! Philippe, qu'il est cruel de sentir au fond du cœur qu'on pourrait se distinguer, qu'on serait capable d'arriver...

Air : Vaudeville du *Baiser au porteur.*

Et voir sans cesse un obstacle invincible;
Un mur d'airain, qu'on ne peut surmonter,
Etre *sans nom! sans nom*, ce mot terrible,
Je crois toujours l'entendre répéter.
PHILIPPE.
Cela doit-il vous arrêter?
L'honneur est tout, il suffit qu'on le suive,
C'est là le but; et le monde aujourd'hui
Demande comme on arrive.
Et non pas d'où l'on est parti.
On demande comme on arrive,
Et non pas d'où l'on est parti.

FRÉDÉRIC. Tu as beau dire, c'est une humiliation qui me pèse. Tous ces jeunes gens qui viennent ici semblent ne me voir qu'avec dédain. Aussi, je n'y puis plus rester; cette maison m'est devenue insupportable, le découragement m'a pris, je ne sais quelles extravagances m'ont passé par la tête, une rage de fortune; il me semblait que ce serait une compensation, une espèce de mérite, j'en vois tant qui n'ont que celui-là! et j'ai joué de désespoir.
PHILIPPE. Vous avez joué!
FRÉDÉRIC. Comme un fou, comme un furieux.
PHILIPPE, *lui serrant la main.* Vous! Ah! Frédéric, c'est mal, c'est très-mal; je n'ai pas besoin de vous demander si vous avez perdu.
FRÉDÉRIC. Plus que je ne puis payer.
PHILIPPE. Je devrais vous gronder; mais ça viendra plus tard, et vous n'y perdrez rien. Allons au plus pressé. (*Il tire de sa poche la bourse que lui a remise mademoiselle d'Harville, et la présente à Frédéric.*) Voilà le trimestre : il arrive à propos.
FRÉDÉRIC, *sans le regarder, et à lui-même.* Le trimestre, ah! ça ne suffit pas.
PHILIPPE. Voyez, je crois qu'il y a plus qu'à l'ordinaire... (*Il lui met la bourse dans la main.*) C'est Mademoiselle qui me l'a remis pour vous, avec une mercuriale que vous avez trop méritée. (*A part.*) J'ai bien fait de penser au supplément.
FRÉDÉRIC. Allons, c'est toujours un à-compte.

PHILIPPE. Comment, un à-compte !
FRÉDÉRIC. Ah! oui, apprends donc que j'ai joué ou parié toute la nuit contre M. de Beauvoisis, que je ne peux pas souffrir; j'aurais été bien aise de l'emporter sur lui, mais pas du tout, il a eu un bonheur aussi insolent que sa figure. J'ai perdu onze mille francs.
PHILIPPE. Onze mille francs! miséricorde!
FRÉDÉRIC. Oui, onze mille francs, que j'ai empruntés à mes voisins, à mes amis! au maître de la maison. Il faut que je les rende aujourd'hui même, et tu vois bien que je n'ai plus qu'à me brûler la cervelle.
PHILIPPE. Hein!

AIR des *Amazones*.

Y pensez-vous? Quel est donc ce langage?
J'en suis encor tout tremblant.
FRÉDÉRIC.
       Mais aussi
Quand le malheur me poursuit...
PHILIPPE.
       Du courage,
Et n'allez pas fuir devant l'ennemi;
Non, n'allez pas fuir devant l'ennemi.
Restez, morbleu !
FRÉDÉRIC.
Moi, que je vive encore !
Ah! dans le monde, aux yeux d'un créancier,
Quand on rougit, quand on se déshonore,
Il faut mourir.
PHILIPPE.
Eh non, il faut payer.
FRÉDÉRIC.
Quand on rougit, quand on se déshonore,
Il faut mourir.
PHILIPPE.
Du tout, il faut payer.
Avant tout, Monsieur, il faut payer.

FRÉDÉRIC. Et comment payer onze mille francs?
PHILIPPE. Je n'en sais rien, c'est embarrassant; il n'y a pas d'économies qui puissent y suffire.
FRÉDÉRIC J'ai couru chez tous mes amis.
PHILIPPE. Bah! les amis, quand il faut prêter, ils sont loin. Il n'y a qu'une personne qui puisse vous tirer de là.
FRÉDÉRIC. Mademoiselle d'Harville, ma protectrice.
PHILIPPE. Il faut tout lui avouer.
FRÉDÉRIC. Je n'oserai jamais ; je l'aime beaucoup, mais j'en ai si peur...
PHILIPPE. C'est égal, morbleu! Du courage, il faut en passer par là; ce sera votre punition. Justement la voici.

SCÈNE VII.

LES PRÉCÉDENTS, MADEMOISELLE D'HARVILLE. *Frédéric et Philippe remontent le théâtre et se tiennent au fond, à gauche.*

FRÉDÉRIC. Tu ne nous quitteras pas, n'est-il pas vrai ?
PHILIPPE. Soyez donc tranquille. Je suis là, en corps de réserve pour vous soutenir. (*Mademoiselle d'Harville entre, elle marche lentement, et descend le théâtre sans voir Frédéric ni Philippe.*)
FRÉDÉRIC, *à Philippe*. Elle ne nous voit pas, elle est préoccupée, et elle a un air si sévère...
PHILIPPE. Je connais cet air-là ; avancez, et ne tremblez pas.
FRÉDÉRIC *fait quelques pas et recule*. Non, je n'oserai jamais, c'est plus fort que moi, et plutôt mourir. (*Il s'enfuit dans sa chambre dont il ferme la porte.*)

PHILIPPE. Allons donc. (*Regardant autour de lui, et le voyant partir.*) Eh bien! il s'enfuit, et me laisse seul exposé au danger.
MADEMOISELLE D'HARVILLE, *levant les yeux*. Ah! c'est vous, Philippe! Frédéric a-t-il enfin reparu?
PHILIPPE. Oui, Mademoiselle.
MADEMOISELLE D'HARVILLE. J'espère que vous lui avez parlé. (*Voyant que Philippe regarde de tous côtés.*) Quoi donc? Que regardez-vous?
PHILIPPE. Si personne ne vient, (*Il se rapproche.*) parce que je suis bien aise de ne pas être interrompu.
MADEMOISELLE D'HARVILLE. Qu'y a-t-il donc?
PHILIPPE. Il y a, Mademoiselle, un petit malheur, peu de chose. Dame! la jeunesse, c'est un moment de fièvre qui dure plus ou moins; et quand l'accès est passé, ce qui malheureusement arrive toujours trop tôt...
MADEMOISELLE D'HARVILLE. Où voulez-vous en venir?
PHILIPPE. Voici, Mademoiselle. (*Baissant la voix.*) L'enfant a joué.
MADEMOISELLE D'HARVILLE. Frédéric!
PHILIPPE. Oui, Mademoiselle, il a joué, il a perdu, il doit de l'argent. (*A part.*) Là! coup sur coup, c'est plus vite passé.
MADEMOISELLE D'HARVILLE. Que me dites-vous là? cette maison où mon neveu l'a rencontré...
PHILIPPE. C'était une maison de jeu, mais dans le grand genre, bonne société; aussi l'enfant a beaucoup perdu, et maintenant, Mademoiselle, il faut payer.
MADEMOISELLE D'HARVILLE. Payer! et vous croyez que j'y consentirai, moi? que j'encouragerai un pareil désordre? que j'acquitterai une dette de jeu?
PHILIPPE. Oui, Mademoiselle, onze mille francs.
MADEMOISELLE D'HARVILLE. Eh! qu'importe la somme? ai-je coutume de compter pour du bien à faire, un service à rendre? j'y mets quelque noblesse, je crois; mais après une pareille conduite, non, Philippe, non, mon parti est pris, je ne le paierai pas.
PHILIPPE, *s'animant*. Vous ne paierez rien?
MADEMOISELLE D'HARVILLE. Non, sans doute ; eh! que dirait ma famille, que dirait le monde, si la fortune des d'Harville ne servait qu'à réparer les sottises d'un étourdi?
PHILIPPE. Votre famille! le monde! vous les craignez trop, Mademoiselle; vous leur avez déjà sacrifié tant de choses!
MADEMOISELLE D'HARVILLE. Philippe!
PHILIPPE. Ne craignez rien, ce que je vous ai promis, je ne l'oublierai pas ; mais il faut que chacun fasse son devoir ; songez donc que ce pauvre jeune homme n'a que vous au monde, et si vous l'abandonnez, si vous souffrez qu'il soit déshonoré, il a du cœur, cet enfant, il se tuera.
MADEMOISELLE D'HARVILLE. O ciel!
PHILIPPE. Il y est décidé. Que voulez-vous, il ne tient pas à la vie; comme il me disait tout à l'heure : « Je suis « seul, sans parents, sans espérances ; je dois tout à « la pitié. »
MADEMOISELLE D'HARVILLE. Il disait cela ?
PHILIPPE. Oui, et bien d'autres choses qui m'ont fait venir les larmes aux yeux. Pauvre garçon! je le regardais et je me disais à part moi... (*Mouvement de mademoiselle d'Harville.*) Rien, Mademoiselle, rien du tout; mais j'avais le cœur serré. Oh! vous ne sentez pas cela, vous; vous êtes tranquille, heureuse.
MADEMOISELLE D'HARVILLE. Heureuse ! moi! non, Philippe, non, je ne le suis pas.

PHILIPPE. Laissez donc, Mademoiselle! Dans vos salons, entourée de ce monde qui vous honore, de votre famille que vous dirigez selon votre plaisir...

MADEMOISELLE D'HARVILLE. Au fond du cœur, croyez-vous donc que je ne sente rien de plus? mais je dois à tous ceux qui m'entourent des leçons, des exemples.

PHILIPPE. Comment, Mademoiselle!

MADEMOISELLE D'HARVILLE. Je paierai tout, je m'y engage; mais n'en parlez à personne, ne le dites pas à lui-même.

PHILIPPE. Pourquoi donc! vous avez peur qu'il ne vous aime trop?

MADEMOISELLE D'HARVILLE. Ah! pouvez-vous le penser? mais mon neveu pourrait s'étonner, se plaindre; vous savez qu'il doit être mon héritier.

PHILIPPE. Raison de plus pour bien traiter ce pauvre Frédéric pendant que vous y êtes. Et d'abord, il ne doit plus être exposé à retomber dans une pareille faute. Pour cela, il faut qu'il soit content. Sa pension n'est pas assez forte.

MADEMOISELLE D'HARVILLE. Vous croyez? Eh bien, Philippe, on peut l'augmenter.

PHILIPPE. Oui, du double. Après ça, tous ses camarades ont des chevaux, des équipages. (*Mouvement de mademoiselle d'Harville.*) Je ne suis pas exigeant, mais il me semble que quand vous lui donneriez un joli cheval de selle, avec un domestique pour l'accompagner...

MADEMOISELLE D'HARVILLE. En vérité, Philippe, vous êtes d'une exigence...

PHILIPPE. Dame! écoutez donc, Mademoiselle...

MADEMOISELLE D'HARVILLE. C'est bien, achetez ce cheval, tout ce qu'il faudra, mais soyez économe.

PHILIPPE. Suffit; je prendrai ce qu'il y a de plus cher; et quand il sera dessus, vous m'en direz des nouvelles. Le gaillard! savez-vous qu'il est très-bien, au moins? Vous n'y faites pas attention; mais l'autre jour, aux Tuileries, il y avait des dames, mais de belles dames, qui le regardaient passer, et qui disaient entre elles: « Tournure distinguée! joli cavalier! »

MADEMOISELLE D'HARVILLE, *avec joie.* Vraiment!

PHILIPPE. Oui, Mademoiselle, oui, elles l'ont dit; il ne l'a pas entendu, lui; mais moi qui l'accompagnais, je n'en ai pas perdu un mot; et ça me faisait plaisir.

MADEMOISELLE D'HARVILLE. En effet, il a une physionomie...

PHILIPPE. Fort agréable, j'ose le dire; et s'il était un peu encouragé, si vous lui adressiez de temps en temps un petit mot d'amitié... Tenez, Mademoiselle, vous êtes trop sévère avec lui.

MADEMOISELLE D'HARVILLE. Moi!

PHILIPPE. Il est là, tout tremblant.

MADEMOISELLE D'HARVILLE. Là! Frédéric!

PHILIPPE.

Air : *Dis-moi, t'en souviens-tu?*

Si vous-même daigniez lui dire
Que vous pardonnez cette fois...
Allons, votre cœur le désire
Autant que le mien, je le vois.
　　　MADEMOISELLE D'HARVILLE.
Mais êtes-vous sûr que personne?..
　　　PHILIPPE.
Non, non, personne ici n' porte ses pas,
Et vous pouvez être indulgente et bonne;
Ne craignez rien, on ne vous verra pas.

(*Mademoiselle d'Harville s'assied auprès de la table; Philippe va à la porte de la chambre de Frédéric, et lui fait signe d'approcher.*)

SCENE VIII.

MADEMOISELLE D'HARVILLE, FRÉDÉRIC, PHILIPPE.

PHILIPPE, *bas, à Frédéric.* Venez, j'ai parlé, ça va bien.

FRÉDÉRIC. Ce n'est pas possible.

PHILIPPE. Si fait, soyez gentil, et remerciez-la.

MADEMOISELLE D'HARVILLE. Ah! Frédéric, approchez.

PHILIPPE, *le poussant.* Approchez donc, plus près encore.

FRÉDÉRIC, *à part.* Je tremble.

MADEMOISELLE D'HARVILLE. Je sais tout, Monsieur. (*Mouvement de Frédéric.*) Rassurez-vous, je n'ajouterai pas aux reproches que vous vous faites sans doute : je réparerai votre folie; mais que cette leçon ne soit pas perdue.

FRÉDÉRIC. Je ne l'oublierai de ma vie, ni vos bontés non plus, Madame.

PHILIPPE, *bas.* C'est ça. (*Il passe auprès de la table à la droite de mademoiselle d'Harville.*)

MADEMOISELLE D'HARVILLE. Frédéric, ne devenez pas joueur, je vous en prie.

FRÉDÉRIC. Jamais, Madame, jamais. (*A part.*) Je n'en reviens pas... tant de bonté...

PHILIPPE. Il ne jouera plus, Mademoiselle; c'est bon pour une fois.

MADEMOISELLE D'HARVILLE. Vous me feriez bien de la peine.

FRÉDÉRIC. Ah! je mourrais plutôt que de rien faire qui pût déplaire à Madame; quand je songe à tous les bienfaits dont on m'a comblé dans cette maison, moi qui n'avais personne au monde.

MADEMOISELLE D'HARVILLE, *lui tendant la main.* Vous avez des amis qui ne vous abandonneront pas, tant que vous serez digne d'eux.

PHILIPPE. Il le sera toujours, j'en réponds.

FRÉDÉRIC, *baisant avec transport la main de mademoiselle d'Harville.* Oh! toujours. (*Mademoiselle d'Harville se détourne avec émotion.*)

PHILIPPE, *bas, à mademoiselle d'Harville.* C'est bien ça, Mademoiselle. (*A part.*) A sa place, il me semble que moi, je l'aurais déjà... (*Il fait le mouvement d'embrasser.*)

MADEMOISELLE D'HARVILLE. Et vos travaux, vos études, où en êtes-vous? songez-vous à vous faire un état, un nom?

FRÉDÉRIC. Je n'ai plus qu'à prêter mon serment d'avocat.

PHILIPPE. Là! voyez-vous, il est avocat et! il n'en disait rien.

FRÉDÉRIC. C'est si peu de chose, tant qu'on ne s'est pas distingué.

MADEMOISELLE D'HARVILLE. Il a raison.

PHILIPPE. Il paraît que c'est difficile, et que, dans ce régiment-là, les chevrons ne viennent pas vite; mais c'est égal, c'est toujours fort joli d'être avocat à son âge; n'est-ce pas, Mademoiselle?

MADEMOISELLE D'HARVILLE. Sans doute; c'est un titre. J'ai vu des avocats qui étaient reçus dans les meilleures maisons; cela peut mener à quelque chose.

PHILIPPE. Je crois bien.

MADEMOISELLE D'HARVILLE, *observant Frédéric. A part.*) Oui, Philippe disait vrai; il n'est pas mal : bonne tournure, air distingué. (*Philippe vient auprès de Frédéric à sa gauche. Elle se lève. Haut, à Frédéric.*)

Ecoutez-moi, Frédéric, je m'occupe de votre avenir, de votre bonheur; je ne vous demande que de n'y point mettre obstacle par votre conduite.

FRÉDÉRIC. Ah! parlez; décidez de mon sort : trop heureux de vous consacrer ma vie.

MADEMOISELLE D'HARVILLE. Voilà qui me satisfait; je ne trouverai donc en vous nul obstacle à mes volontés?

FRÉDÉRIC. Que je perde tous mes droits à vos bontés si j'hésite un instant à vous obéir.

PHILIPPE. Je suis sa caution.

MADEMOISELLE D'HARVILLE. Eh bien! Frédéric, j'ai en vue pour vous un établissement fort honorable, une étude qui vaut, dit-on, deux cent mille francs.

FRÉDÉRIC, s'inclinant. Ah! Madame!..

MADEMOISELLE D'HARVILLE. Celle de Desmarets, mon avoué; il vous la cède pour rien.

PHILIPPE. Pas possible!

MADEMOISELLE D'HARVILLE. C'est la dot de sa fille, jeune personne charmante et très-bien élevée, qu'il vous donne en mariage.

FRÉDÉRIC. O ciel!

TRIO.

Musique de M. Heudier.

ENSEMBLE.

FRÉDÉRIC.
Sort fatal, destin contraire!
Cet arrêt me désespère;
Mais que résoudre, que faire,
Pour éviter sa colère?

PHILIPPE.
Sort heureux! destin prospère!
Lorsque son cœur moins sévère
A nos vœux n'est plus contraire,
Pourquoi gémir et vous taire?

MADEMOISELLE D'HARVILLE.
Quel embarras! quel mystère!
Lorsque mon cœur moins sévère
Vous assure un sort prospère,
Pourquoi gémir et vous taire?
(*A Frédéric.*)
Vous gardez le silence.

FRÉDÉRIC, *hésitant.*
Pardon, je ne puis accepter.

PHILIPPE, *bas.*
O ciel! quelle imprudence!

MADEMOISELLE D'HARVILLE.
Que dit-il?

FRÉDÉRIC.
Daignez m'écouter

MADEMOISELLE D'HARVILLE.
Non, Monsieur, à mes vœux
Il faut souscrire, je le veux.
Cet hymen...

FRÉDÉRIC.
Non, jamais :
Ah! plutôt perdre vos bienfaits!

ENSEMBLE.

FRÉDÉRIC.
Sort fatal! destin contraire!
Cet arrêt me désespère;
Mais que résoudre, que faire,
Pour éviter sa colère,
Pour éviter sa colère?

MADEMOISELLE D'HARVILLE ET PHILIPPE.
A { mes } vœux être contraire!

Ah! redoutez { ma / sa } colère!..
Que veut dire ce mystère?
Mais parlez, c'est trop vous taire,

Ou redoutez { ma / sa } colère.

SCENE IX.

LES PRÉCÉDENTS, MATHILDE, *accourant au bruit.*

MATHILDE. Ah! mon Dieu! ma tante, qu'est-ce donc? comme vous avez l'air fâché!

MADEMOISELLE D'HARVILLE, *regardant Frédéric.* Il me semble que j'ai quelque droit de l'être.

MATHILDE. Contre M. Frédéric!

MADEMOISELLE D'HARVILLE. Sans doute; et vous, Mademoiselle, qui prenez toujours son parti, je ne sais pas, dans cette occasion, comment vous pourrez le justifier. Refuser un mariage superbe!

PHILIPPE. Une étude de deux cent mille francs!

MADEMOISELLE D'HARVILLE. Une jeune personne charmante!

MATHILDE. Serait-il vrai, monsieur Frédéric?

MADEMOISELLE D'HARVILLE. Et pour quelle raison?

FRÉDÉRIC. Si je ne me croyais plus libre, si mon cœur était engagé?..

MADEMOISELLE D'HARVILLE. Quoi! c'est cela?

PHILIPPE. Oui, Mademoiselle, je l'avais oublié, il est amoureux.

FRÉDÉRIC. Pour mon malheur! mais cela ne me donne pas le droit, en me mariant, de faire celui d'une autre.

MATHILDE. Ma tante, c'est au moins d'un honnête homme, et vous ne pouvez le forcer...

MADEMOISELLE D'HARVILLE. D'être raisonnable? si, vraiment! finissons.

AIR de *Téniers.*

Je veux connaître cette belle.
(*A Philippe.*)
A vous, peut-être, il le dira.

PHILIPPE, *à Frédéric.*
Répondez, Monsieur, quelle est-elle?

FRÉDÉRIC.
Non, non, personne ici ne le saura
N'insistez pas sur un sujet semblable.
Oui, malgré moi, pour mon tourment,
Je puis l'aimer, et sans être coupable;
Je le serais en la nommant.

SCENE X.

LES PRÉCÉDENTS, BEAUVOISIS.

BEAUVOISIS. Eh bien? où est donc tout le monde? on me laisse seul. Je vous cherchais, ma jolie cousine...

MATHILDE. Vraiment!

BEAUVOISIS. Moi, qui m'endors dès que je ne fais rien, je m'amusais à feuilleter votre carton de dessins, des choses ravissantes, lorsque tombe à mes pieds cette lettre toute cachetée.

MADEMOISELLE D'HARVILLE. Une lettre!

BEAUVOISIS. Adressée à Mathilde.

FRÉDÉRIC, *dans le plus grand trouble.* C'est la mienne!

MADEMOISELLE D'HARVILLE. Qu'est-ce que cela signifie?

MATHILDE. Je l'ignore, ma tante; voyez vous-même.

PHILIPPE, *bas, à Frédéric qui fait un mouvement.* Qu'avez-vous donc?

FRÉDÉRIC, *de même.* C'est fait de moi!

MADEMOISELLE D'HARVILLE, *qui, pendant ce temps, a décacheté la lettre.* Une déclaration! Signé FRÉDÉRIC.

BEAUVOISIS, MATHILDE, MADEMOISELLE D'HARVILLE, PHILIPPE. Frédéric!

FRÉDÉRIC. Je n'ose lever les yeux. — Scène 14.

Air: *A nos serments l'honneur t'engage* (de LA MUETTE).

ENSEMBLE.

MADEMOISELLE D'HARVILLE ET BEAUVOISIS.
Dieu! qu'ai-je lu!
Quelle insolence!
C'est l'indulgence
Qui l'a perdu.
PHILIPPE ET MATHILDE.
Qu'ai-je entendu!
Quelle imprudence!
Plus d'espérance,
Tout est perdu!
FRÉDÉRIC, *à part*.
Qu'ai-je entendu!
Plus d'espérance!
Mon imprudence
A tout perdu.
MADEMOISELLE D'HARVILLE.
M'outrager ainsi!
BEAUVOISIS.
Quelle audace!
MADEMOISELLE D'HARVILLE.
Manquer à ma famille!

BEAUVOISIS.
Oublier ce qu'il est!
MADEMOISELLE D'HARVILLE.
A mes bontés voilà le prix qu'il réservait!
FRÉDÉRIC.
Ah! de grâce..
BEAUVOISIS.
Il fallait le tenir à sa place.
MADEMOISELLE D'HARVILLE.
Il suffit! de ces lieux qu'il s'éloigne à l'instant.
MATHILDE.
Que dites-vous, ô ciel!
MADEMOISELLE D'HARVILLE, *regardant sa nièce et Philippe*.
J'espère maintenant
Que personne, chez moi, n'osera le défendre.
(*Mathilde baisse les yeux.*)
FRÉDÉRIC.
Ah! Madame, daignez m'entendre.
ENSEMBLE.
MADEMOISELLE D'HARVILLE ET BEAUVOISIS.
Dieu! qu'ai-je lu! etc.
PHILIPPE ET MATHILDE.
Qu'ai-je entendu! etc.
FRÉDÉRIC, *à part*.
Qu'ai-je entendu! etc.

MADEMOISELLE D'HARVILLE. Qu'il sorte de mon hôtel. (*A Beauvoisis.*) Tenez, vicomte, voici la clé de mon secrétaire ; allez, faites un bon sur mon banquier d'une année de pension.

FRÉDÉRIC. Et je pourrais encore accepter vos bienfaits !

PHILIPPE, *bas, à Frédéric.* Taisez-vous.

MADEMOISELLE D'HARVILLE. Rentrez, Mathilde, dans votre appartement ; et vous, Philippe, suivez-moi. (*Philippe veut lui parler.*) Et pas un mot. (*Beauvoisis sort le premier ; mademoiselle d'Harville, avant de sortir, ordonne du geste à Mathilde de rentrer chez elle ; Frédéric et Philippe implorent mademoiselle d'Harville, qui les regarde d'un air courroucé, et sort ; Philippe la suit. Mathilde est seule à droite auprès de la porte de son appartement.*)

—

SCENE XI.

MATHILDE, FRÉDÉRIC.

MATHILDE, *prête à entrer.* Ah ! l'imprudent ! (*Au moment où elle va rentrer, Frédéric passe à sa droite pour l'arrêter.*)

FRÉDÉRIC. Ah ! Mademoiselle, un mot, de grâce.

MATHILDE, *toujours près de la porte.* Impossible.

FRÉDÉRIC. Au nom du ciel ! daignez m'écouter.

MATHILDE, *de même.* Je ne le puis plus maintenant, et ma tante... monsieur de Beauvoisis.

FRÉDÉRIC, *regardant par la porte du fond, et revenant à la gauche de Mathilde.* Peu m'importe leur colère ; c'est la vôtre que je redoute : et quand un mot pourrait me justifier...

MATHILDE. Vous justifier ! ah ! je le voudrais.

FRÉDÉRIC. Ce secret eût dû mourir avec moi, je le sais ; et quand je l'ai trahi, c'est que j'étais décidé à vous fuir à jamais, à m'ôter la vie.

MATHILDE. Que dit-il ?

FRÉDÉRIC. Seul parti qui me reste maintenant.

MATHILDE, *s'approchant vivement.* O ciel ! monsieur Frédéric ! (*Se reprenant sur un ton plus timide.*) Je n'ai le droit de rien exiger de vous ; mais si vous m'avez offensée, si vous tenez à votre pardon, renoncez à de telles idées, conservez-vous pour vos amis.

FRÉDÉRIC. Des amis ! je n'en ai plus.

MATHILDE. Ah ! plus que vous ne croyez.

FRÉDÉRIC, *se jetant à ses pieds.* Qu'entends-je ! ah ! Mathilde !

—

SCENE XII.

LES PRÉCÉDENTS ; BEAUVOISIS, *entrant par le fond, une traite à la main.*

BEAUVOISIS, *les apercevant.* Qu'est-ce que c'est que ça ?

MATHILDE, *poussant un cri.* Ah ! (*Elle se sauve dans son appartement.*)

BEAUVOISIS, *riant.* Admirable ! et voilà qui est du dernier pathétique. Heureusement que la scène n'avait pas d'autre témoin que moi.

FRÉDÉRIC. Monsieur...

BEAUVOISIS. Il suffit ; je veux bien ne pas en parler à ma tante, qui, sans doute, vous retirerait ses derniers bienfaits. (*Lui présentant une lettre de change.*) Les voici ; prenez et partez. Prenez, vous dis-je.

FRÉDÉRIC. Jamais ; la main qui me les offre suffirait pour me les faire refuser.

BEAUVOISIS. Qu'est-ce à dire ?

FRÉDÉRIC. Que je dois respect à ma bienfaitrice ; mais à vous, Monsieur, je ne vous dois rien, et je vous demanderai de quel droit vous vous êtes permis...

BEAUVOISIS, *riant.* De vous surprendre aux pieds de ma cousine ?

FRÉDÉRIC. Non, Monsieur, mais de vous emparer d'une lettre qui n'était pas pour vous ; c'est une action... une action indigne d'un galant homme. Je ne sais pas si je me fais entendre.

BEAUVOISIS. Ah ! permettez, ce n'est pas bien, monsieur Frédéric : parce que vous êtes sans importance, sans état dans le monde, vous abusez de vos avantages pour m'insulter. Ce n'est pas généreux.

AIR de *Lantara*.

Je ne saurais, en conscience,
Accepter un pareil rival.
FRÉDÉRIC.
Oui, votre nom, votre naissance
Rendraient le combat inégal.
BEAUVOISIS.
Ah ! vous me comprenez fort mal.
Parler ici de rang et de distance
N'est plus de mode, et n'est pas mon dessein ;
Car maintenant, avec ou sans naissance,
Tous sont égaux les armes à la main.

Je voulais seulement vous parler de votre position dans cette maison.

FRÉDÉRIC. Je n'y suis plus, on m'en bannit.

BEAUVOISIS. Vous devez du moins vous la rappeler.

FRÉDÉRIC. Vous me l'avez fait oublier. J'ai reçu les bienfaits de la tante, et les outrages du neveu ; nous sommes quittes, et si vous n'êtes point un lâche...

BEAUVOISIS, *étonné.* Monsieur...

AIR : *Le regret, la douleur* (de LÉOCADIE).

ENSEMBLE.

BEAUVOISIS.
C'en est trop, mon honneur
Doit punir cet outrage :
Le dépit, la fureur,
S'emparent de mon cœur.
Il vous faut, je le gage,
Donner une leçon ;
Et d'un pareil outrage
Je veux avoir raison.
FRÉDÉRIC.
Je l'ai dit, mon honneur
Punira cet outrage.
Le dépit, la fureur,
S'emparent de mon cœur.
Vous avez, je le gage,
Besoin d'une leçon ;
Et d'un pareil outrage
Je veux avoir raison.
BEAUVOISIS.
Votre attente, Monsieur, ne sera point trompée. Votre arme ?
FRÉDÉRIC.
C'est égal.
BEAUVOISIS.
L'épée.
FRÉDÉRIC.
Oui, soit, l'épée.
BEAUVOISIS.
Votre témoin ?
FRÉDÉRIC.
Je n'en ai pas besoin.
BEAUVOISIS.
Le lieu ?
FRÉDÉRIC.
Le Bois.

BEAUVOISIS.
Et l'heure?
FRÉDÉRIC.
Sur-le-champ.
BEAUVOISIS.
Soit, j'y consens.
FRÉDÉRIC.
Je vous suis à l'instant.
REPRISE DE L'ENSEMBLE.
BEAUVOISIS.
C'est assez, mon honneur
Doit punir cet outrage, etc.
FRÉDÉRIC.
C'est assez, mon honneur
Punira cet outrage, etc.
(Beauvoisis sort.)

SCENE XIII.

FRÉDÉRIC, seul. C'est bien; il est adroit, je ne le suis pas; ce sera plus tôt fini, je serai délivré d'une existence qui m'est à charge. Et puisque je ne puis plus voir Mathilde, puisque, aujourd'hui même, il faut quitter ces lieux...

SCENE XIV.

FRÉDÉRIC, PHILIPPE.

PHILIPPE, qui est entré avant les derniers mots. Les quitter! pas encore.
FRÉDÉRIC. Que dis-tu?
PHILIPPE. Je viens de parler pour vous.
FRÉDÉRIC. On te l'avait défendu.
PHILIPPE. Ecoutez-moi; vous avez eu de grands torts: le premier, d'aimer mademoiselle Mathilde; le second, de lui écrire; et le troisième, surtout, de ne pas m'en avoir parlé.
FRÉDÉRIC. A toi?
PHILIPPE. Oui, sans doute; c'est une idée comme une autre, et si elle m'était venue plus tôt, on aurait agi en conséquence.
FRÉDÉRIC. Y penses-tu?
PHILIPPE. Si j'y pense! apprenez que depuis vingt-cinq ans je n'ai point passé un jour sans penser à votre avancement, à votre avenir; et vous n'aurez jamais autant d'ambition que j'en ai pour vous.
FRÉDÉRIC. Mon cher Philippe!
PHILIPPE. Mais pour arriver, il faut se laisser conduire et me laisser faire. Vous restez, vous ne partez plus.
FRÉDÉRIC. Il serait possible! et comment as-tu pu l'obtenir?
PHILIPPE. A deux conditions dont j'ai répondu.
FRÉDÉRIC, vivement. Et je les ratifie d'avance.
PHILIPPE. D'abord, que vous éviterez mademoiselle Mathilde, et que vous ne lui répéterez jamais un seul mot de ce que vous lui avez écrit.
FRÉDÉRIC. Ah! mon Dieu! c'est déjà fait.
PHILIPPE, sévèrement. Qu'est-ce que c'est?
FRÉDÉRIC. Rien; et la seconde condition?
PHILIPPE. C'est de ménager M. de Beauvoisis, de vous mettre bien avec lui; et pour commencer, comme il a droit d'être offensé de la lettre de ce matin, mademoiselle d'Harville exige qu'à ce sujet vous fassiez quelques excuses à son neveu.
FRÉDÉRIC. Des excuses! à mon rival! à l'auteur de ma disgrâce! à un homme qui a passé sa vie à m'a-breuver d'outrages! des excuses! je vais me battre avec lui.
PHILIPPE. Vous battre!

FRÉDÉRIC.
Air d'*Aristippe*.
Oui, dût ma mort être certaine,
Je n'écoute que mon courroux.
J'ai sa parole, il a la mienne,
Et nous avons pris rendez-vous?
PHILIPPE.
Quoi! vous avez pris rendez-vous?
FRÉDÉRIC.
Le premier il faut qu'il m'y trouve.
(Le regardant.)
Mais tu trembles! est-ce d'effroi?
PHILIPPE, ému.
Oui, c'est possible, car j'éprouve
Ce que jamais je n'éprouvai pour moi.

(Avec plus d'émotion.) Vous battre! vous qui savez à peine tenir une épée?
FRÉDÉRIC. N'importe.
PHILIPPE. Et lui, qui ne se bat jamais qu'à coup sûr!
FRÉDÉRIC. Ça m'est égal.
PHILIPPE. C'est courir à un péril certain.
FRÉDÉRIC. Eh bien! que mon sort s'accomplisse; qu'ai-je à faire ici-bas? Jeté seul sur la terre, m'ignorant moi-même, et rougissant peut-être de me connaître... sans parents, sans famille...
PHILIPPE. Et moi, je ne suis donc rien pour vous?
FRÉDÉRIC, vivement, et lui prenant la main. Si, si, je me trompe; toi, toi seul, Philippe, tu m'aimais, je le sais; en ce moment même tu es ému, tes yeux sont mouillés de pleurs.
PHILIPPE, très-ému. Eh bien! au nom de ce long attachement, par ces larmes que vos dangers m'arrachent, renoncez à ce funeste dessein.
FRÉDÉRIC. Y renoncer!
PHILIPPE, avec âme. Frédéric, mon ami! mon enfant! je vous en supplie, et vous le demande à genoux, non pour mademoiselle d'Harville, dont vous voulez si mal reconnaître les bienfaits, non pour Mathilde, que vous allez rendre mille fois plus malheureuse, mais pour moi, pour votre vieux Philippe, qui vous a vu naître, qui vous a porté dans ses bras; oubliez les propos d'un étourdi, d'un fou.
FRÉDÉRIC. Les oublier! non, jamais.
PHILIPPE. Quel était le sujet de la dispute?
FRÉDÉRIC, avec force. Je n'en sais rien, mais il faut que je me venge.
PHILIPPE. Que vous a-t-il dit?
FRÉDÉRIC, hors de lui. Je n'en sais rien, mais il faut que je me venge de lui, de son amour, de son mariage avec Mathilde. L'heure approche; vite, Philippe, mon épée.
PHILIPPE, froidement. Non, Monsieur.
FRÉDÉRIC. Comment!
PHILIPPE. Vous n'irez pas.
FRÉDÉRIC. Qu'oses-tu dire?
PHILIPPE. Que, puisque vous êtes sourd à mes prières, à la voix de l'amitié, puisque vous oubliez tous vos devoirs, je remplirai les miens; vous ne sortirez pas.
FRÉDÉRIC. Et qui pourrait m'en empêcher?
PHILIPPE. Moi, qui vous consigne.
FRÉDÉRIC. C'est ce que nous allons voir. (Il va prendre sur la table ses gants, son chapeau et sa cravache, qu'il a déposés à sa première entrée; pendant ce mouvement, Philippe est allé fermer la porte du fond, dont il a retiré la clé.)

FRÉDÉRIC se retourne et l'aperçoit. Comment! tu oserais?..
PHILIPPE. Vous sauver malgré vous; oui, Monsieur, je vous ai dit que vous ne sortiriez pas, et vous ne sortirez pas.
FRÉDÉRIC. Quelle audace! (*D'une voix émue.*) Philippe, rendez-moi cette clé.
PHILIPPE. Non, Monsieur.
FRÉDÉRIC, *s'emportant*. Crains ma fureur.
PHILIPPE, *d'un ton impérieux*. Je ne crains rien, et je vous défends...
FRÉDÉRIC, *hors de lui*. Me défendre! c'en est trop et une telle insolence...
PHILIPPE, *voulant le retenir*. Arrêtez!
FRÉDÉRIC, *levant sa cravache*. Sera châtiée par moi.
PHILIPPE. Malheureux! frappe donc ton père!
FRÉDÉRIC. Mon père!.. (*Il laisse tomber sa cravache.*)

PHILIPPE.
AIR : *Époux imprudent! fils rebelle!*
Oui, je le suis, oui, j'en atteste
Cet amour que j'avais pour toi;
Oui, voilà ce secret funeste
Qui devait mourir avec moi;
Ce secret dont je fus victime,
Je l'avais gardé jusqu'ici
Pour ton bonheur, et j'ai trahi,
Ingrat, pour t'épargner un crime,
Afin de t'épargner un crime.

FRÉDÉRIC. Je n'ose lever les yeux.
PHILIPPE. Tu rougis sans doute de devoir le jour à un valet.
FRÉDÉRIC. Jamais, jamais; ne le pensez pas.
PHILIPPE. Je n'ai qu'un mot à te dire : ce valet était soldat quand tu es venu au monde; plein d'ardeur et de courage, une carrière brillante s'ouvrait devant moi, car alors on se faisait tuer, ou on devenait général. Eh bien! gloire, avenir, fortune, jusqu'à l'espoir de mourir sur un champ de bataille, j'ai tout sacrifié; pour rester près de mon fils, pour veiller sur sa jeunesse, je n'ai pas craint de m'exposer aux dédains, de m'abaisser à l'emploi le plus vil, de devenir ton serviteur! (*Mouvement de Frédéric.*) Tu n'en ai pas rougi, moi; je me disais : « Il m'aimera, n'importe comment; et cela me suffit. »
FRÉDÉRIC. Ah! comment payer tant de bienfaits? comment expier mes torts? (*Il se jette dans ses bras.*) Mon père! (*Avec amour.*) Ah! que ce nom fait de bien; qu'il est doux à prononcer! j'ai un ami, une famille! je ne suis plus seul. (*Il embrasse de nouveau Philippe, qui le presse tendrement dans ses bras.*)
PHILIPPE, *s'essuyant les yeux*. Cher enfant, calme-toi.
FRÉDÉRIC. Mais, de grâce, daignez m'expliquer...
PHILIPPE. Pas un mot de plus sur ce mystère; une promesse sacrée, un serment; que personne ne puisse soupçonner que je l'ai trahi! Mais maintenant refuseras-tu encore de m'obéir?
FRÉDÉRIC, *vivement*. Non, non, je suis prêt, parlez.

PHILIPPE.
AIR de *Turenne*.
Puisqu'à mes vœux tu consens à te rendre,
A l'instant même rentre chez toi.
FRÉDÉRIC.
Y pensez-vous? il va m'attendre.
PHILIPPE.
N'as-tu pas confiance en moi?
FRÉDÉRIC.
Oh! oui, sans doute, oui, je vous crois

Mais vous devez comprendre mieux qu'un autre
Qu'en ce moment, avec bien plus d'ardeur,
Je dois tenir à venger mon honneur,
Puisqu'à présent il est le vôtre.

PHILIPPE. Cela me regarde; un soldat sait aussi bien que toi ce que l'honneur demande.
FRÉDÉRIC, *à part*. Grand Dieu! et cette porte est la seule... impossible de m'échapper. (*Haut.*) De grâce...
PHILIPPE. Rentre, te dis-je, Frédéric, je t'en prie.
FRÉDÉRIC, *hésitant*. Mon père!
PHILIPPE, *avec dignité*. Je vous l'ordonne.
FRÉDÉRIC, *accablé*. J'obéis. (*Il s'incline avec respect, et rentre dans sa chambre. Philippe le suit des yeux.*)

SCÈNE XV.

PHILIPPE, *seul. Il va remettre la clé à la porte.* Oui, je devine tout ce qu'il doit souffrir, et je l'en aime davantage! mais on ne me privera pas du seul bien qui me reste, et je dois avant tout... Voici Mademoiselle.

SCÈNE XVI.

PHILIPPE, MADEMOISELLE D'HARVILLE.

MADEMOISELLE D'HARVILLE. Eh bien, Philippe, l'avez-vous vu? lui avez-vous signifié mes ordres?
PHILIPPE, *montrant la porte à gauche*. Parlez bas, Madame, il est là.
MADEMOISELLE D'HARVILLE. Là! (*Regardant Philippe.*) Que s'est-il donc passé? Vos traits sont bouleversés.
PHILIPPE. Je suis arrivé à temps, il allait se battre.
MADEMOISELLE D'HARVILLE, *effrayée*. Se battre!
PHILIPPE. Avec votre neveu.
MADEMOISELLE D'HARVILLE. O ciel! il fallait le lui défendre.
PHILIPPE. C'est ce que j'ai fait, je l'ai consigné dans sa chambre, et jusqu'à nouvel ordre il n'y a rien à craindre; mais en me servant de mon autorité, il a bien fallu lui prouver que j'en avais le droit, il sait que je suis son père.
MADEMOISELLE D'HARVILLE. Grand Dieu!
PHILIPPE. Rassurez-vous, il n'en sait pas davantage : le reste du secret ne m'appartenait pas, je l'ai respecté. Mais il ne faut pas s'abuser, Madame; les demi-mesures ne mèneraient à rien, ces jeunes gens se sont défiés, et plus tard...
MADEMOISELLE D'HARVILLE. Malgré votre défense?
PHILIPPE. A leur âge, quand on a de l'honneur, la défense de se battre n'en donne que plus d'envie. Je sais ce que j'éprouvais, ce que j'éprouve encore à l'idée d'un affront; il n'y a qu'un moyen d'empêcher ce malheur, et vous seule pouvez l'empêcher.
MADEMOISELLE D'HARVILLE. Moi, Philippe?
PHILIPPE. En faisant disparaître entre eux tout motif de querelle.
MADEMOISELLE D'HARVILLE. Et comment?
PHILIPPE. Frédéric aime votre nièce.
MADEMOISELLE D'HARVILLE, *avec impatience*. Je le sais.
PHILIPPE. M. de Beauvoisis n'aime que sa dot; il lui sera facile d'y renoncer et d'abjurer tout projet de vengeance, si vous le lui ordonnez. Quant à Frédéric, je réponds de lui, s'il obtient la main de Mathilde.

MADEMOISELLE D'HARVILLE, *vivement*. La main de Mathilde, qu'osez-vous dire?

PHILIPPE, *froidement*. Il le faut, Madame.

MADEMOISELLE D'HARVILLE. Vous avez pu croire que je consentirais à une pareille union?

PHILIPPE. Il le faut, vous dis-je.

MADEMOISELLE D'HARVILLE. Vous n'y pensez pas, Philippe; m'abaisser à ce point! donner des armes contre moi!

PHILIPPE. Eh! qu'importe? il y va de la vie.

MADEMOISELLE D'HARVILLE. Je trouverai un autre moyen de sauver votre fils; mais je ne puis accorder ma nièce à un jeune homme obscur.

PHILIPPE. Je vous le demande comme une grâce.

MADEMOISELLE D'HARVILLE. Non, vous dis-je (*Avec hauteur.*) Finissons, Philippe; c'est oublier étrangement ce que vous me devez, et qui vous êtes.

PHILIPPE, *avec une indignation concentrée*. Qui je suis! c'est vous qui l'oubliez; mais je vous le rappellerai.

MADEMOISELLE D'HARVILLE, *inquiète*. Philippe!

PHILIPPE, *lui prenant la main*. Ecoutez-moi. Lorsqu'un arrêt de proscription frappait et vous et votre famille; lorsque seule, séparée d'une mère chérie, vous alliez payer de votre tête l'éclat de votre nom, où vintes-vous chercher un refuge? sous la tente d'un soldat, sous la mienne, car alors ce n'était que là que l'on trouvait la pitié! et des milliers de cœurs généreux battaient sous le modeste uniforme. Je vous reçus, je vous cachai, au risque de ma vie.

AIR: *Je n'ai point vu ces bosquets de lauriers.*

Pour vous sauver en ce moment d'horreur,
Sur mes dangers je devins insensible,
Et ces dangers même avaient pour mon cœur
Je ne sais quoi de doux et de terrible.
Alors, vous le rappelez-vous?
Il n'était plus de rang ni de distance;
Le trépas nous menaçait tous;
Et quand la mort est si proche de nous,
Déjà l'égalité commence.

MADEMOISELLE D'HARVILLE, *se cachant la figure*. Philippe!

PHILIPPE, *continuant*. Oui, j'étais jeune, j'étais brave; mais je n'étais rien... qu'un soldat... vous l'avez oublié un moment; et de ce jour votre sauveur est devenu votre esclave.

MADEMOISELLE D'HARVILLE, *effrayée, et montrant la porte de Frédéric*. Plus bas, de grâce.

PHILIPPE. Alors, ému de vos regrets, de votre désespoir, je me soumis à tout; plus tard, pour rendre le calme à votre conscience, vous vouliez un mariage, j'y ai souscrit. Pour le monde, pour votre orgueil, vous avez exigé qu'il fût secret, j'y ai consenti. Et votre époux ignoré, confondu dans la foule de vos gens, n'a jamais laissé échapper une plainte, un murmure. (*Avec une émotion profonde.*) Savez-vous cependant ce que je vous sacrifiais? je ne vous l'ai jamais dit, Madame; mais, au fond de mon village, près de mon vieux père, une jeune fille, douce, modeste, attendait le retour du pauvre soldat! elle avait reçu mes serments; elle m'aimait, elle était fière de moi, celle-là, et mon bonheur eût été son ouvrage. Eh bien! je lui écris que je l'avais oubliée, que je ne l'aimais plus, qu'elle ne me reverrait jamais! Bien plus, pour rester près de mon fils, je me résignai à le voir orphelin, élevé par pitié dans la maison de sa mère, qui, pour cacher sa faute, le prive de ses droits; et me condamnai à ne jamais le serrer dans mes bras,

à ne l'aimer qu'en secret, à la dérobée; et pour prix de tant de courage, je ne vous demande qu'une chose, qu'une seule, le bonheur de votre enfant, et vous me le refusez!

MADEMOISELLE D'HARVILLE. Je le fais à regret; mais je le dois, et je suis surprise d'un pareil éclat; après vingt-cinq ans de silence, je ne m'attendais pas que vous, Philippe, vous auriez une prétention qui peut m'enlever en un jour ce que j'ai de plus cher au monde, l'estime et la considération de tous ceux qui m'environnent. Le mariage de Mathilde et de Frédéric me les ferait perdre sans retour; car il m'accuserait d'oubli de mon rang, de ma naissance; il trahirait une faiblesse dont on chercherait la cause, et que la malignité aurait bientôt expliquée; et si cette faute que je déplore depuis si longtemps, si ce fatal secret étaient connus, oh! dieux! je frémis d'y penser, je n'y survivrais pas, Philippe! Ainsi brisons là, je vous prie, ne m'en parlez plus, ce mariage est impossible, et ne se fera jamais.

PHILIPPE. Jamais?

MADEMOISELLE D'HARVILLE, *voulant sortir*. Laissez-moi.

PHILIPPE, *la retenant avec force*. Non, Madame, je ne vous quitte pas; j'ai pu me sacrifier à votre repos, à votre vanité; mais en échange de tant de supplices, de tant d'humiliations, il me faut le bonheur de mon fils, il me le faut; je le veux, et je l'obtiendrai par tous les moyens, même ceux que vous redoutez.

MADEMOISELLE D'HARVILLE. Qu'entends-je! et votre devoir, vos serments!

PHILIPPE. Vous qui parlez, tenez-vous les vôtres?

MADEMOISELLE D'HARVILLE, *apercevant Joseph*. On vient; silence, je vous en conjure. (*Philippe reprend sur-le-champ une contenance respectueuse. Mademoiselle d'Harville s'éloigne et descend vers la gauche du théâtre.*)

SCÈNE XVII.

LES PRÉCÉDENTS, JOSEPH.

JOSEPH. Monsieur Philippe...

MADEMOISELLE D'HARVILLE. Qu'est-ce qu'il y a, Joseph?

JOSEPH. Pardon, Mademoiselle; c'est monsieur Philippe que je cherchais.

PHILIPPE. Moi!

JOSEPH. Pour vous remettre ce papier que le concierge vient de monter; si j'avais su que Mademoiselle était ici, je ne me serais pas permis...

PHILIPPE, *recevant la lettre et la regardant*. Eh mais! il n'y a pas d'adresse.

JOSEPH. Oh! c'est égal, c'est bien pour vous, c'est un commissionnaire qui l'a apporté, il y a un quart d'heure, en disant de vous le remettre sur-le-champ.

PHILIPPE, *étonné*. C'est singulier.

MADEMOISELLE D'HARVILLE, *faisant signe à Joseph de sortir*. Il suffit. Allez, Joseph. (*Joseph sort.*)

SCÈNE XVIII.

PHILIPPE, MADEMOISELLE D'HARVILLE.

PHILIPPE, *ouvrant le billet*. Je ne sais pourquoi ce message me trouble, et je ne puis deviner... (*Il jette les yeux sur les premières lignes et pousse un cri.*) Ah!

MADEMOISELLE D'HARVILLE. Qu'est-ce donc?

PHILIPPE. Frédéric! il serait vrai! (*Il laisse échapper la lettre, et se précipite dans la chambre de Frédéric.*)

MADEMOISELLE D'HARVILLE. Frédéric! que dit-il? et quel nouveau malheur?... (*Elle ramasse la lettre et lit rapidement.*) « Mon ami, mon père, pardon, si je vous « désobéis; mais à présent, moins que jamais, je ne « puis vivre avec opprobre. Fils d'un soldat, personne « n'aura le droit de m'appeler un lâche; l'heure a « sonné, adieu; dans un instant, je serai vengé, ou je « n'existerai plus. » (*Allant vers Philippe.*) Est-il possible! Frédéric!

PHILIPPE, *revenant pâle et les traits décomposés.* C'en est fait, la fenêtre qui donne sur la cour était ouverte, il s'est échappé.

MADEMOISELLE D'HARVILLE. O ciel!

PHILIPPE. Il est parti, et peut-être, en ce moment... (*Avec des sanglots.*) Mon fils! mon fils!

MADEMOISELLE D'HARVILLE, *le soutenant.* Philippe!

PHILIPPE, *tombant dans un fauteuil.* Je ne le verrai plus, il le tuera.

MADEMOISELLE D'HARVILLE, *agitée.* Non, non; il est encore temps de les arrêter, il faut courir.

PHILIPPE. Et de quel côté? où sont-ils maintenant?

MADEMOISELLE D'HARVILLE. Je ne sais, mais n'importe, il faut les retrouver. Ah! (*Courant à la porte du fond qu'elle ouvre avec précipitation, et appelant.*) Marcel! Joseph! Baptiste! (*Elle court prendre la sonnette sur la table et sonne en continuant d'appeler.*) Marcel! Joseph! venez tous, venez vite.

SCÈNE XIX.

LES PRÉCÉDENTS; JOSEPH, PLUSIEURS DOMESTIQUES *dans le fond*; *ensuite* MATHILDE.

MADEMOISELLE D'HARVILLE. Mon neveu, où est-il?

JOSEPH. M le vicomte? il a quitté l'hôtel depuis longtemps.

MADEMOISELLE D'HARVILLE. Et Frédéric, l'avez-vous vu sortir?

JOSEPH. Oui, Mademoiselle, j'étais à la porte; il est monté dans un cabriolet de place.

MADEMOISELLE D'HARVILLE. Quel chemin a-t-il pris?

JOSEPH. Je ne sais, je n'ai pas fait attention.

MATHILDE, *entrant.* Qu'est-ce donc, ma tante? qu'y a-t-il?

MADEMOISELLE D'HARVILLE. Rien, chère amie; c'est M. de Beauvoisis à qui je voudrais parler sur-le-champ. (*Aux domestiques.*) Que tous mes gens montent à cheval, qu'ils courent chez mon neveu, chez ses amis; qu'on le trouve, quelque part qu'il soit; qu'on lui dise que je l'attends; que je veux le voir, tout de suite, à l'instant; allez, et songez à l'amener avec vous. (*Les domestiques sortent.*)

MATHILDE. Eh! mon Dieu, ma tante! je ne vous ai jamais vue dans une inquiétude pareille pour M. de Beauvoisis; c'est donc bien important?

MADEMOISELLE D'HARVILLE. Oui, laissez-moi, je vous en prie, je le veux; ne puis-je être seule?

MATHILDE. Je m'en vais, ma tante, je m'en vais Ah! mon Dieu! qu'est-ce qu'il y a donc? (*Elle sort par le fond.*)

SCÈNE XX.

MADEMOISELLE D'HARVILLE, PHILIPPE.

MADEMOISELLE D'HARVILLE, *allant à Philippe qui est resté assis et accablé par la douleur.* Philippe, mon ami, revenez à vous, il nous sera rendu.

PHILIPPE. Non, il n'a que du courage; et son adversaire... ah! mon pressentiment ne me trompe pas, je ne le verrai plus!

MADEMOISELLE D'HARVILLE, *en larmes.* Frédéric! notre fils!

PHILIPPE, *la regardant, et lentement.* Voilà la première fois que ce mot vous échappe; votre fils! ah! vous pleurez maintenant! il est trop tard! vous pleurez...

MADEMOISELLE D'HARVILLE, *dans le plus grand trouble.* Eh bien! oui, dût ma honte éclater à tous les yeux, je l'aime de tout l'amour d'une mère! Que de fois mes bras se sont ouverts pour le presser sur mon sein, pour l'appeler mon fils! et se sont fermés de désespoir. Ah! Philippe! si tu avais pu lire dans mon cœur, si tu avais connu ses angoisses, ses combats, tu m'aurais pardonné; ma seule consolation était de m'occuper de lui, de préparer son avenir, de lui former une fortune.

PHILIPPE, *avec amertume.* Une fortune, de l'argent; oui, vous croyez, vous autres, que ça tient lieu de tout. (*Il se lève.*) C'est une mère qu'il fallait lui donner.

MADEMOISELLE D'HARVILLE, *d'un ton suppliant.* Epargnez-moi.

PHILIPPE. Vous l'aimiez! il n'en a rien su.

MADEMOISELLE D'HARVILLE, *suppliant.* Philippe!

PHILIPPE. Il mourra, sans avoir reçu un embrassement de sa mère.

MADEMOISELLE D'HARVILLE Philippe!

PHILIPPE, *avec force.* C'est votre orgueil, c'est vous qui l'avez tué.

MADEMOISELLE D'HARVILLE, *se cachant la figure.* Ah! Dieu! non, non, il ne mourra pas, le ciel aura pitié de nous. Mathilde, ma fortune, ma vie; je donne tout, si l'on me rend mon Frédéric, si l'on me rend mon fils.

PHILIPPE. Il est bien temps. (*Après un moment de silence.*) Ecoutez.

MADEMOISELLE D'HARVILLE, *regardant Philippe, qui prête l'oreille du côté de la rue.* Eh bien! qu'avez-vous?

PHILIPPE. Chut! écoutez, c'est le bruit d'une voiture.

MADEMOISELLE D'HARVILLE, *avec anxiété.* Elle s'arrête à ma porte. (*Ils se regardent en silence, et se donnent la main pour se soutenir. Mademoiselle d'Harville, tremblante, à Philippe.*) Eh bien! pourquoi trembler? c'est lui, c'est Frédéric.

PHILIPPE, *d'une voix éteinte.* Que l'on ramène expirant, peut-être.

MADEMOISELLE D'HARVILLE. C'est trop souffrir, je veux savoir à l'instant... (*Elle s'élance vers la porte et rencontre Mathilde.*)

SCENE XXI.

MADEMOISELLE D'HARVILLE, MATHILDE, PHILIPPE.

MATHILDE, *entrant vivement, et avec joie.* Ma tante, ma tante; rassurez-vous; le voici.

PHILIPPE ET MADEMOISELLE D'HARVILLE. Qui donc?

MATHILDE, *avec joie.* Votre neveu, monsieur de Beauvoisis.
MADEMOISELLE D'HARVILLE, *tombant dans un fauteuil.* Ah! je succombe.
MATHILDE. Comment! vous ne demandiez que lui, et quand il arrive... Ah! mon Dieu! venez à son secours, monsieur Philippe. (*Le regardant.*) Ah! vous me faites peur.
PHILIPPE. Il vient, dites-vous; tant mieux, il me tuera, ou j'aurai sa vie. (*Il remonte la scène, Mathilde cherche à l'arrêter.*)
MATHILDE. Philippe!
MADEMOISELLE D'HARVILLE. Arrêtez! (*Beauvoisis paraît à la porte du fond.*)
TOUS. C'est lui!

SCÈNE XXII.

Les précédents; BEAUVOISIS.

PHILIPPE, *accablé.* Il est seul! plus de doute.
MADEMOISELLE D'HARVILLE. Je me meurs.
BEAUVOISIS, *gaiement.* Eh bien! qu'est-ce qu'il y a? vous voilà tous pâles et consternés. (*S'approchant de mademoiselle d'Harville.*) Vous saviez donc?
MADEMOISELLE D'HARVILLE. Nous savions tout.
BEAUVOISIS. Et vous aviez peur pour moi? Quelle bonté! Calmez-vous, ma chère tante; me voilà.
PHILIPPE, *allant à lui avec douleur.* Et Frédéric?
MATHILDE, *avec effroi.* Frédéric.
PHILIPPE, *avec rage.* Sortons.
BEAUVOISIS, *étonné.* Hein! qu'est-ce qu'il y a?
PHILIPPE, *de même.* Suivez-moi.
BEAUVOISIS. Pour aller à son secours? c'est inutile, sa blessure n'est presque rien.
MADEMOISELLE D'HARVILLE. Que dites-vous?
MATHILDE. Sa blessure.
PHILIPPE, *avec joie.* Il n'est que blessé?
BEAUVOISIS. Très-légèrement, contre mon habitude.
TOUS. Est-il possible?
PHILIPPE, *prêt à l'embrasser.* Ah! Monsieur, ne me trompez-vous pas?
MADEMOISELLE D'HARVILLE. Vous ne l'avez pas tué?
BEAUVOISIS. Moi! par exemple! S'il avait été de ma force, il y avait mille à parier contre un que cela lui serait arrivé; mais comme c'est un maladroit qui n'y entend rien, c'est lui, au contraire, qui a failli me...
PHILIPPE. Comment?
BEAUVOISIS. Je l'avais d'abord blessé à la main... une égratignure, une misère... et je m'arrêtai, en lui disant : « C'est bien, Monsieur, en voilà assez. — « Assez! s'est-il écrié en reprenant son épée; non « pas, s'il vous plaît : il faut que l'un de nous reste « sur la place, défendez-vous! » Et il se précipite sur moi, comme un furieux, sans grâce, sans méthode, ce qui est insoutenable pour quelqu'un qui se bat par principes; et au moment où je lui crie en riant de mieux tenir son épée, il me fait sauter la mienne.
PHILIPPE. Il vous a désarmé!
BEAUVOISIS. Contre toutes les règles.

AIR de *la Sentinelle.*

Mais j'en conviens, lors, en homme d'honneur
Il s'est conduit; et s'il n'est pas habile,
Ses procédés égalent sa valeur.
MADEMOISELLE D'HARVILLE, *à part.*
Je reconnais là le sang des d'Harville.

BEAUVOISIS.
« Oui, je voulais qu'un de nous succombât,
« M'a-t-il dit : mais, quelles que soient nos haines,
« Tout finit avec le combat. »
PHILIPPE, *à part.*
Je me reconnais. Du vieux soldat
Le sang coule aussi dans ses veines.

SCÈNE XXIII.

Les précédents, FRÉDÉRIC, *le poignet entouré d'un mouchoir noir.*

TOUS, *courant au-devant de lui.* Frédéric!
FRÉDÉRIC, *se jetant dans les bras de Philippe.* Mon ami, mon p...
PHILIPPE, *l'interrompant.* C'est bien; c'est bien. (*A part, le regardant avec orgueil.*) Mon fils! c'est là mon fils.
FRÉDÉRIC. Vous me pardonnez..
MATHILDE, *qui s'est approchée.* Non pas moi, Monsieur, nous avoir fait une telle frayeur!
MADEMOISELLE D'HARVILLE, *à part, et seule à l'autre bout du théâtre.* Et moi, il ne me dit rien, il ne croit pas me devoir de consolations! (*Haut, et passant entre Beauvoisis et Mathilde.*) Frédéric.
FRÉDÉRIC, *avec respect.* Ah! pardon, Madame, ce n'est qu'en tremblant que j'ose reparaître devant vous.
MADEMOISELLE D'HARVILLE, *d'une voix émue.* Pourquoi donc? Croyez-vous que je n'aie pas partagé les inquiétudes que vous donniez tous deux? N'y allait-il pas de ce que j'ai de plus cher au monde? (*Elle regarde Philippe.*)
BEAUVOISIS, *s'inclinant.* Vous êtes bien bonne, ma tante. Il est sûr qu'il a rendu là un grand service à la famille...
MADEMOISELLE D'HARVILLE, *saisissant son idée.* Oui; aussi, nous devons le reconnaître d'une manière digne de nous. Mon neveu, nous avions parlé plusieurs fois de votre mariage avec Mathilde; mais j'ai cru découvrir le fond de sa pensée.
MATHILDE. A moi, ma tante?
MADEMOISELLE D'HARVILLE. Oui! j'ai cru voir que, comme sa mère, elle préférait un mariage d'inclination à un mariage de convenance; et, pour acquitter les dettes de la famille, j'ai résolu, si elle y consentait, de la donner à celui à qui vous devez la vie.
FRÉDÉRIC ET MATHILDE. Il serait vrai! quel bonheur!
BEAUVOISIS, *à part.* Par égard pour moi, une héritière de quatre-vingt mille livres de rente! Décidément ma tante m'aime trop. (*En ce moment Philippe passe auprès de mademoiselle d'Harville.*)
MADEMOISELLE D'HARVILLE, *à Philippe, qui est venu auprès d'elle.* Et de plus, je ferai pour Frédéric ce que je dois faire. (*Bas.*) Mais après moi, Philippe.
PHILIPPE, *la regardant.* Mais qu'avez-vous?
MADEMOISELLE D'HARVILLE, *bas.* Que je voudrais l'embrasser!
PHILIPPE, *bas.* Eh bien! qui vous en empêche?
MADEMOISELLE D'HARVILLE, *bas.* Je n'ose pas.
PHILIPPE, *bas.* Vous n'osez pas! vous devez être bien malheureuse! (*A Frédéric.*) Eh bien! mon... mon cher... monsieur Frédéric, vous voilà avec une belle fortune, une jolie femme. Comment! vous ne remerciez pas celle à qui vous devez tout cela?
FRÉDÉRIC, *baisant les mains de mademoiselle d'Harville.* Ah! ma vie entière ne suffira pas...

PHILIPPE, *le poussant.* Eh non! morbleu! pas ainsi; dans ses bras; Mademoiselle le permet. (*Mademoiselle d'Harville l'embrasse avec la plus vive émotion.*)
MADEMOISELLE D'HARVILLE. Philippe, vous les suivrez.
PHILIPPE. Oui, Mademoiselle, je ne les quitte plus.

MADEMOISELLE D'HARVILLE. Et quant à votre fortune...
PHILIPPE, *avec âme.* Moi! je n'ai plus besoin de rien; je suis heureux et plus riche que vous tous. (*Lui montrant son fils et Mathilde.*) Regardez.

FIN DE PHILIPPE.

M. DE CRAC. D'un seul coup j'ai pêché deux cents goujons. — 2, scène 5.

LES HÉRITIERS DE CRAC

VAUDEVILLE EN UN ACTE

Représenté, pour la première fois, à Paris, sur le théâtre du Gymnase dramatique, le 11 juillet 1939.

EN SOCIÉTÉ AVEC M. DUPIN.

Personnages.

LE BARON DE CRAC.
GABRIELLE, sa fille.
GERMEUIL, son neveu.
ROSALIE, suivante de Gabrielle.

VALSAIN, colonel.
LA JEUNESSE.
GOUSPIGNAC, petit domestique de M. de Crac.

La scène se passe aux environs de Pézénas, dans le château de Crac.

Le théâtre représente un vieux salon gothiquement meublé. Porte au fond; portes latérales. Une table sur le devant de la scène, à gauche.

SCÈNE PREMIÈRE.

ROSALIE, GABRIELLE, GERMEUIL.

GERMEUIL. Oui, Mademoiselle, votre conduite est fort étrange. Je fais tout ce qu'il faut pour être adoré, et à peine avez-vous seulement une espèce de passion. Arrangez-vous, mais je ne puis m'habituer à ne pas être aimé.

GABRIELLE, *froidement*. Mais je vous aime : interrogez Rosalie.

ROSALIE. Moi, Mademoiselle, je n'en sais rien, je bous assure.

GABRIELLE. Tu me le disais encore ce matin. Je t'ai demandé si j'aimais mon cousin; tu m'as dit oui; moi, je t'ai crue. M'aurais-tu trompée? Ce serait bien mal.

GERMEUIL. Eh! Mademoiselle, c'est votre cœur et non Rosalie qu'il faut interroger. Quand on a fait comme moi le voyage de Paris, on n'aime pas à se vanter; mais avez-vous dans la province un jeune homme qui ait cette tournure élégante et facile? ces manières aisées, ces grâces naturelles? Je n'en suis pas plus fier, je sais que tout cela n'est pas moi, et qu'il n'y a qu'un sot qui puisse tirer vanité d'avantages aussi fragiles. Mais enfin, comparez, et j'ose croire que le résultat ne sera pas à mon désavantage. Que m'opposez-vous? Est-ce le futur époux que M. de Crac, votre père, vous destine, et qu'on attend aujourd'hui? Quelque rustre! un M. de Flourvac, un procureur que personne ne connaît, pas même votre père!

ROSALIE. Jé sais qu'il bante lé mérite et les grands viens du futur; mais parce qué botre père lé dit, cé n'est point uné raison. Il a la bérité en horrur, et passé dans lé pays pour lé plus grand havleur. (*Passant entre Gabrielle et Germeuil.*) Énfin cette croix d'or dé la défunte, il mé l'a donnée; mais bous né sabez pas à quelle condition?

AIR de *l'Ecu de six francs*.

C'est pour attester, quand il conte,
La vérité de ses récits;
Depuis ce moment, je suis prompte
A me montrer de son avis ;
D'autres, suivant d'anciens usages,
Prennent des gens pour les servir ;
Moi je suis ici pour mentir,
Et je ne vole pas mes gages.

Aussi, quand il bous a parlé du futur, j'ai dit qué jé le connaissais, qu'il était charmant, et jé né l'ai pas bu.

GABRIELLE. N'importe, c'est le fils d'un ami de mon père.

ROSALIE. D'accord; mais vos amis doivent passer avant les siens, eh donc! vous aimez Germeuil et vous l'épousez.

GABRIELLE. Mais, Rosalie.

ROSALIE. Si vous ne l'aimez pas, vous serez madame de Flourvac.

GABRIELLE. Je l'aime bien un peu; mais...

ROSALIE. Ou bien vous resterez toujours fille.

GABRIELLE, *vivement*. Voilà qui est décidé; je l'aime tout à fait; mais comment refuser cet époux?

ROSALIE. Rien dé plus simple. Dans toutes les comédies du monde, uné jeuné personné, qui a des principes, a toujours un amant dont elle beut... ses parents lui en offrent un autre dont elle ne beut pas. On ne connaît jamais lé prétendu qui est toujours un sot, un invécille, et qui descend toujours du ciel ou dé la patache; c'est de rigur. On connaît veaucoup l'amant préféré qui est toujours un fort veau june homme. Surbient un balet intrigant, une soubrette havile qui trompe lé père, unit les enfants, et renvoie lé niais dans sa probince. On fait la noce, on récompehse la soubrette, et la pièce est finie. Boilà, depuis M. de Pourceaugnac jusqu'à nos jours, lé plan dé toutes les comédies. Demandez à mossu.

GERMEUIL. Ah! mon Dieu, oui! et monsieur votre père nous traite en écoliers.

AIR du vaudeville de *Partie et Revanche*.

Un valet, un amant, un père,
Des rivaux qui sont abusés,
Cela se voit partout, ma chère,
Ce sont des sujets trop usés :
Ces sujets-là sont vraiment trop usés,
Le neuf me plairait davantage.

ROSALIE.

Mais tout est vu, tout est traité :
Il est si rare en fait de mariage
De trouber de la noubeauté.

Laissons bénir le prétendu, et jé bous réponds du succès. Mossu de Crac est menteur, et pourtant crédule; il sé dit vrabe, et a peur de son ombre; il ne croit pas aux rébenants, mais il en a une frayeur terrivle, et dans ce bieux château, abec quelques chaînes et quelques esprits, ou même sans esprits, on peut faire un très-beau mélodrame. Je m'en charge.

AIR polonais.

Oui,
Je vous offre aujourd'hui,
Mes amis, mon appui tutélaire ;
Tromper tuteur et parents,

De tout temps,
Ce fut mon passe-temps.
Je suis en faveur,
Et près de monsieur votre père,
D'un succès flatteur
Je vous réponds, sur mon honneur;
J'en fais le serment.

GERMEUIL.

Sur ton honneur, fort bien, ma chère;
Mais dis-moi pourtant
Qui répondra du répondant?

ENSEMBLE.

ROSALIE.

Oui,
Je vous offre aujourd'hui, etc., etc.

GABRIELLE.

Près de mon père, aujourd'hui,
Son appui
Nous sera nécessaire :
Tromper tuteurs et parents,
De tout temps,
Ce fut son passe-temps.

GERMEUIL.

Oui,
Près de son père aujourd'hui, etc., etc.

ROSALIE. Mais boici Mossu botré père.

SCÈNE II.

LES PRÉCÉDENTS, M. DE CRAC, *une ligne et un panier à la main.*

M. DE CRAC.

AIR : *Ah! le bel oiseau, maman!*

D'être ceinte d'un laurier,
Je crois que ma ligne
Est digne;
J'apporte dans ce panier,
Certain plat de mon métier.
A parler sans vanité,
J'ai la main assez heureuse,
Ma pêche est, en vérité,
La pêche miraculeuse.

ENSEMBLE.

D'être ceinte d'un laurier, etc.

GERMEUIL. Comment! Monsieur, vous avez pris tout cela à la ligne?

M. DE CRAC. J'en prends ordinairement vien d'autres Un jour, jé me rappelle... Demandez à Rosalie.

ROSALIE. C'est vrai, j'y étais.

M. DE CRAC. Mais aujourd'hui c'est encore pire; c'est d'un seul coup qué j'ai pêché ces deux cents goujons. C'est un brochet qué j'ai pris, qui benait sans doute d'en faire son déjeuner, dé sorte qu'en l'ouvrant...

SCÈNE III.

LES PRÉCÉDENTS, GOUSPIGNAC.

GOUSPIGNAC. Mossu, il y a là-bas un paysan qui dit que bous lui debez un brochet et un plat de goujons dont il réclame le paiement

M. DE CRAC. C'est von... tais-toi; c'est lé petit garçon qui tenait le panier pendant qué jé péchais. Qu'on le fasse dîner à la cuisine abec les restes dé mes gens. (*Gouspignac sort.*)

GABRIELLE. Mais, mon père, cette pêche dont vous parliez tout à l'heure, ce n'est donc pas vrai?

M. DE CRAC. Et qu'est-ce que ça fait?

GABRIELLE. Comment! ce que ça fait?

M. DE CRAC. Ça né fait rien dans notre famille. (*Germeuil passe auprès de Gabrielle.*)

AIR de *Turenne.*

Par son esprit, sa verve peu commune,
(*Otant son chapeau.*)
Monsieur de Crac, à qui je dois le jour,
En mentant, jadis fit fortune;
Je voudrais bien l'imiter à mon tour...
Mais au palais, à la chambre, à la cour,
Dans cet art, tant de monde brille,
Qu'à chaque instant je vais, sans y songer,
Pour saluer maint et maint étranger
Que je crois de notre famille.

Mais qué bois-je! point de toilette? Et lé futur arribe à midi; son domestique nous l'a annoncé hier.

GERMEUIL.

AIR du vaudeville du *Colonel.*

Y pensez-vous?... mon aimable cousine
N'a pas besoin de tant d'apprêts;
C'est à l'époux qu'on lui destine,
S'il veut plaire, à faire des frais.

ROSALIE.

Et s'il n'est pas content de la future,
D'autres, bravant le préjugé,
Seront enchantés, je vous jure,
De la trouver en négligé.

M. DE CRAC. Errur, ma chère, la parure fait tout. J'ai un certain habit de satin rosé qui m'a balu, jé né sais combien de conquêtes... (*A Germeuil.*) Si ma fille n'était pas là, je t'en dirais de velles.

GERMEUIL., *à part.* Comme il mentirait!

M. DE CRAC. C'est qué tel qué bous me boyez, jé suis encore très-aimable. Demandez à Rosalie.

ROSALIE. Moi, Mossu, je l'ai entendu dire; mais jé n'en sais rien.

M. DE CRAC. Friponne, tu dissimules.

Air du vaudeville de *Partie carrée.*

En me formant, dame nature,
De tous ses dons me fit présent,
J'eus, à vingt ans, d'Adonis la figure,
Je suis un Hercule à présent.
  (*Rosalie rit.*)
Dès que la veauté le regarde,
De Crac, soudain, sait prouver ce qu'il vaut...
(*Caressant Rosalie.*)

ROSALIE.

Ah! finissez, Moussu, ou prenez garde,
Jo vais vous prendre au mot.

(*Pendant ce couplet Germeuil et Gabrielle remontent le théâtre, et causent ensemble.*)

M. DE CRAC, *à part.* Diable! elle connaît mon faible. Allons, à botre miroir, moi, abec mon habit, une perruque, jé serai en état de recevoir mon gendre, ce pauvre Flourvac! j'ai fait placer une bedette sur la tourelle, et l'on sonnera du cornet à bouquin, dès qué quelqu'un paraîtra dans la campagne. Le pont-lebis est baissé, et tous mes bassaux sous les armes...

ROSALIE. Lé concierge et lé jardinier.

M. DE CRAC. Feront feu à son arrivée; de sorte qu'il fera son entrée dans un tourvillon de poudre et de poussière.

ROSALIE. Cela sera fort agréable... Eh mais! que nous veut Gouspignac?

SCÈNE IV.

LES PRÉCÉDENTS, GOUSPIGNAC.

GOUSPIGNAC.

Air : *Le port Mahon est pris.*

Moussu, grande nouvelle!
Sachez qu'à l'instant la sentinélle
A bu de la tourelle
Benir près du canal
  Un cheval!

GERMEUIL.
Un cheval!

GABRIELLE.
Un cheval!

ROSALIE.
Un cheval!

M. DE CRAC.
Un cheval!

GOUSPIGNAC.
Vers ce noble manoir,
Il vient, comme on peut le voir,
De franchir la distance,
Avec vraiment tant de pétulance,
Qué maintenant jé pense,
Il est au pied du mur,
  Le futur!

GERMEUIL.
Le futur!

GABRIELLE.
Le futur!

ROSALIE.
Le futur!

M. DE CRAC.
Le futur!

Germeuil, Gabrielle, Rosalie sortent.)

M. DE CRAC, *à Gouspignac.* Eh! donc, pourquoi n'ai-je pas entendu le coup de fusil?

GOUSPIGNAC. J'ai fait tout ce que j'ai pu; mais il n'a jamais boulu partir.

M. DE CRAC. C'est un malhur. Eh bien! tu bas l'introduire. (*Gouspignac va pour sortir.* — *M. de Crac le rappelle.*) Ah! tu iras abertir tous mes bassaux. (*Même jeu de scène.*) Et puis tu biendras me friser. (*Même jeu.*) Ah! et puis tu iras réciter mon petit compliment. (*M. de Crac sort.*)

SCÈNE V.

GOUSPIGNAC, VALSAIN, *en habit bourgeois.*

GOUSPIGNAC. Monsu, botre veau père ba benir dans l'instant; il bous prie d'attendre dans cette salle. J'ai l'honneur d'être, Monsu, botre petit serbiteur (*Il sort en saluant Valsain.*)

SCÈNE VI.

VALSAIN, *seul.* Ils me prennent pour le futur! la méprise est assez vraisemblable. Je me suis chargé d'une jolie commission. Ces gens-là sont sans doute dans la joie; il attendent avec impatience un gendre, et j'irai leur apprendre... D'ailleurs, obligé de fuir, à la suite d'une affaire d'honneur, je ne saurais trop tôt gagner la frontière, et il faudrait ici m'arrêter, raconter...

Air : *Restez, troupe jolie.*

S'il faut parler avec franchise,
Je redoute un tel entretien ;
Et puisqu'il faut qu'on les instruise...
(*Voyant de l'encre et du papier sur une table.*)
Écrire est le meilleur moyen.
Ce fut, sans doute, un ami tendre,
Qui, pour ménager la douleur,
Aux yeux imagina d'apprendre
Ce qu'il craignait de dire au cœur.
(*Il se met à la table qui est à gauche du théâtre.*)

« Je suis le colonel Valsain : une affaire qui serait
« trop longue à vous expliquer, m'obligeait à passer
« chez mon père, que je n'avais pas vu depuis dix ans.
« Je rencontre en route un homme d'assez mauvaise
« mine, un procureur, qui m'apprend qu'il allait à Pé-
« zénas épouser votre fille ; nous nous arrêtons à l'au-
« berge des *Trois Rois*, et là... » (*Se levant.*) Je ne sais
trop comment lui dire le reste. « Son gendre, le plus
« grand ladre de la terre s'échauffe tellement avec
« notre hôtesse sur le prix du souper, qu'en rentrant,
« il lui prend un coup de sang ! A peine a-t-il eu le
« temps de me charger d'aller au château..... Mais
« qu'entends-je ? m'aurait-on suivi ? Déjà, près d'ici,
« j'ai pensé me trouver dans la même auberge avec
« le gouverneur de la province qui, sans doute a
« mon signalement. »

SCÈNE VII

GOUSPIGNAC, VALSAIN, LE CONCIERGE ET LE JARDINIER, PAYSANS ET PAYSANNES *portant des bouquets.*

CHŒUR.

Air : *Filles du hameau.*

Amis, rendons honnur
Au gendre
Que Monseignour
Vient de prendre.
Célévrons le bonhur
Que nous promet notre nouveau seignur !

GOUSPIGNAC, *avec des gants et un bouquet.*

De Chine à Tombac,
De Rome à Cognac,
Nul n'a plus de tact,
Que moussu Flourvac.
Par un doux mic-mac,
La gentille Crac
Apparaît, et crac...
Son cœur fait tic-tac.
Gniaqu', gniaqu', moussu Flourvac,
Qui fasse, crac,
Aux cœurs faire tic-tac.

CHŒUR.

Gniaqu', gniaqu', etc., etc.

VALSAIN. Allons, on me prend décidément pour Flourvac.

SCÈNE VIII.

LES PRÉCÉDENTS, M. DE CRAC.

M. DE CRAC, *avec volubilité.* Vien, fort vien, mes enfants ! (*Il fait signe aux paysans de se retirer.*) Pardon, mon gendre, de bous aboir fait attendre ; souffrez qué jé bous embrasse. Plus jé bous regarde... eh ! c'est vien lui, voilà tous les traits de feu son père, et jé l'aurais reconnu entré mille. Jé crois cependant que bous ressemblez aussi à mon nebeu Germeuil. A moins qué cé ne soit plutôt à un de nos anciens boisins. Oui, c'est vien cela. A cé june Valsain qui, depuis dix ans, est à la guerre, charmant june homme ; vrabe comme mon épée, immensément riche.

VALSAIN. Mais, Monsieur...

M. DE CRAC. Et mes fleurs, mes vouquets, qu'en dites-bous ? Lé compliment du petit, charmant n'est-ce pas ? il était de moi ; et mon château dé Crac, que bous en semble ? les velles tourelles ! comme elles sont noires ! et des boûtes, des souterrains ! nous y abons quelquefois des purs à faire plaisir. Croyez-bous que l'intendant de la probince boulait m'acheter ce château, pour en faire une résidence royale ? demandez à Rosalie ; bous lui demanderez...

VALSAIN. Mais, Monsieur, souffrez que...

M. DE CRAC, *l'interrompant vivement.* On m'en offrait cinq cent mille francs, six cent mille même ; jé n'ai pas boulu ; j'ai bingt autres châteaux...

VALSAIN, *à part.* Il n'en a pas un.

M. DE CRAC. Mais jé tiens à celui-ci, à cause de l'arrondissement où il est situé, arrondissement qui m'a nommé à la députation.

VALSAIN. Vous, député ! je n'en savais rien.

M. DE CRAC. C'est tout comme... je l'ai manqué de si peu.

VALSAIN. D'une voix peut-être ?

M. DE CRAC. D'une demi-voix.

VALSAIN. Comment ça ?

M. DE CRAC. L'électeur qui faisait le bulletin décisif a été frappé d'une paralysie à la main droite, au moment où il avait écrit la moitié de mon nom, C, R.

VALSAIN. Il fallait réclamer.

M. DE CRAC. C'est ce que j'ai fait, en protestant de mon zèle, de mon désintéressement.

Air du vaudeville du *Premier prix.*

Sur mes sentiments très-fidèles,
Sur mes talents, ma probité,
J'ai dit des paroles fort belles,
Des paroles de député,
Avec cet accent qui réveille,
Avec l'accent qui part du cœur.

VALSAIN. Eh bien?

M. DE CRAC.

Les paroles ont fait merveille,
Mais l'accent m'a porté malheur.

Ah çà! bous goûtez avec nous! j'entends ma fille, sa toilette est terminée, et je bais bous présenter. (*A part.*) Je suis enchanté du maintien, des sentiments et de la conversation de mon gendre.

VALSAIN, *à part.* Allons, ce pauvre de Crac n'est pas changé; je suis fâché de m'en aller, j'ai du plaisir à le voir.

SCÈNE IX.

ROSALIE, GERMEUIL, GABRIELLE, M. DE CRAC, VALSAIN.

Air d'*Adolphe et Clara.*

M. DE CRAC.

C'est que ma fille
Est vraiment gentille;
Chacun l'adore, et voudrait, j'en suis sûr,
Pouvoir entrer dans la famille,
Et faire ici le rôle du futur.

ROSALIE ET GERMEUIL.

Sur le futur ne jetez point les yeux,
Prenez surtout l'air le plus dédaigneux.

M. DE CRAC.

Allons, avancez-vous, mon gendre,
Prenez un air galant et tendre.

GABRIELLE.
Quel air a-t-il?

ROSALIE.
Tout l'air d'un gendre.

GERMEUIL.
Son habit, son habit surtout
Est loin d'être du dernier goût.

M. DE CRAC, *à Germeuil.*
Abancez. (*A Gabrielle.*) Abance.

GABRIELLE.
Ah! je tremble!

VALSAIN.
Oui, je tremble.

M. DE CRAC, *les mettant en face l'un de l'autre.*
Que bous en semble?
Ai-je von goût.

VALSAIN ET GABRIELLE, *se regardant.* Que vois-je!

ENSEMBLE.

GABRIELLE ET VALSAIN.

Mais il n'est pas mal du tout.
Mais elle n'est pas mal du tout.

VALSAIN.

C'est que sa fille
Est vraiment fort gentille.
Elle doit être aimable, j'en suis sûr,
Et puisqu'on veut me voir de la famille,
Ma foi, je reste et je fais le futur.

GERMEUIL ET ROSALIE.

Nous trouverons un moyen prompt et sûr,
Pour nous priver de monsieur le futur.

ENSEMBLE.

GERMEUIL, ROSALIE.

Dissimulons avec finesse,
Comptez toujours sur { ma / sa } tendresse;
Je vous promets que mon adresse
Chassera ce nouvel amant.

GABRIELLE.

Mais il a l'air doux et sensible,
Quoi! c'est là, serait-il possible,
Ce futur qu'on dit si terrible?
On le prendrait pour son amant.

M. DE CRAC.

Ils vont s'aimer à la folie,
Mais la future est si jolie,
Et le futur, je le parie,
A déjà le cœur d'un amant.

VALSAIN.

Je sens que c'est une folie,
Mais la future est si jolie,
Ma foi, puisque chacun m'en prie,
Je reste et je suis son amant.

M. DE CRAC, *faisant passer Gabrielle auprès de Valsain.*

Allons, mon gendre, embrassez donc ma fille,
Entre futurs un baiser est permis.
(*Il les force à s'embrasser.*)

VALSAIN.

Décidément, je suis de la famille,
Ah! que pour moi ce baiser a de prix.

GABRIELLE.

Vraiment, malgré moi j'obéis.

GERMEUIL, *à part.*

Morbleu, j'enrage! Ah! quelle audace!

ROSALIE, ET VALSAIN.

Mais c'est son époux qui l'embrasse,
Il ordonne, il faut qu'on embrasse.

M. DE CRAC.

Ils sé sont plu; j'en étais sûr.

ENSEMBLE.

GERMEUIL, ROSALIE

Dissimulons, etc., etc.

GABRIELLE.

Mais, etc., etc.

M. DE CRAC.

Ils vont, etc., etc.

M. DE CRAC. Comment! mon cher Flourvac, n'abez-bous pas abec bous botre la Jeunesse, l'antique domestique du papa?

VALSAIN. Ah! la Jeunesse? je l'ai laissé à Tartas; il viendra aujourd'hui.

M. DE CRAC. Fort vien. Jé bous présente Germeuil, mon nebeu, qui descend du fameux moussu de Crac, dont il est héritier comme nous, héritier collatéral. Lé june homme du meilleur ton; la coquéluche dé toutes les femmes de Tartas, Cacellas, Pézénas, Carpentras, et dé la vanlieue.

VALSAIN. Mon cher cousin, enchanté. Je serai trop heureux de profiter de vos leçons.

GERMEUIL. De mes leçons! Prenez donc garde, cousin, ce que vous dites est d'une maladresse... Ce n'est que de ma cousine que vous devez prendre des leçons. *(Galamment.)* Qui mieux qu'elle peut instruire dans l'art d'aimer?

VALSAIN. L'art d'aimer m'est inutile; c'est l'art de plaire dont j'aurais besoin, et je ne puis mieux m'adresser qu'à vous.

GABRIELLE, *à part.* Mais il s'exprime fort bien.

VALSAIN.

AIR *nouveau de M. Allan.*

Contre l'amour en vain l'on veut combattre,
Vous paraissez, il est déjà vainqueur;
Heureux celui qui doit avoir ce cœur,
Mais plus heureux celui qui le fait battre.

M. DE CRAC. Ah çà! mon gendre, point dé gêne ici, chacun son goût, ma fille fait dé la musique; moi, jé suis chasseur, et mon nebeu fait des armes. Bous pouvez choisir parmi tous ces amusements.

VALSAIN. Mais je les choisis tous. Je chante avec Mademoiselle, je chasse avec le beau-père, et je me bats avec le cousin.

GABRIELLE. Germeuil n'en fait pas tant.

M. DE CRAC. Et les veillées donc, jé bous conterai mes exploits, ou vien des histoires dé rébénants... Croyez-bous aux histoires dé rébénants?

VALSAIN. Parbleu, si j'y crois! j'en fais.

M. DE CRAC. Ma fille! Rosalie! le goûter. *(Rosalie sort.)* Elle est charmante, ma fille; elle a été élebée dans une maison d'éducation à Paris. Quatre mille francs de pension, et cependant elle baque aux soins du ménage. *(Gabrielle et Germeuil s'éloignent. — M. de Crac tirant Valsain à l'écart.)* Telle que bous la boyez, les plus hauts partis dé la probince se sont présentés pour elle. *(En confidence.)* Le préfet dé Carpentras, *(Rosalie rentre avec Gouspignac. — Ils disposent la table pour le goûter.)* le directeur des douanes me l'abait demandée pour son fils; Rosalie bous lé dira.

VALSAIN. Pardon, mais ce dernier n'a qu'une fille, et même d'un certain âge.

M. DE CRAC. Bous croyez? C'est alors pour le fils de sa fille... Mais, tenez, lé général Valsain, l'homme lé plus riche du pays, briguait mon alliance, et son fils lé colonel m'a écrit dernièrement une lettre charmante... Rosalie l'a lue.

VALSAIN. En êtes-vous bien sûr? *(A part.)* Je l'ignorais.

M. DE CRAC. Comment, sûr! Jé bous montrerai la lettre.

VALSAIN. Et vous avez refusé?

M. DE CRAC. Non; c'est qué le june homme est mort. Une affaire terrible, un duel qu'il a eu dernièrement.

VALSAIN. Je croyais au contraire qu'il avait tué son homme.

M. DE CRAC. Errur, errur, jé bous l'affirme, et bous le confirme. Mais boici le goûter. *(A Rosalie.)* A-t-on été au marché? *(Ils se placent à table dans l'ordre suivant : M. de Crac, Germeuil, Gabriel, Valsain. — Rosalie reste debout auprès de M. de Crac.)*

M. DE CRAC.

AIR du *Hussard de Felsheim.*

De ce goûter que jé bous donne,
Mon jardin seul a fait les frais,
Et pour moi, Bacchus et Pomone
Sont prodigues dé leurs bienfaits;
Eh! sandis! quelle maigre chère!...

GOUSPIGNAC.

C'est là l'ordinaire du repas.

M. DE CRAC.

Mais qu'importe? veux-tu té taire,
Les amoureux ne mangent pas.

ENSEMBLE.

A ce goûter { que l'on vous / que je vous / que l'on me } donne,
Va présider la bonne humeur;
Le plaisir toujours assaisonne
Un repas offert de bon cœur.

M. DE CRAC. A propos; bous êtes benu en posse? Jé bais toujours la posse. Jé mé rappelle entre autre une abenture, la plus particulière qui soit jamais arribée. Nous galopions sur la grande route, près dé Versas, quand il vint un coup dé bent tellement fort, qué les chebaux, la boiture et moi, nous nous troubons transportés à trois lieues de là, poste et demi.

TOUS. Ah! pour celui-là.

M. DE CRAC. Attendez, cé n'est rien, le plus plaisant, c'est qu'on voulait me faire payer poste entière, comme si les chebaux avaient fait la route à pied. Non, parole d'honnur! Demandez à Rosalie, elle y était.

ROSALIE, *détachant la croix d'or qu'elle a au cou*. Ah! pour celle-là, Mossu... j'aime mieux vous la rendre.

VALSAIN. Que dit-elle donc?

M. DE CRAC. Rien; c'est qu'elle aime à rire.

SCÈNE X.

LES PRÉCÉDENTS, GOUSPIGNAC.

GOUSPIGNAC. Moussu, jé bénais bous dire.

M. DE CRAC, *à Valsain*. C'est un petit élèbe; jé lui montre la langue française; jé lé forme sur la prononciation; il n'a presque plus l'accent. Il est d'une des vonnes familles du pays. Allons, Gouspignac, parlez haut.

GOUSPIGNAC. C'est qué j'ai bu des gens de maubaise mine rôder autour du châtos.

VALSAIN, *à part*. Est-ce à moi qu'on en voudrait?

M. DE CRAC, *à Gouspignac*. Plus bas, plus bas.

GOUSPIGNAC, *très-haut*. Et comme la semaine dernière nous abons renboyé ces créanciers qui benaient saisir le châtos.

M. DE CRAC, *se levant et allant à Gouspignac*. Taisez-bous, taisez-bous. Le châtos! Est-ce ainsi qué jé bous ai appris à parler; (*Gouspignac sort. — A part.*) Boyons cé qué cé peut être. (*Haut.*) Je bais chez le notaire, et j'espère qué cé soir bous direz adieu à botre liverté. (*Il sort.*)

VALSAIN, *à part*. Il ne croit pas peut-être si bien dire. (*Haut.*) Je vous suis. (*A part.*) Tâchons de savoir si ce n'est pas moi qu'on cherche. (*Il sort.*)

SCÈNE XI.

ROSALIE, GABRIELLE, GERMEUIL.

ROSALIE, *bas, à Gabrielle*. Bous le boyez, il n'y a pas un moment à perdre.

GABRIELLE. Que veux-tu que je fasse?

ROSALIE. Lui déclarer nettement qué bous né l'aimez pas, parcé qué, vous aimez Germeuil.

GABRIELLE. Mais oui, je l'aime; car...

ROSALIE. Un vel amour qui commence par mais, et qui finit par car.

GERMEUIL. C'est qu'il serait plaisant que vous aimassiez Flourvac. Non, vrai, aimez-le, ce sera délicieux. (*Pendant cette scène Gouspignac dessert la table.*)

GABRIELLE.

AIR : *Pierrot partant pour la guerre.*

Quoi! supposer que je l'aime :
D'où peut naître un tel soupçon?
Je le vois d'aujourd'hui même.

ROSALIE.

Ce n'est point une raison.

GABRIELLE.

Quoi! l'ami de mon enfance
Par moi serait oublié?

ROSALIE.

Une ancienne connaissance
Est un titre en amitié,
Mais l'amour
Aime les amis d'un jour.

ROSALIE. Il est un moyen dé nous prouver lé contraire; renvoyez-le.

GABRIELLE. Sans doute, je le renverrai.

GERMEUIL. Vous ferez bien; car je saurais le contraindre à sortir... Mais justement le voici. Nous vous laissons seuls.

GABRIELLE. Non, Rosalie, ne me quitte pas. (*Germeuil et Rosalie sortent.*)

SCÈNE XII.

GABRIELLE, VALSAIN.

VALSAIN, *à part*. Je n'ai vu personne. Sachons si son cœur est engagé. (*Haut.*) Vous me fuyez, Mademoiselle?

VALSAIN. Ah! daignez, je vous suppl e, m'écouter un seul instant. — Scène 21.

GABRIELLE. Non, Monsieur. (*A part.*) Lui dire : Je vous hais, c'est si impoli! Il faut que ce que je vais faire ne soit pas bien ; car jamais mon cœur n'a battu aussi fort.

VALSAIN. Je me retire, si ma présence vous est importune.

GABRIELLE. Importune! au contraire.

VALSAIN, *vivement*. Au contraire? Elle vous fait donc plaisir ?

GABRIELLE. Plaisir! Ce n'est pas cela que je voulais dire. Je suis bien aise de vous voir, parce que j'ai à vous parler.

VALSAIN. Et moi, j'ai tant de choses à vous dire.

GABRIELLE. Je ne sais comment vous le faire entendre.

VALSAIN. Je ne sais comment m'expliquer.

GABRIELLE. Dites toujours; je comprendrai peut-être.

VALSAIN. Je suis aussi embarrassé que vous

GABRIELLE, *vivement*. Ah! mon Dieu! Est-ce que vous me haïriez, et que vous n'oseriez pas me le dire?

VALSAIN. Vous haïr! Et qui le pourrait? Dès qu'on vous voit, ne faut-il pas vous aimer? Mais, parlez, je veux tout devoir à vous-même, et rien à l'obéissance. Si vous avez fait un choix, vous n'avez à redouter ni contrainte, ni violence. Je partirai avec le regret de vous avoir connue. Je sentirai tout ce que j'ai perdu; j'en mourrai peut-être ; mais vous n'entendrez de moi ni plainte ni murmure.

GABRIELLE, *a part*. Mourir si jeune, un si joli cavalier. (*Haut.*) Mon Dieu, Monsieur, je serais bien fâchée de causer votre mort.

VALSAIN. Est-ce là tout ce que vous vouliez me dire?
GABRIELLE. Mais pas tout à fait.
VALSAIN. Dites toujours; je comprendrai peut-être.
GABRIELLE. Je n'aurai jamais la force d'avouer... Mais ne pouvez-vous pas me deviner?
VALSAIN. Elle est charmante.

DUO.

(*Musique de M. Heudier.*)

VALSAIN.
Tournez vers moi ces yeux si doux.

GABRIELLE
Eh bien! eh bien! qu'y voyez-vous?

VALSAIN.
De l'amitié, peut-être.

GABRIELLE.
Eh quoi! vous y voyez cela!

VALSAIN.
Si je puis m'y connaître,
L'amour respire en ces yeux-là.

GABRIELLE.
Quoi, l'amour?... son erreur me fait peine.
(*Tendrement.*)
Vous n'y voyez pas de la haine?

VALSAIN.
Quoi! de la haine?

GABRIELLE, *plus tendrement.*
Oui, de la haine.
Et pourtant c'est cela qu'ils veulent exprimer.

VALSAIN.
Haïr ainsi, c'est presque aimer.

ENSEMBLE.

GABRIELLE.
Son erreur me fait peine;
Mais comment, dans ce jour,
Quand je veux exprimer la haine,
Mes yeux expriment-ils l'amour?

VALSAIN.
D'honneur, elle est charmante;
Et dans ce jour,
Cette haine qui m'enchante,
A tous les traits de l'amour.

VALSAIN.
Vous m'aimez donc? quel sort heureux!

GABRIELLE.
Mais non.

VALSAIN.
Vous l'avez dit.

GABRIELLE.
Ce sont mes yeux.

Pour vous ma haine est extrême.

VALSAIN.
Haïssez-moi toujours de même,
Répétez ce mot affreux.

GABRIELLE, *tendrement.*
Je vous hais.

VALSAIN.
Encor mieux.

GABRIELLE, *plus tendrement.*
Je vous hais.

VALSAIN.
Mieux encore.

GABRIELLE.
Moi, je vous hais, je vous abhorre,
Et je sens que chaque jour
Je vous haïrai plus encore.

ENSEMBLE.

Voilà, voilà, parler sans détour.
(*Tendrement.*)
J'en fais ici la promesse,
Je vous haïrai sans cesse
Jusqu'à mon dernier jour.

SCÈNE XIII.

LES PRÉCÉDENTS, M. DE CRAC.

M. DE CRAC. Fort vien, ne vous dérangez pas...

VALSAIN. Monsieur, je suis désespéré...

M. DE CRAC. Et moi, jé suis enchanté. Sandis! bous allez bite en chemin! jé n'aurais pas agi mieux, moi qui m'en pique.

VALSAIN. Je ne sais comment cela s'est fait.

M. DE CRAC. Jé lé sais vien, moi.

AIR : *Dans la paix de l'innocence*

Votre cœur tout haut soupire,
Le sien soupire tout bas.

GABRIELLE.
Mon père, qu'osez-vous dire?

M. DE CRAC.
Ah! vous n'en conviendrez pas
Le petit dieu de Cythère
Ne dit jamais ni oui, ni non;
C'est un Normand.

VALSAIN.
A moins beau-père,
Que ce ne soit un Gascon

M. DE CRAC. Cé n'est pas tout, grande noubelle! lé goubernur dé la probince arribe dans un demi-quart-d'hure.

VALSAIN. Grands dieux! le gouverneur?

M. DE CRAC. On aperçoit sa boiture au vout de l'allée; et jé compte sur bous pour lé receboir... Eh! où allez-vous? (*Il le prend par le bras et ne le quitte plus.*)

VALSAIN. *embarrassé.* Monsieur... (*A part.*) Je n'ai pas un instant à perdre.

SCÈNE XIV.

GERMEUIL, GABRIELLE, VALSAIN, M. DE CRAC, ROSALIE, GOUSPIGNAC, *au fond.*

ROSALIE. Moussu, la boiture du goubernur est à la porte du châtos.

M. DE CRAC, *à Gouspignac.* Que toutes mes gens soient sous les armes, et bous, allez oubrir.

GERMEUIL. Le gouverneur, que peut-il venir faire chez vous? c'est la première fois.

M. DE CRAC. Sandis! il vient signér au contrat; quel honnur!

VALSAIN, *à part.* Non pas; je crois qu'il vient dans un autre dessein. (*Haut.*) Souffrez que je me retire, je ne me sens pas bien, je suis malade, indisposé.

M. DE CRAC. N'importe, bous pouvez toujours signer; mon nebeu aussi : tout lé monde signera.

VALSAIN, *prenant son chapeau.* Je vous assure qu'il m'est impossible; une affaire indispensable... Pardon, Monsieur, Mademoiselle, dans une demi-heure, je reviens.

M. DE CRAC. Non! vous ne partirez pas. Germeuil, réténez-lé.

VALSAIN. Je partirai, vous dis-je.

M. DE CRAC. Sandis! jé mé fâchérai; car enfin, sans raison...

VALSAIN, *troublé.* La raison, la raison, c'est que dans l'état où je suis, impossible de signer.

M. DE CRAC. Cap dé bious! je fus fiancé un jour dé vataille : demandez à Rosalie, et quoique vlessé mortellement, j'eus encore le courage dé signer.

VALSAIN. Blessé, blessé mortellement; si ce n'était que cela.

M. DE CRAC. Et cadédis! qu'êtes-bous dé plus.

VALSAIN, *hors de lui, et impatienté.* Ce que je suis, ce que je suis... (*A part.*) Parbleu celle-là sera digne du beau-père. (*Haut.*) Ce que je suis? je suis mort, oui, Monsieur, mort d'hier au soir.

M. DE CRAC. Hein! Ah çà! pour qui nous prend-il?

VALSAIN, *sérieusement.* La cérémonie funèbre doit avoir lieu aujourd'hui, et vous sentez que je ne puis y manquer. J'y suis nécessaire; désolé de ce contretemps. (*Il sort par le côté, et les laisse tous stupéfaits.*)

SCÈNE XV.

LES PRÉCÉDENTS, *hors* VALSAIN.

M. DE CRAC. Ah çà! conçoit-on pareille extravagance? et à quel propos? Je n'ai dé ma vie entendu semvlave gasconnade.

ROSALIE. Et pourtant lé terroir est fertile à Pézénas.

M. DE CRAC, *ôtant son chapeau.* O Moussu dé Crac, mon grand-père! tu n'aurais pas dit mieux.

GABRIELLE, *d'un air piqué.* Certainement M. de Flourvac pouvait trouver une autre manière de retirer sa parole; on ne le forçait point de m'épouser, au contraire, car je ne lui ai point caché à quel point je le haïssais.

ROSALIE. Mais pourquoi avait-il l'air troublé?

GERMEUIL, *à Rosalie.* Il a eu peur de moi.

ROSALIE, *avec intention.* Un rien les effraie, jé bous l'abais dit.

M. DE CRAC, *riant.* J'y suis, on a ce matin parlé dé rébénants. Il a voulu nous faire pur. Sandis? il n'a point trouvé son homme.

SCÈNE XVI.

LES PRÉCÉDENTS, GOUSPIGNAC.

GOUSPIGNAC, *à M. de Crac.* Moussu lé goubernur n'a pas boulu entrer dans le châtos; il a dit seulement qu'il benait bous faire sa visite de condoléance; mais qu'il respectait trop botre doulur pour oser la troubler.

M. DE CRAC. Hein! qué dit cé pétit garçon?

GOUSPIGNAC. Il a seulement griffonné ces mots au crayon. (*Il donne un papier.*)

M. DE CRAC. Boyons. (*Il lit.*) « Mon cher de Crac, je « me rendais au châtos du général Valsain, mon ami, « pour lui communiquer une noubelle importante, « qui concerne son fils, lorsqu'à l'auberge des *Trois*

« Bois, j'ai appris l'accident arrivé hier à votre gendre. » (*S'interrompant.*) Comment! le goubernur... (*Continuant.*) « Mais, d'après les renseignements « qu'on m'avait donnés sur sa mauvaise réputation « et ses murs renseignements dout jé boulais bous « faire part, jé regarde l'abenture comme un bonhur « pour bous; d'ailleurs, mon ami, nous sommes « tous mortels. »

TOUS. Ah çà! qu'est-ce qu'il dit donc?

M. DE CRAC, *lisant*. « Croyez qué jé partage votré « peiné, et qué sans l'affaire indispensable qui m'ap- « pelle chez le général, jé mé ferais un deboir d'assis- « ter à la cérémonie funèbre qui doit aboir lieu au- « jourd'hui. » (*Commençant à s'effrayer.*) Boilà, en bérité, qui est fort extraordinaire, Rosalie, qu'en dis-tu?

ROSALIE. Jé dis qué ça n'est pas possible.

GERMEUIL. Eh! sans doute.

SCÈNE XVII.

LES PRÉCÉDENTS, LA JEUNESSE.

M. DE CRAC. Mais qué bois-je! Sandis! si jé né mé trompe pas, c'est la Junesse, le domestique dé mon impertinent gendre.

LA JEUNESSE. Le pauvre homme! ce que c'est que de nous! il est vrai que c'est la faute de son humeur acariâtre : me préserve le ciel d'en dire du mal; mais c'était bien le plus grand avare... (*Il pleure.*)

M. DE CRAC. Comment! c'était? Est-ce qué, par hasard, il n'existerait plus? (*Le théâtre s'obscurcit peu à peu.*)

LA JEUNESSE. Vous l'avez dit; c'est hier au soir en se disputant...

M. DE CRAC. Hier au soir, et nous l'abons bu ce matin.

GERMEUIL. Il sort d'ici.

GABRIELLE. Il a déjeuné avec nous.

LA JEUNESSE, *effrayé*. Il a déjeuné avec vous! vingt personnes vous diront...

M. DE CRAC, *tremblant*. C'est qué lui-même a dit, en effet, qu'il était mort hier au soir.

LA JEUNESSE. Il vous l'a dit! Voilà une aventure à faire dresser les cheveux sur la tête.

ROSALIE. Jé n'en ai jamais entendu de pareille, depuis qué Moussu nous a conté des histoires dé rébénants.

M. DE CRAC, *tremblant*. Dé rébénants! Finissez donc avec vos idées; je n'aime pas les têtes faibles, moi.

(*A La Jeunesse.*) Ah çà! mon ami rassure-toi; là, es-tu viens sûr? parlé-moi franchement; es-tu sûr qu'il soit mort?

LA JEUNESSE. Ah! mon Dieu! pire que cela!

M. DE CRAC, *se sauvant près des femmes*. Comment! piré qué cela?

LA JEUNESSE. Il est enterré; c'est aujourd'hui.

M. DE CRAC. Justement, il nous a quittés pour aller à sa pompe funèbre.

ROSALIE. Décidément, c'était un rébénant.

M. DE CRAC, *tremblant tout à fait*. Encore une fois, Rosalie, finissez abec bos rémarques, bous effrayez ma fille. Et point de lumière dans cet appartement; il fait un sombre... Allez donc chercher un flambeau.

ROSALIE. Ma foi, Moussu, jé n'ose.

M. DE CRAC. Oh! la poltronne! Et toi, ma fille?

GABRIELLE. Je n'ose.

M. DE CRAC. Eh! sandis! allez-y toutes deux (*Elles sortent.*) Comme les femmes sont craintives! (*Criant.*) Ne soyez pas longtemps; nous né sommes qué trois ici... Ah! mon Dieu, il a promis dé ré venir dans une demi-heure, s'il allait tenir sa parole... Ah! mon Dieu! ié crois qué j'entends du vruit.

AIR : *La signora malade*.

Malgré moi je frissonne.
GERMEUIL.
Quelle peur vient vous saisir?
(*On entend sonner une pendule.*)
M. DE CRAC.
Ciel! la pendule sonne!
S'il allait rebenir!

SCÈNE XVIII.

LES PRÉCÉDENTS VALSAIN.

VALSAIN, *paraissant dans le fond du théâtre, en grand uniforme*.

Ah! quel heureux événement!
Je puis me montrer à présent.

M. DE CRAC. Ah! c'est lui!

GERMEUIL ET LA JEUNESSE. C'est lui! (*Ils se sauvent tous trois.*)

SCÈNE XIX.

VALSAIN, seul.

Est-ce moi qu'on évite?
Pourquoi prendre la fuite?
Que veut dire cela?

SCÈNE XX.

VALSAIN, ROSALIE, GABRIELLE, sortant du cabinet.

ROSALIE, un flambeau à la main.

Ah! Moussu, nous boilà.
Ciel! c'est lui, lé boilà.
(Elle aperçoit Valsain, pousse un cri, laisse tomber le flambeau et s'enfuit. Valsain retient Gabrielle par la main.)

VALSAIN.

C'est elle, la voila.
Et pourquoi loin de moi vouloir porter vos pas?

GABRIELLE.

Faut-il rester ou fuir? Mon Dieu, quel embarras!

SCÈNE XXI.

VALSAIN, GABRIELLE.

VALSAIN.

AIR de *Paul et Virginie*.

Ah! daignez, je vous supplie,
M'écouter un seul instant.

GABRIELLE.

Éloignez-vous, je vous en prie,
Ah! monsieur le revenant.

VALSAIN.

Doit-on, quand on est jolie,
Craindre l'ombre d'un amant?
Voulez-vous prendre encor la fuite?
Fais-je encor battre votre cœur?

ENSEMBLE.

GABRIELLE.

Oui, je le sens, mon cœur palpite,
Mais ce n'est plus de frayeur.

VALSAIN.

Rien n'égale mon bonheur.

SCÈNE XXII.

GABRIELLE, VALSAIN, M. DE CRAC, GERMEUIL, ROSALIE, LA JEUNESSE, GOUSPIGNAC, PAYSANS, *avec des flambeaux et des fourches.*

M. DE CRAC ET LES PAYSANS, *dans le fond.*

AIR du *Carillon de Dunkerque.*

Amis, faisons usage
De tout notre courage,
Et ne tremvlons aucun;
Car nous sommes vingt contre un.

M. DE CRAC.

Quoi! ma fille a l'audace
De lui parler en face!
Je n'eus pas cru, d'honnur,
Qu'elle eût autant de cur.

CHŒUR

Amis, etc., etc.

LA JEUNESSE. Eh bien! où est-il donc?

M. DE CRAC. Là, ne le bois-tu pas?

LA JEUNESSE. Ça n'a jamais été mon maître. Un procureur avec des épaulettes.

M. DE CRAC, *étonné.* Comment! cé n'est pas lui? (*Haut, faisant le brave.*) Ah! sandis! nous allons boir, Eh vien! bous autres, abez-bous pur, quand jé suis là? (*A Valsain.*) Moussu peut-on saboir d'où bous benez, ou si bous êtes mort ou bibant?

VALSAIN. Monsieur, je puis vous répondre que j'existe.

M. DE CRAC. Votre parole d'honnur?

VALSAIN. Je vous la donne, et vous pouvez y croire. (*Gasconnant.*) Quoiqué jé sois aussi du pays; car jé suis lé colonel Valsain qué bous connaissez si vien, lé fils du général, botre plus proche boisin.

TOUS. Valsain!

M. DE CRAC, *s'avançant.* Quand jé bous disais qué bous abiez tort d'aboir pur.

VALSAIN. Tout ce qu'on vous a dit sur Flourvac, n'est que trop véritable; et vous saurez ce qui a donné lieu à cette erreur. Une affaire d'honneur, qui, heureusement, vient d'être arrangée, me permet de reparaître sous mon véritable nom, et de vous demander la main de votre fille.

M. DE CRAC. Serait-il brai?

GERMEUIL. Quoi! Monsieur, c'est sérieusement que vous épousez ma cousine?

VALSAIN, *fièrement.* Oui, Monsieur, très-sérieusement.

GERMEUIL. A la bonne heure : car je n'aime pas qu'on plaisante sur ces choses-là.

ROSALIE. Et Germeuil, Mademoiselle, vous ne l'aimiez donc que pour rire?

GABRIELLE, *avec intention.* Il paraît que lui ne m'aimait pas sérieusement.

M. DE CRAC, *à Valsain.* Jé né suis pas vien sûr qué bous m'ayez démandé autrefois Gabrielle; mais bous mé la démandez à présent. Un peu plus tôt, un peu plus tard, sandis! la date n'y fait rien. Jé bous ai toujours désiré pour gendre. Démandez à Rosalie. Boici une des plus velles aventures de ma bie. Combien, jé bais la raconter! En l'arrangeant un peu, jé la rendrai incroyable.

VAUDEVILLE FINAL.

AIR nouveau de *M. Heudier.*

M. DE CRAC.

Docile à d'adroites leçons,
    Notre famille
    Augmente et brille
Dans les emplois, dans les salons.
On ne voit plus que des Gascons.

CHŒUR.

Docile à, etc., etc.

M. DE CRAC.

Henri Quatre ici débuta,
On connaît la balur gasconne ;
Et l'esprit chez nous régnera,
Tant qué coulera la Garonne.

CHŒUR.

Docile à d'adroites leçons,
    Notre, etc.

GERMEUIL.

De la mer on dit qu'autrefois
Sortit Vénus, votre patronne ;
Sexe trompeur, pour moi, je crois
Qu'elle sortit de la Garonne.

CHŒUR.

Docile, etc.

GABRIELLE.

Ici, croyez-en mon serment,
A vous lorsque mon cœur se donne,
Je ne mens pas, et cependant
Je suis des bords de la Garonne !

CHŒUR.

Docile, etc.

GOUSPIGNAC.

Qué dé marchands dé bins en gros,
Qué dans Paris nul né soupçonne,
Et qui font leurs bins de Bordeau
Avec dé l'eau dé la Garonne !

CHŒUR.

Docile, etc.

VALSAIN.

Pour nous prouver que tout est beau,
Maint discoureur, d'humeur gasconne,
Se met à suer sang et eau,
Mais c'est de l'eau de la Garonne.

CHŒUR.

Docile, etc.

ROSALIE, *au public.*

Plus d'un auteur, en s'embarquant,
Croit déjà, sans que rien l'étonne,
Boire dans l'Hypocrène, quand
Il ne boit que dans la Garonne.
Faites qué lé nôtre, aujourd'hui,
    Chez nous voyage
    Sans naufrage,
Et qué la Garonne pour lui,
Ne soit pas lé fleuve d'oubli.

FIN DE LES HÉRITIERS DE CRAC.

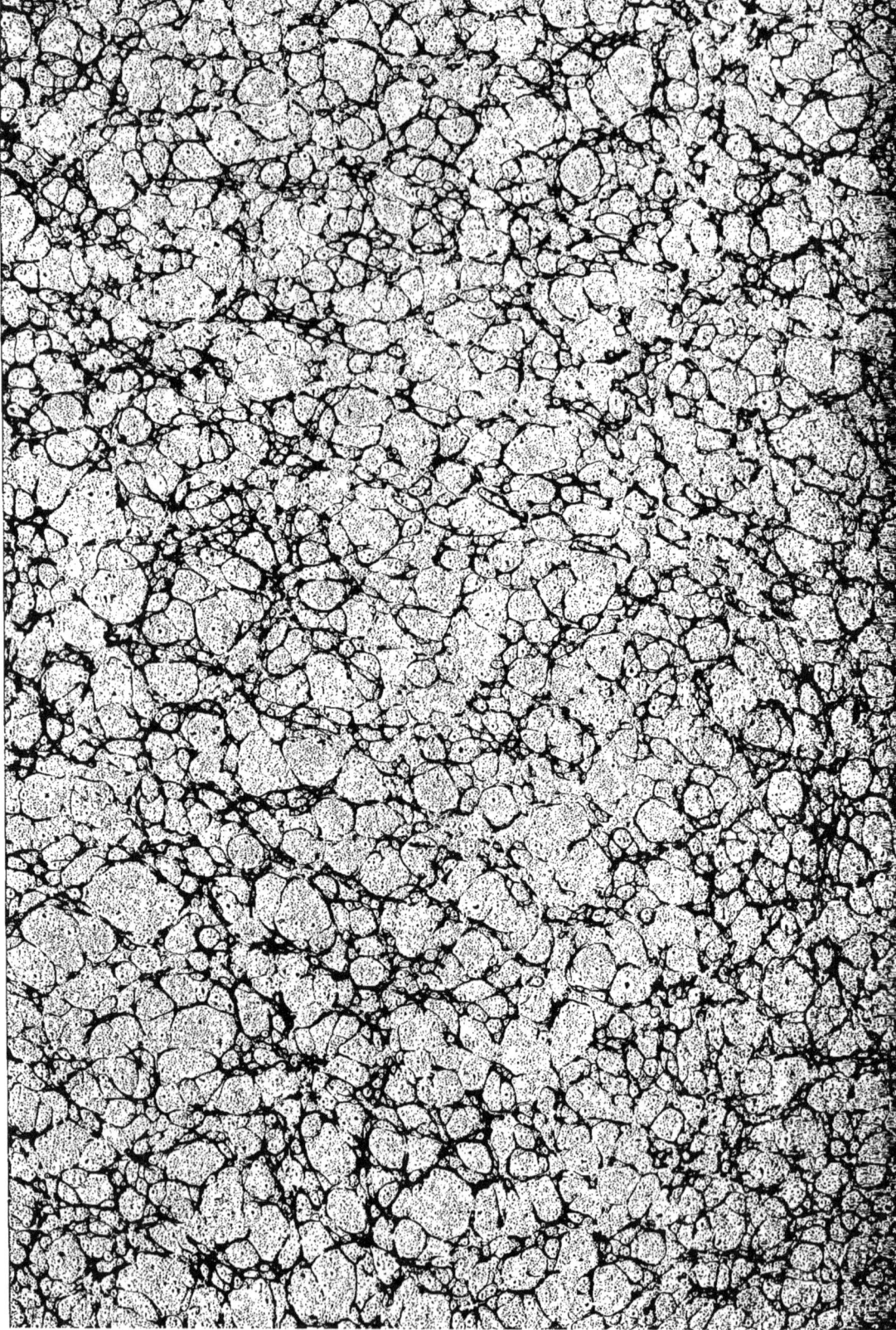

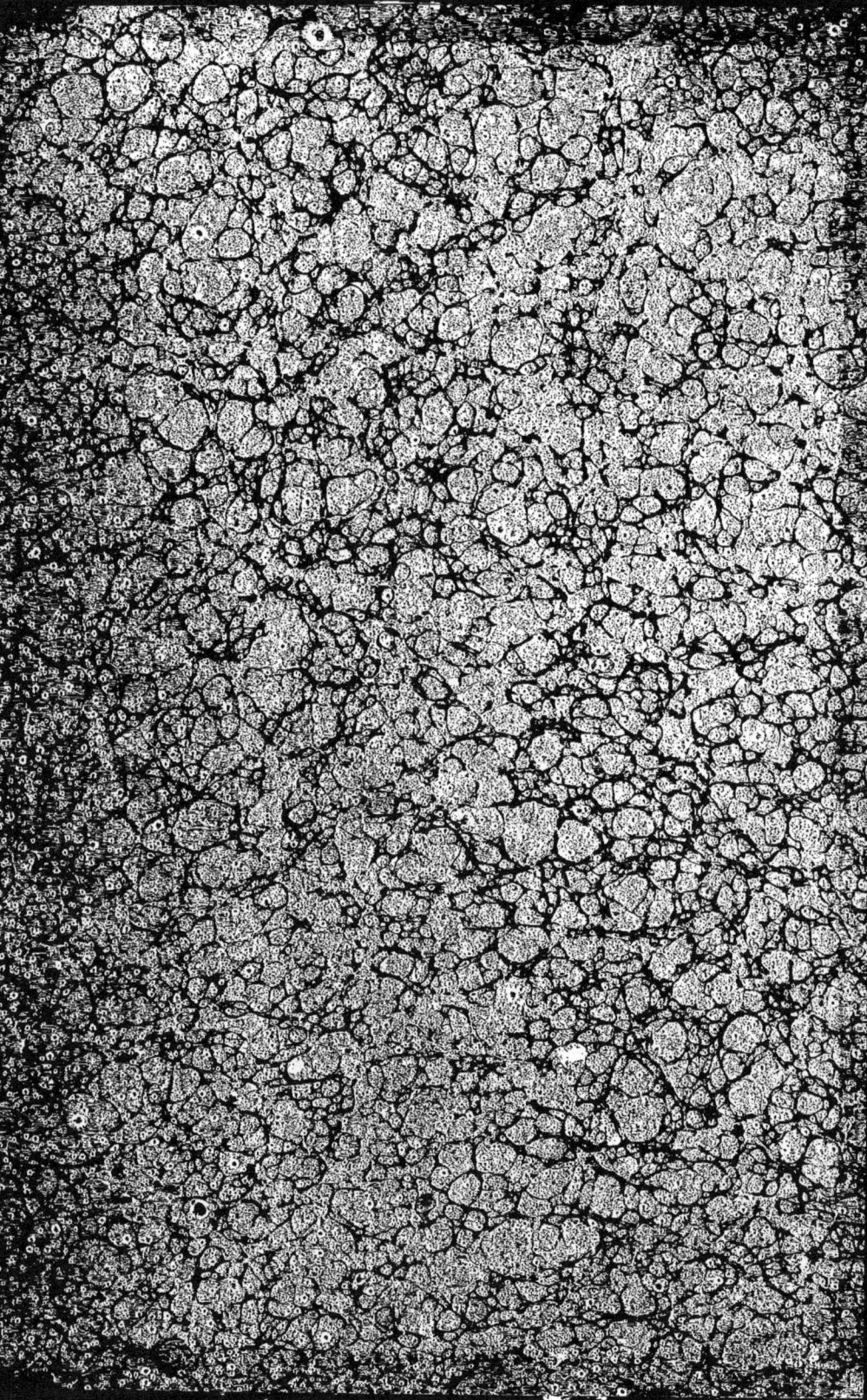